유가증권법

-판례와 사례-

[제 2 판]

양 명 조

法 文 社

제2판 머 리 말

법학전문대학원에서의 유가증권법 강의에 대한 저자의 생각은 이 책의 초판 머리말에 잘 나타나 있다. 이번 제2판을 준비하면서 강의를 통하여 저자의 뜻과 수강생의 이해가 다소 어긋난다고 느껴진 부분을 더욱 정확하고 쉽게 전달되도록 바꾸어 보았다. 아울러 전체적으로 문장과 용어를 한글화하는 데 주의를 기울였다.

초판에서 저자의 생각이 명확하게 표현되지 못하였던 부분에 대하여도 설명을 덧붙였다. 예를 들면 어음이 유통의 객체로 예정되었음을 강조한다면 표현대리의 성립을 인정함에 있어서 제3자의 범위를 직접 상대방에 한정하지 않고 그 후의 제3의 취득자도 포함시켜야 한다고 주장할 수 있다. 반면에 판례는 제3자의 범위를 직접 상대방으로 한정하고 그 후에 어음을 양수한 제3취득자는 포함되지 않는다고 하여 왔다. 표현대리에 관한 민법 제126조 등의 법문을 자세하게 읽어보면 제3자가 대리인에게 대리권이 있었음을 믿을 만한 '정당한 이유'가 있어야 표현대리가 성립하는데 어음거래 현실에서 직접상대방이 아닌 제3취득자가 대리/대행방식에 의하여 어음행위가 행해진 사정이나 정황에 접할 수는 없을 것으로 보인다. 판례는 이러한 사정을 중요하게 본 것으로 이해된다.

다른 예로 일단 상환청구권 보전절차가 이행된 후에 배서한 배서인에 대한 관계에서 소지인은 다시 한 번 지급제시 등 상환청구권 보전절차를 밟아야 하는가에 대하여 판례는 새로운 지급제시를 요구하고 있다. 짧은 제시기간에 비추어 한 번 지급을 거절한 어음채무자를 상대로 다시 지급제시를 하도록 하는 것은 쓸모없는 일로 생각할 수 있다. 그러나 상환청구권 보전을 시키는 것이 상환의무자의 이익을 보호하기 위한 제도이므로 배서인(상환의무자)이 새로 생긴 후에는 그를 위하여 다시 한 번 더 지급제시를 하도록 하여야 한다는 것이 판례의 뜻이라고 이해된다.

이번 개정작업에서는 본교 상법연구실에서 박사과정을 이수하고 있는 남윤경 변호사가 원고정리와 샘플답안의 수정을 정성들여 처리해주었고, 고은정 법학석사가 교정을 도와주었다. 고마움을 전하며 학업과 실무에서 큰 발전이 있기 바란다. 이 책의 편집을 맡아 수고해주신 김용석 과장님과 진행을 도와주신 정해찬 씨에게 감사드린다.

2013년 7월

양 명 조

머 리 말

유가증권법이라는 이 책의 제목은 법학전문대학원에서의 강좌명을 따른 것이다. 종래 법과대학의 학부에서 강의해온 어음법·수표법 강좌와 구별하여 대학원에서는 유가증권법이라는 강좌명을 사용하였었다. 대학원 강의에서는 유가증권법 일반이론을 강의하고 우리의 어음법·수표법과 미국의 유통증권법의 비교연구를 지도하였다. 유가증권은 독일법에서의 Wertpapier에 대응하는 용어이고 유통증권은 미국통일상법전에서의 negotiable instrument의 번역용어이다. 미국의 로스쿨에서 유통증권법은 Commercial Transactions 강좌의 일부로 강의되기로 하고 독립한 Negotiable Instruments라는 강좌명으로 강의되기도 한다. 금융법 또는 은행법 전공교수가 주로 이 과목의 강의를 담당하여 왔다. 이는 유통증권법 강의에서 은행을 통한 추심·지급 절차에 대한 충분한 설명과 이해가 필수적이기 때문이기도 하다. 저자는 미국 통일상법전의 유통증권법에 대하여 그동안의 공부를 정리하여 수년전에 「미국유통증권법」이라는 제목의 책을 출간하였다.

종래 사법시험 과목 중 상법 과목의 중요한 일부를 이루었던 어음법·수표법은 변호사시험의 민사법 과목의 일부로서 출제되고 있다. 사례형의 출제만 대비했던 사법시험의 경우와 다르게 변호사시험에서는 선택형의 출제에도 대비하여야 하는 것이 수험생들에게 부담으로 여겨짐을 잘 알고 있다. 조문에 있는 수치와 법문의 문구(wording)도 꼼꼼하게 읽어야 하게 되었다.

근래 지급결제수단의 전자화 추세가 급속하게 진행되면서 거래계에서 주고받는 어음이나 수표의 수도 줄어들고 어음이나 수표에 관한 법적 쟁점을 다루는 판결도 주목을 받지 못하고 있다. 상당부분 실용 위주의 교육에 치우칠 수밖에 없는 법학전문대학원 강의에서 그 실용성이 감소하고 있는 어음과 수표 위주의 유가증권법 강의는 그 포커스를 어디에 맞추어야 할 것인가. 어음의 발행과 유통 그리고 지급에 이르는 과정에서 당사자 간의 권리·의무를 다루는 유가증권법의 법리는 수학적 정확성과 합리성을 강조함으로써 legal reasoning의 정수를 보여준다. 원인관계와 어음관계를 설명하는 것은 법률관계의 추상성과 무인성을 이해시키는 중요한 수단이 된다. 진실과 외관이 일치하지 않는 무권대리, 위조, 변조, 백지어음의 부당보충 각 경우에 어음 당사간의 손실(위험) 배분의 합리성과 형평성을 연구하는 것도 법률가로서의 자질을 향상시키는 데 크게 기여할 수 있다. 어음의 선의 취득, 선의지급, 해의의 항변 각 이슈는 사법(私法) 영역에서의 선의자 보호의 대원칙을 다시 생각해보게 하는 계기를 마련해줄 것이다.

이 책에서는 보충되지 않은 백지어음에 의한 청구의 시효중단 효과를 다룬 대법원 판결 등 최근의 판결을 분석하였고 중요 논점을 포함하는 사례를 샘플답안과 함께 수록하였다. 독자들은 샘플답안을 채점자의 시각에서 비판적으로 읽어보고 그보다 나은 답안을 작성하여야겠다는 생각으로 정리・분석해보기 바란다.

이 책의 원고정리와 교정에는 이은정 변호사, 남윤경 법학석사, 고은정 법학석사의 도움을 받았다. 각자의 학업에 더욱 정진하기 바라며 고마움을 적는다. 이 책의 출판을 맡아주신 배효선 사장님과 저자와의 오랜 인연으로 항상 훌륭한 편집을 맡아주신 김용석 과장님, 출판 과정의 진행을 매끄럽게 도와주신 전영완 씨에게 깊이 감사드린다.

2012년 1월

양 명 조

차 례

제 1 장 유가증권법 서설

제 2 장 어음 · 수표의 이해

제 3 장 어음·수표행위

제 5 장 어음 · 수표의 실질관계

제 6 장 어음 · 수표의 발행과 보증

제 8 장 어음 · 수표의 추심절차와 상환청구

제 9 장 참가와 복본 · 등본

제10장 환어음의 고유한 제도

제11장 수표의 특별한 모습

제12장 이득상환청구권

제13장 전자어음

찾아보기

참고문헌 및 인용약어표

【참고문헌 및 인용약어】

강봉수 · 손주찬 · 정동윤 · 정찬형, 第4版 註釋 어음 · 手票法(Ⅰ), 1998 ……………………………… 주석 어음 · 수표법(Ⅰ)

강봉수 · 정동윤 · 정찬형, 第4版 註釋 어음 · 手票法(Ⅱ), 1998 · 주석 어음 · 수표법(Ⅱ)

강위두, 어음 · 手票法, 1996 ……………………………… 강위두

김용태, 商法(下), 1969 ……………………………… 김용태

박원선, 새商法(下), 1962 ……………………………… 박원선

서돈각 · 정완용, 第四全訂 商法講義(下), 1996 ……………………………… 서돈각 · 정완용

서돈각 · 정완용, 第四全訂 商法講義(上), 1999 ……………………………… 서돈각 · 정완용(上)

서정갑, 新어음 · 手票法, 1965 ……………………………… 서정갑

서헌제, 事例中心體系 어음 · 手票法 (제2판), 2000 ……………………………… 서헌제

손주찬, 第11訂增補版 商法(下), 2006 ……………………………… 손주찬

양승규, 어음法 · 手票法, 1997 ……………………………… 양승규

양승규, 保險法 제2판, 1992 ……………………………… 양승규, 보험법

이기수, 어음法 · 手票法(新版), 1996 ……………………………… 이기수

이기수, 改訂版 商法學(下), 1999 ……………………………… 이기수, 상법학(下)

이범찬 · 최준선, 商法槪論 (第7版), 2001 ……………………………… 이범찬 · 최준선

이철송, 어음 · 手票法(第7版), 2005 ……………………………… 이철송

정동윤, 어음 · 手票法 (第5訂增補版), 2004 ……………………………… 정동윤

정무동, 全訂版 商法講義(下), 1985 ……………………………… 정무동

정찬형, 商法講義(上) (第6版), 2003 ……………………………… 정찬형(上)

정찬형, 商法講義(下) (第12版), 2010 ……………………………… 정찬형

정찬형, 第3改訂版 어음 · 手票法講義, 1999 ……………………………… 정찬형, 어음 · 수표법강의

정희철, 商法學(下), 1990 ……………………………… 정희철

채이식, 改訂版 商法講義(下), 2003 ……………………………… 채이식

최기원, 商法學新論(下) (第15版), 2008 ……………………………… 최기원

최기원, 第4增補版 어음 · 手票法, 2001 ……………………………… 최기원, 어음 · 수표법

【법령 및 인용약어】

어음법(2010. 3. 31. 법률 제10198호) ………… 어
수표법(2010. 3. 31. 법률 제10197호) ………… 수
상법(2010. 5. 14. 법률 제10281호) ………… 상
민법(2009. 5. 8. 법률 제9650호) ………… 민
형법(2010. 4. 15. 법률 제10259호) ………… 형
민사소송법(2011. 5. 19. 법률 제10629호) ………… 민소
전자어음의 발행 및 유통에 관한 법률(2010. 5. 17. 법률 제10303호) ………… 전자어음

제 1 장
유가증권법 서설

제 1 절 유가증권의 법률관계와 효용

1. 유가증권의 법률관계

원래 물건은 소유권의 객체로서 중요시되던 것이 경제가 발전함에 따라 거래의 객체로서 상품화되었고 오늘날에는 권리(채권)도 널리 거래의 객체로서 유통되게 되었다. 팩토링(factoring)(상법 제46조 제20호의 기본적 상행위)이 대표적 예이다.

권리의 양도에 있어서 그 유통성을 높이기 위해서는 양도의 불편과 양도로 인한 위험을 제거할 필요가 있다. 먼저 양도에 있어서의 불편을 살펴보면 지명채권의 양도는 양도인이 채무자에게 통지하거나 채무자가 승낙하지 아니하면 채무자에게 대항하지 못한다(민 450조 1항). 특히 채무자 이외의 제3자에게 대항하기 위해서는 그 통지나 승낙이 확정일자 있는 증서에 의해야 한다(민 450조 2항). 그런데 채무자에게 채권양도를 대항하기 위해서 하는 채무자에 대한 통지나 채무자의 승낙 중에서 승낙을 받는 경우는 드물며 대부분의 경우에는 통지로 그칠 것이다. 채무자가 채권양도를 통지받은 경우 채무자는 양도인에 대하여 대항할 수 있었던 모든 사유로써 양수인에게도 대항할 수 있으므로(민 451조 2항), 양수인의 지위는 불안정하다.

또한 채권의 양수인은 진정한 권리자로부터 채권을 양수한 경우가 아니면 유효하게 채권을 취득할 수 없다. 채권양도에 있어서의 불편을 제거하고 양수인의 지위를 보호함으로써 권리의 유통성을 높이고 거래의 안전을 도모하고자 고안된 것이 유가증권제도이다.

채무자의 입장에서는 양수인이라고 칭하는 자에게 변제한 경우에 그가 진정한 권리자가 아니라면 이중지급의 위험을 면하지 못한다(민 470조~472조). 유가증권제도는 이러한 채무자의 불안을 해소시켜 주는 기능도 한다.

2. 유가증권의 효용

유가증권제도는 권리의 증권화를 통하여 무형의 권리를 유체화함으로써 권리의 유통을 간편하고 안전하게 하기 위한 것이다. 그 효용을 보면 화체된 권리의 양도에 채권양도의 대항요건을 갖출 필요가 없으며 배서나 교부에 의하여 양도할 수 있다. 선의인 양수인은 채무자가 양도인에게 대항할 수 있었던 항변사유로써 대항 받지 아니한다(어 17조). 증권의 양수인은 선의·무중과실인 한 양도인이 진정한 권리자가 아니라도 그 증권을 선의취득한다(어 16조 2항).

한편 채무자는 증권소지인에게 지급함으로써 이중지급의 위험을 면하게 된다. 유가증권은 그 증권에 화체된 권리의 존재와 내용을 쉽게 알 수 있게 해주고 명확하게 해준다.

유가증권의 소지인은 진정한 권리자로 추정을 받으므로(어 16조 1항) 원인관계나 실질적 권리의 증명 없이 권리를 행사할 수 있고 증권을 점유하고 있는 한 권리를 상실할 우려가 없다.

유가증권의 진정한 권리자라 하더라도 증권의 제시 없이는 권리행사를 할 수 없으므로, 증권을 상실한 경우 제권판결을 받아야 권리행사를 할 수 있다. 채무자는 증권상의 만기가 도래하더라도 지급제시가 없는 한 이행지체책임을 지지 않는다.

제 2 절 유가증권의 정의

1. 유가증권 관련규정

상법 제46조 제1호와 제2호에서는 유가증권의 매매와 임대차를 기본적 상행위의 한 가지 유형으로 열거하고 있다. 상법 제65조에서는 금전, 물건 또는 유가증권의 지급을 목적으로 하는 유가증권에 민법의 지시채권과 무기명채권에 관한 규정(민 508조~525조)을 준용하는 외에 조건부배서와 일부배서를 규율하는 어음법 제12조 제1항과 제2항을 준용하고 있다. 또한 상호계산에 관한 규정에서는 「어음 기타의 상업증권」이 상호계산의 계정이 된 경우를 별도로 취급하고 있다(상 73조). 그리고 운송인의 책임과 관련하여 유가증권은 고가물의 한 가지로 분류되어 있다(상 136조).

한편 민사소송법에서는 소송비용의 담보제공을 위하여 법원이 인정하는 유가증권을 공탁할 수 있음을 규정하고 있다(민소 122조). 또한 형법에서는 일반 사문서와 구별하여 유가증권의 위조·변조, 자격모용에 의한 유가증권의 작성 등을 중죄로 규율하고 있다(형법 214조~217조).

2. 유가증권의 의의에 관한 학설

(1) 학설의 개요

유가증권의 의의에 관해서는 이를 크게 私法上의 재산권을 인위적으로 증권에 화체(化體)시키는(결합시키는) 것이라는 면과 권리의 발생·이전·행사와 관련하여 요구되는 「증권의 소지」라는 면으로 나누어 보아야 할 것이다. 앞부분에 대해서는 다툼이 없지만, 뒷부분과 관련하여서는 권리의 발생·이전·행사에 어느 정도의 「증권의 소지」가 요구되는가에 대해 견해가 대립하고 있다. 유가증권의 의의에 관한 학설은 대강 네 가지로 정리해 볼 수 있다.

다수설은 유가증권을 사법상의 재산권(채권, 물권, 사원권)이 화체된(을 표창한) 증권으로서 그 권리의 발생, 이전, 행사의 전부 또는 일부를 위하여 증권을 필요로 하는 것이라고 정의한다(김문환, "유가증권의 유사개념," 「고시계」, 1984. 12., 72면; 김용태, 242면; 서헌제, 8면; 손주찬, 8면; 정무동, 282면; 정찬형, 6면)[제1설].

다음으로 유가증권은 사법상의 재산권이 화체된(을 표창한) 증권으로서 그 권리의 이전에 증권을 필요로 하는 것이라고 설명하기도 한다(서돈각·정완용, 166면; 최기원, 11면)[제2설].

권리의 이전을 강조하는 제2설과 달리 권리의 행사를 중요시하는 입장도 있다. 즉 유가증권은 사법상의 재산권이 화체된(을 표창한) 증권으로서 그 권리의 행사에 증권을 필요로 하는 것이라고 한다(이기수, 24면; 정동윤, 47면; 정희철, 7-8

면)[제3설].

마지막으로 유가증권은 사법상의 재산권이 화체된(을 표창한) 증권으로서 그 권리의 이전과 행사(모두)에 증권을 필요로 하는 것이라고 하면서 제2설과 제3설을 통합하여 정의하기도 한다(강위두, 7면; 양승규, 38면; 이범찬 · 최준선, 811면; 채이식, 10면)[제4설].

(2) 유가증권 개념정의의 시각

유가증권의 개념정의는 무엇을 위한 것인가? 이 질문에 대한 답에 따라 위의 여러 입장에 대한 평가가 달라질 수 있다.

① 현존하는 유가증권을 하나의 정의로 포괄하기 위한 것인가?

② 유가증권의 특성을 밝히기 위한 것인가?(다른 증권과의 구별)

③ 현존하는 여러 증권 중에서 유가증권의 법리를 적용받을 증권의 범위를 획정하기 위한 것인가?

④ 향후 등장하는 새로운 유형의 유가증권의 유가증권성 여부를 판별하기 위한 것인가?

위의 네 가지 학설 중 어느 학설을 택하든 유가증권의 정의로서 완벽하지 못하고 예외는 있게 마련이다.

(3) 각 학설의 검토

(가) 다수설에 대한 검토

제1설은 유가증권의 특성상, 유가증권의 종류에 따라 권리와의 결합의 정도가 서로 다를 수 있음에 착안하고 있다. 이러한 정의는 여러 가지 종류의 유가증권을 포괄할 수 있으며 유가증권을 쉽고 간편하게 이해할 수 있게 한다. 그러나 다음과 같은 문제도 있다.

① 통일적 정의가 되지 못하고 유가증권의 특징을 부각시키고 있지 못하다.

② 권리의 발생에만 증권을 필요로 하는 증권도 있는 것으로 오해될 소지가 있다.

다수설의 입장에서는 완전유가증권과 불완전유가증권을 구별할 의미가 있는데, 어음과 같이 권리의 발생 · 이전 · 행사 세 가지 모두에 증권을 필요로 하는 것이 완전유가증권이다. 발생에는 증권이 필요하지 않고 이전 또는 행사에 증권을 필요로 하는 것이 불완전유가증권이다. 세 항목 중 발생 한 가지에만 증권을 필요로 하는 유가증권은 있을 수 없다.

③ 유가증권과 다른 종류의 증권과의 구별이 어렵다.

(나) 제2설에 대한 검토

제2설에서는 유가증권의 특성을 권리의 이전에 증권을 필요로 하는 데서 찾는다. 주식거래의 실무를 보면 주식의 양도에 주권을 교부하는 일은 찾아보기 어렵다. 상장회사의 경우는 증권대체결제제도(자본시장과 금융투자업에 관한 법률 308조 이하)에 따라 주권 없이 주식양도가 이루어진다. 규모가 크지 않은 주식회사는 대부분 주권을 발행하지 않는다. 그럼에도 상법의 원칙은 주권의 교부로써 주식을 양도하도록 규정하고 있다(상 336조 1항). 제2설에 의하면 기명사채권(記名社債券)과 배서금지어음(기명증권)을 유가증권이 아니라고 보게 되어, 사채권이나 어음 중에 유가증권이 아닌 사채권이나 어음이 있게 된다는 문제가 발생한다. 기명사채권과 배서금지어음에는 유가증권의 법리가 대부분 적용된다. 그 밖에 이전에 증권이 필요하다는 것은 행사를 전제로 하는 것인 바, 주객을 전도한 설이라는 비판도 있다(정동윤, 46면).

유가증권의 효용 면에서 가장 중요한 것은 간편하고 안전한 권리의 이전이므로 '이전'이라는 항목을 부각시킨 것은 적절하다. 그 밖에 상속이나 회사합병 등 포괄승계의 경우는 증권의 교부가 필요 없다는 지적도 있으나(정동윤, 46면), 이는 특수한 예외적 경우로 보아야 할 것이다. 유가증권의 유통목적은 단 한 번의 권리이전을 위한 경우라도 중요하다.

(다) 제3설에 대한 검토

권리의 행사를 강조하는 제3설은 독일에서의 통설이다. 이러한 유가증권의 정의에는 다음과 같은 문제가 있다.

① 주주의 주주권 행사에는 일반적으로 주권의 소지를 요구하지 않는 바 제3설에 의하면 유가증권임에 의문이 없는 기명주권을 유가증권이라고 설명하기 곤란하다. 다만 명의개서에는 증권을 필요로 하므로, 이것이 권리행사를 대표한다고 설명하기도 한다. 그러나 명의개서는 사실행위로서 이를 두고 권리행사라고 하기 어렵다. 참고로 회사성립 후 또는 신주납입기일 후 6월이 경과하여도 주권을 발행하지 않은 회사의 주식을 양수한 자는 주권의 제시 없이도 명의개

서(명의개서를 권리행사로 본다하더라도)를 할 수 있다(상 335조 3항). 아래의 판결은 주권의 제시 없이 명의개서가 행해질 수 있음을 보여주고 있다.

② 제3설에 의하면 예금통장을 유가증권으로 볼 수 있게 되는 등 유가증권과 면책증권의 구별이 어려울 수 있다. 그러나 정확하게는 면책증권의 경우 제권판결없이 다른 수단으로 권리자임을 증명하여 권리를 행사할 수 있다.

대판 1995. 3. 24, 94다47728 주권발행 전에 한 주식의 양도도 회사성립 후 또는 신주의 납입기일 후 6월이 경과한 때에는 회사에 대하여 효력이 있는 것으로서, 이 경우 주식의 양도는 지명채권의 양도에 관한 일반원칙에 따라 당사자의 의사표시만으로 효력이 발생하는 것이고, 상법 제337조 제1항에 규정된 주주명부상의 명의개서는 주식을 취득한 자가 회사에 대한 관계에서 주주의 권리를 행사하기 위한 대항요건에 지나지 않고, 회사 이외의 제3자에 대한 관계에서의 대항요건은 아니므로, 회사성립 후 또는 신주의 납입기일 후 6월이 경과하도록 회사가 주권을 발행하지 아니한 경우 그 주식을 취득한 자는 특별한 사정이 없는 한 상대방의 협력을 받을 필요 없이 단독으로 자신이 주식을 취득한 사실을 증명함으로써 회사에 대하여 그 명의개서를 청구할 수 있는 것이고, 이 경우에 명의개서의 청구에 소정 서류(주권이 포함됨 - 저자)의 제출을 요한다고 하는 정관의 규정이 있다 하더라도, 이는 주식의 취득이 적법하게 이루어진 것임을 회사로 하여금 간이명료하게 알 수 있게 하는 방법을 정한 것에 불과하여 주식을 취득한 자가 그 취득사실을 증명한 이상 회사는 위와 같은 서류가 갖추어지지 아니하였다는 이유로 명의개서를 거부할 수는 없다.

(라) 제4설에 대한 검토

권리의 이전과 행사 모두에 증권을 필요로 하는 것이 유가증권이라고 정의하는 제4설에 대하여는 이전은 행사를 위한 전단계이므로 이전과 행사를 대등하게 보는 것에 대한 비판이 있을 수 있다. 나아가 제2설에 대한 비판과 제3설에 대한 비판이 제4설에 모두 해당될 수 있다.

제 3 절 유가증권의 분류

1. 채권증권 · 물권증권 · 사원권증권

유가증권이 표창하는 권리의 종류에 따라 채권증권, 물권증권, 사원권증권으로 분류된다. **채권증권**은 채권을 표창하고 있는 유가증권인데 어음과 수표가 이에 해당한다. 어음은 어음금지급청구권 즉 어음채권을, 그리고 수표는 수표금지급청구권 즉 수표채권을 표창하고 있다. 다만 수표나 인수되기 전의 환어음의 경우 소지인은 지급을 받을 권한은 가지지만 지급을 청구할 권리는 가지지 못한다. 이러한 점을 지적하여 권한증권과 채권증권을 엄격하게 구별하기도 한다(정희철, 9면; 최기원 어음 · 수표법, 30면). 그러나 수표나 인수 전의 환어음의 경우도 소지인은 발행인이나 배서인에 대한 관계에서 상환청구권을 가지므로, 그러한 점에서는 널리 채권증권으로 분류될 수도 있다(同旨: 이기수, 13면; 정동윤, 61면; 정찬형, 19면).

물권증권은 물권을 표창하고 있는 유가증권을 가리키는데, 우리나라에서는 물권 자체를 표창하는 유가증권은 법에서 인정한 예가 없다. 화물상환증이나 선하증권과 같은 운송증권은 운송물인도청구권을 표창하는 채권적 유가증권이다. 다만 그것을 교부하면 운송중의 물건을 인도한 것과 같은 효력이 부여된다(상 133조, 820조). 이를 운송증권의 물권적 효력이라고 하는데, 이 때문에 운송증권을 「물권적」 증권이라고 부르기도 한다. 물권적 증권은 물권증권과 다른 것이다.

사원권증권은 주권이 주주로서의 지위를 표창하고 있는 것과 같이 사원권을 표창하고 있는 유가증권이다. 이미 발생한 사원권의 원활하고 안전한 유통을 위하여 고안된 종류의 유가증권이다.

2. 기명증권 · 지시증권 · 무기명증권(소지인출급식증권) · 선택무기명증권

이는 증권상 권리의 권리자를 어떻게 정하느냐에 따른 분류이다.

(1) 기명증권

기명증권은 증권상에 권리자의 이름이 기재되어 있고 그 기재된 권리자만이 권리를 행사할 수 있도록 되어 있는 증권이다. 기명증권에는 지시문구가 없으려니와 법률에서도 배서에 의하여 양도할 수 있도록 규정하고 있지 아니하다(어 11조 1항, 77조 1항 1호; 수 14조 1항 참조). 기명증권은 유가증권에 고유한 양도방법인 배서나 교부에 의하여 양도할 수 없는 증권이고 그 유통성이 강조되지 아니하는 증권이다. 이 때문에 유가증권의 정의에서 「권리의 이전에 증권을 필요로 하는 것」을 강조하는 입장에서는 기명증권을 유가증권에 포함시키는 데 어려움을 겪게 된다.

기명증권은 유가증권제도의 장점 중에서 양도의 간편성과 같은 효용은 누리지 못하지만, 행사에 증권을 필요로 하고 증권소지인에게 지급할 경우·지급인의 면책을 부여할 수 있다는 점에서(채권의 준점유자에 대한 변제; 민 470조 참조) 상당한 정도로 유가증권의 효용이 유지된다고 보인다. 한편 판례는 기명증권에 해당하는 배서금지 약속어음의 양도에 있어서 약속어음의 교부를 요건으로 제시하고 있다.

기명증권의 예로는, 기명식사채권(상 479조), 배서가 금지된 화물상환증·창고증권·선하증권(상 130조 단서, 157조, 820조), 배서금지어음·수표(어 11조 2항, 77조 1항 1호; 수 14조 2항) 등이 있다. 기명주식의 주권은 교부에 의하여 양도할 수 있기 때문에(상 336조 1항) 기명증권이라 할 수 없다.

기명증권의 양도는 민법상의 지명채권양도의 방법(민 450조)에 의한다(어 11조 2항; 수 14조 2항). 기명증권은 유통성을 전제로 한 증권이 아니므로, 선의취득의 대상이 되지 않으며 인적항변의 절단(어 17조)이나 지급인의 면책에 관한 규정(어 40조 3항)도 적용되지 아니한다. 그러나 기명증권도 권리의 행사를 위하여는 증권을 제시하여야 하며, 채무자는 기명증권과 상환하여 채무를 이행하여야 하는 것이 원칙이다. 이와 관련하여 기명증권이 공시최고에 의한 제권판결의 대상이 되는지가 문제된다. 견해의 대립이 있지만 이를 부정하는 것이 타당하다. 왜냐하면 공시최고에 의한 제권판결은 정당한 권리자의 보호와 거래의 안전보호에 그 목적이 있으므로 법이 특별히 규정한 경우에 한해서만 가능한데, 기명증권에 관해서는 이를 허용하는 법률규정이 없기 때문이다.

대판 1989. 10. 24, 88다카20774 배서금지의 문언을 기재한 약속어음은 어음법상의 배서의 방법에 의하여서는 양도할 수는 없는 것이나 배서금지어음이라도 양도성 그 자체까지 없어지는 것은 아니므로 어음법 제77조 제1항 제1호, 제11조 제2항에 의하여 지명채권의 양도에 관한 방식에 따라서 그리고 그 효력으로써는 이를 양도할 수 있는 것이고 이 경우에는 민법 제450조의 대항요건(통지 또는 승낙)을 구비하는 외에 약속어음을 인도(교부)하여야 하고 지급을 위하여서는 어음을 제시하여야 하며 또 어음금을 지급할 때에는 이를 환수하게 되는 것이므로 증권과 분리시켜 양도하는 불합리한 결과는 생기지 아니한다고 할 것이다.

〈쟁점〉 배서금지어음은 발행인이 「지시금지」의 문자 또는 이것과 동일한 뜻의 문언을 기재한 어음(어 11조 2항, 77조 1항 1호)을 말하는바, 이는 기명증권에 해당한다. 기명증권의 경우에는 권리의 행사에 증권을 필요로 하고, 권리의 이전에는 증권을 필요로 하지 않는다. 판례는 기명증권인 배서금지어음은 지명채권의 양도에 관한 방식에 따라서만 그리고 그 효력으로써만 양도할 수 있다고 본다. 따라서 당사자간의 의사의 합치에 의하여 배서금지어음의 양도가 성립하고, 그 효력을 발생하게 된다. 다만 어음채무자는 위와 같은 배서금지어음의 양도당사자가 아니므로 이에 대해서는 민법 제450조의 대항요건을 갖출 것이 요구된다. 판례는 배서금지어음의 양도에는 민법 제450조의 대항요건 외에 또 다시 어음(증권)의 인도(교부)를 요한다고 본다.

여기서 기명증권의 경우 권리의 이전에는 증권을 필요로 하지 않는다는 점과 판례에서 요구하는 어음(증권)의 인도(교부)와의 관계가 문제된다. 이에 대해 기명증권도 유가증권이라는 전제하에, 이를 양도함에 있어서는 증권의 교부가 그 요건은 아니지만, 기명증권도 권리의 행사에는 증권을 필요로 한다는 점에서 그 결과 부수적으로 권리의 이전에 증권의 교부를 요하는 것으로 보아야 한다는 견해가 있다(정찬형, 20면). 참고로 기명증권인 기명사채의 양도방법에 대해서는 상법에 특별한 규정이 없지만, 그 양도에는 양도의 의사표시 외에 증권의 교부를 요하며, 이때의 증권의 교부는 그 효력발생요건이라고 함이 통설이다(이철송, 회사법강의, 808면 등).

대판 1961. 11. 23, 4293민상478 공시최고절차에 의하여서의 제권판결을 할 수 있는 유가증권은 그 증권에 표시된 권리의 발생이전행사에 있어서 필히 그 증권을 필요로 하는 증권을 말한다 할 것이며 여사한 유가증권이 도취분실 혹은 멸실되었을 경우에도 그 증권의 소지자를 정당한 권리자라 인정하고 증권상의 의무자로 하여금 의무를 부담케 함은 그 의무자에 가혹할 뿐 아니라 권리의 化身인 유가증권이 전전하여 取引(거래-저자)의 대상이 되었음에도 불구하고 도취당한 자 又는 분실자로부터 일방적으로 무효를 선언케 함은 역시 선의의 제3자와 取引의 안전을 해하게 되므로 일정한 절차에 의하여 법원으로 하여금 그 무효를 선언케 하므로서 정당한 권리자의 보호와 取引의 안전을 기하자는 데 그 목적이 있다 할 것이며 여사히 공시최고절차에

의하여서의 무효선언은 권리를 무효하게 하는 중대한 결과를 초래케 하므로 이는 특히 법에 규정되어 있는 경우에 할 수 있다고 해석하여야 할 것이다. 그러나 地價證券에 대하여는 농지개혁법상 공시최고절차에 의하여서의 무효선언을 할 수 있는 하등의 규정이 없을 뿐 아니라 농지개혁법동법시행령동법시행규칙에 의하면 소관관서에 지가증권 보상대장 및 지가증권대장을 비치하고 그 臺帳을 기준으로 하여 증권을 발급케 하되 그 증권에는 일정한 보상률에 의한 보상액을 표시하고 피보상자를 특정 기입하도록 규정하고 있으므로 보아 지가증권은 서상과 같은 유가증권의 성질을 가지고 있다 할 수 없고 오히려 기명채권을 표시하는 증권에 불과하다고 해석하여야 할 것이다.

(2) 지시증권

지시증권(order paper)은 증권상에 권리자로 기재되어 있는 자 또는 그가 지정한 자가 권리를 행사하는 유가증권이다. 지시증권은 지시 즉 배서에 의하여 이전된다. 배서에 의하여 양도할 수 있게 되는 근거는 증권상 기재된 지시문구인 경우도 있고, 지시문구의 유무에 관계없이 법률의 규정에서 지시할 수 있음을 규정한 경우도 있다. 후자의 경우를 법률상 당연한 지시증권이라고 부른다. 어음, 수표, 화물상환증, 창고증권, 선하증권이 모두 **법률상 당연한 지시증권**이다(어 11조, 77조 1항; 수 14조; 상 130조, 157조, 820조).

지시증권의 최종 피배서인은 배서의 연속에 의하여 적법한 권리자로 추정을 받는다(어 16조 1항 1문, 77조 1항 1호; 수 19조 1문). 지시증권에 백지식 배서 즉 피배서인을 지정하지 아니한 배서가 있게 되면(어 13조 2항, 77조 1항 1호; 수 16조 2항) 그 후 그 증권은 무기명증권과 같이 양도될 수 있다(어 14조 2항 3호, 77조 1항 1호; 수 17조 2항 3호).

(3) 무기명증권(소지인출급식증권)

무기명증권은 증권상에 권리자가 기재되어 있지 않고 그 증권의 소지인이 권리를 행사할 수 있게 되는 유가증권이다. 소지인이 권리자가 된다 하여 무기명증권을 소지인출급식증권이라고 부르기도 한다. 화물상환증, 창고증권, 선하증권, 주권(상 357조), 사채권(상 480조)은 무기명증권으로 발행할 수 있고, 수표도 소지인출급식으로 발행할 수 있다(수 5조 3항). 반면 어음은 소지인출급식으로 발행할 수 없다. 어음의 경우에는 수취인의 기재가 필요적 기재사항(어 1조 6호,

75조 5호)이기 때문이다.

무기명증권은 **교부만으로 양도**할 수 있으며 무기명증권의 소지인은 적법한 권리자로 추정을 받는다. **「선택무기명증권」**은 증권상에 권리자가 기재되어 있으면서도 그밖에 소지인까지 권리자로 인정받는 유가증권인데 효력 면에서 무기명증권과 같다. 이를 지명소지인출급증권이라고도 한다(민 525조, 수 5조 2항, 상 65조).

3. 완전유가증권 · 불완전유가증권

이 구별은 유가증권을 정의함에 있어서 권리의 발생, 이전, 행사의 전부 또는 일부에 증권을 필요로 하는 것이 유가증권이라고 정의하는 학설(제1설)의 입장에서 의미가 있다. **완전유가증권**은 권리의 발생, 이전, 행사 모두에 증권의 소지가 필요한 유가증권이고, 어음 · 수표가 대표적인 완전유가증권에 해당한다. 발생, 이전, 행사 중 일부에만 증권이 필요한 유가증권을 **불완전유가증권**이라고 하는데 주권이나 화물상환증은 증권 없이 일단 권리가 발생하고 그 권리를 나중에 증권에 화체시킨 것이다.

4. 유인증권 · 무인증권

유가증권을 주고받는데 있어서는 그 기초를 이루는 대가관계가 있기 마련이다. 이러한 실질적 관계를 **원인관계**라고 한다. **유인증권**은 요인증권이라고도 하는데 문언증권을 전제로 하지는 않으나 보통 원인관계가 증권상에 기재되어 있다. 유인증권의 경우 원인관계가 존재하지 않으면 증권상의 권리도 성립하지 못하며, 원인관계의 무효로 인하여 증권상의 권리도 무효화된다. 화물상환증, 선하증권, 창고증권, 주권 등이 유인증권에 해당한다.

무인증권은 증권상의 권리가 원인관계와 분리 · 독립되어 증권상에 원인관계가 기재되지도 않으려니와, 원인관계의 부존재나 무효가 증권상의 권리에 전혀 영향을 미치지 못하는 유가증권이다. 어음, 수표가 무인증권에 해당한다.

대판 1982. 9. 14, 80다1325 선하증권은 운송물의 인도청구권을 포함하는 유가증권인 바, 이는 운송계약에 기하여 작성되는 유인증권인 점, 선하증권은 운송물을 "수령한 후" 또는 "선적한 후"에 교부하도록 되어 있는 상법 제813조 제1항 제2항, 선하증권에 운송물의 종류, 중량, 용적 등을 기재하도록 되어 있는 상법 제814조, 선하증권의 처분증권성, 그 교부의 물권적 효력에 관한 상법 제820조, 제132조, 제133조의 규정취지로 보아 상법은 운송인이 송하인으로부터 실제로 운송물을 수령 또는 선적하고 있는 것을 유효한 선하증권 성립의 전제조건으로 삼고 있다고 보이는 점 등에 비추어 볼 때, 위 운송물의 인도청구권은 운송인이 송하인으로부터 실제로 받은 운송물 즉, 특정물에 대한 것이고 따라서 운송물을 수령 또는 선적하지 아니하였음에도 불구하고 선하증권이 발행된 경우에는 그 선하증권은 원인과 요건을 구비하지 못하여 목적물의 흠결이 있는 것으로 이는 누구에 대하여도 무효라고 봄이 상당하다. 원고 소송대리인은 선하증권의 문언증권성에 관한 상법 제820조, 제131조의 규정을 들어 선하증권의 발행인은 운송물을 실제로 받은 여부에 불구하고 선하증권에 기재된 바에 따라 책임을 져야 한다고 주장하나, 위 같은 조 소정의 "운송에 관한 사항"에는 운송물의 수취여부와 같은 사항은 포함되지 않는다고 보여지므로 위 주장은 채용할 수 없다.

〈사실관계 및 쟁점〉 운송주선업자인 피고 주식회사 서울航易은 소외 해성무역 주식회사에게 1주일 내 화물인도의 약속하에 1978. 2. 21. 수령선하증권을 발행해 주었으나, 실제로는 화물의 인도가 없었다. 그 후 소외 회사는 원고 주식회사 조흥은행에게 1978. 2. 22. 信用狀送狀포장명세서 등 기타의 구비서류와 함께 위 선하증권을 첨부하여 환어음의 매입을 의뢰하였다. 원고 은행은 위 수령선하증권을 선적선하증권으로 보완할 것을 조건으로 위 환어음을 금 128,040,000원에 買入하였다. 그런데 원고 은행은 위와 같은 補完이 행해지지 않은 채 그대로 환어음을 신용장 개설은행에 제시하여 추심하고자 하였으나 운송주선업자가 발행한 수령선하증권은 신용장의 조건에 맞지 않는다는 이유 등으로 지급거절되었다. 이에 원고 은행은 선하증권소지인으로서 그 증권상에 기재된 대로 운송물인도청구권을 갖는데, 피고 회사는 실제로는 소외 회사로부터 운송물의 인도를 받지 않아 피고 회사가 운송물을 점유하고 있지 않으므로 피고 회사에게 운송물 멸실의 경우에 준하여 '채무불이행에 의한 손해배상'을 주위적 청구로, 그리고 피고 회사의 부실한 선하증권의 발행행위로 인한 불법행위에 의한 손해배상을 예비적 청구로 하는 소를 제기하였다.

여기서 쟁점이 된 것은 운송물의 수령과 선적이 이루어지지 않았는데도 선하증권이 발행된 경우(空券) 그 증권의 효력이 발생하느냐의 여부이다. 이는 선하증권의 요인증권성과 문언증권성 중 어느 것을 강조하느냐와 관련된다. 따라서 선하증권의 요인증권성을 강조하면 피고 회사의 선하증권 발행행위는 무효이고 단지 불법행위에 의한 손해배상책임이 문제된 반면, 문언증권성을 강조하면 그 증권은 유효하며 단지 피고 회사는 인도할 운송물이 없으므로 운송물 멸실의 경우에 준하여 채무불이행(이행불능)에 의한 손해배상책임만이 문제된다.

이 판결보다 훨씬 이후에 상법이 개정되어 선하증권 기재에 추정적 효력을 부여하는 조문이 신설되었다. 현행 상법아래서는 선하증권(상 854조)과 화물상환증(상 131조)의 경우 운송인이 그 증권에 기재된 대로 운송물을 수령 또는 선적한 것으로 추정되고 선의취득자는 보호받는다.

5. 설권증권 · 비설권증권

증권의 작성에 의하여 그때까지 존재하지 않던 증권상의 권리가 비로소 발생되는 유가증권을 **설권증권**이라고 한다. 어음, 수표가 설권증권이다. **비설권증권**은 증권의 작성 이전에 이미 존재하던 권리를 유가증권에 화체시킨 유가증권이다. 이미 효력을 발생한 주식 내지는 주주권이 주권에 결합되는 것이 비설권증권의 좋은 예이다. 화물상환증, 창고증권, 선하증권도 모두 비설권증권이다.

6. 요식증권 · 불요식증권

법에서 기재사항과 형식을 정하고 있는 유가증권을 **요식증권**, 그렇지 않은 유가증권을 **불요식증권**이라고 한다. 요식증권 중에서도 법에서 정한 기재사항이 누락되면 그 효력이 인정되지 않는 증권을 절대적 요식증권이라고 한다. 어음, 수표가 이에 해당한다.

제 4 절 유가증권과 구별되는 증권

1. 증거증권

증거증권은 사법상의 법률관계의 존부나 그 내용의 증명을 용이하게 하기 위한 서면을 가리킨다. 증거법적 기능을 수행하며 권리자는 증권 없이 권리행사를 할 수 있다. 그러나 진정한 권리자가 아닌 증거증권 소지인에게 이행한 채무자는 다시 진정한 권리자에게 변제하여야 하며 면책될 수 없다. 증거증권으로는 매매계약서, 전세계약서, 차용증서 등이 있다.

2. 면책증권(자격증권)

면책증권이라 함은 채무자가 악의 또는 중대한 과실 없이 증권의 소지인에게 채무를 이행하면 그 소지인이 정당한 권리자가 아닌 경우라도 채무를 면하게 되는 증권을 말한다. 예금통장이 좋은 예이다. 면책증권을 상실한 자는 증권이 없더라도 권리자임을 증명함으로써 권리를 행사할 수 있다. 이 점이 유가증권과의 중요한 차이이다(예, 미술관 등에서의 의복·가방 보관표). 유가증권을 상실한 경우에는 공시최고절차를 거쳐 **제권판결**을 받아야 권리행사를 할 수 있는 것과 다르다.

면책증권은 원래 유통을 예정한 것이 아니므로 관련 권리의 양도는 민법의 지명채권양도의 방식과 효력에 의해야 한다(예, 예금통장, 출고지시서).

대판 1970. 10. 23, 70다1985 기록과 원심판결 이유에 의하면 원심이 이 사건 출고지령서(갑 제2호증)가 기명소지인출급식증권이라고 단정하기 어렵고 원인관계에 있어서 대금이 지급되지 않았으니 피고(호남석유 주식회사)로서는 그 출고를 거부할 수 있다고 판시한 것은 정당하고 논지는 이유없다. 원심이 든 증거를 보면 출고지시(령)서는 피고 회사가 소외 동양유리사에 대하여 경유 102드럼을 출고하라는 지령서로서 그 지령서를 지참하는 자에게 출고지령서와 교환하여 물품을 인도하는 것으로서 출고지령서의 소지인은 출고지령서와 교환으로 지령서 기재의 물건을 받음으로써 목적을 달성하고 피고 회사는 출고지령서와 교환으로 물건을 소지인에게 인도하면 정당한 소지인이 아닐 경우에도 인도책임을 면하는 소위 면책증권으로서의 작용을 하는 것임을 알 수 있으므로 실질관계인 매매 계약에 의하여 영향을 받는 유인증권이라고 할 것이며 따라서 출고지령서의 양수인은 증권을 양도받았다는 사실만으로써는 지령서 표시 물건의 인도청구권을 취득할 수 없으며 또 지령서의 양도는 그 표시물건의 양도와 같은 효력이 없다고 해석함이 상당하다.

3. 금 액 권

수입인지·화폐나 우표와 같은 **금액권**은 증권 그 자체가 법률상 재산적 가치를 보유하고 있다. 금액권은 증권의 물리적 멸실로 그 가치가 소멸되며 상실한 경우 제권판결로 권리회복을 할 수 없다. 금전에 갈음하는 효력을 가지는 증권이고 사법상의 재산권이 화체된 것이 아니다. 금액권은 그 발행에 법적 근거를 필요로 한다.

제 5 절 유가증권 여부가 문제되는 증권

종래 학설상 유가증권으로 볼 것인가가 다투어지는 증권이 여러 가지 있었다. 그 판별 기준은 일단 다음과 같이 설정해 볼 수 있다.

① 화체된 권리를 무엇으로 볼 것인가?

② 그 권리가 유통의 대상이 될 만한 권리인가? 그 권리를 유통시킬 필요가 있는가? 이것이 특히 중요한 기준이다. 이에 대하여 유통이 유가증권제도의 유일한 목적은 아니라는 견해도 있다.

③ 그 권리의 양도에 있어서 증권만으로 양도할 수 있는가? 지명채권양도의 방식에 따라야 하는가?

④ 분실·도난의 경우 증권 없이 권리행사가 가능한가? 제권판결을 받아야만 권리를 행사할 수 있는가? 제권판결을 받아야만 권리행사를 할 수 있도록 하는 것이 무리한 요구가 되는 것은 아닌가?

1. 승 차 권

철도여객승차권이나 고속버스승차권을 유가증권으로 볼 것인가? 이와 관련된 권리는 여객운송청구권이다. 우선 여객운송청구권은 유통을 예정한 권리라고 볼 수 없으므로 승차권은 유가증권이 아니고 면책증권으로 보는 것이 적당하지 않은가 생각해 볼 수 있다. 유가증권으로 보게 되면, 승차권을 소지한 자만 권리행사를 할 수 있게 된다. 면책증권으로 보면 증권의 소지 없이 권리자임을 증명하여 권리행사를 하는 것을 막을 수 없다. 또 하나 생각할 점은 유가증권이 아니라면 소위 암표를 구입하는 자는 지명채권양도의 요건을 갖추지 못하였으므로 권리행사를 할 수 없게 된다. 부득이하게 암표를 구입하는 사례도 있을 수 있기 때문에 그러한 자의 보호도 사회적으로 필요할 수 있다.

유가증권 제도의 목적 중에서 '유통'만을 강조한다면 승차권은 유가증권으로 보기 어렵다. 그러나, 승차권을 상실한 자가 제권판결을 받지 않고 권리자임을 증명하여 권리행사를 할 수 있도록 허용하면 하나의 좌석에 분실자와 선의취득자 두 사람이 권리주장을 하는 것과 같은 혼란이 예상된다. 대량으로 거래되는 증권의 경우 증권 없이 권리행사를 할 수 없도록 할 필요성(면책증권과의 차이) 역시 유가증권의 한 가지 기능으로 본다면 승차권의 유가증권성을 부인할 바 아니다(통설: 서돈각·정완용, 238면; 정동윤, 52-55면; 정찬형, 8면; 최기원, 18면).

지하철 1회 승차권과 관련지어 생각해 보아야 할 권리는 1회의 여객운송청구권이다. 지하철운임이 인상된 경우 미리 구입한 1회 승차권으로 1회의 여객운송을 청구할 수 없고 추가운임을 지급하여야 하는 것으로 이해되고 있다. 그렇다면 지하철 1회 승차권은 운임의 선급을 증명하는 표권(標券)일 뿐 유가증권은 아니라고 볼 수밖에 없다. 판례도 비록 현행 상법 제정 이전의 것이기는 하지만 같은 입장이다.

대판 1960. 2. 18, 4291민상906(민판집40-380)

가. 전차이용자가 매표소에서 보통승차권을 구입하는 소위는 전차에 승차키 위하여 피고 회사(경성전기 주식회사)의 영업방침에 따라 전차운임의 유일한 지불방법인 同 승차권을 求得하는 방법의 일종에 불과한 것이며, 각 정류소에서 발차준비를 마치고 승객의 승차를 기다리는 전차는 피고 회사가 전차이용자에 대하여 운송계약의 申込을 유인하는 것이고 승차권소지자가 승무원의 승차거절을 당하지 않고 승차할 때에 승객의 운송계약의 申込과 피고 회사의 이에 대한 승낙으로써 운송계약이 성립되는 것이며 승객의 승무원에 대한 승차권의 교부는 위 운송계약상의 운임지불에 해당하는 것이다.

나. 전차의 보통승차권은 전차이용자가 피고 회사(전차운수사업자)의 전차운임취급내규에 따라 장차 성립할 운송계약을 예상하고 피고 회사에 同 승차권 통용당시의 전차운임에 해당하는 현금을 선불하였음을 증명하는 票券으로서 이를 소지 중 운임의 변경이 없이 운송계약이 성립되는 경우에 운임의 현금지불에 대용되는 것이라 할 것이며, 위 보통승차권은 융통성 있는 유가물로서 매매양도의 대상이 될 수 있으나 유가증권은 아니라 할 것이다.

2. 항 공 권

여객항공권(비행기표)은 항공운송업계의 관행상 양도불능 기명식증권으로 발행되므로 유가증권의 기능 중 유통성을 강조하는 입장에서는 유가증권이 아니라고 보지만, 대량거래수단으로서의 기능(증권을 제시하여야만 권리행사를 할 수 있도록 하고 신원확인만으로는 탑승을 요구할 수 없도록 하기 위함)을 중요시하는 입장에서는 유가증권으로 본다.

3. 보험증권

보험증권은 보험계약이 성립한 후에 보험자가 피보험자(손해보험의 경우) 또는 보험수익자(인보험의 경우)에게 보험계약의 내용을 기재하여 발행하는 증권이다. 보험증권과 관련지을 수 있는 권리는 장래 불확실한 사고가 발생할 경우에 현실화될 보험금지급청구권이다. 그런데 이러한 권리는 유통시킬 필요가 없으므로, 보험증권을 유가증권으로 보는 것은 적당하지 아니하다. 화재보험이나 생명보험의 경우 장래의 보험금지급청구권을 양도한다는 것은 상식에 반할 뿐 아니라, 그러한 권리의 양도가 오히려 위험의 발생을 유발할 우려도 있다. 따라서 보험증권은 증거증권인 동시에 면책증권으로 보면 충분하다. 판례도 동일한 입장이다. 다만 지시식으로 발행되는 **해상적하보험증권**은 예외적으로 유가증권으로 보는 것이 통설(서돈각·정완용, 370면; 손주찬, 537-538면; 양승규, 보험법, 132면; 정희철, 392면; 정찬형, 9면)이다.

대판 1988. 2. 9, 86다카2933,2934,2935 보험계약은 당사자 사이의 의사합치에 의하여 성립되는 낙성계약으로서 별도의 서면을 요하지 아니하므로 보험계약을 체결할 때 작성교부되는 보험증권이나 보험계약의 내용을 변경하는 경우에 작성교부되는 배서증권은 하나의 증거증권에 불과한 것이어서 보험계약의 성립여부라든가 보험계약의 당사자, 보험계약의 내용 따위는 위의 증거증권만이 아니라 계약체결의 전후 경위, 보험료의 부담자 등에 관한 약정, 위 증권을 교부받은 당사자 등을 종합하여 인정할 수 있다.

〈사실관계 및 쟁점〉 소외 주식회사 서양사(이하 '서양사'라고 한다)는 독립당사자참가인 남성원양어업 주식회사(이하 '참가인 乙'이라고 한다)로부터 이 사건 선박을 1981. 5. 1.부터 3년간 임차하고, 참가인 乙과 피고 제일화재해상보험 주식회사와의 사이에 1981. 8. 28. 이 사건 선박에 대하여 보험계약자 겸 피보험자를 참가인 乙, 보험가액 및 보험금액을 각 미화 30만불, 보험기간 1년으로 하며 선박의 全損 또는 推定全損發生時에는 그 보험금을 참가인 乙의 채권자인 주식회사 한일은행에 직접 지급키로 하는 내용의 선박보험계약을 체결하고 이에 대한 선체보험증권을 발행교부받았다. 그 후 1981. 10. 2. 피고 회사는 서양사와 참가인 乙의 요청에 따라 위와 같은 선체보험증권의 보험금액을 미화 45만불로 변경증액하고 기타 내용은 동일하며 全損 또는 推定全損의 경우 추가보험금 미화 15만불은 독립당사자참가인 랄스톤 퓨리나 캄파니(이하 '참가인 甲'이라 한다)에게 직접결제하며 나머지 미화 30만불은 참가인

乙의 채권자인 주식회사 한일은행에 지급키로 하는 내용의 배서증권을 발행하여 서양사에게 교부하였다. 그 이외에도 서양사와 참가인 乙은 기존 보험금액을 미화 45만불로 변경증액함에 따른 추가보험료는 서양사가 부담하기로 하였다. 또한 피고 회사는 서양사로부터 보험계약상의 피보험자 명의를 서양사로 명기한 배서증권을 요청받고서 기존보험의 계약자 및 피보험자인 참가인 乙로부터 1981. 10. 6.로 이 사건 선박에 대하여 서양사 명의로 추가선체보험 15만불에 추가부보함에 동의한다는 동의서를 받은 다음 10. 12. 피보험자를 서양사로 변경명기하고 보험금액은 미화 45만불로 하고 기타의 보험조건은 기존 계약과 동일한 내용의 배서증서를 발행하여 이를 서양사에게 교부하고 서양사는 이를 참가인 甲에게 교부하였다.

그런데 이 사건 선박은 1982. 7. 17. 12 : 00경 괌도에서 출항하여 일본 시모노세끼항으로 항해하다가 7. 20. 02 : 40경 산호초에 좌초되어 구조되지 못하였다.

여기서는 선박임차인에 불과한 서양사도 추가보험에 관하여 피보험이익을 갖는지 여부, 참가인 乙과 피고 회사간에 체결된 보험계약은 보험금액 및 보험가액을 각 미화 30만불로 협정평가하여 체결된 기평가전부보험계약인데 보험가액의 증가 없음을 입증함이 없이 추가보험계약을 체결함으로써 사기에 의한 초과보험으로서 당연무효라는 점의 입증책임이 누구에게 있는지 여부 등도 문제되었으나, 특히 보험증권의 유가증권성 여부와 관련하여 다음과 같은 점이 쟁점으로 다투어졌다. 즉, 이 사건 선박에 대한 선체보험증권상 참가인 乙이 기존보험계약의 계약자 및 피보험자로 기재되어 있고, 참가인 乙이 同 증권을 소지하고 있다. 따라서 기존보험금수령권은 참가인에게 있으며, 피고 회사와의 약정에 따라 이를 참가인 乙의 채권자인 주식회사 한일은행에게 직접 결제함에는 문제가 없다. 그러나 피고 회사가 서양사에 대하여 기존보험계약의 보험금액을 변경증액하고 이에 따른 추가보험료는 서양사가 부담하며, 추가보험금은 참가인 甲에게 대하여 직접결제하기로 약정하고 기존보험계약의 피보험자의 명의를 참가인 乙에서 서양사로 변경하는 내용의 배서증권을 발행교부하였는데, 이와 같은 추가보험계약에서의 보험계약자와 피보험자가 누구인가가 문제된 것이다. 즉, 보험증권(배서증권)의 유가증권성을 전제로 추가보험계약은 참가인 乙과 피고 회사간의 기존보험계약의 보험금을 증액하고 추가보험금수령권을 서양사에 양도한 것으로 볼 것인가(따라서 이 경우에는 추가보험계약에서의 보험계약자는 기존보험계약의 보험계약자인 참가인 乙이 되고 단지 피보험자만은 배서증권상 서양사로 보게 될 것이다) 아니면 보험증권(배서증권)은 단순한 하나의 증거증권에 불과하기 때문에 추가보험계약에서의 보험계약자 및 피보험자는 同 증권상의 기재뿐만 아니라 계약체결의 전후 경위, 보험료의 부담자 등에 관한 약정, 同 증권을 교부받은 당사자 등을 종합하여 판단할 것인가(따라서 이 경우에는 기존보험계약의 보험계약자 및 피보험자는 참가인 乙이고, 추가보험계약의 보험계약자 및 피보험자는 서양사가 될 것이므로, 추가보험계약은 기존보험계약의 보험금수령권에 대한 양도계약으로 보지 않게 된다) 여부이다.

4. 상 품 권

상품권은 일정한 가액에 상당하는 물품을 인도하거나 용역을 제공할 것을 약속하는 유가증권이다. 상품권에는 물품상품권과 금액상품권이 있다. 권리의 발생·이전·행사 모두에 증권의 소지가 필요한 완전유가증권에 해당한다.

5. 예금통장

예금통장은 예금주가 그것을 분실하더라도 은행의 신분확인절차를 거쳐서 즉시 재발급받아 예금반환청구권을 행사할 수 있으므로 면책증권일 뿐 유가증권은 아니다.

6. 신용카드(Credit card)

신용카드는 신용카드회사의 회원임을 증명하는 증거증권에 지나지 않고 특정의 권리를 표창하는 것이 아니다. 판례도 (형사에 관한 것이기는 하지만) 동일한 입장이다.

대판 1999. 7. 9, 99도857 신용카드업자가 발행한 신용카드는 이를 소지함으로써 신용구매가 가능하고 금융의 편의를 받을 수 있다는 점에서 경제적 가치가 있다 하더라도, 그 자체에 경제적 가치가 화체되어 있거나 특정의 재산권을 표창하는 유가증권이라고 볼 수 없고, 단지 신용카드회원이 그 제시를 통하여 신용카드회원이라는 사실을 증명하거나 현금자동지급기 등에 주입하는 등의 방법으로 신용카드업자로부터 서비스를 받을 수 있는 증표로서의 가치를 갖는 것이다.

7. 직불카드(Debit card)

직불카드는 요구불예금의 예금주에게 은행이 발행하는데, 카드소지인은 직불카드로서 현금지급기(ATM기계)에서 예금을 인출할 수도 있고 직불카드 가맹점에서 물품이나 용역의 대가를 지급하는데 사용할 수 있다. 직불카드로 지급하면 카드소지인의 예금계좌에서 가맹점의 계좌로 예금이 자동이체된다. 직불카드 역시 신용카드와 마찬가지로 예금인출권이나 자동이체를 지시할 권한이 있는 예금주임을 증명하는 증거증권으로 보는 것이 적당하다.

8. 선불카드(Prepaid card)

선불카드는 물품의 구입이나 용역의 이용을 위하여 일정한 금액을 미리 납부하고 발행받는 카드이다. 지하철정액승차권, 교통카드, 공중전화카드, 복사기용카드 등이 이에 해당한다. 대금을 선불하고 발행받는다는 점에서 상품권과 유사하며, 선불카드는 완전유가증권에 해당한다. 형사사건에서 공중전화카드가 유가증권에 해당함을 밝힌 판결이 있다.

대판 1998. 2. 27, 97도2483 형법 제214조에서 유가증권이라 함은, 증권상에 표시된 재산상의 권리의 행사와 처분에 그 증권의 점유를 필요로 하는 것을 총칭하는 것인바(대법원 1995. 3. 14, 선고 95도20 판결 등 참조), 공중전화카드는 그 표면에 전체 통화가능 금액과 발행인이 문자로 기재되어 있고, 자기(磁氣)기록 부분에는 당해 카드의 진정성에 관한 정보와 잔여 통화가능 금액에 관한 정보가 전자적 방법으로 기록되어 있어, 사용자가 카드식 공중전화기의 카드 투입구에 공중전화카드를 투입하면 공중전화기에 내장된 장치에 의하여 그 자기정보가 해독되어 당해 카드가 발행인에 의하여 진정하게 발행된 것임이 확인된 경우 잔여 통화가능 금액이 공중전화기에 표시됨과 아울러 그 금액에 상당하는 통화를 할 수 있도록 공중전화기를 작동하게 하는 것이어서, 공중전화카드는 문자로 기재된 부분과 자기기록 부분이 일체로써 공중전화서비스를 제공받을 수 있는 재산상의 권리를 화체하고 있고, 이를 카드식 공중전화기의 카드 투입구에 투입함으로써 그 권리를 행사하는 것으로 볼 수 있으므로, 공중전화카드는 형법 제214조의 유가증권에 해당한다고 봄이 상당하다.

9. 복　　권

근래 로또복권과 관련하여 문제의 복권의 권리자를 누구로 볼 것인가가 다루어진 사건이 있었다. 로또복권의 경우에 어떠한 권리를 생각해 볼 수 있을까. 아주 낮은 확률이기는 하지만 당첨이 되면 복권과 맞바꾸어서 당첨금의 지급을 청구할 수 있는 권리가 그것이다. 증권의 소지 없이 권리행사를 할 수 없도록 하여야 할 필요성을 강조한다면 복권도 유가증권으로 보아야 할 것이다.

제 2 장
어음 · 수표의 이해

제 1 절 어음 · 수표의 의의

1. 약속어음

약속어음은 발행인이 수취인 또는 그 지시인에 대하여 만기에 일정한 금액을 지급할 것을 약속하는 지급약속의 증권이다. 우리나라의 국내 어음거래에서는 주로 약속어음이 이용되고 환어음은 거의 이용되지 않고 있다. 이러한 거래현실은 환어음위주로 규정하고 있는 어음법과 동떨어져 있다.

약속어음은 매매대금 또는 용역대금의 결제수단이나 할부대금의 지급수단(신용창출기능)으로 이용되고 있으며, 금전소비대차와 관련한 차용증서의 대용(신용담보기능)으로 이용되기도 한다. 일정한 기간이 경과한 후에 지급할 것을 약속한다는 점에서 특히 신용증권으로서의 기능이 두드러진다. 수취인이 만기까지 어음을 소지하고 있다가 지급을 받는 경우도 있지만, 수취인이 그 어음을 배서하여 유통시키는 경우가 흔히 있다. 유통이 있는 경우 지급을 받는 자는 수취인으로부터 어음을 양수한 제3자이다. 또한 어음거래실무에서는 만기에 발행인 자신이 어음금을 지급하는 일은 드물고, 그가 당좌거래약정을 체결하여 지급사무를 위탁한 은행이 지급담당자로서 어음교환을 통하여 지급하는 것이 보통이다. 이것이 은행도어음이다. 발행인과 지급담당은행과의 위탁관계는 「준자금관계」라고 하는데, 이에 대하여는 「어음의 실질관계」라는 장에서 상세히 설명하기로 한다.

약속어음이 만기에 지급되지 못한 경우에는 발행인은 주된 채무자로서 어음금과 법정이자를 지급하여야 한다(어 78조, 28조, 48조, 49조).

약속어음이 환어음과 본질적으로 다른 점은 약속어음의 발행인은 환어음에서의 지급인의 지위를 겸하여 항상 주된 채무자가 된다는 점과 인수제도가 인정되지 않는다는 점이다(어 77조에서는 환어음의 인수에 관한 규정을 약속어음에 준용하고 있지 않다).

2. 환 어 음

환어음은 발행인이 지급인에 대하여 수취인 또는 그 지시인에게 만기에 일정한 금액을 지급할 것을 위탁하는 지급위탁의 증권이다. 지급인 C로부터 받을 100만원 채권을 가지고 있는 A(발행인)가 B(수취인)에게 장래의 날을 지급기일로 정하여 환어음을 발행하는 경우가 좋은 예이다. 환어음도 전전유통이 되므로 실제 지급을 받는 자는 최종소지인이고, 주로 어음교환을 통하여 결제되는 것은 약속어음과 같다.

유럽에서는 역사적으로 환어음이 주로 이용되었으나, 우리나라에서는 내국신용장거래에 수반하여 환어음이 이용되는 경우 외에는 거래실무에서 환어음이 이용되는 일은 거의 없으며, 약속어음이 주로 이용되고 있을 뿐이다. 그러나 우리의 어음법은 제네바통일법을 수용하여 입법되었기 때문에 그 편별상 환어음 위주로 규정되어 있으며, 약속어음에 대하여는 환어음과 다른 몇 가지 특칙을 제외하고는 모두 환어음에 관한 규정을 준용하고 있다. 이 때문에 어음 · 수표법 교과서도 대부분 조문의 편제에 따라 환어음을 중심으로 서술하고, 약속어음에 관하여는 환어음과 다른 점만을 간략하게 설명하는 기술방식을 채택하고 있다. 이러한 어음 거래의 실정과 법의 괴리는 어음법의 강의와 연구에 상당한 불편을 초래하고 있으며 조문 인용상의 번거로움도 적지 않다.

환어음의 발행인은 약속어음의 경우와는 달리 주된 채무자가 아니고 최종적인 상환의무자에 불과하다. 따라서 환어음에서는 지급인이 인수를 하지 아니하면 주된 채무자가 없게 되는 결과가 된다.

환어음의 발행인과 지급인간에는 추심할 기존 채권이 있거나 지급기일 전까지 어음금액을 보내주겠다고 약속하는 등의 내부적 관계가 있을 텐데 이러한 관계를 자금관계라고 한다. 이에 대하여는 「어음의 실질관계」의 장에서 상세히 설명하기로 한다.

3. 수 표

수표는 발행인이 지급인인 은행에 대하여 일정한 금액의 지급을 위탁하는 **일람출급증권**이다. 수취인을 지정하는 방식도 인정되지만(수 5조 1항 1호), 수취인을 지정하지 않고 교부만으로 양도하는 **소지인출급방식**(수 5조 1항 3호)이 일반적으로 통용되고 있다. 「소지인에게 지급하여 주십시오」라는 문구가 없더라도 수취인이 적혀 있지 아니한 것만으로도 소지인출급식 수표로 본다(수 5조 3항). 수표는 일람출급의 만기만 허용이 되므로 일단 발행된 수표의 소지인은 지급은행으로부터 언제든지 지급을 받을 수 있다.

수표는 **지급위탁증권**이라는 점에서 환어음과 유사하지만, 순수한 지급증권이라는 점에서, 지급증권보다는 신용증권으로서의 기능이 중요시되는 환어음과 구별된다. 수표는 현금으로 지급하는 경우의 번거로움과 도난 · 분실의 위험을 방지하기 위하여 이용되는 증권으로서, 그 중 자기앞수표는 특히 현금과 같은 기능을 발휘하고 있다.

수표법은 수표의 기능을 **지급기능**에 한정하고 신용증권화하는 것을 방지하기 위하여 여러 가지 규정을 두고 있다. 우선 환어음에 인정되는 인수가 수표에 있어서는 금지되고 있으며(수 4조), 수표는 반드시 일람출급의 방식만 허용되고 그와 다른 만기의 표시는 허용되지 아니한다(수 28조 1항). 수표상에 기재된 발행일자가 도래하기 전이라도 제시된 날에 지급하여야 하며, 선일자(先日字)수표 역시 그 일람출급성에 영향을 미치지 아니한다(수 28조 2항). 국내수표의 경우 지급제시기간이 발행일 다음날로부터 10일간으로 짧게 정하여져 있으며(수 29조 1항), 수표에 횡선을 그음으로써 그 취득과 지급이 제한될 수 있다(수 37조, 38조). 또한 수표에서도 보증제도가 인정되지만(수 25조), 지급인이 채무자가 되는 것을 막기 위하여 지급인의 보증은 인정되지 않는다(수 25조 2항). 다만 지급인이 지급보증은 할 수 있다(수 53조 1항). 지급보증인으로서 부담하는 채무는 한시적이다. 수표의 지급보증은 은행실무에서 이용되지 않고 있다.

수표는 수표금액에 해당하는 자금이 지급은행에 예금(이를 당좌예금이라 한다)되어 있는 경우에 한하여 이용될 수 있는 증권이며, 일정한 기간 신용을 제공받는 데 이용될 수 있는 증권은 아니다. 수표의 발행을 위하여는 발행인과 지급은행 사이에 「당좌거래약정」이라는 수표계약이 체결되어 있어야 한다(수 3조 본문). 그 수표계약은 발행인이 수표의 지급에 필요한 자금을 지급은행에 예금하고 그 자금을 수표에 의하여 처분할 수 있도록 하는 외에, 수표의 지급사무를 지급은행에 포괄적으로 위탁하는 위임계약이다(민 680조).

현실적으로 당좌거래계약의 체결(자금관계) 없이 수표를 발행하는 일은 있을 수 없겠지만, 당좌거래계약이 실효된 후에 발행된 수표라도 그 효력이 인정된다(수 3조 단서). 자금관계 없이 발행된 수표의 지급제시에 대하여 지급은행은 부도처리를 할 수밖에 없다. 이 경우에도 발행인이 상환의무를 부담하는 데 아무 영향을 미치지 아니한다. 다만 수표법에서는 수표의 결제가능성을 높이기 위하여 수표계약 없이 수표를 발행한 자에 대하여 50만원 이하의 과태료를 부과할 수 있도록 하고 있다(수 67조).

<약속어음 · 환어음 · 수표의 비교>

	약속어음	환 어 음	수 표
주된 기능	신용기능 지급약속증권	신용기능 지급위탁증권	지급기능 지급위탁증권
기본당사자	발행인 · 수취인	발행인 · 수취인 · 지급인	발행인 · 소지인 · 지급은행
주된 채무자	발행인	인수인	없음
상환의무자	배서인	발행인 · 배서인	발행인 · 배서인
인수제도	없음	있음	금지됨(수 4조)
지급인의 자격	해당 없음	제한 없음	금융기관(수 3조)
보 증	어음보증	지급인의 어음보증도 금지되지 않음	지급인의 수표보증은 허용되지 않고 지급보증만 할 수 있음(수 25조 2항, 53조 1항)
만 기	일람출급, 확정일출급, 일람후정기출급, 발행일자후정기출급		일람출급에 한함 (수 28조 1항)
지급제시기간	일람출급어음은 발행일로부터 1년간, 기타어음은 지급할 날과 그에 이은 2거래일		국내수표의 경우 발행일 다음날로부터 10일간(수 29조 1항)

제 2 절 어음 · 수표의 당사자

약속어음에는 발행인과 수취인, 환어음에는 발행인과 수취인 그리고 지급인, 수표의 경우에는 발행인과 수취인 그리고 지급인(지급은행)이 **기본당사자**로 필요하다. 이들 기본당사자 외에 배서인과 피배서인도 중요한 당사자이다. 어음 · 수표의 당사자에 관한 설명에 앞서 각 증권의 모습과 기재사항의 개요를 살펴보기로 한다. 어음과 수표의 기재사항 하나하나에 대한 자세한 설명은 뒤로 미루고, 여기서는 인쇄된 어음 · 수표용지를 대상으로 기재사항의 대강을 살펴보고자 한다.

① **어음번호**

② **어음문구**: 어음행위자의 주관적 인식을 촉구하는 기능을 한다.

③ **어음금액**: 금액의 확정을 요한다.

④ **숫자에 의한 어음금액**

⑤ **만기**: 확정일출급, 일람출급, 일람후정기출급, 발행일자후정기출급의 네 종류가 있다(어 33조 1항, 77조 1항 2호). 반면 수표의 경우는 일람출급식만 허용된다(수 28조 1항).

⑥ **지급지**: 지급을 하게 되는 지명으로서 최소행정구역을 기재하면 된다. 인수 · 지급을 위한 제시, 상환청구권보전절차, 인수인의 채무이행의 장소가 된다. 지급지가 누락된 경우 그 보충에 관한 규정이 있다(어 2조 2호).

⑦ **지급장소**: 은행지점명(예, 신한은행 서대문지점)을 기재하는 것이 보통이며, 어음의 필요적 기재사항은 아니다. 그러므로 이를 기재하지 않더라도 어음의 효력에는 영향이 없다. 지급장소가 은행으로 기재된 약속어음을 「은행도어음」이라 부른다.

⑧ **발행지**: 발행지의 기재가 없는 환어음은 발행인의 명칭에 부기된 지(地)에서 발행한 것으로 본다(어 2조 3호).

⑨ **수취인**: 어음의 경우는 필요적 기재사항으로 되어 있다(어 1조 6호, 어 75조 5호). 발행인이 자기 자신을 수취인으로 하여 어음을 발행할 수 있다(자기지시

어음). 반면 수표의 경우 수취인은 임의적 기재사항에 지나지 않는다(수 1조). 수취인의 기재가 없는 수표는 소지인출급식수표로 본다(수 5조 3항).

⑩ 지시문구

⑪ 지급약속문구 또는 지급위탁문구

⑫ 발행일자

⑬ 부기지(附記地): 지급인 등의 주소를 기재하는 것이 보통이다.

⑭ 발행인의 기명날인 또는 서명

[약속어음]

약 속 어 음

No. ****

B 귀하

금 일백만원정 ₩ 1,000,000

위의 금액을 귀하 또는 귀하의 지시인에게 이 약속어음과 상환하여 지급하겠습니다.

지급기일 년 월 일	발행일 년 월 일
지 급 지	발행지
지급장소	주 소
	발행인 A 印 (또는 서명)

[환어음]

환 어 음

No. ****

인수 년 월 일

C 귀하 C 印 (또는 서명)

금 일백만원정 ₩ 1,000,000

위의 금액을 이 환어음과 상환하여 B 또는 그 지시인에게 지급하여 주십시오.

지급기일 년 월 일	발행일 년 월 일
지 급 지	발행지
지급장소	주 소
	발행인 A 印 (또는 서명)

[당좌수표]

<table>
<tr><td>
당 좌 수 표
No. ****
지급지
한국외환은행 신촌지점 앞

금 일백만원정 ₩ 1,000,000
이 수표금액을 소지인에게 지급하여 주십시오.
년 월 일
발행지
발행인 A 印 (또는 서명)
</td></tr>
</table>

[배서란]

<table>
<tr><td>
앞면에 적은 금액을 C 또는 그 지시인에게 지급하여 주십시오.
(목적 또는 부기)
거절증서 작성을 면제함.
년 월 일
주 소
성 명 B 印 (또는 서명)
</td></tr>
<tr><td>
앞면에 적은 금액을 D 또는 그 지시인에게 지급하여 주십시오.
(목적 또는 부기)
거절증서 작성을 면제함.
년 월 일
주 소
성 명 C 印 (또는 서명)
</td></tr>
<tr><td>
앞면에 적은 금액을 틀림없이 받았음.
년 월 일

주 소
성 명 D 印 (또는 서명)
</td></tr>
</table>

⑮ **지급인:** 발행인과 지급인이 동일한 경우를 자기앞환어음, 자기앞수표라 한다.

⑯ **인수인:** 환어음의 지급인이 인수를 하면 인수인으로 바뀐다.

1. 발행인, 수취인, 지급인, 인수인

어음 · 수표의 발행인은 원인관계에 기초하여 어음 · 수표를 최초로 작성하고 발행인으로서 기명날인 또는 서명하여 수취인에게 교부하는 자이다. 같은 발행인이면서도 약속어음의 발행인은 주된 채무자가 되는 데 반하여(어 78조 1항, 28조 1항), 환어음이나 수표의 발행인은 제2차적 의무를 부담하는 상환의무자가 된다(어 9조 1항; 수 12조).

수취인은 어음금・수표금의 **지급을 받을 자**를 가리킨다. 약속어음과 환어음의 경우에는 증권상에 수취인의 명칭을 반드시 기재하여야 하는 데 반하여(어 75조 5호, 1조 6호), 수표의 경우는 수취인의 명칭을 기재하지 아니하는 소지인출급식 수표가 허용된다(수 45조).

지급인은 만기에 환어음과 수표의 소지인이 지급제시를 하게 될 상대방을 가리킨다. 지급약속증권인 약속어음의 경우는 발행인 자신이 지급의무를 부담하므로 지급인이 따로 있을 필요가 없다. 환어음의 지급인은 인수를 하지 않은 한, 그리고 수표의 지급인은 지급보증을 하지 않은 한 증권채무를 부담하지 아니한다. 다만 수표의 지급인으로 될 수 있는 자는 발행인이 처분할 수 있는 자금을 예금하고 있는 은행(수 3조)에 한정되어 있다는 점에서, 이러한 제한이 없는 환어음과는 구별된다.

인수인은 환어음의 지급의무를 부담하기로 의사표시를 한 지급인을 가리킨다. 환어음의 지급인이 인수를 함으로써 인수인이 된다. 환어음의 인수인은 약속어음의 발행인과 같은 채무를 부담한다.

2. 배서인, 피배서인

어음・수표는 대부분 그 **고유한 양도방법인 배서**에 의하여 양도된다(소지인 출급식 수표는 제외). 다만 고유한 양도방법인 배서에 의하여 양도할 수 있는 어음・수표의 경우라도 그 어음・수표상 권리를 지명채권양도방법에 의해서도 양도할 수 있는가에 대하여는, 이를 긍정하는 것이 통설(강위두, 348면; 서돈각・정완용, 184면; 손주찬, 221면; 양승규, 285면; 정동윤, 460-462면; 정무동, 411면; 채이식, 196면; 최기원, 261면)이다.

배서에 있어서 수취인이 제1배서란의 배서인이 되고, 제1배서란의 피배서인이 제2배서란의 배서인이 된다. 이와 같이 수취인으로부터 최종 소지인에 이르기까지 형식상 배서가 연속되어 있는 경우를 **「배서의 연속」**(어 16조 1항, 77조 1항 1호, 수 19조)이라고 한다. 배서의 연속은 배서의 자격수여적 효력을 인정하기 위한 전제가 된다는 점에서 중요하다. 배서인은 어음금 · 수표금의 지급이 거절된 경우에 제2차적으로 그 금액을 지급할 **담보책임**을 진다(상환의무라 한다). 이는 법률의 규정에 의한 의무이다(어 15조, 77조 1항 1호; 수 18조).

3. 소 지 인

어음법과 수표법에서는 증권채무에 대한 권리의 귀속주체를 채권자라고 부르지 않고 **소지인**이라고 부른다. 여기의 소지인은 미국 유통증권법상의 소지인(holder)에 대응하는 용어로서, **점유자**(possessor)와는 다른 개념이다. 수취인이 최초의 소지인이 되고, 그 후에는 최종배서란의 피배서인이 소지인이 된다. 최후의 배서란이 백지식(白地式)으로 되어 있는 경우는 점유자가 소지인이 된다(어 16조 1항 2문, 77조 1항 1호; 수 19조 2문).

4. 주된 채무자, 상환의무자

(1) 의 의

주된 채무자 또는 **주채무자**는 만기에 소지인이 지급청구를 하는 상대방으로서 어음채무를 부담하는 자이다. 민법상 보증의 법률관계에서 보증채무자(보증인)와 대비되어 사용되는 「주채무자」라는 용어와 구별하기 위하여 어음 · 수표의 법률관계에서는 「주된 채무자」라는 용어가 더 적당하다고 생각한다. 주된 채무자의 채무는 의사표시에 의한 의무라는 점에서 상환의무자의 의무와 다르다. 의사표시에 의한 채무도 법조문에 반영(규정)되어 있기는 하다(어 28조 1항, 78조 1항). 그러나 의사표시에 의한 채무는 법률의 규정에 의해 발생하는 것은 아니다. 약속어음의 발행인과 환어음의 인수인이 주된 채무자에 해당한다. 환어음의 지급인도 소지인이 만기에 지급청구를 하는 상대방이기는 하지만 지급인은 어음채무를 부담하지 않는 자이므로 주된 채무자에 해당하지 않는다. 환어음이나 수표의 발행인은 어음채무나 수표채무를 부담하지만 만기에 지급청구의 상대방이 되지 아니하므로 주된 채무자가 아니다.

상환의무자는 주된 채무자가 어음금의 지급을 거절하는 경우에(부도의 경우) 제2차적으로 어음채무를 부담하는 자이다. 상환의무자는 양도 또는 지급위탁의 의사로 어음행위를 하는 것이므로 의사표시에 의하여 의무를 부담하는 것이 아니라 법률의 규정에 따라 의무를 부담하는 것이다(어 9조, 15조 1항, 47조 1항, 77조 1항 4호; 수 12조, 18조 1항, 43조 1항). 환어음이나 수표의 발행인, 약속어음·환어음·수표의 배서인이 상환의무자이다.

(2) 주된 채무자와 상환의무자 등의 합동책임

약속어음의 발행인이나 환어음의 인수인과 같은 주된 채무자와 배서인 등의 상환의무자는 어음금지급에 대하여 **합동책임**을 진다(어 47조 1항, 77조 1항 4호; 수 43조 1항). 합동책임으로 인하여 소지인은 이들 어음채무자의 전원 또는 일부에게 각자의 어음행위의 순서에도 불구하고 어음금 전액의 지급을 청구할 수 있다(어 47조 2항, 77조 1항 4호; 수 43조 2항).

이들 어음채무자 중 1인의 지급이 있으면 다른 채무자 모두가 원래의 어음소지인에 대한 관계에서 책임을 면하게 된다는 점은 **연대채무관계**(민 414조)와 같다. 하지만 다음 여러 가지 점에서 합동책임은 연대책임과 차이가 있다.

1) 연대채무의 경우는 책임의 발생원인이 각 채무자에게 모두 같다. 합동책임의 경우는 주된 채무자의 책임이 의사표시로부터 나오는 데 반하여 상환의무자의 책임은 법률의 규정에서 나오는 등 책임의 발생원인이 서로 다르다.

2) 연대채무의 경우는 채무자 서로간에 내부적으로는 부담부분이 정하여져 있어서 채무를 이행한 채무자는 다른 채무자를 상대로 각자의 부담 부분에 따라 구상할 수 있다(민 424조, 425조). 합동책임의 경우는 내부관계에 있어서 부담부분이 없고 상환을 한 상환의무자가 그의 전자에 대하여 재상환청구(구상)할 수 있다(어 49조, 77조 1항 4호; 수 45조). 환어음의 인수인 또는 약속어음의 발행인이 최종적으로 전부 책임을 져야 한다.

3) 연대채무의 경우는 채무자 1인의 지급 기타 채무소멸사유로 인하여 다른 채무자 전원의 채무가 소멸한다(민 413조, 417조~421조). 합동책임의 경우는 상환의무자 1인의 지급이 있다 하더라도 그 사람과 그 후자의 채무를 소멸시킬 뿐 그 전자는 어음을 환수한 자에 대하여 책임을 부담한다. 다음 판례는 합동책임의 법률관계를 잘 보여주고 있다.

4) 연대채무의 경우는 채무자 1인에 대한 이행의 청구가 다른 채무자에게도 효력을 발생한다(민 416조). 합동책임의 경우는 하나의 채무자에 대한 청구가 다

른 채무자에게 효력을 발생하지 못한다. 어음채무자의 1인에 대한 청구는 다른 채무자에 대한 청구에 영향을 미치지 아니하며 시효의 중단은 그 중단사유가 생긴 자에 대하여서만 효력이 생긴다(어 47조 4항, 71조, 77조 1항 4호, 77조 1항 8호; 수 43조 4항, 52조).

5) 연대채무의 경우에는 각자 채무 전액을 지급하여야 한다(민 413조). 그러나 합동책임의 경우는 그 책임의 범위가 각 채무자에 따라 상이하다. 즉 어음채무자 중 주된 채무자와 상환의무자는 어음금 전액을 지급할 의무를 부담하지만(어 47조 2항, 77조 1항 4호; 수 43조 1항), 일부인수인(어 26조 1항), 일부보증인(어 30조 1항)은 그 범위 내에서만 책임을 부담한다.

대판 1989. 2. 28, 87다카1356, 87다카1357 약속어음의 발행인과 배서인이 그 소지인에 대하여 합동책임을 지는 것임은 소론과 같다고 할지라도 이 사건과 같은 경우의 합동책임은 연대채무와는 달라 배서인의 채무이행이나 배서인에 대한 권리의 포기는 발행인인 보조참가인에 대하여는 영향을 미치지 않는 것이라고 볼 것이다.

〈사실관계〉 본 판례의 사건 개요를 보면 다음과 같다. 즉, 원고 김정현은 (피고 윤춘섭의) 보조참가인인 화산기업 주식회사에 대하여 채권 금 57,966,000원을 가지고 있었는데, 그 중 금 21,240,000원은 변제받았고, 나머지 금 36,726,000원에 대해서는 소외 송윤경이 배서한 보조참가인 발행의 약속어음 1매를 교부받아 소지하고 있었다. 그 후 원고는 동 어음의 배서인인 송윤경을 상대로 합계 금 62,226,000원 상당의 약속어음과 수표금 청구소송(원고는 위 나머지 금 36,726,000원에 상당하는 약속어음금과 또 다른 약속어음금수표금을 병합하여 청구한 것이다)을 제기하였다('배서인 송윤경에 대한 소송'). 이에 1985. 5. 15. 위 송윤경은 원고에게 자신의 소유인 천안시 청당동 35 田 1,171평(1986. 7. 21. 당시 시가 금 17,419,500원 상당)에 관하여 대물변제를 원인으로 한 소유권이전등기절차를 이행하고 원고는 위 송윤경에 대한 나머지 청구를 포기한다는 내용의 법정화해를 하였다. 다만 위 법정화해할 당시 이 사건 소송('피고 윤춘섭 및 피고 보조참가인 화산기업 주식회사에 대한 소송')도 진행중이었기 때문에 원고는 위 송윤경과 법정화해하기에 앞서 원고가 소지중이던 보조참가인발행의 금 36,726,000원 약속어음에 대해서는 별도로 원고가 보조참가인에게 권리행사를 하기로 하되 위 송윤경과 그의 아들인 송재상에 대해서는 일체 민·형사상 청구를 하지 않기로 약정하는 내용의 각서를 교환하였다.

피고 및 보조참가인은 "금 36,726,000원의 약속어음채무는 원고가 동 어음의 배서인인 소외 송윤경을 상대로 서울민사지방법원에 다른 약속어음을 포함하여 금 62,226,000원의 약속어음 청구의 소를 제기하여 법정화해로써 위 송윤경의 토지를 대물변제 받고 나머지를 포기(한 것이라고 주장)하였다. 따라서 위 효력이 발행인이던 보조참가인에게도 미치므로 결국 보조참가인의 원고에 대한 채무는 모두 변제된 셈이 되었다"고 주장하였다.

〈쟁점〉 여기서 쟁점은 다음의 두 가지의 점이다. 즉 첫 번째의 쟁점은 약속어음의 소지인인 원고가 同 약속어음의 배서인인 소외 송윤경에 대하여 권리를 포기한 행위가 同 약속어음의 발행인인 피고 보조참가인에 대하여 어떠한 영향을 미치는가 하는 점이다. 두 번째의 쟁점은 원고가 배서인인 소외 송윤경과의 사이에 법정화해를 한 후 무엇을 근거로 발행인인 보조참가인에 대하여 권리행사를 할 수 있는가 하는 점이다.

첫 번째의 쟁점에 대하여 대법원은 "약속어음의 발행인과 배서인이 그 소지인에 대하여 합동책임을 지는 것임은 소론과 같다고 할지라도 이 사건과 같은 경우의 합동책임은 연대채무와는 달라 배서인의 채무이행이나 배서인에 대한 권리의 포기는 발행인인 보조참가인에 대하여는 영향을 미치지 않는 것이라고 볼 것이다"라고 판시하였다. 따라서 원고에 대하여 배서인인 소외 송윤경과 발행인인 보조참가인이 지는 책임의 법적 성질은 합동책임이며, 이는 연대채무와는 달리 소구의무자 중의 1인이 지급을 한 경우 어음채무의 소멸 효과는 그 후자에 대해서만 미치고 그 전자와 주된 채무자는 여전히 그 상환의무를 이행한 자에 대하여 어음채무를 부담한다. 그러나 주된 채무자가 지급을 한 경우에는 모든 어음채무자의 책임이 소멸한다. 결국 원고가 배서인인 소외 송윤경에 대한 권리를 포기한다는 법정화해의 효력은 同 어음발행인인 보조참가인에 대한 소외 송윤경의 권리에 영향을 미치는 것은 아니다.

두 번째의 쟁점에 대하여 대법원은 "위와 같은 법정화해와 각서는 서로 모순·저촉된다고 할 수 없고, 오히려 同 각서의 작성경위나 그 내용으로 보아 법정화해를 할 것을 전제나 조건으로 하여 작성된 것으로 보여지므로, 위와 같은 각서작성 후 법정화해가 이루어졌다고 하여 각서의 효력이 변경되거나 실효된다고 할 수는 없다고 본다"라고 판시하였다. 본래 합동책임이라 할지라도 어음채무자 중 1인의 지급이 있으면 다른 채무자 모두는 원래의 어음소지인에 대한 관계에서는 책임을 면하게 된다. 그런데 법정 화해 이전에 작성·교환된 원고와 송윤경 사이의 각서 내용을 보면, 원고의 발행인인 보조참가인에 대한 권리행사를 유보하고 위 송윤경과 그의 아들 송재상에 대해서는 일체 민·형사상 청구를 하지 않기로 약정하였다. 그 후 이루어진 법정화해는 원고가 배서인인 송윤경으로부터 그 소유 부동산을 대물변제 받고 송윤경에 대한 나머지 청구를 포기한다는 내용이었다. 여기서 법정화해와 각서는 서로 모순·저촉된다고 할 수는 없고, 오히려 각서 내용 중 송윤경에 대해서는 당시 어음금 청구소송이 계속중이었으므로 법정화해를 할 것을 조건으로 각서를 작성하였다고 보는 것이 합리적인 해석이다. 그러므로 각서작성 후 법정화해가 이루어졌다고 하더라도 여전히 각서의 효력은 유지되므로 이를 근거로 원고는 약속어음 발행인인 보조참가인에 대하여 그 권리를 행사할 수 있다고 보아야 할 것이다.

제 3 절 어음 · 수표의 이용과 경제적 기능

제1 어음 · 수표의 일생(발행에서 지급까지)

1. 약속어음

약속어음은 발행인 A가 수취인 B 또는 그 지시인에게 어음의 기재에 따라 어음금액을 지급하기로 약속하는 증권이다. 발행인(A)이 증여를 위하여 어음을 발행하는 경우도 있을 수 있으나, 주로 용역대가의 후불결제나 외상매입대금의 결제를 위하여 이용된다. 금전을 차입하고 차용증서 대신 어음을 발행하는 경우(이를 **대부(貸付)어음**이라 한다) 또는 담보제공 역시 약속어음이 이용되는 흔한 예가 된다. 약속어음은 환어음과 달라서 발행인 자신이 지급을 하게 되며, 발행인은 지급약속을 함으로써 발행과 동시에 **주된 채무자**가 된다(어 78조 1항, 28조 1항).

A로부터 약속어음을 발행 받은 B는 이 어음을 만기까지 소지하고 있다가 스스로 어음금을 청구하거나 제3자에게 배서양도할 수 있다. **배서**는 어음상의 권리를 양도하는 어음 · 수표의 고유한 양도방법이다. 아울러 이러한 배서에 의하여 배서인은 어음법의 규정(어 15조 1항, 77조 1항 1호)에 따라 어음채무를 담보하게 된다. 배서를 한 자를 **배서인**, 배서를 받은 자를 **피배서인**이라 하는데 수취인이 첫 번째 배서의 배서인이 되는 것은 당연하다. 피배서인은 다시 배서를 하여 어음을 양도할 수 있는데, 이러한 제2의 배서, 제3의 배서에 따라 어음이 전전유통되게 된다.

수취인이 약속어음을 배서양도하면, 약속어음에는 주된 채무를 부담하는 발행인과 상환의무를 부담하는 배서인의 두 가지 어음채무자가 있게 된다. 주된 채무자에 대하여는 만기에 꼭 지급제시를 하지 않더라도 **소멸시효**가 완성하기 전까지는 어음채권을 행사할 수 있다. 판례도 약속어음의 발행인(환어음의 인수인)은 절대적 · 최종적 어음채무자이므로 어음소지인이 발행인에 대하여 지급을 위한 제시를 하지 아니하였다 해도 발행인에게 어음금액을 청구할 수 있다고 한다.

대판 1971. 7. 20, 71다1070 약속어음의 발행인은 환어음의 인수인과 같이 어음금액을 절대적으로 지급할 채무를 부담하는 자이고 상환의무자가 아니므로 소지인이 발행인에 대하여 지급을 위한 어음제시를 하지 아니하였다 하여도 어음금액을 청구할 수 있는 것이고, 어음법 제77조 제1항 제3호에 의한 지급을 위한 제시의 규정은 약속어음 발행인에게는 적용될 수 없다 할 것인바, 원판결이 위와 같은 취지에서 어음법 제77조 제1항 제3호에 의하여 준용되는 같은 법 제38조의 규정은 약속어음 발행인에 대한 어음금청구의 경우에는 적용되는 것이 아니라고 한 판단은 정당하고 거기에는 어음법에 관한 법리를 오해한 잘못은 없다(同旨, 대판 1981. 4. 14, 80다2695).

대판 1988. 8. 9, 86다카1858 약속어음의 발행인은 어음금을 절대적으로 지급할 의무를 부담하는 것이므로 어음소지인이 발행인에 대하여 지급을 위한 제시를 하지 아니하였다 해도 발행인에게 어음금액을 청구할 수 있는 것이며, 발행인을 위한 어음보증인은 보증된 자와 동일한 책임을 지는 것이므로 이러한 어음보증인에게도 소지인은 지급을 위한 제시 없이도 어음금청구권을 행사할 수 있다.

반면, 상환의무자에 대하여는 **상환청구권보전절차**를 이행하지 않으면 상환청구를 할 수 없다. 상환청구권보전절차는 어음법상 다소 복잡하게 규정되어 있으나, 어음거래 실무상 중요한 것은 지급제시기간 즉 지급을 할 날 또는 이에 이은 2거래일 내에 발행인에게 지급제시를 하여 지급거절을 당하는 것이다(어 43조, 38조 1항, 77조 1항 3호, 4호). 어음법에 의하면 거절증서작성이 요구되고 있으나(어 44조, 77조 1항 4호), 이 의무는 면제되고 있는 것이 관례이다(어 46조, 77조 1항 4호).

약속어음은 **법률상 당연한 지시증권**(어 77조 1항 1호, 11조 1항)으로서, 처음부터 유통이 예정되어 있기 때문에, 어음채무자는 만기에 권리자가 누구인지 알 수가 없다. 따라서 어음채무는 지참채무가 될 수 없으며 **추심채무**가 될 수밖에 없다. 만기가 도래하더라도 약속어음의 발행인은 현실적 지급청구가 있을 때까지 **이행지체**에 빠지지 아니한다(민 517조, 상 65조). 전표채권에 관한 다음 판결은 좋은 참고가 된다.

대판 1976. 5. 11, 73다616 원판결은 피고 이남근에 대하여 원고 김기윤에게 금 631,784원, 원고 김기택에게 금 80,220원의 출역인부임('임금'과 같은 뜻) 전표채권의 지급을 명함과 동시에 위 각 금원에 대하여 1970. 10. 1.부터 완제일까지 연 5푼의 비율에 의한 지연손해금 (법정)지급을 명하고 있다. 그러나 원심이 확정한 바에 의하면 위 출역인부임 전표는 위 공사장에 출역한 인부들의 임금으로 현금 대신 발행한 증서로서 위 인부들은 위 공사장 주변에서 위 전표로 일상일용품을 구입하거나 현금으로 할인매매하여 사용하는 관습이 있던 것으로 위 각 원고가 위 관습에 따라 위 전표들을 할인매수한 채권임을 알 수 있는 바, 이와 같은 출역인부임 전표채권은 그 변제기한이 도래한 후에 소지인이 위 증서를 제시하여 이행을 청구한 때(날)로부터 비로소 채무자는 지체책임을 진다고 할 것이므로 위 각 출역인부임 전표채무의 변제기가 1970. 10. 1 이전에 도래한 사실의 인정만으로는 부족하고 위 일자 이전에 각 원고들이 위 각 전표를 제시하고 이행을 청구하였다는 사실의 인정 없이는 지체책임을 지울 수 없다 할 것임에도 불구하고 그러한 사실의 인정도 없이 변제기인 1970. 10. 1.부터 연 5푼의 비율에 의한 지연손해금지급을 명한 원심의 조처는 위와 같은 출역인부임 전표채권에 대한 이행지체에 관한 법리를 오해한 위법이 있고 이는 판결의 결과에 영향을 미쳤다 할 것이다.

어음채무가 추심채무라고는 하지만, 약속어음의 발행인이 만기 이후에 항상 어음금액을 발행인의 주소나 영업소에 준비해 두어야 하는 것은 아니다. 거래계에서 상인들이 이용하는 약속어음은 대부분 그 지급담당자가 은행으로 기재되어 있는 **은행도어음**(당좌어음)으로서, 소지인은 자기의 거래은행에 추심의뢰를 하고 그 어음의 지급제시와 어음금의 지급은 은행간의 **어음교환절차**를 통하여 이루어진다. 어음교환업무는 금융결제원이 설치한 지역별 **어음교환소**에서 처리하고 있다.

약속어음의 최종소지인은 만기에 지급을 청구하게 된다. 이 어음에 지급이 이루어지면, 약속어음은 그 임무를 마치고 어음채무가 소멸한다. 지급과 맞바꾸어(상환하여) 어음을 환수한 발행인은 그 어음을 폐기하게 된다.

2. 환 어 음

발행인 A:	도매상(또는 건물외벽타일시공업자)
지급인 C:	소매상(또는 건설회사): A가 소매상(또는 타일시공의 용역을 제공받은 건설회사) C에 대하여 500만원 외상판매 또는 용역제공, C는 도매상(또는 타일시공업자) A로부터 500만원 외상매입(또는 용역제공을 받음)
수취인 B:	제조업자(또는 타일공급업자): B가 도매상(또는 타일시공업자) A에게 500만원 외상공급

환어음이 이용되는 대표적인 경우를 위의 표를 참고하여 살펴보자. 도매상 A가 소매상 C에게 상품을 판매하고 500만원의 외상대금채권을 가지고 있다. 한편 A는 제조회사 B에 대하여 500만원을 지급하여야 할 채무를 부담하고 있다. 이러한 두 가지 채무의 변제기가 접근하는 경우, A는 C로부터 500만원을 추심하여 그 돈을 B에게 지급하는 대신에 C를 지급인으로 B를 수취인으로 하는 환어음을 발행하여 B에게 교부함으로써, 두 단계의 결제과정을 하나로 통합할 수 있다. 환어음은 발행인(A)이 지급인(C)을 상대로 어음금액을 수취인(B 또는 그 지시인)에게 지급할 것을 위탁하는 증권이다. 여기서 A가 C에게 그러한 지급위탁을 한다는 것은 A와 C 사이에 어떠한 경제적 관계가 있을 것을 전제로 하는데 이를 자금관계라고 부른다.

A로부터 지급위탁을 받았다고 하여 그것만으로 C가 어음상의 채무를 부담하는 것은 아니다. 위탁을 받은 것만으로 어떤 의무가 발생한다는 것은 사적 자치 내지는 자기책임의 원칙에 반하므로 인정될 수 없다. 또 어음상의 채무는 어음행위에 의하여서만 부담한다는 어음행위의 추상성으로부터도 지급인이 어음상의 채무를 부담하지 아니하는 것은 당연하다. 지급인 C는 이 환어음상에 인수를 함으로써 비로소 어음채무를 부담하게 되는데 이때부터 C는 인수인으로 되고 인수인으로서의 채무는 약속어음의 발행인의 채무와 같이 주된 채무가 된다(어 28조). 그러나 반드시 인수제시를 하도록 명하는 특별한 정함이 없는 한, 소지인이 만기까지 인수를 받지 않는 경우도 있을 수 있다(어 21조, 22조 1항).

A로부터 환어음을 발행 받은 B는 이 어음을 만기까지 소지하고 있다가 스스로 어음금을 청구하거나 제3자에게 배서양도할 수 있다. 이러한 제2, 제3의 배서에 따라 어음이 전전유통되게 되는 것은 약속어음과 마찬가지이다. 환어음의 최종소지인은 이 어음에 인수가 되어 있으면 인수인에게(인수가 되어 있지 않으면 지급인에게) 만기에 지급을 청구하게 된다. 이 어음에 지급이 이루어지면 환어음은 그 임무를 마치고 어음채무가 소멸한다. 지급과 맞바꾸어(상환하여) 어음을 환수한 인수인(지급인)은 그 어음을 폐기하게 된다.

환어음의 법률관계를 이해함에 있어서 주의할 점은 다음과 같다.

① 환어음의 발행인은 상환의무를 부담할 뿐이다(어 9조). 상환의무자가 여럿일 경우 발행인이 최종적으로 상환의무를 부담한다.

② 인수는 지급인의 지급약속으로서 채무부담행위이다. 인수인의 지위는 약속어음의 발행인의 지위와 같다(어 28조 1항, 78조 1항).

③ 환어음은 지급위탁증권이라는 점에서는 수표와 비슷하고, 신용증권이라는 점에서는 약속어음과 같다.

3. 수　　표

수표라는 명칭을 사용하는 유가증권에는 여러 가지 종류가 있다. 이들 중에서 수표법의 적용을 받는 가장 전형적인 수표는 **당좌수표**이다. 당좌수표는 **당좌예금**(당좌거래약정)의 예금주가 은행으로부터 수표책을 교부받아 발행하는 수표이다.

이에 반하여 **자기앞수표**는 발행인과 지급인이 같은 은행인 수표로서 예금자가 은행에서 예금을 찾을 때 현금 대신 자기앞수표로 받거나 자기앞수표 발행의뢰인이 은행에 현금을 지급하고 매입하는 것이다. 우리나라의 거래계에서는 자기앞수표가 현금과 똑같이 통용되고 있으며, 이러한 현금대용기능으로 인하여 수표법의 일부 조항을 자기앞수표에 그대로 적용하는 것이 무리한 경우도 있다.

가계수표는 가계종합예금의 예금주가 수표 1장당 정해진 발행금액의 한도 내에서 발행하는 수표로서 주로 소액의 지급수단으로 개발되었다. 그러나 거래계의 호응을 받지 못하였으며 신용카드의 보급으로 거의 이용되지 않게 되었다. 우리나라에서 가계수표가 정착되지 못한 주된 이유는 상인들의 뿌리깊은 현금

선호와 각종 공공요금과 등록금 등 납부금의 납부에 수표가 이용되는 관행이 없었던 데 기인한다. 최근 공공요금의 납부는 대부분 지로와 지정계좌에서의 자동이체방식으로 이루어지고 있다.

여행자수표(Traveler's Check)는 여행자가 여행지에서 수표상에 표시된 화폐단위를 그 금액만큼 현금화할 수 있게 한 유가증권이다. 여행자수표는 「수표」라는 명칭을 사용하고 있으나, 그 형식면에서 우리 수표법상의 수표에 해당하지 아니하며, 어음법상의 환어음이나 약속어음과도 기재요건이 서로 다르다. 여행자수표는 세계각국의 금융업자들이 여행자들의 불편과 위험을 해소시켜 주기 위하여 고안한 제도로서 관습법에 의한 유가증권이라 할 수 있다(同旨: 정찬형, 50면; 정희철, 319면). 여행자가 여행자수표를 매입하면 즉시 수표 각 장에 서명을 하고 여행지에서 그 수표를 현금화하거나 양도할 때 매수인이나 양수인의 앞에서 다시 한 번 부서(副署, counter sign)를 하여야 한다.

여행자수표 위에 행하여지는 여행자의 서명을 구태여 수표법에 맞추어 이해해 본다면, 발행직후에 여행자가 하는 서명은 자신을 「수취인」으로 지정함과 동시에 부서와 비교해 볼 수 있는 원서명(原署名)을 표시하기 위한 것으로서 분실·도난시에 제3자의 현금화를 막는 기능도 한다. 여행자 자신이 여행자수표를 현금화하는 과정에서 하는 부서는 수표금의 수령을 증명하는 기능을 한다. 한편 여행자수표의 양도시에 하는 부서는 배서와 같은 기능을 하는 것으로 보면 될 것이다.

제2 어음·수표의 경제적 기능

1. 신용기능

어음은 다음 여러 가지 형태로 **신용기능** 내지는 후불(後拂)기능을 수행한다. 한편 수표는 원래 신용기능을 예상하지 아니한 유가증권이므로 제도적으로도 신용기능을 봉쇄당하고 있다.

(1) 상업어음(진성어음)

상거래가 외상으로 이루어지는 경우 그 상품대금 또는 용역대가는 흔히 어음으로 지급된다. 이러한 약속어음이나 환어음을 **상업어음** 또는 **진성어음**이라 한다. 이 경우에 채권자는 상거래에서 발생한 채권과 어음상의 권리를 가지게 되는데, 어음의 만기까지 어음채무자에게 신용을 제공한 것이 된다. 금융기관에서는 원칙적으로 진성어음만 할인(매입)하여 준다. 진성어음 여부의 확인은 어음에 첨부된 세금계산서 등 거래자료에 의하여 이루어지고 있다.

(2) 융통어음

어음수수(授受)의 기초가 되는 상거래가 없이 어음할인만을 목적으로 어음이 발행되기도 한다. 이와 같이 순전히 자금의 융통(accommodation)을 위하여 이용되는 어음을 **융통(融通)어음**이라고 하는데, ① 할인적격업체가 금융회사를 통하여 필요한 자금을 조달하는 경우(이를 **新種기업어음**(C.P.)이라고 하고 그 성격에 비추어 단기사채로 분류되기도 한다)와 ② 자기자금의 제공 없이 호의로 제3자의 금융편의를 보아주고자 하는 경우 등에 이용된다. 후자는 보통 「호의(好意)어음」이라고 부르며, 금융기관으로부터 신용을 인정받고 있는 자가 자금수요자를 수취인으로 하여 약속어음을 발행하여 주면 그 수요자가 어음을 금융기관에서 할인받아 쓴 다음 만기 이전에 어음금액을 발행인에게 지급하는 구조를 취한다. 융통어음의 효력에 대한 논의는 뒤의 「항변의 제한」이라는 절에서 다루어진다.

대판 1996. 5. 14, 96다3449 융통어음이라 함은 타인으로 하여금 어음에 의하여 제3자로부터 금융을 얻게 할 목적으로 수수되는 어음을 말하는 것이고, 이러한 융통어음에 관한 항변은 그 어음을 양수한 제3자에 대하여는 선의 · 악의를 불문하고 대항할 수 없는 것이므로, 어떠한 어음이 위에서 말하는 융통어음에 해당하는지 여부는 당사자의 주장만에 의할 것은 아니고 구체적 사실관계에 따라 판단하여야 하는데, 어음의 발행인이 할인을 의뢰하면서 어음을 교부한 경우, 이는 원인관계 없이 교부된 어음에 불과할 뿐이고, 악의의 항변에 의한 대항을 인정하지 아니하는 이른바 융통어음이라고 할 수는 없다.

〈사실관계 및 쟁점〉 피고 봉명산업 주식회사는 소외 이상무에게 약속어음을 발행교부하였다. 이는 피고가 스스로의 자금 융통을 목적으로 同 어음의 할인을 부탁하기 위해서였다. 그런데 소외 이상무는 자신의 사무실에 우연히 들른 원고은행 을지로지점 당좌담당과장인 소외 노양곤에게 同 어음은 피고로부터 할인목적으로 교부받았다고 말하면서 다시 同 어음의 할인을 위하여 교부하였다. 소외 노양곤은 위와 같이 同 어음을 교부받아 소지하고 있다가 이를 소외 이상무에 대한 대출금채무에 대한 담보로 처리하였다. 여기서 쟁점이 된 것은 위와 같이 피고가 발행·교부한 약속어음이 악의의 항변에 의한 대항을 인정하지 않는 이른바 융통어음에 해당하느냐 하는 점이었다.

대판 1988. 1. 19, 86다카1954 융통어음은 자금을 필요로 하는 자에게 자기의 신용을 이용하여 자금을 융통할 수 있도록 하기 위하여 발행하는 어음을 말하는 것이므로 발행인이 수취인에게 당초의 어음들을 발행해 준 것은 수취인이 발행인의 자금융통 또는 신용선전을 위한 것이라는 말에 기망당한 것이지 수취인으로 하여금 자신의 신용을 이용하여 자금을 융통하기 위한 것이 아니라면 당초의 어음이나 그 개서어음을 가리켜 융통어음이라고는 할 수 없다.

2. 지급기능

어음은 주로 신용기능을 수행하고 수표는 지급기능을 수행한다고 일컬어진다. 어음 중에서 특히 **은행도어음**(이는 지급장소를 특정은행으로 지정하여 발행된 어음을 말한다)은 신용기능 외에 지급기능도 수행하며 수표는 그 종류를 불문하고 모두 현금을 대신하는 지급수단으로 이용되고 있다.

대판 1993. 8. 24, 92다35424 지급장소를 은행으로 하여 발행한 이른바 은행도 약속어음은 발행인이 지급장소로 기재한 거래은행에 대하여 발행인의 당좌예금구좌에서 위 약속어음금을 결제하여 줄 것을 요청하는 단순한 지급위탁어음으로서 은행은 약속어음의 소지인에 대하여 약속어음금의 지급의무 또는 약속어음금의 지급과 관련한 어떠한 주의의무를 진다고 할 수 없으므로 은행이 어음발행인의 요청에 따라 당좌예금 잔고의 대부분을 우선 지급하고 교환제시된 동인(同人, 발행인) 발행의 약속어음을 예금부족으로 지급거절하였다고 하여 은행의 그와 같은 행위가 곧 불법행위를 구성한다고 보기는 어렵다.

수표법에는 수표의 기능을 주로 지급에 한정시키고자 하는 제도가 마련되어 있다. 즉, 수표에는 인수제도가 없고, 그 제시기간이 단기간(국내수표는 10일)이기 때문에 오랫동안 유통시킬 수 없다(수 29조). 이 점은 수표법이 적용되는 전형적인 당좌수표뿐만 아니라 발행인과 지급인이 동일한 자기앞수표의 경우에도 마찬가지이다. 수표의 만기는 일람출급식으로 한정되어 있다(수 28조 1항).

현금에 비하여 수표거래가 간편하고 안전하다는 것은 이론이 있을 수 없다. 다만 우리나라의 거래실정을 보면, 발행인의 자금(예금잔고)부족('NSF')으로 인한 부도위험과 분실 또는 절취된 수표 등과 같은 사고수표에 대한 우려 때문에, 당좌수표나 가계수표와 같은 일반수표의 이용은 제한되고 상대적으로 **자기앞수표**의 이용이 많았다. 게다가 근래에는 신용카드의 보편적 이용으로 인하여 그만큼 지급수단으로서의 수표의 중요성이 감소했다고 볼 수도 있다. 하지만 수표와 신용카드의 결제 용도가 다르고 특히 신용카드의 사용한도가 제한되어 있기 때문에 수표의 지급수단으로서의 기능은 유지되고 있다.

대판 1959. 10. 29, 4292민상440 자기앞수표도 10일 내에 지급을 위한 제시를 하여야 한다. 이득상환청구권을 보유한 자라 함은 절차의 흠결 또는 시효완성 당시의 소지인에 한한다.

3. 송금기능·추심기능

온라인 전자자금이체(電子資金移替), 신용카드에 의한 결제와 전신송금(電信送金))의 일반화로 인해서 어음·수표의 **송금기능**은 더 이상 중요하지 않고 역사적 유물로 바뀐 면이 없지 않으나, 아직도 소액의 국제송금에는 송금수표가 이용되고 있다.

환어음의 **추심기능**은 주로 화환(貨換)어음을 통하여 이루어진다. 예를 들어 서울의 수출상 A가 뉴욕의 수입상 B에게 외상으로 상품을 매도하고 그 대금의 추심을 위하여 B를 지급인, A 자신을 발행인인 동시에 수취인으로 한 환어음을 발행하여 선적서류를 담보로 하여 거래은행에서 할인받는다(이와 같이 어음상 권리에 선적서류와 같은 물적 담보가 되어 있다는 점에서 이를 擔保附어음이라고 한다). 이 때 A의 거래은행이 이렇게 매입한 어음을 국제추심경로를 통하여 B에게 지급제시하여 지급을 받으면 대금결제가 종료된다.

4. 담보기능

금전소비대차에 있어서 대주(貸主)는 차용증서 이외에 또는 차용증서에 갈음하여 약속어음을 받고자 한다. 어음을 받아 놓음으로써 채권자는 소송을 제기할 경우 금액에 관계없이 단독판사의 관할을 받을 수 있어서 소송기간을 단축시킬 수 있다. 사안 자체가 일반적으로 단순하고, 유통증권임에 비추어 권리의 신속한 실현이 요청되기 때문이다. 일반채권의 경우 그 금액이 1억원을 초과하면 지방법원(또는 지원)합의부가 관할하는 것과 비교된다(민사 및 가사소송의 사물관할에 관한 규칙 2조 1호). 제1심의 승소로써 담보제공 없이 가집행선고를 확보할 수 있으며(민소 213조 1항), 무엇보다도 소송에서 원고가 채권발생의 사실을 입증할 필요가 없게 된다는 점이 유리하다. 은행도어음이나 수표가 부도처리되는 경우 채무자는 향후 2년간 국내의 모든 은행과의 당좌거래를 할 수 없게 되는 거래정지처분을 받게 된다(서울어음교환소 규약 78조). 더욱이 예금잔고 부족 등으로 수표가 부도처리되면, 일정한 요건하에 발행인은 부정수표단속법에 따른 형사처벌을 받을 수 있다.

이러한 소극적 담보기능 이외에, 보증인이 주된 채무자를 수취인으로 하는 약속어음을 발행하고 주된 채무자가 배서하는 방식으로 어음을 이용하는 경우, 또는 어음이나 수표에 배서한 자는 모두 담보책임을 부담하게 되는 것 등도 어음·수표의 담보기능을 보여 준다.

제3 어음·수표의 남용

1. 요식성의 남용

어음과 수표는 어음법·수표법에서 규정하고 있는 기재사항(요건)을 모두 갖추어야만 그 효력을 인정받을 수 있다. 이러한 어음·수표의 요식성을 남용하는 예로는 어음·수표의 발행인 등이 고의로 요건이 빠뜨려진 어음·수표를 작성·교부한 다음 어음요건 흠결을 이유로 그 무효를 주장하여 책임을 면하고자 하는 경우를 들 수 있다.

2. 추상성(또는 무인성)의 남용

원인관계의 하자는 어음·수표행위의 효력에 영향을 미치지 못한다는 것을 추상성이라고 한다. 추상성(무인성)은 어음·수표제도의 본질적 특성을 이룬다. 추상성이 남용되는 예로는 불법원인에 의한 급여를 합법화시켜 이행을 강제하기 위한 수단으로 어음·수표가 이용되는 경우를 들 수 있다. 자금세탁을 위하여 어음·수표가 이용되기도 한다(백지식 배서, 소지인 출급식 당좌수표의 교부가 그 수단이 될 수 있다).

3. 신용기능의 남용

어음은 채무의 지급유예 등 신용의 제공과 수혜를 중요한 경제적 기능으로 한다. 이러한 신용기능은 어음채무자의 재력에 의해 뒷받침된다.

2인 이상의 재산없는 당사자가 어음을 서로 교환 발행하여 할인받음으로써 금융을 제공해 준 할인자에게 종국적으로 손해를 입히게 되는 경우를 어음기승(騎乘)이라고 하며 대표적 남용사례로 지적된다.

제4 어음·수표와 은행거래

1. 서

수표는 지급인이 은행 기타의 금융기관으로 한정되어 있으며, 발행인이 자금을 은행에 예금하고 그 자금을 수표에 의하여 처분할 수 있는 수표계약에 따라 발행할 수 있다(수 3조). 이와 같이 수표거래는 은행거래를 떠나서는 있을 수 없다. 한편 어음은 신용증권으로서 주로 지급유예를 위하여 사용되므로 반드시 은행을 통하여 지급이 이루어질 필요는 없으나, 현금지급의 불편과 위험을 배제하기 위하여 상인들은 대부분 은행도(銀行渡)어음을 이용한다. 은행도어음은 특정 은행(또는 특정 은행의 특정 지점)을 지급담당자로 하여 발행된 어음으로서(어 4조, 77조 2항), 어음금의 지급은 지정된 은행(또는 지점)에 의하여 이루어지므로 은행거래와 밀접한 관계를 맺고 있다.

어음·수표의 지급은 대부분 은행을 경유하여 이루어지는 만큼 어음·수표의 법률관계를 충분히 이해하기 위하여는 은행의 지급거래실무와 **은행거래법**을 참고할 필요가 있다. 우리의 어음법·수표법에서는 은행거래법을 포함하고 있지 않기 때문에 필요한 범위 내에서 은행거래법에 주목하여 추심·지급절차와 관행을 알아둘 필요가 있다. 참고로 미국의 유통증권법 교재나 강의내용에서는 통일상법전(Uniform Commercial Code) 제3편의 유통증권법(Negotiable Instruments) 외에 제4편 은행예금 및 추심(Bank Deposits and Collections)을 함께 다루고 있다.

2. 당좌거래

수표 또는 은행도어음을 발행하기 위하여는 지급인 또는 지급담당자인 은행과 발행인 사이에 **당좌거래약정**이 체결되어 있어야 한다. 당좌거래약정에 따라 예금주는 은행에 당좌예금계좌를 개설하고 은행으로부터 인쇄된 수표용지 또는 어음용지를 교부받는다. 이러한 용지를 사용하여 당좌예금의 예금주가 발행한 수표나 어음을 소지인이 직접 창구제시하거나 소지인의 거래은행을 통하여 추심에 회부하면 수표금이나 어음금을 지급하게 된다. 당좌거래약정은 예금주가 은행에 대하여 당좌예금의 잔고의 범위 내에서 자기가 발행한 수표나 어음의 지급을 위탁하는 위임(민 680조)이다. 그리고 당좌예금계좌에 입금하는 것은 수표나 어음의 지급에 필요한 자금을 미리 예치하는 것(민 687조)이 된다. 당좌거래약정에 부수하여 **당좌대월거래약정**이 체결되어 있으면, 잔고가 없거나 부족하더라도 대월약정에서 정한 한도 내에서 지급은행은 수표금·어음금을 지급한다. 예금주는 대월한도 내에서 수시로 돈을 빌려쓰는 셈이 된다.

3. 어음교환

어음·수표의 거래실정을 보면, 만기에 소지인이 지급자(약속어음의 발행인과 환어음의 지급인 또는 인수인 등)의 장소에서 지급제시하는 일은 거의 없고, 소지인의 거래은행을 통해서 지급제시가 이루어지고 있다. 어음법·수표법은 **어음교환소**에서의 제시는 지급을 위한 제시의 효력이 있다고 규정하고 있다(어 38조 2항, 77조 1항 3호; 수 31조). 어음교환소가 지급장소로 어음상에 기재되어 있지 않다든가 지급지 밖에 있는 경우라도 법률의 규정에 의하여 지급을 위한 제시의 효력이 인정된다. 이때 구체적인 지급제시일자는 거래은행에 교환제시를 의뢰한 때가 아니라 어음교환소에 제시된 때이다.

서울고법 1969. 2. 11, 67나1885 수표를 1966. 6. 18. 국민은행 부평지점에 추심 의뢰하였는데 위 수표가 1966. 6. 21.에 어음교환소를 거쳐 같은 날 지급인에게 제시되었음이 분명하므로 위 수표는 어음교환소에 제시된 때인 1966. 6. 21.에 지급을 위한 제시가 있었다고 볼 것이다.

각 은행은 매일 고객을 위하여 수많은 어음·수표를 지급제시하여야 하는 동시에 자신이 지급인 또는 지급담당자로 되어 있는 수많은 어음·수표를 지급결제하여야 한다. **어음교환**은 지리적으로 가까운 지역 내의 여러 은행 기타의 금융기관이 매일 정해진 시각에 같은 장소에 모여서 서로 추심하거나 지급하여야 할 어음·수표를 제시하여 교환한 다음 그 교환차액을 결제하는 집단결제제도이다. 어음교환의 법적 성질은 어음교환소 규칙에 의한 **어음의 특수한 결제 방법**이라고 보는 것이 통설(이기수, 상법학(下), 236면; 정동윤, 534면; 주석 어음·수표법(Ⅱ), 147면) 및 판례이다(**특수결제방법설**).

대판 1985. 2. 13, 84다카1832 어음교환에 관하여는 어음법상(38조 2항) 어음교환소에서의 어음의 제시는 지급을 위한 제시의 효력이 있다는 규정이 있을 뿐이므로 어음교환의 법률적 성질에 관하여서는 이론이 있으나 일반적으로는 어음교환소 또는 어음교환관리소의 정관 규약 등에 따라 어음을 결제하는 일종의 특수한 지급방법이라고 파악되고, 일정한 지역 내의 금융기관이 상호 다른 금융기관에서 지급하여야 할 어음을 어음교환소에 제시·교환하고 총 수령액과 총 지급액의 차액만을 중앙은행의 본점 또는 지점의 당좌계정의 代替에 의하여 지급되는 것을 말하며 어음교환소의 기구나 그 업무의 내용상 교환당일의 지급거절은 할 수 없고 어음교환소에서 교환한 어음 중 예금부족, 무거래 기타의 사유로 지급에 응하지 못할 어음이 있을 때는 이를 받은 금융기관은 어음에 부도사유를 부기하여 이를 교환에 돌린 금융기관에 반환하고 부도어음의 반환을 받은 금융기관은 어음교환소에서 어음교환절차에 따라 지급받은 부도어음 대전을 반환하고 부도어음에 관련된 어음교환소 가맹조합 금융기관은 어음교환소에 이를 계출하고 어음교환소는 어음지급 의무자가 예금부족의 지급거절로서 입금계출이 없는 등 특별한 사유가 있을 때에 한하여 제재조치로서 거래정지처분을 하게됨이 일반이다.

어음교환은 일정한 지리적 경계 내의 금융기관간에 이루어지는데 이들이 모여서 조직한 단체를 **어음교환소**라고 한다. 어음교환소는 금융결제원장의 어음교환소 지정신청에 의하여 법무부장관이 지정한다(어 83조; 수 69조). 각 지역별 어음교환소를 총괄하는 단체로서 사단법인 금융결제원이 설립되어 있다. 현재 전국적으로 설치·운영되고 있는 어음교환소는 51개이고, 그 중 서울특별시 어음교환소가 가장 대표적이다.

4. 부도와 거래정지처분

어음·수표의 소지인이 적법하게 지급제시를 하였으나 지급이 거절된 경우를 일반적으로 **부도(不渡)**라고 하는데, **거래정지처분**이라는 제재를 받게 되는 경우를 특히 **협의의 부도**라고 한다. 협의의 부도는 어음교환 절차를 통하여 지급제시를 하였으나 지급은행이 지급을 거절한 경우를 가리킨다.

어음·수표의 지급이 거절되면 소지인은 제2차적 어음채무자에게 상환청구를 할 수 있고 수표의 경우는 **부정수표단속법**에 의한 형사처벌에 호소할 수도 있으나, **거래정지처분**이 상인인 어음채무자에게는 가장 위협적인 부도방지수단이 될 수 있다. 거래정지처분 사유는 어음교환소 규약에 열거되어 있다. 어음교환소는 부도사유(지급거절)가 지급자금 부족 등 발행인의 신용과 관련될 경우 그 어음·수표의 발행인에 대하여 거래정지처분을 하게 되는데, 그 대상은 약속어음·당좌수표·가계수표의 발행자이다. 거래정지처분은 신용질서의 확립을 도모한다는 목적의 정당성을 갖추어야 할 뿐만 아니라 적정한 절차에 따라서 이루어져야 한다.

서울고법 1995. 4. 11, 93나2453 일반적으로 어음교환소에 의하여 행해지는 당좌거래 정지처분은 어음교환소 규칙에 의하여 교환소참가 금융기관에게 부도 어음·수표의 지급의무자와 사이에 일정한 기간 동안 은행거래를 금지하는 부작위 의무를 과하는 것이지만, 이로 인하여 부도 어음·수표의 지급의무자가 받는 불이익은 당좌 및 대출거래의 금지에 그치지 않고 그 파급적 효과로서 은행 이외의 다른 거래처와의 관계도 단절되고 그가 운영하는 기업이 도산하는 결과를 초래하는 경우가 적지 않으므로 거래정지처분은 신용질서의 확립을 도모한다는 목적의 정당성을 구비하여야 할 뿐 아니라 적정한 절차에 따라서 이루어져야 하고, 거래정지처분이 관계 금융기관의 고의 또는 부주의에 의하여 필요한 조치를 취하지 않음으로써 이루어진 경우에는 관계 금융기관은 채무불이행 또는 불법행위에 의한 손해배상책임을 면할 수 없다.

〈사실관계 및 쟁점〉 피고 주식회사 서울신탁은행 진주지점 당좌계 대리인 소외 김형근은 원고 박용원으로부터 1987. 1. 14. 피고 은행 진주지점에 교환회부된 액면 금 9,455,000원의 약속어음 1매와 액면 금 7,900,000원 및 2,000,000원의 당좌수표 2매에 대한 결제대금(합계 금 19,355,000원)의 일부로 금 14,500,000원을 수령하고 형사책임이 따르는 위 수표(액면 금 9,900,000원)의 부분결제를 요청받고서도 정당한 이유 없이 이를 거절하고 위 수표 및 어음에 대하여 1차 부도처리하면서 원고가 다음날 나머지 결제대금을 입금하면 위 수표 및 어음에 대한 1차 부도를 부활시켜 2차 부도에 이르게 하지 않겠다고 약속하였다. 원고는 다음날인 1. 15. 09 : 30경 나머지 결제대금으로 액면 금 5,000,000원의 자기앞수표를 교부하면서(그 후 또 다시 소외 김형근의 요구로 같은 날 11 : 20경 교환예상 결제대금으로 국민은행 진주지점 발행의 금 13,000,000원의 자기앞수표 1매를 제공하였으나 위 김형근이 그 수령을 거절하였고 그날 실제로 교환에 회부된 수표 및 어음은 액면 합계 금 7,000,000원에 불과하였다), 피고은행 진주지점장인 소외 박희삼에게 합계 금 19,500,000원을 1차 부도처리된 수표 및 어음의 결제대금으로 입금처리하여 이미 발생한 1차 부도를 부활시켜 거래정지처분을 막아줄 것을 간청하였다. 또 다시 같은 날 15 : 00경 수 차례에 걸친 원고의 간청에도 불구하고 소외 박희삼은 원고에게 위 금 19,500,000원은 피고 은행의 1986. 12. 24. 원고에 대한 신용대출금 20,000,000원과 상계처리하고, 그 당시 원고의 자금사정이 좋지 않아 어차피 곧 부도날 것 같으니 1987. 1. 14. 교환회부된 수표 및 어음액면 합계 금 19,355,000원을 부도내자고 하면서 원고가 결제자금으로 입금한 합계 금 19,500,000원은 원고의 당좌예금구좌에 입금처리하여 주지 않겠다고 하였다. 그 후 원고는 피고 은행의 최종 부도처리에 따라 같은 해 1. 16. 진주어음교환소로부터 당좌거래정지처분을 당하게 되었다.

여기서 쟁점이 된 것은 피고은행이 원고의 최종적인 부도발생을 피해야 할 의무가 있느냐 하는 점이다. 이 점에 대해 同 판결은 교환결제자금의 입금처리를 부탁받고 이를 승낙한 바 있으며 거래관행상 피고은행은 원고와 사이에 체결한 당좌계정약정 및 당좌계정차월('대월')약정에 따라 지급은행으로서 원고가 발행하여 피고 은행에 교환회부된 수표 및 어음에 대한 지급업무를 처리함에 있어서 선량한 관리자의 주의로써 가능한 한 부도발생을 피할 수 있도록 협력할 계약상의 의무가 있으며, 피고 은행의 대리인(지배인)인 소외 박희삼과 그 이행 보조자인 소외 김형근이 원고로부터 수표 등의 결제자금으로 교부받은 돈을 입금조차 하지 않음으로써 그 의무를 태만히 한 잘못이 있다고 하여 피고 은행의 원고에 대한 채무불이행으로 인한 손해배상책임을 인정하였다.

어음교환소는 부도어음의 지급의무자에 대하여 교환일의 다음 영업일 또는 제3영업일에 **거래정지처분**을 하여 당일로 이를 참가은행에 통지하여야 하며, 거래정지처분은 거래정지일로부터 그 효력이 생긴다(서울어음교환소 규약 78조). 참가은행은 어음교환소규약 등에 따라 지급자금 부족 등으로 부도사유가 발생하면 그 무렵부터 지급제시되는 (약속)어음과 (당좌 및 가계)수표를 부도 처리함으로써 발행자가 어음교환소로부터 거래정지처분을 받게 한다. 아울러 그와의 당좌거래를 해지하고 그로부터 미사용 어음·수표를 회수하는 등의 조치를 취하여야 한다. 다만 참가은행이 위와 같은 조치를 취하는 것은 자기 방어의 필요에서이지 제3자에 대하여 부담하는 법적 의무라고는 볼 수 없다.

거래정지처분을 받은 자에 대하여 어음교환소의 참가은행은 그 거래정지일로부터 만 2년간 당좌예금과 가계종합예금거래를 허용해서는 안 된다(서울어음교환소 규약 78조). 이러한 거래정지처분은 기업활동을 영위하고자 하는 자에게는 치명적인 조치이기 때문에 은행도어음이나 수표의 신용을 확보하는 데 실효성 있는 제재수단이 되고 있다.

대판 1989. 6. 27, 88다카9524 당좌예금은행이 거래고객의 예금부족에도 불구하고 당좌수표의 부도처리에 이은 당좌예금계정계약을 해지하지 않고 未사용 당좌수표용지를 회수하지 아니하여 거래고객의 상대방인 제3자가 손해를 입었더라도 은행의 그와 같은 부작위가 제3자에 대한 불법행위가 되려면 그것이 위법한 것임을 요하므로 그 전제로서 제3자에 대하여 그와 같은 행위(작위)의무를 지고 있어야 할 것인데, 일반적으로 은행이 위에서 본 바와 같은 행위를 하는 것은 자기 방어의 필요에서 취하고 있는 조치이지 제3자에 대하여 부담하는 법적 의무라고는 볼 수 없고, 당좌예금계정계약해약 후에 去來先의 未사용 수표용지가 사용되어 제3자가 결과적으로 손해를 입는다는 것은 그 去來先의 현저하게 부당한 행위, 예컨대 수표용지의 매매를 하거나 제3자의 금원을 편취하고 있음을 은행을 대리할 권한있는 은행종사자들이 알고 거기에 편승하고 있었다는 등 특별한 사정이 없는 한 은행은 이를 보통 예견할 수 없을 뿐만 아니라 거기까지 예견의무를 지울 수도 없으며, 오히려 당해 제3자가 자기책임 아래 거래상대방의 신용을 조사하는 것이 당연한 것이다. 그리고 은행은 법률(현행법은 금융실명거래에관한법률, 이 사건 당시에는 예금적금등의비밀보장에관한법률)에 의해서도 그렇거니와 은행업의 본질에 터잡아서도 은행거래에 의하여 알게 된 去來先에 관한 예금의 비밀은 물론, 去來先의 去來先에 관한 내정과 인물, 신용상태 등에 관한 은행자신의 가치판단까지도 비밀로 하고 있는 것이 일반적인 관례라는 것은 현저한 사실이므로 은행이 자기의 去來先에 대하여 제3자로부터 직접 신용조회를 받고 은행비밀에 속하는 사항에 관하여 은행종사자가 '신용이 있다'든지 '튼튼하다'든지 '염려없다'는 등의 대답을 한 경우에도 去來先의 일반적인 이익을 도모하기 위하여 고의로 거짓 정보를 제공하는 등의 특별한 사정이 없는 한 그것은 단지 조회에 대한 응답에 불과한 것이라고 볼 것이어서 그것을 어떻게 받아 들이냐의 판단은 조회자의 책임사항인 것이지 은행이 당해 응답에 대하여 바로 어떤 책임이 있다거나 그 신용을 보증한 것이라고 볼 수는 없는 것이다.

〈사실관계 및 쟁점〉 피고 주식회사 한국상업은행(동 은행 중량교 지점차장인 소외 이현우와 동 지점 당좌담당 대리인 소외 장정우)은 1980. 8. 20.경 그 거래고객인 소외 박수철(이하 '소외인'이라 한다)로부터 당좌결제자금 부족으로 자신이 발행한 당좌수표를 부도처리하지 말고 은행자금으로 결제해 달라는 부탁을 받고, 1981. 8. 22. 소외인 발행 액면 금 16,500,000원의 당좌수표 1매가 어음교환소를 통해 동 지점에 지급제시되자 실제로는 동 소외인으로부터 당좌예금을 입금받지도 않았으면서도 입금전표와 수납장 및 당좌거래원장 등 관계장부를 허위로 작성하여 소외인의 당좌예금잔고를 증액시키는 방법으로 위 당좌수표를 결제하여 주는 등 실질적 부도가 발생한 1981. 8. 22.부터 1981. 10. 29.까지 34회에 걸쳐 액면 합계 금 366,479,000원 상당의 소외인 발행 당좌수표를 결제하여 주었다. 원고 홍효숙은 소외인이 同 지점으로부터 당좌수표용지책을 교부받아 발행일을 백지로 한 별지 일람표 순번 1 내지 18 기재 당좌수표 18매(액면 합계 금 83,800,000원)를 담보로 동 액면금 상당의 금원을 대여하였다. 그 중 별지 일람표 순번 1 내지 17 기재 당좌수표 중 순번 7, 16 기재 당좌수표를 제외한 나머지 15매의 당좌수표는 소외인의 실질적 부도일(1981. 8. 22.) 이전에 동 액면금 상당의 대여금에 대한 담보로 취득하였으며, 별지 일람표 순번 7, 16 기재 당좌수표는 소외인의 실질적인 거래부도일 이후에 同 지점으로부터 교부받은 당좌수표용지를 사용하여 발행된 것으로서 원고는 이를 담보로 액면 합계 금 13,000,000원 상당의 금원을 대여하였다. 또한 별지 일람표 순번 18 기재 당좌수표는 1980. 6. 1.경 소외인이 同 지점의 수표용지를 사용하여 발행한 것으로서 이를 담보로 액면 금 8,000,000원 상당의 금원을 대여하였다. 그 후 同 지점은 위와 같이 소외인이 발행한 당좌수표들에 대하여 이를 부정결제하여 주다가 소외인이 그 당좌수표대금을 제대로 입금시키지 못하게 되자 1981. 11. 30. 소외인의 예금부족으로 소외인 발행의 당좌수표를 부도처리하였다. 그런데 피고은행이 소외인 발행의 당좌수표를 부도처리하면서 소외인의 당좌예금계정계약을 해지하지 아니하고 또한 아직 사용하지 않고 남은 당좌수표용지를 회수하지 아니하였다. 그 후 원고 홍효숙은 소외인으로부터 대여금을 변제받지 못하게 되자, 대여금채권에 대하여 담보로 취득한 소외인 발행의 별지 일람표 순번 1 내지 18 기재 당좌수표 18매를 보충하여 同 지점에 지급제시하였다. 그러나 同 지점은 모두 무거래라는 이유로 지급거절하였다.

이에 원고 홍효숙은 피고은행이 소외인 발행의 당좌수표를 부도처리하면서 未사용

당좌수표용지를 회수하지 아니하여 이로 인하여 손해를 입었다고 하여 피고은행을 상대로 손해배상청구의 소를 제기하였다. 여기서 쟁점이 된 것은 은행이 고객의 당좌수표를 부도처리하면서 그 고객의 未사용당좌수표용지를 회수하지 아니함으로써 그 未사용당좌수표용지가 당좌수표로 발행・유통되어 제3자가 손해를 입은 경우에 그러한 은행의 未사용당좌수표용지를 회수하지 아니한 부작위에 위법성이 인정되어 불법행위가 성립하느냐 하는 점이다. 즉 은행에게 그러한 미(未)사용당좌수표용지를 회수할 법적 의무가 인정되느냐 하는 점이다.

5. 어음할인

(1) 의 의

어음할인(discount)이라 함은 할인자가 어음소지인으로부터 만기가 도래하지 아니한 어음을 양수하고 할인율에 따라 산정된 **할인료**를 어음금액에서 공제한 금액을 지급하는 거래이다. 어음할인은 사채(私債)시장의 전주들에 의하여 행해지기도 하지만 은행이나 종합금융회사 등 금융기관의 대표적 여신업무로 이루어지고 있다. 은행으로부터 어음할인을 받고자 하는 자는 그에 앞서 할인은행과 여신거래약정을 맺게 되는데, 이러한 약정은 보통거래약관인 「은행여신거래기본약관」을 사용하여 체결된다.

일반적으로 어음할인의 대상이 되는 어음은 상품의 매매나 용역의 제공 등 상거래에 수반하여 결제수단으로 발행된 **상업어음** 내지는 **진성어음**과 선하증권 등이 어음채무의 담보로 되어 있는 **화환**(貨換)어음이다. **화환어음**을 할인해 준 은행이 그 어음의 지급인에게 제시하여 인수를 받게 되면 **은행인수어음**(banker's acceptance, BA)이라고 불리는데, 이러한 은행인수어음은 국제금융시장에서 중요한 투자대상이 되고 있다. 한편 **융통어음**도 할인의 대상이 되느냐가 문제된다. 이에 대해서는 원칙적으로 할인의 대상이 되지 않는다고 할 것이지만 융통어음을 할인한 행위의 효력을 부인할 필요는 없을 것으로 생각한다. 판례도 융통어음의 할인을 유효한 것으로 본다.

대판 2000. 6. 23, 99다57720 일반적으로 어음할인 거래는 타인이 발행한 상업어음을 할인취득자에게 배서 양도하는 방법에 의하는 것이 통상적이라 할 수 있으나, 어음할인 거래에 관한 기본 약정서인 여신한도거래약정서(원문대로임, 저자 註)에 거래방법을 제한하는 규정이나 보증인의 보증범위가 주채무자의 상업어음의 거래로 인한 채무만으로 한정된다는 규정이 없고, 또 이와 같은 내용의 특약을 별도로 한 바도 없다면, 금융기관의 내부규정인 할인어음취급요령에서 융통어음의 할인을 금지하고 있다 하더라도, 주채무자와 금융기관이 융통어음임을 알면서 서로 공모하여 어음거래를 하였다는 등 특별한 사정이 없는 한 보증인이 금융기관에 대하여 부담하는 보증책임의 범위가 제3자가 발행한 상업어음의 할인거래로 인한 주채무자의 채무에 한정되는 것은 아니다.

〈사실관계 및 쟁점〉 원고 주식회사 국민은행(남영동 지점)은 1995. 9. 29. 소외 현화토건 주식회사(이하 '소외 회사'라 한다)에게 거래기간을 1996. 9. 29.까지, 여신과목을 「할인어음」으로 한 금 3억원의 여신한도거래약정을 체결하고 이 사건 어음을 할인하여 주었다. 피고 김진이 외 2인은 소외 회사가 원고은행에 대하여 이 사건 어음의 할인으로 인하여 부담하는 채무를 연대보증하였다. 그런데 이 사건 어음은 소외 주식회사 세정주철이 자금융통의 목적으로 소외 회사에게 발행한 융통어음이었다. 원고은행이 피고 김진이 외 2인을 상대로 보증금채무의 이행을 구하는 이 사건 소를 제기하였다. 이에 피고들은 자신들이 연대보증한 것은 일반 상거래에 수반하여 유통되는 이른바 진성어음(상업어음)의 할인으로 인한 채무인데, 원고은행이 소외 회사에게 할인하여 준 이 사건 어음은 융통어음으로서 이러한 융통어음의 할인으로 인한 채무는 피고들의 연대보증의 범위에 속하지 아니한다고 다투었다.

여기서 쟁점이 된 것은 어음할인으로 인한 채무를 연대보증한 경우 그 보증책임의 범위가 제3자가 발행한 상업어음의 할인거래로 인한 주채무자의 채무에 한정되느냐 하는 점이다. 즉, 융통어음의 할인을 금지하는 금융기관 내부규정인 할인어음취급요령에 위반하여 행한 융통어음할인대출의 사법상 효력이 부인되느냐 여부이다. 이는 금융기관 내부규정의 법적 성질이 효력규정인지 아니면 단순한 단속규정에 지나지 않는지 여부와 관련된다.

대판 1988. 11. 22, 87다카1836 융통어음의 할인을 금하는 은행법과 금융통화경영위원회의 각 규정은 단속규정에 지나지 않고 효력규정이라고 볼 수 없으므로 위 규정에 위반하였다고 하여 어음할인대출의 사법상 효력까지 부인할 수는 없다.

대판 1997. 6. 24, 97다5428 일반적으로 어음할인 거래는 타인이 발행한 상업어음을 할인취득자(할인자)에게 배서 양도하는 방법에 의하는 것이 통상이기는 하지만, 반드시 상업어음에만 한하는 것이 아니라 융통어음도 할인할 수 있으며, 어음 발행의 방법에 의하거나 발행한 환어음에 인수를 하여 이것을 수취인에게 교부하는 방법에 의할 수도 있어서 그 방법에 특별한 제한이 있는 것도 아니다.

대판 1995. 9. 15, 94다54856 이른바 융통어음의 할인을 금하고 있는 상호신용금고 업무운용준칙이나 상호신용금고의 대출및어음할인규정의 각 규정은 모두 단속규정에 지나지 아니하고 효력규정이라고 볼 수 없으므로, 그 규정에 위반하였다고 하여 약속어음 취득의 사법적 효력까지 부인할 수 없다.

대판 2000. 6. 23, 99다57720 일반적으로 어음할인 거래는 타인이 발행한 상업어음을 할인취득자에게 배서 양도하는 방법에 의하는 것이 통상적이라 할 수 있으나, 어음할인 거래에 관한 기본 약정서인 여신한도거래약정서에 거래방법을 제한하는 규정이나 보증인의 보증범위가 주채무자의 상업어음의 거래로 인한 채무만으로 한정된다는 규정이 없고, 또 이와 같은 내용의 특약을 별도로 한 바도 없다면, 금융기관의 내부규정인 할인어음취급요령에서 융통어음의 할인을 금지하고 있다 하더라도, 주채무자와 금융기관이 융통어음임을 알면서 서로 공모하여 어음거래를 하였다는 등 특별한 사정이 없는 한 보증인이 금융기관에 대하여 부담하는 보증책임의 범위가 제3자가 발행한 상업어음의 할인거래로 인한 주채무자의 채무에 한정되는 것은 아니다.

(2) 법적 성질

어음할인은 어음의 매매로 보는 것이 통설이다(손주찬, 177면; 이기수, 337면; 이범찬・최준선, 932면; 정동윤, 334면; 정찬형, 171면; 정희철, 187면; 채이식, 371면; 최기원, 190면). 경제적으로 보면 어음할인이 금전소비대차와 같은 기능을 하는 점을 부인할 수 없다. 하지만 어음할인의 법률관계를 간명하게 구성할 수 있다는 점과, 대부분의 경우 어음할인은 그것만으로 거래가 종결된다는 점에서, 어음할인은 할인자에 의한 어음의 매수로 보는 것이 옳다.

대판 2000. 12. 12, 99다13669 어음할인거래의 성질은 특별한 사정이 없는 한 어음의 매매라고 볼 것이어서, 그 각 약속어음은 그 매매거래의 목적물인 것이지, 피고의 어음환매대금 채권을 담보하기 위한 인적 또는 물적 담보라고는 볼 수 없다 할 것이다.

〈사실관계 및 쟁점〉 소외 주식회사 의성금속(이하 '소외 회사'라고 한다)은 원고 이기호의 연대보증하에 피고 주식회사 국민은행과 여신과목을 어음할인으로 한 어음거래약정 및 여신한도거래약정을 각 체결한 후, 타인이 발행하여 배서양도받은 이 사건 각 약속어음들을 피고은행에게 각 배서양도하고 그 액면금액에서 양도일 이후 지급기일까지의 금리상당액 및 기타 비용액을 공제한 금액을 각 지급받았다. 한편 소외 회사와 피고은행간에 체결된 어음거래약정 등에 관하여 적용되는 은행여신거래기본약관은 "어음할인을 의뢰하여 할인금을 지급받은 채무자가 어음교환소로부터 거래정지처분을 받거나 지급기일에 어음의 지급이 거절되거나 기타 어음에 관한 채권 보전이 필요한 사유가 발생한 때에는 채무자는 은행으로부터의 독촉·통지 등이 없어도 당연히 어음의 환매(還買)채무를 지고 어음면 기재 금액을 변제"하도록 규정하고 있었다. 그 후 소외 회사는 부도와 함께 어음교환소로부터 거래정지처분을 받았다. 따라서 피고은행은 이 사건 각 약속어음의 지급기일에 발행인에게 지급제시하였으나 모두 지급거절이 되었다. 이에 소외 회사의 연대보증인인 원고 이기호가 이 사건 각 약속어음의 액면금액 합계액 중 일부를 피고은행에게 변제하였다. 그런데 피고은행은 이 사건 각 약속어음 중 일부를 발행일 내지 수취인의 기재가 없는 상태에서 부적법한 지급제시를 함으로써 지급제시기간을 도과시켜 결국 소외 회사의 소구권을 상실시키는 결과를 초래하였다.

여기서 쟁점이 된 것은 보증채무를 이행한 원고 이기호에 대한 관계에서 위와 같이 피고은행이 이 사건 각 약속어음 중 일부를 부적법하게 지급제시를 하여 지급제시기간을 넘김으로써 소외 회사의 소구권을 상실시킨 행위가 민법 제485조 소정의 담보상실 내지 감소에 해당하느냐 하는 점이다. 즉, 민법 제485조는 민법 제481조에 의한 법정대위를 할 자가 있는 경우에 채권자의 고의·과실로 담보가 상실·감소된 때에는 대위권자는 그 담보의 상실 또는 감소로 인하여 상환을 받을 수 없는 한도에서 자신의 변제책임을 면한다고 규정하고 있다. 여기서의 「담보」는 인적 또는 물적 담보를 의미하는데, 소외 회사와 피고은행 사이에 이루어진 어음할인거래의 대상인 이 사건 각 약속어음을 피고은행의 어음환매대금채권을 담보하기 위한 인적 또는 물적 담보라고 볼 수 있느냐의 여부이다. 이는 어음할인거래의 성질을 어음의 매매 또는 소비대차의 어느 것으로 볼 것이냐와 관련된다.

대판 1984. 11. 15, 84다카1227 短資會社가 할인매수한 어음을 다시 일반 제3자에게 어음할인의 방식으로 매출한 것은 그 성질이 어음의 매매라고 볼 것이므로, 그 매매의 이행으로 어음을 배서양도함에 있어 배서란에 「지급을 책임지지 않음」이라는 문언을 기재한 것은 특단의 사정이 없는 한 어음상 배서인으로서의 담보책임뿐만 아니라 매매계약상의 채무불이행책임이나 하자담보책임까지 배제하기로 한 취지라고 보아야 한다.

〈사실관계 및 쟁점〉 피고 한국종합금융주식회사(이하 '피고 회사'라 한다)는 그 주요업무 중 하나로 기업이 발행한 어음을 할인매수한 후 이를 일반 제3자에게 매출하는 업무를 수행하고 있다. 위와 같이 피고 회사가 할인매수한 기업어음을 매출하는 경우에는 피고 회사 자신이 그 어음금지급에 관하여 보증책임을 부담하는 담보부 매출과 그렇지 않는 무담보부 매출이라는 두 가지 유형이 있으며, 특히 후자의 일종으로 단자회사가 우량적격업체로 선정한 기업이 발행한 액면 10,000,000원 이상, 지급기일

91일 이상 180일 이내의 어음을 발행기업으로부터 할인매수하여 이를 일반 제3자에게 중도해약불가조건하에 연 4할의 범위 내에서 실세금리에 따른 선이자 및 이에 대한 제세금을 공제한 가격으로 매출하는 것을 이른바 신종기업어음 또는 C. P. (Commercial Paper)라고 한다. 그런데 원고 이광석 외 10인은 C. P. 적격업체로 선정된 소외 태화제지공업 주식회사(이하 '소외 회사'라 한다)가 발행하고 피고가 「지급을 책임지지 않음」이라는 문언을 표시하여 무담보 배서를 한 액면 10,000,000원의 이 사건 각 C. P. 어음(이하 '이 사건 어음'이라 한다)을 매수하여 소지하고 있었다. 그 후 발행인인 소외 회사는 1982. 4. 19. 거래은행으로부터 당좌거래약정을 해지당함으로써 지급기일에 위 각 어음을 지급할 수 없게 되었고, 회사정리절차가 개시되어 1983. 5. 31. 정리계획안이 확정되었는데 원고들은 이 사건 어음채권에 관하여 정리채권신고를 하지 아니하였다. 이에 원고들이 피고 회사를 상대로 피고 회사는 지급기일에 지급되지 아니한 부실어음을 매도한 자로서 어음매매에 관한 채무불이행책임 또는 하자담보책임을 져야한다고 주장하였다.

여기서 쟁점이 된 것은 피고 회사가 소외 회사로부터 할인매수한 어음을 다시 일반 제3자에게 어음할인의 방식으로 다시 매출한 행위의 법적 성질이 무엇이며, 피고 회사가 이 사건 어음을 배서양도함에 있어서 배서란에 「지급을 책임지지 않음」이라는 문언을 기재한 것의 의미가 무엇인가 하는 점이다.

어음할인에 있어서의 할인대금 즉 매매대금의 결정은 어음금액에서 만기까지의 할인료(선이자 상당액과 비용 내지는 수수료의 합계액)를 공제함으로써 산출된다. 어음할인을 매매로 보는 이상 할인료나 수수료는 어음상 권리이전에 따른 대가이지 금전소비대차에 있어서의 선이자의 공제에 해당하는 것으로는 볼 수 없다. 할인어음에 어음요건의 불비, 위조, 할인의뢰인의 무권리 등과 같은 하자가 있는 경우 할인의뢰인은 매도인으로서의 **하자담보책임**을 부담한다(민 570조 이하).

할인어음의 인수나 지급이 거절되고 할인자가 어음금을 추심할 수 없게 된 경우 할인의뢰인은 배서인으로서의 담보책임을 부담하게 되지만(어 15조 1항, 77조 1항 1호), 그렇다고 하여 발행인(약속어음의 경우)이나 인수인(환어음의 경우)의 변제자력까지 담보한 것으로 볼 수는 없다(민 579조 참조).

서울고법 1991. 5. 7, 89구4903 타인이 발행한 약속어음의 소지인이 사채업자 등으로부터 그 약속어음금액에서 만기까지의 이자상당액을 할인공제한 나머지 금원을 지급받고 위 약속어음을 교부한 경우, 특별한 사정이 없는 한 그 어음금에 대한 주채무자는 위 약속어음의 발행인으로서, 그가 위 어음의 할인액에 해당하는 소득금액을 지급하게 되어 있는 자라고 할 것이고, 발행인이 아닌 소지인은 배서를 한 경우에는 배서인으로서 소구의무만을 질 뿐이며, 또 어음할인은 어음의 소지인이 그 발행인에 대한 권리를 만기까지의 이자 및 비용 등 이른바 할인료를 공제한 대가로 이전하고 그 어음의 양수인이 할인료를 공제한 대금으로 위 어음을 취득하는 것이므로 그 할인료는 어음상의 권리이전에 따른 대가로 봄이 상당하다.

(3) 할인은행의 환매청구권

은행 등 금융기관이 어음할인을 하는 경우에 사용하는 약관에는 할인은행 등의 **환매(還買)청구권**에 관한 특약조항이 들어 있다(은행여신기본거래약관 8조). 환매청구권은 할인의뢰인이나 할인어음의 채무자의 신용이 악화될 경우 또는 할인어음이 지급거절된 경우 등에 할인은행 등이 할인의뢰인에게 그 어음을 환매하도록 청구할 수 있는 권리이다. 환매청구권을 행사할 수 있는 요건이 충족되면 재매매계약이 성립하는 것으로 특약되어 있는 것이 보통이며, 재매매계약의 성립으로써 할인은행은 매매대금지급청구권을 가지게 된다. 할인은행은 이러한 대금지급청구권과 할인의뢰인이 할인은행에 예금을 가지고 있는 경우 그 예금지급청구권을 상계할 수 있다.

(4) 수표할인의 가부 및 법적 성질

본래 어음의 할인은 할인자가 어음소지인으로부터 만기가 도래하지 아니한 어음을 양수하고 할인율에 따라 산정된 할인료를 어음금액에서 공제한 금액을 지급하는 거래라는 것은 앞에서 본 바와 같다. 그런데 **일람출급**의 만기만 인정되고 그 이외의 만기는 인정되지 않는 수표의 경우에도 할인이 가능한가가 문제된다. 어음할인과 같은 엄격한 의미에서의 **수표할인**은 있을 수 없다. 다만 당사자간의 의사에 따라 특정기일 전까지 지급제시하지 않기로 하고 수표금액에서 그 기간까지의 이자를 공제하는 의미의 수표할인은 가능하다고 하겠다. 이러한 점을 밝힌 판결이 있다.

대판 1997. 4. 25, 97다6636 일람출급성인 수표의 경우에는 만기가 없으므로 어음할인과 같은 엄격한 의미에서의 수표할인은 성립할 수 없으나 특정기일 전까지 지급제시를 하지 않기로 하여 수표금액에서 그 기간까지의 이자를 공제하는 의미에 있어서의 수표할인은 가능하고, 금융기관 아닌 시중에서 이와 같은 의미의 수표할인이 이루어진 경우 거래의 실태에 따라서는 당사자 사이에 수표금 상당의 소비대차계약이 체결되고 그 수표는 소비대차상의 채무를 담보하기 위하여 교부된 것이라고 해석하여야 한다.

제 4 절 어음·수표의 법적 성질

1. 완전유가증권성

권리의 발생, 이전, 행사 모두에 증권을 필요로 하는 것을 **완전유가증권**, 그 중 한 가지나 두 가지에만 증권을 필요로 하는 것을 불완전유가증권이라 하는데, 어음·수표는 전자에 해당한다. 완전유가증권과 불완전유가증권의 구분은 유가증권의 개념에 관한 다수설(위의 제1설)을 따를 때 의미가 있다.

2. 설권증권성

권리의 발생에 증권의 작성이 필요한 유가증권을 **설권증권**이라 하고, 이미 발생한 권리를 표창한 증권을 비설권증권이라 하는데, 어음·수표는 설권증권에 해당한다. 이와 비교할 때 주권은 회사의 성립이나 신주발행의 효력발생으로 이미 발생한 주주권이 화체된 유가증권으로서 먼저 권리가 발생하고 그 후에 증권과 결합시킨 것이다.

3. 금전채권증권성

어음은 어음금지급청구권을 그리고 수표는 수표금지급청구권을 화체시키고 있는 **금전채권증권**이다. 이와 같이 일정금액의 지급청구권을 화체시키고 있다는 점에서, 어음과 수표는 물건급여청구권(예, 상품권)이나 물건인도청구권(예, 화물상환증이나 선하증권)을 화체시키고 있는 다른 증권과 구별된다.

4. 추상(무인)증권성

어음과 수표는 증권에 원인관계가 기재되지 않고 원인관계의 존 · 부, 유 · 무효에 영향을 받지 않는다. 여기서 원인관계는 **추상증권**(무인증권)의 경우와 요인(要因)증권(유인증권)의 경우에 각각 다른 의미를 가진다.

추상증권은 설권증권이므로 증권상에 원인관계가 기재될 필요가 없고 기재되어서도 안 된다. 추상증권의 경우에 원인관계는 그러한 증권이 수수되게 된 대가관계를 가리킨다. 매매대금의 지급을 위하여 약속어음이 발행 · 교부된 경우 그 매매계약이 원인관계이다. 한편 요인(유인)증권은 비설권증권이고, 증권상의 권리의 성립을 위하여 원인관계가 반드시 존재하여야 하며, 증권에도 그 원인관계가 기재되어 있어야 한다. 선하증권의 경우 원인관계는 운송계약이다.

5. 문언증권성

어음과 수표는 **문언증권**으로서 증권상의 권리(책임)의 내용 및 범위가 증권에 기재된 문언에 따라 정하여지고 증권 외의 다른 사정을 고려하여 정해져서는 안 된다. 문언성의 예를 들면 법인의 대표자가 법인 자체의 계산을 위하여 약속어음을 발행하는 경우를 생각해 볼 수 있다. 주식회사의 대표이사가 대표관계를 표시하지 아니하고 약속어음을 발행했다 하자. 즉 자연인 이름만 기명하고 날인한 경우이다. 이 경우에 그 발행인이 회사를 대표하여 그 어음을 발행하였는지 자연인 개인의 자격으로 어음행위를 하였는지 여부를 어음 외의 증거로써 결정하는 것은 허용되지 않는다. 개인 자격으로 발행한 것으로 보아야만 한다는 것이 문언증권성의 귀결이다.

6. 절대적 요식증권성

어음법과 수표법에서는 환어음, 약속어음, 수표 각각에 기재되어야 할 어음요건과 수표요건을 정하여 놓고, 그 중 하나라도 흠결하면 어음이나 수표로서의 효력을 인정하지 않는다(어 2조 1호, 76조 1항; 수 2조 1항). 이 때문에 어음 · 수표는 **절대적 요식증권**이라고 부른다.

7. 법률상 당연한 지시증권성

인쇄된 어음용지를 보면 그 본문에서 "…또는 그 지시인에게…"라고 기재되어 지시증권의 모양새를 갖추고 있다. 이와 같이 지시식으로 발행되지 아니한 (기명식)어음이나 수표도 배서에 의하여 양도할 수 있음을 어음법과 수표법에서 선언하고 있다(어 11조 1항, 77조 1항 1호; 수 14조). 이 때문에, 어음·수표를 **법률상 당연한 지시증권**이라고 한다.

8. 제시증권성

어음채무와 수표채무는 증권과 결합되어 있으므로 증권의 제시로써만 지급을 청구할 수 있다. 채무자는 증권의 소지인을 알 수 없으므로, 만기가 도래하였다 하더라도 증권의 제시가 없으면 채무자는 이행지체의 책임을 지지 않는다. 어음·수표의 **제시증권성** 때문에 그 채무는 추심채무로 다루어지는 것이다.

9. 상환증권성

어음·수표채무자는 이중지급의 위험을 피하기 위하여 어음금·수표금의 지급과 함께 어음이나 수표를 환수하여 폐기시킬 필요가 있다. 따라서 어음금·수표금의 지급은 증권과 맞바꾸어서 이루어지며, 증권을 환수할 수 없는 경우에는 이행을 거절할 수 있다. 이를 어음·수표의 **상환증권성**이라고 부른다. 어음·수표의 소지인이 증권을 상실한 경우에는 공시최고를 거쳐서 제권판결을 받아야만 어음금·수표금의 지급을 청구할 수 있다.

제 5 절 어음·수표에 대한 법적 규율

제1 어음법·수표법

어음·수표에 대한 일반법으로서 어음법과 수표법이 있다. 이 두 법률은 제네바 **어음법 통일조약**과 **수표법 통일조약**에 의한 통일법을 국내법화한 것으로 어음과 수표를 별개의 법률로 규제하고 있다. 이 두 가지 법률이 형식적 의의에 있어서의 어음법(1962. 1. 20. 법률 제1001호)·수표법(1962. 1. 20. 법률 제1002호)이다.

1. 어 음 법

어음법은 어음이 신용증권으로서의 기능을 충분히 발휘할 수 있도록 하는 것을 목적으로 하고 있다. 이를 위하여 소지인에게 일관하여 유리한 법적 지위를 보장함으로써 어음의 유통을 촉진시키고 있다. 어음요건을 법정하고 있으며(어 1조, 75조), 그 요건을 갖추어야 어음의 효력이 인정된다(어 2조 1호, 76조 1항). 어음에 기명날인 또는 서명을 한 자는 원인관계와 분리·독립하여(무인성, 추상성) 어음에 기재된 대로 그 문언에 따라 책임을 부담한다(문언성). 어음은 법률상 당연한 지시증권으로서 배서에 의하여 간편하게 양도할 수 있다(어 11조 1항, 77조 1항 1호). 어음소지인의 형식적 자격은 배서연속이 있는 어음에 의한 권리행사의 강제를 가능하게 하며(어 16조 1항. 77조 1항 1호), 소지인의 악의 또는 중과실이 입증되지 않는 한 선의취득을 인정하여 어음상실자의 반환청구를 봉쇄한다(어 16조 2항, 77조 1항 1호). 또한 만기에 형식적 자격이 있는 자에게 지급한 자는 사기나 중과실이 없는 한 이중지급의 책임을 면한다(어 40조 3항, 77조 1항 3호). 어음소지인은 자기에 앞선 자에 대하여 어음채무자가 가지는 인적항변으로 대항 받지 아니한다(어 17조, 19조 2항, 77조 1항 1호).

이와 같이 어음법은 철저하게 소지인의 지위를 보호하고 있으며, 기명날인 또는 서명한 자에 대하여는 그 책임을 엄격하게 정형화하여 놓고 있다. 이와 같이 소지인은 정화(淨化)된 권리를 가지는 것으로 인정되지만, 어음의 도구적 기능에 비추어 어음을 수수한 직접 당사자간에서는 인적항변이 인정되는 외에 해의(害意)를 가진 자에 대한 악의의 항변(어 17조 단서, 19조 2항 단서, 77조 1항 1호) 등이 인정되어 어음당사자간의 이익조정이 이루어지고 있다.

어음채무를 발생시키는 어음행위 역시 법률행위에 해당하므로, 민법상의 법률행위에 관한 여러 규정의 적용을 받는다. 그러나 민법에서 예정하는 법률행위는 의사표시의 개별성과 대립성을 전제로 하는 것인 데 반하여, 어음행위의 효과는 정형화되어 있으며 어음채권자와 어음채무자가 직접 당사자의 관계에 있지 않는 경우가 많기 때문에 경우에 따라 민법의 원칙이 배제되기도 하고 수정되기도 할 필요가 있다.

2. 수 표 법

어음이 주로 신용증권으로서 기능을 발휘하는 데 반하여, 수표는 순수한 지급증권이고 오히려 그 유통을 바라지 않는 증권이다. 따라서 수표법은 수표의 지급의 안정성을 확보하는 것을 그 목적으로 하고 있다. 다만 수표 실무상 대부분이 무기명식으로 발행되어 교부만에 의하여 양도되고 있음에 비추어 소지인의 자격(수 19조), 선의취득(수 21조), 항변의 제한(수 22조) 등 유통보호를 위한 규정도 두고 있다.

제2 제네바 통일법체계와 영미법체계

어음과 수표는 자본주의 국가에서는 광범위하게 이용되고 있으며, 특히 환어음은 국제적 결제수단으로서 중요한 지위를 차지하고 있다. 어음과 수표의 경제적 기능은 나라별로 다르지 않기 때문에 그에 관한 규율에 있어서도 각국의 법이 서로 다를 필요가 없다. 그러나 어음과 수표는 금융제도와 밀접한 관련을 맺고 있는데, 각국의 금융제도가 서로 같지 아니하여 그에 따른 제도상의 차이가 있을 수 있다. 어음과 수표는 결제의 확실성을 절대적으로 중요시하므로 각 나라의 신용경제의 발전 단계에 따라 규제가 다를 수 있다. 이러한 여건이 각국의 어음법·수표법에 반영되지 않을 수 없기 때문에 종래 어음법·수표법의 세계적 통일이 어려웠다.

1. 독일법계

독일법계에서는 독일민법에서 서면에 의한 추상적 채무부담을 인정하고 있는 것(BGB 760, 781, 784조)을 배경으로, 어음에 서명한 자는 원인관계와 분리·독립하여 어음상 기재된 문언에 따라 채무를 부담한다는 법리가 전통적으로 확립되어 있다. 또한 어음의 양도행위도 원인관계와 독립하여 무인적으로 효력을 발생한다고 하는 구조를 채택함으로써, 어음 외의 항변의 대항을 제한하고 어음소지인에게 종전의 소지인의 원인관계와 완전히 차단된 정화(淨化)된 권리를 부여하는 원칙을 세워놓고 있다. 또한 증권을 상실한 경우는 증권의 선의취득자를 권리자로 하는(BGB 935조 2항) 외에 제권판결에 의하여 상실자를 보호하고 있다.

2. 프랑스법계

프랑스, 네덜란드, 스페인, 벨기에, 그리스 등에서는 전통적으로 어음을 원인관계와 밀접하게 연결된 증거증권 비슷한 것으로 파악하여 왔다. 특히 환어음의 이전은 어음자금을 이전시키는 효력이 있다고 해석되어 왔다. 입법례로서는 근대 어음법의 효시로 꼽히는 프랑스 상사조례(Ordonance sur le commerce, 1673) 5장부터 7장에 기초하여 나폴레옹 상법전(códe de commerce, 1807)의 일부로 어음법이 들어 있으며(제1권 제8장 110조~189조), 1865년 수표법이 제정되었다. 이러한 법들은 제네바 통일조약에 따라 1935년에 대폭 개정되었다.

3. 영미법계

영국과 미국 그리고 영연방국가들에서는 어음, 수표 등의 유통증권을 금액권과 거의 같은 것으로 취급하고 있다. 적법한 증권의 점유자는 극히 우대하며 제권판결제도를 두고 있지 아니하다. 제네바 통일조약과 다른 것은 위조의 법리이다. 위조 서명이 있는 어음은 무효이고 양도인은 증권상의 모든 서명의 진정성을 담보하는 것으로 함으로써, 위조자로부터 직접 위조된 증권을 취득한 자에게 일차적으로 손실을 부담시키고 있다. 영국에서는 1882년 **환어음법**이 제정된 이래 수차 개정된 바 있다. 미국에서는 1896년에 통일 유통증권법이 제정되었고, 이것이 수정되어 1952년의 **통일상법전**(U.C.C.) 제3편 Commercial Paper라는 제목으로 수용되었다. U.C.C. 제3편은 다시 1990년에 상당한 개정과 함께 그 제목도 다시 Negotiable Instruments로 복귀하였다.

4. 제네바 통일조약

제네바 통일조약은 어음·수표에 관한 각 법계의 차이를 조정하기 위한 노력의 결과로 탄생하였다. 19세기 후반기부터 각종의 국제적 통일법을 위한 회의를 거쳐, 1912년 헤이그 어음법통일회의에서 「환어음 및 약속어음 통일규칙」(모두 80조)이 의결되었다. 그 후 브뤼셀 재정회의(1920년)의 제안에 기초하여 국제

연맹 경제위원회가 기안한 통일 규칙안을, 1930년 제네바 어음법 통일회의에서 토의를 거쳐 성립시킨 것이, 보통 제네바 어음법 통일조약이라고 불리는 「환어음 및 약속어음에 관한 통일법을 제정하는 조약」이다. 그 이듬해인 1931년에는 「수표에 관한 통일법을 제정하는 조약」이 체결되었다. 이들 통일조약은 일본, 이탈리아, 독일의 상임이사국을 포함한 16개국의 비준을 받아 1934년 1월 1일 발효되었고, 각 체약국에서 국내법으로 수용되었다.

제네바 통일조약은 독일법 위주의 통일법이고 정치적 배경도 영향을 미쳐서, 영미법계 국가들은 법리가 근본적으로 다르다는 이유로 제네바 조약에 가입하지 않았다. 이로써 독일법계와 프랑스법계의 어음법·수표법은 상당한 통일이 이루어졌으나, 영미법계에서는 매우 다른 어음·수표법리가 통용되고 있다.

5. 국제어음조약

어음법·수표법의 국제적 통일 노력의 최근의 성과로서 1988년 12월 9일에 「국제환어음 및 국제약속어음에 관한 조약」이 국제연합(UN) 총회에서 채택되어 성립하였다. 이 조약은 국제거래의 결제수단으로 이용되는 국제환어음 및 국제약속어음에 관하여 통일적인 규칙을 정한 것으로 이에 의하여 이 조약의 적용대상임을 기재하고 있는 「국제어음」에 관하여는 세계적 통일법이 마련된 것이다.

제3 어음법·수표법의 특질

1. 상법과의 관계

어음법이나 수표법은 단행 법률로 존재하며 상법전 안에 들어 있지 않다. 그럼에도 불구하고 어음법·수표법은 상법의 일부라고 이해되고 있다. 상법 제46조의 제1호, 2호에서 유가증권의 매매나 임대차는 기본적 상행위로 규정하고 있고, 상법 제65조에서 금전의 지급을 목적으로 하는 유가증권에는 어음법 제12조 제1항, 2항을 준용하고 있으므로 최소한 형식적으로는 어음법·수표법은 상법의 일부로 인정될 수 있다. 한편 실질적으로 보더라도 어음과 수표는 주로 기업거래와 관련하여 이용되고 기업거래를 규율하는 상법과 밀접한 관계가 있다.

나아가 어음법·수표법은 기술적 성질을 가진다는 점에서 기술적 색채가 강한 상법과 특질을 같이 한다. 이와 같이 형식적으로나 실질적으로나 어음법과 수표법은 상법의 일부로 인정되고 있다.

2. 기술적 성질

어음법·수표법의 기술적 성질은, 이들 법이 어음과 수표의 유통의 안전과 그 지급의 확실성을 도모하는 법이라는 데서 유래한다. 어음과 수표는 금전의 지급을 목적으로 하는 증권이고 이러한 목적하에 다수인간에 유통되는 것이므로, 어음법· 수표법은 안전한 유통과 확실한 지급의 실현이라는 단순하고 명확한 목표를 가지고 있다. 따라서, 어음법·수표법은 합목적성을 추구하며 그에 맞추어 기술적으로 구성되어 있다. 어음법·수표법은 안전한 유통과 확실한 지급을 어떻게 가장 잘 달성할 수 있을까라는 관점에서 합리적으로 형성된 법규이다. 어음요건, 배서제도, 상환청구제도가 그러한 예이다. 어음법과 수표법은 합리적이고 합목적적이기 때문에, 그 메커니즘만 파악하면 비교적 간단히 전체를 이해할 수 있으나, 그것을 파악하지 못하면 이해하기 어려운 점이 많다. 상식 수준으로 이해하거나 판단하기 어려운 부분도 있다. 정의나 형평과 같은 이념적 색채보다 기술적 색채가 짙은 법이다.

3. 형식적 성질

어음과 수표는 그 유통성 때문에 항상 알지 못하는 제3자의 개입이 예정되어 있는 바, 제3자와의 관계를 고려하여 어음과 수표의 법률관계는 형식적·정형적으로 해결하는 것이 바람직하다. 어음과 수표를 취득하여 그 법률관계에 가입하는 제3자의 입장에서 보면, 증권에 기재되어 있지 아니한 당사자의 의사를 중요시하여 그에 따라 법률관계를 규율한다면 예기하지 못한 불이익을 당할 수 있다. 제3자의 입장에서는 권리의 내용을 오로지 증권의 기재만으로 판단할 것을 요구하게 된다(문언증권성). 증권에 기재되지 아니한 사항은 원칙적으로 제3자나 취득자에 대항할 수 없다(항변의 제한).

그리고 증권의 기재 역시 형식상·외관상으로 적법한 기재가 있으면 그 내용이 진실에 부합하는지 여부를 불문하고 기재된 대로 효력이 발생한다(어음 외관해석의 원칙). 기재사항을 해석함에 있어서도 당사자의 주관적 의도를 탐구하지 아니하며 그것이 일반적·객관적으로 어떻게 이해되는가의 관점에서 해석되어야 한다(어음 객관해석의 원칙). 이것을 어음법과 수표법의 형식적 성질이라 한다. 그러나 이러한 외관해석과 객관해석의 원칙은 제3자의 이익을 고려한 것이므로 제3자의 이익을 해하지 않는 범위에서 이 원칙은 상당히 제한받기도 한다. 즉 어음을 주고받은 직접당사자간의 실질관계나 그들의 구체적 의사를 고려하는 것은 당연히 허용되어야 한다(직접당사자간의 인적항변의 허용).

대판 2000. 12. 8, 2000다33737 어음행위의 내용은 어디까지나 어음상의 기재에 의하여 객관적으로 해석하여야 하는 것이지, 어음 外의 사정에 의하여 어음상의 기재를 변경하는 방식으로 해석하여서는 아니된다. 약속어음의 소지인 甲이 어음의 배서란에 배서인으로 서명날인하면서 乙을 피배서인으로 기재한 경우, 위 배서는 乙을 피배서인으로 한 기명식 배서로 보아야 하므로 위 배서에 이어 乙의 적법한 배서가 없이 위 어음을 취득한 丙은 배서의 연속이 흠결되어 위 어음의 적법한 권리자로 추정될 수 없고, 위 배서에 의하여 어음상의 권리가 甲으로부터 丙에게로 실질적으로 이전되었다고 볼 수도 없다.

〈사실관계 및 쟁점〉 피고 삼우관광 주식회사(이하 '피고 회사'라 한다)는 1997. 10. 22. 소외 이재수에게 액면 금 20,000,000원, 지급기일 1998. 2. 23., 지급지 서울특별시, 수취인란은 백지로 한 약속어음 1매를 발행·교부하였다. 소외 이재수는 소외 김수성에게 同 어음을 교부하였다. 소외 김수성은 同 어음의 배서란에 배서인으로 서명날인하고 소외 배종윤의 성명을 그 피배서인란에 기재하였다. 그런데 소외 김수성이 同 어음의 피배서인란에 소외 배종윤의 성명을 기재한 것은 동인을 피배서인으로 지명하기 위한 취지는 아니었다. 그 후 원고 이병호는 소외 배종윤의 적법한 배서 없이 同 어음을 소외 김수성으로부터 교부받아, 피고 회사를 상대로 약속어음금 청구의 소를 제기하였다.

여기서 쟁점이 된 것은 원고 이병호가 同 약속어음의 적법한 권리자로 추정되느냐의 여부이다. 즉, 소외 김수성이 피배서인란에 소외 배종윤의 성명을 기재한 행위를 해석함에 있어서 소외인의 내심의 의사 등과 같은 어음 외의 사정을 들어 그 기재와 달리 해석할 수 있느냐 하는 점이다. 만약 소외 김수성의 내심의 의사를 들어 소외 배종윤의 성명기재를 피배서인의 취지로 기재한 것이 아니라고 해석한다면, 소외 김수성의 배서는 피배서인을 지명하지 않고 한 백지식 배서가 되고 同 어음을 교부받은 원고 이병호는 약속어음상의 적법한 권리자로 추정을 받게 된다.

그러나 대법원은 위의 판결요지와 같이 어음 객관해석의 원칙을 엄격히 요구하고 있다. 다만 본 사안에서는 원고 이병호의 피고 회사 상대 약속어음 청구의 訴가 계속 중인 1998. 11. 12. 위 배서와는 별도로 약속어음상 권리를 지명채권양도의 방법으로 다시 원고 이병호에게 양도하고 그 양도통지까지 마쳐, 결국 원고 이병호는 위 채권양도에 의하여 약속어음상의 적법한 권리를 적법하게 취득하였던 것이다.

제 6 절 어음 · 수표법의 강의

근래 전자자금이체 또는 온라인 송금이 일반화되면서 어음 · 수표의 지급기능과 송금기능의 활용도는 많이 낮아졌다. 그럼에도 기업의 영업활동에 수반하여 어음이 신용증권으로서 그리고 수표, 특히 자기앞수표가 지급수단으로서 거래계에서 차지하는 비중은 크다. 어음의 법률관계를 규율하는 어음법에서는 제1편 제1조부터 제74조까지 환어음에 관한 규정을 두고 있고 제2편 제75조부터 제78조에서 약속어음에 관하여 규정한 다음 이어서 부칙을 두고 있다. 수표법은 수표의 종류별로 따로 규정하는 것은 없으며 11개 章 62개 條와 제63조 이하 수개 條의 부칙을 두고 있다.

국내의 어음거래 행태를 보면 거의 모든 어음거래에서 약속어음만 이용되고 있다. 그럼에도 어음법에서 환어음에 관하여 많은 수의 규정을 두고 환어음 위주로 규정하고 있는 것은 어음에 관한 제네바통일조약을 채택하여 우리의 어음법으로 입법했기 때문이다. 1930년대 유럽 여러 나라에서는 일반적으로 환어음이 이용되고 있었다. 수표법에서는 수표의 종류별로 규정을 나누고 있지 않으나 수표법 규정은 주로 당좌수표의 규율에 적합하고 자기앞수표를 규율하는 데는 다소 어울리지 않는 부분이 있다.

어음법과 수표법은 각각 상법(상법전)과 독립해 있는 단행 법률들이다. 실제로 법학전문대학원과 법과대학이나 법학과에서는 상법과목의 일부로서 강의하고 있다. 이는 어음이나 수표가 주로 상거래에 수반하여 이용되어 왔기 때문일 것이다. 대부분의 경우 상법과목을 넷 또는 다섯 강좌로 나누어 강의하고 있는데 상법 총칙 · 상행위, 회사법, 어음 · 수표법(또는 유가증권법), 보험법, 해상법(또는 보험 · 해상법)들이 그것이다. 상법 내 다른 강좌에 비하여 어음 · 수표법은 분량이 적고 중요한 몇 가지 법리만 익히면 이론이 복잡하거나 어렵지 않은 분야이다. 다만, 학부나 대학원 학생으로서는 어음이나 수표를 만나거나 사용할 기회가 거의 없기 때문에 생소하고 그 기본원리를 익히는 일이 쉽지 않을 것이다. 어음법 · 수표법은 다른 법과목에 비하여 더욱 논리적이고 때로는 수학에서와 같은 정확한 사고를 필요로 한다.

최근 전자어음법이 입법되고 전자어음제도가 도입되면서 어음법은 새로운 국면을 맞고 있다. 종래 어음법 · 수표법의 형식주의 성질로 인하여 이들 법규정을 경직적으로 적용할 수밖에 없는 한계가 지적되었다. 우리나라의 어음법 · 수표법이 제네바통일조약을 수용하여 입법되었고 어음 · 수표의 기술적 성격 때문에 우리나라만 어음법 · 수표법을 독자적으로 보완 · 개정하기 어려웠다. 이러한 어려움도 조만간 융통성을 가지고 개선될 수 있을 것 같기도 하다.

제 3 장
어음 · 수표행위

제 1 절 총 설

제1 종 류

어음행위와 수표행위는 발행행위로부터 시작하여 배서, 보증 등 여러 가지 유형의 증권행위를 포괄한다.

환어음의 어음행위에는 발행, 인수, 배서, 보증, 참가인수 등이 있고, 약속어음의 경우는 발행, 배서, 보증 등이 있다. 수표상의 수표행위에는 발행, 배서, 보증, 지급보증이 있다.

위에서 고딕체로된 환어음의 인수, 보증, 참가인수와 약속어음의 발행, 보증은 의사표시에 의한 채무부담행위이다. 수표의 경우는 보증과 지급보증이 채무부담행위로 분류된다. 그 밖의 어음행위 · 수표행위는 의사표시에 의한 채무부담행위는 아니지만 어음법 · 수표법에서 일정한 의무를 부과하고 있다. 다만 배서 중 무담보배서, 추심위임배서, 기한후배서는 채무부담과 무관하다. 참가인수는 상환청구절차의 개시를 막기 위한 행위로서 상환의무자를 피참가인으로 행하여 진다.

제2 의 의

어음행위 · 수표행위의 각 종류는 의사표시에 의한 채무부담행위도 있고, 법률의 규정에 의한 채무부담행위도 있기 때문에, 어음행위와 수표행위를 통일적으로 정의하기는 어렵다. 어떤 개념을 정의하려는 시도는 그에 해당하는 모든 사항을 카버하는 외에 그 개념의 특징을 설명하고 다른 개념과 구별해보기 위한 것이다. 어음행위·수표행위에 대하여 여러 각도에서 정의가 시도되었다.

1. 형식적 정의

그 형식에 치중하여 어음·수표행위의 정의를 시도하는 입장에서는 어음·수표행위를 기명날인 또는 서명을 요건으로 하는 요식의 증권적 법률행위라고 정의한다(김용태, 245면; 서돈각·정완용, 59면; 정희철, 61면; 정찬형 57면). 여러 가지 어음·수표행위에 공통되는 요소를 추출하려면 형식적 정의가 적당하다. 그러나 어음·수표행위와, 다른 증권행위를 구별지어 주지 못한다.

2. 실질적 정의

어음·수표행위의 법률적 효과에 치중하여 어음·수표행위의 정의를 모색하는 입장에서는 어음·수표상의 채무의 발생원인이 되는 법률행위라고 정의한다(이범찬·최준선, 789면). 여러 가지 어음·수표행위에 따라 각각 부담하는 채무의 내용이 다르기 때문에 의미 있는 「실질」에 접근하기 어렵다는 한계가 있다. 아예 채무를 부담하지 않는 무담보배서는 실질적 정의로 커버할 수 없다는 점도 문제이다.

3. 양면을 분리하여 보는 정의

어음·수표행위의 실질적 면과 형식적 면을 나누어 보는 입장에서는 어음·수표행위는 실질적으로는 어음·수표상의 법률관계의 구성요건인 법률행위이고, 형식적으로는 증권상에 그 의사표시의 내용을 기재하고 표의자가 이에 기명날인 또는 서명함으로써 하는 요식의 서면행위라고 정의한다(손주찬, 36면).

4. 양면을 통합하여 보는 정의

어음·수표행위의 실질적 면과 형식적 면을 통합해 보는 입장도 있다. 이에 의하면 어음·수표행위는 기명날인 또는 서명을 요건으로 하는 요식의 서면행위로서, 그 행위의 결과 원칙적으로 어음·수표상의 채무를 부담하게 되는 행위라고 정의한다(강위두, 69면; 서정갑, 85면; 정동윤, 85면; 최기원, 63면).

5. 소 결

어음 · 수표행위는 어음법 · 수표법에서 정한 방식에 따라 행위자가 어음 · 수표상에 기명날인 또는 서명을 함으로써 어음 · 수표상의 채무를 부담하게 되는 증권행위로 정의할 수 있다. 다만 무담보배서 · 추심위임배서 · 기한후배서의 경우는 채무부담의 효과는 없으나 예외적으로 어음행위에 포함시키지 않을 수 없다.

제3 어음 · 수표행위의 특성

1. 요 식 성

어음 · 수표행위는 요식의 증권행위이다. 어음법 · 수표법에서 어음 · 수표행위의 종류별로 기재사항과 방식을 규정해 놓고 있으며 법정요건을 갖추지 못한 어음 · 수표행위는 원칙적으로 무효이다. 요식성이 강조되는 것은 어음이나 수표를 주고받을 때 증권상의 기재만으로 행위의 종류와 부담하게 될 채무가 명확하게 나타나도록 함으로써 유통성을 보장하기 위한 것이다. 이러한 요식성은 다음에서 설명하는 어음 · 수표행위의 문언성의 전제가 되기도 한다.

2. 추상성(무인성)

어음채무 · 수표채무(이하 어음채무로 통칭한다)는 서면행위에 의하여 발생하는 채무로서 **원인관계**를 요구하지 아니하며 조건이 붙지 아니한 채무이다. 이를 어음행위 · 수표행위(이하 어음행위로 통칭한다)의 **추상성** 또는 **무인성**이라 하는데, 일단 권리가 발생한 후에는 원인관계의 부존재나 소멸 그리고 무효, 취소 등이 어음행위의 효력에 영향을 미치지 아니한다. 무인성이 지켜지는 경우 어음 · 수표를 취득하는 자는 원인관계를 조사해 볼 필요없이 안심하고 어음 · 수표를 취득할 수 있다.

원인관계와 관계없이 어음행위로 인하여 종래 없던 새로운 채무가 탄생하는 것을 광의의 무인성이라 하며, 일단 발생한 어음채무가 원인관계와 분리·독립하여 효력을 유지한다는 것을 협의의 무인성이라고 하기도 한다. 증권행위에 의한 채무를 무인적인 것으로 구성하는 것은 소지인이 전자의 원인관계로부터 영향을 받지 않도록 독립한 권리자의 지위를 보장해 주기 위한 기술적 장치이다.

추상성의 성문법상의 근거로는 각종 어음행위의 무조건성(어 1조 2호, 75조 2호; 수 1조 2호 등), 이득상환청구권(어 79조; 수 63조) 등을 들 수 있다.

대판 1984. 1. 24, 82다카1405 어음행위는 무인행위로서 어음수수의 원인관계로부터 분리하여 다루어져야 하고 어음은 원인관계와 상관없이 일정한 어음상의 권리를 표창하는 증권이라 할 것인 바, 원인채무가 변제된 백지약속어음을 소지함을 기화로 이를 부당보충하여 실질적 원인관계없이 배서양도하였다 하더라도 무인성의 법리에 비추어 그 양수인의 약속어음금청구가 바로 신의성실의 원칙에 어긋나는 것으로서 권리남용에 해당한다고 볼 수 없다.

〈사실관계 및 쟁점〉 피고 신인식은 1979. 9. 24. 소외 박은, 임정분, 정덕순 등 3인(사채업자를 통하여 소외인들로부터 금전을 차용하였다)에 대한 금 15,000,000원의 차용금 채무의 이행을 보증하기 위하여 발행인으로 서명날인만 하고 나머지는 모두 백지로 된 약속어음을 발행하여 위 사채업자에게 교부하였다. 그 후 피고는 1980. 3. 4. 위 사채업자에게 차용원리금 전부를 변제하였으나 同 어음은 회수하지 않았다. 그런데 피고가 위와 같이 차용원리금을 전부 적법하게 변제함으로써 그 발행의 원인관계가 소멸된 후에 채권자의 한 사람이던 소외 임정분(의 대리인)이 위 사채업자로부터 同 백지어음을 교부받아 소지하고 있다가 1980. 6. 15. 발행일 1979. 12. 24., 금액 금 8,960,000원, 지급기일 1980. 12. 24., 발행지, 지급지, 지급장소 서울특별시, 수취인은 자신으로 하여 보충한 다음 자신의 이름으로 원고 정복숙에게 아무런 배서원인(약속어음수수의 실질적 원인관계)도 없이 배서교부하였다. 위와 같이 소외 임정분(의 대리인)이 백지어음에 보충한 후 이를 아무런 원인관계 없이 원고에게 배서양도한 것은 위 사채업자로부터 자신들이 대여원리금의 일부를 지급받지 못하였기 때문이었다. 이 사건은 원고가 同 약속어음의 소지인으로서 발행인인 피고에 대하여 어음금청구의 소를 제기한 것이다.

여기서 쟁점이 된 것은 다음의 두 가지이다. 첫째는 피고가 1980. 3. 4. 사채업자에게 차용원리금을 전부 변제한 행위의 효력이 채권자인 소외 임정분 등 3인에게 미치느냐 하는 점이다. 둘째는 어음수수의 실질적 원인관계가 소멸되어 그 어음을 보유할 정당한 권원이 없는 경우 어음소지인이 형식상의 어음채무자에게 어음금지급을 구하는 것이 권리남용은 아닌가 하는 점이다. 전자의 경우에는 사채업자는 채무자인 피고에 대한 관계에서는 채권자들인 소외 임정분 등 3인의 대리인의 지위에 있음이 인정되므로 문제는 없다. 다만 후자의 경우에는 이른바 '二重無權'의 항변의 認否문제와 관련된다. 즉, 이를 인정한다면 어음소지인의 어음금지급청구가 신의성실의 원칙에 반하여 권리남용된다고 보아 어음채무자의 어음금지급의 거절을 인정할 수 있다. 그러나 어음(배서)행위의 무인성을 강조하자면 이중무권의 항변을 부인함으로써 어음채무자의 어음금지급을 강제하여야 할 것이다.

3. 문 언 성

어음채무의 내용은 어음에 기재된 문언에 따라 정해지고 어음 바깥의 사정(그것이 진실이라 하더라도)이나 당사자들의 의도를 고려해서는 안된다. 예를 들어 주식회사의 대표이사가 자신의 이익을 위하여 약속어음을 발행하였다 하더라도 그 어음이 회사 이름으로 발행된 이상 대표이사 자연인에게 책임을 지울 수 없다. 어음임을 알고 어음요건을 기재하였거나 요건이 기재된 어음에 기명날인 또는 서명을 하여 어음행위를 한 자에게 기재된 대로의 책임을 지우는 것은 당연하다. 이와 같이 어음행위는 원래 문언적 법률행위인 것이다.

문언성은 소지인의 선의나 악의에 좌우되지 않으며, 약속어음의 수취인이 발행인에게 청구하는 경우와 같이 직접 전자에게 청구하는 경우라도, 어음채무의 내용은 문언에 따라 결정되며 인적항변의 대항을 받을 뿐이다. 문언적 행위로 해석하는 결과, 소지인은 획일적으로 기재된 문언대로 권리를 보장받으며 거래안전이 보호받게 된다.

문언성의 성문법상의 근거는 **항변제한의 법리**(어 17조 본문, 19조 2항 본문, 77조 1항 1호; 수 22조)에서 찾을 수 있다.

어음과 수표가 **무인증권**이기 때문에 필연적으로 **문언증권**이 되는 것일까? 무인성은 원인과 별개로 독립하여 어음채무가 성립하는 것을 의미하고, 문언성은 일단 유효하게 성립한 어음채무의 내용(채무의 범위와 당사자)에 관한 법리로서 국면을 달리하는 문제이다. 선하증권이 유인증권이면서도 문언증권인 것을 보아도, 두 가지 속성간에 연결이 없음을 알 수 있다. 그러나 어음과 수표에 있어서 무인성과 문언성이 서로 작용하여 어음거래의 안전에 기여하고 어음의 유통을 촉진한다는 데 대하여는 의문이 있을 수 없다.

문언성은 증권에 표창된 권리의 성질이 개별적인 것일 때 의미가 있고, 그 권리가 획일적이고 균일한 것이라면(예, 정액상품권 또는 지하철 구간권) 의미가 없다. 문언증권 중에는, 문언증권으로 법정되어 있는 화물상환증(상 131조 1항), 선하증권(상 854조 1항), 창고증권(상 157조)과, 이론상 문언증권으로 다루어지는 어음과 수표가 있다. 이러한 문언증권은 채무의 내용이 개별적이고 기재된 문언만에 의하여 채무의 내용을 확정지을 필요가 있기 때문에 문언증권으로 취급하는 것이 적당하다.

어음이 문언증권이기는 하지만, 문언성의 강조가 지나치면 본래의 목적을 벗어나 오히려 소지인의 이익을 해하는 예도 있을 수 있다. 문언성도 무인성과 같이 어음거래의 안전을 확보하기 위한 기술적 용어(수단)에 지나지 않는다. 문언성은 어음채무의 내용에 관한 법리이므로, 채무내용의 확정과 관계없는 기재사항에 관하여는 엄격한 문언해석을 할 필요는 없다. 또한 채무내용의 확정과 관계되는 기재사항이라도, 문언기재의 배경에는 그 기재에 의하여 일정한 사실을 표시하고자 하는 기재자의 의사가 있고 그러한 기재에 이르게 된 거래사실이 있을 것이기 때문에, 거래의 통념이나 「경험칙」을 고려하여 문언의 해석을 하여야 하는 것은 당연하다.

예를 들어, 어음상의 지급지가 '서울 서대문구 신천동'으로 기재되어 있다면, 서대문구에 신천동은 존재하지 않으므로 신촌동으로 읽어야 하며 지급기일이 00년 9월 31일로 기재되어 있다면, 동년 9월 30일로 이해하여 처리하여야 할 것이다. 다만, 무능력자 여부 · 대리권 존부 등은 문언만으로는 결정할 수 없고 어음 바깥의 사정을 고려해서 판단할 수밖에 없다.

대판 2000. 4. 25, 98다59682 어음의 요식증권 내지 문언증권으로서의 성질상 어음요건의 성립여부는 어음상의 기재만에 의하여 판단하여야 하고, 어음요건의 기재가 그 자체로 불가능한 것이거나 각 어음요건이 서로 명백히 모순되어 함께 존립할 수 없게 되는 경우에는 그와 같은 어음은 무효라고 봄이 상당하고, 한편 약속어음의 발행일은 어음요건의 하나로서 그 기재가 없는 상태에서는 어음상의 권리가 적법하게 성립할 수 없는 것이므로(대법원 1994. 9. 9, 선고 94다12098, 94다12104 판결 참조), 확정된 날을 만기로 하는 확정일출급 약속어음의 경우에 있어서 만기의 일자가 발행일보다 앞선 일자로 기재되어 있다면 그 약속어음은 어음요건의 기재가 서로 모순되는 것으로서 무효라고 해석하여야 할 것이다.

〈사실관계 및 쟁점〉 피고 정생기는 소외 김창현에게 발행일 1995. 10. 2., 액면 금 30,000,000원, 지급기일 1995. 1. 17., 발행지 및 지급지 완도군, 지급장소 주식회사 국민은행 완도지점으로 된 약속 어음 1매를 발행·교부하였고, 위 김창현은 원고 박춘복에게 이를 배서양도하였는데, 원고가 同 약속어음의 최후 소지인으로서 적법하게 지급제시하였으나 지급거절되었다. 이에 원고는 발행인인 피고에게 同 약속어음금의 지급을 구하는 소를 제기한 것이다. 본래 지급기일은 어음금액이 지급될 날로서 가능한 날이어야 하는데, 同 약속어음상의 기재로 보면 지급기일이 1995. 1. 17.로서 발행일인 1995. 10. 2. 이전으로서 그 어음금액이 지급될 날로서 가능한 날이라고 할 수 없게 되어 어음요건의 불비로 同 어음 자체를 무효로 하게 된다. 그런데 원고는 同 약속어음의 발행인, 수취인 및 소지인 모두 실제 지급기일은 1996. 1. 17.인데 착오로 1995. 1. 17.로 잘못 기재되어 있다는 사실을 인정하고 있으므로 민법상 착오에 관한 규정을 준용하여 위 1996. 1. 17.을 同 약속어음의 지급기일로 인정하여야 한다고 주장하였다.

여기서 쟁점이 된 것은 위 원고의 주장처럼 어음요건의 구비여부를 판단함에 있어서 어음 외의 사실을 조사하여 약속어음의 일부의 기재착오를 보충하거나 정정하는 것이 가능하느냐 여부이다. 이는 어음행위의 문언성(문언증권성)과 관련된 문제이다.

4. 독립성/어음행위독립의 원칙

(1) 의 의

어음채무의 독립성 내지는 어음행위독립의 원칙은 어음법 제7조, 제32조 2항, 제65조, 제69조와 수표법 제10조에 규정되어 있다. 어음에 어음채무를 부담할 능력이 없는 자의 기명날인 또는 서명, 위조의 기명날인 또는 서명, 가설인의 기명날인 또는 서명 또는 기타의 사유로 인하여 환어음의 기명날인 또는 서명자나 그 본인에게 의무를 부담하게 할 수 없는 기명날인 또는 서명이 있는 경우에도 다른 기명날인 또는 서명자의 채무는 그 효력에 영향을 받지 아니한다. 어음행위독립의 원칙은, 어음행위를 한 자는 그 전제가 되는 다른 어음행위가 형식상의 흠결 이외의 사유로 인하여 무효가 되어도 자기 행위의 효력에는 영향을 받지 않고 독립하여 어음상의 채무를 부담한다는 원칙이다. 어음채무 독립의 원칙이라고도 부른다. 앞에서 설명한 무인성은 원인관계로부터 영향을 받지 않는다는 것에 반하여 독립성은 같은 어음위에 행해진 다른 어음행위로부터 영향을 받지 않는다는 점에서 다르다.

어음행위 중 인수는 대개의 경우 발행을, 배서는 발행 및 전배서를, 보증은 발행 및 주채무자(보증된 자)의 어음행위를, 참가인수는 발행 및 피참가인의 어음행위를 전제로 한다. 그럼에도 후행의 어음행위가 선행의 어음행위의 효력 여하에 영향을 받지 않고 독자적으로 그 효력을 유지한다는 것이 독립의 원칙의 요지이다.

(2) 이론적 근거

법의 일반원칙에 의하면 **선행행위가 무효**이면 **후행행위도 무효**이다. 연속된 부동산소유권이전등기에서 앞선 등기가 원인무효로 무효가 되면 그 후의 이전등기는 모두 무효가 되는 것이 좋은 예이다. 어음행위독립의 원칙은 그러한 법의 일반원칙에 대한 예외로서 어음거래의 신용을 확보하고 선의취득자를 보호하며 어음거래의 안전과 유통성 도모를 위한 법의 특칙으로 본다. 이러한 입장을 **정책설**이라고 부르며 다수설이다(강위두, 75면; 서돈각 · 정완용, 89면; 손주찬, 71면; 양승규, 109면; 이철송, 57면; 이범찬 · 최준선, 859면; 정동윤, 157면; 정무동, 330면; 정찬형, 76면; 채이식, 68면).

한편 소수설은 어음행위는 증권행위이고 1매의 어음 위에 여러개의 어음행위가 행해지는 경우에도 각각의 어음행위는 다른 어음행위와는 관계없이 그 자체로서 효력을 판단하여야 한다고 한다(서정갑, 89면). 어음행위는 어음상의 기재를 의사표시의 내용으로 하는 독립적 법률행위이므로, 그 효력을 각별로 결정하는 것은 법리상 당연하다고 한다. 이 소수설에 의하면 어음채무의 독립성을 규정한 어음법 제7조 등은 당연한 원칙을 확인해 주고 있는 주의적 규정에 불과하다고 한다.

생각해 보면, 하나의 어음위에 행해진 여러 개의 어음행위를 각각 독립한 법률행위로 보는 것보다 서로 연관되어 있다고 보는 것이 이치에 맞다. 그럼에도 각 어음행위의 효력을 독립시켜 판단하도록 한 것은 법에 특별한 규정이 있기 때문이다. 다수설(정책설)이 타당하다. 다만 다수설이 지적한 정책적 고려 외에 어음법 제7조는 다른 특별한 고려를 반영하고 있다. 어음행위를 한 개별 행위자에게 증권 위에 법률행위를 한데 대하여 일반의 법률행위를 한 경우보다 **엄격한 책임**을 지우겠다고 하는 고려가 그것이다.

(3) 적용범위

(가) 적용이 없는 경우

① 선행행위를 전제로 하지 않는 어음행위, 즉 발행행위 등에는 어음행위독립의 원칙이 적용될 여지가 없다.

② 방식(형식)에 하자가 있는 경우에는 어음·수표의 요식증권성 때문에 그 자체가 무효이고 무효인 증권상의 어음·수표행위 역시 모두 무효이다.

③ 어음상의 의무가 소멸한 후 역시 어음채무의 독립성을 논의할 필요가 없다. 주된 채무가 소멸하면 모든 상환의무가 소멸한다.

(나) 논란이 되는 경우

1) 인 수

인수에 어음행위독립의 원칙이 적용된다고 하여야 할 것인가에 대하여 학설이 대립한다. 이에 대한 학설의 대립은 환어음에 있어서 발행과 인수의 관계를 어떻게 이해하는가에 대한 입장 차이에서 출발한다. 적용부정설에서는 환어음의 인수행위는 주된채무를 부담하는 행위로서 약속어음의 발행행위와 같으므로, 인수는 발행을 전제로 하는 것이 아니라고 한다. 환어음의 경우, 발행행위는 오히려 부속적 어음행위일 뿐이고 약속어음에서 발행에 대하여 독립의 원칙을 논할 필요가 없는 것처럼 환어음의 인수에 대하여도 독립의 원칙을 적용할 필요가 없다고 한다(손주찬, 75면; 최기원, 80면). 여기서 주의할 점은 적용할 필요가 없다고 하는 것이 발행행위의 하자가 인수에 영향을 미쳐야 한다는 뜻은 아니라는 것이다.

한편, 적용긍정설에서는 인수가 설혹 발행에 앞서 행해지더라도 인수인이 부담하는 채무의 내용은 발행에 의해 특정되므로 인수는 발행이라는 전제행위를 필요로 한다. 전제행위인 발행행위에 실질적 하자가 있더라도 인수인에게 문언에 따른 책임을 지우기 위해서는 어음행위독립의 원칙을 적용할 필요가 있다고 한다(강희갑, 75면; 서헌제, 110면; 정동윤, 110면; 정찬형, 78면).

이 문제는 아래의 배서에 대한 어음행위독립의 원칙의 적용여부와 관점이 다르다는 점을 주의하여야 한다. 인수의 경우는 인수가 전제행위를 가지는가에 대한 이해의 차이에서 적용부정설과 적용긍정설이 대립하는 것이고 배서의 경우는 당연히 발행행위를 전제로 하는 행위임을 인정한 다음 배서가 채무부담행위냐 아니냐에 대한 이해의 차이에서 독립의 원칙 적용여부가 논의되었던 것이다.

생각해보면, 환어음의 인수행위가 약속어음의 발행행위와 같은 제1차적이고 최종적인 채무부담행위이기는 하다. 그러나 약속어음의 발행은 그 자체만으로 자족(自足)적인 행위인데 반하여, 인수는 채무의 내용을 정해주는, 전제행위로서의 발행행위가 필요하다. 이렇게 본다면 인수에는 발행이 전제되고, 혹시라도 발행행위의 실질적 하자가 인수에 영향을 미치지 않도록 차단하기 위하여 인수에도 독립의 원칙이 적용된다고도 하여야 할 필요성이 인정된다. 이것은 인수가 먼저 있고 발행이 나중에 이루어지더라도 같다고 볼 수밖에 없다. 적용긍정설이 옳다고 생각한다.

2) **배 서**

오래 전에 배서는 의사표시에 의한 채무부담행위가 아니라는 점을 강조하여 배서에는 어음채무독립의 원칙이 적용되지 않는다는 주장이 있었다. 이에 의하면 A′가 A의 서명을 위조하여 발행한 어음을 수취인 B가 C에게 배서양도한 경우, A의 발행행위가 무효이므로 B의 배서행위 역시 무효이고, 따라서 C는 A(피위조자)에 대하여는 물론이고 B(배서인)에게도 어음금을 청구할 수 없다고 하게 된다.

A ⟶ B ⟶ C
(A′가 위조)

그러나 오늘날의 통설과 판례는 배서에 독립의 원칙을 부정하면 어음의 신용을 담보할 수 없어 어음유통에 중대한 장애가 되므로 배서야말로 어음행위독립의 원칙의 중요한 적용대상이라고 한다.

따라서 어음행위독립의 원칙에 따라 C는 B에게 상환청구할 수 있다. 한편 C가 A에게 어음금지급을 청구할 수 없는 것은 A가 피위조자로서 아무런 책임을 부담하지 않기 때문이다(물적항변).

대판 1977. 12. 13, 77다1753 위조발행된 어음이라도 어음행위독립의 원칙상 그 뒤에 유효하게 배서한 배서인에 대하여는 소구권을 행사할 수 있으므로 이를 보관 중 분실한 자에 대하여는 손해배상을 청구할 수 있다.

〈사실관계 및 쟁점〉 피고 일신제강 주식회사는 발행인 소외 김상균, 액면 금액 2,900,000원, 발행일 1970. 4. 16., 배서인 소외 김병순으로 된 약속어음 1매를 취득하여 원고 서울특별시 농업협동조합에 同 어음의 추심을 의뢰하였다. 그런데 원고는 선관주의의무를 해태하여 同 어음을 분실하여 피고로 하여금 그 배서인에 대한 소구권을 상실케 하는 손해를 입히게 되었다. 이에 피고는 원고에 대하여 그가 추심의뢰한 약속어음을 분실함으로 인하여 소구권을 상실케 함으로써 입은 손해의 배상을 청구하는 (이 사건 訴와는 다른) 별건의 訴를 제기하여 승소확정판결을 받아 강제집행하였다.

그런데 원고는 피고가 별건의 訴에서 원고를 상대로 승소확정판결을 받아 강제집행을 행한 것은 ① 피고가 원고에게 추심의뢰한 약속어음은 소외 유환진이 김상균명의를 위조하여 발행한 것으로서 설사 원고가 이를 분실하지 않았다 하더라도 그 추심이 불가능한 것이었음에도 불구하고 피고가 판결에 의하여 강제집행을 행한 것은 부당이득이 된다고 주장하여 부당이득반환청구의 소(이 사건 訴)를 제기하였다. 그 후 원고는 항소심에서 ② 피고는 별건의 訴인 손해배상청구소송을 제기하기 전에 이미 同 어음의 위조사실을 충분히 알았음에도 이를 모르는 척 청구권없는 소송을 제기·수행하여 승소판결을 얻어 집행하였으므로 이는 불법행위가 된다라고 주장하여, 종전의 부당이득반환청구를 주위적 청구로 하고, 불법행위로 인한 손해배상청구를 예비적 청구로 추가하는 청구의 변경을 하였다.

여기서 쟁점이 된 것은 다음과 같다. 즉, 전자의 경우에는 피고 일신제강 주식회사가 원고 서울특별시 농업협동조합에게 추심의뢰한 약속어음을 선관주의의무위반으로 분실하여 손해가 발생하였다고 하기 위해서는 피고에게 전자에 대한 소구권이 인정되어야 한다. 그런데 同 약속어음은 소외 유환진이 소외 김상균 명의를 위조하여 발행하고, 이와 같이 위조된 어음에 소외 김병순의 유효한 배서행위가 행해졌는 바, 여기서 전전양도된 同 어음의 최후의 소지인인 피고가 위조된 어음위에 유효하게 배서행위를 한 소외 김병순에 대하여 소구권을 행사할 수 있느냐가 문제된다. 이는 어음행위독립의 원칙에 관한 문제이다. 후자의 경우에는 피고가 원고에게 추심의뢰한 약속어음의 분실로 인하여 소구권을 보전하지 못하게 된 데 대한 손해배상청구의 소송을 별건의 訴로써 제기하기 이전에 이미 同 어음의 위조사실에 대하여 고의 또는 과실이 있어 원고를 상대로 한 별건의 訴를 제기할 청구권이 없음에도 불구하고 이러한 사실을 감춘 채 訴를 제기하는 것은 불법행위가 아닌가 하는 문제이다. 이는 위조된 어음을 취득함에 있어서 악의가 있는지 여부와 설령 악의가 인정되는 경우에도 어음행위독립의 원칙이 적용되는가에 관한 문제이다.

3) 소지인이 악의인 경우

어음소지인이 악의인 경우에도 어음행위독립의 원칙을 적용할 것인가에 대하여, 다수설(적용긍정설)은 그 적용을 인정하고 있다(강위두, 77면; 서돈각·정완용,

86면; 손주찬, 73면; 양승규, 112면; 이기수, 167면; 이범찬 · 최준선, 861면; 정동윤, 164면; 정찬형, 81면; 정희철, 78-79면; 채이식, 69면). 한편 그 적용에 반대하는 부정설도 있다(서정갑, 91면; 이철송, 61-62면; 최기원, 83-84면).

어음행위독립의 원칙의 수혜자는 어음소지인이라는 점에서, 악의의 소지인에게도 독립의 원칙을 적용하는 것은 악의의 자에게는 보호를 부여하지 않는 법의 일반원칙(표현대리, 선의취득 등)에 반하는 것이 아닌가 하는 의문이 있을 수 있다. 그러나 다음의 설례에서 보는 바와 같이 악의의 소지인에게 독립의 원칙을 적용한다 하여 소지인이 혜택을 입게 되는 범위는 극히 제한됨을 주목할 필요가 있다. 몇 가지 설례를 보기로 하자.

① A(A′가 위조) → B(선의) → C(악의)

A′가 A의 기명날인을 위조하여 B를 수취인으로 하는 약속어음을 발행하였고 B는 이 어음을 C에게 배서양도하였다. C가 위조사실을 알고 이 어음을 취득한 경우와 위조사실을 모르고 취득한 경우에 각각 B에게 상환책임을 물을 수 있는가? 이 설례에서 C가 악의라 하더라도 적용긍정설에 의하면 C는 B에게 상환책임을 물을 수 있게 된다. 그러나 이러한 경우는 두 가지 면에서 현실성이 결여되어 있다. 첫째, C가 위조사실을 알고도 이 어음을 취득하였겠는가? 둘째, 악의의 C가 A를 상대로 지급청구하여 거절당하고 상환청구한다는 것은 넌센스 아닐까?

② A → B(C가 B의 배서를 위조) → C → D(선의) → E(악의)

A가 B(수취인)에게 발행한 약속어음을 B가 분실(또는 도난)하였다. C가 습득(또는 절취)한 후 B의 기명날인을 위조하여 자기(C) 앞으로 배서한 다음 D에게 다시 배서양도하였다. 위조자 C는 자신의 이름을 배서란에 남기고 싶지 않았겠지만 양수인 D가 B의 배서만 있는 어음을 C로부터 받으려 하지 않았을 것이다. D가 만기에 A에게 어음금지급을 청구하면 A는 지급을 거절할 것이다. B가 자신과 거래관계에 있는 A에게 이 사건 어음의 분실(또는 도난)사실을 통지하고 협조를 요청해 놓았을 것이기 때문이다. D가 악의라면 즉 배서위조의 사실을 알았다면, 선의취득이 인정되지 않으므로 B는 D에게 이 어음의 반환을 청구할 수

있다(어 77조, 16조 2항). D가 선의라면, 이 어음을 선의취득하고 A와 C에게 어음상의 권리를 행사할 수 있다. 다만 B에게는 독립의 원칙과 관계없이 어음금을 청구할 수 없다. B의 배서는 무효이기 때문이다. D가 일단 선의취득한 어음을 E가 악의로, 즉 C가 위조했다는 사실을 알고 취득하였다할 때 C와 D에게 상환청구할 수 있는가가 문제된다. 이에 대하여 적용긍정설에서는 E가 C와 D에게 상환청구할 수 있다고 한다. D가 악의라면 B에게 어음을 반환하여야 하지만, D가 선의취득한 후 E가 악의라면 반환의 문제는 생기지 않고(지위승계의 법리 또는 보호막의 법리, Shelter Rule) 긍정설을 따르면 E는 독립의 원칙의 수혜가 가능하다.

한편 부정설은 악의인 E에게는 독립의 원칙의 혜택을 부여할 수 없다고 한다. 즉, B의 배서가 무효이므로 독립의 원칙이 적용되지 않는다면 C와 D의 배서도 무효이고 C와 D에게 상환청구할 수 없다고 한다. 의문은 긍정설에 따라 E가 독립의 원칙의 혜택을 누리게 된다 하더라도 E가 악의이면서 즉 B의 배서가 위조되었음을 알면서까지 대가를 지급하고 이 어음을 취득했겠느냐 하는 것이다. 이 설례 역시 현실성은 의심스러우며 그만큼 긍정설을 따르더라도 악의의 소지인이 혜택을 입게 되는 경우는 실제 거의 없음을 알 수 있게 해준다.

여기서 다른 문제를 살펴보자. C는 무자력이 보통일 것이므로 C가 상환의무를 이행하는 것은 비현실적이지만, C가 상환의무를 이행하고 어음을 환수했다면 B는 C를 상대로 어음의 반환을 청구하고자 할 것이다. 문제는 이미 선의취득된 어음을 B가 반환청구할 수 있느냐하는 것이다. D의 선의취득(원시취득임)으로 B는 어음에 대한 권리를 잃었기 때문이다. 그러나 B가 C에게 문제의 어음을 돌려달라고 청구할 수 있다고 해석하여야 형평에 맞다고 생각한다.

③ A → B(미성년자, 취소) → C(독립의 원칙) → D(선의) → E(악의)

A가 발행하여 B가 수취인으로서 배서한 어음을 C가 취득하여 다시 D에게 배서한 경우, B가 미성년자로서 법정대리인의 동의 없었음을 이유로 배서를 취소했다면, D가 선의인(B의 무능력을 알지 못한) 경우 D는 어음을 취득하고(선의취득의 인정범위에 관한 무제한설의 입장에 따름) C에 대해서도 상환청구할 수 있다. B의 미성년이었음 또는 취소에 대하여 E가 악의인 경우라도, 이미 D의 선

의취득이 있었으므로 E는 어음을 취득하고(보호막의 법리), 독립의 원칙에 따라 C에 대해서도 상환청구할 수 있다는 것이 적용긍정설의 입장이다. 그러나 배서행위를 취소한 B에 대해서는 배서행위가 무효가 되었으므로 상환청구할 수 없다(물적항변). 한편 E가 악의인 경우에 부정설에 의하면 어음행위독립의 원칙이 적용되지 아니하므로 C의 배서도 무효가 되고 따라서 C에게 상환청구할 수 없다고 하게 된다. 여기서 E의 악의라는 것은 B가 미성년자라는 것을 알았다는 것인데, 어음거래의 직접 상대방이 아닌 E가 B의 성년여부를 알았다는 것은 현실성이 극히 부족하다. 앞에서 지적한 바와 같이 소지인의 악의를 이유로 독립의 원칙의 적용여부가 문제될 사례는 극히 드물 것이다.

④ 소 결

생각해 보면 권리취득이 전제가 되고 그 후에 권리행사가 문제되는데, 권리행사의 단계에서 독립의 원칙을 논의하게 된다. 어음행위독립의 원칙은 채무부담의 문제이고 선의취득은 권리귀속(취득)의 문제, 즉 문제의 어음을 누구의 것으로 인정할 것이냐 하는 문제이다.

어음행위독립의 원칙은 어음의 유통성을 강화하기 위한 것이라기 보다 어음행위자에게 엄격한 책임을 지움으로써 어음의 신용을 확보하기 위한 것이다. 채무부담 면에서 어음행위자의 책임을 엄격하게 함으로써 일반적으로 어음의 신용을 높이기 위한 것이라면 어음취득자가 악의인 경우라도 그 적용이 있다고 보아야 할 것이다. 어음행위자의 채무부담을 소지인의 악의・선의라는 주관적이고 우연한 사정에 좌우되도록 한다면 일관성이 유지되지 못한다. 따라서 독립의 원칙의 적용여부는 객관적・형식적으로 판단하는 것이 바람직하다. 어음행위독립의 원칙을 소지인이 악의인 경우에도 적용하자는 견해를 따르면 악의의 소지인을 보호하는 결과가 되기는 하지만, 긍정설은 악의의 소지인을 보호하기 위한 주장은 아니고 어음채무부담의 일관성을 유지하자는 것이다.

제 2 절 어음 · 수표행위의 성립

어음행위 · 수표행위의 성립에 관하여 어음행위와 수표행위에 대한 논의는 서로 다를 것이 없으므로, 이하에서는 주로 어음행위만을 대상으로 설명하기로 한다.

제1 형식적 요건

1. 어음상에 작성되었을 것

어음행위는 기본행위와 부속적 행위로 나누어 볼 수 있다. 기본행위 중 대표적인 것은 발행행위이고, 배서나 보증행위 등은 부속적 행위이다. 어음행위는 원칙적으로 어음위에 하여야 한다. 다만 배서 · 보증은 보전(補箋)에도 할 수 있다(어 13조 1항, 31조, 77조 1항 1호, 77조 3항; 수 16조 1항, 26조 1항).

2. 어음법상의 방식에 따를 것

어음행위는 어음법에서 정한 방식에 따라야 한다. 어음법은 발행, 배서, 인수 등 각 종류의 어음행위마다 다른 법정기재사항을 규정하고 있으나, 공통되는 것은 기명날인 또는 서명이다. 어음행위 종류별 법정기재사항은 해당 부분에서 상세히 논의하기로 한다. 법정기재사항의 일부라도 흠결된 어음행위는 효력이 없다.

3. 기명날인 또는 서명

(1) 요구하는 취지

어음행위에 최소한의 요건으로서 기명날인 또는 서명을 요구하고 있는 것은 어음행위자로 하여금 그러한 행위로써 채무부담의 효과가 발생한다는 사실을 자각하도록 하기 위한 것이다. 이러한 주관적 취지 외에 객관적 의의를 살펴보면 어음행위자의 기명날인 또는 서명을 요구함으로써 혹시 있을지 모르는 위조의 항변에 대하여 행위자와 명의자간의 동일성 확인(진정성(眞正性) 증명)을 쉽게 할 수도 있다.

(2) 자연인의 경우

(가) 기명날인

1) 기 명

기명이라 함은 자연인인 어음행위자가 성명을 기재하는 것이다. 손으로 쓰든, 타이핑·인쇄·고무인 어떤 식이든 무방하다. 거래관계에서 자신을 표시하는 명칭이면 상호·아호·예명으로 기재해도 된다. 날인만 있고 기명이 없으면 어음행위자가 특정되지 아니하므로 무효이다(대판 1999. 3. 9, 97다7745).

2) 날 인

날인은 도장을 찍는 것이다. 어음행위에 있어서 자연인의 날인은 등록된 인감을 필요로 하지 않는다. 또한 인영(印影)과 실질의 일치를 필요로 하지 않는다. 즉 기명된 이름과 찍힌 도장에 나타난 이름이 전혀 같지 않아도 도장이 찍혀 있기만 하면 기명날인의 요건을 갖춘 것이 된다. 인쇄된 날인은 날인으로서의 진실성담보기능을 수행할 수 없으므로 허용되지 않는다.

대판 1978. 2. 28, 77다2489 어음의 법정요건의 구비여부는 그 어음면의 문면자체에 의하여 외관적으로 이를 판단하면 족하고, 어음면의 기재가 어떤 객관적인 사실과 일치하지 않더라도 어음으로서의 효력에는 아무런 消長이 없다고 하는 것이 본원의 판례이고(대판 1961. 8. 10, 선고 4293민상714호 판결 참조), 또 어음법상의 기명날인이라는 것은 기명된 자와 여기에 압날된 인영이 반드시 합치됨을 요구한다고 볼 근거는 없는 것이므로 본 건에서 원심이 인정한 바와 같이 위 약속어음에 피고 황택임의 기명이 되고 거기에 어떤 인장이 압날되어 있는 이상 그 인영이 서상길로 되어 있어 비록 그 기명과 일치되지 않는다 할지라도 이 약속어음의 문면상으로는 기명과 날인이 있는 것이 되어 외관상 날인이 전연 없는 경우와는 구별이 되어야 할 것이다.

〈사실관계 및 쟁점〉 피고 황임택의 남편인 소외 유판수는 피고의 명의로 소외 문인숙에게 약속어음을 발행·교부하여 원고 신원실이 최종 소지인이 되었다. 그런데 소외 유판수가 피고명의로 기명날인함에 있어서 기명은 피고명의로, 그리고 날인은 서상길이라는 이름의 인장을 압날하였다. 원고는 同 약속어음이 유효한 것임을 전제로 피고에 대하여 약속어음금 청구의 訴를 제기하였다.

여기서 쟁점이 된 것은 어음에 기명된 자와 압날된 인영이 서로 다를 경우에도 어음요건(어 1조 8호)이 구비되어 유효하느냐 하는 점이다.

기명만 있고 날인이 없는 경우 기명날인의 효력이 인정되지 아니한다. 다만 서명으로 효력을 인정받을 수 있다면 별문제가 없게 된다. 무인(拇印: 손도장)은 육안으로 식별할 수 없고 특수한 기구와 특별한 기능에 의하지 않고는 식별할 수 없으므로, 어음거래의 신속성에 비추어 날인으로서는 부적당하다고 한 대법원 판결이 있다.

대판 1962. 11. 1, 62다604 어음법 제82조(현행 어음법이 시행된 1963. 1. 1. 이전에 조선민사령 제1조에 의하여 의용된 手形法의 규정임)는 본법에서 서명이라 함은 기명날인을 포함한다고 규정하고 있는 바, 무인 기타 지장은 그 진부를 육안으로는 식별할 수 없고 특수한 기구와 특별한 기능에 의하지 아니하면 식별할 수 없으므로 거래상의 유통을 목적으로 하는 어음에 있어서는 기명날인에는 지장을 포함하지 아니한다고 해석함이 타당하며, 따라서 기명과 지장으로 한 어음행위는 형식을 갖추지 못한 무효의 것이므로, 신종순 명의의 본 건 배서는 이와 같이 무효일 뿐만 아니라 신종순 명의의 배서가 무효인 이상 같은 이유로 본 건 약속어음에는 어음법 제16조가 규정한 배서의 연속이 없고 또 같은 법 제7조가 규정한 경우에 해당하지 아니한다고 아니할 수 없다.

〈사실관계 및 쟁점〉 피고 이상우는 이 사건 약속어음을 제1배서인인 소외 신종순에게 발행·교부하였다. 그런데 소외 신종순이 제1의 배서를 함에 있어서는 피고가 신종순의 기명을 대필하고 신종순이 이에 무인하였던 것이다. 이 후 수차에 걸친 배서행위가 있었고 최후적으로는 원고 박재원이 同 어음을 취득하였다. 이에 원고가 피고를 상대로 同 약속어음금 청구의 소를 제기하였던 바, 여기서 쟁점이 된 것은 과연 원고에게 약속어음금 청구권이 인정되느냐 하는 점이다. 사안에서는 원고가 어음상 권리를 지명채권 양도방법에 따라 취득하였는지 여부는 나타나 있지 않으므로 별론으로 하고, 원고가 정당한 어음상 권리자인지 여부를 판단하기 위해서는 형식상 배서의 연속에 의하여 어음상 권리자로 추정을 받는지 아니면 어음행위독립의 원칙이 적용되는 경우에 해당하여야 할 것이다. 이를 위해서는 제1의 배서인인 소외 신종순의 배서행위가 적법·유효하여야 한다. 그런데 본 사안에서 제1배서인인 소외 신종순의 배서행위가 기명만 있고 날인대신에 무인이 된 경우에도 이를 형식상 하자가 없이 적법하다고 볼 것인가가 문제된 것이다.

(나) 서 명

서명은 어음행위자 스스로 자기의 이름을 쓰는 것이다. 기명날인과 서명 두 가지 방식 중 하나를 선택하는 것이므로 서명 뒤에 다시 도장을 찍을 필요가 없다. 서명은 그것만으로 어음행위자의 성명을 알 수 있어야 하므로, 위조를 막기 위하거나 멋을 부린 독특한 기호만으로는 서명의 효력을 인정할 수 없다.

서명의 효력에 관하여는, 외국인의 경우에 「외국인의 서명날인에 관한 법률」이 특히 마련되어 있었으나, 1995년 어음법 개정으로 내국인도 서명만으로 어음행위를 할 수 있게 되었다. 미국법상 'sign'이나 'signature'라는 것은 **자서(自署)**를 요구하지 않는다. 즉 서명의 대행이 널리 인정되고 있다. 한편 우리나라에서는 기명날인의 대행이 널리 인정되고 있다.

다만 우리의 어음법과 수표법에서는 기명날인과 서명을 선택하여 이용할 수 있도록 규정하고 있기 때문에, 대행이 필요한 경우 기명날인을 대행시키면 되고 서명을 대행시킬 필요는 거의 없다. 따라서 우리 법에서는 서명을 **자필서명**에 한정하는 것으로 새기는 것이 적당하다. 우리법상 인쇄·타이핑·고무인 등은 서명으로 인정할 수 없다.

(3) 법인의 경우

법인이 어음행위를 하는 경우에는 반드시 대표관계를 표시하고 **대표자**가 기명날인 또는 서명을 하여야 한다. 그밖에 법인은 그 대리인을 통하거나 또는 법인의 대표자로부터 **대행권**을 수여받은 대행자가 직접 법인의 대표자 명의로 기명날인을 행하는 방식에 의해서도 할 수 있다. 다음의 판결은 주식회사의 대리인(정확하게는 대표이사의 대리인)에 의한 어음행위를 보여주고 있다.

대판 1999. 3. 9, 97다7745 법인의 어음행위는 어음행위의 서면성·문언성에 비추어 법인의 대표자 또는 대리인이 그 법인의 대표자 또는 대리권자임을 어음면상에 표시하고 기명날인하는 대리방식에 의하던가, 법인의 대표자로부터 대리권을 수여받고 직접 법인의 대표자 명의로 서명할 수 있는 권한이 주어져 있는 자의 대행방식에 의하여 이루어져야 한다.

대판 1973. 12. 26, 73다1436 법인이 어음행위를 하려면 대표기관이 그 법인을 위하여 하는 것임을 표시하고 자기성명을 기재하여야 하는 것은 대표기관 자신이 직접 어음행위를 하는 경우이고, 대리인이 어음행위를 하려면 어음상에 대리관계를 표시하여야 하는바, 그 표시방법에 대하여 특별한 규정이 없으므로 어음상에 대리인 자신을 위한 어음행위가 아니고 본인을 위하여 어음행위를 한다는 취지를 인식할 수 있을 정도의 표시가 있으면 된다.

〈사실관계 및 쟁점〉 피고 연합철강공업 주식회사는 1971. 3. 31. 발행일 같은 날, 액면 금 1,000,000원, 지급기일 1971. 5. 22., 지급지 및 발행지 각 부산시, 지급장소 주식회사 서울은행 부산지점으로 된 약속어음 1매와, 1971. 2. 10. 발행일 같은 날, 액면 금 1,500,000원, 지급기일 1971. 6. 15., 지급지, 발행지, 지급장소 각 위와 같은 내용의 약속어음 1매를 소외 연합실업 주식회사(이하 '소외 회사'라 한다)에 발행교부하였다. 소외 회사는 액면 금 1,000,000원의 약속어음은 원고 이용주에게, 액면 금 1,500,000원의 약속어음은 소외 손덕원(원고 주종기는 소외인으로부터 다시 배서양도받았다.)에게 각 배서양도하였다. 원고들이 지급기일에 각 제시하였으나 배서불비라는 이유로 지급거절되어 피고에게 이 사건 약속어음금 청구의 소를 제기한 것이다. 그런데 소외 회사가 피고 회사로부터 이 사건 약속어음을 발행교부받은 후 원고 이용주와 소외 손덕원에게 배서양도함에 있어서 배서란에는 "연합실업 주식회사 이사 김용식"이라는 명판과 인장만을 날인한 채 대표이사의 표시 및 대표이사의 기명날인이 없었다.

여기서 쟁점이 된 것은 원고들이 적법한 어음상 권리자로 추정을 받느냐 여부이다. 권리자로 추정을 받기 위해서는 배서의 연속이 있어야 하며, 그 전제로서 소외 회사의 배서가 적법해야 한다. 즉, 소외 회사의 "연합실업 주식회사 이사 김용식"이라는 배서가 소외 회사의 배서행위로서 적법하느냐가 문제된 것이다. 본 사안에 대하여 원심(부산지법 1973. 8. 29, 선고 72나171 판결)은 "법인이 어음행위를 함에 있어서는 대표기관이 법인을 위하여 하는 것이라는 취지 즉 대표자격이 있다는 것을 표시하고 그 사람이 기명날인하여야(한다)" 함에도 불구하고 위와 같은 소외 회사의 배서는 대표이사 및 대표이사의 기명날인이 없어 무효이며, 따라서 원고들은 배서의 연속이 없어 적법한 어음상 권리자로 추정을 받지 않는다고 보았다. 그러나 대법원은 회사 기타 법인이 어음행위를 하는 방식은 법인의 대표기관이 직접 대표관계를 표시하고 자신의 기명날인을 하는 방식 이외에 법인의 대리인이 대리관계를 표시하고 자신의 기명날인을 하는 대리방식도 인정되며, 본 사안에서 소외 외사의 "연합실업 주식회사 이사 김용식"이라는 표시는 同 회사의 대리관계의 표시로써 적법한 표시라고 하여 원고들은 어음상 적법한 권리자로 추정된다고 보았다.

대판 1987. 4. 14, 85다카1189 법인의 어음행위는 어음행위의 서면성, 문언성에 비추어 법인의 대표자 또는 대리인이 그 법인의 대표자 또는 대리권자임을 어음면상에 표시하고 기명날인하는 대리방식에 의하던가 법인의 대표자로부터 대리권을 수

여받고 직접 법인의 대표자의 명의로 서명할 수 있는 권한이 주어져 있는 자의 대행방식에 의하여 이루어져야 할 것이고 만일 어음행위자가 대리(대행)권한없이 대리(대행)방식에 의하지 아니한 어음행위를 하였다면 무권대리인의 어음행위가 된다.

(4) 조합 기타

조합이 어음행위를 할 경우에는 **합수성**(合手性)의 이론상 조합원 전원이 기명날인 또는 서명하거나 최소한 그들 모두가 표시되어야 할 것이다. 하지만 실제에서는 구체적 표시를 생략하고 **대표조합원**이 전조합원을 대리하여 어음행위를 하는 것이 일반적이다. 이 때 상대방이 전(全) 조합원을 대리하는 것을 알 정도로 표시하면 충분하고 반드시 조합원 전원을 표시할 필요는 없다(○○조합의 대표자 A 또는 업무집행자 A). 그 어음행위에 대하여 조합원 모두가 **합동책임**을 부담한다.

대판 1970. 8. 31, 70다1360 법인격 없는 조합이 어음행위를 하였을 경우에는 그 조합원이 위 어음행위로 인한 권리의 취득 또는 의무의 부담을 하는 것이고 조합자체가 위 어음행위로 인한 권리취득이나 의무부담을 하는 것은 아니다. 조합의 어음행위는 全 조합원의 어음상의 서명에 의한 것은 물론 대표조합원이 그 대표자격을 밝히고 조합원 전원을 대리하여 서명하였을 경우에도 유효하다고 하여야 할 것이다. 그리고 조합의 대표조합원이 그 대표자격을 밝히고 어음상의 서명을 하는 경우에는 그 조합의 대표자격을 밝히기만 하면 유효한 것이며 반드시 어음행위의 본인이 되는 全 조합원을 구체적으로 표시할 필요는 없다 할 것이다.

〈사실관계 및 쟁점〉 수도운수주주상조회는 首都運輸商社株式會社의 주주이며 같은 회사에서 운행하는 노선의 車主들인 34인이 상호간의 친목과 공동복리를 증진할 목적으로 조직한 민법상의 조합이다. 그런데 위 상조회의 대표자이자 본 사안에서 피고인 회장 이병규는 同 조합의 운영자금을 충당하기 위하여 同 상조회의 이름으로 약속어음을 발행하였으며, 원고이자 어음상 권리자인 김사순이 피고 이병규를 상대로 同 약속어음금의 지급을 구하는 이 사건 訴를 제기한 것이다. 그런데 원고 김사순이 피고 이병규를 상대로 이 사건 訴를 제기한 것은 피고가 위 조합의 대표자의 자격을 가진 자이기 때문이 아니라 하나의 자연인 개인의 자격에서 동 약속어음금의 전부를 이행할 것을 청구한 것이다. 이에 피고는 자연인 개인의 입장에서는 이 사건 약속어음금채무를 이행할 의무가 없어 이 점에서 원고의 청구는 피고적격을 그르친 위법한 것이라고 항변하였다.

여기서 쟁점이 된 것은 피고 이병규가 동 상조회의 이름으로 이 사건 약속어음을 발행한 행위의 효과 즉 어음상 채무자가 동 상조회 자체인지 아니면 동 상조회를 구성하는 전 조합원인지 하는 점이다. 이는 법인격 없는 조합의 어음권리능력에 관한 문제이기도 한다.

본 사안에서 대법원은 법인격 없는 조합이 어음행위를 한 경우 이로 인한 권리취득 또는 의무부담은 그 구성원인 조합원에 귀속되는 것이며, 조합의 어음행위는 全 조합원의 어음상 서명 및 대표조합원이 그 대표자격을 밝히고 조합원 전원을 대리하여 서명한 경우에도 유효하다고 보았다. 다만 후자의 경우에는 그 대표자격만 밝히면 족하고 반드시 어음행위의 본인이 되는 全 조합원을 구체적으로 표시할 필요가 없다고 하였다. 따라서 피고 이병규가 동 상조회 대표자 자격으로 발행한 이 사건 어음의 발행은 유효하며, 이 때 동 상조회의 구성원은 어음의 공동발행인으로서 어음상 합동책임을 져야 한다고 보았던 것이다. 결국 어음의 공동발행인은 각자가 그 어음상 금액의 전부에 대하여 지급의무를 부담하므로 원고가 피고에게 이 사건 약속어음금 전부의 이행을 청구한 것은 타당하다고 보았던 것이다.

제2 실질적 요건

1. 어음능력

(1) 권리능력

자연인이 어음행위를 하는 경우 자연인은 성년 또는 미성년을 묻지 않고 언제나 당연히 어음채무를 부담할 수 있는 **어음권리능력**을 가진다(민 3조).

법인은 민법상 정관 또는 출연행위에서 정한 목적에 의하여 권리능력이 제한된다(민 34조). 하지만 이러한 제한은 공익법인에 한하여 적용되어야 할 규정이고, 본래 계획적인 자본증식을 일반적 목적으로 하는 영리법인(회사)은 정관 소정의 목적에 의하여 권리능력 자체를 제한받는 것은 아니라고 하여야 할 것이다. 실제로 회사의 정관에는 사업의 종류가 목적으로 규정된다(상 179조 1호 등). 어음 · 수표행위는 법인의 사업활동상 객관적으로 필요한 행위로서 **당연히 목적범위** 내에 속할 뿐더러, 어음 · 수표행위의 형식적 성격을 고려하면 원래 목적범위 내에 속하는가 여부를 문제삼을 여지도 없다. 그러나 판례는 영리법인인 회사에 대해서도 정관에서 정한 목적에 의하여 권리능력이 제한됨을 전제로 하고 다만, 그와 같은 목적범위를 넓게 해석하여 "정관에 명시된 목적 자체뿐만 아니라 그 목적수행에 직접 · 간접으로 필요한 행위를 모두 포함하고, 목적수행에 필요한지 여부도 행위의 객관적 성질에 따라 추상적으로 판단하여야 한다"라고 하여 거래안전을 도모하고 있다.

대판 1988. 1. 19, 86다카1384 회사의 권리능력은 회사의 설립근거가 된 법률과 회사의 정관상의 목적에 의하여 제한되나 그 목적범위 내의 행위라 함은 정관에 명시된 목적 자체에 국한되는 것이 아니라 그 목적을 수행하는 데 있어 직접 또는 간접으로 필요한 행위는 모두 포함되고 목적수행에 필요한지의 여부는 행위의 객관적 성질에 따라 판단할 것이고, 행위자의 주관적 구체적 의사에 따라 판단할 것이 아니므로(당원 1987. 9. 8, 선고 86다카1349 판결 등 참조), 원심이 같은 취지에서 피고 회사(경일투자금융 주식회사) 대표자의 이 사건 어음보증행위가 피고 회사의 목적범위 내에 포함되는 것으로 판단한 조치는 정당하고, 거기에 소론과 같은 법인의 권리능력의 범위에 관한 법리오해의 위법이 없다.

설립등기를 마치기 전에 성립 후의 회사의 명의로 어음행위가 행하여졌다 하더라도, **설립중의 회사**로서의 실체를 갖춘 단체의 행위인 이상 성립 후의 회사가 당연히 어음채무를 부담하는 것으로 보아야 할 것이다.

권리능력 없는 사단 · 재단은 소송행위(민소 48조)나 등기행위(부동산등기법 30조)처럼 특별히 법에서 허용한 경우에 한하여 제한적으로 권리능력이 인정되고 있어 이들 단체가 어음능력을 갖는지 문제된다. 권리능력 없는 사단·재단은 법인격이 없기 때문에 명문의 규정 없이 어음능력을 인정하는 것은 부정하는 견해가 있다(손주찬 44면; 정희철, 65면). 그러나 권리능력 없는 사단도 단체로서의 실질을 가지고 있는 이상 어음거래의 현실과 법률관계의 명확한 처리를 위하여 권리능력 없는 사단의 어음능력을 인정함이 타당하다(정동윤, 91면; 정찬형 63면; 최기원, 93면). 조합은 계약관계에 불과하여 법인격이 인정 되지 않는다. 따라서 조합은 어음능력을 갖지 못한다는 것이 통설이다. 따라서 전술한 바와 같이 조합원 전원이 기명날인하거나 대표조합원이 전 조합원을 대리하여 어음행위를 할 수 있다.

대판 1992. 7. 10, 92다2431 민법상의 조합과 법인격은 없으나 사단성이 인정되는 비법인사단을 구별함에 있어서는 일반적으로 그 단체성의 강약을 기준으로 판단하여야 하는바, 조합은 2인 이상이 상호간에 금전 기타 재산 또는 노무를 출자하여 공동사업을 경영할 것을 약정하는 계약관계에 의하여 성립하므로(민법 제703조) 어느 정도 단체성에서 오는 제약을 받게 되는 것이지만 구성원의 개인성이 강하게 드러나는 인적 결합체인 데 비하여 비법인사단은 구성원의 개인성과는 별개로 권리의무의 주체가 될 수 있는 독자적 존재로서의 단체적 조직을 가지는 특성이 있다 하겠는데 민법상 조합의 명칭을 가지고 있는 단체라 하더라도 고유의 목적을 가지고 사단적 성격을 가지는 규약을 만들어 이에 근거하여 의사결정기관 및 집행기관인 대표자를 두는 등의 조직을 갖추고 있고, 기관의 의결이나 업무집행방법이 다수결의 원칙에 의하여 행해지며, 구성원의 가입, 탈퇴 등으로 인한 변경에 관계없이 단체 그 자체가 존속되고, 그 조직에 의하여 대표의 방법, 총회나 이사회 등의 운영, 자본의 구성, 재산의 관리 기타 단체로서의 주요사항이 확정되어 있는 경우에는 비법인사단으로서의 실체를 가진다고 할 것이다. 비법인사단인 선어중매조합의 대표자의 위임에 따른 어음행위로 인한 어음금의 지급책임이 독립한 권리의무의 주체인 위 조합에게 귀속되는 것이지 그 구성원들이 이를 부담하는 것은 아니다.

(2) 행위능력

심신상실, 절대적 강박 등으로 인하여 어음 · 수표에 기명날인 또는 서명을 할 판단능력을 갖추지 못한 자연인의 어음 · 수표행위는 의사무능력자의 행위로서 무효라 할 것이다.

그런데 개별적 행위마다 의사능력의 흠결을 증명시키는 것이 사실상 곤란하기 때문에 민법에서는 미성년자(민 5조), 피성년후견인(민 10조), 피한정후견인(민 13조)와 같은 **제한능력자 제도**를 두고 있는 것이다. 이러한 제한능력제도는 어음 · 수표행위에도 적용되며, 제한능력을 이유로 한 어음 · 수표행위의 취소는 선의의 소지인에게도 대항할 수 있는 물적항변사유가 된다.

그러나 사후적 취소를 허용함으로써 판단능력이 떨어지는 자를 보호하는 무능력자제도가 유통의 촉진과 거래의 안전 보호를 중요한 목표로 삼아 소지인에게 일방적으로 유리한 지위를 부여하도록 정형화되어 있는 **어음관계와 조화**를 이룰 수 있는가에 대하여 의문이 있을 수 있다. 제한능력을 이유로 획일적으로 물적항변을 인정하는 것은 거래안전을 현저하게 저해하는 것으로 어음관계의 본질에 반하는 것이 아닌가 하는 의문을 가질 수 있다.

현실적으로 제한능력자가 어음행위를 하는 일은 별로 없을 것이나 어음행위라 하여 제한능력자 보호를 배제하여서는 안 될 것이다. 제한능력자의 보호는 우리의 사법(私法)제도에서 존중되고 있는 상위의 원칙 중 하나이므로 어음거래의 안전을 위하여 제한능력자보호를 양보할 수는 없는 것이다. 제한능력자의 어음행위 취소는 물적항변사유로 허용하되, "제한능력자가 속임수로써 능력자로 믿게 한 때에는 그 행위를 취소할 수 없다"는 민법 제17조 제1항의 규정을 확장해석하는 방식으로 어음거래의 안전을 보호하고 유통성을 촉진하는 것이 필요할 것이다. 예를 들면 한정치산자가 한정치산자라는 사실을 묵비한 것이 그의 다른 언행과 합쳐서 상대방의 오신을 유발했거나 오신을 강화한 경우, 또는 실제로는 미성년자이지만 누가 보아도 성년자처럼 보이고 또 그렇게 행세한 경우에, 「속임수」에 해당하는 것으로 볼 필요가 어음거래의 경우에 두드러진다 하겠다. 위와 같이 제한능력자가 속임수로써 능력자로 믿게 한 경우를 넓게 해석한다면 제한능력을 이유로 하여 어음행위의 취소가 인정되는 경우는 극히 줄어들 것이므로, 제한능력자 보호제도가 어음의 유통성을 저해하거나 어음거래의 안전을 해칠 위험은 그만큼 줄어들 것이다.

2. 의사표시의 하자 등

어음·수표행위 자체에 비진의표시(민 107조), 허위표시(민 108조), 착오(민 109조), 사기·강박(민 110조) 등이 개재된 경우의 해결방안은 민법 이론에 따른다. 여기서 주의할 점은 어음·수표 수수(授受)의 기초가 되는 원인채무의 부담행위에 하자가 있었다 하여, 그것이 바로 어음·수표행위의 하자가 되는 것은 아니라는 점이다.

의사표시의 하자를 이유로 어음·수표행위를 취소할 경우에, 누구를 상대로 취소의 의사표시를 할 것이냐를 정함에 있어서, 어음·수표의 유통성이 고려되어야 한다. 즉, 어음·수표가 전전유통된 경우에는 취소 당시의 소지인에게 취소의 의사표시를 할 수 있다고 새겨야 할 것이다. 판례도 이 점을 확인해 주고 있다.

대판 1997. 5. 16, 96다49513 사기와 같은 의사표시의 하자를 이유로 어음발행행위를 취소하는 경우에 그 취소의 의사표시는 어음발행행위의 직접 상대방에 대하여 뿐만 아니라 어음발행행위의 직접 상대방으로부터 어음을 취득하여 그 어음금의 지급을 청구하고 있는 소지인에 대하여도 할 수 있다고 봄이 상당하다 할 것이지만, 이와 같은 의사표시의 취소는 선의의 제3자에게 대항할 수 없는 것이고(민법 제110조 제3항), 이 때의 제3자라 함은 어음발행행위의 직접 상대방 이외의 자를 가리키는 것이므로, 어음의 발행인이 어음발행행위의 직접 상대방이 아닌 소지인을 상대로 어음발행행위 취소의 의사표시를 할 수 있다 하여 소지인의 선의·악의를 불문하고 그 취소의 효과를 주장할 수 있게 되는 것은 아니라고 할 것이다. 어음행위에 착오·사기·강박 등 의사표시의 하자가 있다는 항변은 어음행위 상대방에 대한 인적항변에 불과한 것이므로, 어음채무자는 소지인이 채무자를 해할 것을 알고 어음을 취득한 경우가 아닌 한, 소지인이 중대한 과실로 그러한 사실을 몰랐다고 하더라도 종전 소지인에 대한 인적항변으로써 소지인에게 대항할 수 없다.

〈**사실관계 및 쟁점**〉 피고 최병규는 1994. 11. 5. 소외 이은창(일명: 이은중)에게 액면 금 50,000,000원, 지급기일 1995. 1. 20., 지급지 수원시, 지급장소 주식회사 국민은행 정자동지점, 수취인 및 발행지 각 백지, 발행일 1994. 11. 5.로 된 약속어음 1장(이하 변조 전 이 사건 어음이라고 한다)을 발행하였고, 위 이은창은 변조 전 이 사건 어음의 지급기일을 1995. 4. 20.로 변조한 다음, 지급거절증서 작성의무 면제하에 원고 김형구에게 백지식 배서(배서일자도 기재하지 아니함)의 방법으로 이를 배서양도하여, 원고가 변조된 이 사건 어음의 최종소지인이 되었다. 이에 원고가 변조 전 이 사건 어음의 발행인인 피고에 대하여 그 약속어음금 50,000,000원을 지급을 청구한 것이다. 그런데 피고는 소외 이은창의 사기를 이유로 하여 同 약속어음의 발행행위를 취소하였으므로 원고의 약속어음금 청구에 응할 수 없다고 항변하였던 것이다.

여기서 쟁점이 된 것은 다음의 세 가지의 점이다. 즉, 첫째는 의사표시의 하자를 이유로 어음행위(발행)를 취소하는 경우에 그 취소의 의사표시는 어음행위(발행)의 직접 상대방에 대해서만 할 수 있는지 아니면 어음의 유통성을 고려하여 취소 당시의 소지인에 대해서도 할 수 있는지 하는 점이다. 둘째는 위와 같은 의사표시의 하자를 이유로 어음행위(발행)를 취소하는 경우에는 어음행위도 법률행위에 속하므로 민법 일반규정에 의하여 선의의 제3자에게는 대항할 수 없는 바, 이 때 제3자의 범위는 어디까지인가 하는 점이다. 셋째는 어음행위에 의사표시의 하자가 있다는 항변의 성격은 무엇인가 하는 점이다.

의사표시의 하자 등을 이유로 어음·수표행위가 무효이거나 취소된 경우 그 무효·취소를 선의의 제3자에게는 대항할 수 없다(민 107조 2항, 108조 2항, 109조 2항, 110조 3항). 이 때 **제3자의 범위는** 어음·수표의 유통성으로 인하여 확장될 수밖에 없다.

의사표시의 하자를 이유로 어음·수표행위가 무효이거나 취소된 경우 직접 상대방에 대해서는 채무를 면할 수 있으나 선의의 소지인에게는 대항할 수 없다는 것은 인적항변이 절단되는 경우 중 하나에 속한다. 이러한 경우, 위에 인용된 바와 같이 판례는 어음소지인의 해의를 요구하고 있다. 그러나 이 경우는 어음법 제17조의 경우와 달라서 선의와 악의의 구별만 필요하고 해의(害意) 여부를 논의할 필요는 없다.

민법 제103조 및 104조를 어음행위에 적용할 수 있는가에 관하여 우리나라의 통설(손주찬, 51면; 정희철, 69면; 최기원, 100면)은 어음행위 자체가 선량한 풍속 기타 사회질서에 반하거나 폭리행위가 될 수 없다고 한다. 따라서 그 원인행위가 선량한 풍속 기타 사회질서에 반하거나 폭리행위가 될 수 있으며, 이는 인적항변사유에 불과하다고 본다. 다만 어음기승(騎乘)의 경우나 현저하게 불공정한 행위와 일체가 되어 어음이 발행된 경우와 같이 선량한 풍속 기타 사회질서 위반이나 폭리행위가 어음행위 자체에까지 관련된 경우에는 그 어음행위는 무효이며 이는 물적항변사유가 된다는 견해도 있다(정동윤, 141면).

제3 증권의 교부(어음이론)

어음행위를 단독행위로 본다면, 기명날인 또는 서명만으로 유효하게 성립한다. 그 다음 단계로 논의가 필요한 것은, 어음상의 권리(상대적으로 어음채무)의 발생에 증권의 교부가 필요한가이다. 한편, 어음행위를 계약으로 본다면, 청약과 승낙의 구조를 필요로 한다. 이 문제는 종래 독일에서 어음이론이라는 제목하에 논의되었으며, 다음과 같은 학설의 전개가 있었다.

1. 학 설

증권의 교부에 관한 아래의 여러 학설에 따라 다음의 사례에서 어음채권의 발생, 즉 어음채무의 발생여부가 달라질 수 있다.

〈사례 1〉 A가 발행한 어음을 수취인 B가 무능력자로서 법정대리인의 동의없이 교부받은 경우

〈사례 2〉 A가 B를 수취인으로 하여 작성한 어음의 교부가 있기 전에 그 어음을 C가 절취했거나 유실물로 습득하여 선의인 D에게 양도한 경우

(1) 창조설(단독행위설)

창조설 또는 단독행위설은 증권의 작성에 의하여 어음상의 채무가 발생한다고 보는 설이다. 어음행위는 어음채무자로 될 자가 불특정다수인을 상대로 일방적으로 채무부담의 의사표시를 함으로써 성립하고, 동시에 어음채권도 발생한다고 한다. 최초의 권리자는 작성자 자신이라 하고, 분실·도난된 경우에도 작성자는 책임이 있다고 한다.

창조설에 따르면, 어음의 취득자에게 가장 유리하고, 어음채무자에게 불리하다. 창조설은 거래안전의 보호를 중요시한다.

창조설의 문제점은 다음과 같다. ① 증권의 습득자나 악의의 소지자까지 보호하는 것이 적당한가 하는 비판의 여지가 있다. 작성자에게 너무 가혹하다는 것이다. ② 창조행위의 순간에 누가 화체된 권리의 귀속자인가가 문제된다. 행위자를 채무자인 동시에 권리자라고 하나 부자연스럽다.

창조설에 따르면 위 사례는 다음과 같은 결론이 된다. 즉, **<사례 1>**의 경우 어음행위는 행위자의 일방적인 채무부담의 의사표시에 의하여 성립하고 동시에 어음채무도 발생하게 되므로 수취인 B의 행위무능력은 어음채권의 발생에 영향을 미치지 않는다. 다만 행위무능력자인 수취인 B에게 동 어음을 교부한 것은 이미 성립한 어음상 권리를 이전하는 경우에 불과하므로 수취인 B가 무능력자라는 사실은 이미 발생된 어음채무의 효력에 영향을 미치지 아니한다. **<사례 2>**의 경우 A가 B를 수취인으로 하여 어음을 작성하면 同 증권을 B에게 교부하기 이전이라도 어음채권은 이미 발생하며 이 때 최초의 어음상 권리자는 同 증권의 작성자 자신이 된다. 따라서 C가 同 증권을 절취하거나 유실물로 습득하여 이를 선의(무중과실)의 D에게 양도한 경우에는 A는 어음상 책임을 부담하게 된다. 다만 同 증권을 C가 그대로 보유할 경우에는 A는 同 증권의 반환을 청구할 수 있을 것이다.

(2) 교부계약설

교부계약설은 어음상의 채무가 발생하기 위해서는 작성행위 이외에 작성자와

최초 취득자(수취인)간의 교부계약이 필요하다고 보는 견해이다. 이 계약은 어음의 수수가 따르는 요식행위라고 한다. 이 설에 의하면, 증권이 상대방에게 교부되어 도달하는 외에 상대방의 수령능력과 승낙의 의사표시를 요한다.

교부계약설에 따르면, 교부 전에 분실·도난당한 어음행위자가 어음채무를 부담하는 일은 없게 되어 창조설의 가혹한 결과는 방지할 수 있다. 반면에 교부계약이 흠결된 어음을 취득한 자는 선의라 하더라도 어음상의 권리를 취득하지 못하게 된다. 이 때문에 교부계약설은 어음의 유통성을 떨어뜨리며 거래의 안전을 해칠 수 있다는 비판을 받았다.

교부계약설에 따르면 앞에서 제시한 사례는 다음과 같은 결론에 이르게 된다. 즉, 교부계약설에서는 어음상 권리가 성립하기 위해서는 증권의 작성행위 이외에 작성자와 최초 취득자간의 교부계약이 반드시 필요하다고 보기 때문에, **<사례 1>**의 경우 수취인 B가 행위무능력자라 하더라도 일단 교부계약이 성립하게 되어 어음상 권리가 발생하게 된다. 그러나 수취인 B가 同 증권의 교부를 받은 행위가 법정대리인의 동의를 받지 않았기 때문에 수취인 B 또는 그 법정대리인이 이를 취소하게 되면 교부계약 자체가 소급하여 무효가 되므로 어음의 작성자는 최초의 취득자뿐만 아니라 그 이후의 취득자에 대해서도 어음상 채무를 부담하지 않게 된다. **<사례 2>**의 경우에는 A가 B에게 동 증권을 교부하는 계약이 존재하지 않았기 때문에 A는 C에 대해서뿐만 아니라 그 이후의 선의취득자인 D에게 대해서까지도 어음상 책임을 부담하지 않게 된다.

(3) 권리외관설

권리외관설은 어음상의 채무의 발생에는 원칙적으로 교부계약이 필요하지만, 그것이 흠결되어도 어음의 작성자는 선의인 취득자에 대하여 외관을 작출(기명날인 또는 서명)한 데 대한 책임을 부담한다는 입장이다. 현재 우리나라의 다수설(이범찬·최준선, 854면; 정동윤, 121-123면; 최기원, 104-105면)이며, 교부계약설을 거래의 안전을 위해서 조정한 입장이다.

권리외관설에 따르면 위 사례는 다음과 같은 결론이 된다. 즉 권리외관설에서는 어음상 권리가 성립하기 위해서는 증권의 작성행위 외에 교부계약이 필요하지만, 예외적으로 교부계약이 흠결된 경우라도 선의취득자에 대해서는 외관

작출에 대한 책임을 부담한다고 보기 때문에, <사례 1>의 경우 수취인 B가 행위무능력자라 하더라도 일단 교부계약이 성립하게 되어 어음상 권리가 발생하게 된다. 그러나 수취인 B가 同 증권의 교부를 받은 행위가 법정대리인의 동의를 받지 않았기 때문에 수취인 B 또는 그 법정대리인이 이를 취소하게 되면 교부계약 자체가 소급하여 무효가 되므로 어음의 작성자는 최초의 취득자인 수취인에 대해서는 책임을 부담하지 않는다. 그 이후의 취득자가 선의(무중과실)인 경우에는 어음상 채무를 부담하게 된다. <사례 2>의 경우에는 A가 B에게 동 증권을 교부하는 계약이 존재하지 않기 때문에 A는 절취 또는 습득한 C에 대해서는 책임을 지지 않는다. 그 이후의 선의취득자인 D에게 대해서는 어음상 책임을 부담하게 된다.

(4) 발행설

창조설을 수정한 **발행설**은, 어음채무는 어음의 작성과 기명날인자의 의사에 기한 어음의 **점유이전행위**라는 단독행위에 의하여 발생한다는 견해이다. 교부계약의 필요성을 부인하고, 수취인 이외의 자에 대한 점유이전의 경우에도 어음채무는 발생한다고 새기는 입장이다(이철송, 89-90면; 채이식, 64-65면). 나아가 발행설에 권리외관설을 보충시키는 입장도 있다(강위두, 53면; 서돈각 · 정완용, 178면; 손주찬, 67면; 정찬형, 72면). 마지막 입장에서 보면 발행설과 권리외관설을 구별할 수 없게 된다.

발행설에 따르면 위 사례는 다음과 같은 결론이 된다. 즉 발행설에서는 어음채무가 성립하기 위해서는 어음의 작성과 기명날인자의 의사에 기한 어음의 점유이전행위가 필요하다고 보기 때문에, <사례 1>의 경우 B의 행위무능력은 어음채무의 성립에는 영향이 없고 또 기명날인자의 의사에 기한 어음의 교부가 있었기 때문에 유효하게 어음채무가 발생한다. 반면 <사례 2>의 경우에는 A의 의사에 기한 어음의 점유이전행위가 없기 때문에 원칙적으로 A는 어음채무를 부담하지 않는다. 그러나 C로부터 선의(무중과실)로 同 어음을 취득한 D에 대해서는 외관의 작출에 대하여 어음상 책임을 부담하게 된다.

2. 판　　례

어음이론과 관련하여 판례의 입장은 명확하지 않다. 아래의 1989년 판결에 대해서는 발행설을 취한 것으로 해석하는 다수설(양승규, 102면; 이철송, 101면; 정찬형, 72면)과 교부계약설을 취한 것으로 보는 소수설(정동윤, 124면; 최기원, 102-103면)이 대립한다. 한편 그 다음의 1999년 판결은 권리외관설을 따른 것으로 보여진다. 다만 이 1999년 판결에 대하여도 발행설을 권리외관설로 보충한 것이라고 보는 견해(정찬형, 72면)가 있고 교부계약설에 따른 판결로 이해하는 견해(이범찬・최준선(下), 103면 이하)도 있다.

대판 1989. 10. 24, 88다카24776 (1) 약속어음의 작성자가 어음요건을 갖추어 유통시킬 의사로 그 어음에 자기의 이름을 서명날인하여 상대방에게 교부하는 단독행위를 발행이라 일컫는 것이므로 일상의 용어에 있어 사람들이 발행이라는 표현을 쓴다 하여도 위에서 본바와 같은 의미로 쓴 것이 아닌 경우에는 어음법상의 발행으로 볼 것이 아니다. 소론이 지적하는 사실변론과정에서의 피고의 답변에 위와 같은 용어를 사용한 예들이 없지 아니하나 그 전후의 사정을 살펴보면 피고의 진정한 의도는 작성이라는 의미로 사용하고 있음을 어렵지 않게 알 수 있어 이 점에 관한 소론은 채용될 수 없다.

(2) 간이절차에의한민사분쟁사건처리특례법과 공증인법에 의하여 변호사들이나 공증인이 공증인법 제56조의 2 제1항 소정의 공정증서(민사집행법 56조 5호에 의한 집행권원)를 작성하기 위하여 같은 법조 제2항 소정의 者로부터 촉탁을 받아 어음을 접수한 경우에는 비록 그 어음발행인이 작성된 어음을 수취인에게 교부하지 않았다 하더라도 그 어음의 수취인과 함께 촉탁했을 때에는 그 접수시에 위에서 본 공증인이 수취인의 기관으로서 교부 받은 것으로 보는 것이 옳으므로 원심이 위와 같은 경우에 해당하는 이 사건에 있어서 그 설시 별지목록 기재 (3) 약속어음을 아직 발행되지 않은 어음이라고 판단한 것은 잘못이라 하겠으나 위 (3) 어음의 작성경위에 관한 그 설시의 사실관계에 관한 증거의 취사와 인정은 옳고 이 점은 바로 피고주장의 당해 약속어음발행의 원인관계에 관한 항변내용사실로 여겨지며 이에 의하면 피고로서는 당해 약속어음의 수취인인 원고에게 그 어음금을 지급할 의무는 없다 할 것이어서 결국 원심의 위와 같은 잘못은 원판결의 결과에는 영향이 없으므로 이에 관계된 소론들도 채용될 수 없다.

〈사실관계 및 쟁점〉 피고 윤숙자는 법원에서 경매부동산을 경락받아 轉賣하는 등의 일을 해오던 자로서 원고 이규천에 대하여 기존채무의 지급을 위하여 1984. 11.

16. 액면 금 29,000,000원으로 한 별지목록 기재 (1) 약속어음과 액면 금 25,000,000원으로 한 별지목록 기재 (2) 약속어음을 발행하고, 위 각 어음금의 지급을 지체할 때에는 즉시 강제집행할 것을 수락하는 취지의 공정증서를 각 작성하여 원고에게 이를 교부하였다. 그런데 피고는, 위에서 본 약속어음 2매 외에 1984. 11. 19. 별지 목록 기재 (3) 액면 금 55,000,000원의 약속어음을 작성하여 원고 이규천과 함께 공증인가 일양합동법률사무소 직원에게 공정증서작성을 의뢰하였다가 원고가 잠시 자리를 비운 사이에 위 약속어음 원본이 첨부된 공정증서 정본을 회수하여 가버리고 원고는 1985. 4. 29.에 이르러 위 법률사무소로부터 위 (3) 약속어음 공정증서등본을 교부받아 소지하고 있었다. 여기서 원고는 피고가 위 약속어음을 작성하게 된 것은 차용금 45,000,000원과 그 이자금 10,000,000원의 담보를 위한 것으로서 피고는 위 어음을 작성하여 원고에게 교부하였다가 공정증서작성을 의뢰하였으니 위 어음이 발행되었다는 취지로 주장하였다.

이에 원심(서울고법 1988. 8. 31, 선고 87나912 판결)은 별지목록 기재 (3) 약속어음은 위에서 본 바와 같이 피고가 원고에게 공정증서부 약속어음을 발행하기 위하여 함께 위 합동사무소에 가서 그 자리에서 위 어음을 작성하여 공정증서를 작성하기 위하여 위 사무소 직원에게 교부하여 이를 작성한 후 원고의 수중에 들어가기 전에 회수한 것으로서 일련의 사정 등을 종합하면 원고가 1985. 11. 19. 피고에게 금 45,000,000원을 실제로 대여하였기 때문에 위 대여원금 및 이에 대한 금 10,000,000원의 이자에 대한 지급담보조로 위 (3) 약속어음이 작성된 것은 아니라고 보여지고, 오히려 위 (1), (2) 약속어음을 1장의 위 (3) 약속어음으로 대체하려고 하였다가 원고가 위 (1), (2) 약속어음을 반환하지 아니하여 피고가 위 (3) 약속어음에 관하여 공증인가 일양합동법률사무소에 공정증서의 작성을 의뢰하였다가 위 약속어음 공정증서 정본을 회수한 것으로 볼 충분한 사정이 엿보이므로 위 (3) 약속어음은 피고에 의하여 작성은 되었으나 실제로 원고에게 교부되지 않음으로써 발행되지 않았다고 할 것이니, 원고는 위 약속어음채권을 취득하였다고 할 수 없으니 원고의 위 어음금 청구는 이유가 없다고 하였다.

여기서 쟁점이 된 것은 약속어음이 작성되어 직접의 상대방에게 교부되지 않는 상태에서 同 약속어음 공정증서의 작성을 위하여 공증인에게 접수시킨 경우, 同 어음이 발행된 것으로 볼 수 있느냐 하는 점이다. 특히 본 사안과 관련하여 주의할 점은 위 (3) 약속어음에 대하여 원심은 同 어음은 피고에 의하여 작성은 되었지만 실제로 원고에게 교부되지 않았기 때문에 발행되지 않은 것으로 보았는데, 대법원은 이러한 원심의 판단은 잘못되었다고 보았다는 점이다.

대판 1999. 11. 26, 99다34307 어음을 유통시킬 의사로 어음상에 발행인으로 기명날인하여 외관을 갖춘 어음을 작성한 자는 그 어음이 도난 · 분실 등으로 인하여 그의 의사에 의하지 아니하고 유통되었다고 하더라도, 배서가 연속되어 있는 그 어음을 외관을 신뢰하고 취득한 소지인에 대하여는 그 소지인이 악의 내지 중과실에 의하여 그 어음을 취득하였음을 주장·입증하지 아니하는 한 발행인으로서의 어음상의 채무를 부담한다고 할 것이다. 그런데 원심판결 이유와 기록에 의하면, 피고(여윤현)는 물품대금의 지급에 사용할 목적으로 이 사건 약속어음에 금액은 백지로 하여 발행인으로서 서명 날인하여 두었음을 인정하고 있고, 한편 원고(주식회사 한국외환은행)는 그 후 백지가 보충되어 완성된 이 사건 약속어음을 소외 안용배로부터 할인취득하였음을 알 수 있으므로, 원고가 이 사건 약속어음을 취득함에 있어서 악의 또는 중과실이 있음을 피고가 주장·입증하지 아니하는 한, 이 사건 약속어음을 유통시킬 목적으로 작성하여 발행인으로 기명날인한 피고는 이 사건 어음의 적법한 소지인인 원고에 대하여 발행인으로서의 어음상의 채무를 부담한다고 보아야 할 것이다. 같은 취지의 원심판결은 정당하고, 거기에 어음의 교부를 흠결한 경우 어음채무의 발행여부에 관한 법리를 오해한 위법이 없다.

〈사실관계 및 쟁점〉 원고 주식회사 한국외환은행은 발행인 피고 여윤현, 수취인 소외 우종철, 발행일 1997. 7. 1., 액면금 15,873,000원, 지급기일 1997. 11. 13., 발행지 및 지급지 각 거제시로 된 약속어음 1매를 소외 안용배로부터 배서·교부 받았는데, 위 약속어음에는 위 우종철로부터 소외 안용배의 순으로 배서의 기재가 되어 있었으며, 위 약속어음이 지급기일에 지급 제시되었으나 지급이 거절되었다. 이에 원고는 피고에게 위 약속어음금 및 이에 대한 지연이자를 청구하는 이 사건 訴를 제기하였다. 그런데 피고는 위 약속어음을 피고가 구입할 물품대금의 지급을 위하여 교부하고자 날인만 한 상태로 금액란, 수취인란, 발행지란, 지급지란이 모두 백지인 상태로 보관하고 있다가 1997. 7.경 이를 분실하였는 바, 위 약속어음은 발행자인 피고의 교부행위가 없어 아직 발행된 것이 아니므로 피고는 위 약속어음금의 지급책임이 없다고 항변하였다.

여기서 쟁점이 된 것은 피고의 주장대로 위 약속어음이 미완성어음으로 분실된 것이어서 피고의 교부행위가 없었다 할지라도 피고가 물품대금의 지급을 위하여 위 약속어음의 발행인란에 날인을 한 상태로 보관하였다면 위 약속어음을 악의 또는 중과실 없이 취득한 원고에 대하여 발행인으로서 어음상의 채무를 부담하느냐 하는 점이다. 이에 대하여 대법원은 권리외관설에 따른 판시를 보여주었다.

제 4 장

어음 · 수표행위의 대리, 위조 · 변조

제 1 절 어음 · 수표행위의 대리(대표)

제1 서 설

어음행위(수표행위의 경우도 같다) 역시 다른 법률행위와 마찬가지로 다른 사람을 시켜서 할 수 있다. 어음행위는 그 성질에 비추어 볼 때 '대리에 친한 행위'에 해당한다. 타인에 의한 어음행위에는 두 가지 방법이 있다. 하나는 타인이 본인을 위하여 어음행위를 한다는 사실을 표시하고 어음행위를 하는 대리방식이고, 다른 하나는 타인이 대리관계의 표시없이 직접 본인명의로 어음행위를 하는 기관(대행)방식이다.

각각의 경우에 대리권과 대행권이 있는 자가 어음행위를 하여야 그 효과가 본인에게 귀속됨은 당연하다. 실제로 대리권 없는 자가 대리방식의 어음행위를 하였다면 무권대리의 문제가 발생하고, 대행권 없는 자가 대행방식의 어음행위를 하였다면 위조의 문제로서 다루어진다. 얼핏 보면 무권대리와 위조가 크게 달라 보이고, 위법성의 정도에서도 위조가 더욱 중대한 범죄행위인 것처럼 보인다. 그러나 이 두 가지는 모두 권한없는 자에 의하여 이루어진 어음행위라는 점에서 동일하며 그 점에서 무권대리와 위조에 대한 법적 평가와 위법행위자에 대한 책임추궁도 평행하게 이루어져야 한다.

한편 법인이나 회사의 경우에는 대표자가 어음행위를 하게 된다. 대표자에 의한 어음행위에 관하여는 대리인에 의한 어음행위의 법규정과 이론이 준용된다(민 59조 2항).

제2 어음·수표행위 대리의 요건

어음행위의 대리가 유효하게 성립하기 위하여는 형식적으로 대리의 방식에 따라야 하는 외에 실질적으로 대리권 있는 자에 의한 대리가 이루어져야 한다.

1. 형식적 요건

대리에 의한 어음행위로서 인정받기 위하여는 대리의 형식적 요건을 갖추어야 한다. 즉, 그 방식 면에서 ① 본인의 표시 ② 대리관계의 표시 ③ 대리인의 기명날인 또는 서명이 어음면 상에 나타나 있어야 한다.

(1) 본인의 표시(현명주의)

민법에서는 법률행위의 대리에 관하여 "본인을 위한 것임을 표시한 의사표시는 직접 본인에게 대하여 효력이 생긴다"고 규정함으로써 현명주의를 선언하고 있다(민 114조, 115조). 따라서 원칙적으로 본인이 표시되어야 대리행위의 효과가 본인에게 귀속한다. 한편 상법 제48조에서는 비현명주의를 채택하여 "상행위의 대리인이 본인을 위한 것임을 표시하지 아니하여도 그 행위는 본인에 대하여 효력이 있다"고 규정하고 있다. 이는 계속적·반복적으로 이루어지는 상거래에서 매번 본인을 표시하여야 하는 번거로움을 덜어주기 위한 것이다. 이러한 상법 제48조는 어음행위에는 적용되지 않는다. 어음행위의 대리의 경우에는 반드시 본인이 표시되어야 한다.

어음행위의 대리에 관한 현명주의는 민법 제114조 및 제115조로의 복귀라기보다 법률관계가 모두 증권상에 나타나기를 바라는 증권적 행위의 특수성(문언성)에서 비롯하는 것이다. 그러므로 "상대방이 대리인으로서 한 것임을 알았거나 알 수 있었을 때에는"본인을 위한 것임을 표시하지 않더라도 본인에게 효력이 생긴다고 한 민법 제115조의 단서 규정은 어음행위에 적용되지 않는다. 즉 본인의 표시가 없으면 상대방이 본인을 위하여 하는 행위임을 알았거나 알 수 있었을 때에도 본인에게 어음·수표상의 책임을 지울 수 없다. 어음행위의 대리에 있어서는 현명주의가 엄격하게 유지되고 있는 것이다.

(2) 대리(대표)관계의 표시

'갑 대리인 을' 혹은 'A 주식회사 대표이사 갑'으로 표시되는 것이 보통이다. 실제로는 지배인, 후견인, 지점장 등의 표시와 같이 본인을 위한 어음행위로 인식가능한 정도의 기재로 충분하다. 다음 판결은 수취인의 표시에 관한 것이지만 발행인의 표시에도 그대로 적용될 수 있다.

대판 1978. 12. 13, 78다1567 약속어음의 기재사항으로서 지급을 받을 자 또는 지급을 받을 자를 지시할 자(소위 수취인)의 명칭은 반드시 정확함을 요하는 것이 아니고 수취인이 누구인가를 알 수 있으면 족하다 할 것이니, 회사 기타 법인을 수취인으로 기재할 때는 그 대표자 또는 대리인을 표시하여야 하는 것도 아니며 또 어떤 회사의 지점 혹은 영업소, 대리점이란 기재가 있는 경우에도 그 회사가 수취인임을 알 수 있다 할 것이다. 그러므로 본 건 약속어음 수취인란에 '범한해상화재보험 주식회사 부산영업소'라고 기재되어 있어 이는 피고를 수취인으로 한 약속어음으로서 유효하다고 본 원심의 판단은 정당하다. 그리고 상사회사의 어음행위에 있어 그 대표자 또는 대리인의 표시방법에는 특별한 규정이 없으므로 어음상 대표자 또는 대리인 자신을 위한 어음행위가 아니고 본인을 위하여 어음행위를 한다는 취지를 인식할 수 있을 정도의 표시가 있으면 대표 또는 대리관계의 표시로서 적법하다 할 것이며 또 배서의 연속이란 그 배서가 형식적으로 연속되어 있으면 실질적으로 연속되지 아니하더라도 배서의 연속 있는 어음이라 할 것이니(당원 1973. 12. 26, 선고 73다1436 판결 참조), 본 건 어음은 '범한해상화재보험 주식회사 부산영업소장 권영진'이 배서한 것인만큼 同 권영진이 피고 회사의 진정한 대리인인지의 여부에 구애됨이 없이 배서의 연속에는 아무런 결함이 없다 할 것이며 이런 취지에서 한 원심의 판단은 또한 정당하여 이 점들에 관한 소론은 채택할 수 없다.

〈사실관계 및 쟁점〉 소외 윤석규는 1976. 3. 4. 액면 금 3,000,000원, 지급기일 1976. 4. 4., 지급지 및 발행지 모두 부산시, 지급장소 한국상업은행 부산북지점, 수취인란에 범한해상화재보험주식회사 부산영업소라고 기재한 약속어음 1매를 피고 회사 부산영업소장 권영진에게 발행하고 피고 회사의 부산영업소장 권영진은 거절증서 작성의무를 면제하고 같은 날 이를 원고에게, 원고는 같은 날 소외 정덕순에게 순차 배서양도하였다. 소외 정덕순은 위 어음의 소지인으로서 1976. 4. 6. 지급장소에 이르러 위 어음을 제시하고 지급을 구하였으나 무거래로 지급이 거절되었다. 원고는 1977. 4. 중순경 소외 정덕순에게 同 약속어음금과 그때까지의 어음법 소정의 이자를 지급하고 同 어음을 환수한 후 배서인인 피고 회사에 대하여 재소구권을 행사하였다. 이에 피고 회사는 다음의 세 가지의 점을 들어 항변하였다. 즉, 첫 번째의 점은 본 건 약속어음 수취인란에는 '범한해상화재보험 주식회사 부산영업소'라고 기재되어 있어 피고 회사를 수취인으로 한 약속어음으로서는 유효하지 않으며, 또한 제1배서란에는 '범한해상화재보험 주식회사 부산영업소장 권영진'의 명의로 배서가 된 만큼 이는 同 권영진이 피고 회사의 진정한 대리인이 아니기 때문에 배서의 연속이 없어 원고는 적법한 어음상 권리자가 아니라고 하였다. 두 번째의 점은 피고 회사의 부산영업소장인 권영진은 피고 회사의 표현지배인이 아니라는 점이다. 세 번째의 점은 소멸시효 완성의 항변이다. 즉, 위 사실관계에서 피고 회사 부산영업소장 권영진이 배서양도한 이 사건 약속어음의 최종소지인 소외 정덕순이 1976. 4. 6. 지급제시하여 무거래로 지급거절되어 원고가 1977. 4. 중순경에야 이르러 소외 정덕순에게 同 약속어음금과 그때까지의 어음법 소정의 이자를 지급하고 同 어음을 환수하여 피고 회사에게 재소구권을 행사하였는바, 이는 원고가 소외 정덕순에게 어음금을 지급할 때 이 사건 어음은 이미 1년의 소멸시효가 완성되어 이러한 어음의 소지인에게 원고가 상환을 하여도 배서인인 피고 회사에 대하여는 재소구를 할 수 없다고 항변한 것이다.

여기서는 피고 회사의 항변 중 첫 번째의 점과 관련하여서만 문제가 된다. 이에 대법원은 이 사건 약속어음 수취인란의 '범한해상화재보험 주식회사 부산영업소'라는 기재는 피고 회사를 수취인으로 한 약속어음으로서 유효하고, 또 제1배서란의 '범한해상화재보험 주식회사 부산영업소장 권영진'이라는 기재는 同 권영진이 피고 회사의 진정한 대리인인지의 여부에 구애됨이 없이 同 회사의 대리관계의 표시로서는 적법(대법원 1984. 4. 10, 선고 83다카316 판결 참조)하다고 보아 배서의 연속에는 아무런 결함이 없다고 하였던 것이다. 다만 同 권영진에게 피고 회사를 대리하여 위 어음에 배서할 권한이 없을 때에는 同 권영진의 위와 같은 배서행위가 표현대리에 해당되는지 여부가 문제될 것이다.

법인의 대표자가 대표관계의 표시 없이 어음행위를 한 경우 대표자 개인의 어음행위로 볼 수밖에 없고 그 법인에게 어음채무를 지울 수 없다. 다음 판결은 대표관계의 표시가 있더라도 가설회사의 이름이 적혀있는 경우에는 자연인 개인의 어음행위로 보아야 한다는 설시를 하고 있다.

대판 1995. 9. 15, 95다7024 어음에 있어서의 배서의 연속은 형식상 존재함으로써 족하고 또 형식상 존재함을 요한다 할 것이나(대법원 1995. 6. 9, 선고 94다33156 판결 참조), 형식상 배서의 연속이 끊어진 경우에 딴 방법으로 그 중단된 부분에 관하여 실질적 관계가 있음을 증명한 소지인(원고 장정숙)이 한 어음상의 권리행사는 적법하다 할 것이다(대법원 1969. 12. 9, 선고 69다995 판결 참조). 원심판결 이유에 의하면 원심은, 그 판시와 같은 사실을 인정한 다음, 이 사건 각 약속어음의 배서에 있어 前 배서의 피배서인 "박찬희"와 다음 배서의 배서인 "주식회사 우전상사 대표이사 박찬희"의 기재나 前 배서의 피배서인 "김왕근"과 다음 배서의 배서인 "주식회사 우전상사 대표이사 김왕근"의 기재는 형식상 동일성이 인정되지 아니하여 형식상 그 배서의 연속은 없으나, 소외 김왕근이 피고(박찬희)의 승낙을 얻어 상호를 "우전상사," 대표자를 피고명의로 하여 사업자등록을 하고 그 명의를 사용하여 영업을 하면서 거래처와의 관계에 있어서 피고 또는 위 김왕근의 명칭을 실재하지도 아니하는 "주식회사 우전상사 회장 박찬희" 또는 "대표이사 김왕근"으로 사용하여 온 점 등에 비추어 이 사건 각 약속어음의 배서에 배서인을 "주식회사 우전상사 대표이사 박찬희" 또는 "대표이사 김왕근"이라고 기명 날인하여 한 위 각 배서는 피고 또는 김왕근 개인을 표시하는 것이라고 봄이 상당하므로 이 사건 각 약속어음의 배서는 개인명의로 연속된다고 판단하였는바, 이를 기록과 대조하여 살펴보면 원심의 위와 같은 판단은 옳다고 여겨지고 거기에 상고이유의 주장과 같은 배서의 연속에 관한 법리오해의 위법이 있다고 할 수 없다.

주식회사의 경우 대표관계의 표시는 회사명과 대표이사라고 새겨져 있는 고무명판을 찍어서 나타내는 것이 보통이지만, 대표이사의 직인이 찍혀 있다면 그 직인에 새겨져 있는 대표이사라는 직함으로 대표관계를 표시하는 데 충분하다.

대판 1969. 9. 23, 69다930 원심이 확정한 사실에 의하면 화성건설 주식회사가 피고 회사(부림건설 주식회사)로 상호가 변경되었고 소외 전명형은 피고 회사의 대표이사로 재직하는 동안에 어음발행함에 있어서 명의표시와 날인형식의 예에 따라 피고 회사 대표이사자격으로"화성건설 주식회사 전명형"이라고 표시하고 등록된"대표이사 전명형印"이라고 된 회사 대표이사 직인을 날인하여 이 사건 어음 2장을 발행하였다는 것이므로 피고 회사는 어음상의 의무가 있다고 할 것이[다.]

〈사실관계 및 쟁점〉 소외 전명형은 "화성건설 주식회사 전명형"이라고 표시하고, 등록된 "대표이사 전명형"이라고 된 직인을 날인하여 약속어음 2장을 발행하였다.

여기서 쟁점이 된 것은 대표이사의 자격을 기재함이 없이 회사이름과 대표이사 개인이름만을 병기하고 "대표이사 전명형"이라는 직인을 날인하여 약속어음을 발행한 경우 대표이사가 회사를 대표한다는 뜻이 표시되어 있다고 보아 피고 회사가 同 약속어음금의 지급의무가 있다고 볼 것인가 하는 점이다.

(3) 대리인의 기명날인 또는 서명

어음상에 대리인(또는 대표자)이 자신의 기명날인 또는 서명을 하여야 한다. 대리인이 자신의 기명날인 또는 서명을 하지 않고 본인의 기명날인 또는 서명을 한 경우는 대리가 아니고 대행에 해당한다. 대행이라도 권한(대행권)을 수여받은 대행이라면 본인의 어음행위로서 유효하다. 법인 또는 회사의 어음행위에 있어서 대표자의 표시 없이 대리인(엄격하게는 대표자의 대리인)의 기명날인 또는 서명만 있더라도 대리에 의한 어음행위로 인정된다. 예를 들어, 엄격하게는 A 주식회사 대표이사 甲 대리인 경리부장 丙이라고 하여야 할 것이지만 그냥 A 주식회사 경리부장 丙으로 표시해도 된다. 반면에 회사의 직인만 찍혀있고 대표자의 기명날인이나 서명이 없는 어음행위는 그 효력을 인정할 수 없다.

대판 1964. 10. 30, 63다1168 법인의 행위는 대표기관에 의하여서만 실현될 수 있는 것이므로 법인이 어음행위를 함에 있어 이 점을 증권상 명확하게 하기 위하여 대표기관이 법인을 위하여 하는 것이라는 취지 즉 대표자격이 있다는 것을 표시하고 그 사람이 기명날인하여야 한다고 할 것인바, 본 건 약속어음(갑 제1호증)의 배서란을 보면 소외 주식회사 한국국민은행이 원고로부터 배서양도를 받았다가 다시 원고에 배서양도함에 있어 단지 주식회사 국민은행 중부지점이라고만 기재하여 회사印을 날인하고 그 대표자의 기명날인이 없으므로 이 배서는 무효라 할 것이고 따라서 원고는 본 건 약속어음의 정당한 소지인이라고 할 수 없을 것이므로 논지는 이유있다.

대판 1999. 3. 9, 97다7745 어음의 배서연속은 형식상 존재함으로써 족하고 또 형식상 존재함을 요한다 할 것이므로(대법원 1995. 6. 9, 선고 94다33156 판결 참조), 그 배서가 배서의 요건을 모두 갖춘 유효한 배서이어야만 그 어음상의 권리는 적법하게 이전되는 것이며, 그 배서가 배서의 요건을 갖추지 못한 경우에는 그 어음상의 권리는 적법하게 이전될 수 없는 것이고(대법원 1996. 12. 20, 선고 96다43393 판결 참조), 법인의 어음행위는 어음행위의 서면성·문언성에 비추어 법인의 대표자 또는 대리인이 그 법인의 대표자 또는 대리권자임을 어음면상에 표시하고 기명날인하는 대리방식에 의하든가, 법인의 대표자로부터 대리권을 수여받고 직접 법인의 대표자 명의로 서명할 수 있는 권한이 주어져 있는 자의 대행방식에 의하여 이루어져야 할 것이다(대법원 1987. 4. 14, 선고 85다카1189 판결 참조). 이 사건의 경우 이희도의 이 사건 제1, 2어음에 대한 배서는 행위자인 대리인의 기명이 누락되어 그 요건을 갖추지 못한 무효의 배서이므로 배서의 연속에 흠결이 있다 할 것이고, 따라서 원고는 실질적인 권리이전 사실을 주장·입증하지 아니하는 이상, 이 사건 제1, 2어음상의 권리를 행사할 수 없다 할 것이다.

〈사실관계 및 쟁점〉 본 사안의 사실관계를 간단하게 살펴보면 다음과 같다. 즉, (1) 피고 롯데쇼핑 주식회사는 1992. 10. 30. 참가인 주식회사 한빛은행의 명동지점으로부터 금 300억 원의 대출을 받으면서 그 채무를 담보하기 위하여, 각 발행일 1992. 10. 30., 발행지 서울, 지급장소 주식회사 조흥은행 반도지점, 지급기일 1993. 1. 28., 수취인 참가인 은행으로 된 액면금 100억 원권 약속어음 2매(이 사건 제2어음이라 한다)와 액면금 50억 원권 약속어음 2매(이 사건 제1어음이라 한다)를 발행하여, 각기 부산투자금융 주식회사의 어음보증을 받아 명동지점에 교부하였고, 명동지점은 각 그 표지에 파란색 스탬프로 횡선을 긋고, 담당자들의 결제印을 날인하여 금고에 보관하였다.

(2) 당시 명동지점장 이희도는 인천투자금융 주식회사 등에 매도한 양도성예금증서(C.D.: Certificate of Deposit)의 實物을 교부하지 아니하고 보관하고 있음을 이용하여 원고 김기덕이 알선한 주식회사 대신증권에 이를 이중으로 매도한 후, 그 대금을 개인적으로 유용하는 등으로 변칙적인 거래를 하여 오다가, 만기에 이른 C. D. 대금의 지급을 위하여 심한 자금압박을 받게 되자, 그 자금을 마련하기 위하여 평소 거래하던 희성철강 주식회사 등으로부터 빌린 약속어음을 원고에게 할인하는 한편, 1992. 11. 3. 명동지점의 당좌업무담당직원에게 이 사건 제1, 2어음 등 4매를 달라고 지시하여 그로부터 이를 교부받아 1992. 11. 5. 원고에게 이 사건 제1어음을 할인하면서, 제1배서란에 배서일을 '1992. 11. 5.'로 기재하고 '서울특별시 중구 명동 2가 33의 2 주식회사 한국상업은행 명동지점'이라고 새겨진 명판을 찍은 다음, 그의 기명은 생략한 채 私印을 날인하여 교부하였다. 그리고 이 사건 제2어음은 위에서 본바와 같이 원고로부터 1992. 10. 30. 할인한 희성철강 주식회사 발행의 액면금 50억원의 약속어음과 1992. 11. 5. 할인한 이 사건 제1어음에 대한 변제의 방법으로 그의 기명을 누락한 채 배서하여 원고에게 교부하였다. 원고는 이 사건 제1, 2약속어음을 각 지급기일에 지급장소에 지급을 위한 제시를 하였으나 각 법적으로 가해진 지급제한으로 각 지급거절되었다. 이에 원고는 이 사건 제1, 2약속어음은 참가인 은행 명동지점장인 소외 이희도로부터 적법하게 배서양도된 것이므로, 주위적으로 이 사건 제2약속어음금 및 이에 대한 만기 이후의 법정이자와 지연손해금을, 예비적으로 이 사건 제1약속어음금 및 이에 대한 만기 이후의 법정이자와 지연손해금의 지급을 주장하였다.

여기서 쟁점이 된 것은 원고가 이 사건 제1, 2약속어음상 권리를 행사할 수 있기 위해서는 배서의 연속이 인정되거나 아니면 실질적인 권리이전의 사실이 입증되어야 한다. 특히 전자와 관련하여 원심 및 대법원은 배서의 연속이 인정되기 위해서는 배서가 적법하여야 함에도 불구하고 소외 이희도의 이 사건 제1, 2약속어음에 대한 배서는 행위자인 대리인의 기명이 누락되어 그 요건을 갖추지 못한 무효의 배서라고 보아 배서의 연속에 흠결이 있으므로 원고는 이 사건 제1, 2약속어음상 권리를 행사할 수 없다고 보았다.

2. 실질적 요건

(1) 대리권(대표권)의 존재

어음행위의 대리나 대표는 **대리권**이나 **대표권** 있는 자에 의하여 행해져야 한다. 대리권 없는 자에 의한 어음행위의 대리로 인한 손해는 어음취득자가 그 위험을 부담할 수밖에 없다. **대리권의 유무**는 어음·수표상의 기재와는 관계없이 대리권 일반에 관한 법리에 따르며 대리권의 존재는 어음의 소지인이 증명해야 한다. 어음소지인이 대리권의 존재를 **입증**하지 못하면 본인, 정확하게는 '본인'으로 표시된 자에게 어음채무의 이행을 청구할 수 없다. 뒤에서 배울 물적항변사유의 한 가지 예가 된다.

다만 별도의 요건이 충족되면 본인에게 **사용자책임**(민 756조) 또는 **회사의 불법행위책임**(상 210조, 389조 3항 등)을 물을 수 있다. 아래의 1990년 판결과 1988년 판결은 본인인 회사의 불법행위책임과 사용자책임을 인정하였다.

대판 1968. 5. 28, 68다480 어음행위의 대리에 있어서는 형식적 요건으로서 본인을 위한다는 대리의 문구를 기재하고 대리인이 기명날인을 하여야 하고 실질적 요건으로서는 대리인이 된 자가 본인을 위하여 어음행위를 할 수 있는 권한이 있어야 하는 것이나 위의 형식적 요건의 하나인 대리문구는 반드시 본인을 위하여서라는 문구의 기재가 없더라도 그 어음상으로 보아 일반적으로 기명날인을 한 자가 자기자신을 위한 것이 아니고 다른 사람을 위하여 어음행위를 한 것이라고 보여지는 기재가 있으면 족하다 할 것이며 실질적 요건인 대리권한 유무는 일반적인 증거에 의하여 인정할 것이다.

대판 1990. 3. 23, 89다카555 상호신용금고의 대표이사인 甲이 乙로부터 일정한 금원을 예탁금으로 입금처리하여 줄 것을 의뢰받고 당시 공동대표이사인 丙의 개인자금을 조달할 목적으로 위 금원을 차용하면서도 외관상으로만 위 금원을 위 금고의 차입금으로 입금처리하는 양 假裝하여 乙을 속이고 실제로는 차입금원장 등 臺帳에도 記帳하지 아니한 채 위 금고용 차입금증서가 아닌 丙 개인명의로 발행된 약속어음을 乙에게 교부하여 주었다면, 이는 (상호신용금고법[현재는 상호저축은행법으로 변경되었음] 제17조 제1항, 제2항에 정한 총사원의 3분의 2 이상의 동의나 이사회의 결의를 얻지 아니하는 등) 실질적으로는 甲의 개인적인 융통행위로서 위 금고의 차용행위로서는 무효라 하겠으나 그의 행위는 위 금고 대표이사로서의 직무와 밀접한 관련이 있을 뿐만 아니라 외형상으로는 위 금고 대표이사의 직무범위 내의 행위로 보아야 할 것이고 乙의 처지에서도 위 금고와의 거래로 알고 있었던 것이므로 위 금고는 그 대표이사 甲의 직무에 관한 불법행위로 인하여 乙이 입은 손해를 배상할 책임이 있다.

〈사실관계 및 쟁점〉 피고 주식회사 대구제일상호신용금고 발행주식의 31%를 소유한 소외 김태균 및 그 처남인 소외 신찬명은 1979. 5.이래 공동대표이사로서 위 김태균은 회장, 위 신찬명은 사장으로 재직하다가 위 김태균은 1983. 2. 19. 대표이사직에서 그리고 1983. 6. 16. 그 이사직에서도 사임하였다. 또한 위 신찬명은 1984. 5. 24. 위 대표이사직에서 해임되었다.

1983. 2. 18. 원고 김시환(그의 대리인이며 처인 원고 유춘자를 통해)이 당시 피고 금고의 영업과장이었던 소외 김은환을 통해 피고 금고에 금 3,100,000원의 예치를 의뢰하자 피고 금고의 대표이사인 소외 신찬명은 당시 피고 금고의 공동대표이사인 김태균의 개인자금을 조달할 목적으로 위 금원을 차용하면서도 외관상 피고 금고의 차입금으로 입금처리하는 양 가장하여 원고 유춘자를 속이고 창구직원에게 위 금원을 교부받도록 지시하면서 피고 금고의 차입금원장 등 장부에도 記帳하지 아니한 채(이자는 당시 정상이율인 연 13%보다 높은 월 1.25%로 약정하였다) 창구직원으로 하여금 차입금증서를 피고금고용 차입증서가 아닌 위 김태균 개인명의로 발행된 금 3,100,000원의 약속어음을 교부케 하고, 위 금원은 위 김태균에게 교부하여 개인용도에 사용하게 하였다. 이어 1983. 3. 21. 금 49,000,000원은 원고 김시환으로부터(그의 처인 원고 유춘자를 통하여), 1983. 4. 16. 금 38,000,000원은 원고 유춘자가 본인으로서 위와 같은 경위로 이를 입금시키자 창구직원으로 하여금 위 김태균 개인명의로 발행된 위와 같은 액면의 약속어음을 교부케 하였다. 그러나 위 김태균 명의로 발행된 각 약속어음은 1983. 11. 25. 이래 모두 지급이 거절되었다.

원고들은 주위적 청구로서 피고 금고에 대한 예탁금 형식의 대여금반환청구권을 주장하고, 예비적 청구로서 제1차적으로는 민법 제35조에 기한, 그리고 제2차적으로는 민법 제756조에 기한 각 손해배상청구권을 주장하였다. 그리고 예비적 청구와 선택적 병합청구로서는 부당이득반환청구권을 주장하였다. 이에 원심 및 대법원은 먼저 원고들이 피고 금고에게 행한 각 금원의 교부는 소외 신찬명의 기망행위와 피고 금고의 차금차입에 대한 내부적 절차를 거치지 않아 무효이므로 원고들의 주위적 청구는 이유없다고 보아 기각하였다. 그 다음 제1차적 예비적 청구에 대하여는 위 판결요지와 같은 이유로 원고들의 청구를 인용하면서, 다만 원고들에게도 20%의 과실이 있음을 인정하여 과실상계를 하였다.

여기서 쟁점이 된 것은 피고금고의 대표이사인 신찬명의 불법행위에 대하여 본인인 피고금고 자신이 직접 불법행위책임을 부담하는지 아니면 사용자로서의 책임을 부담하는지에 관한 것이었다. 이 점에 대하여 본 판결은 민법 제35조에 기한 손해배상청구를 인용함으로써 피고금고에 대하여 사용자로서의 책임이 아니라 피고금고 자신의 직접적인 불법행위책임을 인정하였던 것이다. 다만 다음의 판례에서는 피고금고에 대하여 사용자로서의 책임을 인정하고 있다.

대판 1988. 11. 8, 87다카958 상호신용금고의 대표이사인 甲이 피해자 乙로부터 일정금액을 예탁금으로 입금처리하여 줄 것을 의뢰받음을 기화로 위 금고의 사주인 丙의 개인자금조달을 위하여 위 금원을 차용할 목적으로 외관상은 위 금고의 차입금으로 입금처리하는 양 가장하여 乙을 속여서 위 금원을 교부받고서는 장부에 기장도 하지 아니한 채 丙 개인 명의로 발행된 약속어음을 乙에게 교부하여 주었다면 이는 실질적으로 甲이 개인적으로 융통한 행위로서 위 금고의 차입행위로서는 무효라 하겠지만, 甲의 행위는 위 금고 대표이사로서의 직무와 밀접한 관련이 있고 외형상 객관적으로 위 금고 대표이사의 직무범위 내의 행위로 보여지며 乙의 입장에서는 위 금고와의 거래로 알고 있었으므로 위 금고는 甲의 행위에 대하여 사용자로서 乙이 입은 손해를 배상할 책임이 있다.

(2) 자기계약과 이사의 자기거래

대리권을 가진 대리인이나 대표기관의 경우에도 본인이나 법인과의 관계에서 이해충돌의 우려가 있을 때는 대리권이나 대표권이 제한된다. 이러한 대리권(대표권)의 제한의 예로 민법 제124조의 자기계약과 상법 제398조의 자기거래를 들 수 있다. 이 두 가지 제한이 어음행위의 대리(대표)의 경우에도 적용되어야 할 것인가를 살펴보자.

(가) 자기계약(민법 제124조)

민법 제124조에서는 일방당사자가 대리인이 되고 상대방이 본인이 되는 자기계약의 경우에 이해충돌로 인한 본인의 손해를 방지하기 위하여 자기계약에 앞서 대리인은 본인의 허락을 받아야 한다고 규정하고 있다. 자기계약에 앞서 대리인은 거래의 내용을 본인에게 충분히 설명하고 본인이 판단할 기회를 보장하기 위한 것이다. A가 B에게 일정한 규격의 물품을 구입할 대리권을 수여하였는데 B는 자기에게 당해 물품의 재고가 있음을 알고 그 물품을 A에게 매도하고자 한다. 이에 B는 자기계약을 규율하는 민법 제124조의 규정에 따라 A의 허락을 받아 A를 대리하여 B 자신과 매매계약을 체결하고 그 목적물을 인도하였다. 이 계약의 쌍방 당사자를 확인하는 데는 매매계약서라는 서면을 작성하면서

계약조항이 끝나는 부분에 타자된 매도인과 매수인란을 어떻게 채울 것인가를 생각해 보면 쉽다. 매수인 A 대리인 B 대(對) 매도인 B 간의 매매계약이다. 매매조건에서 대금을 3개월 후불로 하기로 한데 따라 B가 A를 대리하여 자기(B)를 수취인으로 하는 매매대금 상당액의 약속어음을 발행하고자 한다. 이러한 경우에 원인관계에 해당하는 매매계약체결에 대하여 본인(A)의 허락을 받았음은 물론이지만, 이와 별도로 어음행위의 대리에 대해서도 본인의 허락을 받아야 하는가가 문제된다.

소수설(부정설)은 어음행위는 가치중립적이고 무색적·수단적인 행위이므로 이해충돌의 우려가 없고 제124조 단서의 채무이행행위이므로 제124조의 적용을 받지 않는다고 한다. 본인의 허락을 받지 않아도 유효한 대리행위가 된다는 것이다(서돈각·정완용, 79-80면).

다수설(긍정설)은 어음행위는 원인관계상의 채무와 독립하고 보다 엄격한(무거운)채무를 발생시키므로 이해상충의 가능성이 크다는 점을 들어, 어음행위의 대리에도 민법 제124조가 적용되고 따라서 별도로 본인의 허락을 받아야 한다고 한다(손주찬, 92면; 양승규, 129면; 이기수, 186면; 이범찬·최준선, 868면; 이철송, 95면; 정동윤, 121면; 정찬형, 90-91면; 정희철, 73면; 채이식, 47면; 최기원, 109면).

생각건대, 어음채무는 항변의 절단, 단독판사의 관할, 가집행선고, 은행도어음을 지급하지 않는 경우의 거래정지처분 등 여러 가지 점에서 원인채무보다 채무자에게 불리하다. 이러한 점을 고려할 때 어음행위의 대리의 경우에도 민법 제124조를 적용하여 원인관계에 대한 허락과 별도로 어음행위에 대한 허락을 받도록 하여야 할 것이다.

(나) 자기거래(상법 제398조)

어음행위의 대표에 회사와 이사간의 자기거래(이익충돌거래)를 제한하는 상법 제398조가 적용되는가의 논의는 회사가 금전지급의 의무를 부담하는 경우에 생긴다. 회사와 이사간의 거래로서 이사회의 승인을 받았다 하더라도, 그 거래에서 생긴 금전채무의 결제를 위하여 어음행위를 함에 있어서 어음행위에 별도로 이사회의 승인을 다시 받아야 하는가의 문제이다. 회사가 이사로부터 금전을 차용하는 소비대차계약에는 원칙적으로 이사회의 승인을 받아야 한다. 이 경우에 담보의 목적으로 회사가 대주(貸主)인 이사에게 차용금액 상당액의 약속어음을 발행하는 때에도, 별도로 이사회의 승인을 받아야 하는가? 이사회의 승인을 받아야 한다고 할 경우, 받지 않고 한 어음행위는 법률의 규정에 의한 대표권의 제한에 위반하는 것으로 **무권대표행위**에 해당하기 때문에 여기서 논의의 대상이 되는 것이다.

소수설(부정설)에 의하면, 원인관계는 이해상충의 우려가 있어서 이사회의 승인이 필요하나, 어음행위는 거래결제의 수단에 불과하므로 이해상충의 우려는 없고, 따라서 이사회의 승인이 필요하지 않다고 한다(서돈각 · 정완용, 79-80면).

다수설(긍정설)에 의하면, 어음은 결제수단일 뿐 아니라 신용수단이고 원인관계와 분리된 새로운 어음채무가 발생하고, 이것은 보다 무거운 채무이기 때문에 (항변절단 등) 어음행위에 별도로 이사회의 승인을 받아야 한다고 한다(손주찬, 93면; 양승규, 129면; 이기수, 186면; 이범찬 · 최준선, 868면; 이철송, 95면; 정동윤, 121면; 정찬형, 90-91면; 정희철, 73면; 채이식, 47면; 최기원, 110면). 은행도어음의 경우 부도를 내면 거래정지처분을 받게 되고, 이러한 제재는 회사에 치명적이라는 점도 강조한다.

회사와 이사간의 거래에 해당한다 하더라도 이해가 상충될 우려가 없는 경우는 이사회의 승인을 요구하지 않는다. 승인대상거래의 범위에 관한 객관설의 입장에서는 무이자의 금전차용이 그 예가 될 수 있으나, 주관설의 입장은 다를 수 있다. 그러나 원인관계에서 이익충돌의 우려가 없더라도 회사의 어음행위로 인하여 회사가 불리해지는 채무를 하나 더 부담하게 되므로 어음행위에는 여전히 이사회의 승인을 받아야 한다고 새길 수밖에 없다.

자기거래에 해당하는 어음행위에 대하여 이사회의 승인을 요하는지 여부에 관하여 판례는 이를 긍정하는 입장을 취하고 있다.

대판 1965. 6. 22, 65다734 상법 제398조 소정의 거래 가운데는 이사와 주식회사간에 성립될 이익상반의 행위뿐만 아니라 이사 개인의 채무에 관하여 채권자에게 면책적이든 중첩적이든 채무인수를 하는 것과 같은 결국 이사에게는 이롭고 회사에게는 불이익한 것으로 인정되는 행위가 포함된다 할 것이며(자기계약형태의 간접거래임), 본 건 약속어음은 위 채무인수의 당사자인 원고에게 그 인수채무의 지급을 위하여 발행된 것이므로 발행자인 피고 회사는 원고에게 대하여 본 건 어음은 위 법조 소정 이사회의 승인없이 인수된 채무의 지급을 위하여 발행된 것이라는 원인관계를 주장할 수 있는 법리이므로 원판결 결론은 결국 정당하고 논지는 이유없다. 본 건 어음 발행에 피고 회사의 승인이 없었다는 판단취의임이 원판결 이유설명에 의하여 명백하고 원판결에 소론 채증법칙의 위배나 심리미진의 위법이 있음을 인정할 수 없다.

이사회의 승인이 없는 이익충돌거래는 **무효**이다. 단 선의의 제3자에 대해서는 무효로 대항할 수 없다는 것(상대적 무효설)이 다수설이다(손주찬, 94면; 이범찬·최준선, 868-869면; 이철송, 95면; 정동윤, 121면; 정찬형, 92면; 채이식, 47면; 최기원, 110면). 판례도 같은 취지이다.

대판 2004. 3. 25, 2003다64688 어음 할인 등 여신을 전문적으로 취급하는 은행이 대표이사의 개인적인 연대보증채무를 담보하기 위하여 대표이사 본인 앞으로 발행된 회사 명의의 약속어음을 취득함에 있어서 당시 위 어음의 발행에 관하여 이사회의 승인이 없음을 알았거나 이를 알지 못한 데 대하여 중대한 과실이 있다.

대판 1978. 11. 14, 78다513 상법 제398조의 규정은 이사와 회사와의 간에 직접 있는 이해상반하는 거래에 있어 회사의 이익보호의 요청상 회사는 당해 이사에 대하여 이사회의 승인을 얻지 못한 것을 이유로 그 거래행위의 무효를 주장할 수 있다는 것이고, 이사가 회사를 대표하여 자기를 위하여 회사 이외의 제3자와의 사이에 한 거래에 있어서는 거래의 안전과 선의의 제3자를 보호할 필요상 회사는 이사회의 승인을 얻지 못하였다는 것 외에 상대방인 제3자가 이사회의 승인 없었음을 알았다는 사실을 주장입증하여야만 비로소 그 거래의 무효를 그 상대방인 제3자에게 주장할 수 있다고 해석함이 타당하다.

〈사실관계 및 쟁점〉 피고 주식회사 송강물산 대표이사인 소외 심상하는 피고회사의 명의로 자신을 수취인으로 하는 약속어음을 발행하여 동 어음을 소외 임형순에게 위자료 및 생활비 조로 배서양도하였다. 그리고 소외 임형순은 동 어음을 원고에게 배서양도하여 원고가 최종적으로 동 어음을 소지하고 있다. 그런데 소외 심상하는 동 어음을 발행함에 있어서 피고회사의 이사회의 승인을 받지는 않았다. 그 후 원고가 피고회사에 대하여 동 약속어음금의 지급을 청구하자 피고회사는 소외 심상하가 동 어음을 발행함에 있어서 피고회사의 이사회의 승인을 받지 않았다는 이유로 원고에 대하여 동 어음이 무효라는 항변을 하였다.

여기서 쟁점이 된 것은 소외 심상하가 피고회사 명의로 자신을 수취인으로 한 본건 약속어음 발행행위가 상법 제398조 소정의 이사의 자기거래에 해당하여 피고회사의 이사회 승인을 요하는지 여부 및 본 사안과 같이 동 어음이 제3자에게 양도된 경우에도 이사회의 승인이 없었음을 이유로 동 어음의 발행을 무효라고 주장할 수 있는

지 여부에 관한 점이다.

우선 첫 번째의 점에 관해 판례는 어음행위에 대해서도 상법 제398조 소정의 이사의 자기거래에 해당함을 명백히 하고 있다. 이와 관련하여 이사와 회사간의 이해가 상충하는 어음행위에 상법 제398조가 적용된다고 하더라도 어떠한 어음행위가 이에 해당하는지가 문제되는바, 학설상으로는 어음행위에 수반하는 실질적·구체적인 사정(원인관계)을 고려하여 판단하여야 한다는 입장(주관설)과 어음행위를 원인관계와 분리하여 어음행위 자체의 일반적·추상적 성질에 따라 객관적으로 판단하여야 한다는 입장(객관설)이 주장된다. 그러나 판례는 실질적·구체적 판단설(주관설)의 입장에서, 즉 "삼중물산 주식회사 대표이사인 박진권은 자기 앞으로 이 사건 약속어음을 발행하고 즉시 박원에게, 박원은 심현에게 각각 배서양도한 점을 보면 박진권은 회사의 어음채무를 담보하기 위하여 자기 앞으로 어음을 발행한 것임을 짐작하지 못할 바 아니니, 이는 반드시 회사와 이해관계가 반대되는 경우는 아님이 분명하다 할 것이다"(대판 1962. 3. 13, 62라1)라고 판시하고 있다.

두 번째의 점에 관해서는 이사회의 승인을 받지 않고 어음행위를 한 경우의 효력에 관해서는 유효설, 무효설 그리고 상대적 무효설 등이 주장되고 있지만, 대법원은 1973. 10. 31, 73다954 판결에서 최초로 상대적 무효설의 입장을 취한 이래 줄곧 동일한 태도를 보이고 있다(대판 1994. 10. 11, 94다24626 참조). 판례에 의하면, 이사와 회사간에 이익상반하는 어음거래에 있어서는 회사의 이익보호에 중점을 두어 회사는 그 이사 또는 어음행위의 상대방에 대하여는 이사회의 승인을 얻지 못한 것을 사유로 그 행위의 무효를 주장하는 것은 당연하다. 그러나 이사가 회사를 대표하여 자기를 위하여 회사 이외의 제3자와 어음거래를 하거나 또는 이사가 회사를 대표하여 회사명의로 자신을 수취인으로 한 약속어음을 발행하여 동 어음이 일단 제3자에게 양도된 경우에는 어음거래의 안전을 위하여 선의의 제3자를 보호할 필요가 크므로 회사는 이사회의 승인을 얻지 못하였다는 점과 그밖에 제3자가 이사회의 승인이 없었음에 관하여 악의였음을 주장·입증하여야만 동 어음행위의 무효를 제3자에 대하여 주장할 수 있다는 것이다.

제3 어음·수표행위의 대행

1. 의의와 유형

어음행위의 대행이란 타인이 직접 본인명의로 어음행위를 하는 것이다. 이는 다시 기관방식에 의한 대행과 대리적 대행으로 나누어진다.

기관방식에 의한 대행은 본인의 수족으로서 대행자의 판단이 끼어들지 않고 이루어지는 대행이다. 순수한 대행 또는 고유한 대행이라고도 불리운다. 본인이 손을 다친 경우, 출장 또는 여행 중인 경우에 부하직원이나 동료에게 부탁하여 어음행위를 하면 이러한 대행이 있게 된다. 회사내 결재과정을 거쳐 경리부서의 하급직원이 경리부서에 보관중인 대표이사의 명판과 직인을 날인하여 어음을 발행하는 경우도 기관방식에 해당하는 경우가 많을 것이다.

대리적 대행은 본인이 일정한 권한(실질적 대리권)을 부여한 경우 그 대리권에 기초하여 이루어지는 대행이다. '대행자의 판단 및 의사결정'에 따라 어음행위가 이루어진다. 형식은 본인의 어음행위로 나타나지만 실질은 대리에 의한 어음행위라는 점에서 형식과 실질이 불일치한다. 일정한 대리권을 가지는 상업사용인이 영업주의 이름으로 어음을 발행하는 경우가 이에 해당한다. 대리적 대행에 대하여는 대리에 관한 규정 특히 표현대리 관련규정을 유추적용하여야 한다. 판례에서는 대리적 대행의 경우를 대리의 법리에 따라 규율하고 있다.

대판 1981. 3. 24, 81다4 제3자가 대리형식에 의하건 본인의 명의로 직접 서명날인을 대행하는 방식에 의하건 그 어음행위의 상대방이 위와 같은 방식에 의하여 어음행위를 실지로 한 자(실행자)에게 그와 같은 어음행위를 할 수 있는 권한이 있는 것이라고 믿을 만한 사유가 있고 본인에게 책임을 지울 만한 사유가 있는 경우에는 거래의 안전을 위하여 표현대리에 있어서와 같이(유추적용-저자) 본인에게 책임이 있다.

〈사실관계 및 쟁점〉 피고 안병록은 해산물 도소매업을 하는 복창상회의 익명투자자로서 그 상회의 자금을 대기 위하여 은행에서 돈을 인출하거나 남는 이익금을 저금하도록 하기 위하여 도장과 예금통장을 상회에 맡겨 두었는바, 복창상회의 형식상 사업자로 등록된 소외 김대규는 1979. 5.경 개인적인 수출자금 조달을 위하여 소외 차유정으로부터 금 33,000,000원을 차용하고 그 담보로 소외 김병록을 시켜 그가 보관하고 있던 피고의 인장을 사용하여 같은 액면의 피고명의의 약속어음 1매를 위조케 하여 이를 소외 차유정에게 교부한 일이 있고 그 후 소외 김대규는 위 금원 중 23,000,000원을 변제하고 위 어음을 회수한 뒤 1979. 6. 9. 나머지 금원 10,000,000원에 대한 담보로 소외 김병록으로 하여금 그 액면의 이 사건 약속어음 1매(제1어음)를 위조케 하고, 다시 같은 달 20. 소외 차유정으로부터 금 5,000,000원을 차용하고, 소외 김병록으로 하여금 그 액면의 이 사건 약속어음 1매(제2어음)를 또 위조케 하여 이를 각 소외 차유정에게 교부하였다. 그 후 1979. 7. 9. 원고 전영주는 소외 차유정으로부터 이 사건 약속어음 2매를 각 배서양도받아 그 소지인으로서 피고에게 만기에 지급제시하였으나 위조어음이라는 이유로 지급이 거절되었다. 이에 원고는 피고는 이 사건 약속어음 2매를 발행한 발행인으로서 각 어음금을 지급할 의무가 있고, 그렇지 않으면 피고를 대리하여 발행한 소외 김병록의 본인으로서 또는 피고의 권한을 넘은 표현대리인인 소외 김병록의 본인으로서 각 어음금을 지급할 의무가 있다고 주장하여 소를 제기하였다.

여기서 쟁점이 된 것은 이 사건 약속어음 2매는 피고 자신이 직접 발행한 것은 아니지만, 소외 김병록이 기명날인을 대행할 권한 없이 피고명의로 동 어음을 발행한 것으로서, 이러한 경우 피고가 어음상의 책임을 지느냐 하는 점이다. 특히 일반적으로는 기명날인의 대행에 의하여 어음행위를 한 경우에는 그 행위자가 대행권한 없이 어음을 발행하면 이는 어음의 위조가 되어 본인에게 책임을 지울 수 없다. 그러나 본 사안과 같이 본인인 피고가 맡겨 놓은 도장으로 피고명의의 어음을 발행한 경우 제3자의 신뢰이익을 보호하기 위하여 본인에게 표현대리의 책임을 물을 수 있느냐가 문제된다.

판례는 기명날인의 대행방식에 의하여 어음행위를 하는 경우에도 민법상 표현대리의 규정이 유추적용됨을 전제로 본 사안에서 소외 김병록은 위 복창상회의 경리사무에 관하여 피고의 대리인이었고, 그에게 이러한 기본적 대리권이 있었던 이상, 비록 그가 이 사건 각 어음을 발행할 대리권이 없었다고 할지라도 원심으로서는 마땅히 이 사건 어음행위의 상대방인 소외 차유정이 소외 김병록에게 그와 같은 어음발행의 권한이 있다고 믿을 만한 정당한 이유가 있었는지의 여부를 심리하여 보았어야 할 것이라고 하여 원심판결을 파기환송하였던 것이다.

2. 대행의 실제

어음행위의 대리와 비교할 때 대행은 대행관계의 표시 없이 타인이 바로 본인명의로 기명날인한다는 점이 특징이다. 대리의 경우 대리인의 이름이 어음면상 나타나는 데 반하여, 대행의 경우는 대행자의 이름이 어음면상 나타나지 아니한다. 위에서 설명한 것과 같이 우리의 어음법·수표법하에서 서명은 자서(自署)에 한하는 것으로 새기므로 서명의 대행은 허용되지 않는다. 그러나 아래의 판결에서는 기명날인의 대행을 가리켜 「서명대리」라는 표현을 쓰고 있어 주목된다.

법인의 경우는 법인 자신의 기명날인을 대행하는 대행은 있을 수 없고 법인의 대표자의 어음행위를 대신하는 대행이 있을 수 있을 뿐이다.

대행권 없이 한 대행, 즉 무권대행은 위조이다. 판례도 무권대행은 어음행위의 무권대리가 아니라 어음의 위조에 해당하며, 이러한 경우에도 민법상 표현대리의 규정을 유추적용할 수 있다고 본다. 유추적용함에 있어서 직접 상대방에게 정당한 이유(민 126조)를 인정할 수 있을 뿐 제3취득자에게까지 정당한 이유를 인정할 수 있는 경우는 생각할 수 없으므로 그 보호를 확대하는 것은 적당하지 않다.

대판 2000. 3. 23, 99다50385

가. 다른 사람이 본인을 위하여 한다는 대리문구를 어음상에 기재하지 않고 직접 본인 명의로 기명날인을 하여 어음행위를 하는 이른바 기관방식 또는 **서명대리** 방식의 어음행위가 권한 없는 자에 의하여 행하여졌다면 이는 어음행위의 무권대리가 아니라 어음의 위조에 해당하는 것이기는 하나, 그 경우에도 제3자가 어음행위를 실제로 한 자에게 그와 같은 어음행위를 할 수 있는 권한이 있다고 믿을 만한 사유가 있고, 본인에게 책임을 질 만한 사유가 있는 때에는 대리방식에 의한 어음행위의 경우와 마찬가지로 민법상의 표현대리 규정을 유추적용하여 본인에게 그 책임을 물을 수 있다.

나. 채무자가 물상보증인으로부터 근저당권설정에 관한 대리권만을 위임받은 후 그의 승낙 없이 채무 전액에 대한 연대보증의 취지로 채권자에게 물상보증인 명의의 약속어음을 발행해 준 경우, 채권자가 채무자에게 위와 같은 어음행위를 할 수 있는 권한이 있다고 믿을 만한 정당한 사유가 없다.

〈사실관계 및 쟁점〉 원고 전순배는 1996년경 자신 소유의 부동산에 가처분등기가 경료되어 있는 사실을 모르고 이를 매도하였다가 그 매수인으로부터 형사고소를 당할 위험에 처하게 되자 소외 김동섭을 찾아가 법률상담을 하였는데, 김동섭은 이를 틈타 자신이 원고의 민 · 형사 문제를 처리하여 준다는 명목으로 원고로부터 금 103,000,000원을 교부받아 갔다. 이에 원고는 1997. 4.경 김동섭을 변호사법위반죄로 고소하자 김동섭은 같은 달 30.경 자신의 잘못을 시인하고 원고에게 자신이 편취한 돈에다 이자를 더하여 금 110,000,000원을 돌려주겠다고 제의하였다. 그런데 김동섭에게는 별 재산이 없어 구체적인 합의가 이루어지지 않게 되자 김동섭은 자신의 知人인 소외 심안태를 불러 그를 보증인으로 세우려 하였으나 심안태 또한 충분한 재산이 없어 합의가 어려워졌고, 이에 김동섭은 자신의 손위 동서인 피고를 불렀는 바, 그 자리에서 피고는 원고에게 김동섭의 원고에 대한 금 110,000,000원의 반환채무를 심안태와 연대보증하겠다고 약속하면서 그에 대한 담보로 피고 소유 주택 및 그 대지에 근저당권을 설정해주기로 하였다. 피고는 위 약정에 따른 근저당권설정에 필요한 서류를 다음날 작성하여 주기로 하고 김동섭에게 그 근저당설정에 관한 대리권을 위임하였는데, 김동섭은 다음날인 1997. 5. 1. 법무사사무실에서 피고를 대리하여 법무사에게 피고 소유의 부동산에 관하여 근저당권설정등기신청을 위임하면서, 원고가 추후 있을지도 모를 경매신청에 대비하여 담보제공자들 명의의 약속어음의 발행을 요구하자 약속어음의 발행에 관한 피고의 승낙이 없었음에도 불구하고 발행일 1997. 5. 1., 발행인 피고, 심안태 및 김정연(심안태의 처), 액면금 110,000,000원, 지급기일 1997. 10. 31., 지급장소, 발행지 및 지급지 각 서울특별시, 수취인 원고로 된 약속어음의 피고의 이름 옆에 근저당권설정을 위하여 피고가 맡긴 인장을 함부로 날인하여 주었다. 그 후 원고는 피고에 대하여 약속어음금의 지급을 구하는 소를 제기하였는 바, 여기서 쟁점이 된 것은 근저당권설정에 관한 실질적 대리권을 위임받은 소외 김동섭이 본건 약속어음의 발행과 관련 피고의 기명날인을 대행할 권한을 수여받았는지 여부, 만일 대행권한을 수여받지 않고서 피고의 이름으로 약속어음을 발행하였다면 이는 어음행위의 무권대리인지 아니면 어음의 위조에 해당하는지 여부 및 어음의 위조의 경우에도 민법상 표현대리의 규정을 유추적용할 수 있는지 여부 등이다.

먼저 소외 김동섭은 자신의 원고에 대한 채무를 담보하기 위하여 피고로부터 피고 소유 부동산에 관하여 근저당권설정에 관한 대리권을 수여받았다. 다만 본 건 약속어음의 발행과 관련하여 피고명의의 기명날인을 대행할 권한을 명시적으로 수여받지는 아니하였다. 그럼에도 불구하고 소외 김동섭이 피고명의로 본 건 약속어음을 발행(구체적으로는 피고명의의 어음을 기명날인의 대행방식으로 발행)한 것은 어음행위의 무권대리가 아니라 어음의 위조에 해당한다. 이와 같은 어음의 위조의 경우에도 민법상 표현대리의 규정을 유추적용할 수 있는지에 관하여 판례는 이를 긍정하고 있다. 다만 본 사안과 관련하여서는 원고에게 소외 김동섭이 피고명의의 어음을 기명날인의 대행방식으로 발행할 권한이 있는 것으로 믿을 만한 정당한 이유가 없다고 보아 피고에게 약속어음의 발행인으로서의 책임을 부정하였던 것이다.

제4 표현대리

1. 총 설

대리권 없는 자가 어음행위를 한 무권대리의 경우 본인(정확하게는 '본인'으로 기재된 자)은 책임을 지지 않는 것이 원칙이다. 그러나 제3자의 입장에서 대리권이 있다고 믿을 만한 사정이 있고 본인이 그에 대한 책임이 있는 경우에, 표현대리로서 민법·상법의 규정을 적용한다. 무권대행 중 특히 대리적 대행의 경우와 같이 본인으로부터 원인관계에서 어느 정도의 실질적 대리권을 수여받은 때에는 표현대리와 유사한 관계가 성립하여 표현대리의 규정을 유추적용하여야 할 것이다. 이러한 경우를 「서명대리」라고 부르는데 판례도 앞에서 본 바와 같이 표현대리의 규정을 유추적용하고 있다(대판 2000. 3. 23, 99다50385).

표현대리가 성립할 경우 본인과 무권대리인의 책임은 선택적으로 존재한다. 소지인은 본인의 책임을 물을 수도 있고 무권대리인의 책임을 물을 수도 있다.

2. 민법상의 표현대리

대리권 수여의 표시로 인한 표현대리, 권한을 넘은 표현대리, 대리권 소멸 후의 표현대리의 세 가지 경우에 관한 민법 제125조, 제126조, 제129조의 규정은 어음행위의 대리의 경우에도 그대로 적용된다. 표현대리가 성립하기 위해서는 상대방이 선의·무과실이어야 한다.

다만 제3자의 범위를 정함에 있어서, 유통을 예상한 의사표시이므로 보호받는 제3자에는 어음을 주고받은 직접 상대방뿐만 아니라 그 후의 제3의 취득자가 포함된다고 새기는 것이 다수설이다(서돈각·정완용, 76-77면; 손주찬, 85면; 양승규, 127면; 이철송, 102면; 정동윤, 131면; 정찬형, 94면; 정희철, 85면; 채이식, 53면; 최기원, 115면). 그러나 판례는 어음행위의 위조에 관해서는 민법상 표현대리의 규정이 적용 또는 유추적용되지만, 다만 이 때 민법 제126조 소정의 「제3자」에는 어음행위의 직접 상대방만이 포함되고 그 후의 어음의 제3취득자는 포함되지 않는다고 한다(대판 1994. 5. 27, 93다21521). 생각해보면 제3취득자가 대리인에 의한 어음행위에 접할 수 있는 경우는 현실성이 없다. 따라서 제126조의 법문에서 정한 '정당한 이유'가 인정될 수 없다는 뜻으로 판례의 입장을 이해한다.

아래 판결은 서명대리, 정확하게는 위조의 경우에 표현대리의 법리를 (유추하여) 적용하고 있는데 제3자의 범위를 직접상대방으로 제한하였다. 아울러 직접 상대방과의 관계에서 일단 표현대리가 성립하면 제3취득자도 그 지위를 승계하므로 '본인'의 책임을 물을 수 있음을 지적하였다.

대판 1999. 12. 24, 99다13201

가. 어음행위의 위조에 관하여도 민법상의 표현대리에 관한 규정이 적용 또는 유추적용되고, 다만 이 때 그 규정의 적용을 주장할 수 있는 자는 어음행위의 직접 상대방

에 한한다고 할 것이며, 약속어음의 배서행위의 직접 상대방은 당해 배서의 피배서인만을 가리키고 그 피배서인으로부터 다시 어음을 취득한 자는 위 배서행위의 직접 상대방이 아니라 제3취득자에 해당하며, 어음의 제3취득자는 어음행위의 직접 상대방에게 표현대리가 인정되는 경우에 이를 원용하여 피위조자에 대하여 자신의 어음상의 권리를 행사할 수가 있을 뿐이다.

나. 甲이 乙 명의의 배서를 위조한 후 甲 자신의 명의로 배서를 하여 丙에게 교부한 경우, 乙 명의의 배서의 직접 상대방은 어디까지나 그 피배서인인 甲이고 丙은 甲으로부터 다시 배서양도받아 취득한 자로서 乙 명의의 배서에 대하여는 제3취득자에 해당하므로, 丙이 乙에 대하여 직접 乙 명의의 배서에 대한 표현대리 책임을 물을 수 없다.

〈사실관계 및 쟁점〉 원고 주식회사 동아상호신용금고(현재는 상호저축은행으로 변경되었음)는 소외 주식회사 신흥이 각 거절증서작성의무를 면제하여 소외 장희송을 형식상 수취인으로 하여 발행한 제1어음을 소외 장희송, 피고 대아알미늄 주식회사, 동인알미늄으로부터 순차로 배서양도받았고, 또 소외 대호경금속 주식회사가 각 거절증서작성의무를 면제하여 피고회사를 형식상 수취인으로 하여 발행한 제2어음을 피고회사, 동인알미늄으로부터 순차로 배서양도받았으며, 그리고 소외 정희자가 각 거절증서작성의무를 면제하여 소외 주식회사 신세기를 수취인으로 하여 발행한 제3어음을 수취인, 피고회사, 동인알미늄으로부터 순차로 배서양도받았다. 마지막으로 원고는 소외 주식회사 대하공영이 각 거절증서작성의무를 면제하여 소외 조용참을 수취인으로 하여 발행한 제4어음을 수취인, 피고회사, 동인알미늄으로부터 순차로 배서양도를 받아 각 어음의 최종소지인이 되었다.

원고는 위와 같이 이 사건 각 어음의 최종소지인으로서 제1어음을 그 지급기일 내인 1996. 2. 26. 지급은행에 지급제시하였으나 사고신고(위・변조) 접수라는 이유로 지급거절되었고, 제2어음과 제3어음에 대하여는 각 그 지급기일 전인 그 해 3. 8.에, 제4어음에 대하여는 그 지급기일전인 그 해 4. 10.에 각 지급은행에 지급제시하였으나 모두 무거래를 이유로 지급거절되었다.

이에 원고는 이 사건 약속어음금 청구의 소를 제기하였다. 주위적 청구원인으로 먼저 이 사건 각 어음상의 피고명의의 배서가 진정한 것임을 전제로 한 배서인으로서의 책임을, 가사 이 사건 각 어음상 피고명의의 배서가 위조되었다 하더라도 원고에게는 정당한 이유가 있으므로 피고는 표현대리의 책임을, 예비적 청구원인으로서 피고회사 직원인 소외 서동석의 직무집행과 관련한 불법행위를 이유로 피고에게 사용자배상책임을 각각 주장하였다. 원심과 대법원은 원고의 주위적 청구원인 모두를 배척하고 단지 예비적 청구원인만을 인용하면서 원고의 과실비율을 20%로 인정하여 과실상계하였다.

대법원은 소외 주식회사 동인알미늄의 대표이사인 소외 이수성이 이 사건 각 약속어음의 배서인란에 피고의 배서를 위조한 다음 다시 동인알미늄 명의로 배서를 하여 원고에게 이를 교부하였기 때문에 피고명의의 배서의 직접 상대방은 어디까지나 그 피배서인인 소외 동인알미늄이고 원고는 동인알미늄으로부터 다시 배서양도받아 취득한 자로서 피고명의의 배서에 대하여는 제3취득자에 해당하므로 원고가 피고에 대하여 직접 피고명의의 배서에 대한 표현대리책임을 물을 수는 없고 그 직접 상대방인 동인알미늄에게 표현대리가 인정되는 경우에 이를 원용할 수 있을 뿐인데, 피고명의의 배서를 위조한 동인알미늄에게 민법 제126조 소정의 표현대리가 성립할 수 없다고 하면서 원고의 주장을 배척하였다.

3. 상법상의 표현대리 · 대표

상법의 표현지배인 규정(상 14조), 부실등기에 대한 책임규정(상 39조), 주식회사의 표현대표이사에 관한 규정(상 395조)은 어음행위의 대리의 경우에도 적용된다. 대리권 · 대표권 제한의 경우(상 11조 3항, 209조 2항) 선의의 제3자에게 대항하지 못한다. 이 경우에도 제3자에는 직접의 상대방뿐 아니라 그 후의 제3취득자가 포함된다고 새긴다.

4. 표현대리 · 대표의 효과

어음행위의 표현대리가 성립할 경우, 본인은 그에 따른 책임을 진다. 다만, 표현지배인이나 표현대표이사의 경우 상대방에게 과실이 있다면(과실이 있더라도 표현지배인이나 표현대표이사는 성립할 수 있다. 상대방에게 과실이 있으면 표현대리가 성립하지 않는 것과 비교된다) 과실상계의 법리를 유추하여 책임금액을 감액받을 수 있다. 뒤에서 보는 바와 같이, 표현대리가 성립한다하더라도 그 대리인은 무권대리의 책임을 면할 수 없다. 여기서 병존하는 채무자 2인을 대상으로 중첩적으로 어음금을 청구할 수 있는가가 문제된다. 이중(二重)청구는 안되고 본인 또는 대리인 중 1인을 선택하여 청구하도록 하여야 한다. 이렇게 새기더라도 어음소지인에게 불리할 것은 없다고 본다.

제5 무권대리

1. 의 의

어음행위(수표행위의 경우도 같다)의 **무권대리**는 대리권 없는 자가 본인을 위하여 한다는 것을 표시하여 어음행위를 하는 것이다.

2. 본인의 책임

(1) 무책임의 원칙

무권대리의 본인(정확하게는 '본인'으로 기재되어 있는 자)은 원칙적으로 책임이 없다. 대리권 없는 자가 어음행위를 한 경우 본인으로 표시된 자는 표현대리가 성립하지 않는 이상 어음채무를 이행할 책임이 없다. 무권대리의 경우 본인으로 기재된 자가 어음채무를 부담하지 않는 것은 어음상의 권리를 행사하는 소지인이 누구이든 마찬가지이다(물적항변사유). 다만 별도의 요건이 충족되면 사용자 책임(민 756조) 또는 회사의 불법행위책임(상 210조 등)이 문제될 수 있다. 본인에게 책임을 지우기 위한 대리권 존재의 입증책임은 상대방인 소지인에게 있다.

(2) 본인의 추인

본인이 추인할 경우 유권대리의 경우와 같은 책임이 있다(민 133조). 상대방은 본인을 상대로 추인여부에 대한 최고권을 가진다. 추인 여부를 최고할 수 있는 상대방에는 모든 어음・수표의 소지인이 포함된다.

3. 무권대리인의 책임

어음법・수표법에서는 무권대리인의 책임에 관하여 다음과 같이 규정하고 있다. "대리권 없이 타인의 대리인으로 환어음・약속어음・수표에 기명날인하거나 서명한 자는 그 어음・수표에 의하여 의무를 부담한다. 그 자가 어음・수표 금액을 지급한 경우에는 본인과 같은 권리를 가진다. 권한을 초과한 대리인의 경우도 같다"(어 8조, 77조 2항; 수 11조). 어음・수표의 무권대리인의 책임에 관한 논점을 항목별로 살펴보기로 한다.

(1) 책임의 배경

대리권 없이 어음행위를 대리한 자에게 일정한 책임을 지워야 한다는 것은 법률의 규정을 떠나서 당연한 것으로 받아들여진다. 그런데 일반 법률행위에 있어서의 무권대리인의 책임에 대한 접근과 어음행위의 무권대리에 대한 접근은 다를 수 있다.

대리권 없이 대리행위를 한 자에게 이행책임을 부과하는 취지는 종래 상대방의 기대(신뢰)의 보호에 기초를 두어 왔다. 즉 상대방은 본인으로 표시된 자의 재력과 신용을 신뢰하고 거래하였는 바, 표현대리가 성립하거나 본인이 추인을 해주면 상대방의 기대는 그것으로 만족된다. 표현대리도 성립하지 않고 본인의 추인도 없는 경우에, 대리권의 흠결로 인하여 본인에게 책임을 지울 수 없으므로 무권대리인에게 책임을 지운다는 것이었다. 그렇게 본다면 표현대리가 성립하는 경우와 본인의 추인이 있는 경우에는 무권대리인의 책임은 문제삼을 필요가 없다고 할 수 있었다. 즉 무권대리인의 가벌성은 중요하게 생각되지 않았다.

그러나 유가증권상의 법률행위, 특히 '신용'증권이라 불리우는 어음의 경우에 어음행위를 대리권 없이 대리한 경우에 있어서도 위와 같은 접근만으로는 충분한가는 의문이다. 대리권없는 대리와 대행권없는 대행은 평행하게 이해할 수 있으며, 가벌성 면에서 유가증권에 대한 무권대리행위는 위조행위와 다른 것으로 볼 합리적인 근거가 없다. 유가증권의 위조에 관한 형법 제214조의 형량과 유가증권의 무권대리 행위에 관한 제215조의 형량도 동일하다. 따라서, 어음법 제8조(약속어음의 경우 어음법 제77조 제2항에서 준용, 수표의 경우 수표법 11조)를 무권대리인의 민사적 책임에 관한 근거조문으로 파악하여, 표현대리가 성립하는 경우라도 무권대리인에게 이행책임을 물을 수 있도록 하고, 본인의 추인이 있더라도 본인이 이행하기 전까지는 무권대리인에게 이행을 청구할 수 있다고 하는 것이 옳다고 생각한다.

어음법 제8조는 어음의 신용과 유통성의 보호를 위해 자칭 대리인의 책임을 무겁게 한 징벌적 규정으로 볼 수 있다. 그러므로 표현대리가 성립하더라도 무권대리인은 책임을 부담한다고 보아서 부당할 것이 없다.

(2) 무권대리인의 책임의 성질

무권대리인의 어음법·수표법상의 책임(어 8조, 77조 2항; 수 11조)은 이행책임이다. 이는 상대방의 선택에 따라서 이행하거나 또는 손해배상의 책임을 지도록 한 민법 제135조에 의한 무권대리인의 책임과 비교된다. 의사표시상의 책임이 아니고 대리관계의 외관을 작출한 것에 대한 법정책임이다.

(3) 무권대리인의 책임의 요건

(가) 대리방식의 기명날인 또는 서명

어음행위의 무권대리가 성립하기 위하여는 대리권 없는 자가 본인을 표시하고 대리인으로서 어음행위를 하여야 한다. 대리권 없이 어음면상 대리인으로 기명날인 또는 서명을 하여 이름이 나타나 있는 자가 어음법상의 무권대리인의 책임을 부담한다. 이와 비교되는 행위유형으로서, 어음면상 그 이름이 나타나지 않는 대행권 없는 자의 무권대행은 위조이다.

(나) 대리권 및 추인의 부존재

어음행위의 무권대리를 인정하기 위하여는 대리인이 본인으로 표시된 자로부터 대리권을 수여받지 못하였거나 대리권이 소멸하여 대리권이 없어야 한다.

무권대리의 경우라도 본인이 추인을 하면 무권대리인의 책임을 묻기 어렵게 된다. 추인의 효력은 소급하여 무권대리를 유권대리로 만든다(민 133조). 이와 관련하여 무권대리인의 책임의 발생시기와 추인거절을 어떻게 연관시킬 것인가의 문제가 있다. 이에 대하여는 두 가지 입장이 대립하고 있다. 제1설은, 무권대리인의 대리행위가 있으면 바로 무권대리인의 책임이 발생하고 본인의 추인이 있으면 일단 발생하였던 어음법 제8조, 수표법 제11조의 무권대리인의 책임이 소멸한다고 한다(해제조건설)(강위두, 95면; 서돈각·정완용, 78면; 양승규, 129면; 이범찬·최준선, 870면; 이철송, 107면; 정찬형, 98면; 채이식, 50면; 최기원, 121면). 한편 제2설은, 추인거절이 있어야 무권대리인의 책임이 비로소 발생한다고 한다(정지조건설)(손주찬, 90면; 정동윤, 126면; 정희철, 88-89면). 이 두 설의 가장 큰 차이는 무권대리인책임이 발생하는 시기를 서로 다르게 본다는 점이다.

그러나 어떤 입장에 따르든 본인의 추인이 있는 경우 무권대리인의 책임은 물을 수 없는 것으로 새기게 된다. 그러나 이러한 해석에는 문제가 있다. 무권대리인의 가벌성을 강조한다면 본인의 추인이 있더라도 본인의 이행이 있을 때까지는 무권대리인의 책임을 물을 수 있다고 보는 것이, 어음법에서 특별하게 무권대리인의 책임을 규정한 법의 취지에 부합할 것이다. 이러한 논의는 무권대리인이 재력을 갖춘 자일 경우에 현실적 효용이 있을 것이다.

(다) 본인이 표현책임을 이행하지 않았을 것

유가증권상에 대리권 없이 대리행위를 한 어음행위의 무권대리인의 가벌성을 특별한 것으로 본다면, 표현대리의 요건을 갖추는 것만으로는 무권대리인의 책임을 면제해 주어서는 안될 것이다.

민법학자들 견해는 민법 제135조의 해석을 함에 있어서 표현대리가 성립하는 경우에는 무권대리인의 책임을 물을 수 없다고 하는 것이 통설(곽윤직, 민법총칙, 395면; 송덕수, 신민법강의, 219면)이다. 표현대리가 성립하더라도 무권대리인의 책임을 물을 수 있게 한다면 무권대리인의 상대방이 유권대리인의 상대방보다 더 큰 보호를 받게 되어 부당하다는 것이다. 판례도 마찬가지이다. 이는 거래상대방의 신뢰보호에만 주의를 기울이고, 대리권 없이 대리행위를 한 자에 대한 제재는 고려하지 않은 것으로 보인다. 대리권 없이 어음상에 증권행위를 한 자에 대한 가벌성이 상대방의 신뢰충족, 즉 표현대리의 성립만으로 해소될 수는 없는 것이다. 그렇다 하더라도 본인이 표현책임을 이행한 경우에는 더 이상 무권대리인의 책임을 물을 여지는 없다.

(라) 취득자의 선의

무권대리에 대하여 어음소지인이 선의이어야 한다. 즉 대리권의 부존재를 몰랐어야 한다. 과실로 모른 경우는 어음거래의 특수성을 고려하여 무권대리인의 책임을 인정하여야 한다. 민법 제135조 제2항은 적용되지 않는다. 어음을 취득하는 자에게 대리권의 유무를 조사하여야 할 주의의무를 부과할 수는 없는 것이다.

(마) 대리행위 자체에 하자가 없을 것

대리인 자신이 무능력자인 경우 대리권 없이 어음행위의 대리를 하였더라도 어음법상의 책임을 물을 수 없다(민 135조 2항). 다만 일단 취소가 되어야 책임을 면하고 미성년자가 자신을 성년자로 믿게 하였다면 책임을 물을 수 있다고 본다(민 17조 유추).

(4) 소지인과 무권대리인의 입증책임

다수설은 무권대리인의 책임을 묻기 위한 전제조건으로 원고인 어음소지인에게 본인이 무권대리를 이유로 지급을 거절한 사실과 추인거절을 입증하도록 한다(추인과 관련한 정지조건설과 조화될 수 있다: 손주찬, 90면; 이범찬 · 최준선, 869면; 양승규, 130면; 정동윤, 127면; 정희철, 90-91면). 이러한 입증을 하게 한다 하여 소지인에게 무거운 부담을 지우는 것이 되지는 않는다고 볼 수도 있다. 그러나 어음소지인에게 지급거절의 사실 외에 추인거절까지 입증하도록 하는 것이 적당한가는 의문이다. 고도의 유통성이 강조되는 어음제도와 조화되기도 어렵다.

소수설은 원고, 즉 어음소지인이 대리권없음을 입증할 필요는 없으며 피고, 즉 무권대리인이 대리권의 존재를 입증하도록 하여야 한다고 한다(해제조건설과 조화・연결될 수 있다: 강위두, 92면; 정찬형, 97면; 채이식, 49면; 최기원, 122면). 무권대리를 이유로 한 본인의 지급거절만 있으면 추인거절까지 받지 않고도 무권대리인의 책임을 물을 수 있다는 것이다. 소수설은 유통성의 보호를 강조한다.

다수설이나 소수설 어느 설에 따르더라도 최종적으로 무권대리인이 대리권의 존재를 입증하여야 한다는 점에서 차이가 없다. 소지인에게 추인의 최고를 하도록 하고(민 131조 참조) 추인거절까지 입증하도록 할 것이냐의 차이가 있을 뿐이다. 실제로 대리권이 있음에도 불구하고 본인이 책임을 회피하기 위하여 대리권의 존재를 부인하는 경우에는 대리인에게 가혹할 수 있다. 그러나 일단 대리인으로 '어음행위를 한 자'이므로 그러한 (무권)대리인에게 대리권의 존재를 입증하도록 한다하여 크게 부당할 것은 없다.

(5) 무권대리인의 책임의 내용

무권대리인의 책임은 대리권이 존재할 때 본인이 부담하는 책임과 동일하다. 약속어음의 발행을 무권대리한 자는 주된 채무자로서의 책임을 부담하며 배서를 무권대리한 자는 담보책임, 즉 상환의무를 부담한다. 어음법은 이행책임만을 부과하고 있다는 점에서 상대방이 이행책임과 손해배상책임을 선택하여 물을 수 있도록 규정한 민법의 경우와 비교된다(민 135조 1항).

(6) 무권대리인의 항변권

무권대리인이라 하더라도 대리권이 존재한다고 가정했을 때 무권대리된 어음행위의 '본인'이 주장할 수 있는 항변권은 그대로 행사할 수 있다. 상대방을 특별히 유리하게 대우할 필요는 없는 것이다. 예를 들어 그러한 어음을 담보로 금전을 차용한 경우, 무권대리인은 이미 차용금을 변제하였다거나 원인관계가 해제되었다는 등 허용되는 인적항변을 주장할 수 있고 어음의 만기가 도래하지 않았음을 이유로 어음채무의 이행거절을 할 수 있다.

(7) 무권대리인의 권리

무권대리인이 어음 · 수표상의 책임을 이행한 때는, 유권대리의 경우에 본인이 취득할 수 있는 내용과 동일한 권리를 취득한다. 예를 들면, 본인이 상환의무자인 경우 앞의 상환의무자나 주된 채무자에게 어음금 청구가 가능하다(어 8조 2문, 77조 2항; 수 11조). 그러나, 다음의 (8)과 같은 경우, 어음을 반환한 무권대리인은 아무런 권리도 가질 수 없다.

(8) 본인의 무권대리인에 대한 권리

대리권 없는 자가 타인('본인')의 어음을 대리인으로 배서양도하였다고 하자. 이러한 배서의 무권대리의 경우, 무권대리인이 책임을 이행하여 어음 · 수표를 환수한 경우, 그 어음에 대한 진정한 권리자인 '본인'은 반환청구가 가능하다. 반환청구 후 본인이 가지는 권리는 원래 본인이 가졌던 권리이고 무권대리인의 권리를 승계하는 것이 아니다. 다만 이미 선의취득(양도인의 무권리뿐만 아니라 양도행위의 하자 특히 대리권의 흠결이 선의취득에 의하여 치유된다고 볼 경우)이 이루어졌다면 본인의 어음에 대한 권리는 소멸했고 반환청구는 의문시된다. 이 경우 별도의 요건을 갖춘 경우 본인은 무권대리인을 상대로 손해배상청구나 부당이득반환청구를 할 수 있을 것이다. 예를 들면 다음과 같다.

A가 발행한 약속어음을 수취인 B가 소지하고 있던 중 이를 C가 절취하여 B의 대리인으로서 D에게 배서양도하였고 이 어음을 D가 선의취득하였다 하자. C가 D의 청구에 응하여 (B의) 무권대리인으로서 상환의무를 이행하고 어음을 환수한 경우 B가 C에게 이 어음을 반환청구하기는 어렵다. D의 선의취득(원시취득)으로 인하여 B의 이 어음에 대한 권리는 소멸하였기 때문이다. 그러나 형평의 관점에서 B의 반환청구를 허용하여야 할 것이다.

4. 월권대리

어음법 제8조 제3문에서는 권한을 초과한 대리인도 그 어음에 의하여 책임을 부담한다고 규정하고 있다. 이것을 어음법상의 월권대리라고 부른다. 대리권을 수여받은 금액을 초과하여 어음행위를 대리한 경우, 대리인은 초과금액에 대하여만 책임을 지는 것이 아니라 전액에 대하여 책임을 진다고 새기는 것이 통설이다(전액책임설)(김용태, 254면; 양승규, 134면; 이범찬 · 최준선, 871면; 정동윤, 181면; 정무동, 388면; 정찬형, 103면; 정희철, 92면; 채이식, 52면; 최기원, 127면). 이는 민법 제126조의 월권대리에 관한 해석과 다소 차이가 있다.

민법 제126조의 월권대리는 본인 소유의 부동산에 저당권설정을 위한 대리권을 수여했는데 대리인이 매매를 대리하여 그 부동산을 매도한 경우와 같이 주로 종류가 다른 법률행위의 대리를 대상으로 한다(대판 2000. 3. 23, 99다50385 판결의 사실관계 참조). 대리권 있는 대리인이 대리권의 금액 범위를 초과하여 대리행위를 한 경우, 표현대리가 성립하지 않는 이상 대리인은 초과액에 대하여 책임을 지고, 본인은 대리권의 범위 내에서 책임을 진다고 보는 것이 민법의 월권대리에 관한 해석이다(민 126조, 135조).

어음행위의 월권대리에 대하여 민법 제126조와 다르게 해석하는 것은 증권채무의 특수성(상환증권성)을 반영하여 한 장에 기재된 어음금액의 금액분할을 허용하지 않기 위한 것이다. 책임 분할을 인정하면 어음금액의 일부를 지급받을 경우에 어음의 반환이 문제로 남기 때문이다. 일부배서가 무효(어 12조 2항, 77조 1항 1호; 수 15조 2항)인 것과 같은 이치에서 가능한 한 책임분할을 인정하지 않는 것이 좋다. 다른 관점으로는 어음금액의 월권대리의 경우에 전액책임을 지우는 것은 월권대리인에 대하여 엄격책임을 지우는 징벌적 효과를 가지기도 한다.

판례에서 월권대리인의 책임을 다룬 것은 없고, 단지 본인은 그 수권의 범위 내에서는 어음상의 책임을 부담한다고 하여 본인의 책임을 다룬 것은 있다.

이러한 전통적 논의 외에, 어음행위의 월권대리의 사례로서 금액 이외에 지급기일이나 이자기재 등의 월권도 있을 수 있다. 즉 본인이 지정해 준 지급기일보다 앞선 날짜를 지급기일로 기재하거나 지정받은 이자율보다 높은 이자율의 이자를 기재한 경우 등이 그 예이다. 앞선 지급기일에 월권대리인에게 전액을 청구할 수 있다고 하는 등, 금액 이외의 월권대리의 경우에 대리인에게 어떻게 책임을 지울 것인가에 대한 합리적 해결방안이 연구되어야 한다.

대판 2001. 2. 23, 2000다45303 어음행위의 대리 또는 대행권한을 수여받은 자가 그 수권의 범위를 넘어 어음행위를 한 경우에 본인은 그 수권의 범위 내에서는 대리 또는 대행자와 함께 어음상의 채무를 부담한다고 할 것인바, 원심이 인정한 사실관계에 의하더라도, 소외인들이 원고 차병희로부터 금 10,000,000원의 범위 내에서는 원고를 대리하여 연대보증계약을 체결할 권한을 수여받았다는 것이므로, 소외인들이 수권의 범위를 벗어나 그들의 피고 대우자동차판매 주식회사에 대한 금 60,000,000원의 손해배상채무를 원고가 연대보증한다는 의미에서 이 사건 약속어음에 발행인으로 원고의 날인을 대행한 것이므로, 수권의 범위를 넘은 부분에 대하여는 원고에게 그 어음행위의 효력이 미치지 않는 것이지만, 수권의 범위 내인 금 10,000,000원 부분에 대하여는 원고가 어음상의 채무를 부담한다고 할 것이다.

5. 명의대여에 의한 어음 · 수표행위

상법은 상인이 타인의 성명이나 상호를 사용한 경우 그 명의를 사용하여 영업할 것을 허락한 명의대여자도 외관을 신뢰하고 거래한 제3자에 대하여 명의사용자와 연대하여 변제할 책임이 있음을 규정하고 있다(상 24조). 어음행위에도 이 규정이 적용될 수 있는지 즉 명의대여자가 명의차용자에게 자신의 명의를 사용하여 영업할 것을 허락하였고 명의차용자가 명의대여자의 명의로 어음행위를 한 경우 상법 제24조를 적용하여 명의대여자에게 어음상 책임을 추궁할 수 있는지 여부가 문제된다. 어음행위는 무인행위로서 상인의 영업상 채무에 관한 위 조항을 적용될 수 없다는 견해도 있으나 명의차용자가 영업과 관련하여 어음행위를 하는 경우 어음행위는 당연히 영업상 거래에 해당하므로 외관보호 법리에 의하여 상법 제24조가 적용되어 명의대여자도 어음상 책임을 지는 것은 당연하다(정찬형, 107면; 최기원, 128면). 명의사용자 또한 자기를 표시하기 위하여 타인의 명의를 사용한 이상 당연히 어음상 책임이 있으며, 양자는 제3자에 대하여 합동책임을 부담한다.

나아가 명의대여자가 영업을 허락한 것이 아니라 어음행위만을 허락하여 명의를 대여한 경우도 상법 제24조가 적용될 것인지도 문제된다. 상법 제24조는 명의사용인의 영업을 허락한 경우를 규율하는 것으로서 어음 · 수표 행위만으로는 그것을 영업주라고 볼 외관이 존재한다고 볼 수 없다는 이유로 적용을 부정하는 견해도 있다(최기원, 129면). 어음행위만을 허락한 경우 영업을 허락한 것이 아니어서 상법 제24조를 직접 적용하기는 어렵지만 어음의 유통성과 거래안전을 위하여 이를 유추적용하여 명의대여자에게 어음상 책임을 물을 수 있다고 본다.

대판 1969. 3. 31, 68다2270 갑이 약속어음을 발행할 때 주소를 대한교육보험 주식회사 부산지사라고 표시하고 지사장이라고 기재하지 않았다 해도 그 성명 아래에는 개인도장 외에 동 회사 부산지사장이라는 직인을 찍은 것이므로 특별한 사정이 없는 한 이는 동인이 위 회사 부산지사장이라는 대표자격을 표시한 것이라 할 것이고 또 동 회사는 갑에게 부산지사라는 상호를 사용하여 보험가입자와 회사간의 보험계약 체결을 알선할 것을 허락하였고 갑은 동 지사 사무실비품대금 조달을 위하여 을에게 약속어음을 발행하여 병이 그 소지인이 된 것이며 을이 갑의 위 어음발행행위의 주체를 위 회사로 오인한데에 중대한 과실이 있다고 보여지지 않으므로 동 회사는 명의대여자로서 그 외관을 신뢰한 갑과의 거래에 대하여 본조에 의한 책임을 져야 한다.

대판 1970. 9. 29, 70다1703 타인에게 대하여 자기사업을 자기이름으로 대행할 것을 허용한 사람은 그 사업을 대행한 사람 또는 그 피용자가 그 사업에 관하여서 한 법률행위에 관하여 제3자에게 책임이 있다(약속어음 발행한 사안임).

사 례 1

아현약국의 영업주인 약사 A는 약품 대금결제를 위하여 은행도어음을 이용해왔다. A의 처 B(B도 약사임)는 친정 부모의 아파트에 빌트인 에어컨을 3개월 할부로 설치하면서, 구입대금 900만원을 지급하기 위하여 A의 허락을 받지 않고 00년 4월 30일, 5월 31일, 6월 30일을 지급기일로 하는 각 300만원의 약속어음 3매를 발행인 A, 대리인 B, 수취인 ○○전자 신촌대리점으로 하여 발행하였다. 이 대리점주 E는 이 어음 3장을 모두 S에게 기명날인하여 배서양도하고 할인료를 뺀 금액을 받았다. S가 4월 30일 만기에 A에게 할부 1회어음을 지급제시하였으나 A는 알지 못하는 지출이라고 하면서 지급을 거절하였다.

1. S는 어떠한 법리를 원용하여 A에게 어음금을 청구할 수 있는가?
   [포인트] 표현대리의 성립여부(민법 제126조), 일상가사대리의 범위
2. A는 배서불연속을 이유로 어음금 지급을 거절할 수 있는가?
   [포인트] 배서불연속 ○○전자 신촌대리점(수취인)/ E(제1배서인), '가교' 인정여부
3. S는 B의 어음상 책임을 물을 수 있는가?
   [포인트] 무권대리인의 어음상 책임(어음법 제8조 → 제77조 준용)

[포인트] 표현대리가 성립하더라도 대리인에게 무권대리 책임(제8조)을 물을 수 있는가?

4. S는 B에게 어음상 책임 외에 불법행위 책임도 물을 수 있는가

[포인트] 실손해, 과실상계, 소지인의 과실유무, 대리방식의 어음취득시 본인에게 조회하여야 하는가?

5. 이 어음으로 인한 손실은 누구에게 부담시키는 것이 합리적인가?

[포인트] 첫째로 B, B가 무자력이면 A에게 귀책사유: 어음용지 관리부실, E도 대리방식의 어음취득자로서 A에게 확인하지 않은 책임

〈샘플 답안〉

Ⅰ. 문제의 제기

1. B는 A의 처로서 B가 에어컨을 구매한 것이 일상가사의 범위에 해당되는지, 만일 해당되지 않는다면 민법 제126조의 표현대리의 성립을 주장하여 A에게 어음금을 청구할 수 있을지 문제된다.

2. 수취인이 "○○전자 신촌대리점"으로 하여 발행된 약속어음이 이 대리점주인 E의 명의로 기명날인하여 S에게 배서양도된 부분에 배서의 연속이 인정될 수 있는지 문제된다.

3. S는 무권대리인인 B에게 어음상의 책임과 불법행위 책임을 물을 수 있는지 문제된다.

4. 어음으로 인한 손실은 누가 부담하는 것이 형평에 맞는지 문제된다.

Ⅱ. 표현대리 성립여부(문1)

1. 문제점

A는 피위조자로서 원칙적으로 어음상 책임을 지지 않음이 원칙이지만, 표현대리 책임이 인정된다면 예외적으로 책임을 질 수 있다. B가 친정집 에어컨을 구매한 것이 일상가사에 해당되는지, 만일 해당되지 않는다면 민법 제126조의 표현대리책임에 해당될 수 있는지, 그리고 그러한 표현대리책임에 어음행위도 적용되는지 문제된다.

2. 일상가사대리권 해당여부

B가 자신의 집이 아닌 친정집 에어컨을 구매하면서 남편인 A의 명의로 어음을 발행하였다. 사안의 경우 여러 가지 사정을 고려한다 하더라도 900만원 상당의 에어컨은 일상가사 대리의 범위를 넘는다고 보여진다. 더군다나 자기 집이 아닌 친정부모의 집에 설치한 것이므로 일상가사의 범위를 벗어나는 금액으로 보아야 할 것이다.

그리고 상대방인 "○○전자 신촌대리점"은 B도 약사로서 약국영업에 공동으로 기

여해왔으므로 B에게 대리권이 있다고 신뢰하는데 정당한 이유가 존재한다고 할 수 있다. 따라서 A에게는 표현대리책임이 인정된다.

3. 민법상 표현대리가 어음행위에 적용되는지 여부

민법상 표현대리 규정은 어음행위의 대리의 경우에도 적용된다고 본다. 그러나 제3자의 범위를 정함에 있어, 제3자에는 어음을 주고받은 직접 상대방 뿐만 아니라, 그 후의 제3취득자까지 포함된다고 보는 견해와 직접 상대방에 한한다고 보는 견해가 대립된다. 판례는 후자의 입장이다. 그러나 유통성이 강조되는 어음의 특성상, 제3자의 범위를 판례의 입장과 같이 직접 상대방에 한한다고 보는 것은 부당하다. 현재의 소지인도 직접 상대방의 지위를 승계한다고 보면 A에게 표현대리책임을 물을 수 있다고 하여야 할 것이다. 따라서 사안에서 S는 B의 직접 상대방에 해당되지 않지만 A에게 표현대리 책임을 물을 수 있다고 할 것이다.

4. 소결

A에게는 표현대리책임이 인정되고, 제3자의 범위에 대하여 현재 소지인도 포함하는 견해에 의하면 S도 A에게 직접 표현대리책임을 물을 수 있다. 따라서 S는 A에게 어음금을 청구할 수 있다.

Ⅲ. 배서 불연속의 가교 여부(문2)

1. 문제점

배서가 연속된 어음의 점유자는 진정한 권리자임을 증명하지 않고도 어음상의 권리를 행사할 수 있는 형식적 자격이 추정된다(어음법 제16조 제1항 제1문). 그러나 이러한 배서의 자격수여적 효력은 배서의 연속을 전제로 인정되는 바, 사안에서 수취인, "○○전자 신촌대리점"으로 하여 발행된 약속어음이 이 대리점주인 E의 명의로 기명날인하여 S에게 배서양도된 부분에 배서의 연속이 인정될 수 있는지 문제된다.

2. 배서의 연속 여부

배서의 연속은 외관상·형식상으로 판단되어야 하는데, 사안에서는 수취인의 성명이 상호로 되어 있고 제1배서란의 배서인의 명칭은 영업주 자연인의 이름으로 되어 있다. 이 경우 영업주의 성명과 상호간에는 배서의 연속이 인정되지 않는다고 보는 것이 판례의 입장이다.

그러나 소지인 S는 다른 방법으로 실질관계를 증명하여 배서 불연속의 가교가 인정되면, 어음상의 권리행사를 할 수 있다. 따라서 S는 "○○전자 신촌대리점"의 영업주가 E란 점을 세무서가 발급한 사업자등록증 사본으로 입증하여 불연속의 가교를 인정받을 수 있고, 어음금청구권을 행사할 수 있다.

Ⅳ. 무권대리인 B의 어음상 책임여부(문3)

1. 문제점

표현대리가 성립하면 상대방의 기대는 보호되므로 무권대리인의 책임(민법 제135조)까지 인정할 필요가 없다는 것이 민법학자들의 일반적 견해이다. 그러나 증권행위인 어음행위를 대리권 없이 대리한 자의 책임은 일반 법률행위의 대리의 경우보다 엄격하게 해석하여야 할 것이다. 따라서 A의 책임이 인정된다 하더라도 B는 무권대리인으로서의 어음법 제8조(제77조에서 준용)의 책임을 면할 수 없다. 이하에서는 무권대리인 B의 책임요건 성립여부를 살펴본다.

2. 무권대리인의 책임요건 및 사안에의 적용

무권대리인은 ① 어음상에 대리인으로서 기명날인 또는 서명을 하고, ② 대리권이 없고 본인의 추인도 받지 못했어야 하며, ③ 본인이 표현책임을 이행하지 않아야 하고, ④ 어음소지인이 선의이어야 하고, ⑤ 어음행위 자체는 형식적·실질적으로 흠이 없어야 한다.

사안에서 ① B는 A의 대리인으로서 기명날인을 하였고, ② A의 추인도 받지 못했으며, ③ A가 표현책임을 이행하지 않고 있으며, ④ 어음소지인인 S는 선의로 판단되고, ⑤ 앞서 살펴본 바와 같이 형식적으로 배서 불연속이 있었으나 가교가 인정되었으므로 어음행위는 유효하다. 따라서 S는 B에게 무권대리인의 어음상 책임을 물을 수 있다.

Ⅴ. B의 불법행위책임의 성립가부(문4)

무권대리인에게 어음상의 책임을 물을 수 있는지 여부와는 별도로, 민법상 불법행위 책임을 물을 수 있다. 이 경우 손해배상액은 어음금액이 아니라 어음취득자의 실손해액인 할인금액이 된다.

소지인 S는 어음취득시 어음상 배서연속이 인정되지 않는데도 불구하고 B에게 A의 대리권이 있는지 여부를 조회해보지 않은 과실이 있으므로 과실상계도 고려되어야 한다. 사안에서 S가 어음 취득시 별다른 조회를 한 것으로 보이지 않으므로, S에게도 일정한 과실이 인정되지만 불법행위자 자신인 B에게 과실상계의 항변을 허용하는 것은 '정의'에 반하는 것으로 생각한다.

Ⅵ. 어음으로 인한 손실의 부담주체(문5)

A에게 표현대리책임이 인정되나 이 사안의 손실은 불법행위를 저지른 B가 부담하여야 한다. 그러나 B가 무자력이라면 A가 어음용지를 허술하게 관리하였다는 이유로 A에게 책임을 물을 수 있을 것이고, 나아가 E도 대리방식의 어음을 취득한 자로서 A

에게 대리권을 수여한 사실이 있는지 여부를 조회해보지 않은 책임이 있으므로 E에게도 손실을 부담시키는 것이 적당하다고 본다.

제 2 절 어음·수표의 위조와 변조

제1 총 설

어음·수표행위의 **무권대리**는 권한 없는 대리방식에 의한 어음행위인데 반하여, 위조는 권한 없는 대행방식의 어음행위이다. **변조**는 어음채무의 내용 면에서 타인이 기재한 어음·수표상의 문언을 권한 없이 변경하는 것이고, **위조**는 어음·수표행위의 주체 면에서 기명날인 또는 서명을 위작(僞作)하는 것이다.

위조와 변조에서의 공통과제는, 외관과 진실이 일치하지 않는 경우 관련 당사자의 이해관계를 어떻게 조정할 것인가, 즉 그로 인한 손실 또는 위험을 누구에게 부담시킬 것인가 하는 **위험배분**(risk allocation)의 문제이다. 거래의 안전 보호를 극단적으로 주장하면 위조에 있어서 피위조자의 책임을 인정하여야 하고, 변조의 경우에 어음채무자에게 변조된 문언대로 책임을 지울 수밖에 없다. 그러나 이렇게 무리하게 책임을 지우다 보면 어음·수표제도의 이용 자체가 기피될 수 있다. 위조나 변조에 따르는 책임을 우려하여 당좌거래 자체를 기피하거나 변조 후의 책임을 우려하여 어음이나 수표의 이용을 삼가고 현금거래를 선호할 경우, 그에 따른 불편과 또 다른 위험이 초래될 것이며 발권비용 등 국가경제적 부담이 커질 수 있다. 유통성 보호가 중요하기는 하지만 어음채무자에게 합리적인 범위내에서 책임을 지우는 한도를 벗어나서는 안 될 것이다.

제2 위 조

1. 의 의

어음·수표의 위조는 권한 없는 자가 타인(피위조자)의 기명날인 또는 서명을 위작하여 마치 그 타인이 어음·수표행위를 한 것과 같은 외관을 조작하는 것이다. 위조는 다른 사람의 도장을 새겨서 사용한다든지 맡겨둔 도장을 도용한다든지 여러 가지 모습으로 이루어질 수 있다. 이 경우 피위조자인 타인은 실재인이 아닌 사자(死者)나 가설인이라도 무방하다. 위조에 있어서 타인의 기명날인을 위작한 행위자의 고의·과실은 불문한다. 위조를 무권대리와 비교해본다면, 행위주체에 관하여 진실과 외관이 일치하지 않는다는 점은 같다. 그러나 위조는 권한없는 자가 피위조자의 기명날인을 어음면상 작출해내는 것임에 반하여, 무권대리는 권한없는 자가 대리인으로서 자기의 기명날인을 어음면에 나타내는 것이다. 같은 범죄행위이면서 위조자는 자신을 숨기고, 무권대리인은 어음위에 자신을 드러내놓고 있다는 점이 흥미롭다.

2. 대 상

모든 어음행위유형에 위조가 있을 수 있다. 발행이나 배서의 위조가 가장 흔한 모습이겠지만 어음의 보증·인수, 수표의 지급보증 중 어느 것이나 위조의 대상이 될 수 있다.

타인의 서명을 위작하여 어음행위를 한 경우도 위조에 포함시키는 것이 일반적이다. 그러나 위에서 본 바와 같이 우리나라의 어음·수표법하에서 어음·수표의 「서명」을 엄격하게 자필서명(자서, 自署)에 한정시켜야 하는 것으로 이해한다면 서명의 위조를 위조에 포함시킬 수 있는가 하는 의문이 제기될 수 있다. 위작된 이상 「자서」는 아니고 자필서명이 아니면 서명도 아니라고 하여야 논리적일 것이다. 그러나 대행권 없이 타인의 성명을 기재함으로써 어음행위를 한 자의 책임을 묻기 위하여는 서명의 위조도 위조라고 할 수밖에 없다.

3. 피위조자의 책임

(1) 책임을 지지 않는 것이 원칙

어음이 위조된 경우에 피위조자는 책임을 지지 않는 것이 원칙이다. 즉, 피위조자는 소지인에 대하여 위조를 당했으니 아무런 책임이 없다는 절대적·물적항변을 할 수 있다. 상대방이 선의라 하더라도 위조의 항변으로 대항할 수 있다.

대판 1965. 10. 19, 65다1726 약속어음을 다른 사람이 기명날인을 위조하여 발행한 경우에 있어서는 이 약속어음에 발행인으로서 표시된 사람은 그 약속어음의 발행인으로서의 의무를 부담하지 않는다. 비록 이 약속어음을 선의로 배서에 의하여 양수받은 제3자에게 대하여서도 발행인으로서의 의무를 부담하지 않는 것이다. 논지는 어음채무의 독립성을 내세워서 가사 본 건 약속어음을 발행한 것으로 되어 있는 피고 김경석의 기명날인이 위조된 것이라 할지라도 선의의 배서에 의하여 본 건 어음을 취득한 원고 주청일에게는 대항하지 못한다고 논난하나 채용할 수 없다.

대판 1992. 7. 28, 92다18535 甲이 배서한 것으로 되어 있는 약속어음을 乙이 소지하고 있다가 甲을 상대로 약속어음금청구 등의 소송을 제기하여 그 소송이 진행되던 중 甲은 위 약속어음의 배서부분이 위조된 것이었는데도 이를 알지 못하고 진정하게 이루어진 것으로 오인한 나머지 乙에게 위 약속어음금의 원리금을 지급하기로 약정하고 이자 명목의 금원은 현금으로 지급하고 원금에 대하여는 그 지급을 위하여 수표를 발행해 주고 위 약속어음을 반환받은 다음 위 약속어음 등의 배서부분이 위조된 것을 알았으나 위 수표가 부도되면 형사책임을 질 것을 우려하여 어쩔 수 없이 위 수표금을 결제하였다면 乙은 아무런 원인 없이 이득을 보았고 그 때문에 甲이 피해를 입었으므로 그로 인한 부당이득반환의무가 있다.

〈사실관계 및 쟁점〉 소외 영호건설 주식회사가 발행하고 원고 노현창이 배서한 것으로 되어 있는 이 사건 약속어음을 피고 김인곤이 소지하고 있다가 원고를 상대로 동 약속어음금청구 등의 소송을 제기하여 그 소송 진행중 원고는 동 약속어음의 배서부분이 위조된 것이었는데도 이를 알지 못하고 얼핏 진정하게 이루어진 것으로 오인한 나머지 1989. 12. 1. 피고에게 동 약속어음금 등 합계금 30,000,000원과 그에 대한 이자명목으로 금 4,000,000원을 지급하기로 약정하고 그 날 현금 4,000,000원을 지급한 후 나머지 30,000,000원에 대하여는 그 지급을 위하여 수표를 발행해 주고 동 약속어음을 반환받았다. 그 후 1989. 12. 5.에 이르러 비로소 동 약속어음의 배서부분이 위조된 것을 알고 위 수표가 부도되면 행사책임을 질 것을 우려하여 어쩔 수 없이 위 수표금을 결제하였다. 이에 원고는 피고에 대하여 아무런 원인 없이 이득을 보았고 그 때문에 자신이 손해를 입었다는 이유로 부당이득반환청구의 소를 제기하였다.

여기서 쟁점이 된 것은 자신의 배서가 위조된 피위조자라 하여도 어음소지인이 선의로 어음을 취득한 경우에는 어음상 책임을 부담하여야 하느냐 여부이다. 이에 대하여 판례는 어음행위의 상대방이 선의라 하더라도 특별한 사정이 없는 한 피위조자는 어음상 책임을 부담하지 않는다고 본다. 왜냐하면 위조의 항변은 절대적 · 물적 항변이기 때문이다.

(2) 예외적으로 책임을 지는 경우

피위조자는 책임을 지지 않는 것이 원칙이지만 다음의 네 가지의 경우에는 예외적으로 피위조자가 책임을 진다.

(가) 귀책사유/표현책임

어음의 위조는 대행권 없는 자에 의한 **무권대행**이라고 볼 수 있다. 이렇게 보면 위조와 무권대리 문제를 대등(평행)하게 취급할 수 있다. 제3자가 위조자에게 대행의 권한이 있다고 믿을 만한 정당한 사유가 있고 제3자의 신뢰에 대하여 피위조자가 원인제공을 하였다면, 피위조자의 책임을 인정하여도 무리하다고 할 수 없다. 위조를 무권대행으로 이해하고 무권대리와 견주어 보면 피위조자의 책임에 민법의 표현대리에 관한 규정(민 125조, 126조, 129조)을 유추적용할 수 있다. 즉 **대행권 수여의 표시에 의한 표현책임, 대행권을 넘는 대행에 대한 표현책임, 대행권 소멸 후의 대행에 대한 표현책임**을 인정할 수 있다. 판례도 동일한 입장을 취하고 있다.

대판 2000. 3. 23, 99다50385 다른 사람이 본인을 위하여 한다는 대리문구를 어음상에 기재하지 않고 직접 본인 명의로 기명날인을 하여 어음행위를 하는 이른바 기관 방식 또는 서명대리 방식의 어음행위가 권한 없는 자에 의하여 행하여졌다면 이는 어음행위의 무권대리가 아니라 어음의 위조에 해당하는 것이기는 하나, 그 경우에도 제3자가 어음행위를 실제로 한 자에게 그와 같은 어음행위를 할 수 있는 권한이 있다고 믿을 만한 사유가 있고, 본인에게 책임을 질 만한 사유가 있는 때에는 대리방식에 의한 어음행위의 경우와 마찬가지로 민법상의 표현대리 규정을 유추적용하여 본인에게 그 책임을 물을 수 있다 할 것이므로(대법원 1969. 9. 30, 선고 69다964 판결,

1971. 5. 24, 선고 71다471 판결, 1999. 1. 29, 선고 98다27470 판결 등 참조), 원심이 약속어음의 위조에도 표현대리에 관한 민법 제126조의 규정이 유추적용될 수 있다는 취지로 판단한 것은 수긍이 가고, 거기에 법리오해의 위법이 있다고 할 수 없다.

(나) 사용자책임

위조자가 피위조자의 피용자로서「사무의 執行에 관하여」어음・수표를 위조한 경우에는 피위조자에게 민법의 규정에 따라 **사용자책임**을 지울 수 있다(민 756조).

피위조자의 사용자책임은 **불법행위책임**의 한 종류이므로 사용자의 책임에 따른 배상액은 어음 금액이 아니라 어음취득자의 손해액(예를 들어, 소지인이 어음할인을 해 준 경우라면 할인금액)이 된다.

대판(전원) 1992. 6. 23, 91다43848 위조된 수표를 할인에 의하여 취득한 사람이 그로 인하여 입게 되는 손해액은 특별한 사정이 없는 한 그 위조수표를 취득하기 위하여 현실적으로 출연한 할인금에 상당하는 금액이지, 그 수표가 진정한 것이었더라면 그 수표의 소지인이 지급받았을 것으로 인정되는 그 수표의 액면에 상당하는 금액이 아니라고 봄이 상당한바, 위조수표의 액면에 상당하는 금액은, 그 수표가 위조된 것이 계기가 되어 그 소지인이 그 금액을 얻을 수 있으리라는 기대를 갖게 되는 이익에 지나지 아니할 뿐, 수표의 위조라는 불법행위가 없었더라면 그 소지인이 원래 얻을 수 있었던 것으로서 그 수표의 위조행위로 말미암아 얻을 수 없게 된 이익은 아니라고 할 것이므로, 그 소지인이 그 액면에 상당하는 금액을 지급받지 못하게 된 것이 불법행위로 인한 소극적 손해에 해당한다고 볼 수 없기 때문이다.

〈사실관계 및 쟁점〉 피고 주식회사 한국톱콘의 경리사원으로 근무하면서 금전출납 및 전표작성과 은행거래 등의 업무에 종사하여 오던 소외 진홍자가 1989. 11. 중순 무렵 종전에 직장에서 함께 근무한 적이 있는 소외 김정근으로부터 금원을 대여하여 달라는 부탁을 받고, 11. 25.경 피고회사 사무실에서 그 곳에 비치되어 있는 수표용지와 때마침 은행거래관계로 피고회사의 대표이사로부터 교부받아 소지하고 있던 대표이사의 인장을 사용하여 임의로 액면 금 10,000,000원 및 액면 금 5,000,000원으로 된 피고회사 발행 명의의 이 사건 수표 2매를 각 작성한 다음, 그 무렵 위 김정근에게 이를 교부하면서 이 사건 수표들이 자신에 의하여 임의로 작성되었다는 점도 알려 주었다. 위 김정근이 11. 27.경 그 정을 모르는 원고 최문갑에게 이 사건 수표들의 할인을 의뢰하자, 원고는 이 사건 수표들의 발행인으로 되어 있는 피고회사의 신용상태에 관하여 지급은행인 광주은행 강남지점에 문의한 결과, 그 담당직원으로부터 피고회사가 우량기업이고 예금잔고도 항상 많다는 말을 듣고는 피고회사에 직접 조회하여 보지 아니한 채, 이 사건 수표들의 액면 합계 금 15,000,000원에서 월 3푼의 비율에 의한 3개월분 선이자로 금 1,350,000원을 공제한 금 13,650,000원을 위 김정근에게 지급하고 이 사건 수표들을 교부받았다. 그 후 원고는 1990. 2. 21. 이 사건 수표들의 소지인으로서 지급장소에서 적법하게 지급제시하였으나 사고수표라는 이유로 지급거절되었다. 이에 원고는 피고회사를 상대로 수표금청구의 소를 제기하였다.

여기서 쟁점이 된 것은 피위조자인 피고회사에게 수표상의 책임을 물을 수 있는지 아니면 피고회사의 피용인의 불법행위에 대하여 사용자로서 책임을 물을 수 있는지 여부 그리고 사용자책임을 물을 수 있다면 위조수표를 할인에 의하여 취득함으로 인하여 입게되는 손해액이 얼마인지 하는 점이다.

이에 대해 대법원은 피위조자는 원칙적으로 어음 · 수표상 책임을 지지 않지만, 예외적으로 위조자가 피위조자의 피용자로서 '사무집행과 관련하여' 어음 · 수표를 위조한 경우에는 불법행위의 책임을 인정한다. 그리고 이 때 위조된 어음 · 수표를 할인에 의하여 취득한 자가 입게되는 손해액은 '현실적으로 출연한 할인금액'에 상당하는 금액이라고 보고 있다. 참고로 이 사건의 전원합의체 판결 이전에는 어음소지인의 손해액을 「어음금액」이라고 판시한 판결이 있었다(대판 1984. 8. 13, 84다카979 등).

어음을 취득함에 있어서 소지인에게 과실이 있는 경우에는 손해배상 판결에서 **과실상계**도 고려되어야 한다(민 763, 396조). 예를 들어 주식회사 명의의 약속어음을 그 회사의 권한있는 직원인지 확인도 하지 않고 할인해 준 경우에는 상당비율의 과실상계가 있을 수 있다.

대판(전원) 1992. 6. 23, 91다43848 (앞 페이지의 전원합의체판결의 사실관계를 전제로 하여, 저자 주) 원심은, 원고 최문갑이 소외 김정근으로부터 이 사건 수표들을 할인의 방법으로 취득함에 있어, 피고회사와 같은 우량기업이 지급증권으로서의 성격이 강한 수표를 先日字로 발행하고 그 수표소지인이 이를 할인의뢰하는 것은 극히 이례에 속하는 일이므로, 지급은행에 대한 문의에 그칠 것이 아니라 더 나아가 발행인으로 되어 있는 피고회사에 직접 조회하여 이 사건 수표들의 발행여부를 확인하여 보았더라면, 이 사건 수표들이 위조된 것임을 쉽게 알 수 있었을 것임에도 불구하고, 이에 이르지 아니한 채 그대로 고리의 先利子만을 탐하여 이 사건 수표들을 취득한 잘못이 있다고 판단한 다음, 피고회사가 소외 진홍자의 사용자로서 원고에게 배상하여야 할 손해액을 정함에 있어서 이를 참작하여 과실상계를 하였다. 원심판결이 설시한 증거관계에 비추어 볼 때, 원심의 위와 같은 사실인정과 판단은 모두 정당한 것으로 수긍이 되고, 그 과정에 소론이 지적하는 바와 같이 심리를 제대로 하지 아니한 채 증거없이 원고의 과실을 인정하는 등 채증법칙을 위반한 위법이나 과실상계에 있어 입증책임의 법리를 오해한 위법이 있다고 볼 수 없다.

배서위조의 경우에 피위조자에게 사용자책임을 물을 수 있는 요건이 갖추어 졌다면 **상환청구권보전절차**를 밟지 않았다 하더라도 불법행위책임으로서의 사용자책임을 묻는 데 장애가 되지 아니한다.

대판(전원) 1994. 11. 8. 93다21514 어음이 위조된 경우에 피위조자는 민법상 표현대리에 관한 규정이 유추적용될 수 있다는 등의 특별한 경우를 제외하고는 원칙적으로 어음상의 책임을 지지 아니한다. 그러나 피용자가 어음위조로 인한 불법행위에 관여한 경우에 그것이 사용자의 업무집행과 관련한 위법한 행위로 인하여 이루어졌으면 그 사용자는 민법 제756조에 의한 손해배상책임을 지는 경우가 있다. 이 경우에 사용자가 지는 책임은 어음상의 책임이 아니라 민법상의 불법행위 책임이므로 그 책임의 요건과 범위가 어음상의 그것과 일치하는 것이 아니다.

따라서 민법 제756조 소정의 사용자 책임을 논함에 있어서는 어음소지인이 어음법상 소구권을 가지고 있느냐는 등 어음법상의 권리유무를 따질 필요가 없다. 뿐만 아니라 어음소지인으로서는 위조된 배서를 진정한 것으로 믿고 할인금을 지급하는 즉시 그 어음액면금이 아닌 그 지급한 할인금 상당의 손해를 입었다고 할 것이므로 그 후 어음소지인이 현실적으로 지급제시를 하여 지급거절을 당하였는지의 여부가 어음배서의 위조로 인한 손해배상책임을 묻기 위하여 필요한 요건이라고 할 수 없고, 어음소지인이 적법한 지급제시기간 내에 지급제시를 하지 아니하여 소구권 보전의 절차를 밟지 않았다고 하더라도 이는 어음소지인이 이미 발생한 위조자의 사용자에 대한 불법행위책임을 묻는 것에 장애가 되는 사유라고 할 수 없다. 이에 대하여는 배서가 위조되지 아니하였다고 가정하더라도 소지인이 지급제시기간을 도과하였으면 배서인에 대하여 어음상 소구책임을 물을 수 없는데 우연히 배서가 위조된 어음의 소지인이 되었다고 하여 지급제시기간을 도과한 경우에도 손해배상을 받을 수 있다면 배서가 위조된 어음의 소지인이 진정한 어음의 소지인보다 더 보호를 받는 것이 되어 균형을 잃는다는 반론이 있을 수 있으나, 배서가 위조된 어음의 경우에는 어음의 소지인은 적법하게 지급제시를 하였더라도 배서명의자나 직접 불법행위를 한 자의 사용자에 대하여는 소구권을 행사할 수 없으므로 그에 대한 관계에 있어서는 지급제시기간의 준수여부가 별다른 의미를 가지지 아니하고 오히려 어음소지인이 지급제시기간의 도과로 말미암아 사용자책임을 물을 수 없게 된다고 하는 것이야말로 우연한 사정에 의하여 결과가 달라지는 부당한 것이 되므로 위와 같은 반론은 근거가 없다고 하지 않을 수 없다. 뿐만 아니라 어음의 만기 이전에 그 배서가 위조된 사실이 밝혀진 경우에도 어음소지인으로서는 어음법상의 책임을 부담하지 않는 불법행위자의 사용자에 대한 관계에 있어서도 만기까지 기다려 적법한 지급제시를 하여야만 위조로 인한 사용자책임을 물을 수 있다고 하여야 할 아무런 이유도 없다.

〈사실관계 및 쟁점〉 소외 태양피알 주식회사는 1990. 10. 27.부터 같은 해 12. 8.까지 사이에 원고 주식회사 동인상호신용금고로부터 발행인이 임동헌 또는 전동석으로 된 합계 8매의 약속어음을 할인받았다. 그런데 위 어음 중 3매의 약속어음에는 수취인 겸 제1배서인으로 피고 조선무약(朝鮮貿藥) 합자회사가 기재되어 있으나 위 배서는 피고 조선무약 합자회사(朝鮮貿藥)의 총무담당 상무이사인 소외 김동춘이 소외 태양피알 주식회사의 대표이사인 소외 양태양의 부탁을 받고 피고 대표사원인 박대규의 승낙 없이 임의로 하여 준 것이다. 그리고 나머지 5매의 약속어음에는 수취인 겸 제1배서인으로 피고회사의 명칭과 유사한 조선무락(朝鮮貿樂) 합자회사(藥 대신 樂)가 기재되어 있는데(그 대표사원은 피고의 대표사원인 위 박대규로, 주소지는 피고의 주소지인 서울 동작구 대방동 339의 1로 기재되어 있다), 이는 위 소외 양태양이 임의로 피고회사의 명칭인 '朝鮮貿藥 合資會社' 중에서 약(藥)자가 락(樂)자로만 바뀐 '朝鮮貿樂 合資會社'라는 명판과 피고회사의 대표사원인 박대규 이름의 대표사원직인을 조각한 후 이를 이용하여 위 각 어음에 위 '朝鮮貿樂 合資會社 대표 박대규'의 이름으로 된 배서를 위조한 다음 이들을 원고로부터 할인받았으며, 원고는 위 각 약속어음을 할인하여 줄 때마다 피고회사 경리과 소속 김운수 및 여직원인 이정미 등에게 피고의 배서 여부를 확인하였으나 그 때마다 위 김운수 등은 피고의 총무담당 상무이사인 김동춘으로부터 태양피알이 할인의뢰한 어음상에 기재된 피고회사 명의의 배서의 진정성립 여부에 관하여 조회가 오면 피고회사가 배서를 하였다고 답변하라는 지시를 받고 이에 따라 위 각 어음이 피고회사의 어음기입대장에 기재되어 있지 아니함에도 그 각 어음상의 피고명의의 배서가 진정한 배서라고 확인하여 원고는 그 각 어음상의 배서가 피고가 한 진정한 배서라고 믿고 이 어음들을 할인하여 주었다는 것이다. 그런데 원고는 위 8매의 약속어음 중 2매의 약속어음에 대하여는 지급기일 내에 지급제시를 하지 아니하였다.

이에 원고는 주위적 청구로서 피고가 위 약속어음의 배서인이라 하여 그 어음금의 지급을 구하고, 예비적 청구로서는 위 김동춘 등 피고의 피용자의 불법행위에 대한 피고의 사용자책임에 기한 손해배상을 구하였다.

여기서 쟁점이 된 것은 다음과 같다. 즉, 어음이 위조된 경우에는 그 피위조자는 원칙적으로 어음상의 책임을 지지 않지만, 다만 예외적으로는 표현대리에 의한 어음상 책임을 질 수도 있고, 또 어음상의 책임은 부담하지 않는다고 하더라도 그 피용자가 어음위조에 관여한 경우에는 민법상의 사용자책임을 부담할 수는 있다. 특히 문제가 되는 것은 어음배서의 위조로 인하여 피고회사의 사용자책임을 물을 때에 어음의 소지인이 그 어음상의 지급제시일까지 적법하게 지급제시를 하여 소구권보전절차를 밟아야만 하느냐의 여부이다. 이 점에 관해 본 판례는 배서위조의 경우에 피위조자에게 사용자책임을 물을 수 있는 요건이 갖추어졌다면 어음소지인이 적법한 지급제시기간 내에 지급제시를 하지 아니하여 소구권보전의 절차를 밟지 않았다고 하더라도 이는 어음소지인이 이미 발생한 불법행위책임을 묻는 것에 장애가 되는 사유라고 할 수 없다고 판시하였다.

(다) 피위조자의 추인에 의한 책임

민법 제130조는 무권대리행위에 대한 본인의 추인을 규정하고 있다. 추인을 함으로써 본인은 대리권 없이 행해진 행위의 효력을 받아들일 수 있다. 어음행위와 관련하여 위조의 경우에도 무권대리의 경우와 같이 **피위조자가 추인할 수 있는가**. 이에 대하여 **부정설**은 위조는 비윤리적이며 피위조자를 위하여 한 것이 아니어서 소급적으로 추인할 대상이 없으므로 피위조자의 추인을 허용할 수 없다고 한다(서돈각·정완용, 88-89면; 손주찬, 101면; 주석 어음수표법(Ⅱ), 179면; 정무동, 322면). 소급적 추인을 허용하다 보면 동정적 처리를 기대하여 위조를 시도하는 등 위조를 조장하는 폐단이 생길 수도 있다고 지적한다.

한편 **긍정설**은 무권대리라고 반드시 본인의 이익을 위한 행위라고 할 수 없는데도 무권대리의 추인이 인정되므로(민 130조), 위조의 경우에 추인을 부인하여야 할 것은 아니라고 한다(강위두, 120면; 양승규, 147면; 정동윤, 138면; 정찬형, 112면; 정희철, 99면; 채이식, 77면; 최기원, 134-135면). 오히려 위조의 경우에 본인을 위함이 더욱 명확하게 표시되어 있고 비윤리적인 면은 양자 사이에 큰 차이가 없으므로 추인이 인정되어야 한다고 한다. 위조의 추인은 피위조자, 위조자, 거래상대방의 3당사자의 의사에 반하지 않으며 거래의 안전을 도모할 수 있다고 한다.

생각해 보면 무권대리와 위조 간에는 큰 차이가 없고(그 방식이 대리인가 대행인가의 차이밖에 없음) 추인을 허용함으로 인하여 불이익을 당할 당사자도 없으며 거래의 안전을 도모할 수 있다는 점에서, 위조의 경우에도 민법 제130조를 **유추적용**하여 추인을 허용하여야 할 것이다. 미국의 유통증권법에서는 위조의 추인을 인정하고 있다(U.C.C. §3-403(a) 제2문).

피위조자가 착오 또는 위조사실을 모르고 어음금을 지급한 경우에는 지급받은 자를 상대로 부당이득의 반환청구가 가능하다. 판례도 동일한 입장이다(대판

1992. 7. 28, 92다18535의 사실관계와 판결 참조).

단 피위조자의 지급이 있었기 때문에 어음상의 권리보전절차의 기회를 놓쳐 그 상환청구권을 상실한 자에 대해서는 반환청구가 불가능하다고 새겨야 할 것이다(민 744조 참조). 한편 피위조자가 위조사실을 알고도 어음금을 지급한 경우에는 법정추인에 관한 민법 제145조 제1호를 유추하여 추인한 것으로 보면 될 것이다.

(라) 신의성실의 원칙에 의한 책임

위조된 어음을 계속하여 지급해 준 어음채무자가 돌연 위조의 항변을 제기하는 것은 신의성실의 원칙에 반하므로 어음상의 책임을 져야 한다는 이론이 있다. 그러나 이러한 사례라면 대부분 표현책임이나 사용자책임으로 해결될 수 있을 것으로 생각한다.

4. 위조자의 책임

위조자는 민법상의 불법행위책임 외에 형법상의 책임(형 214조)도 부담한다. 이와는 별도로 위조자에게 어음·수표상의 책임까지 지울 수 있는가에 대하여는 학설이 대립한다.

(가) 부정설

부정설에 의하면 어음의 문언성으로 인하여 위조자에게는 채무부담의 근거를 찾을 수 없으며 위조자를 신뢰한 제3자의 보호문제도 없으므로 위조자에게 어음상의 책임을 지우는 것은 옳지 않다고 한다(강위두, 125면; 서돈각·정완용, 88면; 이철송, 129-130면). 즉 위조자를 행위자로 신뢰한다는 일은 생각할 수가 없다는 것이다.

(나) 긍정설

긍정설(다수설)은 위조자에게도 어음·수표상의 책임을 지울 수 있다고 한다(손주찬, 105면; 양승규, 148면; 이기수, 196면; 정동윤, 141-142면; 정찬형, 118면; 정희철, 103면; 주석 어음수표법(Ⅱ), 182면; 최기원, 140-141면). 그 근거로서 제시하는 것은 어음법상의 무권대리규정(어 8조, 77조 2항; 수 11조)을 유추하자는 설과 실제로 어음행위를 한 자는 위조자 자신이므로 그에게 어음행위 자체에 의한 책임을 지울 수 있다는 설로 나뉜다. 일관되게 위조와 무권대리를 대등하게 보아 온 이상 무권대리의 규정을 유추하여 위조자에게 어음·수표상의 책임을 지우자는 견해에 찬성한다.

5. 어음행위독립의 원칙과의 관계

어음·수표에 위조가 있더라도 피위조자 이외에 어음·수표에 기명날인한 자 또는 서명한 자는 독립하여 책임을 부담한다(어 7조, 77조 2항; 수 10조).

대판 1977. 12. 13, 77다1753 유통된 어음의 최후소지인은 비록 최초의 발행행위가 위조되었다 하더라도 어음행위독립의 원칙상 그 뒤에 유효하게 배서한 배서인에 대하여는 소구권을 행사할 수 있으므로 이를 보관중 분실한 자에 대하여는 손해배상을 청구할 수 있다.

6. 입증책임

어음의 위조가 문제된 경우에 그 **입증책임**을 누구에게 부담시킬 것인가가 문제된다. **다수설**은 어음채무자인 피위조자가 위조의 항변(실질은 '부인'임)을 제기하면 소지인이 위조가 없음을 입증하여야 한다고 본다(강위두, 118면; 손주찬, 101면; 양승규, 145면; 정동윤, 143면; 정찬형, 121면; 정희철, 98면(그러나 배서위조의 경우에는 피위조자측에 입증책임이 있다고 한다); 채이식, 89면; 최기원, 140면). 이에 반하여 **소수설**은 거래안전의 보호와 어음소지인은 배서의 연속에 의하여 적법한 소지인으로 추정된다는 규정(어 16조 1항)을 근거로 피위조자가 위조사실을 입증하여야 한다고 한다(서돈각·정완용, 89면; 이기수, 상법학(下), 143-144면).

먼저 소수설의 첫 번째 논거인 거래안전을 살펴보자. 어음의 거래안전의 보호와 유통성을 강조한다면 피위조자에게 입증책임을 지우는 것이 **정책상** 필요할 수도 있다. 그러나 피위조자의 아무런 귀책사유 없이 위조가 행하여진 경우, 위조를 당했다는 것만으로 피위조자에게 위조의 입증을 하도록 하고 입증에 실패하면 어음채무를 부담시킨다는 것은 너무나 **가혹한** 결과가 될 것이다. 뒤의 어음항변의 설명에서 보는 바와 같이 위조의 항변은 물적항변으로 분류되는데 소송법상으로는 항변이라기보다 채무부담의 부인에 해당한다. 이러한 점을 보더라도 채무의 성립을 주장하는 소지인에게 입증책임을 지우는 것이 옳다. 거래안전의 보호가 진실과 외관이 일치하지 않는 모든 경우에 최선의 해결기준이 될 수 없으며 위조의 경우에는 소지인에게 진정성의 입증책임을 지울 수밖에 없다.

소수설의 또 하나의 논거인 어음법 제16조 제1항의 적법한 소지인의 추정규정은 어음의 귀속주체를 정하는 규정일 뿐이다. 이것을 피위조자의 책임을 결정하는데 있어서 입증책임배분의 근거로 삼는 것은 옳지 않다. 결국은 위조된 어음을 위조가 있은 후 최초로 취득한 자가 상환청구 및 재상환청구 절차 등을 통하여 경제적 손실을 부담하게 될 것이다. 피위조자에게 귀책사유가 있을 경우 표현책임이나 사용자책임을 물을 수 있음은 위에서 본바와 같다.

다수설과 동일한 입장인 판례의 구체적 판시내용을 살펴보면 다음과 같다. 참고로 아래의 1993년 전원합의체 판결 이전의 판례에서는 피위조자에게 입증책임이 있다고 판시하였었다.

대판(전원) 1993. 8. 24, 93다4151 **1.** 【다수의견】 민사소송에서의 입증책임의 분배에 관한 일반원칙에 따르면 권리를 주장하는 자가 권리발생의 요건사실을 주장입증하여야 하는 것이므로, 어음의 소지인이 어음채무자에 대하여 어음상의 청구권을 행사하는 경우에도 어음채무발생의 근거가 되는 요건사실, 즉 그 어음채무자가 어음행위를 하였다는 점은 어음소지인이 주장 · 입증하여야 된다고 볼 것이다. 배서의 자격수여적 효력에 관하여 규정한 어음법 제16조 제1항은 어음상의 청구권이 적법하게 발생한 것을 전제로 그 권리의 귀속을 추정하는 규정일 뿐, 그 권리의 발생자체를 추정하는 규정은 아니라고 해석되므로, 위 법조항에 규정된 “적법한 소지인으로 추정한다”는 취지는 피위조자를 제외한 어음채무자에 대하여 어음상의 청구권을 행사할 수 있는 권리자로 추정된다는 뜻에 지나지 아니하고, 더 나아가 자신의 기명날인이 위조된 것임을 주장하는 사람에 대하여까지도 어음채무의 발생을 추정하는 것은 아니라고 할 것이다. 그렇다면 어음에 어음채무자로 기재되어 있는 사람이 자신의 기명날인이 위조된 것이라고 주장하는 경우에는 그 사람에 대하여 어음채무의 이행을 청구하는 어음의 소지인이 그 기명날인이 진정한 것임을 증명하지 않으면 안된다고 볼 수밖에 없다. 종전에 당원이 판시한 의견 중 이와 견해를 달리하여 자신의 배서가 위조되었음을 주장하는 사람이 그 위조사실 및 소지인이 선의취득을 하지 아니한 사실을 입증하여야만 배서인으로서의 책임을 면할 수 있는 것이라고 해석한 의견(1971. 5. 24, 선고 71다570 판결; 1987. 7. 7, 선고 86다카2154 판결 등)은 변경하기로 한다.

2. 【별개의견】 **가.** 다수의견은 어음법 제16조 제1항에 규정된 “적법한 소지인으로 추정한다”는 취지에 대하여 이는 피위조자를 제외한 어음채무자에 대하여 어음상의 청구권을 행사할 수 있는 권리자로 추정된다는 뜻에 지나지 아니하고, 나아가 자신의

기명날인이 위조된 것임을 주장하는 사람에 대하여까지도 어음채무의 발생을 추정하는 것은 아니라 할 것이므로, 어음에 어음채무자로 기재되어 있는 사람이 자신의 기명날인이 위조된 것이라고 주장하는 경우 그 사람에 대하여 어음채무의 이행을 청구하는 어음의 소지인이 그 기명날인이 진정한 것임을 증명하여야 한다는 취지인 것으로 이해된다. 그러나 이러한 견해는 합리적 근거없이 어음법 제16조 제1항을 제한해석함으로써 배서의 연속이라는 외형적 사실에 의하여 어음의 유통성을 보장하려는 어음법 제16조 제1항의 규정취지를 반감시키는 것으로 생각되어 찬성할 수 없다.

즉, 어음법 제16조 제1항은 어음의 점유자가 배서의 연속에 의하여 그 권리를 증명하는 때에는 이를 적법한 소지인으로 추정한다고 규정하고 있을 뿐이므로, 이는 모든 어음채무자에 대하여 어음상의 청구권을 행사할 수 있는 권리자로 추정된다는 취지로 해석하여야지 다수의견과 같이 피위조자를 제외한 어음채무자에 대하여만 위와 같이 추정되는 것이라고 제한적으로 해석할 수는 없다고 생각한다. 그리고 일반적으로 적법한 권리자의 추정은 의무발생의 추정을 전제로 이를 포함하고 있는 것으로 보아야 그 추정의 진정한 의미가 있는 것이므로 피위조자를 포함한 어음채무자에 대하여 어음상의 청구권을 행사할 수 있는 권리자로 추정된다는 것은 그 어음채무자의 어음채무의 발생을 전제로 어음채무 발생에 대한 추정을 포함하고 있는 것으로 해석할 수 있을 것이며, 이와 같은 해석이 배서의 연속이라는 외형적 사실에 의하여 어음의 유통성을 보장하려는 어음법 제16조 제1항의 규정취지에도 부합하는 것이다. 민사소송에서의 입증책임 분배에 관한 일반 원칙에 따르면 권리를 주장하는 자가 권리발생의 요건사실을 주장·입증하여야 한다는 점에 대하여는 이론이 있을 수 없으나, 한편 입증책임 분배에 있어서는 공평의 요청과 정책적 고려가 함께 지도원리로 작용하는 것으로서 입법자가 권리의 행사를 가급적 쉽게 할 수 있도록 하거나 분쟁의 신속간명한 처리를 꾀하려고 하는 등의 정책적 고려에 의하여 권리발생의 요건사실에 관하여 입증책임의 전환을 규정한 예를 흔히 찾을 수 있으며, 책임무능력자에 대한 감독의무자의 감독의무 해태, 사용자의 피용자에 대한 선임 및 사무감독의무 해태, 공작물 점유자의 손해방지에 필요한 주의의무 해태, 동물점유자의 주의의무 해태 등에 관하여 피고에게 면책사유의 입증책임을 부담시킴으로써(민법 제755조, 제756조, 제758조, 제759조) 손해배상의 청구를 손쉽게 할 수 있도록 하고 있는 것 등이 이러한 범주에 속하는 것이다.

이와 같은 견지에서 볼 때, 어음의 점유자가 배서의 연속에 의하여 그 권리를 증명하는 때에는 이를 적법한 소지인으로 추정한다고 한 어음법 제16조 제1항의 규정은, 배서가 연속된 어음소지인의 어음상 권리행사를 손쉽게 할 수 있게 함으로써 어음의 생명인 유통성을 보장하려는 정책적 고려에서, 어음의 소지 및 배서의 연속이라는 외형적 사실을 바탕으로 하여 어음소지인의 적법한 권리취득 및 그 전제가 되는 어음채무의 발생 즉 어음채무자의 기명날인의 진정을 추정함으로써 어음권리자의 권리발생의 요건사실에 대하여 입증책임의 전환을 규정한 것으로 보는 것이 위 어음법 규정의 진정한 취지에 부합하는 해석이라고 생각한다.

나. 이와 같은 해석에 대하여는 어음행위를 전혀 하지 않은 피위조자에게 자신의 기명날인이 위조되었다는 점에 대한 입증책임을 부담시키는 것이 너무 가혹하다는 지적이 있을 수 있으므로 이 점에 대하여 간략히 살펴본다.

어음의 위조는 그 위조의 태양에 따라서 인장 자체를 새로 각인하여 위조하는 경우와 피위조자가 사용하는 인장을 도용하는 경우로 나누어 볼 수 있을 것이다. 그런데 피위조자가 사용하는 인장이 도용된 경우 즉 어음면상의 인영이 피위조자의 인장에 의하여 현출된 경우에는 특단의 사정이 없는 한 그 인영의 성립 즉 날인행위가 본인의 의사에 기하여 진정하게 이루어진 것으로 추정되고, 일단 인영의 진정성립이 추정되면 민사소송법 제329조의 규정에 의하여 그 문서 전체의 진정성립까지 추정되어, 그 인영이 도용된 것이라고 주장하는 자는 그 도용사실을 입증하여야 하고 이를 입증하는 증거의 증명력은 개연성만으로는 부족하다 할 것이므로, 위와 같은 경우에는 다수의견에 의하더라도 기명날인이 도용된 것이라고 주장하는 피위조자가 도용사실을 입증하여야 할 것이니 이 점에서는 별개의견과 실질상 별다른 차이가 없을 것으로 보인다. 그러므로 다수의견과 별개의견은 인장 자체를 새로 각인하여 위조한 경우에 실질상 차이가 있게 되는데, 이와 같은 경우 어음소지인과 피위조자의 입증의 난이도, 즉 피위조자로서는 자신이 사용하는 인장, 자신이 기명날인한 진정한 어음, 거래은행에 계출한 인감 등의 입증자료가 자신의 활동영역 범위 내에 속하여 비교적 손쉽게 위조사실을 증명할 수 있는 반면, 어음소지인으로서는 위와 같은 입증자료를 입수하지 못하여 위조사실의 증명이 불가능할 경우가 많을 것이라는 점을 감안하여 볼 때, 유통성의 보장이라는 어음의 특성상 어음의 소지 및 배서의 연속이라는 외형적 사실에 기초하여 어음채무자의 기명날인의 진정을 추정하는 것이 피위조자에게 지나치게 가혹하여 공평을 잃은 것으로 생각되지 않는다.

〈사실관계 및 쟁점〉 본 사안의 구체적 사실관계를 간략히 살펴보면 다음과 같다. 즉, 소외 한미건산 주식회사는 1992. 1. 20. 액면 금 20,000,000원, 지급기일 1992. 4. 20., 발행지 및 지급지 서울특별시, 지급장소 한국주택은행 갈월동지점으로 된 약속어음 1매를 발행하여 소외 홍호조에게 교부하였고, 소외 홍호조는 동 어음을 소외 전도일에게, 위 전도일은 제1심 공동피고 이장숙에게, 위 이장숙은 피고 안종옥에게, 피고는 다시 원고 정갑채에게 각 지급거절증서의 작성을 면제하여 위 어음을 순차 배서양도하였다. 그런데 소외 주구석은 1992. 1. 1. 그가 경영하던 백광금속을 피고에게 양도하였는데 그 양도이전에 이미 원고에 대한 금 10,000,000원의 채무가 있었다. 이에 제1심 공동피고인 이장숙은 소외 주구석의 원고에 대한 채무변제조로 1992. 2. 14. 피고 사무실에서 원고에게 위 어음을 피배서인 백지로 하여 배서양도하였으며 원고는 그 다음날 피고 사무실에 다시 찾아가서 위 백광금속의 경리사원인 소외 김태염으로부터 소외 주구석이 교부한 어음에 사업자등록증이 있는 배서를 받아가야 할인이 된다고 하면서 피고의 사업자등록이 되어 있는 고무인을 찍고 피고의 인장을 날인받았다. 그 후 발행인인 소외 한미건산 주식회사가 은행으로부터 거래정지처분을 받았기 때문에 원고는 만기이전인 1992. 2. 25. 지급장소에서 지급제시를 하였으나 무거래를 이유로 지급거절되었다. 이에 원고는 위 어음의 소지인으로서 어음면에 배서인으로 기재되어 있는 피고에게 소구권을 행사하자 피고는 위와 같은 피고명의의 배서는 위조된 것이어서 배서인으로서의 책임이 없다고 항변하였던 것이다.

여기서 쟁점이 된 것은 피고명의의 배서가 위조된 것이라는 입증책임을 누가 부담하느냐 하는 점이다. 이에 대하여 판례는 위에서 본 바와 같이 어음소지인이 위조의 입증책임을 부담한다는 입장을 취하고 있다.

사 례 2

X주식회사의 경리과 직원 A는 X회사의 대표이사 직인을 무단 날인하여 A자신을 수취인으로 한 2백만원의 약속어음을 발행하였다. 지급기일 00년 6월 30일, 이 어음을 보너스로 받은 것처럼 가장하면서 A는 B로부터 필요한 물품을 구입하고 그 대금조로 B에게 이 어음을 배서양도하였다. B는 할인업자 C로부터 00년 4월 15일에 이 어음을 190만원에 할인받았다. 만기에 C는 이 어음을 X회사에 지급제시하였으나 X회사는 지급거절하였으며 A는 이미 회사를 퇴직한 후였다.

1. C가 X회사에 대하여 어음금을 청구할 수 있는 방안을 강구해 보시오.

   [포인트] 위조(무권대행)에 표현대리규정을 유추하여 본임책임추궁

2. C는 X회사에게 불법행위책임을 물을 수 있는가?

   [포인트] 사용자책임

3. C는 B에게 상환청구할 수 있는가?

   [포인트] 상환청구요건, 상환의무자(배서인)

4. C는 어음법상의 무권대리인의 책임규정(어음법 제8조)을 유추하여 위조자 A에게 어음금 지급을 청구할 수 있는가? 이 경우 상환의무를 묻는 것보다 C에게 유리한 점을 열거하시오.

   [포인트] 위조는 무권대행이므로 무권대리인의 책임을 규정한 제8조를 유추하는 것은 발행인으로서의 책임을 묻는 것이므로, (1) 상환청구권보전이 필요없고, (2) 주된 채무자에 대하여는 3년의 소멸시효기간이 적용되므로 상환의무자에 대한 소멸시효기간보다 소지인에게 유리함.

〈샘플 답안〉

Ⅰ. 문제의 제기

1. X회사는 피위조자로서 원칙적으로 어음상의 책임이 없으나, A가 X회사의 직원

이었던 점을 기초로 표현책임을 질 가능성은 없는지 문제된다.

2. X회사는 A를 경리과 직원으로 고용하고 있었으므로 불법행위책임으로서 사용자책임이 발생할 여지가 없는지 문제된다.

3. C는 배서인인 B에게 상환청구할 수 있는지 요건구비여부가 문제된다.

4. 위조자는 권한없이 대행을 한 자이므로 무권대리인의 어음상 책임을 규정한 어음법 제8조를 유추하여 책임을 지울 수 있는가가 문제된다.

Ⅱ. X회사의 표현책임

1. 문제점

X회사는 C의 어음금 지급청구에 대해 지급거절을 함으로써 A의 위조행위에 대한 추인을 거절한 후, 위조의 물적항변으로 C에게 대항할 수 있다. C가 X회사에 표현책임을 물어 어음금의 지급을 청구할 수 있는지 살펴본다.

무권대리와 위조는 모두 권한없는 자에 의하여 이루어진 어음행위라는 점에서 동일하므로 대등하게 다루어져야 한다. 무권대리의 경우 표현대리가 성립하면 본인의 책임이 인정되는데, 위조의 경우에도 민법상 표현대리에 관한 규정을 유추하여 피위조자에게 표현책임을 추궁할 수 있다. 판례는 약속어음이 위조된 사안에서 피위조자에게 표현대리에 관한 민법 제126조의 규정을 유추하여 어음채무를 부담시킬 수 있다고 하였다.

2. X회사의 표현책임의 성립요건

(1) 문제점

어음위조의 경우 피위조자에게 표현책임을 인정하기 위해서는, 어음행위를 실제로 한 자에게 그와 같은 어음행위를 할 수 있는 권한이 있다고 제3자가 믿을 만한 사유가 있고, 본인에게 책임을 질 만한 사유가 있어야 한다. C는 위조된 어음행위의 직접 상대방이 아니라는 점에서 C가 X회사에게 직접 표현대리의 성립을 주장할 수 있는지 여부가 문제된다. 이는 민법 제126조의 제3자의 범위에 관한 것이다.

(2) 판례의 입장

판례는 민법 제126조의 제3자에는 어음의 직접 상대방만이 포함되고 그 후의 어음의 제3취득자는 포함되지 않는다고 한다. 어음의 제3취득자는 어음행위의 직접상대방에게 표현대리가 성립되는 경우에 이를 원용하여 피위조자인 본인에 대하여 어음상 권리를 행사할 수 있을 뿐이라는 입장이다.

사안의 경우 X회사가 발행한 어음의 직접 상대방은 수취인 A이고, C는 A를 거쳐 B로부터 다시 배서받아 동 약속어음을 취득한 자로서 제3취득자에 해당하므로 판례에 의하면 C가 X회사에 대하여 직접 표현책임을 물을 수 없다. 한편 X회사와 위조자 A 사이에는 표현책임 성립여부가 논의될 여지가 없어서 A에 대한 표현대리 성립을 C가 원용할 수도 없다.

(3) **다수설의 입장**

다수설은 어음행위는 유통을 예상한 의사표시이므로 보호받는 제3자에는 어음행위의 직접 상대방뿐만 아니라 그 후의 제3취득자도 포함된다고 한다. 다수설에 따를 때 C에 대하여 민법 제126조의 표현대리가 성립하는지 검토할 필요가 있다.

(4) **표현책임의 불성립**

위조의 직접 상대방이 아닌 자로서 어음면상의 기재만을 신뢰하고 어음을 취득한 제3취득자는 ① 어음행위를 실제로 한 자가 누구인지 즉, 위조자가 누구인지 알 수 없고, ② 위조자에게 그와 같은 어음행위를 할 수 있는 권한이 있는지 여부에 대하여도 알 수 없다. 이 경우 피위조자의 표현책임의 성립요건 중 어음행위를 실제로 한 자에게 그와 같은 어음행위를 할 수 있는 권한이 있다고 제3자가 믿을 만한 사유가 있는지를 검토할 의미가 없다. 사안의 경우 C가 X회사와 A와의 관계를 알았다고 볼 수 없고, 어음상의 기재만을 신뢰하여 어음을 취득한 것이므로 C와 X회사 간에는 표현대리 성립이 문제될 여지가 없다.

다음으로 B에 대한 관계에서 표현대리의 성립이 인정되는지를 살펴보자. B의 지위를 C가 승계하기 때문이다. B는 A가 X회사의 직원이라는 사실은 알 수 있으나, 사안의 어음행위를 누가 위조하였는지는 알 수 없으므로 B에 대한 관계에서도 표현대리의 성립여부를 논의할 필요가 없다.

Ⅲ. X회사의 사용자책임

1. 문제점

X회사는 피위조자이긴 하지만, A의 사용자로서 A의 불법행위에 대하여 사용자책임을 질 수 있다. 그 요건을 구비하였는지 살펴본다.

2. 사용자책임 요건구비여부

① 피위조자가 위조자의 사용자이고, 어음의 위조가 ② 사무집행과 관련하여 이루어진 것이면 피위조자는 민법 제756조의 사용자로서 위조자의 불법행위로 인한 손해배상책임을 진다고 보는 것이 통설이자 판례의 입장이다.

3. 사안에의 적용

① 위조자 A가 피위조자 X회사의 피용자였고, ② 위조자 A가 보너스로 받은 것처럼 가장하였는 바 사무집행관련성도 인정되므로, X회사는 사용자책임을 진다. A가 이미 퇴사하였다 하더라도 문제된 사안이 발생한 당시 직원이었고 직무와 연관되어 발생한 이상 문제되지 않는다. 그리고 A와 거래한 B가 A의 행위가 사용자의 사무집행행위에 해당하지 않음을 알았거나 중대한 과실로 알지 못한 경우에는 사용자책임을 물을 수 없으나, 사안에서 B에게 고의 또는 중과실이 있다고 보여지지 않는다.

Ⅳ. B에 대한 상환청구가능성

1. 문제점

B는 배서인으로서 C가 B에게 상환청구할 수 있는지 요건구비 여부가 문제된다.

2. 상환청구의 요건

(1) 상환청구의 당사자

어음의 적법한 소지인이 상환청구권을 가지는 바, C는 어음의 적법한 소지인으로서 상환청구권을 가지고(어음법 제43조), B는 약속어음의 배서인으로서 상환의무자가 된다.

(2) 상환청구의 요건

사안과 같은 만기 후의 상환청구의 경우, 실질적 요건으로서 소지인이 만기에 지급제시기간 내에 적법하게 지급제시를 하였으나 약속어음의 발행인이 지급을 거절하였어야 하고(어음법 제43조), 형식적 요건으로 지급거절증서를 작성하였어야 한다(어음법 제44조 제1항).

3. 사안에의 적용

C는 상환청구권리자로서 만기에 만기에 발행인인 X회사에게 지급제시를 하고 지급을 거절당하였으므로 만기 후 상환청구의 실질적 요건을 구비하였다. 사안에서 형식적 요건인 지급거절증서를 작성하였는지 여부는 불분명하나 거절증서작성은 면제되어 있는 것이 인쇄된 어음용지 배서란의 모습이므로 C는 B에게 상환청구할 수 있다.

Ⅴ. 위조자의 어음채무부담

위조자는 불법행위책임과 형사책임을 부담하는 외에 어음법 제8조의 유추에 의하여 무권대리인과 같은 책임을 부담한다. 위조는 대행권 없이 어음행위를 대행한 것이므로 무권대리와 평행하게 다루는 것이 합리적이다.

이 경우 위조자는 대행권이 있을 경우의 본인에 해당하는 자와 같은 어음채무를 부담한다. 사안에서는 발행인으로서의 채무를 부담한다. 어음법 제8조는 행위의 주체, 즉 무권대리에 관한 규정이므로 위조의 경우에는 유추적용될 수 있으나 기재사항을 변경하는 변조의 경우까지 유추적용하는 것은 적당하지 않다.

사안에서 A는 발행의 위조에서 나아가 그 스스로 배서를 하였으므로 발행인으로서의 책임과 함께 상환의무도 부담한다. 소지인의 입장에서는 동일인 A를 상대로 발행인의 책임을 묻는 것이 상환의무를 묻는 것보다 유리하다. 약속어음의 발행인은 주된 채무자로서 상환청구권 보전절차를 거칠 필요없이 어음금을 청구할 수 있으며 소멸시효기간도 3년으로서 소멸시효기간이 1년인 배서인의 책임보다 소지인에게 유리하다.

Ⅵ. 해 답

1. 표현책임을 물을 수 있다.
2. 사용자책임을 물을 수 있다.
3. 상환청구할 수 있다.
4. A에게 어음금지급을 청구할 수 있다. 주된 채무자의 책임을 묻게 되어 상환청구권 보전이 필요없고 소멸시효기간도 3년으로 유리하다.

제3 변 조

1. 의 의

어음·수표의 변조는 권한 없이 어음·수표의 문구를 변경하는 것이다. 어음금액이 발행 당시 100만원으로 기재되었던 것이 권한 없는 자에 의하여 200만원으로 변경된 것이 변조의 쉬운 예이다. 변경된 부분이 어음금액이나 만기와 같은 어음요건인 경우는 물론 유익적 기재사항(예, 이자기재)인 경우라도 변조에 해당할 수 있다. 변경이나 추가기재로 인하여 어음요건의 흠결이 생기거나 유해적 기재사항이 기재된 때에는 어음이 무효(소멸, 말소, 훼멸)가 되므로 변조의 범위를 벗어난다. 유해적 기재사항의 예로는 분할지급의 문구(어 33조 2항, 77조 1항 2호), "매매목적물에 하자가 없을 것을 조건으로"와 같은 조건부지급의 문구(어 1조 2호, 75조 2호; 수 1조 2호) 등이 있다. 변조에 동의하지 않은 자가 있는 경우에 동의하지 않은 자에 대한 관계에서는 변조가 되고, 동의한 자에 대한 관계에서는 유효한 변경이 된다.

변조는 그 전과 후에 어음의 형식적 요건이 완비되어 있는 경우이고, **백지어음의 부당보충**은 요건이 갖추어져 있지 않은 미완성의 어음에 보충권을 남용하는 것이다. **위조**는 어음행위의 주체를 원시적으로 위작하는 것이고, 변조는 이미 기재된 사항을 변경하는 것이다.

어음금액의 변조가 가장 흔한 예이겠지만 **만기**나 **수취인** 등의 **변조**사례도 있다. 발행인이 수취인의 이름을 바꾸어 적는 것은 일단 변조라고 할 수 없다(대판 1993. 7. 13, 93다753). 그러나 어음상에 다른 권리자·의무자가 있게 된 후에는 발행인이나 소지인이 수취인을 변경하면 변조가 된다.

대판 2006. 1. 13, 2005도6267 약속어음의 발행인으로부터 어음금액이 백지인 약속어음의 할인을 위임받은 자가 위임 범위 내에서 어음금액을 기재한 후 어음할인을 받으려고 하다가 그 목적을 이루지 못하자 유통되지 아니한 당해 약속어음을 원상태대로 발행인에게 반환하기 위하여 어음금액의 기재를 삭제하는 것은 그 권한 범위 내에 속한다고 할 것이므로 이를 변조라고 할 수 없다.

〈사실관계 및 쟁점〉 신비텍 주식회사 대표이사 공소외 1은 2002. 12.경 공소외 2에게 어음을 할인하여 달라면서 이 사건 약속어음을 포함한 액면이 백지로 된 약속어음 5장을 발행 · 교부하였다. 공소외 2는 피고인에게 액면이 백지로 된 위 약속어음 5장을 교부하면서 14억 원에 할인하여 달라고 부탁하였으나 피고인이 14억 원으로 할인받는 것은 어려울 것 같고 10억 원 정도에 할인받을 수 있을 것이라고 하자, 공소외 2는 10억 원으로라도 할인하여 달라고 부탁하면서 피고인에게 위 약속어음 5장을 교부하였고, 이에 따라 피고인은 이 사건 약속어음의 액면금을 3억 원으로 보충한 것을 비롯하여 위 약속어음 원본 5장의 액면금을 '3억 원, 2억 원, 2억 원, 2억 원, 1억 원'으로 각 보충하였다. 그런데 위 약속어음의 할인이 여의치 아니하자, 피고인은 2003. 1. 5.경 위 약속어음 5장의 액면금을 잉크 세척제로 모두 지운 다음 이를 공소외 2에게 반환하였고, 피고인은 며칠 후 공소외 2에게 1억 원 정도 어음할인을 받을 수 있을 것 같다면서 위 약속어음 중 2장을 다시 보내라고 하여 교부받은 후 이를 공소외 3에게 교부하면서 그 할인을 의뢰하였다.

원심은 피고인이 공소외 1, 공소외 2로부터 순차적으로 이 사건 약속어음에 대한 백지보충권을 부여받았다고 볼 것이므로, 백지보충권을 적법하게 부여받은 피고인이 어음 유통 전에 자신이 기재한 액면금 부분을 지운 행위를 두고 권한 없는 자에 의한 변조행위라고 볼 수 없고, 더욱이 피고인은 이 사건 약속어음을 원상태대로 반환하고자 이 사건 약속어음의 액면을 지웠고, 실제 자신에게 이 사건 약속어음을 교부한 공소외 2에게 이를 반환하였으므로 이 사건 약속어음의 액면을 지울 당시 그 행사의 목적이 있었다고 단정할 수도 없다고 하였고, 대법원 역시 원심의 위와 같은 인정과 판단이 정당하다고 하여 상고를 기각하였다.

대판 1987. 3. 24, 86다카37 어음발행인이라 하더라도 어음상에 권리 · 의무를 가진 자가 있는 경우에 이러한 자의 동의를 받지 아니하고 어음의 기재내용에 변경을 가하였다면 이는 변조에 해당할 것이고, 약속어음에 배서인이 있는 경우 배서인은 어음행위를 할 당시의 문언에 따라 어음상의 책임을 지는 것이지 그 변조된 문언에 의한 책임을 지울 수는 없는 것이다.

대판 1981. 10. 13, 81다726 소외 전원개발 주식회사 대표이사인 소외 이길상이 1979. 9. 29. 소외 한국에이스 주식회사를 수취인으로 기재하여 작성한 약속어음에 피고 신용보증기금으로부터 발행인을 위한 어음보증을 받은 다음, 피고의 동의 없이 멋대로 수취인난의 기재를 삭제하고 원고 이경숙에게 이를 교부하여 원고가 그 수취인난에 자신의 이름을 써 넣었다면 이와 같은 약속어음의 수취인난 기재변경은 피고에 대한 관계에 있어서 어음의 변조에 해당하고, 위 어음보증의 주된 채무는 발행인 소외 전원개발 주식회사의 수취인 소외 한국에이스 주식회사에 대한 채무이며, 원고에 대한 채무가 아니므로 변조된 수취인인 원고에 대하여서까지 어음보증의 책임을 지는 것이 아니다.

2. 위조와의 관계

어음행위자 A의 기명날인을 지우고 B의 기명날인을 채워 넣은 경우에 이것이 B 자신에 의해 행해졌거나 B의 동의를 받아 이루어졌다면 아무런 문제가 없을까? B의 동의를 받지 않고 제3의 X가 변경했다면 어떠할까?

기명날인은 변조의 대상에서 제외시키는 소수설(서돈각 · 정완용, 89면)이 있다. 이러한 소수설에 의하면 A의 기명날인이 지워진 경우에 A는 책임을 면하고 그것으로 끝나고 만다. 그러나 권한 없이 A의 기명날인을 B로 변경하는 것은 B에 대해서는 위조이고 다른 어음관계자에 대해서는 변조로 보아야 할 것이다(同旨: 손주찬, 107면; 양승규, 152면; 정동윤, 191면; 정찬형, 124면; 정희철, 97면; 최기원, 148면). 이와 같이 기명날인의 변경도 변조로 보는 이유는 한번 기명날인하거나 서명한 자(A)의 책임을 전부 면제시키는 것은 부당하기 때문이다. 변조로 봄으로써 어음법 제69조를 적용할 수 있게 되고 일단 기명날인 또는 서명했던 자(A)에게 어음채무를 부담시킬 수 있다.

3. 변조의 효과

(1) 변조전의 어음행위자의 책임

변조 전에 어음행위를 한 자는 원(原)문구에 따른 책임을 진다(어 69조 후단, 77조 1항 7호; 수 50조 후단). 그러나 변조 전에 기명날인 또는 서명한 자가 변조에 대하여 과실이 있는 경우는 선의취득자에 대하여 변조 후의 문구에 따른 책임을 인정하는 것이 거래안전을 보호하고 어음의 유통성을 높일 수 있을 것이다. 어음행위자가 변경을 추인 또는 동의한 경우에는 **변조 후의 문구**에 따라 책임을 진다.

변조 전에 어음행위를 한 자에게 원래의 문구에 따른 책임을 지우는 것은 어음금액이 변조된 경우라면 간단하다. 예를 들어 금액 일천만원으로 발행된 약속어음이 전전유통되는 과정에서 어음금액이 이천만원으로 변조되었다면, 변조 전에 기명날인 또는 서명을 한 발행인과 기타의 배서인은 일천만원의 어음채무만 부담한다.

한편 만기의 기재가 변조된 경우에는 다소 복잡한 문제가 생길 수 있다. 당초 발행시에 발행인 A가 ○○년 9월 30일로 지급기일을 기재했던 어음이, 수취인 B의 배서가 있은 후에 그 지급기일이 ○○년 11월 30일로 변조되었다 하자. 소지인이 지급을 할 날과 그에 이은 2거래일(중간에 일요일이나 공휴일이 없을 경우 11월 30일, 12월 1일과 2일; 어 38조 1항) 내에 지급제시를 하였다 하더라도, 배서인 B에 대한 관계에서는 지급제시기간(9월 30일, 10월 1일과 2일, 토요일, 일요일 및 공휴일이 겹치게 되면 지급을 할 날과 그에 이은 2거래일은 연장될 수 있음)을 도과하였고 적법한 지급제시라는 상환청구권보전절차를 이행하지 못하였으므로 B는 상환의무를 면하게 된다. 판례도 같은 취지를 밝히고 있다.

대판 1996. 2. 23, 95다49936 약속어음의 문언에 변개가 있는 경우 변개 전에 기명날인 또는 서명한 자는 그 변개에 동의를 하지 아니한 이상 변개 후의 문언에 따른 책임을 지지는 아니한다고 하더라도, 변조 전의 원문언에 따른 책임은 지게 된다. 약속어음의 최종 소지인이 배서인에 대하여 변개 전의 원문언에 따른 소구의무자로서의 책임을 묻기 위하여서는 소지인이 변개 전의 원문언에 따른 적법한 지급제시를 하였음이 인정되어야 할 것인바, 소지인이 약속어음이 변개된 후에야 비로소 그 어음을 취득하였고 변개 전의 원문언에 따른 지급제시기간 내에 그 약속어음을 지급 제시하지 않은 경우, 그 최종소지인의 배서인에 대한 소구권은 요건흠결로 상실되어 배서인에 대하여 변개 전의 원문언에 따른 책임도 물을 수 없다.

(2) 변조후의 어음행위자의 책임

변조 후에 어음행위를 한 자는 **변조된 문구**에 따라 책임을 진다(어 69조 전단,

77조 1항 7호; 수 50조 전단).

(3) 입증책임

변조된 어음에 어음행위자가 기명날인 또는 서명을 변조 전에 했는가 변조 후에 했는가가 다투어지는 경우에 그 입증책임에 대한 학설이 다음과 같이 대립한다.

(가) 통 설

통설은 어음면상 변조사실이 명백한가 명백하지 않은가에 따라서 각각 입증책임을 다르게 배분한다(서돈각 · 정완용, 91-91면; 서정갑, 119면; 손주찬, 111면; 정찬형, 129-130면; 정희철, 102면; 최기원, 151면).

1) 변조가 명백하지 아니한 경우

전문가가 화공약품을 사용하여 변조한 경우 등과 같이 어음면상 변조사실이 명백하지 아니한 경우에는 변조가 없었던 것으로 추정한다. 따라서 어음면상 육안으로 변조의 사실을 식별할 수 없는 경우 소지인은 현재의 문구에 따른 청구를 할 수 있다. 한편 어음채무자가 현재의 문구에 따른 책임을 면하려면 자기의 기명날인 또는 서명 후에 변조되었음을 입증하여야 한다. 결국 변조사실이 명백하지 아니한 경우에는 「변조의 사실을 주장하는 자, 즉 어음채무자」가 입증책임을 부담하게 된다. 판례도 동일한 입장이다.

대판 1990. 2. 9, 89다카14165 어음의 액면금액을 변조하는 경우에는 원래 기재되어 있는 숫자를 이용하려는 것이 통상이므로, 어음의 발행인이 어음액면부분의 변조를 주장하려면 자기가 발행할 때에 어떤 방법(필기냐, 타자냐)으로 어떤 문자(국한문이냐, 아라비아 숫자냐)로 써주었다는 점을 밝혀야 할 터인데 이 사건 피고 유영수는 그저 어음액면금액이 400,000원이었는데 9,845,004원으로 변조되었다고 추상적인 주장을 할 뿐 그 구체적인 해명이 없을 뿐 아니라, 감정인의 감정소견에 의하면 이 사건 어음의 액면기재가 화학약품으로 원래의 기재를 지우고 다시 쓴 것이 아니고 그 액면기재는 변조된 것이 아니라고 함에 있음에도, 원심법원이 피고의 위 주장에 관하여 좀더 석명하지 아니한 채 증인의 증언만을 취신하여 어음면상의 기재와 다른 어음금액을 인정한 것은 심리를 다하지 아니하고 불확실한 증거에 의하여 사실을 인정한 위법이 있다 할 것이다.

2) 변조가 명백한 경우

변조가 서투르게 이루어져서 어음면상 변조가 명백한 경우, 즉 평균인이라면 어음상의 기재가 변경되었음을 알아차릴 수 있는 경우에, 어음행위자에게 현재의 문구대로 책임을 지우기 위하여는 소지인이 채무자가 변조 후에 기명날인 또는 서명했음을 입증하거나 그렇지 아니하면 채무자의 동의를 입증하여야 한다. 이 때는 소지인이 어음 취득시에 변조사실을 알 수 있었으므로, 그에게 위험을 부담시키는 것이다. 이 경우에 소지인은 어음채무자가 변조 후에 어음행위를 하였음을 입증하지 못하면 원래의 문구에 따른 청구를 할 수밖에 없는데, 나아가 원래의 문구의 입증까지 실패하면 소지인이 전혀 어음채권을 행사할 수 없는 경우도 생길 수 있다.

판례도 지급기일의 변조가 명백한 사건에서 소지인에게 입증책임을 지우고 있다.

대판 1987. 3. 24, 86다카37 어음의 문언에 변개(개서)가 되었음이 명백한 경우에 어음소지인이 기명날인자(배서인 등)에게 그 변개 후의 문언에 따른 책임을 지우자면 그 기명날인이 변개 후에 있은 것 또는 기명날인자가 그 변개에 동의하였다는 것을 입증하여야 하고 그 입증을 다하지 못하면 그 불이익은 어음소지인이 입어야 한다.

(나) 소수설

소수설에 의하면 변조의 항변은 소송법상 채무부담의 간접부인이므로 변조의 사실이 어음면상 분명한가 여부에 관계없이 채무자의 채무의 내용에 관한 입증은 항상 소지인이 하여야 한다고 한다(정동윤, 148면).

(다) 소 결

피변조자도 피위조자와 마찬가지로 가혹한 책임부담으로부터 구제받아야 한다는 점에서 소수설에도 장점이 있다. 그러나 위조의 경우 피위조자는 어음의 유통에 전혀 관여하지 않은 자일 경우가 많은 데 반하여, 피변조자는 일단 어음행위를 하여 어음의 유통에 관여한 자라는 점에서, 그에 상응한 위험부담을 지워도 무방할 것이다. 변조의 입증책임에 관하여는 통설이 균형있는 위험배분(risk allocation)을 할 수 있게 해주는 것으로 판단된다.

(4) 변조자의 책임

기명날인 또는 서명을 하지 않은 변조자도 어음상의 책임(어음법 제8조의 표현에 따르면 '어음에 의한 의무')을 지는가의 문제가 있다. 예를 들어 피배서인란을 빈칸으로 하여 백지배서된 어음의 양수인이 배서는 하지 않고 금액을 변조하여 교부·양도한 경우이다. 이 문제에 대하여 어음법 제8조를 유추적용해서 소지인은 변조 전에 기명날인한 자로부터 추심한 금액과 변경된 액면액의 차액을 변조자에게 청구할 수 있다고 새기는 견해가 있다(양승규, 156면; 이기수, 186면; 정동윤, 147면; 정찬형, 127면; 정희철, 103면). 반면 어음법 제8조의 유추에 반대하며 어음행위를 하지 아니한 변조자에게는 어음상의 책임을 지울 수 없다는 견해도 있다(강위두, 134면; 서돈각·정완용, 90면; 서정갑, 119면; 손주찬, 110면; 이철송, 133면; 채이식, 83면; 최기원, 152-153면).

생각해 보면 무권대리나 무권대행(위조)은 채무의 진정한 성립(주체)에 관한 문제이고 변조는 채무의 내용이나 범위에 관한 문구변경의 문제로서 관여한 자의 행위유형이 다르다. 서로 종류가 다른 행위유형에 관한 문구변경의 규정인 어음법 제8조를 변조자에게 유추적용하는 것은 찬성할 수 없다. 변조자에게 불법행위책임(민 750조)을 물을 수 있는 것은 별도의 문제이다.

사 례 3

약사 A는 약품도매상 B로부터 100만원 상당의 약품을 납품받고 수취인 B, 금액 100만원, 지급기일 00년 4월 15일로 정하여 동년 1월 15일에 약속어음을 발행하였다. B의 영업사원 C는 금액을 200만원으로 수정한 다음 B의 기명날인을 위조하여 자기에게 배서한 다음 C의 채권자 D에게 배서양도하였다. D는 이 어음을 사채업자 S로부터 180만원에 할인받았다. C가 어음금액을 교묘하게 수정하여 변경사실을 육안으로 알아차릴 수 없다.

1. S는 만기에 A에게 200만원을 청구할 수 있는가?
   [포인트] 변조 전의 기명날인자인 A는 100만원의 책임만 부담함
   [포인트] 변조 전에 기명날인했음과 원래의 금액을 입증하여야 함
2. S는 B에게 상환청구할 수 있는가?
   [포인트] 위조는 물적항변: 단 표현책임과 사용자책임 검토
   [포인트] 상환청구권 보전요건(상환청구권 보전요건 중 지급거절 증서작성은 면

제되는 것이 관례이므로 만기의 지급제시만 있으면 상환청구할 수 있다.

3. S는 C에게 상환청구할 수 있는가?

[포인트] C의 책임은 어음행위 독립의 원칙으로 인하여 발생

[포인트] 변조 후의 기명날인자이므로 변경된 문구대로 책임

4. S가 C를 상대로 불법행위 책임을 물을 경우 청구할 수 있는 금액을 설명하시오.

[포인트] 실손해금액, C는 과실상계의 항변을 원용할 수 없다.

5. 이 사안에서 위조·변조로 인하여 발생하는 손해(피위조자 B가 입은 손해, S의 손해 등)는 누구에게 부담시켜야 하는가? 그가 무자력이라면 그 손해는 최종적으로 누가 부담할 수 밖에 없는가?

6. 위 사안과 다르게 변조가 다소 엉성하게 이루어져서 어음면상 변조가 명백하고 주의깊게 살펴보면 원문구의 흔적을 알아차릴 수 있다면 위 소질문 (1)에 대한 답이 어떻게 달라져야 하는가?

〈샘플 답안〉

Ⅰ. 쟁점의 정리

1. A는 변조전 기명날인자로서 책임을 어느 범위까지 지며, 이 경우 누가 입증책임을 부담하는지 문제된다.

2. B는 피위조자로서의 책임이 있는지, 또 B의 영업사원인 C가 위조 및 변조를 하였으므로 이에 대한 책임이 있는지 문제된다.

3. C는 변조 후 기명날인자로서 어떤 책임이 있는지 문제된다.

4. S는 변조자인 C에게 불법행위 책임으로 청구할 수 있는 금액이 얼마인지 문제된다.

5. S나 B가 입는 손해는 누구에게 청구할 수 있는지, 만일 그가 무자력이라면 어떤 관점에서 이 손해를 누가 부담하여야 하는지 문제된다.

6. 변조사실이 어음면상 명백한 경우 누가 무엇을 입증하여야 하는지 문제된다.

Ⅱ. 변조전 기명날인자 A의 책임

1. 문제점

A는 C가 변조하기 전에 기명날인하여 어음을 발행한 자이다. 변조 전에 기명날인한 A는 어느 범위까지 책임을 지는지, 또 A가 책임을 지기 위해서는 누가 입증책임을 부담하여야 하는지 문제된다.

2. 변조전 기명날인자의 책임범위

변조전 어음에 기명날인을 한 자는 변조에 대해 과실이 있지 않는 한 "原문구"에

따라 어음상의 책임을 진다(어음법 이하 법명 생략, 제69조 후단). 이는 물적항변사유로서 누구에게도 대항할 수 있다. 사안에서 A는 C의 변조에 대해 과실이 있다는 사정이 보이지 않으므로 원문구에 따라 100만원에 대해서만 책임을 지면 된다.

3. 입증책임의 문제

변조된 어음에 어음행위자가 기명날인 또는 서명을 변조 전에 하였는가 또는 변조 후에 했는가가 다투어지는 경우, 그 입증책임에 대해 견해가 대립한다.

변조의 항변은 소송법상 채무부담의 간접부인이므로 변조사실이 어음면상 명백한가의 여부와 상관없이 소지인이 입증하여야 한다고 보는 견해도 있으나, 어음면상 변조사실이 명백하지 않은 경우에는 변조가 없었던 것으로 추정하여 변조의 사실을 주장하는 어음채무자가 입증책임을 부담한다는 통설이 위험배분의 원리에 비추어보건대 타당하다. 판례도 통설과 같은 입장이다.

통설에 의할 경우, 사안에서 A는 자신이 변조 전에 기명날인했으며 어음금액을 100만원으로 발행하였음을 입증하여야 한다.

4. 소결

변조전 기명날인자 A는 원문구에 따라 100만원에 대해서만 책임을 지고, 변조 전에 기명날인했으며 어음금액을 100만원으로 발행하였음은 A 자신이 입증하여야 한다. A는 약품구매시 받은 세금계산서로 입증하거나, 어음발행시마다 복사를 해두고 교부하였다면 이로써 입증할 수도 있다. 참고로 기업에서는 어음발행시마다 대장을 작성하고 있다.

Ⅲ. 피위조자 B의 책임

1. 문제점

B는 피위조자로서 원칙적으로 어음소지인의 선악여부를 불문하고 어음상의 책임이 없지만(물적항변), 사안과 같이 B의 영업사원인 C가 어음을 위조 및 변조한 경우, 귀책사유에 따른 책임이 있는지 문제된다.

2. 피위조자 B의 사용자배상책임 가부

① 위조자가 피위조자의 피용자이고, ② 어음의 위조가 사무집행과 관련하여 이루어진 것이면 피위조자는 민법 제756조의 사용자로서 위조자의 불법행위로 인한 손해배상책임을 부담한다.

사안에서 B는 C의 사용자인 점은 명확하나, C는 위조후 "자신의 채권자"인 D에게 배서양도하였으므로 위조가 사무집행과 관련하여 이루어진 것으로 보기 어렵기 때문에 사무집행관련 요건을 결여하여 B에게 사용자배상책임은 인정되지 않는다(사무집행관련을 인정할 수 있음 - 저자).

3. 소결

B는 피위조자로서 어음상의 책임은 부담하지 않으며, 귀책사유도 인정되지 않고 사용자배상책임도 인정되지 않는다.

Ⅳ. 변조 후 기명날인자 C의 어음상의 책임(상환의무)

1. 문제점

C는 변조자이기도 하지만, 자기에게 배서하여 D에게 배서양도하였으므로 변조 후 기명날인자이기도 하다. S가 어떤 요건을 구비하여야 상환청구할 수 있는지, 또 S의 상환청구에 대해 C는 어떤 책임을 지는지 문제된다.

2. 상환청구의 요건

만기후 상환청구의 경우, 어음소지인이 만기에 지급제시기간 내에 적법하게 지급제시를 하였으나 지급을 거절당하였어야 하고(실질적 요건), 지급거절증서를 작성하였어야(형식적 요건) 한다.

3. 변조후 기명날인자의 책임

변조후 어음에 기명날인한 자는 어음행위독립의 원칙에 따라(독립의 원칙을 거론할 필요없음 – 저자) 변경된 문구에 따른 책임을 진다(제69조 전단). 변조후의 기명날인자가 변조의 사실에 대해 선의 · 악의를 불문하며, 변조어음을 취득한 자의 선의 · 악의도 불문한다.

사안에서 C는 변조 후에 기명날인한 자로서 S가 상환청구요건을 갖추었다면 변경된 문언인 200만원에 대해 책임을 진다.

Ⅴ. 변조자 C의 기타 책임

1. 민법 · 형법상의 책임

위조 및 변조자는 민법상 불법행위에 의한 손해배상책임(민법 제750조)을 부담하고, 형법상으로도 유가증권 위조 · 변조죄(형법 제214조)의 책임을 진다.

2. 상환의무 이외의 어음상 책임

C가 변조만 하였을뿐 기명날인 또는 서명을 하지 않았다면 어음법 제8조는 유추적용되지 않는다. 제8조는 행위주체의 위작 문제에만 유추될 수 있기 때문이다. 그러나 C는 변조후 기명날인하였으므로 변조 후의 어음문구에 따라 어음상의 책임을 지므로 어음면에 기재한 200만원에 대해 책임이 있다.

3. 사안에의 적용

어음상의 책임(상환의무)를 묻지 않고 불법행위책임을 묻는 경우, 어음소지인의 손해액은 할인금액이라고 보는 것이 판례의 입장이다. S는 D에 대해 180만원을 할인하여 주었으므로 S는 C에 대해 180만원에 대해 청구할 수 있다. C의 책임은 불법행위 책임이므로 원칙적으로는 과실상계가 허용된다고 하겠으나, 사안에서는 C가 어음의 변조자 자신이므로 어음소지인 S에게 과실상계를 대항할 수 없다고 할 것이다.

Ⅵ. 손해의 부담주체

사안에서 S는 A에게 청구하면 100만원밖에 얻지 못하므로 80만원의 손해를 보고, S가 B에게 상환청구할 수 없으므로 180만원의 손해를 본다. 다만 C에 대해 상환청구할 경우 200만원을 받을 수 있다. 따라서 S로서는 C에 대해 상환청구하는 것이 유리할 것이다.

또한 B의 입장에서는 어음을 도난당한 것이므로 100만원 상당의 손해가 발생하였다. 이에 대해서는 C에게 불법행위에 기한 손해배상청구를 함으로써 손해전보가 가능할 것이다.

그러나 C가 만일 무자력이라면 S와 B는 손해를 입게 되는 바, 이 경우 B는 C의 사용자이므로 (비록 사용자책임이 성립하는 것은 아니지만) 100만원의 손해는 감수하여야 한다. S의 손해는 변조어음을 취득한 D가 부담하는 것이 형평에 맞을 것으로 판단된다.

Ⅶ. 어음면상 변조사실이 명백한 경우

변조사실이 어음면상 명백한 경우, S는 A가 변조 후에 기명날인 했다는 사실과 원문구를 입증하여야 한다. 다만 원문구의 입증이 어려울 것이기 때문에 S가 권리행사를 하지 못하게 될 수도 있다.

Ⅷ. 사안의 해결

1. 변조전 기명날인자 A는 원문구에 따라 100만원에 대해서만 책임을 지고, 변조전에 기명날인한 사실과 어음금액을 100만원으로 발행한 사실은 A 자신이 입증하여야 한다.

2. B는 피위조자로서 어음상의 책임은 부담하지 않으며, 귀책사유도 인정되지 않고 사용자배상책임도 인정되지 않는다.

3. C는 변조 후 기명날인한 자로서 변경된 문구인 200만원에 대해 상환청구책임을 진다.

4. C는 변조자로서 어음면에 기재한 200만원에 대해 책임이 있으나 S는 180만원에 할인하여 주었으므로 180만원에 대해 C에게 청구할 수 있다. C는 변조자 자신이므로 S에 대해 과실상계가 허용되지 않는다.

5. 사안에서 S와 B는 C에게 손해배상을 청구할 수 있다고 할 것이나, 만일 C가 무자력이라면 S와 B가 손해를 입게 되는 바, 이 경우 B는 사용자로서 손해를 감수하여

야 하고 변조의 어음을 취득한 D에 상환청구함으로써 최종적 손해는 D에게 부담시키는 것이 형평에 맞을 것이다.

6. 변조사실이 어음면상 명백한 경우, S는 A가 변조 후에 기명날인 했다는 사실과 원문구를 입증하여야 한다.

제 5 장
어음 · 수표의 실질관계

제 1 절　어음 · 수표의 원인관계와 자금관계

제1　총　　설

어음 · 수표행위를 하거나 어음 · 수표를 주고받는 데는 당사자간에 상당한 경제적 기초관계가 있게 마련이다. 어음 · 수표를 주고받는 직접당사자간 또는 환어음(수표)의 발행인과 지급인과의 관계를 통틀어 어음의 실질관계라고 한다. 어음의 실질관계는 원인관계와 자금관계를 포함한다.

① 원인관계는 직접당사자간에 어음 · 수표수수의 기초가 되는 법률관계를 가리킨다.

② 자금관계는 환어음의 발행인과 지급인 또는 발행인과 인수인 간에서 지급인이 인수를 하거나 환어음(수표)의 지급인 또는 인수인이 지급을 하게 되는 근거가 되는 법률관계를 가리킨다. 약속어음에는 자금관계가 있을 수 없다.

실질관계와 관련하여 어음 · 수표를 주고받기 전단계로서의 준비과정에서 형성되는 법률관계로 어음예약이 체결되기도 한다.

제2　어음 · 수표의 원인관계

1. 원인관계의 의의

어음이 수수되는 경우에는 그 당사자간에 그에 대한 경제적 원인이 있게 마련이다. 그러한 어음수수의 목적이 되는 실질적 법률관계를 원인관계라고 한다. **원인관계**는 여러 가지 형태를 취한다. 매매대금의 지급, 기존채무의 변제, 채무담보제공, 어음대출, 어음할인 등이 원인관계의 흔한 예가 된다. 다만 어음할인의 경우 그 법적 성질을 어음자체의 매매로 보는 한 할인의 대상이 되는 어음은 매매의 목적물이 되므로 원인관계를 특별히 문제삼을 필요는 없다. 원인관계에 기초하여 어음이 교부되는 경우에 그와 반대방향으로 대가가 지급되는 것이 보통이므로, 원인관계를 **대가관계**라고 부르기도 한다. 다만 융통어음의 경우나 제3자가 무상으로 어음보증을 하는 경우 등에는 대가의 수수는 없게 된다. 원인관계에서 발생한 채무를 **원인채무**(underlying obligation) 또는 **기존채무**라고 부른다.

2. 어음·수표관계와 원인관계의 분리 원칙

어음상의 권리는 어음의 작성으로 인하여 새로이 창출된 권리로서 그에 앞서 원인이 되는 채권·채무관계가 있게 된다. 원인관계와 어음관계는 실질적으로 또는 경제적으로는 목적과 수단의 관계에 있으나 법률적으로는 분리·독립된다. 즉 어음관계와 원인관계 간에는 종속성이 없다.

어음의 소지인이 어음상의 권리를 행사함에 있어서는 그 원인관계에 대한 **입증책임**이 없을 뿐만 아니라 어음상의 권리·의무는 원인관계의 부존재, 유효 또는 무효에 의하여 영향을 받지 않는다. 이러한 분리의 원칙은 어음거래의 안전을 보호하고 유통성을 보장하기 위한 것이라고 설명된다.

그러나 일정한 경우에는 분리의 원칙을 고수하는 것이 형평에 맞지 않거나 **소송불경제**를 초래하기도 하기 때문에 원인관계와 어음관계 상호간에 영향을 미치는 것을 허용하기도 한다.

이와 관련하여 논의되는 어려운 문제로는 어음금 청구에 대하여 원인채권의 소멸시효완성을 인적항변사유로 대항할 수 있는가, 어음소지자의 권리행사의 해태, 즉 지급제시기간내 지급제시의 해태 또는 상환청구권보전절차 불이행 그리고 어음채권의 소멸시효완성으로 어음소지인의 원인채권도 소멸하는가, 어음채권자와 원인채권의 귀속 주체가 분리되는 경우 채무자의 지위는 어떠한 영향을 받는가 등이 있다. 이러한 문제들은 뒤의 제3. 심화논점에서 다루어지고 있다.

3. 원인관계가 어음·수표관계에 미치는 영향

(1) 인적항변의 허용

어음·수표채무자는 어음금지급을 청구하는 소지인에 대하여 발행인 또는 종전의 소지인에 대한 인적 관계로 인한 항변으로써 대항하지 못한다(어 17조, 19조 2항, 77조 1항 1호; 수 22조). 이를「인적항변의 절단」이라고 한다. 그러나 어음이나 수표를 주고받은 직접당사자간에 있어서는 유통의 저해라는 문제가 없기 때문에 소송경제에 비추어 원인관계와 어음관계의 분리 원칙을 고집할 필요가 없다. 어음채무자는 직접당사자관계에 있는 소지인에 대하여는 원인관계의 채무불이행을 이유로 어음금의 지급을 거절할 수 있다. 예를 들면 매수인인 약속어음의 발행인은 매도인인 어음의 수취인에 대하여 매매목적물을 인도받지 못하였다거나 매매목적물에 하자가 있음을 이유로 매매계약을 해제하고 어음금지급을 거절할 수 있다. 이러한 경우에까지 어음금을 지급하여야 한다면 부당이득의 반환청구나 원상회복 등을 위하여 불필요한 소송이 진행될 수 있다.

직접당사자간에는 항변이 허용된다 하여 어음·수표의 수수가 원인채권에 대하여 아무런 의미를 가지지 못하는 것은 아니다. 어음을 주고 받음으로써 당사자간에는 원인채권의 행사에 관한 한 입증책임이 전환되는 효과를 가진다. 왜냐하면 채권자는 일단 어음채권을 행사함에 있어서 원인채권의 존재를 입증할 필요는 없고 채무자가 원인채권의 부존재 등 항변사유를 입증하여야 하기 때문이다. 다음 판결은 이러한 관계를 잘 보여주고 있다.

대판 1965. 10. 19, 65다1594 어음상의 권리는 어음의 작성이나 기재에 의하여 창조된 것임으로 어음상의 권리를 행사함에 있어서는 다만 어음을 소지하고 있으면 족한 것이고, 그 이상 원인관계에 관하여 증명할 필요는 없는 것이고, 또 채무자측에 있어서도 그 이상 원인관계의 입증을 요구할 수 없는 것이니 이는 어음이 전전유통하여 어음행위의 직접 당사자 이외의 제3자로부터 어음금의 지급청구를 당하는 경우는 물론, 직접의 당사자 사이에서 어음상의 권리가 행사되는 경우에도 동일하다 할 것이요, 원인관계의 흠결하자가 있는 경우에도 이로 인하여 어음상의 권리는 아무런 영향도 받지 아니하는 것이며, 다만 이와 같은 원인관계와 어음관계의 분리가 인정되는 것은 선의의 어음취득자를 보호하고 어음의 유통성을 강화하기 위한 것이므로 어음이 직접의 상대방(수취인, 피배서인)의 수중에 남아 있을 때에는 어음의 채무자는 원인관계의 흠결하자를 주장·입증하여 어음상의 권리 행사를 거부할 수 있을 뿐이라 할 것이다.

(2) 상환청구제도

어음이나 수표의 만기에 지급을 거절당하거나 만기전이라도 환어음의 인수가 거절된 때에 어음(수표)소지인은 배서인이나 환어음의 발행인 등에 대하여 상환을 청구할 수 있는데 이것을 **상환청구**라고 한다. 이러한 상환청구권은 어음소지인의 지위를 강화하고 어음의 유통성을 높이기 위한 것이다. 어음이나 수표를 주고받는 데 있어서 원인관계(대가관계)가 있음을 고려하여 어음법에서 배서인등 상환의무자의 제2차적 책임을 인정한 것이다(어 15조 1항, 77조 1항 1호 등; 수 18조 1항). 상환의무자가 지급이나 인수가 거절된 재산적 가치가 의문시되는 어음을 양도하고 어음금액에 상당한 대가를 취득하였음을 근거로 그에게 **담보책임**을 부과한 것이다.

(3) 이득상환청구권

어음·수표상의 권리가 단기시효로 인하여 소멸한 경우에 채무를 면하게 된 어음상의 채무자, 또는 어음소지인이 상환청구권보전절차를 이행하지 않아서 상환의무를 면하게 된 상환의무자는 대부분의 경우 어음을 발행 또는 양도하면서 대가를 취득하였다. 그들이 어음채무를 면하고도 이미 취득한 경제적 이익을 그대로 보유하도록 하는 것은 형평에 맞지 않고 부당하다. **이득상환청구권**은 이러한 경우에 **원인관계를 고려하여**, 민법상의 부당이득제도(민 741조 이하)를 특수화함으로써 그러한 이득을 반환하도록 어음법·수표법이 정한 제도이다(어 79조; 수 63조).

4. 어음·수표관계가 원인관계에 미치는 영향

어음이나 수표는 신용을 얻기 위하여, 담보제공을 하기 위하여 또는 지급을 위하여 주고받게 된다. 이와 같이 어음의 수수는 대부분 원인관계를 전제로 하며, 어음이 발행·교부되거나 양도되면 원인관계에 영향을 미치게 된다. 당사자간의 기존채무를 전제로 하여 어음이 건네지는 경우에 어음의 발행·교부 또는 양도가 원인채권에 미치는 영향은 세 가지로 나누어 볼 수 있다.

「지급에 갈음하여」, 「지급을 위하여」와 「담보를 위하여(대부분의 판결에서는 '지급확보를 위하여'라고 쓰고 있다)」가 그것인데, 중요한 차이는 「지급에 갈음하여」의 경우는 기존채무가 소멸하는데 반하여 「지급을 위하여」와 「담보를 위하여」의 경우는 기존채무가 소멸하지 않고 어음채무와 기존채무가 모두 남게(병존하게) 된다는 점이다.

(1) 「원인채무의 지급에 갈음하여」 어음이 수수되는 경우

어음이나 수표가 원인관계, 즉 기존채무와 관련지어 건네지는 경우에 흔하지는 않지만 원인채무가 소멸할 수 있다. 이러한 경우를 가리켜 **지급에 갈음하여**(in complete satisfaction) 어음이 수수(授受)되었다고 한다.

어음의 수수로 원인관계상의 기존채무(원인채무)가 소멸한다고 하면 채권자에게 불리한 것은 사실이다. 하지만, 어음을 주고받는 양당사자가 그렇게 하기로 합의한다면, 기존채무의 소멸을 허용하지 않을 이유는 없다. 이 경우에는, 어음의 수수와 동시에 원인채무가 소멸하고 채권자는 어음상의 권리만 가지게 된다. 원인채무가 소멸하면, 원칙적으로 기존채권을 위하여 설정된 담보권·보증 등도 실효하게 된다. 어음이나 수표를 주고받는 정황에 비추어 지급에 갈음하는 것으로 추정될 수도 있다.[1] **자기앞수표**로 결제하는 경우는 명시적 합의가 없더라도 「지급에 갈음하여」에 해당하고 원인채무는 소멸하는 것으로 다루어진다. 판례는 변제의 제공은 특단의 사유가 없는 한 신용있는 은행의 수표로서 할 수 있다고 하면서 이를 현실의 제공으로 보고 있다.

대판 1960. 5. 19, 4292민상784 수표로서 변제 제공하는 경우에 있어서는 특별히 채권자의 주소지에 소재하는 은행의 수표만으로 한다는 특약이 있는 등 특단의 사유 없는 한 신용있는 은행의 수표 제공은 일반거래상 현금의 제공과 동일하게 볼 것이므로 이를 채무 本旨에 따른 현실제공으로 해석할 것이다.

지급에 갈음하여 어음을 발행·교부하거나 양도하는 행위는 **대물변제**(민 466조)로 보아야 한다. 이것을 경개(更改)(민 500조)로 본다면 기존채무(구채무)가 존재하지 아니한 경우에 어음채무(신채무)의 성립을 부인할 수밖에 없어서 어음의 무인성에 반하게 되어 부당하기 때문이다.

(2) 「원인채무의 지급을 위하여」 어음이 수수되는 경우

(가) 두 가지 채권의 병존

어음·수표의 발행이나 양도로 인하여 원인채무가 소멸하는 경우는 오히려 예외적이며, **원인채권과 어음채권이 병존**하는 것으로 보는 것이 당사자의 기대에 부합한다. 채권자의 동의 없이 기존채무의 소멸을 인정하는 것은, 채권자의 이익을 중대하게 침해하는 것이 된다.

대판 1993. 11. 9, 93다11203, 11210 채무자가 채권자에게 기존채무의 이행에 관하여 어음이나 수표를 교부할 때 당사자의 의사는, (1) 기존의 원인채무를 소멸시키고 새로운 어음·수표채무만을 존속시키고자 할 경우로서 "지급에 갈음하여" 또는 "변제에 갈음하여" 하는 경우, (2) 어음·수표를 기존원인채무에 대한 지급수단 그 자체로서 주고받고자 하는 경우로서 "지급을 위하여" 또는 "지급의 방법으로" 하는 경우, (3) 기존원인채무의 지급을 담보하기 위하여 그에 덧붙여 어음·수표상의 권리를 부여하고자 할 경우로서 "지급확보를 위하여" 또는 "담보를 위하여" 하는 경우의 3가지 형태가 있다고 할 것이다. 기존채무의 이행에 관하여 어음·수표를 교부하는 목적은 원칙적으로 당사자의 의사를 기준으로 하여 판단하여야 할 것이므로 당사자 사이에 약정이 있는 경우에는 그에 따르면 되고, 특약이 없는 경우에는 "지급을 위하여" 또는 "지급확보를 위하여" 교부된 것으로 추정할 것이고, 따라서 특별한 사정이 없는 한 기존의 원인채무는 소멸하지 아니하고 어음·수표상의 채무와 병존한다고 보아야 한다.

두 가지 채권이 병존하는 경우는 다시 채권자에게 어음채권의 선행사의무를 인정할 것이냐에 따라, 원인채무의 **지급을 위하여**(as a conditional payment) 어음이 수수된 경우와 **담보를 위하여**(as a security) 어음이 수수된 경우로 나누어 볼 수 있다. 먼저 「지급을 위하여」 수수된 경우를 설명하기로 한다.

(나) 어음채권의 선행사의무

「지급을 위하여」 어음이 건네진 경우에는 기존채무를 이행하는 한 가지 방법으로서 어음을 발행·교부 하거나 양도하는 것이므로, 채권자는 기존채권과 어음채권을 중복하여 가지게 된다.

「지급을 위하여」 어음이 교부되었다는 것은 어음이 기존채무를 이행하는 방법으로, 즉 **지급의 편의를 위하여** 교부된 것이므로 채권자는 원칙적으로 어음상의 권리를 먼저 행사하여야 한다. 당좌수표를 받은 채권자가 수표금 지급을 청구해 보기 전에 원인채권을 행사한다는 것은 넌센스이다. 어음의 경우도 지급을 위하여 교부된 경우에는 일단 어음채권을 먼저 행사하여야 한다는 것이 쌍방 당사자의 기대를 만족시킬 수 있다. 이것을 **어음채권 선(先)행사의 의무**라고 한다. 선행사의무는 계약상의 의무도 아니고 법률의 규정에 의한 의무도 아니다. 성질을 밝혀야 한다면 형평의 관점에서 인정되는 「배려의무」라 할 수 있다.

원인채권의 변제기(원래의 변제기이고 어음의 지급기일까지 유예된 변제기가 아님)가 도래하더라도 어음의 지급제시가 있을 때까지는 채무자가 이행지체에 빠지지 아니한다. 즉 원인채권의 행사는 보류되고 어음의 지급이나 인수가 거절된 때 채권자는 원인채권을 행사할 수 있다. 지급을 위하여 어음이 교부된 경우 채권자가 어음상의 권리를 먼저 행사하여야 한다는 것은 만기에 어음금지급을 청구하는 것으로 족하고 소송을 통한 권리행사까지 요구하는 것은 아니다. A→B→C의 예에서 소지인 C는 만기에 발행인 A에게 어음금 지급을 청구하여 거절당한 이상 B에게 원인채권을 행사할 수 있는 것이지 A를 상대로 어음금 지급청구의 소송까지 제기해야 하는 것은 아니다. 선행사의무의 이행으로 상환청구권이 보전된다. 지급거절증서 작성이 면제되고 있는 어음거래실무에 비추어 지급제시만으로 상환청구권이 보전된다.

어음소지인 D가 선행사의무를 게을리하여 주된 채무자가 변제자력을 상실한 경우 또는 어음소지인이 상환청구권을 보전하지 못한 경우(A→B→C→D에서 A는 재력이 없고 B는 재력이 있으나 B에게 상환청구할 수 없게 된 경우) 그러한 어음소지인 D의 C에 대한 원인채권행사를 허용할 것인가가 문제된다. 이에 대하여 **다수설은** (채무자가 손해를 입지 않았음을 소지인이 입증하지 못하는 한)원인채권을 행사할 수 없다고 하는 데 반하여 **소수설**과 판례는 소지인의 원인채권의 행사까지 봉쇄할 필요는 없으며 선행사의무를 이행하지 못한 데 대하여 손해배상책임을 지우는 것으로 충분하다고 한다. 지급제시기간 경과 후 변제자력을 상실하는 것은 예외적인 경우이므로 다수설은 소지인에게 너무 불리하게 해석하는 것이 된다. 상세한 것은 뒤의 심화 논점에서 설명하기로 한다.

채권자(소지인)가 어음채권의 선행사의무를 위반하여 지급기일에 적법한 지급제시를 하지 않음으로써 상환청구권이 보전되지 않은 경우에 지게 되는 손해배상책임과 관련하여, 판례는 이러한 손해를 특별사정으로 인한 손해(민 393조 2항)로 보고 있다.

대판 1995. 10. 13, 93다12213 "채무자가 기존 채무의 이행에 관하여 채권자에게 어음을 교부하는 경우에 당사자 사이에 특별한 의사표시가 없고, 다른 한편 어음상의 주채무자가 원인관계상의 채무자와 동일하지 아니한 때에는 제3자인 어음상의 주채무자에 의한 지급이 예정되고 있으므로, 이는 '지급을 위하여' 교부된 것으로 추정된다. 그리고 이러한 경우에는 채권자는 어음채권과 원인채권 중 어음채권을 먼저 행사하여 만족을 얻을 것을 당사자가 예정하였다고 할 것이므로, 채권자로서는 어음채권을 우선 행사하고 그에 의하여서는 만족을 얻을 수 없을 때 비로소 채무자에 대하여 기존의 원인채권을 행사할 수 있으며, 나아가 이러한 목적으로 어음을 배서양도 받은 채권자는 특별한 사정이 없는 한 채무자에 대하여 원인채권을 행사하기 위하여는 어음을 채무자에게 반환하여야 하므로, 채권자가 채무자에 대하여 자기의 원인채권을 행사하기 위한 전제로서 지급기일에 어음을 적법히 제시하여 소구권 보전절차를 취할 의무가 있다고 보는 것이 양자 사이의 형평에 맞는다."

"채권자가 채무자에 대하여 원인채권을 행사하기 위한 전제로서 지급기일에 어음을 적법히 제시하여 소구권 보전절차를 취할 의무를 위반하여 지급기일에 적법한 지급제시를 하지 아니함으로써 소구권이 보전되지 아니하였더라도 약속어음의 주채무자인 발행인이 자력이 있는 한 어음을 반환받은 채무자가 발행인에 대한 어음채권이나 원인채권을 행사하여 자기 채권의 만족을 얻을 수 있기 때문에 아직 손해는 발생하지 아니하는 것이고, 지급기일 후에 어음발행인의 자력이 악화되어 무자력이 됨으로써 채권자에게 자신의 채무를 이행하여야 할 채무자가 어음을 반환 받더라도 발행인에 대한 어음채권과 원인채권의 어느 것도 받을 수 없게 된 때에야 비로소 자신의 채권에 대하여 만족을 얻지 못하게 되는 손해를 입게 되는 것이고, 이러한 손해는 어음의 주채무자인 발행인의 자력의 악화라는 특별사정으로 인한 손해로서 소구권보전의무를 불이행한(적시에 제시하지 않은 - 저자) 어음소지인이 그 채무(만기에 지급제시할 의무-저자) 불이행 당시인 어음의 지급기일에 장차 어음발행인의 자력이 악화될 것임을 알았거나 알 수 있었을 때에만 그 배상채권으로 상계할 수 있는 것이라고 할 것이다."

〈사실관계 및 쟁점〉 원고들 채희돈 외 5인의 피상속인인 소외 채익병(1990. 11. 11. 사망)이 1990. 7. 20.경 피고 박금선으로부터 소외 성인무역 주식회사 발행의 액면 금 10,000,000원, 지급기일 같은 해 9. 11.로 된 이 사건 약속어음 1장을 교부받고 피고에게 금 10,000,000원을 대여하였다. 그런데 소외 채익병은 1990. 8. 30.경 동 약속어음을 분실하자 그 사위인 소외 이건국이 1990. 9. 20. 서울민사지방법원에 위 약속어음에 대한 공시최고신청을 하여 1991. 1. 5. 위 법원에서 위 약속어음에 대한 제권판결이 선고되었고, 그 후 위 이건국 등은 위 성인무역에 대하여 바로 위 약속어음상의 권리를 행사하지 아니하고 다시 위 성인무역으로부터 액면 금 10,000,000원, 지급기일 1991. 2. 25.로 된 약속어음 1장을 교부받아 소지하고 있다가 같은 해 2. 25. 지급장소인 서울신탁은행 이촌동 지점에 지급제시하였으나 무거래로 지급이 거절되었다. 그 후 원고들은 상속인으로서 피고에 대하여 원인채권인 대여금반환청구의 소를 제기하였다. 이에 피고는 소외 채익병이 위 약속어음을 그 지급기일에 적법하게 지급제시하였더라면 그 어음금을 지급받을 수 있었고, 그에 따라 피고의 위 차용금 채무도 소멸될 수 있었는데 위 채익병이 그 지급제시기간이 지나도록 이를 지급제시하지 않고 있다가 위 발행인인 성인무역이 실질적으로 파산함으로 인하여 위 약속어음금을 지급받을 수 없게 되었고 그로 인하여 피고는 그 액면금 상당의 손해를 입게 되었으므로 위 채익병의 상속인들인 원고들에 대한 손해배상채권으로써 위 대여금 채무와 상계한다는 항변을 하였다.

여기서 쟁점이 된 것은 대여금 채권의 이행확보를 위하여 약속어음이 교부된 경우에 원칙적으로 그 약속어음의 지급기일에 어음상의 권리를 행사하여야 할 의무가 있는지 여부 및 채권자의 위 의무에 위반하여 발생하는 손해배상책임의 성질이 무엇인지 하는 점이다.

이에 대하여 판례는 본 사안에서 원고들의 피상속인인 소외 채익병이 지급기일에 어음의 지급제시를 하지 아니함으로써 소구권보전의무를 게을리 하였고 그 후에 어음발행인으로서 주채무자인 성인무역이 무자력이 됨으로써 피고는 원고들에 대하여 자신의 원인채무를 이행하더라도 피고 자신의 성인무역에 대한 어음채권 및 원인채권의 만족을 얻을 수 없게 되는 손해를 입었다고 할 것이지만, 기록을 살펴보아도 지급기일 당시에 원고들이 장차 성인무역이 무자력이 될 것임을 알았거나 알 수 있었다고 인정할 아무런 자료가 없으므로 원고는 피고에 대하여 손해배상책임을 부담하지 아니한다고 하였다. 따라서 피고에게는 원고들에 대한 손해배상채권이 인정되지 아니하므로 상계항변의 자동채권이 없다는 결론이 되어 결국 피고의 상계항변은 배척되게 되었다.

(다) 원인채권의 행사와 어음의 반환

채무자가 지급을 위하여 어음을 발행하였거나 양도한 후라도 채권자가 원인채권을 행사하는 경우가 있을 수 있다. 이 경우에 원인채무를 이행하는 채무자는 교부한 어음을 환수하고자 한다. 자기에 앞선 어음상의 채무자(약속어음의 발행인과 같은 주된 채무자나 앞선 배서인과 같은 상환의무자)에게 어음상의 권리를 행사하기 위하여 어음이 필요하다. 또한 채무자 스스로 부담하는 어음채무의 이중지급의 위험을 면하기 위해서도 **어음을 환수할 필요**가 있으므로 어음이 반드시 반환되어야 한다. 그러나 채권자가 원인채권을 행사하기 위해서는 채권자가 먼저 어음을 채무자에게 반환하여야 한다고 할 필요는 없고 채무자에게 어음과 상환하여서만 지급하겠다는 쌍무계약에서의 **동시이행의 항변권**(민 536조 1항)과 유사한 항변을 인정하면 충분할 것이다.

채무자가 이 항변권을 행사하게 되면 법원은 **상환적 이행의 판결**을 하게 될 것이다. 그러나 문제의 어음이 제권판결을 받은 경우는 반환이 있을 수 없다.

한편 이중지급의 위험을 제거한다는 점에서 보면 어음상의 권리가 시효나 상환청구권보전절차의 흠결로 인하여 소멸하고 채무자가 이득상환청구권에 대응한 의무도 부담하지 않는 경우와 같이 이중지급의 위험이 전혀 없게 된 경우에는 어음반환의 항변을 허용할 필요가 없다.

대판 1996. 3. 22, 96다1153 채무자가 기존채무의 지급을 위하여 채권자에게 약속어음을 교부하였는데 채권자가 그 어음과 분리하여 기존채권만을 제3자에게 양도한 경우에는, 채무자는 이중으로 채무를 지급하게 될 위험을 피하기 위하여 채권양수인의 어음의 반환 없는 기존채권의 지급청구를 거절할 수 있고, 그와 같은 경우 원인채권의 양도 통지 후 그 어음금이 지급되었다고 하더라도 채무자는 양도통지를 받기 이전에 이미 어음의 반환 없는 원인채무만의 이행을 거절할 수 있는 항변권을 가지고 있었으므로 그 후 원인채권을 양수한 자에 대하여 그 항변권을 행사할 수 있으며, 이와 같은 법리는 그 어음이 채권자로부터 다시 다른 사람에게 배서양도되어 그에게 어음금이 지급된 경우뿐 아니라 채권자에게 어음금이 지급된 경우에도 마찬가지로 적용된다.

대판 1995. 10. 13, 93다12213 일반적으로 약속어음을 교부하고 돈을 차용한 채무자는 채권자의 차용금 반환청구에 대하여 약속어음의 반환과 상환으로만 그 반환의무를 이행하겠다는 주장을 할 수 있으나, 그 약속어음에 대한 제권판결이 선고되어 약속어음의 효력이 상실된 경우에는 그러한 상환이행의 주장을 할 수는 없다고 보아야 할 것이다.

(라) 어음채권과 원인채권의 소멸

어음채권과 원인채권이 병존하는 경우에 일방의 채권이 만족되면 타방의 채권도 소멸한다(**상대적 소멸**). 어음채권에 대한 지급이 있으면 원인채권이 소멸한다. 한편 원인채권이 소멸하면 주된 채무자에 대한 권리이든, 상환청구권이든, 원인관계의 직접 당사자간에서는 어음채권을 행사할 수 없다. 그러나 원인채무자가 어음을 환수하지 못한 때에 그 어음이 전전유통되어 선의의 제3취득자가 생기면 원인채무자는 이중으로 어음채무를 이행하여야 할 위험에 빠질 수 있다. 변제로 소멸한 경우외에 원인채권이 시효로 소멸한 경우에도 어음채권이 소멸한 것으로 볼 것이냐는 쉽지 않은 문제이다. 뒤의 심화논점에서 상술하기로 한다.

(3) 「원인채무의 담보를 위하여」 어음이 수수되는 경우

어음채무는 일반채무에 비하여 채권자에게 유리하고 강력한 채권이 되는 것이 보통이기 때문에, 기존채무의 담보를 위하여 어음이 발행·교부되거나 채무자가 자기가 소지하고 있던 어음을 배서양도하여 담보로 제공하는 사례가 흔히 있다. 판례에서는 '담보를 위하여'라는 표현보다 '지급확보를 위하여'라는 표현을 사용해 왔다. 이 경우에도 **원인채권과 어음채권은 병존**한다.

지급의 편의를 위하여 어음이 수수된 경우와는 달리 담보를 위한 경우에는 두 가지 채권의 행사의 순서는 채권자의 선택에 맡겨져 있다. 담보를 위한 경우는 어음의 지급제시가 없더라도 원인채권의 변제기 도래로 이행지체가 발생한다.

담보를 위하여 어음이 수수된 경우라도 채권자가 원인채권을 행사할 때에는 채무자가 그 어음을 환수하여야 할 필요성이 인정됨은 지급을 위하여 어음이 수수된 경우와 다르지 않다. 원인채권의 행사와 어음의 반환은 **동시이행의 관계**에 있는 것으로 다루어야 한다.

대판 1992. 12. 22, 92다8712 채무의 이행확보를 위하여 어음을 발행한 경우 채무의 이행과 어음의 반환은 동시이행의 관계에 있으며, 동시이행의 관계에 있는 반대급부를 조건으로 하는 변제공탁은 유효하다 할 것이다.

대판 1977. 3. 8, 75다1234 환어음은 지급인이 인수함으로써 인수인은 어음상의 채무자가 되는 것이니 인수로써 비로소 채권자는 인수인에 대하여 기본채권과 환어음상의 채권을 가지게 되고 환어음은 기존채무의 지급을 담보하게 되는 관계에 놓이게 되므로 환어음이 소외 은행의 소지에 들어가 있는 경우에 채권자에게 기존채권의 행사를 허용한다면 기존채무의 지급을 담보하기 위하여 어음이 수수된 경우인데도 불구하고 채무자는 어음상의 채무의 지급까지 하게 되어 이중지급의 위험이 있게 되므로 자기지시 환어음 아닌 어음이 기존채무 담보로 발행되고 그것이 인수된 경우는 채권자는 기존채무의 지급을 청구할 수 없다.

대판 1993. 11. 9, 93다11203, 11210 기존의 원인채권과 어음·수표채권이 병존하는 경우에 채권자가 원인채권을 행사함에 있어서는 어음·수표의 반환이 필요하고, 이는 채무자의 채무이행과 동시이행의 관계에 있다고 할 것이고, 따라서 채무자는 어음·수표와 상환으로 지급하겠다고 하는 항변으로 채권자에게 대항할 수 있고, 이와 같은 항변이 있을 때에는 법원은 어음·수표와 상환으로 지급하라는 취지의 상환이행의 판결을 하여야 할 것이다. 그러나 채무자가 어음·수표의 반환이 없음을 이유로 원인채무의 변제를 거절할 수 있는 것은 채무자로 하여금 무조건적인 원인채무의 이행으로 인한 이중지급의 위험을 면하게 하려는 데 그 목적이 있는 것이지 기존의 원인채권에 터잡은 이행청구권과 상대방의 어음·수표의 반환청구권이 민법 제536조에 정하는 쌍무계약상의 채권·채무관계나 그와 유사한 대가관계가 있어서 그러는 것은 아니므로, 원인채무의 이행과 어음·수표의 반환이 동시이행의 관계에 있다 하더라도 이는 어음·수표의 반환과 상환으로 하지 아니하면 지급을 할 필요가 없으므로 이를 거절할 수 있다는 것을 의미하는 것에 지나지 아니한다고 할 것이다. 따라서 채무자가 어음·수표의 반환이 없음을 이유로 원인채무의 변제를 거절할 수 있는 권능을 가진다고 하여 채권자가 어음·수표의 반환을 제공을 하지 아니하면 채무자에게 적법한 이행의 최고를 할 수 없다고 할 수는 없고, 채무자는 원인채무의 이행기를 도과하면 원칙적으로 이행지체의 책임을 지고, 채권자로부터 어음·수표의 반환을 받지 아니하였다 하더라도 이 어음·수표를 반환하지 않음을 이유로 위와 같은 항변권을 행사하여 그 지급을 거절하고 있는 것이 아닌 한 이행지체의 책임을 면할 수 없다고 보아야 할 것이다. 그러므로 이 사건에 있어서 피고 주식회사 일오삼이 이 사건 매매잔대금에 관련하여 교부된 약속어음의 반환을 요구할 권능을 가지고 있고, 이 어음을 반환받지 않았다 하더라도, 당연히 이행기 도과로 인한 이행지체의 책임을 지지 않는다고 할 수는 없을 것이고, 원고 주식회사 금구산업이 매매잔대금의 지급을 최고함에 있어 위 어음반환의 제공을 하지 아니하였다 하더라도 그 최고가 최고로서의 효력이 없다고 할 수도 없고, 이와 같은 취지의 원심판단에 어음의 상환증권성에 관한 법리를 오해한 위법이 있다고 할 수 없다.

〈사실관계 및 쟁점〉 원고 주식회사 금구산업은 소외 박대철(소외 박대철은 피고 주식회사 일오삼의 실질적 대표로서 후에 이 사건 매매계약을 인수하였음)과 사이에 원고소유의 이 사건 부동산을 대금 320,000,000원에 매도하기로 하고, 그 날 계약금으로 금 70,000,000원은 당좌수표로 지급받았으며, 잔금 250,000,000원은 1989. 5. 31.에 지급받기로 약정하는 매매계약을 계약을 체결하였다. 아울러 매매잔대금의 지급을 담보하기 위하여 원래의 채무자인 박대철의 처인 소외 김양선의 명의로 지급기일이 1989. 5. 31.로 된 액면 금 250,000,000원짜리 약속어음 1장을 원고에게 발행·교부하면서, 만일 동 약속어음이 그 지급기일에 결제되지 아니할 경우에는 그 지급기일을 1989. 8. 31.로 연기하는 대신 위 박대철이 잔금지급 전에 이 사건 부동산을 인도받아 사용·수익하는 대가로 같은 해 5. 1. 부터 소급계산하여 잔금지급시까지 매월 금 3,000,000원씩의 사용료를 원고회사에 선불로 지급하고, 같은 해 8. 31.까지도 잔금을 지급하지 못할 때에는 위 매매계약은 별도의 의사표시 없이 해제되는 대신 이미 지급된 계약금 70,000,000원을 임대차보증금으로 하고 월임료를 금 3,000,000원으로 하는 임대차계약이 체결된 것으로 간주하기로 약정하였다.

한편 이 사건에 있어서는 당초 매매계약에 따라 계약금의 지급을 위하여 원고에게 발행·교부한 당좌수표는 그 지급기일에 결제되었다. 그러나 원래 계약체결당시 예기하지 못했던 사유로 인하여 원고는 위 당좌수표가 결제되었음에도 그 소유권이전등기를 경료하여 주지 못하였고, 이에 따라 피고도 잔금지급기일로 약정된 5. 31.에 위 약속어음을 결제하지 아니하여 잔금지급기일이 8. 31.로 연기되었다.

이와 같이 쌍방이 각자의 의무(원고의 소유권이전등기의무와 피고의 잔대금지급의무)를 이행하지 아니한 채 1989. 8. 31.이 도과되자, 원고는 1992. 9. 16. 경 이 사건 부동산에 대한 소유권이전등기신청에 필요한 제반 서류를 준비하여 피고에 대하여 위 등기서류를 수령하고 매매잔대금 250,000,000원을 지급할 것을 최고하면서 최고를 받은 날로부터 5일 이내에 매매잔대금을 지급하지 아니하는 경우에는 별도의 의사표시 없이 이 사건 매매계약은 해제된 것으로 간주하겠다는 내용을 기재한 통고서를 피고 앞으로 발송하여 같은해 9. 17. 피고가 송달받았다. 그럼에도 피고는 그로부터 5일이 경과될 때까지 위 매매잔대금을 지급하지 아니하였다. 이에 원고가 이 사건 매매계약은 적법하게 해제되었으므로 이 사건 부동산의 인도를 구하자, 피고는 위 매매잔대금의 지급을 담보하기 위하여 원고에게 발행·교부한 위 약속어음을 반환받을 때까지 원고에 대하여 이 사건 매매잔대금의 지급을 거절할 수 있으므로 원고가 피고회사에 대하여 매매잔대금의 지급을 최고함에 있어 위 약속어음 반환의무의 이행을 제공하여야 함에도 그 이행의 제공을 하지 아니하였으므로 매매계약해제의 효력이 발생하지 아니하였다고 항변하였던 것이다.

여기서 쟁점이 된 것은 원인채무의 이행을 담보하기 위하여 어음이 수수된 경우에 있어서, 채권자가 어음을 반환함이 없이 원인채권을 행사함에 대하여 채무자에게 어음의 반환과의 동시이행항변권이 있다는 사실만으로 기존채무의 이행기가 도과하더라도 이행지체의 책임을 지지 아니하느냐 여부이다.

이에 대하여 판례는 위에서 본 바와 같은 이유로 채무자가 원인채무의 이행기를 도과한 이상 채권자로부터 어음을 반환받지 아니하였더라도 이행지체의 책임을 부담한다고 보았다.

(4) 당사자의 의사가 명백하지 아니한 경우

당사자의 의사가 명백하지 않은 경우 위 세 가지 유형 중 어느 하나에 해당한다고 볼 것인가에 대한 통설적 해결방법은 다음과 같다.

(가) 두 가지 채권의 병존 추정

어음이 「지급에 갈음하여」 건네진 것 즉 원인채권이 소멸한 것으로 보면 채권자의 권리를 부당하게 침해하게 된다. 일반적으로는 어음채권이 원인채권보다 강력하고 채권자에게 유리한 것으로 생각될 수 있다. 그러나 권리보전절차의 엄격성, 단기소멸시효 등 어음채권이 원인채권보다 채권자에게 불리할 수도 있기 때문에, 채권자의 명시적 의사표시가 없는 경우에 원인채권의 소멸을 간주하는 것은 적당하지 않다. 따라서 당사자간에 명시적 합의가 없거나 자기앞수표가 교부된 것이 아니라면 두 가지 채권은 일단 병존하는 것으로 보아야 한다. 판례도 동일한 입장이다(대판 1993. 11. 9, 93다11203, 11210).

(나) 「지급을 위하여」와 「담보를 위하여」의 판별

원인채권과 어음채권 양자가 병존한다면 지급을 위하여 어음이 수수된 경우와 담보를 위하여 어음이 수수된 경우 어느 쪽에 해당된다고 볼 것인가? 합리적인 기준을 제시하면 다음과 같다(정동윤, 307면).

① 어음채권을 먼저 행사하도록 하여야 할 상당한 이유가 있는가?

② 어음의 지급제시가 없더라도 원인채무의 변제기가 도래한 이상 이행지체가 생기는 것으로 보아야 할 것인가?

1) 원인채무의 채무자가 어음상 유일한 채무자인 경우

약속어음의 경우 원인관계상의 채무자가 어음을 발행해서 원인관계상의 채권자에게 교부하는 것이 일반적이다. 이러한 어음을 수취인이 배서하지 않고 그대로 가지고 있다가 지급을 청구하는 경우에는 「담보를 위하여」로 보는 것이 합리적이다. 환어음을 원인채무자가 자신을 지급인으로 하여 발행하고 (자기앞환어음)원인채권자가 수취인으로 계속 소지하고 있는 경우에도 같다. 원인관계의 쌍방당사자가 어음관계의 채권자·채무자로 일치하므로 구태여 어음채권을 먼저 행사하도록 할 이유가 없기 때문이다. 다만 은행도어음과 같은 제3자방지급 어음의 경우는 원인채무자가 지급의 편의를 도모하기 위하여(현금 준비를 해놓고 대기하는 번거로움을 덜기 위하여) 어음을 발행·교부한 것으로 보는 것이 합리적이므로 「지급을 위하여」로 추정하여야 한다. 당좌수표의 경우를 생각해보면 더욱 알기 쉬워진다.

「담보를 위하여」의 경우에는 어음의 지급제시가 없어도 원인채권의 변제기일 도래로 채무자는 이행지체의 책임을 부담한다.

2) 원인관계상의 채무자가 어음상 유일한 채무자가 아닌 경우

채무자가 다른 사람이 발행한 약속어음을 채권자에게 배서양도하거나 환어음을 발행하여 채권자에게 교부한 경우 또는 채무자발행의 환어음이 인수된 경우에는 「지급을 위하여」 어음을 수수한 것으로 보는 것이 합리적이다. 이러한 경우에는 원인채권자로 하여금 어음채권을 먼저 행사하도록 하는 것이 어음을 교부한 원인채무자의 기대에 맞기 때문이다. 「지급을 위하여」의 경우에는 원인채권의 변제기가 도래하더라도 어음의 지급제시가 없는 한 원인채무자가 이행지체에 빠지지 아니한다.

대판 1993. 11. 9, 93다11203, 11210 어음상의 주채무자와 원인관계상의 채무자가 동일하지 아니한 경우에는 제3자의 지급이 예정되고 있으므로 그 어음이 지급의 방법으로 이용되고 있는 것으로 추측할 수 있을 때에는 "지급을 위하여" 교부된 것으로 추정할 수 있다고 할 것이나, 어음상의 유일한 주채무자와 원인관계상의 채무자가 동일하고 달리 어음상의 채무자가 없어 어음채권과 기존채권 중 어느 것이 먼저 행사되더라도 채무자의 이해에 영향이 없을 경우에는 "지급확보를 위하여" 교부된 것으로 추정할 수 있을 것이고, 또 이 두 가지 목적을 다 가지는 경우도 있을 것이어서, 이는 구체적 사안에 따라 판단되어질 성질의 것이며, 다만 일반적으로 말하면 수표가 수수되는 경우에는 수표의 지급증권성 때문에 "지급을 위하여" 교부된 것으로, 약속어음이 수수된 경우에는 "지급확보를 위하여" 교부된 것으로 보아야 할 경우가 많을 것이다.

제3 어음관계와 원인관계의 심화 논점

1. 원인채권의 소멸시효완성

(1) 문제의 제기

원인채권의 채권자가 원인채권의 지급을 위하여 채무자가 발행한 약속어음을 소지하고 있던 중 어음채권의 소멸시효 완성 전에 원인채권이 시효소멸하였다 하자. 이 경우에 원인관계의 쌍방당사자와 어음관계의 당사자가 일치하므로 원인채무소멸의 인적항변을 어음소지인에게 대항할 수 있느냐가 문제된다. 이 문제에 관하여 대법원은 다음과 같이 판시한 바 있다.

> **대판 1993. 11. 9, 93다16390** 상사채무인 약속어음의 원인채무가 5년의 상사시효기간이 지나서 시효소멸하였다면, 원인채무의 「지급확보를 위하여」 발행된 약속어음의 발행인은 위 사유를 들어 약속어음의 수취인에 대하여 약속어음금의 지급을 거절할 수 있다.

이 사건의 사실관계를 보면, 원고는 소외 회사로부터 1983년에 발생한 합계금액 69,944,264원의 채권을 1985년에 양수하였고, 피고는 그 채권액을 인정함과 동시에 그 채무를 직접 원고에게 변제하기로 약정함으로써, 소외 회사와 원고사이의 위 채권양도를 승낙하였다. 피고와 원고간에 위 양수채권금액 중 일부를 공제하고 나머지 금 68,000,000원 채권의 「지급확보를 위하여」 피고가 원고에게 금액 68,000,000원의 약속어음을 발행하였다.

대법원은, 피고가 소외 회사에 대하여 부담하고 있던 채무가 상사채무이고 그 채권이 동일성을 잃지 않고 소외 회사로부터 원고에게 이전되었으므로 이 사건 어음채권에 대한 원인채무는 원래 피고가 소외 회사에 부담하였던 상사채무이고 5년의 상사시효기간의 경과로 소멸한 것으로 인정하였다. 즉 어음채권의 소멸시효완성 전에 원인채무의 시효가 완성된 것으로 보았다. 그리고 원인채무가 소멸한 이상 어음채무자는 원인채권자와 동일한 어음채권자의 어음금 지급청구를 거절할 수 있다고 한 것이다.

어음의 주된 채무자에 대한 소멸시효기간은 3년이고(어 70조, 77조 1항 8호) 일반 상사채무의 소멸시효기간은 5년이므로, 원인채무가 어음채무보다 먼저 시효가 완성되는 경우는 흔하지 않을 것이다. 그러나 원인채권의 변제기가 도래한 후 상당기간이 지난 다음 원인채무의 지급을 위하여 약속어음을 발행·교부 또는 배서양도한 경우에는, 위 사건에서 본 바와 같이 어음채권의 시효완성 전에 원인채권이 시효소멸하는 경우가 있을 수 있다. 이러한 경우에 어음금지급을 청구할 수 없는 것으로 할 것이냐가 문제된다.

(2) 논의의 전개

원인채권이 시효소멸하였다 하여 그것을 인적항변사유로써 어음금지급을 거절할 수 있도록 하는 것이 타당한가에 대하여, 이에 찬성하는 입장과 반대하는 입장이 있을 수 있다. 이 문제를 다시 두 가지 경우로 나누어 보자.

A가 원인채무의 지급을 위하여 B에게 약속어음을 발행한 사례에서, ① 어음에 의한 지급청구와 소의 제기 이전에 원인채권의 소멸시효가 완성된 경우와 ② 어음에 의한 어음금지급청구소송이 제기된 후에 원인채권의 시효가 완성된 경우에 어음소지인 B는 어음채권에 의하여 어음금 지급을 청구할 수 있는가? ①의 경우, 일본 판례[2]와 **항변인정설**(주석 어음·수표법(I), 242면)에 의하면 원인채권의 시효소멸은 인적항변으로 대항할 수 있고, 어음채무자는 지급을 거절할 수 있다고 한다. 그리고 ②의 경우, 어음채권과 원인채권을 별개의 소송물이 되는 것을 전제로 하면 어음채권에 의한 소의 제기로 원인채권의 시효중단의 효과를 인정할 수 없게 된다. ②의 경우, ①의 경우에서 원인채권의 시효소멸이 인적항변으로 대항할 수 있다고 한 이상, 어음채권자는 어음금청구소송 계속중에 별도로 원인채권의 시효중단 조치를 취하지 않으면 안 된다. 그러나 이는 채권자의 이익을 현저하게 침해하게 되므로, 이익형량의 관점에서 어음채권에 의한 소의 제기로써 원인채권의 시효 역시 중단된다고 새기는 것이 바람직할 수도 있다.[3] 일본의 판례 역시, 어음채권은 어음수수의 당사자간에서 원인채권과 별개의 것이지만 경제적으로 동일한 급부를 목적으로 하는 원인채권의 지급수단이므로 원인채권의 시효소멸을 인적항변으로 대항시켜서 채무자의 지급의무

를 면제시킨다면 간이한 지급결제수단이라는 어음제도의 의의가 훼손되는 것이라는 이유에서, 어음금청구소송에 의한 원인채권의 시효중단을 긍정하고 있다.[4]

이에 대하여 원인채권소멸의 인적항변을 인정하는 것은 부당하다는 반대설이 있다. 이러한 인적항변 부정설은 원인채권의 시효소멸에 불구하고 그것으로 어음채권의 행사를 거절할 수 없다는 것이다. 원인관계가 무효이거나 취소된 경우는 당사자가 의도한 목적을 달성할 수 없고 그럼에도 불구하고 어음채무를 이행하여야 한다면, 채무자의 희생하에 채권자가 부당한 이득을 얻게 되므로 당연히 인적항변이 인정된다. 그러나 원인채권의 시효소멸의 경우는 당사자가 의도한 원인관계는 일단 유효하게 성립한 것이고 원인채권의 시효소멸 후에 채권자가 어음금을 받더라도 부당이득이 되지 않으므로 인적항변을 허용하는 것은 적당하지 않다는 것이다.[5] 일단 지급을 위하여 약속어음을 발행 또는 배서양도한 이상 원인채권이 독립하여 시효소멸되는 것을 인정하는 것은 적당하지 않다고도 주장한다.[6] 즉 어음이 원인채무의 결제를 위하여 수수되어 있는 경우 어음채권과 원인채권은 경제적 일체를 이루고 있고 어음채권은 원인채권의 수단이 되는 기능을 가지고 있음을 지적한다. 당사자 간의 지급결제의 면에서 볼 때, 어음의 교부에 의하여 원인채권은 어음채권으로 대체된 관계에 있고 원인채권의 시효소멸에 불구하고 채권자는 잔존하는 어음채권만을 행사하여 지급을 청구할 수 있어야 한다는 것이다.[7] 이 설에 의하면, 원인채권이 시효로 소멸하더라도 어음채권은 아무 영향을 받지 않고 어음의 당사자간에서 원인채권의 시효소멸은 인적항변사유가 되지 못한다. 결국 위의 설례 중 ①, ② 모든 경우에 B는 A에 대하여 어음청구를 할 수 있는 것으로 해석하는 것이다.

(3) 소 결

문제의 제기에서 보았던 대법원 판결에서는 그 사건에서 어음이 수수된 것을 「지급확보」를 위한 것으로 보고 논리를 전개한 것이므로 판결의 태도에 대한 비판의 여지는 작다. 만약 그 사건에서 어음이 은행도약속어음이기 때문에 「담보를 위하여」 수수된 것이 아니라 「지급을 위하여」 수수된 것으로 인정될 수 있다면, 동 판결은 부당하다고 생각한다. 「담보를 위하여」와 「지급을 위하여」는 그 구별기준이 항상 명확할 수는 없다. 구체적 사안에 따라 판단될 수밖에 없는 것이다(대판 1993. 11. 9, 93다11203, 11210).

생각해 보면 원인채무의 지급을 위하여 어음이 수수된 경우에 어음은 결제를 위한 수단으로 이용되고 있음은 사실이다. 원인채무가 소멸한 이상 어음채권을 행사할 수 있다고 하면 본말을 전도하는 결과가 된다는 것이 항변인정설의 이해인 것으로 보인다.

그러면 지급을 위하여 어음을 수수하는 경우 당사자들의 기대를 생각해 보자. 결제수단으로 어음을 교부한 채무자의 입장에서는 될 수 있는 대로 어음에 의하여 지급이 이루어지기를 바라고 어음을 교부하는 것이다. 이 때문에 어음을 받은 원인채권자는 선행사의 의무를 부담하게 되는 것이고, 원인채무는 변제기가 도래하더라도 이행지체에 빠지지 않는 것으로 다루어진다. 한편 채권자는 어음을 받은 이상 어음에 의하여 권리행사를 하여야 하고 그렇게 하면 되는 것으로 이해하게 될 것이다. 보통의 사람을 기준으로 생각할 때 어음을 받아 놓은 후에는 원인채권에 대하여 관심을 계속 표시하지도 않으려니와 보통의 경우에는 다시 원인채권을 행사할 경우도 많지 않을 것이다. 다만 어음이 부도처리되는 경우에 사후적으로 원인채권에 호소하게 될 뿐이다.

어음의 소멸시효기간보다 원인채권의 소멸시효기간이 짧은 흔하지 않은 경우와 원인채권의 변제기보다 훨씬 이후의 날을 만기로 하는 어음이 지급을 위하여 발행·교부되었거나 양도된 경우에 어음채권의 소멸시효 완성 이전에 원인채권이 시효로 소멸하는 일이 생길 수 있다. 이러한 경우에 문제는 원인채권의 시효소멸로 어음채권도 행사할 수 없다고 할 것이냐, 어음채권이 소멸하지 않은 이상 그 권리를 행사할 수 있도록 허용할 것이냐로 모아진다. 권리행사를 무작정 게을리 하는 자는 법이 보호하지 않겠다는 것과 상당한 기간이 지난 후에 증거확보의 어려움을 피하겠다는 것이 소멸시효제도의 취지라면, 어음을 가지고 권리행사를 하고자 하는 채권자는 원인채권의 행사를 게을리하였다고 볼 수 없을 뿐 아니라 증거법상의 문제도 남지 않는다.

결국 원인채권과 어음채권 중 아무 것도 행사할 수 없다고 하여 채권자의 손실로 이 문제를 해결할 것이 아니라 어음채권의 행사를 허용하는 것이 당사자의 기대에 부합할 것으로 보인다. 지급을 위한 어음의 수수가 있으면 당사자간에 어음의 만기까지 원인채권의 변제기를 연장·변경하기로 하는 묵시적 합의가 있었음을 인정하는 것이 합리적이다.[8] 이러한 해석을 통하여 어음채권이 유효한 동안에 원인채권의 시효소멸이 있을 수 없도록 하는 이론구성을 제안하고자 한다. 원인채권의 변제기가 이미 도래한 후라도 그 후에 수수된 어음의 만기까지 원인채권의 변제기가 변경된 것으로 보아도 별 문제가 없을 것이다.

2. 어음채권의 행사를 해태한 소지인의 원인채권 행사

(1) 문제의 제기

원인채무의 지급을 위하여 제3자가 발행하고 원인채무자가 소지하고 있던 약속어음을 원인채권자에게 배서양도한 경우에, 원인채권자가 그 어음의 만기에 지급제시를 하여 어음금을 지급받으면 원인채권의 만족을 얻게 된다. 그런데 원인채권자가 만기에 어음채권을 행사하지 아니하고 상당기간이 도과한 후, 주된 채무자인 발행인이 지급불능 상태에 처하게 되었거나, 심지어는 어음채권이 시효로 소멸하게 되는 경우가 있을 수 있다. 이러한 경우에 원인채권자의 원인채권행사를 아무런 제한없이 허용할 것인가, 또는 지급을 위하여 양도한 어음의 가치 소멸을 이유로 원인채권의 행사를 할 수 없도록 할 것인가가 문제된다. 이와 같은 문제는 원인채권자가 원인채무자로부터 담보용으로 제3자 발행의 어음을 양수받아 가지고 있는 경우에도 발생할 수 있다.

지급을 위하여 또는 담보를 위하여 원인채무자가 배서양도한 어음상에 그 어음의 발행인과 원인채무자(배서인) 사이에 1인 또는 수인의 배서인이 개재되어 있는 경우에는 원인채권자가 상환청구권보전절차를 이행하지 않으면 상환의무자에 대한 관계에서 그 어음의 가치가 소멸한다. 다음 사례를 가지고 살펴보자.

<사례>

A가 발행하고 B가 수취인으로서 C에게 배서양도한 약속어음을 C가 D에 대한 원인채무의 지급을 위하여 배서양도한 경우에 D가 A에게 적시(지급제시기간내)에 지급제시를 하지 아니한 경우 D는 상환청구권을 상실한다. 지급제시기간 경과 후 A가 변제자력을 상실했다. 이 경우 C가 D의 원인채권행사에 대하여 이를 거절할 수 있느냐가 문제된다.

원인채무자 C에 대한 관계에서 원인채권자 D에게 적기의 어음금 추심의무와 지급거절에 따른 권리보전절차의 이행의무를 인정할 것인가 그리고 그러한 의무불이행으로 어음채권이 소멸하게 된 데 대한 책임을 어느 정도로 물을 것이냐가 논의의 초점이다.

(2) 논의의 전개

원인채권자가 먼저 어음상의 권리를 행사하여야 함에도 불구하고 채권자의 책임있는 사유로 만기에 지급제시를 하지 아니하여 주된 채무자의 파산 등으로 어음이 무가치한 것으로 되었거나 소멸시효가 완성되었다 하자. 또는 원인채권자가 어음상의 권리보전절차를 해태하여 어음상의 권리, 즉 상환청구권을 상실하게 되었다 하자. 이 경우에 채무자에게 손해없음을 증명하지 않는 한 원인채권도 행사할 수 없다고 해석하는 것이 **다수설**이다(김용태, 280면; 서돈각 · 정완용, 134면; 손주찬, 172면; 양승규, 222면; 이기수 상법학(下), 318면(수표의 경우에서 논의); 이범찬 · 최준선, 917면; 정동윤, 300면; 정무동, 368면; 정희철, 373면). 반면 **소수설**은 손해배상으로써 이 문제를 해결하고자 한다(최기원, 175면; 주석 어음수표법(I), 240면).

위의 사례대로 C가 D에게 부담하고 있는 기존채무의 지급을 위하여 A가 발행하고 B가 수취인으로서 C에게 배서양도한 약속어음을 D에게 배서양도한 경우, D가 소멸시효기간을 도과하였거나 A의 지급거절에 대하여 B에 대한 상환청구권 보전절차를 이행하지 아니함으로써 상환청구권을 상실한 경우, 다수설에 의하면 D는 어음채권의 소멸로 인하여 C가 손해를 입지 아니하였음을 증명하지 않는 한 C에 대한 원인채권을 행사할 수 없게 된다. 한편 소수설에 의하면 D는 C에 대한 원인채권을 행사할 수 있으나, C는 D를 상대로 A의 변제자력상실이나 B에 대한 상환청구권상실 또는 A에 대한 소멸시효완성에 따른 손해배상책임을 추궁할 수 있으며 상계가 가능하다고 한다.

원인채무의 지급을 위하여 어음이 건네진 경우에, 어음을 소지하고 있는 원인채권자가 어음채권을 먼저 행사할 선행사의무를 부담한다는 데 대하여는 이론이 없다. 위의 학설의 대립은 선행사의무의 내용 내지는 범위에 대한 견해의 차이에서 비롯되는 것으로 보인다. 선행사의무는 「만기에」 어음금 지급을 청구할 의무를 포함하는가 또는 단순히 원인채권의 행사에 앞서서 어음채권을 행사하기만 하면 어음금지급청구의 시기는 언제라도 상관없는가? 바꾸어 말하면 반드시 만기에 제시하지 않더라도 무방한가가 우선 해결되어야 할 문제이다. 그리고 선행사의무를 만기에 지급제시할 의무라고 이해한다면, 만기제시의무의 불이행에 대하여 어느 정도의 책임을 물을 것이냐가 문제된다. 실제 사건에서는 지급을 위하여 어음을 받은 소지인이 만기에 지급청구를 하였더라면 주된 채무자가 변제자력이 충분하였을 텐데, 만기의 지급제시를 해태하고 시간이 경과한 후 주된 채무자가 무자력이 되어 어음금의 추심이 불가능하여진 경우에, 원인채권의 행사를 허용할 것인가가 문제된다.

원인채무의 지급을 위하여 어음을 교부한 채무자 C는, 채권자가 그 어음을 적기에 추심하거나 채권자로부터 양수한 자가 그 어음을 추심함으로써 자기의 채무(원인채무)가 결제되리라고 기대하면서, 채권자 D에게 어음을 양도하였을 것이다. 이러한 채무자의 기대를 강조한다면, 그러한 기대를 저버린 채권자 D의 원인채권행사를 제한하고 D가 그로 인한 채무자의 손해없음을 입증하여야만 원인채권을 행사할 수 있도록 하는 것이 옳다고 주장할 수 있을 것이다. 이것이 위의 다수설의 입장이라고 이해된다. 한편 원인채권자인 소지인이 만기에 지급제시하여야 할 묵시적 (배려)의무는 부담한다 하겠지만, 지급제시를 지연하였다 하여 (손해가 발생하지 않았다는 사실에 대한) 입증책임을 부담시켜서 사실상 원인채권을 행사할 수 없도록 하는 것은 무리하다는 것이 소수설의 주장의 논거가 될 수 있다. 판례도 이 점을 인정하여 손해배상으로 이 문제를 해결하도록 하고 있다(대판 1995. 10. 13, 93다12213).

어음채권의 선행사의무에 **권리보전절차이행의무**까지 포함되는 것으로 보는 것이 타당할까? 위의 설례에서, D가 A의 지급거절을 당한 후 이 어음을 C에게 반환하지 아니한 이상 D에게 권리보전절차를 이행하여야 할 선량한 관리자의 주의의무는 인정할 수 있을 것이다. 이 의무의 불이행에 대하여, 다수설에서는 권리보전절차의 불이행 즉 상환청구권상실을 이유로 원인채권의 행사까지 봉쇄하고자 한다. 한편 소수설은 손해배상만으로도 C의 경제적 손실은 충분히 회복시킬 수 있을 것으로 본다.

다음으로, 상환청구권보전절차를 이행하고 난 D는 B에 대한 상환청구를 하여야 할 의무까지 부담하는가? 기존채무의 지급을 위하여 어음이 수수된 경우

채권자가 어음채권의 선행사의무를 부담한다는 것은 정상적 지급청구를 가리키는 것이며, 즉 상환청구까지 포함하는 것은 아니다. D가 상환청구권보전절차를 이행한 이상 B에 대하여 먼저 상환청구까지 하여야 할 필요는 없다. 따라서 일단 부도가 난 이상 바로 C에게 원인채권을 행사할 수 있다고 보아야 할 것이다. 지급을 위하여 수수된 어음이 추심되지 않으면 어음소지인인 원인채권자는 원인채권을 행사할 수 있음은 당연하다. 그러나 D의 C에 대한 원인채권행사는 C에 대한 상환청구권행사와 사실상 다를 것이 없다. C는 D에 대하여 원인채무 이행 후 B에 대하여 원인채권을 행사할 수 있다. B의 C에 대한 원인채무는 C가 이 어음을 D에게 배서양도 하였다고 소멸하는 것이 아니라 C가 얻은 대가를 상실하게 될 위험이 없게 될 때 소멸하게 되는 것이다.

덧붙이자면, 어음이 (제1의)원인채권의 채권자의 수중에 있을 때에는 어음의 지급이나 인수가 거절되면 원인채권을 행사할 수 있으나, 그 자가 어음을 제2의 원인채권에 기하여 제3자에게 양도한 후에는 상환청구를 당한 때 또는 제2의 원인채권을 행사당한 때 (제1의)원인채권을 행사할 수 있는 것이다. 이 경우에 제1의 원인채권자는 어음을 제3자에게 양도한 때(어음할인 등) 원인채권의 변제를 받은 것이 아니고, 상환의무 나아가 원인채무(제2의 원인채권에 대한)까지 면하여야 기존채권의 변제를 받은 것이 됨을 유의하여야 한다.

(3) 소 결

위의 설례나 대법원 판결의 사실관계에서 보는 바와 같이, 지급을 위하여 어음이 수수된 경우 선행사의무의 불이행에 대한 책임이 다투어지는 것은 그러한 불이행을 이유로 원인채무자가 원인채무의 이행을 거부하는 경우이다. 이 경우 원인채무자 측의 주장을 보면 권리보전절차의 불이행의 책임을 거론하고 있으나, 이는 상환청구권상실로 인한 손해를 주장하는 것이 아니라 만기에 지급청구를 하지 아니하여 그 후 주된 채무자가 무자력이 된 데 대한 책임을 주장하는 경우가 대부분일 것이다.

생각해 보면, 만기에 변제능력을 가지고 있던 어음의 주된 채무자가 만기후에 무자력으로 되는 것은 예외적 사정이며, 원인채권자나 원인채무자 어느 쪽에 특히 책임을 지울 만한 사정은 아니다. 어음소지인이 원인채무자에 대한 관계에서 부담하는 선행사 의무를 위반하여 만기에 지급제시를 해태하였다 하더라도, 그것만으로 원인채권의 행사를 봉쇄하는 것은 적당하지 않은 것으로 보인다. 만기에 변제자력을 갖추었던 주된 채무자가 그 후 무자력자로 되는 것이 오히려 예외적 사정일 것이기 때문이다. 의무불이행에 대한 구제는 손해배상으로 충분한 것이며 법이 정한 기준에 따른 손해배상액 만큼 원인채무액에서 공제되거나 상계처리 되도록 하는 것이 타당할 것이다. 위의 설례에서라면, D가 C에 대하여 원인채권을 행사한 경우 C는 B에 대하여 또 B는 A에 대하여 원인채권을 행사할 수 있고, 무자력자로 된 A가 발행한 약속어음으로 인한 경제적 손해는 최종적으로 B가 D에게 배상청구하여 구제받도록 하면 될 것이다.

다음으로, 상환청구권상실에 대한 책임을 생각해 보자. 주된 채무자인 약속어음의 발행인과 어음소지인의 원인채무자 사이에 원인채무자와 경제적으로 독립한 배서인이 1인 또는 수인이 있는 경우에, 그러한 상환의무자가 자력이 있으면 권리보전절차의 불이행에 대한 손해가 현실적인 것일 수 있다. 다만 D가 상환청구권보전절차를 밟지 않았다 하더라도 C가 B에게 원인채권을 행사할 수 있다면 C에게 손해가 있을 수 없고, 그렇다면 D가 C에게 원인채권을 행사하지 못하게 하는 것은 가혹하다고 볼 수 있다. 상환청구권보전절차를 해태한 것만으로 원인채권까지 행사할 수 없도록 하는 것이 지나친 해석이라는 것은 상환청구권을 잃더라도 주된 채무자에 대한 권리행사가 가능하기 때문에 더욱 그러하다.

이와는 별도로, 만기에 지급청구를 해태하는 정도의 의무위반을 훨씬 넘어 원인채무자로부터 받아 놓은 **어음의 소멸시효가 완성되도록 방치한 경우는** 어떻게 볼 것인가? 이러한 경우는 「지급을 위하여」 어음을 받은 소지인의 주의의무위반이 너무 현저하므로, 원인채권의 행사를 허용할 수 없다고 새기는 것이 형평에 맞을 것으로 보인다. 위의 예에서 D가 소멸시효로 A에 대한 어음상의 채권을 상실한 경우는 A에 대한 이득상환청구권의 행사는 가능하겠지만 C에 대한 원인채권의 행사는 할 수 없다고 보아야 하지 않을까? 어음 만기 후 3년 이상의 기간이 경과한 시점에서 C는 자기가 양도한 어음으로 벌써 오래 전에 원인관계의 결제가 종료되었다고 생각할 것이며, 원인채권의 행사를 허용한다면 그러한 C의 기대를 현저하게 침해하는 것이 될 것이기 때문이다.

3. 어음채권과 원인채권의 분리귀속 문제

(1) 문제의 제기

매수인(A)이 매도인(B)에게 물품매매대금의 지급을 위하여 약속어음을 발행하였거나, 자기가 피배서인으로서 소지하고 있던 제3자(M) 발행의 약속어음을 B에게 배서양도하였다. B가 스스로 어음을 점유하고 있다가 만기에 어음금의 지급을 받으면 어음채권이 소멸하고 동시에 원인채권인 매매대금채권도 소멸한다. 그런데 B가 어음은 스스로 보유한 채 원인채권만 C에게 양도하였다면 어떻게 될까? 나아가 원인채권은 C에게, 어음은 D에게 각각 나누어 양도하였다면 어떻게 될까?

위 어음이 지급을 위하여 교부되었든, 지급의 확보를 위하여 담보로 교부되었든, 어음금지급이 있기 전이라면 C의 원인채권 행사에 대하여 A는 원인채무의 이행과 동시에 어음의 반환을 청구할 수 있다. 이는 A가 이중지급의 위험을 피하기 위하여 또는 앞선 어음채무자에 대한 권리행사를 위하여 어음을 받아놓을 필요가 있기 때문이다. 판례도, 어음채권과 분리하여 원인채권만 양도된 후 원인채권의 양수인이 원인채무자를 상대로 채무이행청구를 한 사건에서 채무자는 어음의 반환이 없으면 원인채무(기존채무)의 이행을 거절할 수 있다고 판시하였다.

대판 1996. 3. 22, 96다1153 채무자가 기존채무의 지급을 위하여 채권자에게 약속어음을 교부하였는데, 채권자가 그 어음과 분리하여 기존채권만을 제3자에게 양도한 경우에는 채무자는 이중으로 채무를 지급하게 될 위험을 피하기 위하여 채권양수인의 어음의 반환 없는 기존채권의 지급청구를 거절할 수 있고, 위와 같은 경우 원인채권의 양도통지 후 그 어음금이 지급되었다고 하더라도 채무자는 양도통지를 받기 이전에 이미 어음의 반환 없는 원인채무만의 이행을 거절할 수 있는 항변권을 가지고 있었다고 볼 것이므로 그 후 원인채권을 양수한 자에 대하여 그 항변권을 행사할 수 있다고 보아야 할 것인바, 이와 같은 법리는 그 어음이 채권자로부터 다시 다른 사람에게 배서양도되어 그에게 어음금이 지급된 경우뿐 아니라 채권자에게 어음금이 지급된 경우에도 마찬가지로 적용된다 할 것이다(수표채무와 원인채무가 병존한 사례에서 같은 취지의 판결로는, 대판 2003. 5. 30, 2003다13512).

문제는, 채권의 양도에 관한 대항요건을 규정한 민법 제450조에서 양도인이 채무자에게 통지하면 채무자에게 대항할 수 있다고 규정하고 있기 때문에, 양수인의 원인채권행사에 대한 채무자의 항변을 인정할 것이냐에 초점이 맞추어진다. 이와는 별도로, 어음채권과 원인채권이 분리·귀속된 후 어음채무의 이행이 있으면 원인채권도 소멸하는 것으로 볼 것이냐도 문제된다. 어음채권과 원인채권의 분리·귀속을 알면서 채무자가 어음채무를 이행하였음에도 불구하고 채무자에게 하등의 책임도 지울 수 없느냐가 문제된다.

(2) 논의의 전개

매매대금의 지급을 위하거나 지급담보를 위하여 어음이 교부된 경우에 원인채권인 매매대금채권과 어음채권은 짝을 이루어 이전되는 것이 정상적인 거래모습이 될 것이다. 원인채권이 어음채권과 분리되어 이전된다는 것은 이례적인 일로서 사무처리상의 착오나 실수로 인한 누락 또는 기망이나 은폐로 인한 고의적 분산에 의한 경우가 생각될 수 있다. 이 때문에 어음과 짝을 이루던 원인채권이 그것만 분리되어 이전된 경우는 도대체 그러한 양도가 있었는지에 대하여 의문과 다툼이 제기될 수 있는 것이다.

그러나 여기서는 채권양도의 대항요건이 갖추어져 있을 것을 전제로 하는데, 대항요건으로서의 채무자에 대한 통지나 채무자의 승낙 중(민 450조 1항) 통지의 경우가 대부분일 것이고 승낙의 경우는 드물 것이다. 통지의 경우 양수인은 짝을 이루는 어음채권의 존재를 알지 못하고 어음과 분리된 원인채권을 양수하였으리라고 추측하는 것이 상식에 부합한다. 어음채권과 짝을 이루는 채권인 줄 알면서 원인채권만 양수하는 예는 없을 것이다. 채무자가 승낙한 경우라면 이미 당해 원인채권과 관련하여 어음을 교부한 채무자는 이의를 유보하여 어음의 존재를 양수인이 알도록 하였을 가능성이 크다.

한편 원인채권은 채권자(위의 예에서 매도인 B)에게 유보된 채 원인채권과 짝을 이루던 어음만이 분리되어 배서양도되는 일은 극히 정상적이고 거래현실에서 빈번하게 만나게 된다. 대표적인 것이 어음할인이며, 그밖에도 원인채권자가 자신의 채무의 지급을 위하여 원인채권과 짝을 이루던 어음을 배서양도하고 그것이 전전유통될 수 있다. 이 경우 원인채권자가 어음을 배서양도하였다 하여 원인채권이 소멸하는 것은 아니고, 상환의무를 완전히 면하게 되었을 때 비로소 원인채권이 소멸하는 것으로 보아야 함은 당연하다.

(3) 소 결

원인채권의 양수인이 원인채권만 양수하고 어음은 양수하지 못한 경우, 어음이 지급되기 전과 지급되어 버린 후를 나누어 분석해 보기로 하자.

우선, 전자의 경우에 문제되는 점들을 짚어 보기로 하자. 어음과 분리되어 원인채권의 양도가 이루어졌으나 어음이 결제되기 전이라면, 원인채권의 양수인이 그 어음을 취득하여 채무자에게 반환하고 원인채권을 행사하면 되므로 별 어려움은 없을 것이다. 어음을 취득하지 못하여 어음을 반환할 수 없으면 원인채권도 행사할 수 없다. 그로 인한 양수인의 손해는 양도인과 양수인간에 담보책임의 문제로 해결할 수밖에 없다.

어려운 문제는, 원인채권의 지급을 위하여 또는 지급담보를 위하여 교부되었던 어음이 이미 지급되어버린 경우에 생긴다. 이 경우도 다시 두 가지로 나누어 생각해 볼 수 있는데, ① 원인채권의 양도인이 어음금을 지급받은 경우이고 ② 원인채권의 양도인과 양수인 이외의 제3의 어음소지인이 어음금을 추심한 경우이다.

①의 경우에, 어음채무자는 그가 동시에 원인관계에 있어서의 채무자를 겸한다면 원인채권을 이미 양도해 버린 자에게 원인관계의 부존재를 이유로 어음금지급을 거절할 수 있었을 것이다. 그러나 원인관계상의 항변을 제기하지 아니하고 어음금을 지급하였다 하여 어떤 불이익을 당하도록 해서는 안 될 것이다. 항변은 항변권을 가진다는 것일 뿐 항변의 의무를 지우는 것은 아니기 때문이다. 원인채권 양도의 통지를 받았다 하여 달라질 것은 없다. 양수인이 채무자에게 양도의 통지로 대항할 수 있다는 것은 채무자가 양도인에게 원인채무를 이행해서는 안된다는 것일 뿐, 어음채무까지 이행해서는 안 된다는 효과는 인정할 수 없는 것이다. 생각해 보면 채무자가 원인채권양도의 사실과 더 이상 양도인이 원인채권을 가지고 있지 않음을 알고 양도인에게 어음금을 지급한 것에 대하여 거래관행상 납득하기는 어렵다 하더라도 그러한 어음금지급을 법적으로 비난할 수는 없는 것이다. 원인채권양도의 통지로부터 원인채무자에게 양도인에 대한 어음금지급을 금지하는 효과를 인정할 수는 없는 것이다. 결국 양도인

이 소지하고 있던 어음을 지급받은 경우에는 원인채권이 양수인에게 귀속되어 있더라도 원인채권까지 소멸한다고 볼 수밖에 없을 것이다. 이 문제를 다룬 평석에서 「어차피 기존채권과 관련하여 어음이 교부되면 경우에 따라서는 원인채권이 단지 '어음채권이 발생하게 된 조건' 정도의 의미 밖에 갖지 못하게 되므로」라는 지적이 있는데 수긍할 수 있다.[9] 그로 인한 양수인의 경제적 손실은 양도인에 대한 담보책임의 추궁으로 보상받을 수밖에 없다.

②의 경우에, 원인채권의 양도인이 지급을 위하여 받은 어음을 제3자에게 유통시킨 경우에도 양도인 자신이 어음을 지급받은 경우와 마찬가지로 그 어음채권의 지급으로 인한 소멸과 함께 원인채권도 소멸한다고 새겨야 할 것이다. 이 경우에도 양수인은 양도인에 대하여 원인채권과 짝을 이루던 어음을 분리시켜 제3자에게 양도함으로써 양도의 목적인 원인채권을 소멸시킨 데 대한 담보책임을 물을 수 있을 것이다.

제3자가 어음금을 지급받은 경우라 하더라도 어음을 양수인이 일단 원인채권과 함께 양수하였다가 어음만 제3자에게 다시 양도하였다면 특별히 문제될 것이 없다. 그 제3자가 어음금을 지급받았다면 그로써 원인채권이 소멸하는 것은 당연하다. 원인채권의 양수인은 제3자에게 어음을 양도하면서 그 경제적 가치를 실현하였을 것이므로(어음할인 등) 더 이상 원인채권을 행사할 필요는 없게 된다.

4. 원인관계의 재고찰

어음관계와 원인관계가 분리·독립한다는 것은 어음법의 기초 중의 기초에 속한다. 그러나 현실적으로 원인관계를 전제로 하지 않는 어음의 수수는 오히려 드물다. 경제적으로 어음관계는 원인관계와 밀접하게 연결되어 있기 때문에 두 관계는 상당한 정도 영향을 미치고 영향을 받을 수밖에 없다. 법의 관점에서 어느 범위까지 영향을 미치는 것으로 인정할 것인가는 원인채무의 이행을 청구하는 소송이나 어음채권에 기초한 어음금청구소송에서 다투어지게 되고 종국적으로 재판부의 판결로 결정되게 된다.

위에서 살펴본 바와 같이 우리나라의 대법원은 어음관계와 원인관계에 관한 여러 가지 쟁점에 대하여 균형있는 판결을 하고 있다. 어음관계와 원인관계에 관한 여러 쟁점에 대한 판단기준은 다음 두 가지가 중요하다고 생각한다.

그 하나는, 어음을 주고받은 당사자의 기대를 존중하여야 한다는 것이다. 원인관계에 기초하여 어음이 수수되는 경우, 당사자 쌍방은 그러한 어음의 수수로써 어떠한 목적을 달성하고자 하는 기대가 있을 것이다. 그러한 기대가 거래계의 상식에 반하는 것이 아니라면, 즉 평균인의 기대에 부합하는 것이라면 그러한 기대는 존중되어야 할 것이다. 당사자의 기대존중 중 가장 쉬운 예는「기존채무의 지급을 위하여」어음이 수수된 경우에 채권자에게 부과되는 어음채권의 선행사의무가 될 것이다. 다른 예로서「지급을 위하여」어음을 받은 자는 어음에 의한 결제를 예상하고 원인채권의 시효소멸에 주의를 기울이지 않을 것으로 보는 것이 합리적이라는 점이다. 또한 어음금지급청구소송의 제기에 원인채권의 시효중단 효력을 인정하는 것도 같은 맥락에서 이해할 수 있다.

다른 하나는, 소송경제의 실현이다. 우리 법원에서 채택하고 있는 소송물 이론에 의하면, 경제적으로 연결되어 있다 하더라도 어음금 청구소송과 원인채권의 청구소송은 별개로 다루어질 수밖에 없다. 그러나 원고가 이 두 가지 중에서 하나를 선택한 경우 엄격한 어음관계의 분리・독립의 원칙의 적용으로 다른 쪽을 선택한 경우와 다르게 경제적 손실이 배분되는 결과가 나오는 것은 바람직하지 않은 것으로 보인다.

누구에게 최종적 손실부담을 지우는 것이 합리적이고 소송경제를 도모할 수 있는가를 고려하여 별도의 소송이 없이도 형평을 달성할 수 있도록 하는 배려가 필요할 것이다. 상환청구권보전절차의 불이행을 이유로 원인채권의 행사를 금지하는 것은 소송경제에 반한다. 결국 그렇게 되면 부당이득반환청구나 이득상환청구권의 행사에 의존할 수밖에 없게 되어 별도의 소송을 제기하여야 하기 때문이다. 원인채권을 양도한 양도인이 소지하고 있던 어음으로 채무자를 상대로 어음금지급 청구소송을 제기한 경우 피고가 원고의 원인채권 양도사실을 항변으로 제기하면 그 항변을 허용하는 것이 타당할 것이다. 이러한 항변을 배척하여 어음만을 소지하고 있는 원인채권의 양도인에게 어음금을 지급하도록 하면, 그로 인하여 소멸하게 된 원인채권의 양수인이 다시 양도인을 상대로 배상청구를 하여야 하는 불경제가 초래될 수 있다.

제4 어음·수표의 자금관계

1. 의 의

환어음과 수표의 경우 지급인이 지급을 하거나 환어음의 지급인이 인수를 함에 있어서 발행인과의 사이에 존재하는 실질관계를 **자금관계**라고 한다. 자금관계는 대부분 환어음이나 수표의 발행인이 지급인에 대하여 기존채권을 가지고 있거나 자금을 공급해 두는 형태를 취한다. 지급인이 미리 지급을 한 후 발행인에게 구상을 하는 관계도 있을 수 있다. 수표라 하더라도 **자기앞수표의 경우는 발행인과 지급인이 동일 은행이므로 자금관계가 있을 수 없다.** 약속어음의 경우에는 발행인이 스스로 지급을 하게 되므로 자금관계가 없다. 약속어음의 발행인이 지급담당자를 지정한 경우에는 자금관계와 유사한 관계(**준자금관계**)가 있게 된다.

2. 자금관계와 어음관계의 분리

자금관계와 어음관계는 **원칙적으로 분리된다.** 어음의 효력이나 어음상의 권리는 자금관계의 유무 또는 그 내용으로부터 전혀 영향을 받지 아니한다. 환어음의 발행인은 지급인에게 자금을 공급한 후에도 발행인으로서의 책임(상환의무)을 면하지 못한다. 환어음의 지급인은 자금을 공급받았다 하여 발행인이 발행한 환어음을 인수하여야 할 어음법상의 의무는 부담하지 않는다. 또한 일단 인수한 후에는 자금관계를 이유로 어음금의 지급을 거절할 수 없다. 한편 일정한 경우에는 자금관계가 어음관계에 영향을 미친다. 발행인의 인수인에 대한 지급청구권(어 28조 2항 2문)과 이득상환청구권제도(어 79조; 수 63조) 등은 자금관계를 감안한 것이다.

3. 자금관계와 수표관계의 분리

수표관계는 자금관계와 분리·독립하고 자금관계의 무효나 부존재는 수표관계에 영향을 미치지 아니한다. 당좌거래약정이 해지됨으로써 자금관계가 없게 된 수표라도 유효하나(수 3조 단서), 그러한 수표를 발행한 자는 과태료(수 67조)의 제재 및 부정수표단속법에 의한 형사처벌을 받을 뿐이다.

4. 어음의 준자금관계

제3자의 지급담당(어 4조, 77조 2항)의 기재가 있는 어음, 예를 들어 은행도약속어음 또는 환어음의 경우에 있어서, 지급담당자인 제3자와 약속어음의 발행인 또는 인수인간에는 자금관계에 준하는 관계가 있게 된다. 이것을 **준자금관계**라고 부른다.

제 2 절 화환어음

제1 의 의

화환(貨換)어음 또는 **하환(荷換)**어음은 어음채권이 **화물상환증** 또는 **선하증권**(운송중의 물건에 대한 권리를 표창함)에 의하여 담보되어 있는 환어음이다. 우리나라에 있어서 국내육상운송의 경우에 운송중에 운송목적물을 양도할 필요성이 인정될 정도로 장시간이 소요되는 일은 있을 수 없으므로 화물상환증의 효용은 무시할 정도이다. 반면에 선하증권을 담보로 하는 하환어음이 수출거래에서 흔히 이용되므로 「화환어음」보다 「하환어음」이라는 용어나 제목이 적당하다 할 수 있다. 그러나 상법전의 편별상 화물상환증의 법률관계에 상세한 규정이 마련되어 있고(상 129조~133조) 이들 규정이 선하증권의 법률관계에 준용되고 있다(상 820조). 화환어음은 어음의 종류를 가리키는 것이 아니라 그 용도를 나타내는 명칭이다.

미국의 기업에 100,000달러 가격의 상품을 수출한 한국 내 기업이 매매대금의 현금화를 위하여, 매수인이나 신용장발행은행을 지급인으로 하고 매도인 자신을 수취인으로 하는 **자기지시환어음**을 발행하여 선하증권을 담보로 하여 국내은행으로부터 할인받는 경우가 화환어음을 이용하는 전형적 예가 될 수 있다. 이러한 할인화환어음 외에, 단순히 추심만을 의뢰하는 용도의 화환어음을 추심화환어음이라고 한다. 화환어음의 담보기능은 매도인이 화환어음을 할인받는 할

인화환어음에 한정되고, **추심화환어음**은 담보기능을 가지지 아니한다.

화환어음을 할인해준 은행 또는 추심의뢰를 받은 은행은 어음과 운송증권을 지급지에 있는 지점, 자회사인 은행 또는 거래은행(correspondent bank)에 송부하여 지급인에게 제시하도록 한다. 매매계약에서 정하여진 조건에 따라 어음금 지급 또는 인수와 맞바꾸어 운송증권이 지급인(매수인 또는 신용장발행은행)에게 교부되고, 운송증권을 취득한 매수인은 이것을 가지고 운송인으로부터 매매목적물을 수령한다. 지급받은 어음금은 할인은행에 귀속하거나(할인화환어음의 경우), 어음발행인(매도인)에게 전달된다(추심화환어음의 경우).

— 화환어음의 할인거래 —

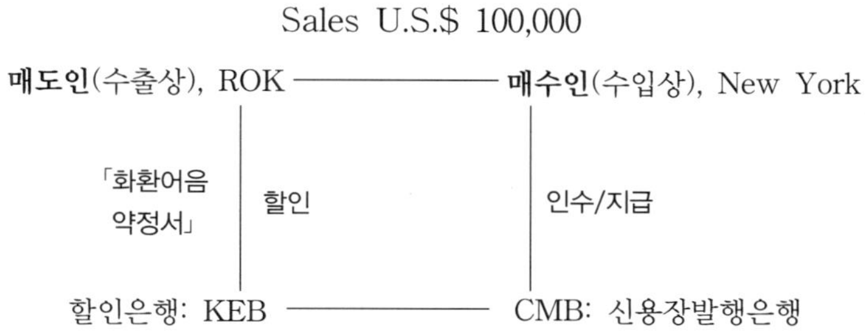

매수인 또는 신용장발행은행이 화환어음의 지급이나 인수를 거절하면, 할인은행은 화환어음의 발행인에게 상환청구할 수 있는데, 이 경우에도 운송증권이 담보가 된다. 추심화환어음의 경우라면 추심의뢰를 받은 은행이 인수거절이나 지급거절이 있은 후 어음과 운송증권을 어음발행인에게 반환하면 그것으로 추심의뢰관계는 종료되고 만다.

제2 신용장(Letter of Credit)

화환어음의 경우 신용장발행은행을 지급인으로 하여 발행되는 경우가 많다. **신용장**(L/C)이라 함은 개설은행이 현금지급을 약속하거나 또는 환어음의 인수 및 지급을 약속(확약)하는 증서이다. 신용장의 **추상성·무인성**(매매계약으로부터의)

으로 인하여, 신용장은 그것에 기초하여 발행된 어음의 할인을 용이하게 해 준다. 신용장 있는 국제매매의 경우 신용장 개설은행이 매매대금의 지급의무를 부담하므로 매도인이 화환어음 할인시 담보제공의 부담을 덜 수 있다. 단 현행 「외국환화환어음약정서」에 의하면 할인은행은 신용장부(附) 어음거래의 경우에도 화환어음의 발행인(매도인)에게 보증인(흔히 매도인 회사의 대표이사)을 요구한다.

제3 화환어음의 법률관계

이하에서는 화환어음의 특수성이 부각되는 할인화환어음의 법률관계를 살펴보기로 한다. 화환어음이라고 하면 대부분의 경우 할인화환어음을 가리킨다.

1. 매도인과 할인은행과의 관계

매도인은 할인은행을 수취인으로 기재하여 교부하거나 자기를 수취인으로 하는 자기지시 환어음을 발행한 다음 할인은행에 배서양도하여 대가를 지급받는다. 따라서 매도인과 할인은행의 관계는 발행인 대(對) 수취인, 또는 발행인 겸 수취인(배서인) 대(對) 소지인의 관계가 성립된다.

(1) 화환어음약정서

매도인이 운송증권을 담보로 붙여서 환어음을 할인받는 경우에 할인은행과 화한어음약정서에 따라 거래를 한다. 화환어음의 지급인으로는 보통 신용장(L/C) 개설은행(issuing bank)을 기재하고 때로는 매수인을 지급인으로 기재한다.

(2) 화환어음할인의 성질

화환어음의 할인 역시 여느 어음할인처럼 환어음의 매매라고 보아도 무방하나, 화환어음약정서에서는 소비대차에 의한 채무의 지급방법으로서 환어음이 교부된 것으로 구성하고 있다. 이는 어음의 형식 불비로 인한 어음채권의 무효 또는 상환청구절차의 흠결 등에 대비하기 위한 것이다.

대판 1996. 6. 11, 96다2064 은행이 수출자로부터 무신용장 방식에 의한 화환어음을 매입하면서, 일정한 경우 수출자가 은행에 대하여 환매채무를 지고 수출자는 은행의 관련 규정이 정하는 바에 따라 환매채무를 변제하여야 한다는 내용의 수출거래약정을 한 경우, 은행은 화환어음 매입의 법적 성질이 어음의 매매라는 것과 그 화환어음의 지급과 관련하여 일정한 사유가 발생한 경우에는 환매규정에 의하여 은행의 권리를 구제받을 수 있다는 것을 약정하였다고 보아야 할 것이므로, 은행이 화환어음의 매입에 의하여 어음법상의 소구권이나 위 환매채권을 갖는 외에 별도의 대출금채권을 갖게 될 수는 없다.

(3) 담보권의 성질

화환어음의 소지인이 운송중의 물건에 대하여 가지는 담보권은 선하증권상의 권리자 명의에 따라 달라진다.

(가) 매도인이 受荷人(수하인)으로서 입질배서한 경우

매도인이 증권상의 권리자로 기재되어 있는 선하증권을 매도인이 할인은행을 피배서인으로 하여 입질배서한 경우에는 할인은행은 운송목적물에 대하여 동산질권을 취득한다. 이 경우의 동산질권은 상환청구권을 담보하므로 인수·지급거절 후 상환청구할 때 질권을 행사할 수 있다.

(나) 운송증권의 수하인이 매도인으로 기재되고 할인은행이 양도배서의 피배서인(백지식배서라면 소지인)이거나 무기명식 운송증권의 소지인인 경우

이 경우는 매도인이 운송목적물을 신탁적양도한 경우로 볼 수 있다. 인수·지급거절 즉시 할인은행은 양도담보권 행사로서 운송물을 임의 처분할 수 있다.

(다) 할인은행이 수하인으로 기재된 경우

이 경우에도 운송물의 소유권을 신탁적양도한 것으로 보게 된다.

(라) 매수인이 수하인인 경우

운송증권상 매수인이 권리자로 기재된 경우라면 할인은행이 매매목적물에 질권을 취득할 수는 없고 유치권을 행사할 수 있을 뿐이다.

2. 매도인과 매수인의 관계

(1) 화환어음에 의한 결제

매매대금의 결제에 화환어음을 이용하기 위하여는 매매계약에서 그러한 정함이 있거나 그와 같은 내용의 상관습이 있어야 한다. 보통의 매매에서는 매수

인이 현실의 인도를 받고 대금을 지급하는 데 반하여, 화환어음의 경우는 운송증권만 받고 지급을 하거나 운송증권을 받고 화환어음에 인수를 해주어 환어음의 인수인으로서의 채무를 부담하게 되기 때문이다.

화환어음의 할인은행은 지급인의 지급과 상환으로 지급인에게 운송증권을 교부한다. 지급인이 매수인인 경우이든, 지급인이 신용장발행은행인 경우이든, 어음금 지급후 매수인은 운송증권을 교부받아 운송인으로부터 매매목적물을 수령할 수 있다. 환어음에 대한 지급·인수와 운송증권의 교부는 동시이행의 관계에 있다(민 568조의 변형).

(2) 대금지급채무의 소멸시기

매도인이 화환어음을 할인받아 매매대금 상당액을 취득하였다 하더라도, 매수인의 매매대금채무는 소멸하지 아니한다. 매수인의 대금지급채무는 어음의 소지인에게 어음금을 지급하는 때에 소멸한다.

(3) 소유권의 귀속과 위험부담

운송물의 소유권 이전에 있어서 매수인은 운송증권의 취득시에 소유권을 취득한다. 그 전에는 소유권이 매도인이나 할인은행에게 귀속한다. 위험부담과 소유권의 귀속은 별개의 문제이다.

운송중의 매매목적물이 매도인과 매수인 쌍방의 과실없이 멸실·훼손된 경우에 **위험부담의 문제**가 발생한다. 우리 민법 제537조에서는 매도인에게 위험을 부담시키고 있으나, 국제 매매계약의 전형적 형태인 FOB, CIF 등 매매조건에서는 매수인에게 위험을 부담시키고 있다.

제 3 절 어음·수표의 예약

지급수단으로서의 어음·수표의 기능에 비추어, 거래관계에 부수하여 장래 일정한 조건의 어음·수표를 발행하기로 하는 계약이 성립할 수 있다. 이와 같이 어음행위·수표행위를 하기로 하는 약정을 **어음·수표의 예약**이라 한다. 그렇다고 하여 모든 어음·수표행위의 전단계로서 어음·수표예약이 존재하는 것도 아니고 그러한 예약이 필요한 것도 아니다. 어음·수표예약도 일종의 계약이므로 그러한 약정을 한 자는 조건대로 어음·수표행위를 할 의무를 부담한다. 그러나 이러한 어음·수표예약은 어음·수표관계로부터 독립하며, 예약이 무효라도 그 예약에 기초하여 발행된 어음이나 수표의 효력에 아무런 영향을 미치지 못한다. 어음이나 수표가 예약과 다르게 발행된 경우 당사자간에 있어서 인적항변사유가 될 뿐이다.

제5장 〈註〉

1) J. White & R. Summers, Uniform Commercial Code, 604(1988).
2) 日本最高裁判決, 1968. 12. 12. 金融 商事判例, 148號 12面.
3) 大隅健一郎・河本一郎, 注釋 手形法・小切手法, 417面(1977).
4) 日本最高裁判決, 1987. 10. 16, 民事 41集 7號, 1497面.
5) 田邊光政, 最新手形・小切手法, 305面(1994).
6) 川村正幸, 手形・小切手法, 39面(1996).
7) 川村正幸, 上揭書, 39面.
8) J. White & R. Summers, supra note, at 604.
9) 盧敬植, "旣存債務와 관련하여 어음이 교부된 경우 채무자의 어음반환과의 同時履行抗辯權,"「민사판례연구 제19집(1997)」, 466면.

제 6 장
어음 · 수표의 발행과 보증

제 1 절 어음 · 수표의 발행

제1 발행의 의의와 성질

1. 발행의 의의

어음 · 수표의 발행은 어음의 요건을 기재한 환어음이나 약속어음 또는 수표요건을 갖춘 수표를 작성하여 수취인에게 교부하는 행위이다(어음이론에 있어서의 교부계약설과 권리외관설의 입장). 발행행위는 그 어음에 계속하여 행하여지는 다른 어음행위의 기초가 된다는 점에서 기본적 어음행위라고 부른다.

약속어음의 발행은 어음금의 지급을 약속하는 것이며 주된 채무자로서 채무를 부담하겠다는 의사표시이다. 환어음의 발행은 지급을 위탁하기 위한 것이며 발행인은 채무부담의 의사표시를 하는 것이 아니라 어음법의 규정에 따라 담보책임을 부담하게 된다. 수표의 발행도 지급은행에 대하여 발행인의 당좌예금계좌에서 소지인에게 수표금을 지급하라는 지급위탁의 의사표시이며 발행인은 채무부담의 의사표시를 하는 것은 아니다. 수표발행인은 수표법의 규정에 의하여 담보책임을 부담한다.

2. 발행의 성질

약속어음의 발행행위는 그 자체가 채무부담행위이므로 그 성질에 대하여 별다른 논의가 필요 없으나, 환어음의 발행의 법적 성질에 관하여는 학설이 갈린다.

수취인에게 지급인으로부터 어음금액을 수령할 권한을 수여하고 부도시에는 발행인에 대한 상환청구권을 수여하는 행위로 발행행위를 파악함으로써 수취인에 대한 관계만으로 발행행위의 성질을 이해하는 입장이 있다(강위두, 276면; 김용태, 287-289면; 정희철, 126-127면). 이 입장은 환어음의 수취인 내지는 소지인의 권한만이 어음에 표창된다는 점을 지적하고 있다. 이 입장과 유사한 것으로, 지급인에 의한 지급을 정지조건으로 어음금을 수령할 수 있는 권리를 수취인에게 창설하고 인수거절 또는 지급거절을 정지조건으로 발행인이 어음금을 지급할 채무를 부담하는 행위라고 정의하기도 한다(이철송, 209-210면).

그러나 환어음 자체는 지급위탁을 위하여 발행되는 것이므로 발행인의 지급인에 대한 수권을 환어음의 성질에서 제외시키는 것은 적당하지 않다. 오히려 환어음의 지급지시는 발행인이 지급인에 대하여 지급인 자신의 명의로 발행인의 계산에서 어음금액을 지급할 수 있는 권한을 줌과 동시에 수취인에게는 어음금액을 수령할 수 있는 권한을 주는 이중수권으로 이해하는 것이 환어음의 성질을 잘 나타낼 수 있다. 이것이 다수설(서돈각 · 정완용, 179-180면; 손주찬, 221면; 양승규, 245면; 이기수, 97면; 정동윤, 349면; 정찬형, 191-192면; 최기원, 197면)의 입장이다. 수표발행의 성질 역시, 발행인이 지급인에게 수표금지급권한을 수여하고 수취인 내지는 소지인에게 수표금수령권한을 수여하는 이중수권으로 본다.

제2 발행의 효력

1. 약속어음

약속어음의 발행인은 어음금액의 지급을 약속하는 문구를 어음에 기재하고 기명날인 또는 서명하는 어음행위를 함으로써 의사표시에 의한 어음금지급의무를 부담한다. 이는 어음법의 규정에 따라 담보책임을 부담하는 환어음의 발행인의 책임과 비교된다.

약속어음의 발행인은 주된 채무자로서 배서인이나 환어음의 발행인이 부담하는 제2차적 상환의무와 다른 제1차적 무조건의 의무를 부담한다. 약속어음 발행인의 의무는 제시기간 내에 지급제시를 하지 않았다 하더라도 소멸하지 아니하며 3년의 소멸시효(어 77조 1항 8호, 78조 1항, 70조 1항)가 완성할 때까지는 책임을 진다.

대판 1981. 4. 14, 80다2695 약속어음 발행인은 환어음의 인수인과 같이 어음금액을 절대적으로 지급할 채무를 부담하는 자이고 상환의무자가 아니므로 소지인이 발행인에 대하여 지급을 위한 지급제시를 하지 아니하였다 하여도 어음금액을 청구할 수 있는 것이고, 어음법 제77조 제1항 제3호에 의한 지급을 위한 제시의 규정은 발행인에게는 적용될 수 없다 할 것인바, 원심판결이 이와 같은 취지에서 약속어음의 발행인은 소구의무자와는 달리 어음금액을 절대적으로 지급할 채무를 부담하는 것으로서 소지인이 적법한 기간 내에 제시를 아니하였다 할지라도 발행인에 대한 어음금 청구권을 상실하는 것은 아니라고 한 판단은 정당하고 이와 배치되는 견해를 전제로 한 논지는 이유없다.

약속어음의 소지인이 지급제시기간(어 77조 1항 2호, 3호, 34조, 38조) 내에 어음을 제시하고 지급을 청구하였으나 발행인이 지급을 거절하였다면, 소지인은 별다른 권리보전절차를 이행할 필요없이 발행인으로부터 어음금액 이외에 만기 이후의 연 6푼의 이율에 의한 법정이자의 지급을 받을 수 있다(어 78조 1항, 28조 2항, 48조 1항 1호 · 2호). 이러한 법정이자의 기산일은 지급제시일이 아니라 만기일임을 주의하여야 한다(대판 1965. 9. 7, 65다1139). 거절증서가 작성되지 않는 거래현실을 감안할 때 정확성을 담보할 수 있는 조치이다.

대판 1965. 9. 7, 65다1139 어음법 제48조에 의하면 어음소지인이 이 소구권을 행사함에 있어 연 6푼의 비율에 의한 만기 이후의 이자를 청구할 수 있으므로 약속어음 소지인이 어음발행인에 대하여 어음금을 청구함에 있어서도 같은 비율에 의한 만기 이후의 이자를 청구할 수 있다고 하여야 할 것이다.

상환의무자가 약속어음금의 지급을 하면 그는 다시 자기에 앞선 상환의무자에게 **재상환청구**할 수 있고 발행인에게도 지급을 청구할 수 있다. 이와 같이 상환의무자는 최종적 의무를 부담하는 것이 아닌 데 반하여, 약속어음의 발행인은 다시 다른 사람에게 어음금액을 청구할 수 없다는 점에서 **최종적 의무**를 부담한다고 설명된다.

위와 같이 약속어음의 발행인은 어음금에 대하여 제1차적 · 무조건적 · 최종적 의무를 부담하므로 발행인에게 지급책임을 지지 않는다는 면책문언을 기재할 수 있도록 허용한다면 어음발행 자체를 무용지물로 만들게 된다. 따라서 면책문언의 기재가 있으면 그러한 기재는 유해적 기재사항으로서 그 어음 자체를 무효로 한다.

2. 환 어 음

(1) 본질적 효력(의사표시에 의한 효력)

환어음의 발행에 의하여 지급인은 발행인의 계산에서 어음금액을 지급할 권한을 취득하고 수취인은 어음금액을 지급받을 수 있는 권한을 취득한다. 발행인과 지급인간의 **자금관계**에 기초하여 환어음이 발행되었다 하더라도 지급인은 인수의무나 지급의무를 부담하지 아니한다. 인수가 있기까지 환어음에는 주된 채무자가 존재하지 아니한다. 다만 지급인이 발행인과의 계약에 반하여 인수 또는 지급을 하지 않을 경우에 발행인이 지급인을 상대로 채무불이행의 책임을 묻는 것은 별도의 문제이다.

(2) 담보적 효력(법률의 규정에 의한 효력)

환어음의 발행인은 어음의 인수와 지급에 대하여 **담보책임**을 진다(어 9조 1항). 인수거절이나 지급거절이 있는 경우에 발행인은 **상환의무**를 부담한다. 이러한 담보책임은 발행인이 어음을 발행함에 있어서 일반적으로 대가를 받고 어음을 발행하는 것을 고려하여 법에서 부과한 것이다. 발행인의 담보책임은 어음의 유통성을 강화하기 위한 것이기는 하지만 반드시 유통을 전제로 하지 아니한다. 이는 환어음의 발행인이 수취인에 대하여도 담보책임을 지는 데서 알 수 있다.

인수담보책임과 **지급담보책임** 중 발행인은 인수에 대하여 무담보의 문구를 기재하여 담보책임을 면할 수 있다(어 9조 2항 1문). 그러나 지급무담보의 문구는 기재를 하여도 그 기재를 하지 아니한 것으로 본다(어 9조 2항 2문). 지급무담보의 문구는 그 효력을 인정받지 못하는데 그치고 그로 인해 어음의 효력에 영향을 미치지는 아니한다(무익적 기재사항). 발행인이 인수와 지급을 구별하지 않고 무담보라고만 기재한 때에는 인수무담보의 효력만 인정된다. 참고로 발행인은 인수제시를 금지함으로써도(어 22조 2항) 인수담보책임을 면할 수 있다.

발행인이 지급담보책임을 면할 수 없게 한 것은, 이러한 책임회피를 인정할 경우 인수되지 않은 환어음에 대하여 어음채무를 부담하는 자가 전혀 없게 되는 결과가 되어 어음의 신용을 확보할 수 없게 되기 때문이다. 이는 환어음의 배서인이 인수담보책임과 지급담보책임 양자를 모두 배제할 수 있는 것(어 15조 1항)과 비교된다. 같은 상환의무자이기는 하지만, 환어음의 발행인은 상환의무자중에서 최종적 의무자이기 때문에 이러한 차이를 둔 것으로 이해된다.

(3) 지급위탁의 철회

수표법에는 수표에 대한 **지급위탁의 취소**('철회'라는 용어가 적절함)를 규율하는 별도의 규정이 있는 데(수 32조) 반하여, 어음법에는 환어음의 발행인이 지급위탁을 철회할 수 있는가에 대하여 규정하지 않고 있다.

이 문제에 대하여 환어음의 지급이 있기 전에는 발행인은 언제든지 지급위탁을 철회할 수 있다는 견해가 다수설(손주찬, 223면; 이기수, 104면; 정동윤 266면; 정찬형, 193면; 정희철, 128면)이다. 그러나 환어음의 경우는 수표와 달라서 법에서 지급위탁의 취소에 관한 규정을 두고 있지도 않을 뿐 아니라, 그 **신용증권성**을 감안할 때 지급위탁의 철회를 허용하지 않는 것으로 새겨야 할 것이다(최기원, 196면). 수표는 기본적으로 신용증권이 아니고 지급증권일 뿐 아니라 수표발행인에 의한 지급위탁의 철회도 지급제시기간 경과 후에야 효력을 가진다(조건부 유효. 수표 32조).

3. 수 표

수표발행인은 약속어음의 발행인과 달라서 주된 채무자가 아니고 **상환의무자**에 지나지 않는다. 판례도 수표발행인은 수표가 지급거절된 경우 상환의무를 부담할 뿐이라고 한다. 이 점에서 수표발행의 효력은 환어음발행의 효력과 같다.

대판 1994. 9. 30, 94다8754 수표의 발행인은 환어음의 인수인이나 약속어음의 발행인이 어음금을 절대적으로 지급할 의무를 부담하는 것과는 달리 수표금의 지급을 담보하는 책임을 지는 것으로서(수표법 제12조) 수표가 지급거절된 경우 소구의무를 부담할 뿐인바(수표법 제39조), 수표의 소지인이 발행인에 대하여 소구권을 행사하기 위하여는 수표법 제1조 소정의 법정기재사항이 기재된 수표에 의하여 적법한 기간 내에 지급제시할 것을 요하고, 위 법정기재사항의 일부라도 기재되지 아니한 수표에 의하여 한 지급제시는 수표법 제2조의 규정에 의하여 구제되지 않는 한 적법한 지급제시로서의 효력이 없는 것이므로 그와 같은 경우에는 소구권을 상실한다.

환어음의 발행인이 지급인에 대하여 지급위탁을 철회(취소)할 수 있는가에 대하여 학설의 대립이 있음은 위에서 보았다. 수표법에서는 수표의 **지급위탁의 취소**는 지급제시기간 경과 후에만 그 효력이 생긴다고 규정하고 있다(수 32조 1항). 발행인이 지급제시기간 경과 전에 지급위탁을 취소하면 지급인은 이를 따를 수도 있고 또는 이를 무시하고 지급을 하여 발행인의 계산에 돌릴 수도 있다. 지급위탁의 취소가 있고 지급제시기간이 경과한 후에는 지급인은 지급을 할 수 없고(지급위탁취소의 구속력) 지급을 하더라도 발행인의 당좌예금에서 차감(debit)할 수 없다.

제3 어음요건 · 수표요건(필요적 기재사항)

1. 어음 · 수표의 절대적 요식증권성

어음채권은 어음의 작성에 의하여 비로소 창설되는 것이고 그 권리의 내용과 범위는 어음상에 기재된 문구에 따라 정해진다는 것은 위에서 살펴본 바 있다. 발행에 의하여 작성된 **기본어음**에는 어음채권의 내용과 범위를 정할 수 있도록 최소한의 사항이 반드시 기재되어야 한다. 이러한 기본어음의 내용은 발행행위의 내용을 이루는 동시에 그 후의 배서, 보증 등에 의하여 형성되는 모든 어음관계의 내용이 된다.

기본어음에 반드시 기재하여야 하는 사항을 어음요건 또는 **절대적 기재사항**이라고 한다. 이 요건 중 하나라도 빠뜨리면, 어음법에 의하여 구제되는 경우(어 2조 1호~3호; 수 2조 1호~3호)를 제외하고는, 어음이 무효로 된다(어 2조 본문, 76조 본문; 수 2조 본문).

어음이 요건흠결로 무효인 경우 그 어음상의 모든 어음행위 역시 무효가 되고 이는 누구에게나 대항할 수 있는 **물적항변사유**가 된다.

어음법에서는 환어음의 어음요건으로서 여덟 가지를(어 1조), 약속어음의 어음요건으로서 일곱 가지를(어 75조) 규정하고 있다. 약속어음에는 지급인이 없으므로 한가지 요건이 적은 것이다. 수표법에서는 수표요건으로서 여섯 가지를 규정하고 있다(수 1조). 수표는 환어음과 비교할 때 만기와 수취인의 기재가 요건이 아니므로 두 가지가 적은 것이다.

환어음과 약속어음의 어음요건은, 어음문구의 차이, 지급위탁과 지급약속의 차이, 지급인의 유무를 제외하고는 모두 동일하므로 같이 설명하기로 한다. 한편 수표요건 중 어음요건과 다른 설명을 필요로 하는 부분은 별도의 장에서 서술하기로 한다.

대판 1967. 9. 5, 67다1471 어음법 제75조에 의하여 약속어음에 반드시 기재하여야 하는 사항이 법정되어 있고, 그 사항 중 하나라도 기재가 없으면, 특별한 규정에 의하여 구제되지 아니하는 한, 어음으로서의 효력을 발생할 수 없다고 할 것이다.

2. 어음요건의 내용

(1) 어음문구

어음에는 증권의 본문 중에 환어음 또는 약속어음임을 표시하는 글자를 적어야 한다(어 1조 1호, 75조 1호). 이것이 **어음문구**인데 그 기재를 요구하는 것은 어음을 다른 증권과 구별할 수 있도록 하기 위한 것이다.

「환어음」이나 「약속어음」으로 기재하는 것이 가장 일반적이지만 「환어음증서」나 「약속어음증권」으로 기재하여도 무방하다. 어음문구는 증권의 작성에 사용하는 국어로 기재하여야 한다. 증권의 작성에 사용하는 국어라 함은 어음의 본문에 해당하는 지급위탁문구나 지급약속문구에 사용된 국어를 가리킨다. 어음문구는 반드시 증권의 본문 중에 포함되어야 하며 어음의 윗부분에 표제로서 기재하는 것만으로는 부족하다. 그런데 인쇄된 어음용지를 사용하는 경우에는 표제와 본문 두 곳에 어음문구가 기재되어 있으므로 별 문제가 되지 아니한다.

(2) 어음금액

어음금액은 어느 나라의 통화로든 기재할 수 있다. 어음금액은 **일정**(특정, sum certain)하여야 하므로, 선택적 기재나 최고액 또는 최저액의 기재는 허용되지 아니한다. 「미화 1,000달러」라는 금액의 기재는 당연히 유효하지만, 「만기에 있어서의 외환시세에 따른 미화 1,000달러에 상당하는 원화」라는 금액표시는 일정하다고 할 수 없고 그 유효성을 인정할 필요도 없다.

어음금액과 별도로 이자를 기재하는 것은 허용되지 아니하므로, 이자를 미리 계산하여 합산금액을 어음금액으로 적어야 한다. 미리 이자금액을 계산할 수 없는 일람출급 또는 일람후정기출급방식의 어음에 있어서는 이자를 적을 수 있다(어 5조 1항).

어음금액을 글자로 기재하여야 하는가 숫자로 적어야 하는가에 대하여 어음법은 규정을 두고 있지 아니하다. 관례상 변조를 방지할 목적으로 어음금액은 글자와 숫자 두 가지를 기재하는데, 두 가지 금액이 서로 다를 경우 **글자금액**을 어음금액으로 본다(어 6조 1항, 77조 2항).

글자와 글자 또는 숫자와 숫자로 두 번 이상 중복하여 적은 경우에 그 금액이 서로 다르다면 **최소금액**을 어음금액으로 본다(어 6조 2항, 77조 2항). 다만 어음금액이 서로 다른 두 가지 이상의 통화로 표시된 경우에는 최소금액에 의존하지 아니하고 일정성이 결여된 금액기재로서 어음이 무효로 된다.

어음은 **금전채권**을 표창하는 유가증권이며, 그 이외의 물건을 지급하는 것을 목적으로 하는 어음은 효력이 없다. 판례도 백미(白米) 채무의 원리(元利)를 합한 24가마니를 지급목적으로 하는 약속어음의 효력을 부인하였다.

대판 1964. 8. 31, 63다969 원고 최덕상이 피고 최진원으로부터 차용한 白米債務의 元利를 합한 24가마니는 1959. 1. 5.에 이르러 이를 원본채무로 하고 지급기일을 동년 12. 15.로 하는 약속어음을 원고가 소외 김순임 앞으로 발행하고 동년 1. 7. 김순임은 이를 피고에게 배서양도한 사실을 알 수 있는바, 원래 어음은 금전채권에 관한 증권으로서 금전 이외의 물건 지급을 목적으로 하여서는 발행할 수 없는 것이므로 위 약속어음은 어음으로서는 법률상 무효라고 할 것이다.

(3) 무조건의 지급위탁 또는 지급약속

환어음에는 일정한 금액을 지급할 뜻의 **무조건의 위탁**을 적어야 하고(어 1조 2호), 약속어음에는 일정한 금액을 지급할 뜻의 **무조건의 약속**을 적어야 한다(어 75조 2호). 이러한 지급위탁 또는 지급약속의 문구가 환어음이나 약속어음의 기재 중에서 중심을 이루므로 이 부분을 **어음의 본문**이라고도 한다.

지급위탁이나 지급약속은 무조건이라야 하므로 조건을 붙인 지급위탁이나 지급약속은 **유해적** 기재사항으로서 어음을 무효로 한다.

대판 1994. 6. 14, 94다6598 피고 조준환이 원고 임대호 앞으로 발행한 이 사건 약속어음 이면을 보면 [이대성 어음발행 중 현금지불 대여썰 때(되었을 때라는 뜻으로 보인다) 즉시 47,000,000 지불함]이라고 기재되어 있고 이는 그 문리상 단순한 원인관계의 기재나 지급의 우선적 약속으로 보기는 어렵고, 원고 스스로도 피고가 소외 이대성으로부터 현금을 지불받으면 즉시 4,700만원을 원고에게 지급하기로 약정하고 그 약정을 위와 같은 문언으로 표시하였다고 하고 있으며 또 기록상 이 사건 약속어음에 기재된 위 문언기재가 단순한 원인관계에 관한 기재이거나 지급의 우선적 약속이라고 볼 만한 뚜렷한 증거도 발견할 수 없다. 그러하다면 원심이 이 사건 약속어음에 기재된 위 문언은 원인관계의 기재나 지급의 우선적 약속이라고 보아야지 어음금의 지급을 제한하는 조건으로 볼 수 없다 하여 피고의 무효어음항변을 배척한 것은 채증법칙에 위반하거나 필요한 심리를 다하지 아니하여 판결에 영향을 미친 것이라고 할 수밖에 없다.

(4) 지급인의 명칭

(가) 필수적 기재사항

지급인은 어음금액을 지급할 자로서 지급위탁증권인 환어음에 필요한 요건이다. 약속어음은 발행인 자신이 지급을 하게 되므로 별도의 지급인이 필요하지 아니하다.

환어음에 있어서 지급인의 명칭을 보충할 권한이 별도로 수여되어 있는 경우(백지어음)를 제외하고 지급인의 명칭이 기재되어 있지 아니한 환어음은 무효이다. 가설인을 지급인으로 기재해 놓은 경우라도 다른 어음요건이 구비된 경우라면 어음의 효력에는 지장이 없다. 이러한 어음에 인수는 있을 수 없지만 발행인이나 배서인에게 담보책임을 물을 수 있다.

(나) 기재방법

지급인의 명칭을 표시하는 방법으로서는 자연인의 성명이나 법인의 상호를 기재하는 외에 지급인의 동일성을 확인할 수 있는 다른 명칭의 기재도 허용된다. 예를 들면 개인상인의 경우에 상호 내지는 거래상의 통칭을 지급인의 명칭으로 기재할 수 있고 회사의 경우 상호의 약칭을 기재하는 것도 무방하다.

(다) 복수의 지급인

지급인으로서 여러 사람이 기재되기도 한다. 지급인을 **선택적**으로 기재하는 것(갑 또는 을)은 어음의 단순성을 해치므로 허용할 수 없으나, **중첩적**으로 기재하는 것(갑과 을)은 유효하다고 해석된다. 중첩적 기재의 경우 지급인 중 1인의 인수거절만 있어도 만기전 상환청구를 할 수 있으나 지급인 전원의 지급거절이 있기 전에는 지급거절로 인한 상환청구는 할 수 없다. 지급인을 순차적으로 기재하는 것(갑을 제1지급인, 을을 제2지급인)은 제1지급인만을 지급인으로 보고 제2지급인은 예비지급인으로 보면 될 것이다.

(라) 당사자자격의 겸병

어음의 당사자로서 환어음의 경우는 발행인, 지급인, 수취인의 3당사자가, 그리고 약속어음의 경우는 발행인과 수취인의 2당사자가 예정되어 있으나, 이러한 당사자자격 중 두 가지를 동일인이 가질 수 있다. 이를 **당사자자격의 겸병**이라고 한다. 어음법은 환어음에 있어서 발행인자격과 수취인자격, 그리고 발행인자격과 지급인자격의 겸병을 인정하고 있다(어 3조 1항 · 2항). 발행인과 수취인의 자격이 겸병된 어음은 **자기지시어음**이라고 부르며, 발행인과 지급인의 자격이 겸병된 어음은 **자기앞어음**이라고 부른다. 통설은 발행인, 수취인 및 지급인의 3당사자 겸병도 인정하고 있다(서돈각 · 정완용, 154면; 양승규, 249면; 정동윤, 276면; 정찬형, 202면; 정희철, 322면; 주석 어음수표법(Ⅰ), 361면; 최기원, 207면).

(5) 만　기

(가) 의　의

만기라 함은 어음금액이 지급될 날로서 어음상에 기재된 날을 가리킨다. 만기는 만기일이라고도 하며 인쇄된 어음용지에는 지급기일이라고 표기되어 있다. 만기 역시 원칙적으로는 어음요건으로서 반드시 기재되어야 할 사항이지만,

보충적 규정에 따라 만기를 기재하지 아니한 어음은 일람출급의 어음으로 보게 된다(어 2조 2항, 76조 2항).

만기는 「**만기일**」(어 70조 1항, 77조 1항 8호)과는 같으나 「**지급을 할 날**」(어 38조 1항, 44조 3항, 77조 1항 3호·4호)과는 다르다. 「지급을 할 날」은 대부분 만기와 일치하지만, 만기일이 법정휴일인 때에는 만기 이후의 제1의 거래일이 지급을 할 날이 되므로(어 72조 1항, 77조 1항 9호) 양자가 달라질 수 있다. 우리나라의 경우 1월 1일이 휴일이므로 만기일이 1월 1일이고 1월 2일이 토요일이라면 2일과 3일이 모두 거래일이 아니므로 4일이 지급을 할 날이 된다. 그밖에 「**지급의 날**」(어 41조 1항, 77조 1항 3호)이라는 표현은 실제로 지급된 날을 가리킨다.

(나) 만기의 종류

어음법상 만기는 **일람출급, 일람후정기출급, 발행일자후정기출급과 확정일출급** 네 가지만이 인정되고 있다. 이와 다른 만기의 기재가 있거나 어음금액을 분할하여 부분별로 만기를 다르게 정하는 분할출급어음은 무효이다(어 33조 2항, 77조 1항 2호). 또한 불확정한 날을 만기로 정한 경우도 어음이 무효가 된다. 다음 판결은 이 점을 지적하고 있다. 네 가지의 만기를 개별적으로 살펴보면 아래와 같다.

대판 1997. 5. 7, 97다4517 어음의 만기는 확정가능하여야 하므로 어음 자체에 의하여 알 수 있는 날이어야 하고 어음 이외의 사정에 의하여 좌우될 수 있는 불확정한 날을 만기로 정할 수 없는 것인 바, 불확정한 날을 만기로 정한 어음은 무효이다.

〈사실관계 및 쟁점〉 소외 우성특수조경 주식회사(이하 소외 회사라 한다)가 원고 강영식에게 공사대금조로 발행·교부한 어음이 부도되자 소외 회사의 이사인 피고 양유승이 1992. 9. 24. 원고에게 아직 변제되지 않은 부도어음금 35,550,000원을 액면으로 하고, 발행일 1992. 9. 24., 발행지 및 지급지 각 서울, 지급기일 '용마산현장 준공 후'라고 기재한 약속어음을 발행교부하였다.

여기서 쟁점이 된 것은 만기 즉 지급기일을 '용마산현장 준공 후'라고 기재한 것이 적법한 어음요건의 기재로 볼 수 있는가 하는 점이다. 이에 대해 판례는 어음은 유통증권 문언증권으로서 어음법이 요구하는 만기 등 어음요건의 구비는 원칙적으로 어음문면 그 자체에 의하여 판단할 것이지 원인관계상의 사정을 고려하여서는 아니된다고 할 것이므로 이 사건 어음의 위 지급기일은 부적법하므로 이 사건 어음은 무효라고 보고 있다.

1) 일람출급

일람출급(payable at sight)방식의 만기는 어음소지인이 지급을 받기 위하여 어음을 제시한 날(일람의 날)을 만기로 하는 것이다(어 33조 1항 1호, 34조 1항 1문, 77조 1항 2호). 인수를 위한 제시로는 만기가 도래하지 않는다. 일람출급어음의 지급을 위한 제시기간은 원칙적으로 발행일자로부터 1년간이며, 발행인은 이 기간을 단축 또는 연장할 수 있고, 배서인은 단축만을 할 수 있다(어 34조 1항, 77조 1항 2호). 일람출급어음의 만기도래는 전적으로 어음소지인의 지급제시에 달려 있으므로 어음채무자가 무한정 이행대기상태에 있게 되는 문제를 해결하기 위하여 제시기간을 제한하고 있는 것이다. 발행인이 정한 제시기간은 모든 어음관계자에 대하여 효력이 있지만, 배서인이 단축한 제시기간은 그 배서인에 한하여 효력이 있다(어 53조 2항, 3항, 77조 1항 4호).

지급제시 없이 일람출급환어음의 지급제시기간을 경과한 때에는 소지인은 (상환청구권을 보전하지 못하였으므로) 발행인, 배서인 기타의 어음채무자에 대하여 어음상의 권리를 잃는다. 그러나 「인수인」에 대하여는 그러하지 아니하다(어 53조 1항). 어음법 제53조 제1항 본문과 제1호를 보면 지급제시 없이 지급제시기간을 경과하더라도 인수인에 대한 권리는 상실하지 않는 것처럼 오해될 여지가 있다. 이러한 문제는 약속어음의 발행인에 대한 관계에서도 같이 생각해 볼 수 있다. 약속어음의 발행인은 환어음의 인수인과 동일한 의무를 부담하고(어 78조 1항) 위의 어음법 제53조는 약속어음에 준용된다(어 77조 1항 4호).

하지만 지급제시없이 일람출급어음의 지급제시기간을 경과하더라도 환어음의 인수인이나 약속어음의 발행인에 대한 권리는 소멸하지 않는다고 해석할 경우 부당한 결과가 초래되고 만다. 인수인에 대한 권리는 만기의 날로부터 3년간 행사하지 않으면 소멸시효가 완성되는데(어 70조), 일람출급환어음의 경우에는 제시기간 경과 후라도 인수인에 대한 관계에서는 청구권이 소멸하지 않는다면 소지인은 아무 때나 지급제시를 할 수 있고 어음이 제시된 때에 만기가 되며(어 34조 1항), 그로부터 3년이 경과하여야 소멸시효에 의해 권리가 소멸(어 70조 1항)하게 된다. 다시 말하면 일람출급환어음의 소지인이 어음을 제시하지 않는 이상 만기가 도래하지 않고 발행일로부터 여러 해가 지난 후에도 지급제시할 수 있다면, 인수인(또는 약속어음의 발행인)에 대한 소멸시효기간을 단기로 정한 어음법의 취지에 반하게 된다. 따라서 일람출급어음의 경우 인수인(또는 약속어음의 발행인)에 대한 관계에서도 원칙적으로 발행일로부터 1년 내에 지급제시를 하여야 하고(어 34조 1항) 제시없이 발행일로부터 1년을 경과하였다면 인수인(또는 약속어음의 발행인)에 대한 권리도 행사할 수 없다고 보아야 할 것이다.

어음법 제53조 제1항 본문과 제1호에서 일람출급어음의 제시기간을 경과하더라도 인수인에 대한 권리는 상실하지 않는다고 규정한 것은, 동조에서 상환청구권의 상실을 규정하고 있는 만큼 인수인에 대한 권리는 상환청구권이 아니라 주된 채무자에 대한 권리임을 밝히고 있는 것에 불과하다. 또한 제53조는 일람출급방식 외에 기타의 만기를 같이 규정하고 있기 때문에 인수인에 대한 관계에서 그러한 주의규정을 둔 것이지, 일람출급어음의 제시기간이 경과한 경우에도 계속하여 인수인을 상대로 어음금청구권을 행사할 수 있도록 보장하기 위하여 그러한 규정을 둔 것은 아니라고 보아야 할 것이다.

일람출급어음은 발행 즉시 언제든지 지급을 청구할 수 있으나 발행인은 일정한 기일전까지 지급을 위한 제시를 금지할 수 있다(어 34조 2항 1문, 77조 1항 2호). 이 경우에 제시기간은 그 기일로부터 개시한다(어 34조 2항 2문, 77조 1항 2호).

2) 일람후정기출급

일람후정기출급방식의 만기는, 어음소지인이 일람의 날로부터 어음에 기재된 일정한 기간을 경과한 날을 만기로 하는 것이다. 이러한 만기방식의 어음을 일람후정기출급어음이라고 하는데, 「일람의 날」의 의미는 환어음과 약속어음에 있어서 차이가 있다. 환어음에 있어서 「일람의 날」은 인수를 위한 제시(지급제시는 해당되지 않음)가 있었던 날을 뜻한다(어 23조). 반면 약속어음에 있어서는 인수라는 제도가 없으므로 일람의 날은 만기를 정할 목적으로 어음을 제시하는 날, 즉 문자 그대로 일람을 위하여 제시가 있었던 날이 **「일람의 날」**이 된다(어 78조 2항 1문). 일람후정기출급어음의 만기는 발행일로부터 일람의 날까지의 기간과 일람후의 일정기간을 합산하여 정하여진다.

일람의 날까지의 기간은 발행일자로부터 1년간(이것이 제시기간 또는 인수제시기간이다)이지만, 발행인은 이 기간을 단축하거나 연장할 수 있고, 배서인은 단축만을 할 수 있다(어 23조, 78조 2항).

일람후 일정기간의 기산점에 관하여 어음법은 다음과 같이 규정하고 있다. 환어음에 있어서는 ① 지급인이 일자를 기재하고 인수를 한 때에는 그 일자 ② 일자를 기재하지 아니하고 인수를 한 때에는 인수일자거절증서의 일자, 이 경우에 거절증서의 작성이 면제되어 있다면 제시기간의 마지막 날(어 35조 2항) ③ 인수를 거절한 때에는 인수거절증서의 일자, 이 경우에 거절증서의 작성이 면제된 때에는 현실로 제시된 일자 각각의 날이 기산점이 된다. 약속어음에 있어서는 발행인이 어음에 일람하였다는 내용을 적고 날짜를 부기하여 기명날인하거나 서명한 날이 일람 후 일정기간의 기산일이 된다. 발행인이 일람사실과 날짜의 기재를 거절한 경우에는 제25조에 따라 거절증서로써 이를 증명하여야 상환의무자에 대한 관계에서 거절증서의 일자로부터 일정기간이 진행된다(어 78조 2항). 거절증서의 작성이 면제된 경우라면 인수제시기간(발행일자로부터 1년, 어 23조 1항)의 말일로부터 일정기간이 진행된다(어 77조 1항 2호, 35조 2항).

3) **발행일자후정기출급**

발행일자후정기출급방식의 만기는 발행일자로부터 어음에 기재된 일정한 기간이 경과한 날을 만기로 하는 것이다. 어음채무자에게 기간을 주지시키는 의미 외에는 확정일출급의 방식과 실질적인 차이는 없다.

발행일자후정기출급어음의 기간을 계산함에 있어서, 「발행일자 후 몇 개월」로 기재된 어음은 해당월의 대응일이 만기가 되고, 대응일이 없는 경우는 그 달의 말일이 만기가 된다(어 36조 1항, 77조 1항 2호). 「발행일자 후 몇 일」로 기재된 경우에는 첫날을 산입하지 아니하고(어 73조) 발행일의 다음날로부터 기간의 계산이 시작한다. 「발행일자 후 몇 개월 몇 일」로 기재된 경우에는 먼저 전월(全月)을 계산한 후 여기에 날을 가산하여 만기를 계산한다(어 36조 2항, 77조 1항 2호). 반월은 15일간을 의미하고(어 36조 5항, 77조 1항 2호), 「8일」 또는 「15일」이라 함은 1주 또는 2주가 아니라 만 8일 또는 만 15일을 의미한다(어 36조 4항, 77조 1항 2호).

발행지와 지급지의 세력(歲曆)이 다른 경우에는, 다른 정함이 없는 한 발행일자를 지급지의 세력의 대응일로 환산하여 그에 따라 만기를 정하는 것이 원칙이다(어 37조 2항, 4항, 77조 1항 2호).

4) 확정일출급

확정일출급방식은 특정한 날을 만기로 기재하는 방식이며, 거래계에서 가장 흔히 이용되고 있다. 만기가 법정휴일일 경우에는 만기 이후의 제1 거래일이 지급을 할 날이 된다(어 72조 1항, 77조 1항 9호). 만기가 발행일보다 앞서는 어음이나 만기를 선택적으로 기재한 어음은 무효이다(대판 2000. 4. 25, 98다59682 참조).

만기를 세력에 없는 날 예를 들어 9월 31일이나 2월 30일로 기재한 때에는 해당월의 말일을 만기로 보면 될 것이다(대판 1981. 7. 28, 80다1295). 만기를 월초, 월중, 월말로 표시한 때에는 그 달의 1일, 15일, 말일이 만기가 되며(어 36조 3항, 77조 1항 2호), 발행지와 지급지의 세력이 다를 때에는 지급지의 세력에 의한다(어 37조 1항, 77조 1항 2호).

(다) 만기의 보충

만기는 어음요건이므로 그 기재가 흠결되면 어음이 무효로 되어야 하겠지만 어음법에서는 만기의 흠결에 대한 구제규정을 두고 있다. 즉 만기가 적혀 있지 아니한 경우에는 일람출급의 어음으로 본다(어 2조 2항, 76조 2항). 만기가 적혀 있지 아니한 경우에만 일람출급어음으로 보아 구제되는 것이고, 분할출급의 만기 등과 같이 만기가 부적법하게 기재된 경우는 구제되지 못하고 그러한 어음은 무효이다.

외관상 만기의 기재가 없다 하더라도 이것을 바로 일람출급어음으로 보아서는 안 된다. 만기에 대한 보충권을 수여한 백지어음일 수 있기 때문이다. 백지어음이라면 소지인이 나중에 보충한 대로 만기가 정하여진다. 결국 만기의 기재가 없고 백지어음도 아닌 경우에만 일람출급어음으로 보게 된다(대판 1976. 3. 9, 75다984).

(6) 지급지

(가) 의 의

지급지는 어음금액이 지급될 일정한 지역을 말한다. 지급장소(어 4조, 27조 2항)가 구체적 지점을 의미하는 데 비하여, 지급지는 상당히 넓은 범위의 지역을 의미한다. 지급지는 어음법상 지급을 위한 제시, 상환청구권보전절차, 어음채무자의 채무이행의 지역으로서 중요하며, 민사소송법상 어음의 특별재판관할(민소 9조)이 되므로 어음요건 중 하나가 되어 있는 것이다.

(나) 표시방법

지급지의 표시는 최소 행정구역 즉 시, 읍, 면 또는 서울특별시와 광역시의 구 단위로 기재하여야 할 것이나, 사회통념상 이에 준하는 지역표시 예를 들어 區의 표시 없이 "서울" 또는 "서울시 신촌"으로 표시하여도 무방하다.

대판 1981. 12. 8, 80다863 약속어음의 지급지를 기재함에 있어 원칙적으로 독립된 최소 행정구역을 기재하여야 하나, 서울특별시의 경우는 '서울'이라고만 기재하면 되고, 반드시 그 區까지를 표시하여야 하는 것이 아니다.

다만 호남, 영남 등의 기재는 너무 광범위하여 지급지를 표시하도록 하는 취지에 벗어나므로 무효로 보아야 할 것이다. 실재하지 않는 지역을 지급지로 기재하는 것도 어음상의 권리행사를 불가능하게 하므로 인정되지 않는다.

(다) 단일성

지급지는 하나의 지역만을 기재하여야 하고 지급지의 중첩적 기재나 선택적 기재는 어음을 무효로 한다는 것이 통설이다(서돈각 · 정완용, 158-159면; 손주찬, 204면; 이기수, 118면; 정동윤, 291면; 정찬형, 208면; 정희철, 138면; 최기원, 211면).

지급지와 발행지는 서로 같을 수도 있고 다를 수도 있다. 같은 경우의 어음을 동지(同地)어음이라 하고, 서로 다른 경우의 어음을 이지(異地)어음이라 한다. 다음으로, 지급지와 지급인의 주소지가 같은 어음을 동지지급어음, 서로 다른 어음을 타지지급어음이라 한다.

(라) 지급지의 보충

지급지가 어음요건이기는 하지만 그것이 흠결되었다 하여 어음이 바로 무효가 되는 것은 아니다. 지급지의 기재가 없는 때에 환어음의 경우는 지급인의 명칭에 부기한 지(地)를 지급지로 보고 아울러 지급인의 주소지로 본다(어 2조 3항). 약속어음의 경우는 발행지를 지급지로 보고 발행지의 기재마저 없으면 발행인의 명칭에 부기한 지를 발행지인 동시에 지급지로 본다(어 76조 4항).

대판 2002. 11. 30, 2000다7387 어음면상 지급지에 관한 특별한 표시가 없다 할지라도 거기에 지급장소의 기재가 있고 그것이 지(地)의 표시를 포함하고 있어 그로부터 지급지에 해당하는 일정 지역이 추지될 수 있는 경우에는 지급지의 기재가 이에 의하여 보충되는 것으로 볼 수 있다고 할 것이다.

이 사건 약속어음에는 지급장소로서 "중소기업은행 능곡지점"이라고 표시되어 있음을 알 수 있는바, 위 지급장소의 기재 중에는 '능곡'이라는 지역 이름이 포함되어 있고, 위 기재로부터 능곡 혹은 능곡이 소재하고 있는 경기 고양시가 지급지에 해당하는 것을 쉽게 알 수 있다고 할 것이므로, 이러한 경우에 약속어음상의 지급지란 자체는 백지라고 할지라도 위 지급장소의 기재에 의하여 지급지가 보충되었다고 봄이 상당하다.

(7) 지급을 받을 자 또는 지급을 받을 자를 지시할 자의 명칭

(가) 의 의

지급을 받을 자 또는 지급을 받을 자를 지시할 자는 최초의 어음채권자인 수취인을 가리킨다. 다만 어음법 제1조 제6호에서 수취인이라는 용어를 사용하지 않고 이와 같이 풀어서 쓴 것은 최초의 권리자가 반드시 어음금액을 「수취」하는 것이 아니며 배서양도하는 경우를 염두에 둔 것이다. 구태여 구별해 보자면 「지급을 받을 자」의 명칭을 기재한 어음은 **기명식 어음**이고 「지급을 받을 자를 지시할 자」의 명칭을 기재한 어음은 **지시식 어음**이 된다. 그러나 인쇄된 어음용지는 항상 지시식으로 되어 있다. 설령 지시문구가 없다 하더라도 어음은 **법률상 당연한 지시증권**이므로(어 11조 1항, 77조 1항 1호) 지시금지의 기재가 없는 한 배서로써 양도할 수 있다.

수취인의 기재가 어음요건이므로 무기명식 내지는 소지인출급식어음이나 선택무기명식어음은 인정되지 않는다. 다만 선택무기명식어음은 지시식어음과 같이 보아 그 유효성을 인정하는 견해(손주찬, 207면; 정희철, 140면)도 있다.

(나) **표시방법**

수취인의 기재는 성명이나 회사의 상호, 법인명으로 표시하면 된다. 자연인의 경우 상호나 아호를, 법인의 경우 통칭을 기재하여도 무방하다. 판례도 수취인의 표시에 대하여 너그러운 입장을 보이고 있다.

대판 1961. 11. 23, 4294민상65 약속어음의 지급을 받고 또 이를 받을 자를 지시하는 자의 명칭(舊法의 수취인)의 기재는 반드시 정확함을 요하는 것은 아니며 이를 기재함에 있어서는 성명으로 표시할 수도 있고 또는 상호로써 표시할 수도 있는 것이다.

대판 1978. 12. 13, 78다1567 약속어음의 기재사항으로서 지급을 받을 자 또는 지급을 받을 자를 지시할 자(소위 수취인)의 명칭은 반드시 정확함을 요하는 것이 아니고 수취인이 누구인가를 알 수 있으면 족하다 할 것이니, 회사 기타 법인을 수취인으로 기재할 때는 그 대표자 또는 대리인을 표시하여야 하는 것도 아니며 또 어떤 회사의 지점 혹은 영업소, 대리점이란 기재가 있는 경우에도 그 회사가 수취인임을 알 수 있다 할 것이다. 그러므로 본 건 약속어음 수취인난에 '범한해상화재보험 주식회사 부산영업소'라고 기재되어 있어 이는 피고 범한화재해상보험 주식회사를 수취인으로 한 약속어음으로서 유효하다고 본 원심의 판단은 정당하다.

또한 실재하지 않는 자를 기재하여도 어음의 효력에는 영향이 없다. 다만 수취인의 기재와 제1배서인의 기재가 표시 면에서 동일하여야 배서의 연속이 인정된다.

수취인을 중첩적으로 기재한 때에는, 수취인 전원이 공동으로 어음상의 권리를 행사하여야 하며, 배서 역시 공동으로 하여야 한다. 갑 또는 을의 선택적 기재, 또는 제1 수취인 갑, 제2 수취인 을로 하는 식의 순차적 기재의 경우에는 어음을 현실적으로 소지하고 있는 1인의 수취인이 권리를 행사할 수 있고 단독으로 유효하게 배서를 할 수 있다. 별다른 표시없이 수취인이 여러 사람으로 기재되어 있을 뿐인 때에는 중첩적 기재로 보아야 할 것이다.

(다) 당사자자격의 겸병

환어음의 발행인이 스스로 수취인이 되는 경우를 「자기지시어음」이라고 하며, 발행인 자신을 지급인으로 하는 경우를 「자기앞어음」이라고 한다. 자기지시어음은 발행인이 어음의 양도상대방을 정하지 못한 상태에서 발행하여 나중에 수취인의 지위에서 배서하게 되는데, 교부계약설의 입장에서 보면 발행인의 수중에 있는 동안은 어음의 효력이 생겼다고 할 수 없다. 「자기앞수표」는 보통의 수표에 비하여 여러 가지 독특한 법률문제를 제기하는데 뒤에서 별도로 살펴보기로 한다.

(8) 발행일과 발행지

(가) 발행일

발행일은 어음이 발행된 날로서 어음면상 기재된 날짜를 말하며 실제로 어음이 발행된 날짜를 가리키는 것이 아니다. 즉 발행일의 기재는 사실의 기재가 아니라 기재된 발행일에 발행된 것으로 효력이 생기도록 하려는 의사표시인 것이다. 발행인은 실제로 발행된 날짜보다 뒤의 날짜로 발행일을 기재할 수도 있고(이것을 선일자(先日字)어음이라 한다), 또는 그 전의 날짜를 기재할 수도 있다(후일자(後日字)어음). 거래계에서 중요한 것은 「선일자수표」이다.

발행일은 발행일자후정기출급어음에 있어서는 만기를 정하는 기준이 되고(어 36조, 77조 1항 2호), 이자계산의 기산점이 되며(어 5조 3항, 77조 2항), 일람출급어음의 지급을 위한 제시기간을 정하는 기준이 되며(어 34조 1항 2문, 77조 1항 2호), 일람후정기출급 환어음의 인수를 위한 제시기간을 정하는 기준이 되며(어 23조 1항), 일람후정기출급 약속어음의 일람을 위한 제시기간을 정하는 기준이 된다(어 78조 2항 1문).

확정일출급어음에 있어서 발행일의 기재는 중요하지 않을 것 같아 보인다. 하지만 발행일은 발행인의 능력 및 대표권의 유무를 판단함에 있어서 기준이 된다. 다만 기재된 발행일과 실제의 발행일이 다를 경우에는 후자를 기준으로 한다. 무엇보다 어음법 제1조와 제75조에서 각각 환어음과 약속어음의 요건으로 정하고 있는 만큼 발행일은 확정일출급어음에 있어서도 필수적 요건이라고 보아야 할 것이다. 확정일출급어음이라도 발행일의 기재가 없으면 무효가 된다(대판 1979. 8. 14, 79다1189).

발행일은 단일하여야 하고, 복수의 발행일기재는 허용되지 아니한다. 발행일은 **가능한** 날로 정확하게 기재되어야 한다. 그러나 발행일이 9월 31일이나 2월 29일 등으로 월력(月曆)에 없는 날이 기재되었다 하더라도 월말로 보아 구제되어야 할 것이다. 판례도 이러한 구제를 인정하였다.

대판 1981. 7. 28, 80다1295 발행일의 기재가 1978. 2. 30.인 약속어음은 같은 해 2월 말일을 발행일로 하는 약속어음으로서 유효하다고 할 것이다. 왜냐하면 약속어음 외의 사실을 조사하여 약속어음의 일부의 기재착오를 보충하거나 정정하는 것은 약속어음행위가 증권행위이므로 허용되어서는 아니되지만, 위와 같은 약속어음의 기재자체를 본인의 합리적인 의사에 따라서 판단한다면 그 달의 말일의 의미로 생각하는 것이 당연하고 이를 약속어음의 요건을 흠결한 무효한 것이라고 생각하는 것은 오히려 교활한 약속어음 채무자에게 지급거절의 구실을 주게 되어 약속어음의 유통성의 강화에 害가 되고 약속어음법의 이념에 반하기 때문이다.

발행일을 만기 이후의 날로 기재한 경우는 무효로 하여야 한다. 발행일 이전에 만기가 도래하였다는 것은 논리적으로 모순일 뿐 아니라 어음법 규정에 따른 지급제시나 지급거절증서의 작성이 처음부터 방해받기 때문이다. 판례도 같은 취지를 밝히고 있다(대판 2000. 4. 25, 98다59682).

(나) 발행지

어음이 발행된 곳으로서 어음에 기재된 지역이 발행지이다. 발행지 역시 현실적으로 어음이 발행된 곳과 일치하지 않아도 된다. 발행지는 준거법의 결정에 있어서 기준이 되는데(국제사법 54조 3항, 55조), 실제로 그 기준이 되는 것은 사실상 발행된 지역이므로 어음상 기재된 발행지는 실제의 발행지로 추정된다는 의미만 가질 뿐이다. 그밖에 발행지는 준거세력(歲曆)과 지급통화의 결정과정에서 고려되지만, 결국 양자 모두 지급지를 기준으로 결정되므로 발행지의 기재는 별다른 의의를 가지지 못한다(어 37조 1항, 41조 1항, 77조 1항 2호 · 3호). 이 때문에 발행지의 표시방법도 엄격하게 제한할 필요가 없고 최소행정구역보다 좁거나 넓은 지역을 기재하여도 준거법의 단일성이 인정되는 한 아무 문제가 없다. 즉 「대한민국」이라고 표시해도 되며 「광주광역시 무등산장」과 같이 상호에 포함된 표시로부터 지역을 확정할 수 있으면 충분하다.

발행지의 기재가 없다 하더라도 발행인의 명칭에 부기한 지가 있다면 그곳을 발행지로 보아 구제받을 수 있다(어 2조 4항, 76조 4항).

대판(전원) 1998. 4. 23, 95다36466은, 발행지의 기재가 없더라도 "기타 어음면의 기재로 보아 그 어음이 국내에서 발행되고 지급되는 「국내어음」에 해당하는 경우 그 어음은 유효하다"고 하였다. 동 판결은 결론에 이르는 과정에서 많은 논란이 있었던 바, 다수의견, 보충의견 및 반대의견을 다음의 판결요지를 통하여 살펴보는 것은 의미가 있다. 아울러 동 판결에서의 쟁점 및 그 결론이 가지는 의의를 간략하게 언급한다.

대판(전원) 1998. 4. 23, 95다36466 어음면의 기재 자체로 보아 국내어음으로 인정되는 경우에 있어서는, 발행지의 기재는 별다른 의미가 없는 것이고, 발행지의 기재가 없는 어음도 완전한 어음과 마찬가지로 유통·결제되고 있는 거래의 실정 등에 비추어, 그 어음면상 발행지의 기재가 없는 경우라고 할지라도 이를 무효의 어음으로 볼 수는 없다고 할 것이다. 이 사건 각 약속어음은 국내 금융기관인 부산은행이 교부한 용지에 의하여 작성된 것으로, 지급지는 양산군, 지급장소는 부산은행 양산지점으로 되어 있으며, 그 발행인과 수취인은 국내의 법인과 자연인이고, 어음금액은 원화로 표시되어 있으며, 어음문구 등 어음면상의 문자가 국한문 혼용으로 표기되어 있을 뿐만 아니라, 어음 표면 우측 상단에 어음용지를 교부한 은행 점포를 관할하는 어음교환소명으로 '부산'이라 기재되어 있는 점 등에 비추어 볼 때, 이 사건 각 약속어음은 국내에서 발행되고 지급되는 국내어음임이 명백하고, 따라서 그 어음면상 발행지의 기재가 없다고 하여 이를 무효의 어음으로 볼 수 없다고 할 것이므로, 위 각 어음에 대한 지급제시가 비록 발행지의 기재 없이 이루어졌다고 하더라도 이는 적법하게 지급제시된 것이라고 할 것이다.

〈쟁점 및 특징〉 본래 약속어음에 있어서 배서인에게 담보책임을 지우기 위하여는 지급제시기간에 적법한 지급제시가 있어야 함은 물론 그러한 지급제시 당시에는 어음요건을 갖추어야 한다. 특히 어음법 제75조 제6호(환어음의 경우는 제1조 제7호)가 발행지를 약속어음의 어음요건으로서 필요적 기재사항으로 규정하고 있으므로 발행지를 보충기재하지 아니한 상태에서 행한 지급제시는 위 어음요건이 흠결된 것으로 보아 무효의 지급제시로 보아야 할 것인지 여부가 쟁점이 되었다. 이에 대해 본 판결의 다수의견은 이러한 경우라도 무효의 어음으로 볼 수 없다고 보았다. 그런데 이러한 다수의견의 입장은 발행지가 어음요건이라는 강행규정인 어음법상 규정을 국내어음에 한하여 그 적용을 배제하여 구체적 타당성을 확보한 점에 그 특징이 있다.

【다수의견】 어음에 있어서 발행지의 기재는 발행지와 지급지가 국토를 달리하거나 세력(歲曆)을 달리하는 어음 기타 국제어음에 있어서는 어음행위의 중요한 해석 기준이 되는 것이지만 국내에서 발행되고 지급되는 이른바 국내어음에 있어서는 별다른 의미를 가지지 못하고, 또한 일반의 어음거래에 있어서 발행지가 기재되지 아니한 국내어음도 어음요건을 갖춘 완전한 어음과 마찬가지로 당사자간에 발행·양도 등의 유통이 널리 이루어지고 있으며, 어음교환소와 은행 등을 통한 결제 과정에서도 발행지의 기재가 없다는 이유로 지급거절됨이 없이 발행지가 기재된 어음과 마찬가지로 취급되고 있음은 관행에 이른 정도인 점에 비추어 볼 때, 발행지의 기재가 없는 어음의 유통에 관여한 당사자들은 완전한 어음에 의한 것과 같은 유효한 어음행위를 하려고 하였던 것으로 봄이 상당하므로, 어음면의 기재 자체로 보아 국내어음으로 인정되는 경우에 있어서는 그 어음면상 발행지의 기재가 없는 경우라고 할지라도 이를 무효의 어음으로 볼 수는 없다.

【보충의견】 일반적으로 모든 법은 법규정의 본질을 바꾸는 정도의 것이 아닌 한도에서 이를 합리적으로 해석함으로써 뒤처진 법률을 앞서가는 사회현상에 적응시키는 일방 입법기관에 대하여 법률의 개정 등을 촉구하는 것은 법원의 임무에 속하는 일이라

할 것이고, 그 뒤처진 법규정의 재래적 해석·적용이 부당한 결과를 초래한다는 것을 알면서도 법률 개정이라는 입법기관의 조치가 있을 때까지는 이를 그대로 따를 수밖에 없다고 체념해 버리는 것은 온당치 않은 태도이다. 어음법이 강행법·기술법적 성질을 가지고 있음에 비추어 볼 때 어음법에서 정한 어음요건은 이를 엄격하게 해석함이 원칙일 것이나, 이러한 엄격해석의 요청은 이를 자의로 해석함으로써 어음거래 당사자에게 불이익하게 법률을 적용하는 것을 막자는 데에 있는 것이지 입법취지를 해하지 않는 범위 내에서 합리적으로 해석하는 것까지도 절대적으로 금지하려는 것은 아니다. 따라서 어음면의 기재 자체에 의하여 국내어음으로 인정되는 경우에 단지 발행지의 기재가 없다는 이유로 이를 무효의 어음이라고 보는 것은 지나치게 형식논리에 치우친 해석이라고 하지 않을 수 없을 뿐만 아니라 어음 유효해석의 원칙에 비추어 보더라도 타당한 해석이 아니므로, 국내어음에 한하여는 발행지의 기재가 없다고 하더라도 이를 무효의 어음으로 볼 수 없다고 해석함이 상당하며, 이러한 해석은 국내어음에 한하는 것으로서 국제어음에 있어서는 발행지의 기재가 없으면 그 어음은 무효라는 입장을 견지하고 있으므로 위 해석에 의하더라도 발행지를 어음요건의 하나로 규정하고 있는 어음법의 조항을 완전히 사문화시키는 것은 아니며, 법원의 법률해석권의 범위를 일탈하는 것도 아니다.

【반대의견】 재판할 사항에 대하여 적용할 법규가 있고 그 의미 내용 역시 명확하여 달리 해석할 여지가 없는 경우에는 다른 것을 다르게 취급하여야 한다는 정의의 요청(이른바 목적론적 축소해석의 경우) 또는 합헌적인 해석의 요청(이른바 헌법합치적 해석의 경우)에 의하여, 그 법규의 적용 범위를 예외적으로 제한하여 해석할 필요가 있는 등의 특별한 사정이 없는 한, 설사 명문의 규정이 거래의 관행과 조화되지 아니하는 점이 있다고 하더라도, 법원으로서는 모름지기 국회의 입법 작용에 의한 개정을 기다려야 할 것이지 명문의 효력규정의 적용 범위를 무리하게 벗어나거나 제한하는 해석을 하여서는 아니 될 것인바, 어음법은 발행지의 기재가 없는 어음에 관하여 그 효력이 없다고 명문으로 규정하고 있는 한편, 이 명문의 규정에 관하여는 정의의 요청 또는 합헌적인 해석의 요청에 의하여 그 적용 범위를 예외적으로나마 제한하여 해석할 만한 아무런 특별한 사정이 있다고 할 수 없으므로, 다수의견과 같이 위 어음법의 명문규정이 이른바 '국내어음'에는 적용되지 아니한다고 하는 것은 법원이 어음법에도 없는 단서 조항 즉 '발행지에 관하여 국내어음의 경우에는 그러하지 아니하다'라는 규정을 신설하는 셈이고, 이는 명문의 규정에 반하는 법형성 내지 법률수정을 도모하는 것으로서 법원의 법률해석권의 범위를 명백하게 일탈한 것이라는 비난을 면하기 어렵다.

(9) 발행인의 기명날인 또는 서명

(가) 기명날인

환어음이나 약속어음은 발행인이 기명날인 또는 서명을 함으로써 마지막 요건을 갖추게 된다. 앞의 어음행위 일반에 관한 설명에서 보았듯이 어음발행인의 기명날인 또는 서명을 어음의 요건으로 한 것은 주관적으로는 어음발행인에게 어음채무를 부담하게 되는 것을 인식시키고(약속어음의 발행인은 주된 채무자로서의 책임을, 그리고 환어음의 발행인은 최종적 상환의무자로서의 책임을 부담함), 객관적으로는 위조 등이 문제되는 경우에 표시된 자와 현실적 행위자간의 일치여부 즉 진정성(眞正性)의 확인을 쉽게 할 수 있도록 한 것이다.

기명날인의 경우는 발행인의 동일성을 나타내는 정도의 명칭을 기재하고 날인하여야 한다. 발행인의 기명이 그 본명과 일치해야 하는 것은 아니다. 이 점을 확인한 판결이 있다.

대판 1969. 7. 22, 69다742 약속어음의 발행에 있어서 발행인의 기명날인이 필요요건으로 되어 있으나 그 기명에 있어서는 반드시 공부상의 명의가 동일함을 필요로 하지 않으며 발행인의 의사에 의하여 발행되었다고 인정되는 이상 외형상 발행인의 기명이 있는 것으로 보여지면 되는 것이고 반드시 발행인의 본명을 기입하여야 되는 것은 아니라고 할 것인바, 이 사건에 있어서 원심은 이 사건 약속어음을 피고 정창균의 의사에 의하여 발행되었다고 인정하고 있는 것이므로 설사 피고의 본명(공부상 성명과 같음)이 정창균 임에도 불구하고 “정창규”라고 기명하였다고 하여도 “창균”이라는 피고의 도장을 찍은 이상에는 약속어음으로서의 유효조건을 결여하였다거나 피고가 발행한 것이 안된다고는 할 수 없다.

그 명칭은 자필로 기재하여도 되고, 고무스탬프나 인쇄 또는 타자 어떠한 방법에 의하든 무방하다. 날인의 인영은 기명된 명칭과 일치할 필요가 없으며, 어떠한 형태의 도장이든 찍혀 있으면 충분하다. 같은 취지의 판결이 있다(어음행위의 성립요건에 관한 대판 1978. 2. 28, 77다2489).

무인(拇印), 즉 손도장은 날인으로 인정받지 못하고 있으나 진정성(眞正性)의 확인이라는 날인의 목적에 비추어 보면 그것을 무효로 보아야 할 합리적 근거는 찾기 어렵다. 반면, 판례는 손도장(指章)으로 한 어음행위를 무효로 보았다(어음행위의 성립요건에 관한 대판 1962. 11. 1, 62다604).

기명날인은 그 요건이 형식적으로 요구되는 특징에 비추어 얼마든지 타인에게 대행시킬 수 있다.

(나) 서 명

서명의 경우는 자필서명에 한하고 고무스탬프나 인쇄된 서명 또는 서명의 대행은 허용되지 않는다고 보아야 한다. 원래 어음행위에 서명만을 요구하는 입법하에서는 기명날인 또는 서명이라는 식으로 요건을 규정하고 있지 않으므로 선택의 여지가 없다. 그러한 나라에서 자필서명만을 고집한다면, 손부상을 당한 경우 어음을 발행할 수 없게 되거나 어음용지를 사무실에 두고 출장을 간 경우 출장지에서 사무실에 있는 다른 직원을 시켜 어음을 발행할 수 없게 되는 등의 불편이 따르게 되므로, 자필서명만을 요구하는 것이 적당하지 않다. 따라서 기명날인과 서명 중 선택할 수 있는 여지가 없는 나라에 있어서는 어음행위자의 의사에 따르는 이름의 표시나 기재만 있으면 자필서명이 아니라도 서명요건을 갖춘 것으로 볼 수밖에 없다. 그러나 우리의 어음법에서는 자필서명을 하지 못할 사정이 있는 경우에 기명날인의 방법을 선택하면 되므로, 서명은 자필서명에 한정된다고 보더라도 어음발행에 지장을 초래하지는 않게 된다.

다만 이렇게 새기는 경우 서명의 대행이 있는 어음을 취득한 자의 보호의 문제가 남게 된다. 즉 권한있는 자에 의하여 서명의 대행이 이루어졌음에도 불구하고 어음행위의 효력을 부인하여야 하는 것은 문제로 남는다.

제4 유익적 기재사항

1. 총 설

지금까지 살펴본 어음요건 외에 어음에 기재할 수 있는 사항을 임의적 기재사항이라고 한다. 그 중에서 그 기재가 없다 하여 어음을 무효로 하지 않으면서도 일단 기재를 하면 기재된 대로 어음상의 효력을 인정받는 사항을 유익적 기재사항이라 한다.

유익적 기재사항의 판별은 어음법의 규정에 따른다. 나아가 어음법에 규정이 없는 사항도 유익적 기재사항으로 인정할 수 있는가? 이 문제에 대하여 어음의 정형성·명확성을 강조하는 입장에서는 어음법에 규정된 것에 한하여 유익적 기재사항이 된다고 한다. 반면, 어음법에 규정되어 있지 않더라도 어음관계자를 해하지 않고 합리성이 인정되는 사항은 기재된 대로의 효력을 인정하여야 한다는 견해도 있다. 판례는 조건부어음보증과 관련하여 후자의 입장을 지지하고 있다(239면의 「조건부어음보증」 관련 판례: 대판 1986. 3. 11, 85다카1600).

어음법에서 정하고 있는 유익적 기재사항을 조문 순서대로 열거하면 다음과 같다.

① **발행인 또는 지급인의 명칭에 附記한 地**(어 2조 2호, 3호, 76조 3호)
② **제3자방지급문구**(어 4조, 27조, 77조 2항)
③ **이자문구, 이율 또는 이자기산일의 기재**(어 5조, 77조 2항)
④ **인수무담보문언**(어 9조 2항)
⑤ **배서금지문구**(어 11조 2항, 77조 1항 1호)
⑥ **인수제시의 명령 또는 금지**(어 22조 1항, 2항)
⑦ **인수제시기간의 단축 또는 연장**(어 23조 2항)
⑧ **지급제시기간의 단축 또는 연장**(어 34조 1항, 77조 1항 2호)
⑨ **일정기일전의 지급제시금지 문구**(어 34조 2항, 77조 1항 2호)
⑩ **준거할 세력의 지정**(어 37조 4항, 77조 1항 2호)
⑪ **외국통화환산율의 지정 또는 외국통화현실지급문구**(어 41조 2항, 3항, 77조 1항 3호)
⑫ **거절증서작성면제문구**(어 46조, 77조 1항 4호)
⑬ **역어음발행금지문구**(어 52조 1항, 77조 1항 4호)
⑭ **예비지급인의 지정**(어 55조 1항, 77조 1항 5호)
⑮ **복본번호, 복본불발행문구**(어 64조 2항, 3항)

이상의 유익적 기재사항은 각각 관계되는 곳에서 설명되므로, 여기에서는 제3자방지급문구와 이자문구만 살펴보기로 한다.

2. 제3자방지급문구

(1) 의 의

환어음의 지급은 원칙적으로 지급인이 그의 영업소나 주소에서 하여야 하지만, 제3자방에서 지급이 이루어지도록 하는 기재를 어음에 할 수 있다. 이러한 기재를 **제3자방지급문구**라고 하는데 **지급담당자**와 **지급장소** 두 가지를 포괄한다. **지급담당자**라 함은 환어음의 경우에는 지급인이나 인수인에 갈음하여 지급사무를 처리해 줄 사람을 가리키며, 약속어음의 경우에는 발행인에 갈음하여 지급사무를 처리해 주는 사람을 가리킨다. 지급장소는 지급인, 인수인 또는 발행인이 어음의 지급을 하여야 할 장소를 말한다. 어음법은 지급담당자와 지급장소를 엄격하게 구별하고 있지 않다. 제3자방(어 4조, 22조 2항, 27조 1항, 77조 2항)이라는 표현은 양자를 포괄하며 지급장소(어 27조 2항, 77조 2항)라고만 규정된 경우도 지급담당자까지 포함하는 개념으로 이해되고 있다.

대판 1970. 7. 24, 70다965 약속어음금 청구소송에서 그 소장부본이 피고에게 송달되면 이 때에 소지인이 그 약속어음을 발행인에게 지급을 위하여 제시한 것이라고 볼 수 있다. 그리고 약속어음에서 지급처소를 기재하는 것은 필요적 기재사항이 아니므로 설사 이 사건의 약속어음처럼 지급지가 포항시로 되어 있는데, 그 지급처소를 서울특별시로 기재하였다 하여 이 약속어음의 효력이 무효라고 일컬을 수는 없다.

〈해설〉 본 판례에서는 '支給處所'라는 용어를 사용하고 있는바, 이는 법전상 용어는 아니고, 어음법 4조와 어음법 77조 2항에 의하여 준용되는 어음법 27조에서 말하는 '제3자방'(어 27조 1항) 또는 '지급장소'(어 27조 2항)를 가리키는 것으로 해석된다. 이와 같은 지급장소는 지급지 내에 있어야 하고 지급지 외의 장소를 지급장소로 기재하는 것은 무효로서 이의 기재가 없는 것으로 보아야 한다(무익적 기재사항). 본 사안에서는 지연손해금의 산정을 위하여 약속어음의 발행인과 소지인 사이에서 적법한 지급제시가 있었는지의 유무가 문제되었던 것으로서, 지급지 외의 장소를 지급장소로 기재한 경우 소지인은 지급지 내에 있는 지급자의 주소, 영업소 또는 거소에서 지급제시를 하여야 적법한 지급제시로 인정받을 수 있다.

제3자방지급문구의 기재는 환어음의 지급인이나 약속어음의 발행인의 지급의 편의와 안전을 도모할 수 있게 하고 소지인의 추심을 간편하게 하기 위한 것으로서 대부분의 경우 은행의 특정부서나 지점이 제3자방으로 지정된다. 환어음의 지급인이나 약속어음의 발행인과 지급담당자와의 법률관계는 지급사무의 위임으로 보면 될 것이다.

(2) 기재권자

제3자방지급문구를 기재할 수 있는 자는 환어음이나 약속어음의 발행인이다(어 4조, 77조 2항). 그밖에 환어음의 발행인이 지급인의 주소지와 다른 지급지를 어음에 적은 타지지급어음에 제3자방지급문구를 적지 아니한 경우(어 27조 1항, 77조 2항)와 지급인의 주소와 같은 지급지를 어음에 적은 경우(동지지급어음)(어 27조 2항, 77조 2항)에 지급인은 인수를 하면서 제3자방지급문구를 적을 수 있다.

(3) 기재방법

지급장소와 지급담당자를 함께 표시하는 방법이 일반적이다. 실무에서는 은행도(銀行渡)어음만이 제3자방지급어음으로 이용되고 있을 뿐이다. 은행도어음은 거래은행에서 인쇄한 어음용지를 교부받아 예금주가 발행한 어음을 가리키는데, 지급장소란에 「○○은행」이라고 인쇄되어 있고, 그 은행의 특정부서명칭 또는 지점명이 고무인으로 찍혀 있다. 이러한 어음은 어음교환소를 통하여 지급제시가 이루어지며, 부도처리되는 경우 발행인이 거래정지처분을 받게 되므로, 지급의 확실성이 상당히 보장된다.

(4) 기재의 효력

제3자방지급문구가 지급담당자를 기재한 경우에는 만기에 그의 주소에서 그를 상대로 지급제시를 하여야 하며 거절증서도 지급담당자를 거절자로 하여 작성하여야 한다. 다시 말하면 지급인(약속어음의 경우는 발행인)을 거절자로 거절증서를 작성하여서는 안 된다. 단순히 지급장소만이 기재된 경우에는 그 장소에서 지급인(약속어음의 경우는 발행인)을 거절자로 하여 지급제시와 지급거절증서의 작성을 하여야 한다.

지급장소라는 란에 「○○은행 서대문지점」으로 기재되어 있다면 그 은행을 지급담당자로 보고 해당지점을 지급장소로 보면 된다. 이와 동일한 하급심판결이 있다.

대판 1988. 8. 9, 86다카1858 어음에 제3자방 지급문구가 기재되어 있을 때 그것이 지급담당자를 기재한 것일 때에는 지급을 위한 제시는 지급담당자의 영업소 또는 주소에서 지급담당자에게 하여야 하는 것이고, 일반적으로 지급장소로서 "○○은행

○○지점"이라는 기재는 당해 지점을 지급담당자로 한 것이라고 해석해야 한다.

서울지법 1995. 10. 20, 94가단93408(확정) 일반적으로 지급장소로서 모 은행 모 지점이라고 기재되었는 경우 그 은행은 지급담당자 그 지점은 지급장소를 의미하는 것이라고 해석하여야 하지만, 그 지급장소란에 지점 표시 없이 단순히 은행명만 기재되어 있다면 이는 지급장소가 아닌 지급담당자를 표시하는 기재라고 봄이 상당하므로 그 지급제시는 지급지에 있는 지급담당자의 영업소에서 하여야 한다.

(5) 지급제시기간경과후의 제3자방지급문구의 효력

지급제시기간경과 후에도 제3자방지급문구의 효력이 그대로 인정되는가 하는 문제가 제기된다. 즉, 이때에도 지급담당자에게만 지급제시를 하여야 하는가이다. 본래 제3자방지급문구는 유통성을 전제로 어음금지급의 편의와 소지인의 추심을 간편하게 하기 위한 것이기 때문에 지급제시기간경과 후에는 제3자방기재문구는 그 효력을 상실한다고 보아야 할 것이다. 따라서 어음소지인은 주된 채무자의 영업소 또는 주소에서 지급제시를 하고 어음채무의 이행을 구하여야 한다.

3. 이자문구

이자문구는 어음금액에 대하여 일정한 이율에 의한 이자를 붙인다는 뜻의 기재를 말한다. 이자문구는 만기일을 미리 알게 되는 확정일출급어음과 발행일자후정기출급어음의 경우에는 적어도 이를 적지 아니한 것으로 보게 된다(어 5조 1항 2문, 77조 2항). 만기일까지의 이자를 계산하여 어음금액에 포함시키면 되기 때문이다.

이자문구는 만기일을 미리 알 수 없는 일람출급어음과 일람후정기출급어음에만 기재할 수 있다. 이율은 어음에 적어야 한다(어 5조 2항 1문, 77조 2항). 또한 이자문구에는 반드시 이율을 적어야 하며 이율 없는 이자문구는 무효이다(어 5조 2항 2문, 77조 2항).

제5 그 밖의 기재사항

1. 무익적 기재사항

무익적 기재사항은 어음에 기재하여도 어음법상의 효력이 인정되지 않는 사항이다. 그 기재의 효력만 인정받지 못할 뿐 어음을 무효로 하는 것은 아니라는 점에서, 다음의 유해적 기재사항과 다르다. 예를 들어, 어음은 법률상 당연한 지시증권(어 11조 1항, 77조 1항 1호)이므로 지시문구의 기재는 필요하지 않은 데도 지시문구를 기재했다면 무익적 기재에 해당한다. 다른 예로서, 상환문구(어 39조 1항, 77조 1항 3호), 파기문구(어 65조 1항) 등이 있다.

그밖에, 어음법에서는 확정일출급 또는 발행일자후정기출급어음에 적은 이자문구(어 5조 1항 후단, 77조 2항), 일람출급 또는 일람후정기출급어음의 경우에 이율의 기재가 없는 이자문구(어 5조 2항, 77조 2항), 발행인의 지급무담보문구(어 9조 2항 후단) 등을 그 기재가 없는 것으로 다루고 있다.

한편, 당사자간의 특약, 예를 들어 관할법원의 합의 등을 어음에 기재한다 하더라도 어음상의 효력은 인정되지 아니한다.

2. 유해적 기재사항

유해적 기재사항은 그것을 어음에 기재하면 어음자체를 무효로 하는 사항이다. 어음법에 규정된 유해적 기재사항의 예로, 어음법에 규정된 네 가지의 만기와 다른 만기를 기재하거나 분할출급의 기재를 하면 어음은 무효가 된다(어 33조 2항, 77조 1항 2호). 그밖에, 어음법에 규정이 없더라도 어음의 본질에 반하거나 어음요건과 충돌하는 기재는 어음을 무효로 한다. 이러한 예로서는 지급위탁이나 자금을 제한하는 기재, 어음의 효력을 원인관계에 의존시키는 기재 등을 들 수 있다. 판례도 지급약속문언에 조건을 붙이거나 지급방법을 제한한 경우에는 그 어음 자체를 무효로 본다.

대판 1971. 4. 20, 71다418 약속어음은 발행인이 수취인에 대하여 어음금액을 지급할 것을 약속하는 유가증권이므로 그 지급약속문언은 단순하여야 하며, 이에 지급에 관한 어떠한 조건을 붙이거나 그로써 지급방법을 제한하였을 때에는 그 어음자체를 무효로 하는 것이라고 할 것이고, 일방 약속어음에 결합된 부전은 법률상 그 어음면의 연장으로서의 취급을 받는 지편이니만큼, 이에 기재된 지급의 조건에 관한 문언도 그 어음의 발행을 무효로 하는 것이라고 할 것이다.

제 2 절 백지어음 · 수표

제1 백지어음 · 수표의 의의와 성질

1. 의 의

백지어음(백지수표, inchoate check)이라 함은 어음(수표)요건의 일부를 후일에 어음소지인으로 하여금 보충시킬 의사로 '어음'이 될 서면에 기명날인 또는 서명하여 교부한 미완성의 어음(수표)을 의미한다. 어음법에서는 백지어음의 정의규정을 두고 있지 않으며 백지보충권의 남용에 관하여 규율하고 있을 뿐이다(어10조). 백지어음은 원인관계상 지급될 금액 · 변제기 · 수취인 등이 어음 교부 당시에 확정되지 않은 경우에 사용된다. 금융기관에서 담보용으로 받는 약속어음의 경우 대출금상환이 연체되는 경우 연체이자를 합산하여 금액을 기재할 수 있도록 하기 위하여, 그리고 사채중개업자에게 자금융통을 의뢰하면서 교부하는 어음 등은 조달가능한 금액과 자금제공자를 미리 알 수 없으므로 대부분 금액란과 수취인을 백지로 하여 발행한다.

백지어음(수표)과 어음(수표)요건의 흠결로 인해서 무효인 불완전어음(수표)의 구별은 보충권이 주어졌는가에 따른다. 통설은 어음(수표)요건이 흠결된 경우 바로 무효인 어음 · 수표라고 보지 아니하고 일단 백지어음(수표)로 추정한다. 판례도 지급기일, 지급을 받을 자 또는 지급을 받을 자를 지시할 자가 기재되지 아니한 어음에 있어서 같은 뜻을 밝혔다.

대판 1976. 3. 9, 75다984 지급기일을 공란으로 하여 약속어음을 발행한 경우에는 특별한 사정이 없는 한 그 어음은 일람출급의 어음으로 볼 것이 아니나라 백지어음으로 보아야 할 것이고 이와 같은 백지어음을 교부한 때에는 후일 그 소지인으로 하여금 임의로 그 지급기일의 기재를 보충시킬 의사로써 교부한 것이라고 추정함이 옳다.

대판 1966. 10. 11, 66다1646 약속어음에 지급을 받을 자 또는 지급을 받을 자를 지시할 자(수취인-저자)의 명칭부분을 공백으로 한 채 상대방에게 교부한 때에는 특별한 사정이 없는 한 후일 어음소지인으로 하여금 임의로 지급을 받을 자 또는 지급을 받을 자를 지시할 자의 명칭부분의 기재를 보충시킬 의사를 가지고 백지어음을 발행한 것이라 추정함이 상당하다.

2. 법적 성질

어음법 제10조(어 77조 2항; 수 13조)에서 백지어음에 관하여 규정하고 있기 때문에 이것을 근거로 백지어음이나 백지수표도 어음이나 수표로 볼 수 있지 않을까 하는 의문이 제기될 수 있다. 그러나 통설은 백지어음을 어음으로 보지 않고 두 가지 권리를 표창하는 유가증권으로 본다(손주찬, 228면; 이범찬 · 최준선, 955면; 이철송, 244면; 정동윤, 303면; 정찬형, 135면; 주석 어음수표법(Ⅰ), 436면; 최기원, 224면). 보충권과 보충을 하면 완전한 어음상의 권리자가 된다는 법률상의 지위(기대권)가 화체되어 있다고 한다. 백지어음에는 **어음채권**이 화체되어 있는 것이 아니므로 어음이 아니라고 보는 통설이 옳다. 백지어음은 **미완성의 어음**에 불과한 것이다. 어음법 제10조나 수표법 제13조에서 백지어음(수표)에 관하여 규정하고 있는 것은 그것을 어음으로 인정하기 위한 것이 아니라 백지어음(수표)도 유통에 있어서는 어음과 같게 취급하겠다는 취지를 밝힌 것이다.

3. 준백지어음

어음요건을 갖춘 완성된 유효한 어음이면서 **유익적 기재사항**에 대한 보충권을 타인에게 수여한 어음을 **준백지어음**이라 한다. 예를 들면 일람출급 약속어음에 있어서 이자기재의 보충권을 타인에게 수여한 경우이다. 준백지어음에는 백지어음에 관한 어음법 제10조가 준용된다.

제2 백지어음 · 수표의 요건

1. 기명날인 또는 서명

백지어음(백지수표의 경우도 같다. 이하의 설명은 백지수표에도 그대로 적용된다.)이 되기 위하여는 최소한 어음행위자의 **기명날인 또는 서명**이 있어야 한다. 어음법 제10조(어 77조 2항; 수 13조)에서 「발행한」이라는 표현을 쓰고 있어서 발행인의 기명날인 또는 서명이 최소한의 요건처럼 되어 있으나, 발행인의 기명날인이나 서명 없이 배서인, 보증인, 환어음의 인수인의 기명날인 또는 서명만 있어도 백지어음의 성립이 가능하다. 이 경우에 「발행한」은 「교부한」으로 읽으면 될 것이다. 심지어는 날인만 있어도 기명과 기타 요건을 소지인에게 보충시키려는 의사로 교부되었다면 백지어음이 성립한다(통설).

대판 1980. 2. 12, 78다1164 일람후정기출급 환어음은 지급인이 그 환어음 원본에 인수 기타 이와 동일한 의의가 있는 문자로 표시하고 인수일자를 기재하거나 또는 기재하지 아니한 채 기명날인하여 이를 그 인수제시인에게 교부반환하면 인수가 되는 것이고 위와 같이 인수일자를 기재하지 아니할 때에 장차 소지인에게 그 제1의 인수제시일자 또는 인수일자(어음법 25조 1항, 35조)의 보충권을 수여하는 이른바 백지인수도 가능하다.

2. 어음요건이 갖추어져 있지 않을 것

백지어음에는 어음요건의 일부 또는 전부가 갖추어져 있지 않다. 어음요건 중에서 「어음금액」이 공란으로 되어 있는 예가 가장 흔하다. 그러나 불비된 요건의 종류 및 정도에 관하여는 제한이 없다.

금액의 숫자기재는 있으나 글자 금액란이 공란인 경우는 백지어음이 아니다. 어음법상 숫자의 금액기재와 글자의 금액기재 모두를 요구하는 것은 아니므로 어음금액을 숫자로 표시하든 글자로 표시하든 상관이 없기 때문이다. 만기가 빈칸인 경우에는 먼저 백지어음인가를 살펴보고 보충권의 수여를 인정할 수 없는 경우에 어음법 제2조 제2항(제76조 제2항)을 적용하여 일람출급어음으로 볼 수 있다.

3. 보충권의 존재

백지어음인가 아니면 불완전 어음으로서 무효인가의 구별은 **보충권의 존재여부**에 달려있다. 보충권의 존재가 명확하지 않은 경우 어떻게 백지어음여부를 판별할 것인가에 대하여는 대강 다음 세 가지 입장이 있을 수 있다.

(1) 주관설

기명날인자 또는 서명한 자에게 보충권 수여의 의사가 현실적으로 존재하여야 백지어음으로 인정할 수 있고, 보충권 수여의 의사가 없는 이상 외관을 신뢰한 자는 보호받을 수 없다는 견해를 주관설이라 한다(김태주, "백지어음," 「無碍서돈각박사 정년기념 상사법논집」, 417면; 박원선, 493면).

주관설은 백지어음으로 만들 의사 없이 기명날인 또는 서명한 자의 보호에는 충실한 견해이나 어음거래의 안전이나 유통성보호의 관점에서 수용하기 어렵다.

(2) 객관설

외관에 의하여 기명날인자 또는 서명한 자가 보충을 예정하고 발행한 것으로 인정되는 (평균인을 기준으로) 경우는 행위자의 의사와 관계없이 백지어음으로 보는 견해를 **객관설**이라 한다. 행위자의 의사를 무시하고 평균인의 기대만을 기준으로 한다. 예를 들어 인쇄된 어음용지에 일부 요건을 기재하지 않은 채 기명날인 또는 서명이 되어 있다면 객관설에서는 백지어음으로 보게 된다.

이 입장에 의하면 어음문구가 누락된 경우는 백지어음의 성립을 부인하게 된다. 따라서 일반 백지(예를 들어 A4용지)를 이용하여 기명날인 또는 서명한 경우는 아무리 보충권을 수여했다 하더라도 백지어음으로 인정될 여지가 없어서 오히려 제3취득자에게 불리한 해석도 가능하다. 우리나라에서는 객관설을 취한 논자는 없는 것으로 보인다.

(3) 절충설

절충설은 다음과 같이 세 가지로 구분해 볼 수 있다. **제1설**은 원칙적으로 주관설에 터 잡아 보충권수여의 의사가 없으면 백지어음이 될 수 없다고 한다. 다만 선의로 취득한 자에 대한 관계에서는 불완전어음으로서 무효라는 항변을 제기하지 못하도록 한다(다수설: 강위두, 307-308면; 서돈각 · 정완용, 174면; 손주찬, 226면; 양승규, 276면; 이범찬 · 최준선, 954면; 정동윤, 307면; 정무동, 401면; 정희철, 154면).

제2설(백지어음추정설)은 주관설의 불합리한 점을 입증책임배분으로 해결하고자 한다. 즉 보통의 백지에 (어음문구 없이) 기명날인 또는 서명한 경우는 백지어음임을 주장하는 자가 보충권 수여사실을 입증하여야 하고, 인쇄된 어음용지에 기명날인 또는 서명한 경우는 백지어음으로 추정하고 그것을 부정하는 측에서 보충권 수여사실이 없음(또는 백지어음이 되는 것을 과실없이 알지 못함)을 입증하여야 한다고 한다(정찬형, 133-134면).

제3설은 외관을 야기한 데 대하여 어음행위자에게 귀책사유가 있고 제3자가 이를 과실없이 신뢰하고 취득한 때 백지어음으로 인정한다. 제3자가 선의라는 것만으로 백지어음을 인정하는 것은 무리라고 한다(주석 어음 · 수표법(I), 440면; 최기원, 231면).

예를 들어 교수가 강의실에서 몇 장의 인쇄된 어음용지에 견본용 백지어음을 작성하여(기명날인 또는 서명) 학생들에게 회람시켰으나 강의 종료 후 그 중 1장을 회수하지 못하였다고 가정해보자. 이 경우에 이러한 백지어음용지를 선의로 취득한 자에 대한 관계에서 제1설에 의하면 백지어음으로 인정되지만 제3설에 따를 경우 귀책사유를 발견하기 어려우므로 백지어음으로 인정하기 쉽지 않다. 제2설의 입장에 따르더라도 그 교수는 백지어음이 아님을 입증할 수 있다. 문제는 백지어음으로 인정된다 하더라도 보충권의 내용이나 범위에 대한 합의(어 10조)가 있을 수 없기 때문에, 그 다음 단계의 부당보충이 논의될 수 없으며 위의 교수에게 보충된 대로의 책임을 지울 수 없다는 주장도 있을 수 있다.

판례는 절충설의 제2설과 같이 백지어음추정설을 취한 바 있다.

대판 2001. 4. 24, 2001다6718 백지약속어음의 경우 발행인이 수취인 또는 그 소지인으로 하여금 백지부분을 보충케 하려는 보충권을 줄 의사로써 발행하였는지의 여부에 관하여는 발행인에게 보충권을 줄 의사로 발행한 것이 아니라는 점, 즉 백지어음이 아니고 불완전어음으로서 무효라는 점에 관한 입증책임이 있다.

4. 미완성 상태로 교부되었을 것

백지어음의 경우도 그 효력을 발생하기 위하여는 원칙적으로 교부(교부계약)를 요한다. 다만 권리외관설에 따라 교부(교부계약)가 흠결된 경우라도 신뢰자의 보호가 이루어질 수 있다.

제3 백지어음·수표의 완성

1. 보충권의 의의, 성질과 내용

백지어음·수표의 **보충권**은 보충권자의 일방적 행위로써 백지어음·수표를 완성하여 어음으로서의 효력을 발생시키는 권리이다. 보충권은 어음관계와 별도로 백지어음행위자와 상대방 간의 보충권수여계약에 의하여 발생하고 그것이 백지어음에 화체된다고 설명하는 것이 통설이다. 이에 대하여 보충권은 백지어음행위자가 백지어음을 작성하는 때에 발생하고 그것이 백지어음에 표창되며 백지어음을 상대방에게 교부하면 보충권도 상대방에게 이전된다고 설명하는 견해도 있다(백지어음행위설).

백지어음의 보충권은 **형성권**이지 대리권이 아니므로 백지어음의 보충은 대리권의 행사가 아니다. 백지보충권은 고유한 권리로서 행사되는 것이며, 증권에 결합되어 있으므로 보충권의 철회는 제한된다. 판례도 동일한 입장을 취한 것으로 판단된다.

대판 1960. 12. 15, 4293민상176 피고 재단법인 단국대학은 본 건 어음을 무의미한 문서로 작성한 것이 아니고 유효한 어음행위를 할 의사로 발행한 것이므로 소외 장병욱에게 백지부분의 보충권을 부여하였다고 추정하여야 할 것이고 아무런 반증이 없는 본 건에 있어서는 원고 김영래가 본 건 어음취득 당시 선의 또는 중대한 과실이 있었다는 입증이 없는 이상 피고의 부인만으로는 원고의 백지보충권이 소멸되는 것은 아니며 또 어음의 단체법적 성격에 비추어 볼 때 백지어음이 일단 선의의 제3자에게 양도된 이후에는 백지보충권 수여에 관한 계약을 해제할 수 없다고 해석하는 바이다.

보충권의 내용은 어음바깥에서 맺어진 당사자간의 약정(보충권 수여계약)에 따라 정해지며 보충권은 그 약정에 따라 행사되어야 한다. 이와 같이 보충권의 내용은 보충권수여계약에서 제한할 수 있지만, 어음거래의 안전을 보호하기 위하여 어음법 제10조에서는 미리한 합의와 다른 보충을 한 경우에 그 위반으로써 악의·중과실없는 소지인에게 대항할 수 없도록 규정하고 있다. 은행실무에서는 보충권의 내용을 별도의 서면(보충권 약정서)에 기재하여 약정함으로써 그에 관한 다툼을 예방하고 있다.

판례는 어음금액이 백지인 경우와 관련하여, 금액백지어음의 발행인은 통상적으로 그 보충권의 범위를 한정한다고 보는 것이 상식에 부합한다는 설시를 하였다(대판 1999. 2. 9, 98다37736).

2. 보충권의 행사기간

백지어음·수표의 보충권을 **형성권**으로 보는 이상 그것이 **소멸시효**의 대상이 될 수 없다고 하여야 민법학자들의 일반적 견해에 부합한다. 그러나 대법원 판결은 일관하여 백지어음이나 백지수표의 보충권에 대하여 시효기간이라는 표현을 사용해 왔다. 일부 어음·수표법 교과서에서는 보충권은 시효에 걸리지 않는 권리라고 하면서 **제척기간**의 적용을 받을 수 있을 뿐임을 강조하기도 한다. 이러한 차이를 의식하여 시효기간이나 제척기간이라는 용어를 쓰지 않고 **행사기간**이라는 용어를 쓰기도 한다.

보충권의 행사기간을 논의하는 데는 두 가지 국면을 나누어 볼 필요가 있다. 첫째는 언제까지 보충을 하여야 주된 채무자에 대한 권리와 상환의무자에 대한 권리, 즉 어음채권을 행사할 수 있느냐 하는 점이다. 둘째는 보충권 자체가 어느 시점까지 존속하느냐 바꾸어 말하면 언제까지 보충권을 행사하지 않으면 더 이상 보충을 할 수 없느냐 하는 점이다.

보충권의 행사기간을 약정으로 정한 경우에는, 그 기간 내에 보충권을 행사하여야 한다. 그러한 정함이 없는 경우를 살펴보자.

(1) 만기가 정해져 있는 경우

(가) 확정일출급 어음

확정일출급의 약속어음과 같이 어음상에 만기가 기재되어 있는 백지어음의 경우를 보자. 이러한 백지어음에 있어서 ① 주된 채무자에 대한 관계에서는 3년의 소멸시효기간 도과 전에, 그리고 ② 상환의무자에 대한 관계에서는 지급제시기간내(어 38조, 44조 3항, 53조 1항, 77조 1항 3호·4호) 즉 지급을 할 날에 이은 2거래일 내에, 보충권을 행사하여야 한다. 지급거절증서작성이 면제된 경우에도 같다. 이렇게 일정기간 내에 보충권을 행사해야 하는 이유는 보충된 상태로 지급제시를 하여야 유효한 제시로 인정받을 수 있기 때문이다.

(나) 일람출급 어음

① 주된 채무자에 대한 관계

일람출급의 백지어음을 소지한 자가 주된 채무자에 대하여 어음채권을 행사하려면 발행일로부터 1년의 제시기간 내에 보충권을 행사하여야 한다(어 34조 1항, 77조 1항 2호). 어음법 제2조 제2항이 적용되는 경우, 예를 들어 금액만의 보충권이 수여되고 만기란이 공란인 채 만기보충권은 수여되지 않아서 일람출급 어음에 해당하는 경우도 같다.

일람출급환어음의 경우 제시기간이 지나면 소지인은 상환청구권을 상실한다. 다만 인수인에 대하여는 예외이다(어 53조 1항). 이러한 어음법 제53조 제1항의 규정을 근거로 인수인에 대한 관계에서는 제시기간 경과 후에 보충을 하여도 무방하지 않은가 하는 의문이 있을 수 있다. 같은 논의가 약속어음의 발행인에 대하여도 있을 수 있다. 어음법 제78조 제1항에 따라 약속어음의 발행인은 환어음의 인수인과 같은 지위를 인정받는다. 그러나 제53조 제1항은 상환청구권 상실에 관한 규정으로서 그 단서는 인수인은 상환의무자가 아니므로 상환청구권 상실의 문제가 생길 수 없음을 밝히고 있는 데 불과하다. 동조 단서가 인수인의 채무는 일람출급환어음의 제시기간이 경과한 후에도 존속한다는 의미로 해석되어서는 안될 것이다.

일람출급어음에 있어서의 제시기간과 확정일출급어음에 있어서의 지급제시기간은 다른 의의를 가진다. 확정일출급어음의 경우는 지급제시기간 내의 주된 채무자의 재력을 기준으로 상환의무자들에게 상환의무를 부담시킨다는 의미를 가지는 데 반하여, 일람출급어음의 경우는 발행일로부터 1년 내에 어음관계의 종결이나 확정을 바라는 취지이다. 일람출급어음의 경우 1년 내에 제시가 없으면 만기의 확정도 없고 소멸시효도 기산될 수 없다(어 70조 1항). 1년 경과 후에도 주된 채무자에 대하여는 아무 때나 지급청구를 할 수 있다고 한다면 일람출급어음의 경우는 어음채권의 소멸시효완성이 영원히 있을 수 없게 되는 불합리가 생기게 된다. 인수인이나 약속어음의 발행인과 같은 주된 채무자에 대한 관계에서는 일람출급어음의 제시기간 경과 후라도 계속하여 권리행사를 할 수 있게 한다면 주된 채무자는 자금준비의 대기상태를 무한정 유지시켜야 할 것이다. 이러한 부담을 지우는 것이 부당함은 쉽게 알 수 있다.

종합해서 생각해보면 일람출급어음에 있어서 백지보충권은 발행일로부터 1년 내에 행사하여야 한다. 다만 어음거래 현실에서 일람출급어음은 거의 사용되지 않고 있다.

② 상환의무자에 대한 관계

다음으로 일람출급어음의 경우 상환의무자에 대한 관계에서 보충권의 행사기간을 생각해 보자. 상환청구권을 보전하기 위하여는 특별한 정함이 없는 경우에 발행일자로부터 1년 내에 보충을 하여(어 34조 1항, 77조 1항 2호) 완성된 어음으로 지급제시를 하여야 한다(어 44조, 46조 2항, 77조 1항 4호).

상환청구권의 소멸시효기간이 만기로부터 1년으로 규정되어 있으므로(어 70조 2항, 77조 1항 8호) 상환의무자에 대한 관계에서 일람출급어음의 경우는 "만기 후 1년 이내에 보충하면 된다"는 설명이 있을 수 있다. 그러나 거절증서작성이 면제되었다 하더라도 상환청구권보전을 위하여는 법정기간인 발행일자로부터 1년 내에 완성된 어음으로 제시가 되어야 하기 때문에 단순하게 "소멸시효가 완성되는, 만기 후 1년 내에 보충하면 된다"는 설명은 오해를 생기게 할 수 있다. 일람출급어음의 경우에는 발행일자로부터 1년 내에 보충을 하여 완성된 어음으로 지급제시를 하여야 만기가 도래하고 상환청구권이 보전되며 그렇게 해서 정해진 만기로부터 상환의무자에 대한 1년의 소멸시효기간에 진행되게 된다(어 70조 2항, 77조 1항 8호). 따라서 상환의무자에 대한 관계에서도 일람출급방식의 백지어음은 발행일자로부터 1년 내에 백지보충을 하여야 한다.

(2) 만기가 정해져 있지 않은 경우

확정일출급방식으로 예정된 어음이면서 소지인에게 만기의 보충권이 수여되었기 때문에 어음법 제2조 제2항이 적용되지 않는 경우, 또는 「일람출급만기의 어음」에서 발행일이 백지인 경우에는 어음상의 권리를 행사할 기한이 정해지지 않는다. 다만 어음거래현실에서 일람출급어음은 거의 사용되지 않으므로 보충권 자체의 행사기간에 대한 논의는 확정일출급어음을 예정하고 만기를 보충할 권한을 수여한 경우를 대상으로 풀어가면 충분하다. 이러한 경우에는 보충권 자체의 행사기간을 따질 수밖에 없고 백지보충권 자체의 행사기간이 경과하면 보충권을 행사할 수 없다.

보충권의 행사기간(이를 보통 시효기간이라고 함)은 어음법에 규정이 없으며 판례가 확립되기 이전에는 다양한 견해가 제시되었다. 즉 보충권을 형성권으로 파악하는 20년설(민 162조 2항), 보충권을 일반 채권으로 파악하는 10년설(민 162조 1항), 보충권의 행사를 상행위로 파악하는 5년설(상 64조), 백지보충권의 경우도 어음채권의 시효기간과 같이 보자는 3년설, 일람출급어음의 제시시간과 마찬가지로 파악하는 1년설(어 34조 1항, 77조 1항 2호) 등이 있었다.

생각해 보면 보충권의 행사기간을 소멸시효기간이 아니고 제척기간이라고 본다면 그 행사기간을 소멸시효기간의 법규정에 맞추어 결정할 필요는 없다. 제척기간은 권리의 종류에 따라 개별 법규정에서 정할 문제이고 해석에 의해 정할 수는 없으나 형성권의 제척기간은 문제된 형성권의 행사로써 발생하는 채권이 있다면 그 채권의 시효기간을 당해 형성권의 제척기간으로 보자는 이론도 유력하다. 어쨌든 개별 형성권의 행사기간이 법률에 정해져 있지 아니한 경우 판례로 그 기간을 정해준다면 학설이나 이론에 맡기는 것보다는 훌륭한 해결이 될 것이다. 우리 판례는 백지어음의 보충권의 소멸시효기간(행사기간)을 3년으로 정하고 백지수표의 보충권의 소멸시효기간을 6개월로 정함으로써 어음채권과 수표채권의 시효기간과 일치시키고 있는 데 이러한 기간책정이 적당하다고 생각한다. 이는 어음(수표)의 법률관계를 단기간 내에 종결시키고자 하는 어음법(수표법)의 취지를 존중한 것이다.

이러한 시효기간(행사기간)의 기산점에 관하여 대법원은 백지어음·수표를 발행하게 된 원인관계에 비추어 어음·수표상의 권리를 행사할 수 있는 것이 법률적으로 가능하게 된 때부터 진행한다고 판시하고 있다. 이에 대하여 백지어음(수표)의 발행일로부터 보충권의 행사기간이 기산되어야 한다는 견해도 있었다. 생각해 보면 백지어음(수표) 발행한 원인관계를 고려할 때 발행당시 즉시 보충권을 행사하여 어음(수표)상의 권리를 행사할 수 있는 경우는 오히려 예외적일 것이다. 대법원 판결의 입장이 합리적이다.

대판 2003. 5. 30, 2003다16214 백지약속어음의 보충권행사에 의하여 생기는 채권은 어음금채권이며 어음법 제77조 제1항 제8호, 제70조 제1항, 제78조 제1항에 의하면 약속어음의 발행인에 대한 어음금채권은 만기의 날부터 3년간 행사하지 아니하면 소멸시효가 완성되는 점 등을 고려하면 만기를 백지로 하여 발행된 약속어음의 보충권의 소멸시효기간을 백지보충권을 행사할 수 있는 때로부터 3년으로 봄이 상당하고…

대판 2001. 10. 23, 99다64018 백지수표의 보충권 행사에 의하여 생기는 채권은 수표금 채권이고, 수표법 제51조에 의하면 수표의 발행인에 대한 소구권은 제시기간 경과 후 6개월간 행사하지 아니하면 소멸시효가 완성되는 점 등을 고려하면 발행일을 백지로 하여 발행된 수표의 백지보충권의 소멸시효기간은 백지보충권을 행사할 수 있는 때로부터 6개월로 봄이 상당하다.

대판 1997. 5. 28, 96다25050 만기가 백지로 발행된 약속어음의 백지보충권은 그 보충권을 행사할 수 있는 때로부터 소멸시효가 진행한다고 할 것이므로, 장래의 계속적인 물품거래로 발생할 채무의 지급을 위하여 만기를 백지로 한 약속어음을 발행한 경우에 그 보충권의 소멸시효는 다른 특별한 사정이 없는 한 그 물품거래가 종료하여 어음상의 권리를 행사하는 것이 법률적으로 가능하게 된 때부터, 즉 물품거래종료시부터 진행한다.

〈사실관계 및 쟁점〉 소외 삼광섬유 주식회사는 1980. 10.경부터 원고 주식회사 선경인더스트리로부터 섬유류인 폴리에스터파이버를 구입하여 왔는데, 그 물품대금 채무의 지급을 담보하기 위하여 1981. 9. 5.경, 지급기일, 어음금액, 수취인, 발행일, 발행지, 지급지 등을 모두 백지로 한 약속어음을 원고에게 발행하였고, 피고 좌희승은 소외 삼광섬유의 대표이사로서 위 어음의 발행과 동시에 위 어음에 담보목적으로 제1배서인으로 배서하였다. 그 후 원고와 소외 삼광섬유 사이의 위 물품거래는 1994. 10. 8. 종료되었는데, 원고는 거래종료 후인 1994. 11. 1. 위 어음의 발행일을 1993. 2. 26.로,

발행지 및 지급지를 서울시로, 수취인을 피고로, 금액을 위 거래종료시의 물품대금 잔액인 금 179,772,016원으로, 지급기일을 위 1994. 11. 1.로 각 보충하여 소외 삼광섬유에게 지급제시하였으나 지급이 거절되었다. 이에 원고는 발행인인 소외 삼광섬유와 배서인인 피고 좌희승을 공동피고로 하여 위 어음금의 지급을 구하는 소를 제기하였다. 그런데 피고 좌희승은 위 물품거래가 종료하기 전인 1994. 3. 14. 소외 삼광섬유에 대한 주식 전부를 제3자에게 양도하고 대표이사직에서 퇴임하였으며, 원고는 이 사건 어음의 실제의 발행일로부터 13년이 지난 이후에야 비로소 백지보충하였던 것이다.

여기서 쟁점이 된 것은 만기가 백지인 경우 백지보충권의 소멸시효기간 및 소멸시효의 기산점은 언제인가 하는 점이다. 이 사건의 원심에서는 만기가 백지로 된 백지어음의 백지보충권의 시효기간은 발행인에 대하여는 3년, 소구의무자에 대하여는 1년으로 보았다. 그리고 소멸시효의 기산점에 관해서는 판결요지와 같이 백지보충권을 행사할 수 있는 때로부터 소멸시효가 진행한다고 보았다. 본 판결은 백지보충권의 독자적인 시효를 인정할 것인지, 이를 인정한다면 시효기간은 얼마인지 등에 관해서는 언급이 없었지만, 소멸시효의 기산점에 관해서는 명백히 한 최초의 판결이라는 점에 의의가 있다.

3. 보충의 효과

(1) 효력발생시기

백지어음(수표)행위는 보충을 법정정지조건으로 한 행위이다. 그런데 보충에 소급적 효력을 인정할 것인가에 대하여 학설이 대립한다.

소급설의 입장에서는 백지어음의 보충은 발행, 배서, 보증 등 어음행위시에 소급하여 효력이 발생한다고 한다(최기원, 236-237면). 한편 **불소급설**에 의하면 민법 제147조에서 정지조건 있는 법률행위는 조건이 성취한 때로부터 장래에 향하여 효력이 발생한다고 규정한 것을 존중하자고 한다(다수설: 강위두, 339면; 서돈각·정완용, 177면; 손주찬, 237면; 양승규, 283면; 정동윤, 322면; 정찬형, 143면; 정희철, 161면; 주석 어음수표법(Ⅰ), 457면; 채이식, 103면). 판례는 불소급설을 취한다(대판 1976. 7. 13, 75다1751).

생각해 보면 효력발생이라는 의미가 어음상의 권리의 발생이라고 볼 때 이것은 백지의 보충으로 비로소 생긴다고 볼 수밖에 없다. 이렇듯 보충의 효과는 보충시부터 발생하지만 그 효력의 내용은 어음상의 기재대로(실제 행위한 날이 기재와 다른 경우는 실제 행위한 날을 기준으로) 정해지는 것이고 효력발생이 보충시까지 정지되어 있는 것으로 보면 된다.

(2) 성립시기

불소급설의 입장에서 백지어음에 한 행위의 효력발생시기와 성립시기는 구별하여 다루어진다.

예를 들어 발행인 A가 만기를 10월 31일로 하여 8월1일에 발행한 백지약속어음에 10월 15일에 B가 배서를 하였다 하자. 보충이 11월 10일에 이루어졌다면 10월 15일자 배서행위의 효력은 11월 10일에 발생하지만 배서행위의 성립시기는 10월 15일이다. 이 경우 B의 배서행위는 지급제시기간보다 훨씬 전에 이루어졌으므로 기한후배서는 아니다. 따라서 인적항변이 절단되고 A는 B에게 대항할 수 있는 인적항변으로 C에게는 대항할 수 없다. 한편 A와 B의 어음채무는 11월 10일에 발생하지만 C는 A에게만 권리행사를 할 수 있을 뿐이고 B에게 상환청구할 수는 없다. 기한전배서라는 면만 보면 상환청구할 수 있으나 보충이 이루어진 11월 10일에는 이미 지급제시기간(10월 31일과 그에 이은 2거래일, 어 77조 1항 3호 · 38조 1항)이 훨씬 지났고 C는 지급제시기간내 제시를 하지 못하여 상환청구권을 상실하였기 때문이다.

대리권의 존부, 행위능력의 유무, 기한후배서여부는 그 어음행위의 성립시기 즉 행위시를 기준으로 판단한다. 즉 A가 8월 1일 이후에 성년이 된 경우라면 어음행위시에 미성년이었던 발행인은 법정대리인의 동의가 없었음을 이유로 발행행위를 취소할 수 있다. 위의 예에서 B가 배서를 한 10월 15일에 미성년자였다면 그 배서의 효력이 11월 10일에 발생했다 하더라도 B는 배서당시에 법정대리인의 동의가 없었음을 이유로 배서를 취소할 수 있다. 같은 예에서 소지인의 어음금청구권은 11월 10일에 그 효력이 발생한다. 다만 배서인의 담보책임 면에서는 소급설에 따르든 불소급설에 따르든 이미 제시기간이 경과하였으므로 상환청구권보전절차를 밟을 수 없고 상환청구할 수 없음은 위에서 지적한 바와 같다.

한편 백지어음상의 기명날인 또는 서명의 효력 즉 보충으로 부담하게 될 채무의 내용은 증권상에 기재된 내용에 따라 정하여진다. 위의 예에서 소멸시효기간은 10월 31일로부터 기산된다.

대판(전원) 1971. 8. 31, 68다1176 백지어음에 있어서 백지의 보충시와 어음행위 자체의 성립시기와는 엄격히 구별하여야 할 문제로서 백지의 보충 없이는 어음상의 권리를 행사할 수 없으나 어음행위의 성립시기를 곧 백지의 보충시기로 의제할 수는 없는 것이며 그 성립시기는 그 어음행위 자체의 성립시기로 결정하여야 할 것이므로 백지어음에 만기 전에 한 배서는 만기 후에 백지가 보충된 때에도 기한후 배서로 볼 것이 아니다.

〈사실관계 및 쟁점〉 피고 오동섭은 소외 오충환에게 액면금 50,000원, 만기 1966. 1. 20., 지급지와 발행지 모두 대전시, 지급장소 한일은행 대전지점, 지급받을 자란 백지, 발행일 1965. 12. 13.인 백지약속어음 1장을 발행교부하였고, 소외 오충환은 소외 최종인에게, 소외 최종인은 소외 남광옥에게 그 무렵 각각 배서양도하였으며, 1966. 1. 10. 소외 남광옥은 원고 남정현에게 배서양도하여 그 최종소지인이 된 원고가 1967. 8. 24. 위 백지부분인 지급받을 자의 성명을 남광옥으로 기입보충하여 발행인인 피고에게 어음금청구의 소를 제기하였다. 여기서 쟁점이 된 것은 소외 남광옥이 원고에게 행한 배서가 기한후배서인지 여부의 점이다. 왜냐하면 본래 백지어음은 보충시로부터 완전한 어음으로서의 효력이 발생(불소급설)하기 때문에 기한후배서(기한후배서는 지명채권양도의 효력만을 가질 뿐이다)인지 여부의 판단도 보충시를 기준으로 할 것인지가 문제되기 때문이다.

이에 대해 판례는 위 판결요지와 같은 이유로 이 사건에서 백지보충이 1967. 8. 24.에 된 1966. 1. 20. 만기의 이 사건 어음에서 1966. 1. 10.에 행해진 본 건 배서는 기한후배서가 아니라고 보았다.

대판 1994. 2. 8, 93다54927 백지식으로 배서가 된 약속어음의 소지인이 지급거절증서작성기간이 경과되기 전에 배서일이 백지로 된 채 배서에 의하여 그 약속어음을 양도받은 것이라면, 지급거절증서작성기간이 경과된 후에 배서일을 지급거절증서작성기간 경과 전으로, 피배서인을 자신으로 각 보충을 하였다고 하더라도, 기한후배서로 볼 수는 없다.

〈사실관계 및 쟁점〉 피고 주식회사 태흥주택이 1992. 1. 17. 소외 이수철에게 지급기일이 1992. 4. 25.인 이 사건 약속어음을 수취인을 백지로 하여 발행하자, 위 이수철이 피배서인 및 배서일자는 백지로 한 채 이를 원고 이연행에게 배서양도하였고, 원고가 위 약속어음의 소지인으로서 위와 같은 수취인, 피배서인 및 배서일자를 보충하지 아니한 채 다만 위 이수철에 이어 배서인란에 자신의 이름을 추가로 기재하고 날인하여 그 지급기일에 지급을 위한 제시를 하였으나 지급이 거절되었다. 그 후 원고는 위 약속어음의 수취인란을 위 이수철, 이수철의 피배서인을 원고, 배서일자를 1992. 1. 18.로 기입하는 등 백지를 모두 보충하여 발행인인 피고에게 어음금청구의 소를 제기하였다.

여기서 쟁점이 된 것은 원고에 대한 소외 이수철의 배서양도가 기한후배서가 되어 인적 항변이 절단되지 않느냐 하는 점이다. 이에 대해 판례는 이 사건 약속어음의 백지보충이 지급제시기기간 경과 후에 이루어졌다고 하더라도 이미 소외 이수철이 지급제시일 전에 위 약속어음을 원고에게 배서하여 준 이상 그의 배서를 기한후배서로 볼 수 없다고 판단하였다. 따라서 인적 항변이 절단된다.

4. 보충권의 남용

(1) 의 의

보충권에 관하여 미리 한 합의와 다르게 하는 보충을 **보충권의 남용** 또는 **백지어음의 부당보충**이라고 부른다. 부당보충은 어음행위의 주체를 건드리는 것이 아니므로 어음법상의 위조에는 해당하지 아니한다.

대판 1978. 3. 14, 77다2020 약속어음의 금액란이 부당보충된 경우에는 어음법상의 어음의 위조에는 해당되지 않는다. 왜냐하면 어음의 위조라고 하는 것은 어음행위자의 명의를 조작하는 것을 말하는데 백지어음의 부당보충의 경우에는 그 보충으로 인하여 완성된 어음행위의 주체는 의연히 당초의 어음행위자 그대로이고 다만 합의된 내용과 상이한 기재가 이루어진 것에 불과한 것이어서 어음의 위조와 보충권의 남용은 그 개념이 서로 다르기 때문이다.

(2) 기명날인 또는 서명한 자의 책임

발행인, 배서인, 인수인 등 백지어음에 기명날인 또는 서명한 자 즉 어음채무자는 보충권의 남용에 대해 악의 또는 중과실이 없이, 부당보충된 백지어음을 취득한 소지인에 대해서 대항할 수 없다(어 10조, 77조 2항; 수 13조). 즉 이 경우 어음채무자는 보충하여 기재된 대로 책임을 진다. 보충권의 남용 또는 부당보충의 항변은 인적항변에 해당한다.

소지인의 악의·중과실 중 악의는 부당보충된 사실을 알면서도 문제의 어음을 취득한 경우이고, 중과실은 조금만 주의를 기울였다면 부당보충의 사실을 알 수 있었을 경우를 가리킨다. 악의·중과실 여부에 대한 판단은 취득시를 기준으로 한다. 또한 그 입증책임은 어음채무자가 부담한다. 여기서 백지어음의 부당보충에 있어서 중과실을 인정 또는 부인한 판례를 살펴보는 것은 중요하다.

대판 1999. 2. 9, 98다37736 어음법 제10조가 규정하는 '악의로 어음을 취득한 때'라 함은 소지인이 백지어음이 부당보충되었다는 사실과 이를 취득할 경우 어음채무자를 害하게 된다는 것을 알면서도 어음을 양수한 때를 말하고, '중대한 과실로 인하여 어음을 취득한 때'라 함은 소지인이 조금만 주의를 기울였더라면 백지어음이 부당보충되었다는 사실을 알 수 있었음에도 불구하고 그와 같은 주의도 기울이지 아니하고 부당보충된 어음을 양수한 때를 말한다.

〈사실관계 및 쟁점〉 피고 주식회사 한스콤은 회사의 자금사정이 어렵게 되자 당시 대표이사이던 소외 홍건천이 1995. 8.경 소외 현정환에게 금 10,000,000원 내지 금 20,000,000원 정도의 어음할인을 의뢰하면서 어음금액과 발행일, 지급기일, 수취인을 각 백지로 한 이 사건 약속어음 3장을 발행하고, 현정환으로 하여금 그 금액에 맞추어 각 약속어음의 어음금액란을 보충하도록 하였다. 이에 현정환은 그 약속어음 중 1장에는 발행일 1995. 9. 12., 액면금 105,000,000원, 지급기일 1995. 12. 18.로 기재하였다가 그 후 위 지급기일을 1996. 12. 18.로 고쳤고(이하 '제1어음'이라 한다), 다른 약속어음 1장에는 발행일 1995. 10. 5., 액면금 100,000,000원, 지급기일 1996. 12. 19.로 기재하고(이하 '제2어음'이라 한다), 나머지 약속어음 1장에는 발행일 1995. 10. 5., 액면금 100,000,000원, 지급기일 1995. 12. 26.로 기재하였다가 그 후에 위의 지급기일을 1996. 12. 26.로 고쳤다(이하 '제3어음'이라 한다). 그런데 이 사건 제1어음과 제3어음의 지급기일란의 연도가 고쳐졌음은 육안으로도 어느 정도 알아볼 수 있었으며, 소외 현정환은 피고를 위하여 이 사건 약속어음들을 할인하지 아니하고, 1995. 말경 현정환의 원고 박영의에 대한 기존 차용금채무의 변제를 위하여 이 사건 약속어음들을 배서양도하여 원고가 이를 소지하게 되었다. 이에 원고가 피고에 대하여 이 사건 약속어음금청구의 소를 제기하였다. 그런데 원고는 이를 양수하면서 피고에 대하여 이 사건 약속어음들이 유효하게 발행된 어음인지에 대하여 아무런 확인도 하지 아니하였으며, 원고는 소외 현정환과는 잘 아는 사이이며, 피고회사는 이 사건 이전에도 현정환에게 액면이 백지로 된 약속어음을 맡기면서 금 10,000,000원 내지 20,000,000원 정도의 어음할인을 부탁하여 현정환이 원고에게 부탁하여 그 금액 정도의 할인을 하여 준 일이 있어서 원고도 피고 회사에 대하여 어느 정도 알고 있었다.

여기서 쟁점이 된 것은 원고가 이 사건 각 부당보충된 약속어음을 취득함에 있어서 악의 또는 중대한 과실이 있었느냐 여부 및 만일 원고가 악의 또는 중과실로 부당보충된 어음을 취득한 경우라면 보충권을 수여한 발행인은 어음금 전액에 대하여 책임을 면하느냐 하는 점이다.

이에 대하여 판례는 어음금액란을 백지로 하는 경우에는 통상적으로 그 보충권의 범위를 한정하는 것이며, 이 사건에서 원고가 조금만 주의를 기울였더라면 소외 현정환의 부당보충사실을 알 수 있었음에도 불구하고 이를 게을리 한 중과실이 인정된다고 하였다. 그밖에 원고가 비록 악의 또는 중과실로 부당보충된 어음을 취득하였다 하더라도 발행인은 자신이 유효하게 보충권을 수여한 범위 안에서는 당연히 어음상의 책임을 져야 한다고 하였다.

대판 1995. 6. 30, 95다10600 어음법 제77조 제2항, 제10조에 의하여 백지약속어음의 발행인은 수취인이 미리 한 합의와 다른 보충을 한 경우에도 소지인이 악의 또는 중대한 과실로 어음을 취득한 때를 제외하고는 이로써 소지인에게 대항하지 못하게 되어 있는바, 여기에서의 "악의 또는 중대한 과실로 어음을 취득한 때"란 소지인이 약속어음의 부당보충사실을 알고 있고, 이를 취득할 경우 어음채무자를 害하게 된다는 것을 인식하면서도 어음을 양수하거나 조금만 주의를 기울였어도 어음의 부당보충사실을 알 수 있었음에도 불구하고 만연히 부당보충된 어음을 취득한 것을 말한다고 할 것이므로 은행이 상업어음만을 할인하여야 하는 규정에 위반하여 담보용으로 발행된 어음이나 융통어음을 잘못 할인하였다는 사실만으로 곧바로 악의 또는 중대한 과실로 부당보충된 어음을 취득한 때에 해당한다고 볼 수 없으며, 나아가 어음의 수취인이 액면을 부당하게 보충한 다음 발행인과의 약정에 위반된 용도로 어음을 유통시킨 것이 범죄행위로 되어 처벌받았다고 하여 이 사실만으로 어음소지인에 대한 어음금지급채무를 면하게 되는 것은 아니라고 할 것이다.

(3) 백지어음 취득자의 부당보충

이미 부당하게 보충된 어음을 취득하는 경우 외에 보충권의 내용에 대한 허위진술을 신뢰하고 백지어음을 취득한 다음 취득자 스스로 보충할 수도 있다. 이 경우에 악의·중과실 없이 일정범위의 **보충권의 존재를 믿고 취득하여 스스로 보충한 자도 어음법 제10조에 따라 보호를 받는다고 보는 것이 통설이다**(서정갑, 150-151면; 서헌제, 405면; 손주찬, 233면; 이철송, 265면; 정동윤, 416면; 정희철, 160면; 채이식, 109면; 최기원, 239면). 이에 대하여는 일정범위의 보충권이 존재한다는 진술을 믿고 취득하여 스스로 보충한 자까지 보호하는 것은 백지어음행위자에게 가혹하다고 하면서 반대하는 소수설이 있다(정찬형, 139면). 판례는 보충권의 존재와 범위를 믿고 취득하여 스스로 보충한 자도 보호해주고 있다. 그러나 한편으로는 보충한 자의 중과실을 보다 넓게 인정함으로써 어음채무자의 이익과 보충권의 존재와 내용을 신뢰한 보충자의 이익을 조정하려는 배려를 하였다.

대판 1978. 3. 14, 77다2020 백지어음의 백지부분을 두 가지 유형으로 나누어 보면 하나는 어음금액이 백지로 된 경우와 같이 가장 중요한 사항인 어음금액에 관하여 또 그 범위가 한정되는 것이 통상적인 사항이 백지로 된 경우이고, 또 하나는 그다지 중요하지 아니한 사항으로서 한정되지 않는 것이 통상적인 그 밖의 사항 특히 수취인이 백지로 된 경우 등인바, 어음금액이 백지로 된 전자의 백지어음을 본 건의 경우처럼 원고 안주현이 그를 취득할 당시에 피고로부터 백지어음부분에 대한 보충권한을 부여받은 소외 김경열의 지시에 의하여 원고 자신이 본 건 어음금액만을 보충한 경우에 있어서 원고가 보충권의 내용에 관하여 본 건 어음의 기명날인자인 피고 박강호에게 직접 조회하지 않았다면 특별한 사정이 없는 한 취득자인 원고에게 중대한 과실이 있는 것이라고 보아야 할 것이다.

대판 1995. 8. 22, 95다10945 어음법 제10조는 "미완성으로 발행한 환어음에 미리 한 합의와 다른 보충을 한 경우에는 그 위반으로써 소지인에게 대항하지 못한다. 그러나 소지인이 악의 또는 중대한 과실로 인하여 수표를 취득한 때에는 그러하지 아니하다"고 규정하고 있고, 위 규정은 어음법 제77조 제2항에 의하여 약속어음에도 준용되는 바, 위 어음법 제10조 소정의 "중대한 과실"에 관하여 당원은, "어음금액이 백지로 된 백지어음을 취득한 자가 그 어음의 발행인에게 보충권의 내용에 관하여 직접 조회하지 않았다면 특별한 사정이 없는 한 취득자에게 중대한 과실이 있는 것이라고 보아야 한다"고 판시한 바 있다(당원 1978.3.14. 선고 77다2020 판결). 위 판결이 비록 백지약속어음에 관한 것이기는 하지만, 백지수표에 관한 수표법 제13조의 규정과 백지어음에 관한 어음법 제10조의 규정은 백지수표와 백지어음의 보충권의 남용 내지 부당보충에 관하여 동일한 법리를 규정하고 있으므로, 백지어음의 부당보충에 관한 위 판결이 취하고 있는 견해는 백지수표에 관하여도 그대로 적용되어야 할 것이다.

〈사실관계 및 쟁점〉 피고 우복숙은 1994. 4.경 발행한도액이 "1,000,000원 이하"로 기재된 가계수표용지를 사용하여 발행일·지급지 및 금액 등을 백지로 한 가계수표를 발행하여 소외 김정숙에게 교부하였고, 소외 김정숙은 같은 달 18.경 원고 김성남으로부터 금 9,250,000원을 지급받고 원고에게 위 (백지)가계수표를 교부하였다. 그 후 원고는 위 (백지)가계수표의 금액을 금 10,000,000원으로 보충(나머지 백지부분도 보충함)하여 지급제시기간 내에 지급제시하였으나 지급이 거절되었다. 이에 원고가 피고에 대하여 소구권을 행사하여 수표금지급청구의 소를 제기하였다.

먼저 이 사건은 원고가 이미 부당보충된 백지수표를 취득한 것이 아니라 원래 수여된 보충권의 범위를 초과한 보충권이 있는 줄로 알고 백지수표 자체를 취득하였던 것이다. 따라서 수표법 제13조(어 10조, 77조 2항)가 직접 적용되는 경우는 아니다.

여기서 쟁점이 된 것은 수표법 제13조에 의하여 백지보충 전에 원래의 보충권을 초과한 범위의 보충권이 있는 줄 알고 백지수표를 취득하여 백지를 보충한 자(보충권의 범위에 관한 선의의 취득자)에게도 본조가 유추적용되어 그 선의의 취득자가 보호되는가 하는 점이다. 이에 대해 판례는 긍정하고 나아가 원고가 금액란이 백지로 된 가계수표를 취득하면서 발행인인 피고에 대하여 보충권의 내용에 관하여 직접 조회하지 않은 것은 중대한 과실이 있다고 보았다.

(4) 부당보충자의 어음채무자에 대한 손해배상책임

부당보충으로 인하여 당초의 채무를 초과하여 이행하게 된 어음채무자(주로 백지어음의 발행인)는 부당보충자를 상대로 불법행위로 인한 손해의 배상을 청구할 수 있다.

제4 백지어음 · 수표의 유통과 권리행사

1. 백지어음 · 수표의 이전

백지어음(백지수표의 경우도 같다)을 양도하는 경우에 **양도의 대상**은, 장래의 보충을 통하여 발생할 어음상의 권리와 백지어음에 표창되어 있는 보충권이다.

백지어음이라도 **이전**(移轉)에 관하여는 완성된 어음과 같이 다루어진다. 어음의 양도방법에 따른 이전의 경우에는 백지어음도 **선의취득**의 대상이 될 수 있고, 인적항변의 절단도 인정된다. 즉 직접당사자가 아닌 소지인에게 원인관계가 존재하지 않는다는 등의 항변을 하지 못한다.

대판 1960. 7. 21, 4293민상113 백지어음에 있어서는 백지보충권은 어음에 追隨하여 전전하는 것이므로 어음을 정당하게 취득한 자는 그에 관한 보충권도 동시에 취득하는 것으로 解할 것인바, 원판결 이유를 기록에 의하여 정사하면 본 건에 있어 피고 김정수는 소외 동양양비회사에 대하여 지불지, 지불장소, 진출지(발행지: 저자 주) 및 수취인을 공히 공백으로 한 본 건 백지어음을 발행교부하였고 소외 서홍년은 右 소외회사로부터 정당하게 同 어음을 취득하여 이를 보충한 후에 원고에게 양도한 사실을 看取할 수 있다. 그렇다면 소외 서홍년은 본 건 어음에 관하여 적법하게 보충권을 행사한 것이며 원고 또한 적법하게 본 건 어음을 취득한 것이다.

대판 1994. 11. 18, 94다23098 수취인이 백지인 채로 발행된 어음은 인도에 의하여 어음법적으로 유효하게 양도될 수 있고 위와 같은 어음이 인도에 의하여 양도된 경우 어음법 제17조가 적용되는 것이므로, 어음이 전전양도된 후 그 어음을 인도받은 최종 소지인이 수취인으로서 자기를 보충하였다고 하더라도 그 소지인이 발행인을 害할 것을 알고 취득한 경우가 아니면, 어음문면상의 기재와는 관계없이 발행인으로부터 원인관계상의 항변 등 인적항변의 대항을 받지 아니한다고 할 것이다.

〈사실관계 및 쟁점〉 피고 주식회사 코리아다이아몬드는 소외 임성희로부터 물건을 구입하고 그 대금의 지급조로 수취인이 백지로 된 이 사건 약속어음을 발행교부하였는데, 소외 임성희는 원고 주식회사 금양기업으로부터 물건을 구입하고 同 어음을 그대로 원고회사에게 교부하였다. 그런데 그 후 피고회사와 소외 임성희 사이의 同어음의 수수(물건매매대금의 지급을 위하여 교부한 원인관계)에 따른 원인관계가 소멸하였음에도 불구하고 원고회사는 同 어음상에 자신을 수취인으로 기재하여 피고회사에게 어음금청구의 소를 제기하였다.

여기서 쟁점이 된 것은 백지어음을 인도에 의하여 취득한 소지인(원고)에 대하여 발행인(피고)과 수취인 사이의 원인관계의 소멸을 이유로 대항할 수 있느냐 하는 점이다. 즉 백지어음의 경우에도 인적항변의 절단이 인정되느냐의 점이다. 이에 대해 판례는 판결요지와 같은 이유로 백지어음의 경우에도 인적항변의 절단이 인정된다고 보았다.

2. 백지어음 · 수표에 의한 권리행사

(1) 백지의 보충을 할 것

백지어음의 소지인은 백지를 보충하여 지급제시기간 내에 지급제시를 하여야 적법한 제시로 인정받을 수 있다. **보충없는 제시는 무효**이다. 따라서 지급제시가 있더라도 백지보충이 있을 때까지는 어음채무자를 이행지체에 빠뜨리지 못한다. 또한 백지보충 없이 지급제시를 할 경우에는 상환청구권을 보전할 수 없다.

그러나 백지보충 없이 어음금청구소송을 제기한 경우 소송중에 **구두변론종결시까지는** 유효한 보충이 가능하다. 재판부의 석명권행사에 따라 보충이 이루어지기도 한다.

대판 1992. 3. 10, 91다28313 수취인은 어음요건의 하나로서 그 기재를 결한 어음은 완성된 어음으로서의 효력이 없어 어음상의 권리가 적법하게 성립되지 않으므로, 이러한 미완성어음으로 지급제시를 하였다고 하여도 적법한 지급제시의 효력이 없어 발행인을 이행지체에 빠뜨릴 수 없다.

대판 1986. 9. 9, 85다카2011 약속어음의 소지인이 피소구권자에 대한 소구권을 행사하기 위하여는 어음법 제75조 소정의 법정기재사항이 기재된 약속어음에 의하여 적법한 지급제시를 한 것을 요하고, 위 법정기재 사항의 일부라도 기재되지 아니한 약속어음에 의하여 한 지급제시는 어음법 제76조의 규정에 의하여 구제되지 않는 한 적법한 지급제시로서의 효력이 없는 것이므로 그와 같은 경우에는 피소구권자에 대한 소구권을 상실하는 것이라고 보아야 할 것이다.

대판 1981. 4. 14, 80다2695 발행일자 및 수취인란을 백지로 하여 발행된 약속어음의 발행일자 및 수취인란이 보충권한자에 의하여 지급기일 후에 보충되었다 하더라도 그 보충권행사는 유효한 것이고 보충권은 사실심 변론종결시까지만 행사하면 되는 것이다.

대판 1995. 6. 9, 94다41812 백지어음의 보충은 보충권이 시효로 소멸하기까지는 지급기일 후에도 이를 행사할 수 있고, 주된 채무자인 발행인에 대하여 어음금청구소송을 제기한 경우에는 변론종결시까지만 보충권을 행사하면 된다. 원고 주식회사 중소기업은행이 원심 소송계속중에 발행지와 발행인 주소를 보충하여 발행인인 피고 강명규에게 지급제시하였다는 것이므로 원고의 위 보충권행사는 적법한 기간 내에 행사된 것이라 할 것이다.

(2) 청구 또는 소의 제기와 시효중단

백지어음을 보충하지 않은 채 지급제시를 하는 경우 시효중단의 효과가 있는가. 시효중단을 위한 청구나 승인에는 어음을 제시할 필요가 없다고 보는 것이 통설이다. 권리 위에 잠자는 자는 보호하지 않는다는 시효제도의 취지를 고려할 때 어음의 제시가 없더라도 청구나 승인이 있은 이상 '잠자는' 경우에 해당하는 것은 아니라고 이해한다. 백지어음의 시효중단과 관련하여서도 비록 백지어음을 통한 권리행사가 적법한 지급제시의 효력은 없지만 시효중단의 효력은 인정해야 한다고 하면서, 재판상·재판외 청구를 불문하고 시효중단을 긍정한다(정동윤, 228-229면; 정찬형, 148면; 손주찬, 124면). 그러나 엄격히 말하면 보충전에는 어음채권이 발생한 것이 아니므로 보충없이 어음금을 청구하거나 어음금지급청구소송을 제기하면 시효중단의 효력이 없다고 할 수도 있다. 다만 수취인의 이름, 확정일출급어음의 발행일과 같은 어음의 권리·의무의 내용이나 범위와 관계없는 사항이 보충되지 않은 상태로 제기된 소송에 대해서는 시효중단의 효력을 인정하여도 무리가 없을 것이다. 최근 대법원은 전원합의체의 판결로 보충되지 않은 백지어음으로 청구한 경우에 시효중단의 효력을 인정하였다. 백지부분을 보충하지 않는 상태에서라도 소지인이 어음금을 청구한 것은 어음상의 청구권에 관해 잠자는 자가 아님을 객관적으로 표현한 것이라고 할 수 있다.

대판(전원) 2010. 5. 20, 2009다48312 [1] 만기는 기재되어 있으나 지급지, 지급을 받을 자 등과 같은 어음요건이 백지인 약속어음의 소지인이 그 백지 부분을 보충하지 않은 상태에서 어음금을 청구하는 것은 어음상의 청구권에 관하여 잠자는 자가 아님을 객관적으로 표명한 것이고 그 청구로써 어음상의 청구권에 관한 소멸시효는 중단된다. 이 경우 백지에 대한 보충권은 그 행사에 의하여 어음상의 청구권을 완성시키는 것에 불과하여 그 보충권이 어음상의 청구권과 별개로 독립하여 시효에 의하여 소멸한다고 볼 것은 아니므로 어음상의 청구권이 시효중단에 의하여 소멸하지 않고 존속하고 있는 한 이를 행사할 수 있다.

[2] 지급지 및 지급을 받을 자 부분이 백지로 된 약속어음의 소지인이 그 지급기일로부터 3년이 경과한 후에야 위 백지 부분을 보충하여 발행인에게 지급제시를 하였으나 그 소지인이 위 약속어음의 지급기일로부터 3년의 소멸시효기간이 완성되기 전에 그 어음금을 청구하는 소를 제기한 이상 이로써 위 약속어음상의 청구권에 대한 소멸시효는 중단되었다.

〈사실관계 및 쟁점〉 원고 甲은 피고 乙이 발행한 액면 490,000,000원, 발행일 2004. 6. 23., 지급기일 2004. 10. 1., 지급장소 주식회사 A, 지급지 및 수취인 각 백지, 제1배서인 주식회사 B, 제2배서인 C로 된 약속어음 1장(이하'이 사건 약속어음'이라 한다)을 소지하다가 지급기일로부터 3년이 경과하기 전인 2007. 9. 7. 이 사건 소를 제기하였다. 그 후 원고는 제1심 변론종결 후인 2008. 6. 23.경 변론재개신청을 하면서 이 사건 약속어음의 지급지를 서울특별시로, 수취인을 주식회사 B로 각 보충하고, 변론이 재개된 제1심 제2차 변론기일인 2008. 7. 8. 피고에게 위와 같이 백지보충권을 행사한 이 사건 약속어음을 지급제시하였다. 원고의 어음금 청구에 대하여 피고는 "백지어음의 보충권은 만기로부터 3년의 시효기간 내에 행사하여야 하고, 백지보충권의 소멸시효가 완성된 이후 어음상의 백지부분을 보충하더라도 어음상의 권리가 발생하지 아니하며, 또한 소멸시효 완성 전에 재판상 청구를 하였다고 하더라도 시효중단의 효력이 없으므로, 원고가 이 사건 약속어음 지급기일로부터 3년이 경과한 2008. 6. 23.경 보충권을 행사한 이상 이 사건 약속어음채권은 시효로 소멸하였다"고 주장하였다.

여기서 쟁점이 된 것은 거래 현실의 필요에 의해 일부 요건을 결한 어음이 백지어음으로 유통됨을 이유로 백지어음에 대하여 완성 어음과 동일한 법적 효과를 인정할 것인지, 특히 어음소지인의 권리행사로서 청구와 관련하여 소멸시효 중단의 효과를 인정할 것인지 하는 점이다. 이 사건의 원심은 ①어음상의 권리를 재판상 청구하는 경우 반드시 어음을 제시하여야 하는 것은 아니고, ②어음소지인의 발행인에 대한 권리는 만기일로부터 3년이 경과하면 시효소멸하기 때문에 소지인은 백지를 보충하지 아니한 채 시효의 진행을 중단하기 위한 조치를 취할 필요가 있으며, ③백지를 보충하지 않더라도 어음소지인이 재판상 청구를 하는 경우에는 권리 위에 잠자는 자라고 단정할 수 없는 점 등을 이유로 백지어음의 백지부분을 보충하지 않은 채 재판상 청구를 한 경우 보충하기 전까지는 어음금의 지급을 명하는 판결을 얻을 수 없다고 할지라도 그러한 재판상 청구에도 시효중단의 효력은 있다고 보았다. 본 판결은 백지어음에 의한 시효중단 여부와 더불어 보충권의 행시기간과 관련하여 어음상의 청구권이 시효중단에 의하여 소멸하지 않고 존속하고 있는 한 보충권이 어음상의 청구권과 별개로 독립하여 시효에 의하여 소멸하지 않는다고 판단하고 있다.

대판 1962. 1. 31, 4294민상110 · 111 백지 배서로서 된 어음의 소지인은 그 백지 부분을 보충하고 아니 하고는 자유일 뿐 아니라 보충한다 하더라도 그 시기에 있어서 아무 제한이 없으므로 어음상의 권리에 의한 재판상의 청구에 있어서는 어음을 정시하지 아니하더라도 재판상의 청구로서 시효가 중단된다고 해석하여야 할 것임에도 불구하고 시효완성 전에 제소됨으로서 시효가 중단되었음이 명백한 본건에 있어서 시효 완성 후의 보충은 무효라고 판단하였음은 그 법리를 오해한 위법이 있다.

(3) 제권판결

백지어음을 상실한 자가 공시최고절차를 거쳐 제권판결을 받은 경우 그 백지어음을 무효화시키는 제권판결의 소극적 효력은 인정된다. 그러나 동일한 증권의 재발행을 청구할 수 있는 제권판결의 적극적 효력은 이를 긍정하는 입장도 있지만, 부인하는 것이 타당하다. 즉 백지어음 상태로의 재발행은 청구할 수 없다고 새긴다. 당초에 확정되지 않아서 백지로 발행할 수밖에 없었던 사정이 기간의 경과로 인하여 제권판결취득시에는 확정되었을 것이기 때문에 더 이상 백지어음을 필요로 하지 않는다고 보아야 할 것이다.

판례는 백지약속어음을 상실한 후 제권판결을 받은 자는 발행인(어음채무자)을 상대로 백지부분에 대하여 어음 바깥의 의사표시에 의하여 보충권을 행사하고 그 어음금의 지급을 청구할 수 있다고 하였다.

대판 1998. 9. 4, 97다57573 어음에 대한 제권판결이 선고되면 그 어음은 어음으로서의 효력을 상실하고, 제권판결을 얻은 자는 어음소지인으로서의 지위를 회복하여 어음상의 권리를 행사할 수 있는 것이지만(민사소송법 제467조, 제468조), 어음요건의 일부가 백지로 된 백지어음은 미완성의 어음이므로 백지의 보충이 없이는 어음상의 권리를 행사할 수 없고, 또한 백지어음에 대한 제권판결이 있다고 하더라도 그 제권판결에 의하여 백지어음 자체가 부활하는 것은 아니므로 그 어음면에 백지를 보충할 방법은 없다 할 것이다. 그런데 민사소송법 제468조(신민사소송법 제497조: 저자 주)는 "제권판결이 있는 때에는 신청인은 증권 또는 증서에 의하여 의무를 부담한 자에 대하여 증서에 의한 권리를 주장할 수 있다"고 규정하고 있는바, 제권판결제도는 증권 또는 증서를 상실한 자에게 이를 소지하고 있는 것과 같은 형식적 자격을 부여하여 그 권리를 실현할 수 있도록 하려는 것인 점과, 백지어음의 발행인은 백지보충을 조건으로 하는 어음금지급채무를 부담하게 되고, 백지에 대한 보충권과 백지보충을 조건으로 한 어음상의 권리는 백지어음의 양도와 더불어 양수인에게 이전되어 그 소지인은 언제라도 백지를 보충하여 어음상의 권리를 행사할 수 있으므로, 백지어음은 어음거래상 완성어음과 같은 경제적 가치를 가지면서 유통되고 있는 점을 함께 고려하여 보면, 백지어음에 대한 제권판결을 받은 자는 발행인에 대하여 백지보충권과 백지보충을 조건으로 한 어음상의 권리까지를 모두 위 민사소송법 제468조(신법 제497조: 저자 주)에 규정된 「증서에 의한 권리」로서 주장할 수 있다고 봄이 상당하다 할 것이다. 따라서 발행일·발행지·지급지·수취인의 각 난을 백지로 하여 발행된 이 사건 약속어음에 대한 제권판결을 받은 원고 현위남으로서는 발행인인 피고 주식회사 유한큐후드에 대하여 위 백지 부분에 대하여 어음 외의 의사표시에 의하여 보충권을 행사하고 그 어음금의 지급을 구할 수 있다고 본 원심의 판단은 정당하고, 거기에 상고이유의 주장과 같은 법리오해의 위법이 있다고 할 수 없다.

〈사실관계 및 쟁점〉 피고 주식회사 유한큐후드는 1995. 5. 11. 소외 김종필에게 액면금 71,500,000원, 지급기일 1995. 10. 19., 지급장소 중소기업은행 춘천지점, 발행일·발행지·지급지·수취인란을 백지로 한 이 사건 약속어음 1매를 발행교부하였는바, 소외 김종필은 원고 현위남에게, 원고는 소외 신원제지 주식회사에게 각각 同 어음을 순차 배서양도하였다. 그 후 소외회사는 그 지급기일에 지급제시하였으나 무거래를 이유로 지급이 거절되었다. 이에 원고는 소외회사에게 어음금을 지급하고 同 어음을 환수하였다. 그런데 이 사건 약속어음에 대해서는 피고회사의 공시최고신청에 기한 1996. 4. 18. 제권판결(춘천지법 95카공280호)과 원고의 공시최고신청에 기한 1997. 1. 30. 제권판결(춘천지법 96카공222호)이 각각 선고되었으며, 위 각 제권판결에서는 원고와 피고가 각각 권리를 신고하였다.

그 후 원고는 피고회사를 상대로 위 제권판결에 기한 이 사건 약속어음금청구의 소를 제기하였다. 어음금청구소송이 계속중 원고는 이 사건 약속어음의 발행일 1995. 6. 1., 발행지 춘천시, 지급지 중소기업은행 춘천지점, 수취인 소외 김종필로 각 보충하는 준비서면을 제출하여 동 서면이 1996. 7. 24. 피고회사에 송달되었다.

여기서 쟁점이 된 것은 백지어음에 대해서도 제권판결이 가능한지 여부, 가능하다면 제권판결을 얻은 신청인이 어음 외에서 보충권을 행사할 수 있는지, 그리고 행사할 수 있다면 그 보충권의 행사방법은 무엇인지 하는 점이다.

이에 대해 판례는 판결요지와 같은 이유로 백지어음을 상실한 자는 이에 대하여 제권판결을 받을 수 있으며, 제권판결을 받은 신청인은 발행인에 대하여 어음 외의 의사표시에 의하여 보충권을 행사하여 그 어음금의 지급을 구할 수 있다고 보았다.

사 례 4

B 전자회사로부터 전자제품을 공급받아 판매하는 A는 구입대금을 매 3개월 단위로 정산하여 결제해주고 있다. ○○년 9월 5일, A는 동년 12월 5일(금요일)을 지급기일로 하는 금액백지의 은행도약속어음을 발행하여 B에게 교부하였다. B는 동년 11월 15일에 금액백지상태로 이 어음을 C에게 배서양도하면서 5천만원을 보충하기로 된 어음이라고 말하였다. C는 동년 12월 5일에 금액란에 5천만원을 기입하여 A의 당좌거래은행 X(지급담당자)에게 지급제시하였고 X 은행은 A의 계좌에 예금 잔액이 2천만원밖에 없음을 알고 부도처리하여 이 어음을 C에게 반환하였다. C는 이 어음을 동년 12월 9일에 기존채무의 변제를 위하여 D에게 배서양도 하였다. 동년 12월 5일 현재 A가 B회사로부터 공급받은 전자제품의 정산가액은 3천만원에 불과하였다.

1. B의 배서행위는 언제 효력을 발생하는가.
2. D는 B에게 상환청구할 수 있는 상환청구요건을 갖추었는가.
3. D가 A를 상대로 5천만원의 어음금 지급을 청구하는 소송을 제기할 경우 피고A는 백지어음의 부당보충을 이유로 항변을 제기하여 승소할 수 있는가.
4. D는 C를 상대로 어음금액을 청구(상환청구)하는 소송을 제기하여 승소할 수 있는가.
5. 이 사례에서 진실과 외관의 불일치로 인한 손실 2천만원은 누가 부담하여야 하는가. 그가 무자력자라면 그 손실은 결국 누가 부담할 수밖에 없는가.
6. 위 설문에 덧붙여 A가 공급받은 물품의 하자를 이유로 B와의 매매계약을 해제했다면 A는 그러한 항변사유를 가지고 D에게 대항할 수 있는가.

〈샘플 답안 1〉

Ⅰ. 논점의 정리

1. B가 백지어음에 행한 배서행위의 효력발생시기와 관련하여 백지어음의 보충에 소급적 효력이 인정되는지 검토한다.

2. C가 상환청구권 보전의 요건을 갖추었는지 검토하고, 배서의 권리이전적 효력에 의하여 D가 별도의 상환청구권보전절차 이행 없이 B에게 상환청구할 수 있는지 검토한다.

3. 백지어음 취득자인 C가 B의 말을 믿고 스스로 부당보충한 경우에도 어음법 제10조가 적용되는지 검토하고, C에게 중과실이 있는지, A가 C에 대한 부당보충의 항변으로 D에게도 대항할 수 있는지 검토한다.

4. 지급거절된 후 거절증서작성기간 경과전에 C가 한 배서가 기한후배서인지 검토하고, D가 별도로 상환청구권보전절차를 이행해야만 C에게 상환청구할 수 있는지 검토한다.

5. 백지어음 부당보충의 경우 기명날인 또는 서명한 자의 책임과 부당보충한 자의 책임, 부당보충자의 어음채무자에 대한 손해배상책임을 검토한다.

6. A와 B사이의 매매계약의 해제가 어음법 제17조의 적용을 받는 인적항변인지 검토한다.

Ⅱ. B가 백지어음에 행한 배서행위의 효력발생시기(설문 1)

1. 백지어음인지 여부

후일 타인으로 하여금 보충시킬 의도로 일부러 일부 어음요건을 흠결시키면서 어음이 될 서면에 기명날인 또는 서명을 하여 발행한 미완성의 어음을 백지어음이라고 한다.

사안에서 A가 발행한 어음은 어음금액이 공란으로 되어 있는 은행도약속어음으로, 계속적 거래관계에 있는 A와 B 사이에서 A에게 보충권 수여의 의사가 있었으므로 백지어음에 해당한다.

2. 백지어음의 보충권

(1) 의의

보충권은 보충권자의 일방적 행위로써 백지어음을 완성하여 어음으로서의 효력을 발생시키는 권리이다.

보충권의 성질은 형성권으로 소멸시효의 적용이 없다. 그러나 보충권의 행사기간을 약정으로 정한 경우에는 그 기간 내에 보충권을 행사하여야 한다. 그러한 정함이 없는 경우에는 사안과 같이 확정일출급 어음이라면 주된 채무자에 대한 관계에서는 만기로부터 3년의 소멸시효기간 도과 전에, 상환의무자에 대한 관계에서는 지급제시기간 내 즉, 지급을 할 날 또는 그날 이후의 2거래일 내에 보충권을 행사하여야 한다(어음법 제77조 제1항 제3호·4호, 제38조, 제44조 제3항, 제53조 제1항).

(2) 보충의 효력발생시기

백지어음행위는 보충을 법정정지조건으로 한 행위이다. 보충권을 행사하기 전에 이미 백지어음 위에 행하여진 발행·인수·배서·보증 등의 행위가 유효한 어음행위로서 효력을 발생하는 시점이 언제인지와 관련하여, 보충에 소급적 효력을 인정할 것인지 문제된다.

가. 학설

① 소급설

발행, 배서, 보증 등 어음행위를 했던 시점에 소급하여 보충의 효력이 발생한다는 견해이다.

② 불소급설

보충이 될 때까지는 어음행위로서의 효력발생이 정지되어 있다가 보충이 되면 장래에 대하여 효력이 발생한다는 견해로, 민법 제147조에서 정지조건 있는 법률행위는 조건이 성취한 때로부터 장래에 향하여 효력이 발생한다고 규정한 것을 존중하는 견해이다.

나. 판례

불소급설을 취하고 있다.

(3) 검토 및 소결

효력발생이라는 의미가 어음상의 권리의 발생이라고 볼 때 백지의 보충으로 비로소 생긴다고 보는 것이 타당하다. 보충의 효과는 보충시부터 발생하지만 그 효력의 내용은 어음상의 기재대로 정해지는 것이고 효력발생이 보충시까지 정지되어 있는 것이다.

사안에서 발행인 A가 만기를 ○○년 12월 5일로 하여 동년 9월 5일 발행한 백지약속어음에 B가 11월 15일에 배서하였고, C의 보충이 12월 5일에 이루어졌다면 11월 15일자 B의 배서행위의 효력은 12월 5일에 발생한다.

Ⅲ. D가 B에게 상환청구할 수 있는지 여부(설문 2)

1. 상환청구권보전의 요건

상환의무자에 대하여는 상환청구권보전절차를 이행하지 않으면 상환청구를 할 수 없다. 상환청구권을 보전하기 위해서는 ① 지급제시기간 즉, 지급을 할 날 또는 그날 이후의 2거래일 내에 발행인에게 완전한 어음으로 지급제시를 하여 지급거절을 당해야 한다(어음법 제77조 제1항 제3호·제4호, 제43조, 제38조 제1항). ② 어음법에 의하면 거절증서작성이 요구되고 있으나(어음법 제77조 제1항 제4호, 제44조), 이 의무는 면제되고 있는 것이 관례이다(어음법 제77조 제1항 제4호, 제46조).

2. 배서의 권리이전적 효력

배서에 의하여 어음상의 모든 권리는 피배서인에게 이전한다(어음법 제77조 제1항 제1호, 제14조 제1항). 구체적으로 주채무자에 대한 어음금지급청구권, 상환의무자에 대한 상환청구권, 어음보증인에 대한 권리 등이 배서에 의하여 이전된다.

3. 소결

C는 만기인 ○○년 12월 5일에 금액을 보충하고 지급제시를 하여 지급거절을 당했다. 거절증서작성은 면제되고 있는 것이 관례이고, 사안의 경우는 은행도어음으로서 인쇄된 용지를 사용하여 거절증서작성이 면제된 경우로 볼 수 있다. 따라서 C는 상환청구권보전절차를 이행하여 상환청구 요건을 갖추었다.

C가 상환청구권을 보전하고 D에게 배서양도한 이상 배서의 권리이전적 효력에 의하여 상환청구권 보전의 효력도 D에게 이전한다. 따라서 D는 B에게 상환의무이행을 청구할 수 있다.

Ⅳ. 백지어음의 부당보충(설문 3)

1. 부당보충의 항변

보충권에 관하여 미리 한 합의와 다르게 하는 보충을 보충권의 남용 또는 백지어음의 부당보충이라고 한다. 발행인, 배서인, 인수인 등 백지어음에 기명날인 또는 서명한 자 즉, 어음채무자는 보충권의 남용에 대해 악의 또는 중과실 없이 부당보충된 백지어음을 취득한 소지인에 대하여 대항할 수 없다(어음법 제77조 제2항, 제10조). 즉 이 경우 어음채무자는 보충하여 기재된 대로 책임을 진다. 보충권의 남용 또는 부당보충의 항변은 인적항변에 해당한다.

소지인의 악의 · 중과실 중 악의는 부당보충된 사실을 알면서도 문제의 어음을 취득한 경우이고, 중과실은 조금만 주의를 기울였다면 부당보충의 사실을 알 수 있었을 경우를 가리킨다. 악의 · 중과실 여부에 대한 판단은 취득시를 기준으로 한다. 또한 그 입증책임은 백지어음에 기명날인 또는 서명한 어음채무자가 부담한다.

판례는 어음금액이 백지인 경우와 관련하여 금액백지어음의 발행인은 통상적으로 그 보충권의 범위를 한정한다고 보는 것이 상식에 부합한다는 설시를 한 바 있다.

2. 백지어음 취득자의 부당보충

이미 부당하게 보충된 어음을 취득하는 경우 외에 보충권의 내용에 대한 허위진술을 신뢰하고 백지어음을 취득한 다음 취득자 스스로 보충한 경우에도 어음법 제10조가 적용되는가에 대하여 견해가 대립된다.

(1) 학설

가. 적용긍정설

어음의 유통성을 보호할 필요가 있고, 양도인에 의해 부당하게 보충된 어음을 악의·중과실 없이 양수한 경우와 양도인의 보충범위에 관한 허위진술을 신뢰하고 악의·중과실 없이 취득자 스스로 보충한 경우에 본질적인 차이가 없다고 보아 어음법 제10조가 적용된다는 견해이다.

나. 적용부정설

일정범위의 보충권이 존재한다는 진술을 믿고 취득하여 스스로 보충한 자까지 보호하는 것은 백지어음행위자에게 가혹하다는 견해이다.

(2) 판례

판례는 보충권의 존재와 범위를 믿고 취득하여 스스로 보충한 자도 보호해주고 있다. 그러나 보충한 자의 중과실을 보다 넓게 인정함으로써 어음채무자의 이익과 보충권의 존재와 내용을 신뢰한 보충자의 이익을 조정하려는 배려를 하고 있다. 어음금액이 백지인 경우에는 이를 취득할 당시에 보충권의 내용에 관하여 발행인에게 직접 조회하지 않았다면 특별한 사정이 없는 한 취득자에게 중대한 과실이 있다고 판시한 바 있다.

3. 소결

C는 금액백지어음의 취득자로서 악의는 아니지만, 금액의 한정은 A가 하는 것인데도 B의 진술만을 신뢰하고 별도로 A에게 조회를 하지 않은 채 5천만원을 보충하였으므로 중과실이 인정된다. 따라서 A는 부당보충의 인적항변으로 C에게 대항할 수 있다.

그러나 백지어음이 부당보충 되었다는 사실은 인적항변사유로서 당사자간에만 항변할 수 있다. C로부터 배서양도받은 D에게는 중대한 과실이 인정되지 않으므로 D가 A를 상대로 5천만원의 어음금 지급을 청구하는 소송에서 A의 부당보충 항변은 받아들여지지 않을 것이다.

Ⅴ. C의 배서가 기한후배서인지 여부(설문 4)

1. 기한후배서의 의의 및 효력

지급거절증서가 작성된 후에 한 배서 또는 지급거절증서 작성기간이 지난 후에 한 배서를 기한후배서라고 한다(어음법 제77조 제1항, 제20조). 지급거절증서가 작성된 후이거나 지급거절증서 작성기간이 지난 어음은 이미 어음으로서의 신용기능을 잃고 상환청구의 단계에 들어간 어음이거나 정상적 결제기간을 경과한 어음으로서 더 이상 유통성을 보호할 필요가 없는 어음이므로 이에 대한 배서는 양도배서의 일반적 효력을 인정할 필요가 없고, 지명채권양도의 효력만을 인정받는 데 그친다. 따라서 기한후배서의 배서인은 담보책임을 부담하지 않을 뿐 아니라 기한후배서로 어음을 취득한 자에게는 선의취득도 인정되지 아니한다.

2. 기한후배서의 판단

기한후배서인가의 판단은 기재된 배서일자에 의하지 않고 실제로 배서한 날을 기준으로 한다. 백지어음에 한 배서에 있어서는 백지어음에 배서를 한 날이 기한후배서 여부를 정하는 기준이 되고 그 배서가 효력을 발생하는 백지보충시점이 기준이 되는 것은 아니다.

3. 지급거절된 후 지급거절증서 작성기간이 지나기 전에 한 배서

(1) 문제의 소재

지급거절증서의 작성이 면제된 어음의 소지인이 적법한 지급제시를 하였으나 지급이 거절되었고 지급거절증서 작성기간이 지나기 전에 어음을 타인에게 배서하였다면 이 배서를 기한후배서로 볼 것인지에 대해 견해가 대립한다.

(2) 학설

가. 신용이 이미 실추된 어음이라는 점을 강조하면서, 부도처리된 은행도어음의 경우와 같이 어음면상 지급거절 사실이 명백하게 나타나 있은 후에 한 배서는 기한후배서로 보자는 견해가 있다.

나. 기한후배서 여부를 판단하는 데 대한 분쟁을 줄이고 확실성을 부여하기 위하여는 어음법 제20조 법문에 충실히 따라야 함을 강조하면서 기한전배서로 보자는 견해가 있다.

(3) 판례

판례는 지급거절의 사실이 어음면에 명백하게 되어 있다 하더라도 이를 가지고 적법한 지급거절증서가 작성되었다고 할 수 없으므로, 그러한 어음에 대한 배서도 그것이 지급거절증서 작성기간 경과 전이기만 하면 기한후배서가 아닌 만기후배서로서 만기전의 배서와 동일한 효력이 있다고 판시한 바 있다.

(4) 검토

지급거절이 있은 후 지급거절증서 작성기간이 지나기 전에 한 배서를 기한후배서로 보면 배서인이 상환의무를 면하게 되어 어음소지인의 상환청구권이 제한되고, 인적항변이 절단되지 않고 선의취득이 인정되지 않아 어음소지인의 권리가 제한된다. 권리제한은 법에 명문의 규정이 있어야 하고 해석에 의하여서는 안 된다는 점을 고려할 때 기한전배서로 보는 것이 타당하다. 어음관계의 명확성을 담보할 수 있다는 측면에서도 이러한 견해가 타당하다.

4. D가 C에 대하여 별도의 상환청구권보전절차를 이행해야하는지 여부

대법원은 기한전배서와 기한후배서를 구별하여, 기한전배서(만기후배서)의 경우에 그 피배서인이 어음의 최종소지인의 지위에서 어음의 배서인 등 소구의무자에 대한 소구권을 보전하기 위해서는 만기후배서를 한 배서인이 지급제시를 하였는지 여부와

관계없이 다시 스스로 적법한 지급제시기간 내에 지급제시를 하여야 상환청구권을 보전하게 된다고 판시한 바 있다(판례는 지급제시의 수혜자가 누구인가. 그의 이익을 보호하여야 한다는 점을 중요하게 본 것이다-저자).

그러나 피배서인이 다시 지급제시를 하여 상환청구권보전절차를 밟을 시간적 여유가 없으므로, 배서인이 지급제시기간 내 지급제시를 하였고 거절증서작성이 면제되어 있다면 상환청구권보전절차는 배서인에 의해서 이미 이행되었다고 보는 것이 타당하다.

5. 소결

사안의 경우 어음의 만기는 ○○년 12월 5일 금요일이고 지급거절증서 작성기간은 12월 8일, 9일인데, C는 12월 9일에 배서하였으므로 지급거절증서 작성기간이 지나기 전의 배서이다. 따라서 C의 배서는 지명채권 양도의 효력뿐인 기한후배서가 아니라 기한전배서이다.

또한 C에 의하여 상환청구권이 보전되었으므로 D가 C에게 상환청구하는 소송을 제기하면 승소할 수 있다.

Ⅵ. 손실부담(설문 5)

1. 백지어음 발행인 A의 책임

백지어음의 발행인은 백지어음에 기명날인 또는 서명한 어음채무자로서, 악의 또는 중과실 없이 부당보충된 백지어음을 취득한 소지인에 대하여 대항할 수 없다(어음법 제77조 제2항, 제10조). 소지인에게 중과실이 있다면 이를 입증하여 부당보충된 부분에 대하여 책임을 면할 수 있지만, 사안의 경우 D에게는 중과실이 인정되지 않으므로 A는 부당보충된 대로 5천만원 전액에 대하여 책임을 진다.

2. B와 C의 어음채무자 A에 대한 손해배상책임

부당보충으로 인하여 당초의 채무를 초과하여 이행하게 된 어음채무자는 부당보충자를 상대로 불법행위로 인한 손해의 배상을 청구할 수 있다.

민법 제750조에 의한 일반 불법행위책임이 성립하기 위해서는 ⅰ) 고의 또는 과실로 인한, ⅱ) 위법한 가해행위로, ⅲ) 타인에게 손해를 가하고, ⅳ) 가해행위와 손해발생 사이에 인과관계가 있으며, ⅴ) 가해자에게 책임능력이 있을 것이라는 요건을 갖추어야 한다(민법 제750조, 제753조, 제754조).

① B는 C에게 배서양도하면서 고의로 5천만원을 보충하기로 된 어음이라고 말하였고, ② C는 B의 진술만을 신뢰하고 A에게 별도의 조회를 하지 않은 채 과실로 5천만원을 보충하였다. 이러한 각 위법행위로 A에게 손해를 가하였으므로 B와 C가 2천만원의 손실을 부담하여야 한다.

3. B, C가 무자력인 경우

B, C가 무자력이라면 결국 손실은 백지어음의 발행인인 A가 부담할 수밖에 없으나, 백지어음을 발행한 자는 그 수취인이 보충권의 범위를 위반하지 아니할 것으로 오신함에 과실이 있고, 부당보충의 원인제공자로서의 책임도 있다고 보아야 하므로 부당한 결과는 아니다.

Ⅶ. 인적항변의 절단(설문 6)

1. 인적항변의 의의 및 절단

특정한 소지인에게 어음금 지급을 거절할 수 있는 권한이 인적항변인데, 어음법에서는 어음에 의하여 청구를 받은 자는 발행인 또는 종전의 소지인에 대한 인적관계로 인한 항변으로써 소지인에게 대항하지 못한다고 규정하고 있다(어음법 제77조 제1항 제1호, 제17조 본문). 어음채무자가 앞의 권리자에 대하여 주장할 수 있는 항변사유 중 어음 외관만으로 쉽게 알 수 없는 것은 그 후의 권리자에게 주장할 수 없도록 한 것이고, 이를 인적항변의 절단이라고 한다.

원인관계의 부존재, 무효 또는 해제는 어음법 제17조의 적용을 받는 인적항변에 해당한다.

2. 해의의 항변

해의의 항변 또는 악의의 항변은 특정 소지인이 그 채무자를 해할 것을 알고 어음을 취득한 경우에 전소지인에 대한 인적항변으로써 후소지인에게 대항할 수 있도록 한 것이다(어음법 제77조 제1항 제1호, 제17조 단서).

해의는, 양도인과 양수인 사이의 사기적인 공모까지는 필요없으나 단순한 항변사유의 인식만으로는 불충분하고 항변절단으로 채무자가 경제적 손해를 받게 된다는 것을 알아야 한다.

악의의 입증이 있으면 해의의 존재도 사실상 추정하는 것이 적당하다. 그러나 취득자가 어음채무자와 수취인간의 매매계약의 이행으로 인도된 매매목적물에 하자가 있어서 매매계약이 해제될 수 있음을 알았다고 하더라도 수취인이 하자없는 물건을 제공하여 원만하게 해결될 것으로 믿었다면 악의는 인정할 수 있으나 해의는 인정할 수 없다. 어음채무자가 소지인의 악의를 입증하였다 하더라도 다시 소지인 자신이 해의 없음을 입증하면 항변을 대항받지 않을 수 있다(입증의 배분-저자).

3. 소결

D가 어음취득시 A와 B의 매매목적물에 하자가 있어 매매계약이 해제될 것을 알고 항변절단으로서 채무자가 경제적 손해를 받게 된다는 것까지 알았던 사정이 없는 이상, A는 D에게 A와 B 사이 매매계약 해제의 인적항변으로 대항할 수 없다.

Ⅷ. 사안의 해결

1. C가 백지를 보충한 ○○년 12월 5일에 B가 한 배서의 효력이 발생한다.

2. C가 상환청구권보전절차를 이행하였고, C로부터 배서양도 받은 D도 배서의 권리이전적 효력에 의하여 별도의 보전절차 없이 B에게 상환의무이행을 청구할 수 있다.

3. B의 진술만을 신뢰하고 금액백지어음을 취득하여 부당보충한 C에게는 중과실이 인정되어 A는 C에게 부당보충의 인적항변을 할 수 있다. 그러나 C로부터 배서양도받은 D에게는 중과실이 인정되지 않으므로, A는 부당보충의 인적항변으로 D에게 대항할 수 없다.

4. 지급거절된 후 지급거절증서 작성기간이 지나기 전에 한 배서는 기한전배서이고, C에 의하여 상환청구권이 보전되었으므로 D가 C에게 상환청구하는 소송을 제기하면 승소할 수 있다.

5. D에게 중과실이 없으므로 A는 D에게 부당보충의 항변을 할 수 없고, 5천만원 전액을 지급한 후 고의 또는 과실로 부당보충 행위를 한 B와 C에게 손해배상청구를 할 수 있다. B, C가 무자력이라면 결국 A가 2천만원의 손실을 부담할 수밖에 없다.

6. A와 B 사이의 매매계약 해제는 어음법 제17조의 적용을 받는 인적항변사유이므로 A는 D에게 매매계약의 해제로 대항할 수 없다.

제 3 절 어음보증 · 수표보증

제1 총 설

1. 의 의

어음보증(수표보증의 경우도 같다)은 어음면 또는 보충지에 「보증」의 뜻을 표시하고 이루어지는 증권행위로서 어음바깥에서 이루어지는 민법상의 보증과 구별된다. 어음거래 실무에서는 어음보증과 같은 효과를 얻기 위하여 배서 등의 방법이 이용되고 있다. A가 B를 수취인으로하여 약속어음을 발행하고 B가 C에게 배서양도함으로써 A의 C에 대한 어음채무를 B가 보증하는 것과 같은 경제적 효과를 거둘 수 있다. 이를 「숨은 어음보증」이라고 부르기도 한다.

어음보증은 보증된 자의 어음채무와 동일한 채무를 부담할 것을 목적으로 하는 종속적 어음행위이다. 그러나 어음보증의 종속성은 아래에서 보는 바와 같이, 민법상 보증보다는 그 정도가 약하다. 또한 어음보증은 어음채무를 담보하는 것이므로 원인채무를 담보(연대보증)하는 것은 어음보증이 아니다. 반면에 어음보증을 한 사람은 그 어음보증으로 인한 어음상의 채무만을 부담하는 것이고 특별한 사정이 없는 한 원인채무에 대한 (민법상의) 보증책임을 부담하지 않는다(대판 1998. 6. 26, 98다2051; 대판 2005. 10. 13, 2005다33176).

어음보증은 어음의 신용을 보충·강화하기 위해 이용되는 제도이지만 한편으로는 어음면상 기재되어 보증된 자의 신용부실을 나타내 보일 수 있으므로 종래 별로 이용되지 않았다. 그러나 공신력있는 금융기관이 어음상에 보증하는 경우 취득자가 그 지급을 확신할 수 있으므로 어음 표면에 어음보증이 떳떳이 기재되고 있다. 이러한 경우에는 구태여 배서 등 유사어음보증(숨은 어음보증)을 이용할 필요가 없는 것이다.

2. 보증의 동기와 책임의 조정

종래 보증채무의 성립 경위를 보면 보증을 통하여 보증인이 어떤 수익을 얻으려 한다기보다는 주채무자와의 친분 또는 의리관계 내지는 간곡한 부탁에 따라 거절하지 못하고 마지못해 보증하는 **정의적**(情誼的)·**호의적**(好意的) 보증이 많았다. 이런 경우에는 법이 허용하는 범위 내에서 가능한 한 보증인의 책임을 완화·경감시켜 주는 것이 불가피하였다(「보증인 보호를 위한 특별법」 참조). 그러나 최근에는 금융기관이 영업의 일환으로 보증료를 징수하고 보증을 하는 예(상법 제46조의 기본적 상행위)가 일반화되어 있는데, 이런 경우에는 무상보증인에 대한 것과 같은 정책적 배려가 필요하지 않음은 물론이다.

3. 성 질

어음보증의 법적 성질은 **단독행위**로 이해하는 것이 통설이다(강위두, 420면; 서돈각·정완용, 219면; 서헌제, 504면; 주석 어음수표법(Ⅱ), 94면; 이철송, 320면; 채이식, 216면). 판례도 같은 취지로 설시하면서, 그 단독행위의 상대방은 발행인이라고 하였다. 그러나 어음법은 피보증인을 표시하지 않은 어음보증의 경우에 발행인을 위한 어음보증으로 보는데(어 31조 4항) 발행인이 상대방이 된다는 것은 이상하다. 이와는 달리 어음보증을 단독행위 또는 계약 어느 일방으로 설명할 수 없다는 견해도 있다(정찬형, 417면).

비교해 보면 민법상 보증은 계약이다. 어음보증도 계약으로 이해하여 부당할 것이 없으며 그 계약은 어음보증인과 보증행위 후에 어음을 교부받는 자(대부분은 수취인)간의 계약으로 볼 수 있다. 어음보증을 계약으로 이해함으로써 보증인과 교부상대방간의 직접당사자관계를 설정할 수 있고, 그에 따라 인적항변의 허용범위도 조정할 수 있게 될 것이다.

대판 1986. 9. 9, 84다카2310 약속어음의 지급보증은 발행인을 위하여 그 어음금 채무를 담보할 목적으로 하는 보증인의 단독행위이므로 그 행위의 구체적·실질적인 상대방은 어음의 제3취득자가 아니라 발행인이라 할 것이다.

<어음보증과 민법상의 보증의 비교>

어음보증	민법상의 보증
보증된 자를 알 수 없을 때에는 발행인을 위하여 보증한 것으로 본다(어 31조 4항, 77조 3항).	주채무자를 특정하여 보증하여야 한다. 특정하지 않으면 보증의 효력은 인정할 수 없다.
보증된 주채무가 방식이외의 사유로 무효인 경우에도 유효하게 성립한다(어 32조 2항, 77조 3항). 어음보증인은 보다 무거운 책임을 부담한다.	주채무의 성립·존속을 요건으로 한다(종속성). 주채무가 불성립·무효이면 보증채무 역시 불성립·무효이다.
최고·검색의 항변권이 없다(어 32조 1항, 47조 1항, 77조 3항). 어음보증인은 독립한 엄격책임을 부담한다.	최고·검색의 항변권이 있다(보충성)(민 437조).
요식행위(어 31조 4항, 77조 3항)	불요식행위
어음보증인의 단독행위(통설·판례)이고, 어음보증인은 불특정의 어음소지인에 대하여 책임진다.	보증인과 채권자간의 계약으로서 보증인은 특정 채권자에 대하여 책임진다.
공동보증인이라도 분별의 이익이 없다.	공동보증인이면 분별의 이익이 있다(민 439).
보증된 자의 항변을 원용할 수 없다. 다만, 전자(前者)의 항변을 허용하자는 견해도 있다.	주채무자의 항변으로 채권자에게 대항할 수 있다(민 433조).

4. 어음보증과 민법상의 보증의 차이

어음채무를 담보하기 위하여 어음 바깥에서 민법상의 보증이 이루어질 수 있다. 이와 별도로 어음법에서는 어음보증이라는 제도를 두고 있는데, 어음보증은 어음면상 어음행위로서 보증이 행해지는 것이다. 어음보증은 민법상의 보증에 비하여 증권행위로서 또 어음행위로서 특성에 맞는 법규정을 가지고 있다.

제2 어음보증·수표보증의 당사자와 방식

1. 당 사 자

(1) 어음보증인

어음보증인이 될 수 있는 자에 관하여 어음법상 별다른 제한이 없으므로, 누구든지 어음보증인이 될 수 있다. 어음에 기명날인 또는 서명을 하여 이미 어음채무자가 된 자도 다른 어음채무자를 위하여 어음보증을 할 수 있다(어 30조 2항, 77조 3항). 배서인과 같은 상환의무자가 주된 채무자를 위하여 어음보증을 하는 경우가 생각하기 쉬운 예인데, 이 경우 같은 사람이 배서인으로서의 상환의무 외에 어음보증인으로서의 책임을 부담한다.

그렇다 하더라도 약속어음의 발행인이나 환어음의 인수인과 같은 주된 채무자가 다른 어음채무자(예, 배서인)를 위하여 어음보증을 하는 것은 의미가 없다. 주된 채무자는 최종적 채무자이며 만기에 최우선적으로 지급청구를 받게 되는 자이기 때문이다.

수표보증에 있어서는, 누구든지 수표보증인이 될 수 있으나 지급인은 제외된다(수 25조 2항). 지급은행이 수표보증을 할 수 없도록 금지한 것은 수표의 신용증권화를 막기 위한 배려이다.

(2) 피보증인(또는 보증된 자)

어음보증은 어음채무자를 위한 보증이다. 민법상의 보증에서 주채무자라는 용어를 쓰는 것과 달리 어음법·수표법에서는 「보증된 자(피보증인)」라는 용어를 쓰고 있다(어 32조 1항; 수 27조 1항). 어음보증을 받을 수 있는 어음채무자에는 약속어음의 발행인·배서인, 환어음의 인수인·발행인·배서인·참가인수인이 있다. 무담보배서를 한 배서인은 어음채무를 부담하지 아니하므로 그를 위한 어음보증은 있을 수 없다.

2. 방 식

(1) 어음보증의 기재장소

어음보증의 표시는 어음 자체 또는 보충지에 하여야 한다(어 31조 1항, 77조 3항; 수 26조 1항). 어음보증은 어음의 등본에도 할 수 있다(어 67조 3항, 77조 1항 6호). 후술하는 바와 같이 어음보증은 어음의 표면에 할 수도 있고 이면에 할 수도 있다.

(2) 어음보증의 필요적 기재사항

어음보증을 할 때에는 「보증」 또는 이와 같은 뜻이 있는 문구를 표시하고 보증인이 기명날인 또는 서명하여야 한다(어 31조 2항, 77조 3항; 수 26조 2항).

어음보증에는 누구를 위하여 한 것임을 표시하여야 한다. 그 표시가 없는 때에는 발행인을 위하여 보증한 것으로 본다(어 31조 4항, 77조 3항; 수 26조 4항). 법문상 「본다」고 규정되어 있으므로 간주규정으로 보는 것이 통설이다(정동윤, 438면; 정찬형, 420; 주석 어음·수표법(Ⅱ), 106면; 채이식, 218면). 이에 대하여 기명날인 또는 서명의 위치로 보아 누구를 위한 보증인가 하는 것이 분명한 때에는 어음법 제31조 제4항은 적용되지 않고, 이 규정은 어음보증의 해석을 통해서 분명하게 누구를 위한 것인지를 알 수 없는 경우에만 적용하는 것이 타당하다는 소수설이 있다(이철송, 372면; 최기원, 422-423면). 소수설은 '해석'을 법률의 규정보다 우선시키게 되어 문제이다.

어음상에 피보증인만의 기재가 없고 보증문언과 함께 보증인의 기명날인 또는 서명이 있는 경우를 약식보증이라고 한다. 보증인의 기명날인 또는 서명만 있고 피보증인의 기재뿐 아니라 보증문언마저 없는 어음보증을 간략약식보증이라고 부른다.

(3) 어음표면의 단순한 기명날인 또는 서명

어음의 표면에 단순한 기명날인 또는 서명이 있는 경우에는 그것이 지급인 또는 발행인의 기명날인 또는 서명이 아니라면 어음보증으로 본다(어 31조 3항). 지급인의 단순한 기명날인 또는 서명은 인수로 보기 때문에(어 25조 1항) 어음보증으로 의제될 수 없는 것이다.

어음의 이면(裏面)에 단순한 기명날인 또는 서명이 있는 경우는 간략백지식배서가 되고(어 13조 2항, 77조 1항 1호) 어음보증이 될 수 없다.

대판 1974. 9. 24, 74다507 약속어음에 적용되는 어음법 제77조와 동 조문이 준용하는 같은 법 제31조 및 제67조의 규정에 의하면 어음보증은 어음, 그 등본 또는 보전에 「보증」 또는 이와 동일한 의의가 있는 문언을 표시하고 피보증인을 표시하여 보증인이 기명날인(또는 서명)함으로써 하여지는 것이며, 다만 약속어음의 표면에 한 단순한 기명날인(또는 서명)은 그것이 발행인의 기명날인(또는 서명)이 아닌 한 약속어음의 보증으로 보게 되어 있으므로 본 건에 있어서와 같이 피고 박일근이 본 건 어음의 裏面에 배서인으로서 기명날인(또는 서명)한 경우는 위에 설시한 어음보증의 요건을 구비하지 못하여 약속어음의 보증의 효력이 없다 할 것이다.

(4) 조건의 기재

어음보증에 조건을 붙일 수 있는가에 대하여는 학설이 갈리는데 별도로 설명한다.

(5) 일부보증

어음금액의 일부에 대한 보증도 가능하다(어 30조 1항, 77조 3항). 일부배서가 유해사항으로서 무효인 것과는 달리 일부인수와 같이 일부의 지급을 담보하는 것은 유효하다.

제3 조건부어음보증의 문제

어음법은 어음 발행의 경우 조건을 붙이면 발행을 무효로 하고(어 1조 2호, 2조, 75조 2항), 배서의 경우 조건을 붙이면 그 조건의 기재는 없는 것으로 규정하고 있다(어 12조 1항). 또한 환어음의 인수의 경우 조건을 붙이면 조건부 인수로서는 무효로 보나 인수거절의 효력은 있다고 본다(어 26조). 반면 어음보증에 붙인 조건에 대해서는 아무런 규정도 두지 않고 있다.

근래 금융기관이 어음보증을 하면서 조건을 붙여 보증을 하는 경우가 많은데 그 효력여부가 다투어지고 있다.

이 문제를 접근함에 있어서 특히 유의하여야 할 점은 금융기관에 의한 어음보증은 보증료수입에 대한 반대급부로서 이루어지는 유상보증이라는 점이다. 여기서 조건은 기한을 포함하는 널리 「제한」을 가리키는 것으로 이해되고 있다. 우선 **조건부어음보증**은 그 전부가 무효가 아닌가하는 의문이 제기된다. 약속어음의 조건부발행이 무효인 것과 비교해서 검토해 볼 수 있다. 그러나 보증료수입을 얻고 영업활동인 여신업무의 일종으로 이루어진 어음보증을 조건이 붙었다하여 무효로 보는 것은 보증인에게 부당한 면책을 허용하는 것이 된다.

결국 조건부어음보증도 유효로 보아야 할 텐데, 여기서 그 조건을 무익적 기재사항으로 볼 것이냐 유익적 기재사항으로 볼 것이냐가 다투어진다. 소수설인 무익적기재사항설은 조건없는 보증으로서 효력을 인정하여야 한다고 주장한다(손주찬, 296면; 이범찬・최준선, 993면; 정희철, 297면). 반면 다수설인 유익적기재사항설은 조건대로의 보증효력을 인정하자고 한다(강위두, 426면; 서헌제, 513면; 양승규, 327면; 이기수, 397면; 정동윤, 340면; 정찬형, 422-423면; 어음수표법(Ⅱ), 100-102면; 채이식, 219면). 판례는 다수설(유익적기재사항설)과 같은 입장이다.

생각건대 어음보증을 해주는 금융기관이 어음보증의 **보증료**를 부과함에 있어서 조건을 전제로 하여, 정해진 요율에 따라 보증료를 산출하는 것을 감안한다면 다수설과 판례의 입장에 수긍하지 못할 바 아니다. 그러나 그 조건의 성취여부를 어음면상 알 수 없는 경우에는 어음의 문언성에 비추어 그 조건의 효력을 인정할 수 있느냐에 강한 의문이 제기될 수밖에 없다. 따라서 ① 「지급기일까지 보증함」, 「지급제시기간내 제시를 조건으로 보증함」 등과 같이 조건의 성취여부를 어음면상 알 수 있는 경우와 ② 소지인이 조건을 성취시킬 수 있는 경우에 한하여, 조건의 효력을 인정하고, 그 밖의 경우 예를 들면 보증된 자로부터 대가를 받을 것을 조건으로 보증한 경우 등에는 조건 없는 어음보증으로 보는 것이 옳지 않을까 생각한다.

대판 1986. 3. 11, 85다카1600(영동개발사건) 어음법상 보증의 경우에는 발행 및 배서의 경우와 같이 단순성을 요구하는 명문의 규정이 없을 뿐 아니라, 주된 채무를 전제로 하는 부수적 채무부담행위인 점에서 보증과 유사한 환어음의 인수에 조건을 붙인 경우에는 일단 인수거절로 보되 인수인으로 하여금 인수의 문언에 따라 책임을 지도록 함으로써 不單純引受를 인정하고 있음에 비추어 볼 때 어음보증에 대하여 환어음 인수의 경우보다 더 엄격하게 單純性을 요구함은 균형을 잃은 해석이라고 하겠고 또 조건부 보증을 유효로 본다고 하여 어음거래의 안전성이 저해되는 것도 아니므로, 조건을 붙인 不單純保證은 그 조건부 보증문언대로 보증인의 책임이 발생한다고 보는 것이 타당하다. 이와 달리 구태여 어음보증의 단순성을 강조한 나머지 조건을 무효로 하여 조건이 없는 단순보증이라고 보는 견해는 보증인의 명시적 의사에 반하는 해석이어서 채용할 수 없다.

〈사실관계 및 쟁점〉 피고 조흥은행 중앙지점 예금 및 대부계 담당대리인 소외 윤경구와 같은 대부계 주임인 소외 김영호는 상업어음보증 · 지급보증 · 할인어음 등 대출업무와 국고수납업무 등을 관장하면서 同 지점장인 이택구를 대행하여 소외 영동개발 주식회사가 발행한 약속어음에 대한 지급보증업무를 담당하고 있음을 기화로 영동개발의 회장인 소외 이복례 및 대표이사인 소외 곽근배의 부탁을 받고 그들과 공모하여 1983. 7. 19. 경 피고은행 중앙지점 사무실에서 금고안에 있던 어음지급보증용 고무명판과 직인 등을 임의로 꺼내어 영동개발 직원인 소외 박현숙, 이순실과 함께 영동개발 발행 명의의 액면금 30,000,000원, 발행일자 1983. 8. 19., 지급일자 1983. 10. 15.로 된 약속어음에 "右記金額의 지급을 지급기일까지 보증함"이라는 각인과 동 중앙지점장 이택구의 서명명판 및 직인 등을 압날하여 위 어음의 지급보증부분을 위조하였다. 한편 원고 양승환은 위 약속어음의 지급보증부분이 피고 은행의 권한있는 자에 의하여 정당하게 이루어진 것으로 믿고 소외 권태영의 소개로 위 어음을 할인 교부받아 소지하고 있다가 지급제시기간 경과 후인 1983. 10. 19. 지급제시하였는데, 피고 은행은 자신의 지급보증은 위 약속어음에 기재된 대로 지급기일인 1983. 10. 15.까지만 유효하며 원고는 위 어음을 지급제시기간을 경과하여 지급제시를 하였으므로 위 조건을 성취하지 못하였으니 보증책임을 부담할 수 없다고 하면서 지급을 거절하였다. 이에 원고는 피고 은행을 상대로 보증채무금청구의 소를 제기하였다. 여기서 쟁점이 된 것은 어음의 발행(어 1조 2호, 75조 2호) 및 배서(어 14조 1항, 77조 1항 1호), 인수(어 26조 1항 본문)와 같이 명문의 규정으로 무조건성을 요구하지 아니한 보증에 대하여 조건을 붙인 경우 보증인의 책임이 어떻게 되느냐 하는 점이다. 즉 조건이 붙은 보증 자체를 무효로 볼 것인지, 조건만 무효로 보고 보증책임은 인정할 것인지 아니면 조건부 보증을 인정할 것인지의 문제이다.

이에 대하여 판례는 조건부보증의 효력을 인정하여 그 조건부 보증의 문언대로 보증인의 책임이 발생한다고 보았다. 따라서 이 사건에 있어서 어음보증의 문언은 어음금의 지급을 지급기일까지 보증한다는 내용으로서 이는 지급제시기간 내에 지급제시가 있는 경우에 그 지급을 보증한다는 취지의 조건부보증이라고 해석되므로 만일 위 어음보증이 진정하게 성립된 경우라면 보증인인 피고 은행은 그와 같은 보증문언에 따른 조건부의 보증책임을 지는 데에 그치고 지급제시기간을 도과하여 조건이 성취되지 아니한 경우에까지 그 보증책임을 지는 것은 아니다.

제4 어음보증 · 수표보증의 효력

1. 어음보증인의 책임

(1) 어음보증채무의 내용(동일성)

어음보증인은 보증된 자와 동일한 책임을 진다(어 32조 1항, 77조 3항; 수 27조 1항). 이것은 민법상 보증채무의 내용이 주채무자의 채무와 동일한 것과 같다(민 428조 1항). 어음보증인의 책임의 내용과 범위는 보증된 자가 발행인인가 배서인인가에 따라 다르고 배서인을 위한 보증인은 상환청구의 요건이 갖추어진 경우에만 책임을 진다. 피보증인인 배서인이나 환어음의 발행인이 거절증서의 작성을 면제한 때에는 그들을 위한 어음보증인에게도 거절증서작성 면제의 효과가 미친다. 판례도 동일한 취지로 판시하고 있다.

대판 1989. 10. 24, 88다카20774 약속어음의 어음상의 권리를 지명채권의 양도에 관한 방식에 따라서 양도함에 있어서는 민법 제450조 제1항에 소정의 대항요건을 갖추지 아니하면 어음채무자에게 대항할 수 없다고 할 것이나, 주채무자인 약속어음의 발행인에 대하여 그 대항요건을 갖추었으면 보증인에 대하여 별도의 대항요건(통지, 승낙)을 갖추지 아니하였어도 주된 채권양도의 효력으로써 보증인에 대하여 이를 주장할 수 있다고 할 것이다.

〈사실관계 및 쟁점〉 소외 신풍통상은 1984. 6. 1. 소외 대성메탄올과의 사이에 메탄올공급계약을 체결하고 메탄올을 계속적으로 공급받아 오던 중 피고 신용보증기금에게 소외 신풍통상이 위 메탄올 공급 거래로 인한 대금채무를 담보할 목적으로 소외 대성메탄올에게 발행할 약속어음상의 채무에 관하여 보증하여 줄 것을 신청하였다. 이에 피고는 소외 신풍통상이 소외 대성메탄올에게 1987. 3. 27.까지 위 메탄올 거래로 인하여 부담하게 될 대금채무를 금 80,000,000원을 한도로 담보하기 위하여 이 사건 어음보증을 하였다. 그 후 소외 대성메탄올은 위 물품공급계약에 따라 소외 신풍통상에게 메탄올을 계속적으로 공급하던 중 1986. 6. 30. 원고 럭키소재 주식회사에게 영업을 양도하고 소외 신풍통상과 사이의 위 물품공급계약상 지위, 그 거래로 이미 발생한 대금채권 및 메탄올공급채무와 위 어음상의 권리 등을 양도하였으며 소외 신풍통상은 이에 동의하였고 원고는 이를 인수하여(이때에 메탄올 잔대금채권은 금 38,788,949원이었다), 위 물품공급계약에 따라 위 담보한도액 범위 내에서 계속적으로 메탄올을 공급하여 피고가 한 위 담보의 기한인 1987. 3. 27. 현재 소외 신풍통상이 부담하게 된 메탄올 잔대금은 위 영업양수의 전후분을 포함하여 금 47,893,000원에 이르게 되었다. 그런데 원고가 소외 대성메탄올로부터 소외 신풍통상에게 메탄올을 계속적으로 공급하는 거래를 할 지위를 인수하면서 위 소외회사들과의 사이에 이 사건 약속어음을 원고의 대금채권에 대한 담보로 전용하기로 하고 그 어음의 수취인란을 원고로 변경기재하면서 피고의 승낙을 받지는 아니하였다.

여기서 쟁점이 된 것은 원칙적으로 어음상의 권리를 양도함에 있어 어음보증인의 동의를 얻지 않고 약속어음의 수취인 명의를 변경기재하였다면 어음보증인에 대한 관계에 있어서는 어음의 변조에 해당하고 그 어음보증인은 변경기재된 수취인에 대하여는 어음보증의 책임은 없는 것이지만, 그와 같이 변경기재된 수취인이 어음상의 권리를 지명채권양도의 방법으로 양수하여 대항요건을 갖춘 경우에도 어음보증인의 보증책임이 부정되느냐 하는 점이다.

이에 대해 판례는 이 사건에 있어서 약속어음상의 수취인 명의를 피고의 승낙없이 원고로 변경기재한 경우라도 원고가 어음상 권리를 지명채권양도의 방법으로 양수하여 그 대항요건을 갖춘 경우라면 보증채무의 수반성에 따라 피고는 원고에 대하여 당초의 약정된 시기인 1987. 3. 27.까지 어음보증인으로서의 책임을 져야 하며, 다만 피고가 원래의 채권자인 소외 대성메탄올에 대하여 항변권을 가지고 있다면 이러한 항변을 원고에게 행사할 수는 있다고 보았다.

(2) 어음보증채무의 종속성

어음보증인의 책임은 보증된 자의 책임을 전제로 하고 보증된 자의 채무가 존속하는 한 어음보증인의 책임도 존속한다. 이러한 어음보증채무의 **종속성**의 결과 보증된 자의 채무가 기명날인 또는 서명과 같은 요건을 갖추지 않은 경우 등 형식상의 하자로 무효라면 어음보증인의 채무도 무효이다(어 32조 2항, 77조 3항; 수 27조 2항). 보증된 자가 어음금을 지급하거나 소멸시효가 완성되면 어음보증채무도 소멸한다. 어음보증채무의 소멸시효기간은 보증된 자의 채무의 소멸시효기간과 같다. 상환의무자를 위한 어음보증인은 소지인이 상환청구권보전절차를 해태하여 상환청구권을 상실한 경우에 보증책임을 면한다. 보증된 자의 채무가 대물변제, 상계, 면제 등으로 소멸하면 어음보증채무도 소멸한다.

위에서 보증채무의 시효기간은 보증된 채무의 시효기간과 같다고 하였으나 시효중단의 효과는 어음보증인과 보증된 자에 대하여 별도로 판단하여야 한다.

(3) 어음보증채무의 독립성

어음행위독립의 원칙 내지 어음채무의 독립성(어 7조, 77조 2항; 수 10조)은 어음보증채무에도 관철되고 있다. 즉 어음법 제32조 2항(어 77조 3항; 수 27조 2항)에서는 어음보증은 담보된 채무가 그 방식에 하자가 있는 경우 외에는 어떠한 사유로 인하여 무효가 된 때에도 그 효력이 있다고 규정하고 있다. 보증된 자가 행위무능력을 이유로 어음행위를 취소하였다 하더라도 그를 위한 어음보증인의 채무는 유효하다. 발행인이 가설인이거나 사망한 자인 경우라도 발행인을 위하여 보증한 자는 어음의 문구에 따라 책임을 진다.

(4) 어음보증채무의 합동성

어음보증인이 보증된 자와 동일한 책임을 부담하는 것은 민법상의 보증인과 같다. 그러나 민법상의 보증이 보충성을 가지는 것과 다르게 어음보증인은 보증된 자 및 다른 어음채무자들과 **합동책임**을 부담한다는 점이 특징이다(어 47조 1항, 77조 1항 4호; 수 43조 1항).

민법상의 보증인이 채권자에 대하여 **최고·검색의 항변권**(민 437조)을 가지는 것과 달리 어음보증인은 소지인에게 그러한 항변권을 행사할 수 없다.

어음소지인은 어음보증인과 그 밖의 어음채무자 누구를 상대로든 채무부담의 순서와 관계없이 개별적 또는 전체적으로 어음금을 청구할 수 있다(어 47조 2항, 77조 1항 4호; 수 43조 2항). 동일한 어음채무를 위하여 수인이 어음보증을 한 경우에 어음보증인 각자는 어음금 전액에 대하여 합동책임을 지고 분별의 이익을 누리지 못한다. 이 점도 민법상의 보증(민 439조, 408조)과 비교된다.

2. 어음보증인의 항변권

피보증인이 어음소지인에 대하여 상계권, 취소권, 해제권, 해지권과 같은 형성권을 가지고 있으나 이를 행사하지 않을 때 민법상의 보증인은 피보증인의 이러한 형성권을 원용할 수 있다(민 434조, 435조). 어음보증인 자신이 가지는 항변사유는 어음항변의 일반원칙에 따라 소지인에의 대항여부가 결정된다. 문제는 **보증된 자의 항변**(예, 소지인이 만기를 연기해준 경우)을 어음보증인이 원용할 수 있는가 하는 점이다.

어음보증채무의 독립성을 강조한다면 보증된 자가 대항할 수 있는 항변으로써 어음보증인이 대항할 수 없다고 하여야 할 것이다. 미성년자인 약속어음발행인의 채무를 보증한 자는 약속어음의 발행이 취소된 경우에도 어음금 지급을 거절할 수 없다고 보는 것이 **어음보증채무의 독립성**을 규정한 어음법 제32조 제2항(어 77조 3항; 수 10조)에 부합하는 해석이 될 것이다.

그러나 어음소지인이 보증된 자의 직접상대방인 경우에는 그 소지인과 어음보증인 간에도 직접의 인적 관계가 있다고 볼 수 있으므로 형평과 소송경제의 관점에서 어음보증인이 보증된 자의 항변을 원용하도록 허용하는 것이 적당할 것이다. 전자의 항변문제로 뒤의 어음항변 부분에서 설명한다. 판례는 어음소지인의 어음보증인에 대한 권리행사가 **권리남용**에 해당할 경우 어음보증인이 보증된 자의 항변으로 대항할 수 있다고 하였다(대판 1988. 8. 9, 86다카1858).

3. 어음보증인의 구상권

어음보증인이 어음채무를 이행할 때는 어음을 환수하고 보증된 자와 보증된 자의 전자에 대한 어음상의 권리를 취득한다(어 32조 3항, 77조 3항; 수 27조 3항). 법문에서 어음보증인이 「어음으로부터 생기는 권리」를 취득한다고 규정하고 있기 때문에 채무를 이행한 어음보증인이 어음소지인의 권리를 **승계취득**하는 것이 아닌가에 대한 논의가 있다. 어음보증인이 소지인의 권리를 승계취득한다면 구상을 당한 자가 소지인에게 대항할 수 있었던 사유(예를 들어 매매목적물의 하자)로 어음보증인에게 대항할 수 있다고 새기게 된다(강위두, 432면; 손주찬, 303면; 채이식, 222면).

그러나 **어음보증인의 구상권**은 어음법의 규정에 의하여 발생하는 **독자적인** 권리이고 소지인의 권리를 승계취득하는 것이 아니라고 보는 것이 통설이다(서돈각·정완용, 223면; 이범찬·최준선, 995면; 정찬형, 428면; 정희철, 299면; 주석 어음·수표법(Ⅱ), 122면; 최기원, 433면). 통설에 따르면 어음보증인이 보증된 자를 상대로 구상권을 행사함에 있어서 보증된 자나 보증된 자의 전자가 어음소지인에게 대하여 가졌던 항변으로 대항받지 아니한다. 예를 들어보면, A가 매매대금 결제를 위하여 B에게 발행하고 X가 어음보증을 한 약속어음을 수취인 B가 만기에 A에게 지급제시하였으나 A가 매매목적물의 하자를 이유로 지급을 거절하였다. B가 X를 상대로 어음보증채무의 이행을 청구한 경우 X가 A의 항변사유를 원용하지 못하고 어음금을 지급하였다. 그 후 X가 A에 대하여 구상권을 행사해 올 때 A가 B에 대하여 가지는 항변으로써 X에게 대항할 수 있도록 하는 것은 부당하다. X는 A를 위하여 보증을 해준 것이므로 A는 우선 X의 구상에 응하고 그로 인하여 입게 되는 불이익의 문제는 A와 B간의 원인관계에 기한 구제방법으로 해결하여야 한다.

구상권을 행사함에 있어서 어음보증인은 해당 어음을 제시하여야 하는가? 통설대로 어음보증인의 구상권이 어음법의 규정에 의하여 원시적·독자적으로 발생한 것이라고 본다면, 어음보증인은 어음보증채무의 이행 후 어음의 소지와 관계없이 즉 어음을 제시하지 않아도 구상권을 행사할 수 있다고 하여야 논리에 맞다.

제 7 장
어음 · 수표의 유통

제 1 절 어음 · 수표의 배서

제1 어음 · 수표의 양도방법

어음을 발행받는 수취인은 그 어음을 만기까지 지니고 있다가 만기에 제시하여 지급을 받을 수도 있고, 만기 전에 어음할인 등을 위하여 그 어음을 양도할 수도 있다. 어음법에서는 어음을 양도할 수 있는 방법으로 배서와 교부(마지막 배서가 백지식으로 된 경우)를 규정하고 있다. 어음법에서 규정하고 있는 양도방법 외에 민법상의 지명채권양도방법에 따라 어음을 양도할 수도 있다.

1. 배서나 교부에 의한 양도

〔배서란〕

피배서인	배서인
빈 칸	B
D	C
빈 칸	D
Y	X

어음은 지시식 어음이든 기명식 어음이든 모두 배서에 의하여 양도할 수 있다. 은행도어음은 물론 문방구어음의 경우에도 인쇄된 어음용지는 모두 지시식으로 되어 있다. 보통 용지에 기명식으로 작성해서 발행되는 어음이라도 어음법에서 부여한 **법률상 당연한 지시증권성**으로 인하여 배서에 의한 양도방법을 이용할 수 있다(어 11조 1항, 77조 1항 1호). 마지막 배서란에 **백지식 배서**(어 14조 2항 3호, 77조 1항 1

호)나 소지인출급식 배서(어 12조 3항, 77조 1항 1호)가 되어 있는 어음은 교부에 의하여 양도할 수 있으며, 이 경우 그 이후의 배서가 금지되는 것은 아니다.

2. 지명채권의 양도방법에 의한 양도

어음을 배서에 의하지 않고 지명채권 양도방법에 의하여 양도할 수 있는가에 대하여 이를 허용하는 것이 통설(강위두, 348면; 서돈각 · 정완용, 184면; 손주찬, 239면; 양승규, 285면; 정동윤, 460-462면; 정무동, 411면; 채이식, 196면; 최기원, 265면)이다. 어음법 제11조 2항(77조 1항)에 따라 배서가 금지된 배서금지어음을 양도할 경우에 이 방법이 이용될 것이다. 나아가 배서금지어음이 아닌 어음을 지명채권 양도방법에 의하여 양도한다 하더라도 그러한 양도를 허용할 수밖에 없다. 지명채권양도방법에 따라 양도하더라도 어음의 교부는 필요하다고 본다(지배설). 같은 취지로 설시한 판례가 있다.

대판 1989. 10. 24, 88다카20774 배서금지의 문언을 기재한 약속어음은 어음법상의 배서의 방법에 의하여서는 양도할 수는 없는 것이나 배서금지어음이라도 양도성 그 자체까지 없어지는 것은 아니므로 어음법 제77조 제2항, 제11조 제2항에 의하여 지명채권의 양도에 관한 방식에 따라서 그리고 그 효력으로써는 이를 양도할 수 있는 것이고 이 경우에는 민법 제450조의 대항요건(통지 또는 승낙)을 구비하는 외에 약속어음을 인도(교부)하여야 하고 지급을 위하여서는 어음을 제시하여야 하며 또 어음금을 지급할 때에는 이를 환수하게 되는 것이므로 증권과 분리시켜 양도하는 불합리한 결과는 생기지 아니한다고 할 것이다.

지명채권의 양도방법으로 어음을 양도함에 있어서 대항요건(통지, 승낙(민 450조))은 구체적으로 어음금을 청구하게 될 상대방(예를 들어 약속어음의 발행인)에게만 갖추면 된다. 배서에 의한 양도와의 차이를 보면 지명채권의 양도방법에 의할 경우에는 자격수여적 효력이나 선의취득(어 16조 1항 · 2항, 77조 1항 1호) 또는 인적항변의 절단(어 17조, 77조 1항 1호)이 인정되지 아니하며 담보적 효력(어 15조, 77조 1항 1호)도 인정될 수 없다. 지명채권 양도방법에 의하여 배서금지어음이 아닌 어음을 양수한 자는 그 후 다른 양수인에게 배서에 의하여 그 권리를 양도할 수 있다.

3. 수표의 양도방법

수표법에서도 수표에 '당연한 지시증권성'을 규정하고 있으나(수 14조 1항) 어음에 대한 당연한 지시증권성(어 11조 1항)과 법문에 차이가 있음을 주의하여야 한다. 수표는 기명식이나 지시식(수 5조 1항 1호) 또는 배서금지식(수 5조 1항 2호)으로도 발행될 수 있으나 주로 「소지인출급식」으로 발행된다. 은행실무에서는 당좌수표나 자기앞수표의 경우에 **소지인출급식**(수 5조 1항 3호)으로 인쇄된 용지를 사용하는 것이 보통이며, 이 경우 단순한 교부에 의하여 양도될 수 있으나, 배서가 금지되는 것은 아니다. 소지인출급식수표에 배서가 있더라도 그로써 지시식수표로 바뀌지 아니하고 계속하여 교부에 의하여 양도할 수 있다(수 20조 단서). 따라서 소지인출급식수표에 배서가 있더라도 그 배서의 자격수여적 효력은 고려할 필요가 없다. 다만 배서를 한 자는 담보 책임, 즉 상환의무를 부담한다(수 20조 본문).

자기앞수표를 양도할 경우 양수인의 요구에 따라 양도인이 자기앞수표 뒷면에 성명, 주민등록번호와 연락처를 기재해 주는데 이것은 배서에 해당하지 아니한다. 자기앞수표는 수표자금(당좌예금잔액)의 부족(not sufficient fund, NSF)을 이유로 하는 부도와 담보책임의 추궁이 있을 수 없기 때문이다. 연락처와 성명의 기재는 분실 · 도난 등 사고수표의 경우에 유통경로를 추적할 수 있도록 하고 금융실명제의 실행에 따르는 것일 뿐이다.

제2 배서의 의의와 종류

1. 배서의 의의 · 성질

배서는 어음(수표의 경우도 같다)의 간편한 유통방법이다. 배서는 어음의 이면(裏面)에 배서인이 어음금액을 피배서인에게 지급할 것을 지시하는 뜻의 기재를 하고 기명날인 또는 서명하여 피배서인에게 교부함으로써 어음에 표창된 모든 권리를 피배서인에게 이전하는 것이다.

배서의 법적 성질은 **채권양도**라고 설명하는 것이 통설이다(서돈각 · 정완용,

183면; 양승규, 286면; 이철송, 288면; 정동윤, 356면; 정무동, 410면; 정찬형, 258면; 정희철, 177면; 최기원, 271면).

2. 배서의 종류

배서는 어음상의 권리를 이전시키기 위한 것이지만 일부 특별한 경우에는 권리이전은 의도하지 않으면서도 배서의 방식을 이용하는 경우가 있다. 배서는 권리이전의 효과유무에 따라 **양도배서**와 **특수배서**로 분류되는데, 추심위임배서와 입질배서가 권리의 양도가 의도되지 않고 양도의 효과도 부여되지 아니하는 특수배서에 속한다.

양도배서 중에는 그 기준이 되는 **보통의 양도배서**와 이와 효력 면에서 차이를 보이는 **특수한 양도배서**로서 무담보배서, 배서금지배서, 환배서, 기한후배서 등 네 종류가 있다.

그 밖에 당사자 간에 보증의 목적으로 배서를 이용하는 경우를 (순수한) 「담보배서」라고 부르기도 하지만 제3자와의 관계에서는 보통의 양도배서와 다르게 취급하는 것은 적당하지 않다. 양도배서에는 당연히 담보적 효력이 인정되므로 양도의 의사가 없다는 점을 강조하기 위하여 '순수한'이라는 수식어를 붙이기도 한다. 배서의 연속이 단절된 경우의 담보배서 문제는 배서의 연속에 대한 설명의 끝부분에서 다루기로 한다.

—배서의 종류—

- 배서
  - **양도배서**
    - 보통의 양도배서(어 14조~17조, 77조 1항 1호; 수 17~19조)
    - 특수한 양도배서
      - 무담보배서 (어 15조 1항, 77조 1항 1호; 수 18조 1항)
      - 배서금지배서 (어 15조 2항, 77조 1항 1호; 수 18조 2항)
      - 환배서 (어 11조 3항, 77조 1항 1호; 수 14조 3항)
      - 기한후배서 (어 20조, 77조 1항 1호; 수 24조)
  - **특수배서**
    - 추심위임배서(18조, 77조 1항 1호; 수 23조)
    - 입질배서(19조, 77조 1항 1호)
    - 담보(보증용)배서

3. 배서금지어음(기명증권)

(1) 의 의

배서금지어음이란 발행인이 「지시금지」의 문자 또는 이것과 동일한 뜻의 문언을 기재한 어음이다(어 11조 2항, 77조 1항 1호; 수 14조 2항). 이는 보충권의 남용을 방지하고 항변권을 유보하기 위하여 사용된다. 발행인이 배서금지어음으로 발행한다는 점에서 배서인이 하는 배서금지배서와 구별된다.

지시문구가 삭제된 것만으로는 배서금지어음이 될 수 없다. 인쇄된 약속어음 용지에 기재되어 있는 "귀하 또는 귀하의 지시인에게 … 지급하겠습니다"라는 문구 중 '귀하의 지시인'이라는 문언을 삭제하였다 하더라도 그것만으로는 지시금지 또는 그와 동일한 뜻을 가진 문언에 해당하지 않고 배서금지어음이 될 수 없다고 한 판례가 있다(대판 1962. 12. 20, 62다6668).

나아가 어음표면에 「보관용」이라는 기재가 있거나, 어음이면의 배서란 끝부분에 「견질용」이라는 기재가 있는 것만으로는 배서금지어음으로 인정받기에 충분하지 않다.

또한 판례는 어음에 인쇄된 지시문구와 배서금지문구가 병존하는 경우에 배서금지문구가 우선하며, 아울러 배서금지문구는 명료해야 한다고 하였다. 이는 약관법상의 개별약정우선의 원칙과 취지를 같이 하는 것이다.

대판 1993. 11. 12, 93다39102 약속어음은 원칙적으로 배서에 의하여 양도할 수 있는 것이므로 배서금지어음으로 되기 위하여는 어음면상에 어음법 제11조 제2항의 "지시금지"의 문자 또는 동일한 의의가 있는 문언이 기재되어야 하고 어음의 표면에 "보관용"이라고 기재된 것만으로는 어음법 소정의 지시금지어음이라고 볼 수 없다.

대판 1994. 10. 21, 94다9948 약속어음은 원칙적으로 배서에 의하여 양도할 수 있는 것이므로 배서금지어음으로 되기 위하여는 통상인이 어음거래를 함에 있어서 어음면상으로 보아 발행인이 배서를 금지하여 발행한 것임을 알 수 있을 정도로 어음법 제11조 제2항의 "지시금지"의 문자 또는 동일한 의의가 있는 문언이 명료하게 기재되어야 한다고 할 것이고, 약속어음 이면의 배서란 맨 끝부분에 "견질용"이라고 기재된 것만으로는 그 약속어음을 어음법 제11조 제2항 소정의 지시금지어음이라고 볼 수 없다고 할 것이다.

대판 1987. 4. 28, 86다카2630 [원심에서는] 약속어음을 발행함에 있어 어음표면에 부동문자로 인쇄된 지시문구 다음에 위 인쇄된 글자보다 약간 큰 글씨로 "지시금함"이라고 기재한 사실을 인정한 뒤 어음용지에 인쇄된 지시문구를 말소하지 아니하고 지시금지문구를 병기하였다 하더라도 특단의 사정이 없는 한 지시금지문구의 효력이 우선한다 할 것이라고 판시하고, 이 사건 어음이 유통을 전제로 발행된 것이어서 그 발행취지에 비추어 지시금지의 문구는 효력이 없다는 원고의 주장을 그 판시와 같은 이유로 배척하였는 바, 원심판결을 기록에 비추어 보건대 원심의 이러한 판단조치는 정당하고 거기에 소론과 같은 위법이 있다 할 수 없으며 지시금지문구 위에 발행인의 인장이 압날되지 아니하여 지시금지의 효력을 인정할 수 없다는 취지의 주장은 독자적인 견해로서 받아들일 것이 못된다.

〈사실관계 및 쟁점〉 피고 이형철은 1985. 9. 16. 소외 甲에게 액면금 3,000,000원, 지급기일 1985. 12. 5., 발행지 광주시, 지급장소 (주) 광주은행 역전지점으로 된 약속어음을 발행·교부하였다. 그런데 피고가 이 사건 약속어음을 발행·교부하면서 어음표면에 인쇄된 지시문구 즉, "위의 금액을 귀하 또는 귀하의 지시인에게 약속어음과 상환하여 지급하겠습니다."라는 문구 다음에 위 인쇄된 글자보다 약간 큰 글씨로 "지시금함"이라고 기재하였다. 이와 같은 이 사건 약속어음은 甲, 소외 乙을 거쳐 원고 김종문에게 순차로 배서양도되어 원고가 최종소지인이 되어 지급기일에 적법하게 지급제시하였으나 형식불비 즉 지시금지위배라는 이유로 지급이 거절되었다. 이에 원고는 피고에게 이 사건 약속어음금의 지급을 구하는 소를 제기하였다. 그러나 발행인인 피고는 이 사건 약속어음은 배서금지어음인데 지명채권의 양도의 방식과 효력에 따르지 아니하였으므로 어음금을 지급할 수 없다고 항변하였다.

여기서 쟁점이 된 것은 이 사건 약속어음이 지시(배서)금지어음인가 하는 점이다. 특히 어음용지에 기재된 지시문구를 말소하고, 별도로 지시금지문구를 기재하면 배서금지어음으로서의 효력이 생긴다는 점에서는 異論이 없지만, 그러한 지시문구를 말소하지 않고 지시금지의 문구를 기재한 경우에는 두 문구가 서로 충돌하기 때문에 문제가 된다. 이에 대해 판례는 특단의 사정이 없는 한 지시금지문구의 효력이 우선한다고 보아, 이 사건 어음은 배서금지어음이고, 위 어음이 지명채권양도방식에 따라 양도되지 아니하였으므로 원고는 어음금의 지급을 구할 수 없다고 하였다.

대판 1990. 5. 22, 88다카27676 어음의 발행인이 어음용지에 부동문자로 인쇄된 지시문구를 말소하지 아니한 채 지시금지문구를 기재하였다면 특별한 사정이 없는 한 지시금지문구의 효력이 우선한다. 그러나 부동문자로 인쇄된 지시문구를 말소하지 아니한 채 기재된 지시금지문구가 지시문구에 우선하여 효력이 발생하기 위하여서는

통상인이 어음거래를 함에 있어서 어음면상으로 보아 발행인이 배서를 금지하여 발행한 것임을 알 수 있을 정도로 명료하게 기재되어야 할 것이다. 원심판결 이유에 의하면 원심은, 피고 경북기계공업 주식회사가 1985. 8. 28. 소외 김인환에게 그가 1985. 9. 6.까지 스테인레스원판 25톤을 피고회사에 납품하지 아니하면 어음금의 지급청구와 어음의 배서양도를 할 수 없다는 특약을 하고 액면금 40,000,000원의 이 사건 약속어음을 발행함에 있어 어음용지 중앙에 부동문자로 인쇄된 지시문구를 삭제함이 없이 위 약속어음 오른쪽 상단의 아라비아 숫자로 기재된 액면금액의 표시와 위 지시문구 사이에 그보다 작은 크기의 지시금지라고 새겨진 고무印을 위 숫자 및 지시문구의 문자와 중복되게 희미하게 압날함으로써 통상인이 어음거래를 함에 있어 보통 기울이는 정도의 주의로는 위 지시금지 문언을 쉽게 알아보기 어려운 상태였으므로 원고 영남금속 주식회사도 소외 김인환으로부터 이 사건 약속어음을 배서양도받음에 있어 위 지시금지문언을 간과하였고 이를 간과한 채 위 소외 주식회사 삼미에 다시 배서양도한 사실을 인정한 후 원고가 약속어음을 취득함에 있어 위와 같이 피고와 소외 김인환 사이에 지시금지의 특약이 있는 것을 알면서 이를 배서양도받았으므로 원고의 이 사건 약속어음지급청구에 응할 수 없다는 피고의 항변을 배척하였는바, 거기에 채증법칙을 위반하였거나 소론과 같은 지시금지 문언의 기재방법에 관한 법리를 오해한 위법이 있다 할 수 없으며, 각 약속어음 사본에 의하면 원심이 인정한 부분 이외에 위 약속어음의 우측 최상단 부위에도 지시금지 문구가 1개 더 압날되어 있는 사실이 인정지만 이 지시금지문구 역시 세로 약 2mm, 가로 약 1cm의 지극히 작은 크기로서 다른 문자, 숫자와 일부 중복되게 기재되었을 뿐만 아니라 그나마 희미하게 기재되어 통상인의 주의정도로 쉽게 인식되기 어려운 상태에 있는 사실을 인정할 수 있으므로 논지는 이유 없다.

(2) 효 력

배서금지어음에 대한 **양도배서**와 **입질배서**(어 19조, 77조 1항 1호)는 금지된다. 배서금지어음은 민법상의 지명채권의 양도에 관한 방식대로만 그리고 지명채권양도의 효력만으로 양도할 수 있다(어 11조 2항, 77조 1항 1호; 수 14조 2항).

배서금지어음에 있어서도, 추심위임배서(어 18조, 77조 1항 1호; 수 23조)와 기한후배서(어 20조, 77조 1항 1호; 수 24조)는 허용된다. 항변의 절단을 막기 위한 것이 배서금지의 중요한 취지인데 추심위임배서와 기한후배서에는 항변절단의 효과가 인정되지 않기 때문이다.

배서금지어음은 유통을 예상하지 아니한 어음이므로 배서금지어음을 상실한 경우 제권판결의 대상은 되지 않는다고 새긴다. 선의취득자가 있을 수 없기 때문이기도 하다. 판례도 배서금지어음과 마찬가지로 기명증권에 해당하는 지가(地價)증권이 상실된 경우 제권판결의 대상이 되지 않는다는 입장을 취하였다.

대판 1989. 10. 24, 88다카20774 약속어음의 배서금지는 발행인의 수취인에 대한 항변의 유보를 원하거나 배서가 계속되어 상환금액이 증대되는 것을 방지하기 위하여 이용된 제도인 것이지 양도성 자체를 박탈하는 것은 아닌 것이므로 다른 의사표시 없이 배서금지의 문언을 기재한 사실만 가지고서 당연히 그 어음상의 권리를 지명채권 양도의 방법으로 양도하는 것을 금지하는 특약이 포함되어 있는 것이라고 보아야 하는 것은 아니라고 할 것이다.

대판 1961. 11. 23, 4293민상478 공시최고절차에 의하여서 제권판결을 할 수 있는 유가증권은 그 증권에 표시된 권리의 발생·이전·행사에 있어서 필히 그 증권을 필요로 하는 증권을 말한다 할 것이며 여사한 유가증권이 도취·분실 혹은 멸실되었을 경우에도 그 증권의 소지자를 정당한 권리자라 인정하고 증권상의 의무자로 하여금 의무를 부담케 함은 그 의무자에 가혹할 뿐 아니라 권리의 화신인 유가증권이 전전하여 취인(거래: 저자 주)의 대상이 되었음에도 불구하고 도취당한 자 又는(또는: 저자 주) 분실자로부터 일방적으로 무효를 선언케 함은 역시 선의의 제3자와 취인의 안전을 해하게 되므로 일정한 절차에 의하여 법원으로 하여금 그 무효를 선언케 하므로써 정당한 권리자의 보호와 취인의 안전을 기하자는 데 그 목적이 있다 할 것이며 여사히 공시최고 절차에 의하여서의 무효선언은 권리를 무효하게 하는 중대한 결과를 초래케 하므로 이는 특히 법에 규정되어 있는 경우에 할 수 있다고 해석하여야 할 것이다. 그러나 지가증권에 대하여는 농지개혁법상 공시최고절차에 의하여서의 무효선언을 할 수 있는 하등의 규정이 없을 뿐 아니라 농지개혁법, 동법시행령, 동 시행규칙에 의하면 소관관서에 지가증권 보상대장 및 지가증권대장을 비치하고 그 대장을 기준으로 하여 증권을 발급케 하되 그 증권에는 일정한 보상률에 의한 보상액을 표시하고 피보상자를 특정기입하도록 규정하고 있으므로 보아 지가증권은 서상과 같은 유가증권의 성질을 가지고 있다 할 수 있고 오히려 기명채권을 표시하는 증권에 불과하다고 해석하여야 할 것이다.

제3 배서의 방식

1. 총 설

(1) 배서인의 기명날인 또는 서명과 어음의 교부

배서는 배서인이 어음이나 어음에 결합된 보충지에 기명날인하거나 서명을 함으로써 하게 된다(어 13조 1항, 77조 1항 1호; 수 16조 1항). 뒤에서 보는 간략백지식 배서가 아닌 한 배서문구를 기재하여야 한다(배서의 요건). 피배서인, 배서일자는 배서의 요건이 아니다(대판 1968. 6. 25, 68다243). 피배서인의 명칭의 기재여부에 따라 **기명식배서**와 **백지식배서**로 나뉜다. 일자의 기재가 없는 배서는 기한전의 배서로 추정된다(어 20조 2항, 77조 1항 1호; 수 24조 2항). 행위능력유무・대리권유무・기한후배서 여부는 **실제로** 배서된 날을 기준으로 판단한다. 기재된 날짜는 그날에 배서된 것으로 추정되는 추정력을 가질 뿐이다.

(2) 배서의 위치

배서는 어음뿐 아니라 어음에 결합된 **보충지**에도 할 수 있다(어 13조 1항, 77조 1항 1호; 수 16조 1항). 어음에 하는 배서는 배서라는 용어에서 나타나는 바와 같이 뒷면에 하는 것이 보통이다. 그러나 **간략백지식배서**(배서인의 기명날인 또는 서명만으로 하는 배서)가 아니면 어음의 표면에 해도 유효하다(어 13조 2항, 77조 1항 1호; 수 16조 2항).

2. 기명식배서

피배서인의 명칭을 기재하고 한 배서를 **기명식배서**라 한다. 피배서인의 명칭을 기재함에 있어서 피배서인의 동일성을 인정할 수 있는 정도이면 상당히 자유로운 기재가 허용된다. 공식적인 명칭이 아닌 통칭이나 아호의 기재도 무방하고, 기재상 다소의 착오가 있어도 상관없다. 회사를 피배서인으로 기입할 경우에는 대표자 자연인의 성명을 기재할 필요가 없다. 대표자 이름까지 기재한 경우라도 회사 자체가 피배서인이 된다.

회사의 종류를 기재하지 않았거나 다르게 기재하였더라도 동일성을 인정할 수 있다면 유효로 보아야 할 것이다. 피배서인란에 회사의 지점표시가 되어 있더라도 회사 자체가 피배서인이 되는 것은 회사만이 법인격체이므로 당연한 것이다.

대판 1973. 7. 10, 72다2551 약속어음에 있어 피배서인의 표시는 거래사회에서 그 본인이 누구인가를 식별할 수 있는 정도의 피배서인을 기재하면 족한 것으로 본 건의 경우에 있어서 주식회사 경남은행이라는 정식명칭 중 주식회사를 생략하여 단지 경남은행이라고 썼다하여 약속어음으로서의 미비점은 없다고 할 것이므로 소론은 이유없다.

피배서인을 여러 사람 기재하였더라도 어음이 무효가 되지 아니한다. 그것이 중첩적 기재(A와 B)라면 기재된 피배서인 전원으로 어음금청구를 하거나 전원으로 다시 배서를 할 수 있다. 그 중 1인이 한 배서는 무효이다. 선택적 기재(A 또는 B)라면 수인의 피배서인 중에서 어음을 교부받아 소지하고 있는 자가 단독으로 배서할 수 있고 어음상의 권리도 행사할 수 있다.

3. 백지식배서

(1) 의 의

피배서인을 지정하지 아니한 배서가 **백지식배서**이다. 소지인출급식 배서도 백지식배서와 동일하게 취급된다(어 12조 3항, 77조 1항 1호; 수 15조 4항). 백지식배서를 **약식배서**라고도 한다. 백지식배서 중에서, 배서문구마저 없이 배서인이 기명날인 또는 서명한 경우를 **간략백지식배서**라고 한다. 간략백지식배서는 어음보증(어 31조 3항, 77조 3항; 수 26조 3항)이나 인수(어 25조 1항)와의 혼동을 피하기 위하여 어음표면에 하는 것이 금지된다. 즉, 어음의 뒷면이나 보충지에만 간략백지식배서를 할 수 있다(어 13조 2항, 77조 1항 1호; 수 16조 2항).

피배서인의 이름이 기재되어 있지 않은 백지식배서와 다르게 어음 앞면의 수취인란이 빈칸으로 남아있다면 그 어음은 백지어음으로 이해된다.

(2) 효 력

백지식배서도 효력면에서는 **기명식배서**와 다를 것이 없다. 특히 인적항변의 절단과 선의취득이 인정된다. 다만 백지식배서가 있는 어음의 소지인이 자신의 기명날인(또는 서명)을 하지 않고 어음을 교부만으로 양도하면 담보책임을 지지 아니한다.

백지식배서가 행해진 어음의 **점유자**(possessor)는, 정당한 소지인으로 추정되어, 백지로 되어 있는 피배서인란을 채워 넣지 않고도 권리행사가 가능하다(어 16조 1항 2문, 77조 1항 1호; 수 19조 2문). 이 때문에 어음법에서 권리자를 가리킬 때 수취인이나 피배서인 등과 같이 개별적으로 지칭하지 아니하고 **소지인**(holder)이라고 통일하여 부르고 있다.

(3) 백지식배서어음의 양도방법

마지막 배서란이 백지식인 경우에 어음의 소지인은 다음과 같은 방법으로 양도할 수 있다(어 14조 2항, 77조 1항 1호; 수 17조 2항).

① 백지인 피배서인란을 양도인의 성명으로 보충한 다음 배서(기명날인 또는 서명)하거나, ② 보충 없이 다음 배서란에 기명식 또는 백지식으로 배서하여 양도할 수 있다.

③ 백지로 되어 있는 피배서인란에 타인(양수인)의 명칭을 보충해서 양도인의 배서없이 교부하거나 ④ 양도인이 배서(기명날인 또는 서명)하지 않고 자기가 받았던 그대로 교부할 수 있다.

(4) 배서방식의 하자

판례는 수취인 백지의 백지어음의 소지인이 배서를 한 경우에 그 배서가 유효해야 권리이전의 효력이 인정되고 배서 자체가 방식의 하자로 그 요건을 갖추지 못했다면 어음상의 권리가 이전하지 않음을 지적하였다.

대판 1996. 12. 20, 96다43393 수취인란이 백지로 된 어음의 소지자는 수취인란을 보충하지 않고 배서도 하지 아니한 채 어음을 교부함으로써 어음상의 권리를 적법하게 양도할 수 있으나, 자신이 제1배서란에 배서를 한 경우에는 수취인란을 보충하지 않은 채 교부하였다고 하더라도 그 배서가 배서의 요건을 모두 갖춘 유효한 배서이어야만 그 어음상의 권리는 적법하게 이전되는 것이며, 그 배서가 배서의 요건을 갖추지 못한 경우에는 그 어음상의 권리는 적법하게 이전될 수 없다.

〈사실관계〉 본 사건은 수취인란이 백지인 어음의 소지인이 수취인란을 보충하지 아니하고 제1배서란에 날인 없이 서명만 함으로써 그 배서가 기명날인을 요구하였던 구 어음법 제13조의 배서방식에 어긋난 채로 유통되었다. 그 후 배서 요건을 갖춘 제2, 제3의 배서를 거쳐 이를 취득한 최종소지인이 수취인란은 제1배서인 명의로 보충하였으나 제1배서의 날인 흠결은 보완되지 아니하였다.

4. 조건부배서와 일부배서

배서에는 조건을 붙여서는 안된다. 배서에 붙인 조건은 적지 아니한 것으로 본다(어 12조 1항, 77조 1항 1호; 수 15조 1항). **무익적 기재사항**일 뿐이다. **조건부배서**는 유효하다는 점에서 조건부인수(어 26조 2항)와 비교된다.

일부의 배서는 무효로 한다(어 12조 2항, 77조 1항 1호; 수 15조 2항). **일부배서**는 증권의 교부와 관련지어 생각하면 상식에 반하기 때문에, 법에서 금지하는 것이다. 즉 배서는 어음의 교부로써 효력이 발생하는데 어음금액의 일부를 배서양도하고자 할 경우 한 장의 어음(용지)을 분할하여 교부하여야 한다면 어음을 훼손하는 결과가 되기 때문이다. 나아가 일부배서가 허용된다면 어음의 귀속주체가 분산되므로 만기에 어음의 (전부)지급과 어음의 반환이 맞바꾸어 이루어져야 한다는 상환증권성도 실현할 수 없게 되는 문제가 생긴다.

실제로 일부배서를 한 경우에 그 어음이 다시 배서된 후 일부배서를 한 배서인이 일부배서의 무효를 이유로 그 어음의 반환을 청구할 수 있을까. 일부배서는 기재로부터 알 수 있는 흠이기는 하지만 그러한 배서를 한 자에게 무효를 주장하도록 허용하는 것이 적당한가의 문제이다.

제 2 절 배서의 효력

보통의 양도배서의 효력에는 권리이전적 효력, 담보적 효력, 자격수여적 효력 세 가지가 있다. 「양도」배서인 만큼 권리이전적 효력은 당연한 최소한의 효력이고 배서인의 의사표시에 따른 효력이다. 담보적 효력과 자격수여적 효력은 법에서 특별히 인정한 효력이다.

배서의 효력이라는 제목하에서는, 대부분의 교과서가 보통의 양도배서의 효력만을 다루고 있지만, 문제로서의 「배서의 효력」에 답을 할 때는 보통의 양도배서의 효력 외에 특수한 배서의 효력까지 묻고 있는 것으로 보아야 한다. 특수한 배서 각각의 경우에 보통의 양도배서의 세 가지 효력이 수정되거나 제한된다.

제1 권리이전적 효력(배서의 중심적·본질적 효력)

1. 의 의

배서(와 교부, 교부계약설의 입장)에 의하여 어음상의 모든 권리는 배서인으로부터 피배서인에게 이전한다(어 14조 1항, 77조 1항 1호; 수 17조 1항). 이것을 배서의 **권리이전적 효력**이라고 하는데 배서의 중심적이고 본질적인 효력이다. 권리이전만을 보면 배서와 지명채권양도에 차이가 없으나 배서에 의한 권리이전의 경우에는 인적항변이 절단된다는 점이 크게 다르다. 권리이전과 관련하여 부수된 권리의 이전문제도 중요하다.

2. 인적항변의 절단: 배서의 권리강화(정화)적 효력

배서로 어음을 양수한 피배서인의 지위는 배서인의 지위와 다르게 된다. 피배서인은 어음채무자가 종전의 권리자에게 대항할 수 있었던 인적항변을 더 이상 대항받지 아니한다. 이것이 **인적항변의 절단**이다(어 17조, 77조 1항 1호; 수 22조). 배서의 인적항변 절단효과를 **권리강화적 효력** 또는 권리정화(淨化)적 효력이라고 부르기도 한다. 어음채무자는 원인관계상의 항변사유를 어음소지인에게 대항할 수 없다. 이 때문에 원인채무자가 원인채무에 추가하여 어음채무를 부담하면 원인채무만 부담하는 것보다 불리해진다.

3. 어음에 부수된 권리의 이전

어음관계와 원인관계는 분리·독립하므로 어음을 배서양도하더라도 원인관계상의 권리가 수반되어 이전되지 아니함은 분명하다. 그런데 배서로 인하여 어음채권을 위하여 설정되어 있던 **담보권**도 피배서인에게 귀속하는지가 문제된다.

이에 대하여 **긍정설**은 담보권의 부수성을 강조하면서, 배서에 지명채권양도보다 약한 효력을 인정하는 것은 부당하다고 한다(소수설)(강위두, 367면; 양승규, 295면; 정동윤, 372면; 주석 어음수표법(Ⅰ), 485면; 채이식, 156면). 한편 어음상의 권리는 추상성·문언성 때문에 그것을 위한 담보의 부착을 허용할 수 없다는 **부정설**이 다수 논자의 견해이다(서돈각·정완용, 191면; 손주찬, 248면; 이기수, 235면; 이범찬·최준선, 966면; 이철송, 299면; 정찬형, 266면; 정희철, 186면; 최기원, 279면). 각종의 담보권은 어음 바깥의 당사자간의 계약 즉 실질관계에서 설정된 것으로서 어음상의 권리와 결합된 것으로 볼 수 없으므로 부정설이 옳다고 생각한다.

제2 담보적 효력

1. 의 의

배서인으로 하여금 피배서인 기타 자기의 뒷사람 전원에 대하여 인수 및 지급을 담보하도록 하는 것을 배서의 **담보적 효력**이라 한다(어 15조 1항, 77조 1항 1호; 수 18조). 배서인은 지급거절, 인수거절 기타 어음법에서 정한 사유가 발생하면 상환청구를 당하게 된다(어 43조, 77조 1항 4호; 수 39조).

배서의 담보적 효력으로 인하여 **상환의무**가 발생하는데 이것이 절대적 의무는 아니므로 배서인은 인수 및 지급을 담보하지 않는다는 기재를 함으로써 상환의무를 면할 수 있다(무담보배서, 어 15조 1항, 77조 1항 1호; 수 18조 1항). 같은 상환의무자이면서도 배서인은 인수와 지급 두 가지 모두의 담보의무를 면할 수 있다는 점에서 환어음의 발행인이 인수무담보의 기재를 함으로써 인수는 담보하지 않을 수 있으나 지급까지 무담보로 하는 것은 금지되는 것과 비교된다(어 9조 2항).

2. 법적 성질

배서인의 상환의무는 **법정책임**이고 의사표시상의 책임이 아니다. 배서인에게 담보책임을 지운 것은, 그가 어음을 배서양도하면서 대가를 취득했기 때문에 그 어음의 경제적 가치를 보장하라는 취지에서 나온 것이다.

3. 수인의 상환의무자

상환의무자가 여러 사람인 경우 어음소지인은 그 1인, 그 중 몇 사람 또는 전원에 대하여 어음금을 청구할 수 있다(어 47조 2항, 77조 1항 4호; 수 43조 2항). 상환의무자는 다른 상환의무자 또는 어음채무자와 **합동책임**을 진다(어 47조 1항, 77조 1항 4호; 수 43조 1항). 어음채무자 1인에 대한 청구는 다른 채무자에 대한 시효중단의 효력이 없다(어 47조 4항, 77조 1항 4호; 수 43조 4항). 상환의무자들간의 구상권은 어음관계에서 나오는 것이 아니라 원인관계에 기초한다.

4. 무담보배서 및 배서금지배서

배서후에도 어음은 계속 유통될 수 있으므로 앞으로 어떤 성격의 사람이 소지인이 될지 알 수 없다. 담보책임을 제한함으로써 배서인은 직접 피배서인에 대해서만 상환의무를 부담할 수 있다. 한편, 약속어음의 발행인이나 환어음의 인수인의 신용이 확실한 경우, 배서인이 자기의 담보책임을 전적으로 배제하더라도 피배서인이 안심하고 불만없이 어음을 양수할 수도 있다.

무담보배서는 담보책임을 배제(어 15조 1항, 77조 1항 1호; 수 18조 1항)하는 데 반하여, **배서금지배서**는 담보책임을 제한하여 직접 피배서인에게만 담보책임을 부담한다는 점에서 구별된다(어 15조 2항, 77조 1항 1호; 수 18조 2항).

5. 원인채무에 대한 보증책임

배서인은 어음법상의 담보책임만 지는가 원인관계에서의 주된 채무에 대한 보증채무까지 부담하는가. 특별한 약정이나 정황이 없는 한, 어음법상의 담보책임만 부담한다고 보는 것이 어음관계와 원인관계의 분리·독립의 원칙에 맞는다(통설·판례).

제3 자격수여적 효력

1. 의 의

배서가 연속된 어음의 점유자는 진정한 권리자임을 증명하지 않고도 어음상의 권리를 행사할 수 있는 형식적 자격이 추정된다(어 16조 1항 1문, 77조 1항 1호; 수 19조). 이것을 배서의 **자격수여적 효력**이라 한다. 자격수여적 효력은 배서의 연속을 전제로 인정되는 것이므로 뒤에서 보는 배서연속의 효과와 배서의 자격수여적 효력은 직접 연결되어 있다.

2. 배서의 연속

(1) 의 의

배서의 연속은 수취인이 제1배서인이 되고 제1배서의 피배서인이 제2배서의 배서인이 되는 것과 같이 어음이 수취인으로부터 최후의 피배서인인 현재의 소지인에 이르기까지 차례로 배서가 중단없이 계속되고 있는 것을 말한다. 마지막 배서란이 백지식으로 되어 있다면 점유자에게까지 배서의 연속을 인정할 수 있다.

(2) 형식적 연속

배서의 연속여부는 **외관상·형식상**(기재된 것만을 가지고)으로 판단되어야 하며, 명칭의 동일성은 중요한 점에서 일치하면 인정된다. 배서의 연속여부를 외관상·형식상으로 판단하도록 하는 것은 어음을 취득함에 있어서 실질관계에 대한 조사나 검토를 할 필요가 없도록 하는 어음의 문언증권성과 관련이 있다.

대판 1999. 3. 9, 97다7745 어음의 배서 연속은 형식상 존재함으로써 족하고 또 형식상 존재함을 요한다 할 것이므로, 그 배서가 배서의 요건을 모두 갖춘 유효한 배서이어야만 그 어음상의 권리는 적법하게 이전되는 것이며, 그 배서가 배서의 요건을 갖추지 못한 경우에는 그 어음상의 권리는 적법하게 이전될 수 없다.

대판 1995. 6. 9, 94다33156 약속어음의 수취인란에 "한국상사," 제1배서인란에 "주식회사 한국상사 대표이사 백종덕"이라고 기재되어 있다면 양자의 표시는 형식적으로 동일인이라고 인정함이 상당하므로 배서는 연속되어 있다고 보아야 한다.

〈사실관계 및 쟁점〉 피고 풍산미래산업 주식회사는 1992. 3. 28. 소외 백종덕에게 액면금 20,000,000원, 지급기일 1992. 7. 10., 지급지 대전, 지급장소 국민은행 대전 유천동지점, 수취인 소외 한국상사로 된 약속어음 1매를 발행하였고, 소외 주식회사 한국상사 대표이사 백종덕은 1992. 3. 28. 원고인 주식회사 한미은행 대전지점을 피배서인으로 하여, 그리고 원고은행 대전지점은 1992. 4. 1. 소외 한국은행 대전지점을 피배서인으로 하여 각 지급거절증서 작성의무면제하에 배서양도하였다. 이때 소외회사 대표이사인 백종덕이 원고은행에 배서양도하면서 제1배서인란에 "주식회사 한국상사 대표이사 백종덕"이라고 배서를 하여 이를 양도하였다. 그 후 소외 한국은행 대전지점은 지급기일에 이 사건 약속어음을 지급장소인 소외 국민은행 대전 유천동지점에 지급제시하였으나 피사취를 이유로 지급거절되어 원고가 소외 한국은행으로부터 이를 환수하여 피고회사를 상대로 약속어음금청구의 소를 제기하였다. 여기서 쟁점이 된 것은 원고인 주식회사 한미은행이 이 사건 약속어음의 정당한 권리자인지 여부의 점이다. 즉, 이 사건 약속어음의 수취인(한국상사)과 제1배서인(주식회사 한국상사 대표이사 백종덕) 사이의 배서의 연속이 인정되느냐가 판단되어야 하는바, 이를 위해서는 양자의 동일성 여부가 문제된다.

이에 대해 재판부는 수취인란의 기재와 제1배서인란의 기재를 비교·대조하여 각 기재의 의미를 합리적으로 해석하여 수취인란의 "한국상사"의 기재를 제1배서인란의 "주식회사 한국상사"의 略記로 보아 양자의 어음기재상의 동일성을 인정하였다. 결국 이 사건에서 피고회사는 약속어음금을 지급할 의무가 인정되었다.

어음거래 실무를 보면 수취인의 명칭은 상호(예, 서린금속)로 되어 있고 제1배서란의 배서인의 명칭은 영업주 자연인의 이름(예, 김기만)으로 되어있는 사례가 흔히 있다. 이 경우 영업주의 성명과 상호간에는 배서의 연속이 인정되지 아니한다. 피상속인이 수취인으로 되어 있는 약속어음을 상속인이 배서한 경우도 같다. 이 때 소지인은 실질관계를 증명하여 어음상의 권리행사를 할 수 있다. 이것을 **배서불연속의 가교**(架橋)라고 부른다. 배서'연속'의 가교라고 하기도 하는데 「불연속의 가교」가 「단절」된 배서의 연결이라는 점에서 더 정확한 표현이다. 판례도 가교에 의한 권리행사를 인정하였다(대판 1995. 9. 15, 95다7024).

배서불연속의 가교의 경우에도 **선의취득**을 인정하는 견해가 다수이다(강위두, 346면; 양승규, 302면; 정동윤, 385면; 채이식, 166면; 정희철, 191면; 최기원, 288-289

면). 하지만 배서의 연속은 어디까지나 형식적 연속을 가리키므로 「가교」의 경우에는 배서의 연속을 전제로 한 여러 가지 어음법상의 보호는 부여할 수 없다고 보아야 할 것이다(同旨: 이철송, 319면; 정찬형, 274-275면).

형식상 배서의 연속이 인정되지 않는 어음에 배서한 자에 대하여 아래 (6)의 94다58377 대법원판결은 담보적 효력을 인정하였는데 옳지 않다고 생각한다.

가설인, 위조, 무권대리의 배서가 연속된 배서과정 중간에 끼어들어 있더라도 배서연속은 인정된다.

대판 1995. 9. 15, 95다7024 어음에 있어서의 배서의 연속은 형식상 존재함으로써 족하고 또 형식상 존재함을 요한다 할 것이나, 형식상 배서의 연속이 끊어진 경우에 딴 방법으로 그 중단된 부분에 관하여 실질적 관계가 있음을 증명한 소지인이 한 어음상의 권리행사는 적법하다 할 것이다. 원심판결 이유에 의하면 원심은 이 사건 각 약속어음의 배서에 있어 前 배서의 피배서인 "박찬희"와 다음 배서의 배서인 "주식회사 우전상사 대표이사 박찬희"의 기재나 前 배서의 피배서인 "김왕근"과 다음 배서의 배서인 "주식회사 우전상사 대표이사 김왕근"의 기재는 형식상 동일성이 인정되지 아니하여 형식상 그 배서의 연속은 없으나, 소외 김왕근이 피고 박찬희의 승낙을 얻어 상호를 "우전상사," 대표자를 피고 명의로 하여 사업자등록을 하고 그 명의를 사용하여 영업을 하면서 거래처와의 관계에 있어서 피고 또는 위 김왕근의 명칭을 실재하지도 아니하는 "주식회사 우전상사 회장 박찬희" 또는 "대표이사 김왕근"으로 사용하여 온 점 등에 비추어 이 사건 각 약속어음의 배서에 배서인을 "주식회사 우전상사 대표이사 박찬희" 또는 "대표이사 김왕근"이라고 기명 날인하여 한 위 각 배서는 피고 또는 김왕근 개인을 표시하는 것이라고 봄이 상당하므로 이 사건 각 약속어음의 배서는 개인 명의로 연속된다고 판단하였는바, 이를 기록과 대조하여 살펴보면 원심의 위와 같은 판단은 옳다.

대판 1973. 6. 22, 72다2026 약속어음의 점유자가 배서의 연속에 의하여 그 권리를 증명하는 때에는 이를 적법한 소지인으로 추정하게 되어 있고 배서의 연속은 오로지 어음의 외관상 배서연속이 되어 있으면 되는 것이며, 중간에 虛無人이 배서인으로 개재하더라도 무방하다.

대판 1974. 9. 24, 74다902 약속어음의 배서가 위조된 경우에도 배서의 연속이 흠결된 것이라고 할 수 없으므로 피배서인은 배서가 위조되었는지의 여부에 관계없이 배서의 연속이 있는 약속어음의 적법한 소지인으로 추정되며 다만 발행인은 소지인이 악의 또는 중대한 과실로 취득한 사실을 주장·입증하여 발행인으로서의 어음채무를 면할 수 있을 뿐이다.

〈사실관계 및 쟁점〉 피고인 제일합섬 주식회사가 소외 한국포리에스텔 주식회사에게 이 사건 약속어음을 발행하고, 그 수취인인 위 소외 회사는 그의 판매대행회사로서 그와 같은 사무실을 사용하고 있는 소외 코오롱상사주식회사 원사부에 이 사건 약속어음을 보관시키고 있었는데 위 코오롱상사주식회사 원사부 업무과장대리로 있던 소외인이 위 약속어음을 훔쳐내어 "한국포리에스텔주식회사 대표이사 사장 이동찬"으로 된 고무명판과 대표이사 직인을 위조하여 이 사건 약속어음의 배서인란에 이를 날인하여 원고 최형진에게 양도함으로써 원고가 이 사건 약속어음을 소지하게 되었다. 원심에서는 이 사건 약속어음이 형식상으로는 그 수취인인 위 한국포리에스텔주식회사로부터 원고에게 배서양도된 것으로 되어 있지만 그 배서는 배서인으로 기재된 자와는 다른 권한없는 제3자에 의하여 위조된 것이므로 이는 무효이고 따라서 원고는 이 사건 약속어음의 적법한 소지인이 될 수 없으므로 원고는 그 약속어음상의 권리를 행사할 수 없다고 판단하였다.

(3) 배서연속의 효과

배서의 연속이 인정되면 소지인과 지급인에게 다음과 같은 효력이 인정되어 어음거래의 안전이 보호된다.

① 배서의 **자격수여적 효력**에 따라 배서의 연속이 있는 어음의 소지인은 자기가 적법한 권리자임을 증명함이 없이도 어음상의 권리를 행사할 수 있다(어 16조 1항). 여기서 '적법한'은 별로 중요한 의미를 가지지 않는다. 채권자로서 권리존재의 입증책임을 지지 않는다는 의미일 뿐이다.

② 어음의 점유를 잃은 자가 있는 경우에 소지인은 배서연속에 의하여 그 권리를 증명하면 선의이고 중과실이 없는 한 그 어음을 **선의취득**(원시취득)하게 된다(어 16조 2항, 77조 1항 1호; 수 21조).

③ 채무자가 배서가 연속된 어음의 소지인에게 **지급**을 한 때에는 그 자가 진정한 권리자가 아닌 경우에도 채무자는 선의이고 사기가 없는 한 **면책된다**(이중지급의 책임을 면한다)(어 40조 3항, 77조 1항 3호; 수 35조).

(4) 백지식배서의 경우

백지식배서의 다음에 다른 배서가 있는 때에는 그 배서를 한 자는 백지식배서에 의하여 어음을 취득한 것으로 본다(어 16조 1항 4문, 77조 1항 1호; 수 19조 4문). 또한 최후의 배서가 백지식인 경우에는 점유자가 적법한 권리자로 추정된다(어 16조 1항 2문, 77조 1항 1호; 수 19조 2문). 이 경우들은 모두 배서의 연속이 인정되는 것이다.

〔배서란〕

배서란	
빈 칸	B
빈 칸	C
빈 칸 (X가 점유)	Y

(5) 배서의 말소

배서의 말소는 배서를 무효화시키기 위하여 행해진 배서란의 기재를 가리킨다. 보통 배서란 전체를 X표로 지우거나 "말소"라고 기재하거나 배서인의 기명날인 또는 서명을 두 줄로 지우는 방식을 선택한다. 말소한 배서는 배서의 연속에 관하여는 배서의 기재가 없는 것으로 본다(어 16조 1항 3문, 77조 1항 1호; 수 19조 3문). 말소된 배서는, 그 말소가 권한있는 자에 의하여 행하여진 것인지 여부나 그 방법 시기에 관계없이 배서의 연속에 관하여는 존재하지 아니하는 것으로 보면 된다(대판 1995. 2. 24, 94다41973). 권한 없는 자에 의한 말소는 어음의 변조에 해당한다.

대판 1964. 5. 12, 63다55 어음의 말소한 배서는 배서의 연속에 관하여는 그 말소가 지급거절증서 작성기간 경과 전후에 불구하고 처음부터 없는 것으로 간주되는 것이므로 원고 김찬수가 소외 노재원으로 부터 이 사건 약속어음을 그 지급거절증서 작성기간 전인 1961. 7. 5.에 배서양수한 후 약속어음의 피고 이달출 외 2인의 배서가 지급거절증서 작성기간 경과 후에 말소되었다 하여 소외 노재원의 원고에게 대한 이 사건 약속어음의 배서가 기한후배서의 효력밖에 없다는 피고들의 주장을 배척한 원심의 조처는 정당하고 원판결이 약속어음의 배서의 연속에 관한 법리를 오해한 위법이 있다는 논지는 채택할 수 없다.

피배서인 명칭의 기재가 말소된 것을 전부말소로 볼 것이냐 백지식배서로 볼 것이냐의 문제가 있다. 예를 들어 A가 발행한 약속어음을 수취인 B가 제1배서인으로서 피배서인을 C로 하여 배서하였고 C는 다시 D를 피배서인으로 기재한 후에 분실 또는 도난당했다 하자. 이 어음을 습득 또는 절취한 T가 피배서인 D의 이름을 지운 다음, 대가를 받고 H에게 교부하였다. 이 경우를 백지식배서로 본다면 배서의 연속이 인정되고(백지식배서설) **전부말소**로 보면 배서의 연속을 인정할 수 없다(전부말소설). 이 문제에 대하여 H의 보호 즉 거래의 안전을 보호하기 위하여 백지식배서로 보아야 한다는 견해(정찬형, 278면 등)도 설득력이 있다. 그러나 진정한 권리자 C의 보호를 위하여는 전부말소로 보아야 한다는 것이 다수설의 입장이다(이철송, 312면; 정동윤, 376면 등).

이 문제의 타당한 해결을 위하여 어음을 배서양도하는 자의 일반적 행태를 생각해 보자. 배서인이 어음의 양도를 위하여 일단 피배서인의 명칭을 기재한 후에 그것을 바꾸어 적을 필요가 있을 경우, 처음에 기재했던 피배서인의 명칭을 말소한 후 백지식배서로 교부하는 예는 생각하기 어렵다. 오히려 새로운 피배서인의 이름을 채워서 교부하는 것이 보통일 것이다. 피배서인이 말소된 채로 다른 이름의 피배서인을 기입하지 아니한 채 교부된 배서란은 대부분 권한 없는 자의 소행일 것이므로 전부말소로 보는 것이 합리적일 것이다.

다만, 드문 예로 피배서인 D가 앞으로 자기의 배서없이 문제의 어음을 양도함으로써 담보책임을 면하고자 할 수 있다. 이 경우에 D가 배서인 C에게 피배서인란에 이미 적힌 자기 이름(D)을 지워달라고 하였다거나, D 스스로 자기의 이름을 지웠다면 백지식배서로 보아도 이러한 어음을 양도한 D나 진정한 권리자가 피해를 보는 일은 생기지 않는다.

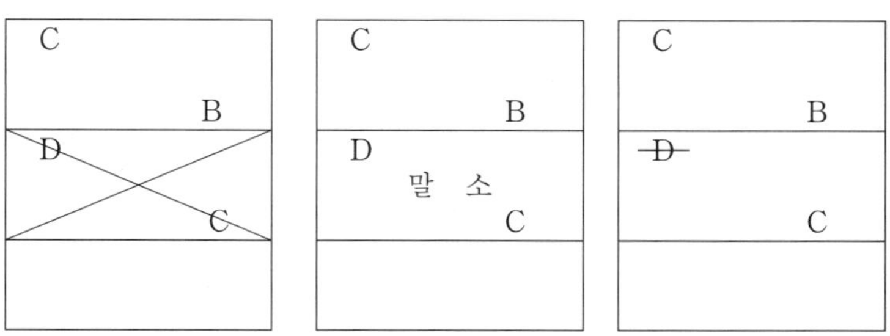

(6) 배서가 연속되지 않은 어음의 배서인의 담보책임(속칭 '담보배서')

A가 채무자로서 채권자 X에게 발행하는 약속어음에 B가 배서의 방식으로 보증해주기 위해서는 A가 일단 B를 수취인으로 하여 어음을 발행하고 B가 이 어음을 X에게 배서하는 흐름을 택하여야 할 것이다('숨은 어음보증'). 그런데 A

가 직접 X를 수취인으로 하여 어음을 발행하고 X가 이 어음에 B의 배서를 받아냈다면 X는 배서가 연속되지 않은 어음을 소지하고 있는 것이 된다. 즉 어음상 A→B→X의 순서로 연결되어 있어야 할 경우에 어음 앞면에는 A→X로만 기재되어 있고 뒷면의 배서란에 홀로 떨어져 B의 배서가 있는 셈이다. 이러한 사안에 대하여 대법원은 X가 실질적 권리를 증명하여 A에게 권리행사를 할 수 있는 이상 B는 담보책임을 져야 한다고 판시하였다(대판 1995. 9. 29, 94다58377 참조).

이러한 경우를 순수한 담보배서라고 부를 수 있을지 모른다. 그러나 X가 최후의 배서란의 피배서인으로 되어 있지 아니함에도 불구하고 아무 연결없이 홀로 떨어져 있는 배서의 배서인에게 담보책임을 지우는 것은 지시식 증권인 약속어음을 양도방식이 전혀 다른 소지인출급식수표와 같이 취급하는 것이 되어 부당하다. 소지인출급식 수표에 한 배서는 1회성 배서로서의 효력을 가지며 그 후에 지시식 수표로 바뀌지 아니한다(수 20조). 이 사례에서 B의 의사를 존중하여 B에게 민법상의 보증인의 책임을 묻는 것은 별론으로(이철송, 316면) B에게 배서인의 담보책임을 묻는 것은 옳지 않다고 생각한다. 양도배서가 아니기 때문에 권리이전적 효력이 인정될 수 없는 배서의 배서인에게 담보책임만 지우는 것은 적당하지 않다.

대판 1995. 9. 29, 94다58377 이 사건 각 약속어음의 발행인은 소외 주식회사 삼영개발, 수취인은 원고 조명천, 제1배서인은 소외 망 강신호로 각 기재되어 있어 이 사건 각 약속어음의 배서가 연속되어 있지 아니하나, 이 사건 어음은 소외 회사가 원고에게 발행한 것인데 원고의 배서없이 소외 망인이 그냥 담보를 위한 배서를 한 채로 원고가 취득한 사실을 알아볼 수 있으므로, 이 사건 어음상의 권리가 수취인으로 표시된 원고로부터 제1배서인인 소외 망인에게로 이전되었다가 다시 원고에게로 승계된 것은 아니지만, 이 사건 어음의 최종 소지인인 원고를 수취인으로 표시하여 발행한 어음에 소외 망인이 그냥 담보의 목적으로 배서를 한 나머지 배서가 단절된 것에 불과하므로 그 실질적 권리가 어음에 표시된 바와 같은 경로를 거쳐 이전되지 않았다 하더라도 원고가 위 어음에 관한 실질적인 권리자임은 이미 증명되었다 할 것이며, 이와 같이 원고가 어음의 실질적 권리자임이 증명되고 위 망인의 배서가 배서로서의 유효요건을 구비하고 있는 이상 배서의 담보적 효력은 인정되어야 할 것이고, 그와 같은 경우에는 배서가 단절된 채로 지급제시를 하여 지급거절되었다고 하더라도 그 지급제시는 적법한 것으로 보아 어음소지인은 배서인에 대하여 소구권을 행사할 수 있다고 봄이 상당하다.

〈사실관계 및 쟁점〉 원고 조명천은 1992. 6. 19. 소외 망 강신호로부터 소외 주식회사 삼영개발이 발행하고 위 망인이 제1배서인란에 지급거절증서의 작성을 면제한 채 배서한 ① 액면 금 60,000,000원, 발행일 1992. 6. 19., 수취인 원고, 지급기일 1992. 7. 30., 지급지 강화군, 지급장소 강화군수산업협동조합, 발행지의 명칭에 부기한 地 강화군 길상면 온수리 531로 된 약속어음 1매와 ② 액면 금 70,000,000원, 발행일 1992. 6. 19., 수취인 원고, 지급기일 1992. 8. 30., 지급지 강화군, 지급장소 강화군수산업협동조합, 발행인의 명칭에 부기한 地, 강화군 길상면 온수리 531로 된 약속어음 1매를 각 배서양도받아 위 ① 어음은 지급기일에, 위 ② 어음은 1992. 9. 1.에 각 지급장소에서 지급제시하였으나 모두 인감서명이 다르다는 이유로 지급이 거절되었다.

그런데 본래 소외회사는 1988. 4. 24.경 경기도지사로부터 공유수면매립허가를 받아 인천 강화군 길상면 초지리 산 66 일대 공유수면에 대한 매립공사를 하던 중 위 매립지에 포함된 같은 리 95(국유지) 지상에 황산도라는 상호로 횟집을 경영하고 있던 원고와 횟집철거문제로 협의하다가 1992. 3. 17. 원고가 횟집을 자진철거하는 대가로 원고에게 철거보상비 30,000,000원과 새로 횟집을 건축하는 비용 및 영업피해보상비로 금 130,000,000원을 지급하고 횟집을 지을 垈地로 매립지 중 200평을 주기로 원고와 합의한 다음, 당일 원고에게 위 금 130,000,000원의 지급을 위하여 액면 금 130,000,000원의 약속어음공정증서를 작성하여 주었다. 그 후 소외 양재형과 함께 소외 회사의 공동대표이사이던 위 망 강신호가 1992. 6. 19. 다시 원고에게 위 금 130,000,000원의 지급을 위하여 앞에서 본 바와 같은 약속어음 2매를 소외회사의 명의로 발행하고 제1배서인란에 위 망인 개인 명의의 배서를 하여 교부하였던 것이다. 위 망 강신호는 1992. 7. 27. 사망하여 그의 처와 자녀들인 피고 윤기순 외 3인이 공동상속인이 되었던 것이다. 이에 원고는 공동상속인들인 피고들을 상대로 배서에 따른 소구책임을 물어 어음금청구의 소를 제기하였다.

여기서 쟁점이 된 것은 형식상 배서의 연속이 인정되지 않더라도 배서의 담보적 효력을 인정할 수 있는가 하는 점이다. 이에 대해 재판부는 판결요지와 같은 이유로 어음소지인은 배서인에 대하여 소구권을 행사할 수 있다고 하였다.

사 례 5

부인과 사별하고 사업에 전념하던 개성상회의 대표 김한국이 2011년 가을 갑자기 사망하였다. 김한국의 외동딸 김하나(1991년 11월 20일생)는 다니던 대학을 휴학하고 아버지의 사업을 물려받아 영업을 계속하게 되었다. 김한국이 사망하기 전에 지방상인 A로부터 받아놓았던 약속어음(발행일 2011년 9월 1일, 지급기일 동년 11월 25일

(금요일), 금액 이백만원, 수취인 개성상회)이 있었다. 김하나는 B로부터 한약재를 구입하고 동년 11월 15일 위 약속어음의 제1배서란에 김하나로 기명날인하여 B에게 교부하였다. B는 즉시 이 어음을 이석주로부터 할인받았다. 이석주는 동년 11월 28일에 거래은행을 통하여 이 약속어음을 지급제시하였으나 배서불연속을 이유로 지급담당자인 은행이 지급을 거절하였다. 한편 김하나는 B로부터 납품받은 한약재가 중국산임을 알게 되어 그 한약재를 B에게 반품하였다. B는 이석주로부터 어음할인을 받을 때 이러한 사실을 알리고 B 자신이 곧 한국산 한약재로 대체하여 개성상회에 납품하겠다고 말한 다음 할인받았다. 평소 말썽있는 어음의 법률분쟁을 꺼리는 이석주는 동년 12월 30일 추심전문가 C에게 파격적인 가격으로 이 어음을 배서양도하였다.

1. 김하나는 미성년(무능력)을 이유로 배서를 취소하고 이 어음의 반환을 청구할 수 있는가?
2. 이석주는 위 어음을 지급제시기간 내에 제시하였는가?
3. 이석주는 배서연속의 단절을 이유로 지급거절을 당하지 않기 위하여 어떠한 조치를 취하여야 했는가?
4. C가 이 어음의 추심을 하지 못하게 되면 김하나에게 상환청구할 수 있는가?
5. C는 이석주에게 상환청구할 수 있는가?
6. 김하나는 B에 대한 항변을 가지고 C에게 대항할 수 있는가?

〈샘플 답안〉

Ⅰ. 쟁점의 정리

이 사안에서 가장 먼저 문제가 된 부분은 수취인과 제1배서의 배서인의 불일치로 인한 배서의 불연속이라 할 수 있다. 이와 관련하여 지급제시하였던 이석주가 취할 수 있었던 조치가 무엇인가를 살펴봐야 할 것이다. 또 다른 주요쟁점은 이석주가 C에게 한 배서양도가 기한후배서에 해당하는지 여부이며 이에 따라 C가 상환청구권을 행사하여 담보책임을 물을 수 있는 상환의무자 범위를 살펴볼 필요가 있다. 이외에도 김하나가 미성년인 관계로 배서를 취소했을 때 어음귀속관계 문제, 즉 선의취득이 문제될 수 있겠다. 마지막으로 B와 김하나 간의 매매가 하자있음으로 인한 항변이 어음관계에서 주장될 수 있는지 살펴보도록 하겠다.

Ⅱ. 이석주의 지급제시와 배서불연속

1. 지급제시기간 내의 적법한 지급제시였는지 여부

(1) 지급제시기간

이석주의 지급제시가 지급제시기간 내에 적법하게 이루어졌어야 만 김하나에게 배서인으로서의 담보책임을 물을 수 있게 된다. 이는 후에 C가 김하나에게 상환청구할 수 있는지도 밀접하게 연관되었으므로 먼저 짚고 넘어가도록 하겠다.

확정일출급의 약속어음의 소지인은 지급을 할 날 또는 그 날 이후의 2거래일 내에 지급을 위한 제시를 하여야 한다(제38조, 제77조 제1항 3호). 이 사건 이석주의 경우 11월 25일이 만기인 약속어음의 소지인이고, 이 날은 금요일이다. 11월 30일과 이에 이은 2거래일을 지급제시기간으로 보므로 토, 일을 제외한 11월 28일(월), 12월 29일(화)가 지급제시기간인 것이다. 그러므로 사안에서 이석주는 지급제시기간 내에 적법하게 제시하였다.

(2) 적법한 지급제시와 그에 따른 효과

지급제시와 이에 따른 거절증서작성이 상환청구권보전의 요건이다(이는 후에 설명하도록 하겠다).

2. 배서의 불연속의 가교

(1) 배서의 연속의 의의: 배서의 연속이란 어음의 수취인이 제1배서의 배서인이 되고 제1배서의 피배서인이 제2배서의 배서인이 되는 식으로 수취인에서부터 최후에 지급제시하는 소지인까지 배서가 끊이지 않고 연속된 것을 의미한다. 어음법에서는 배서의 연속이 있다면 어음의 점유자가 적법한 소지인인 것으로 추정하는 효력을 부여한다(제16조, 제77조 1항 1호).

(2) 배서불연속의 가교: 배서가 불연속인 경우일지라도 그 실질관계를 입증해서 어음의 적법한 소지인으로 인정받을 수 있다. 즉 이 사안에서 이석주는 개성상회의 대표가 김한국이었으며, 그의 사망으로 유일한 상속인인 김하나가 영업을 이어 받은 사실, 즉 김하나가 개성상회의 대표임을 입증했다면(어떻게 입증할 수 있었을까 - 저자) 지급거절을 당하지 않았을 것이다.

Ⅲ. 기한후배서와 상환의무

1. 기한후배서의 의의

기한후배서란 지급거절증서 작성 후 또는 지급거절증서 작성기간 경과후의 배서를 말한다(제20조, 제77조 제1항 1호). 기한후배서는 이미 지급거절되어 거래계약에서 신용을 잃고 유통성 보호의 필요성이 없어진 후의 배서라는 점에서 어음법에서는 보통의 배서와 다른 효력을 부여하고 있는 것이다.

2. 기한후배서의 효력

(1) 권리이전적 효력

1) 기한후배서는 지명채권양도의 효력만이 있다(20조1항, 77조). 기한후배서도 권리이전적 효력은 인정되므로 피배서인은 어음상의 권리를 행사할 수 있다. 단, 권리강화적 효력은 인정되지 않으므로 인적항변 등은 그대로 이어지고 절단되지 않는다. 이 효력과 관련하여 기한후 피배서인인 C가 김하나에게 상환청구할 수 있는지가 문제된다.

2) 이석주의 권리를 그대로 이전받은 지위임을 감안할 때 이석주의 상환청구여부가 중요하다. 이석주가 상환청구권보전을 마친후 배서했다면 이석주의 상환청구권을 C가 이전받은 것으로 볼 수 있다.

앞에서 살펴 본 바와 같이 이석주는 지급제시기간 내에 적법하게 지급제시를 했다. 다음으로는 지급거절증서작성의 문제가 남는다. 사안에 명확히 나온 바는 아니나 거래계에서 거절증서면제가 널리 이용되고 있으며 지급담당자가 은행인 것(은행도어음)으로 미루어 볼 때 거절증서작성이 면제된 것으로 볼 수 있다. 이상 살펴본 바 이석주는 상환청구권 보전을 마친 것이라 할 수 있다.

3) 그러므로 이석주의 권리를 승계한 C도 김하나에게 상환청구할 수 있다.

(2) 자격수여적 효력(제16조, 제77조 제1항 1호)

기한후피배서인이라도 배서의 연속에 의하여 적법한 권리자로 추정되며 어음상의 권리를 행사할 때 악의, 중과실 없이 지급한 어음채무자는 면책된다.

(3) 담보적 효력(제15조, 제77조 제1항 1호)

기한후배서인은 피배서인에게 담보책임을 지지 않는다. 지명채권 양도의 효력만 인정되는 까닭이다. 그러므로 이 사안에서 C는 이석주에게 상환청구할 수는 없다.(이석주의 배서는 거절증서작성기간경과후의 배서이므로 기한후배서임을 지적하여야 - 저자)

Ⅳ. 행위무능력과 선의취득

1. 선의취득

사유의 여하를 불문하고 어음의 점유를 잃은 자가 있는 경우에 그 어음의 소지인이 어음의 형식적 자격을 갖추어 권리를 증명한 때에 그 어음을 반환할 의무가 없다(제16조 제2항, 제77조 제1항 1호).

2. 양도인의 범위

선의취득 제도의 활용범위의 문제로 무권리자에 한정할 것인지가 문제된다.

3. 학설

무권리자 한정설은 민법과 같이 무권리자인 양도인의 경우만 선의취득을 인정하자는 견해이다. 무제한설은 사유여하를 불문하므로 양도인은 무권리자에 한정할 것이 아니라는 입장이다. 절충적 견해로 무능력자제한설과 제한설도 주장되고 있다(판례의 입장 설명하여야 - 저자).

4. 검토

조문상 사유여하를 불문한다했으므로 무권리자에 한정할 필요는 없다. 다만 무능력자 보호의 필요성이 문제되지만 거래계에서 어음행위를 할 정도의 무능력자를 보호해 주는 것이 그렇게 필요한지가 의문이다. 이 사안에서도 B의 선의취득을 인정하여(선의취득의 다른 요건들을 검토하여야 - 저자) 반환청구를 받아들이지 않는 것이 합당하다고 본다.

V. 인적항변의 절단

1. 어음법 제17조는 어음에 의해 청구를 받는 자는 종전의 소지인이나 발행인에 대한 인적관계의 항변으로 대항하지 못한다고 규정한다(제17조, 제77조 제1항 1호). 이를 인적항변의 절단이라 한다.

2. 이에 대한 예외로 해의의 항변이 있다. 소지인의 그 채무자를 해할 것을 알고 어음을 취득한 때 인적항변을 계속 유지하여 소지인의 지급제시에 항변할 수 있다(해의의 상세한 설명 필요 - 저자).

3. 사안에서 이석주가 해의로 김하나와 B의 원인관계의 하자에도 불구하고 취득했다면(가정은 적당하지 않음 - 저자) 예외에 해당하여 김하나는 이석주에게도 그 기한후 피배서인 C에게도 대항할 수 있는 것이다.

4. 이석주의 항변

사안에서 B는 거래를 유효하게 조치할 것을 이석주에게 분명히 설명하였으므로 이석주에게 해의를 인정하긴 어렵다. 기한후배서인 C도 역시 이석주의 항변의 절단을 이어받는다. 김하나는 C에게 대항할 수 없다.

VI. 결론

1. 김하나는 무능력으로 취소했다하여도 어음의 반환을 청구할 수 없다.
2. 이석주는 지급제시기간 내에 제시하였다.
3. 이석주는 배서불연속의 가교를 주장하여 지급거절을 막을 수 있었다(문제에서는 가교의 입증방법을 묻고 있음 - 저자).
4. C는 김하나에게 상환청구할 수 있다.
5. 기한후배서를 한 이석주에게는 상환청구할 수 없다.
6. 김하나는 B에 대한 원인관계항변으로 C에게 대항할 수 없다.

제 3 절 특수한 배서

앞에서 본 배서의 종류(253면) 중에서 특수한 양도배서와 특수배서를 통틀어 특수한 배서라고 부른다. 배서의 종류에 관한 논의의 중심은 특수한 배서의 경우 보통의 양도배서의 세 가지 효력이 어떻게 수정·변경되는가를 살피는 것이다.

<특수한 배서의 효력>

	권리이전적 효력	담보적 효력	자격수여적 효력	인적항변 절단
보통양도배서	○	○	○	○
무담보배서	○	×	○	○
배서금지배서	○	○×	○	○
환배서	○	×○	○	○
기한후배서	○	×	○	×
공연한 추심위임배서	×	×	○	×
공연한 입질배서	×	○(다수설)	○	○

배서금지배서: 직접 피배서인에게만 담보책임 부담.

환배서: 피배서인이 환어음의 인수인・발행인, 약속어음의 발행인, 배서인(무담보배서는 제외)이라면 환배서의 배서인이 담보책임을 부담하지 않음. 직접 피배서인 이후의 취득자에게 담보책임 부담.

제1 무담보배서

1. 의 의

배서인이 어음상의 책임을 지지 않는다는 기재를 한 배서를 **무담보배서**라 한다. 같은 상환의무자이면서도 환어음의 발행인은 **인수무담보**만을 기재할 수 있는데(어 9조 2항) 반하여, 배서인은 인수무담보뿐만 아니라 **지급무담보**도 기재할 수 있다(어 15조 1항, 77조 1항 1호; 수 18조 1항). 무담보라고만 기재한 때에는 인수 및 지급 두 가지를 모두 담보하지 않겠다고 한 것으로 본다. 인수무담보만을 기재한 배서인은 지급이 거절된 경우에 책임을 지는 것은 물론이고 지급인의 파산 등(어 43조 2호)에 의한 상환청구에 대해서도 그 책임을 부담한다.

2. 효 력

무담보배서를 한 배서인은 직접의 **피배서인 및 그 후자 전원**에 대하여 담보책임을 부담하지 아니한다. 그러나 다른 배서인은 그가 무담보배서를 한 배서인의 전자이든 후자이든 아무 영향을 받지 아니하고 각자의 담보책임을 부담한다. 이는 어음채무의 개별성(독립성)에 비추어 볼 때 당연한 것이다.

제2 배서금지배서

1. 의 의

배서금지배서라 함은 배서인이 새로운 배서를 금지하는 뜻의 기재를 한 배서를 말한다(어 15조 2항, 77조 1항 1호; 수 18조 2항). 배서인은 자기의 직접 피배서인에 대하여 대항할 수 있는 인적항변을 그 후의 소지인에게 대항하지 못하게 될 경우(어 17조, 77조 1항 1호; 수 22조 참조) 입게 될 손해를 방지하기 위하여 배서금지배서를 이용한다. 항변의 절단의 혜택을 받기위한 배서이다.

2. 효 력

발행인이 배서를 금지한 배서금지어음이 기명증권화하는 것과는 달리 배서금지배서의 경우는 그러한 배서가 있은 후에도 그 피배서인은 배서에 의하여 어음상의 권리를 양도할 수 있다.

배서금지배서의 배서인은 자기의 직접 피배서인에 대해서만 담보책임을 지고 그 후의 어음취득자에 대해서는 담보책임을 지지 않는다(어 15조 2항, 77조 1항 1호; 수 18조 2항). 이 점에서 직접 피배서인에게까지 담보책임을 지지 않는 무담보배서와 다르다.

제3 환배서(역배서)

1. 의 의

환배서라 함은 기존의 어음상의 채무자를 피배서인으로 한 배서를 말한다. 예를 들면 약속어음의 발행인을 피배서인으로 한 배서 즉 A → B → C → A 또는 상환의무자인 배서인에게 한 배서 A → B → C → B의 경우가 환배서이다. 환배서에 의해서 어음상의 채무자는 의무자로서의 지위와 권리자로서의 지위를 함께 취득하게 된다. 이는 민법상의 혼동의 원칙(민 507조)이 적용되어 어음채권이 소멸할 수 있는 경우이지만, 유통증권으로서의 어음의 성질상 어음채권을 소멸시키는 것보다 그 어음에 축적된 신용을 활용하도록 하는 것이 바람직하다. 이러한 점을 고려하여 어음법에서는 환배서의 피배서인은 다시 배서를 할 수 있다고 규정하고 있다(어 11조 3항, 77조 1항 1호; 수 14조 3항). 이로써 환배서의 피배서인은 새로 어음을 발행하는 번거로움을 덜 수 있고 기존의 어음행위자의 신용을 사장(死藏)시키지 않고 활용할 수 있다.

어음법 제11조 제3항에서는 「인수하지 아니한 지급인」을 피배서인으로 하는 배서 역시 환배서의 범위에 포함시켜 다루고 있으나 인수하지 아니한 지급인은 어음채무자가 아니므로 환배서에서 특별히 다룰 의의는 없다 할 것이다.

2. 효　　력

(1) 환어음의 인수인, 약속어음의 발행인에 대한 환배서

환어음의 인수인이나 약속어음의 발행인을 피배서인으로 하는 환배서가 있은 후 그들은 배서양수한 어음을 다시 유통시킬 수 있다. 그러나 그들이 주된 채무자이므로 상환청구권을 행사하는 일은 있을 수 없다.

(2) 환어음의 발행인에 대한 환배서

환어음의 발행인을 피배서인으로 하는 환배서가 이루어진 경우 환어음의 발행인은 최종의 상환의무자이므로 상환청구는 못하고 인수인에 대해서만 권리행사를 할 수 있다.

(3) 배서인에 대한 환배서

발행인 A로부터 A → B → C → D → E → C의 경로로 약속어음의 배서가 이루어진 것과 같이 유통과정에 있던 배서인을 피배서인으로 하여 배서가 이루어진 예를 보자. 환배서의 피배서인(C)은 기존의(자기의) 배서보다 앞선 어음채무자(아래의 B)에 대해서는 어음채권을 행사할 수 있으나, 기존의 배서와 환배서 중간에 있는 배서인(아래의 D와 E)에 대해서는 상환청구를 할 수 없다. 그러나 C의 배서가 무담보배서였다면 C는 D 또는 E에게 상환청구할 수 있다.

같은 예에서 어음소지인 C는 원래 D에게 배서하기 전에, A로부터 대항받던 항변사유를 다시 대항받게 된다(대판 2002. 4. 26, 2000다42915). 일단 절단되었던 항변이 부활되는 셈이다.

제4 기한후배서

1. 의 의

기한후배서라 함은 지급거절증서작성 후의 배서 또는 지급거절증서작성기간이 지난 후의 배서를 말한다(어 20조, 77조 1항 1호; 수 24조). 만기는 기한후배서 여부를 정하는데 있어 기준이 되지 못한다. 단순히 만기 후에 이루어진 배서(어 20조 1항 본문, 77조 1항 1호)라도 지급거절증서작성 전 또는 지급거절증서작성기간 경과 전의 배서는 기한후배서가 아니고 만기전의 배서와 같이 다루어진다. 지급거절이 있은 후의 배서라도 지급거절증서작성기간이 경과하기 전에 이루어진 배서는 만기전 배서로 다루어 진다(후술).

확정일출급, 발행일자후정기출급 또는 일람후정기출급어음의 지급거절증서작성기간은 지급을 할 날 이후의 2거래일이다(어 44조 3항 1문, 77조 1항 4호). 이틀간이라는 점에서 사흘로 되어 있는 지급제시기간(지급을 할 날 또는 그날이후 2거래일, 어 38조 1항)과 하루의 차이가 난다. 일람출급식어음의 경우에는 지급제시기간 1년에다 1일을 더한 날이 거절증서작성기간이다(어 44조 3항 2문, 77조 1항 4호). 만기가 법정휴일인 때에는 만기와 지급을 할 날(어 72조 1항 1문, 77조 1항 9호)은 다를 수 있다. 예를 들어 00년 11월 14일(금요일)이 만기로 되어 있는 약속어음의 지급제시기간은 14일, 17일, 18일 사흘이지만 지급거절증서작성기간은 17일과 18일 이틀간이다. 하루차이가 나는 이유를 이해하여야 한다. 명문은 없으나 인수거절증서작성 후의 배서도 기한후배서로 보아야 한다.

지급거절증서가 작성된 후이거나 지급거절증서작성기간을 도과한 어음은 이미 어음으로서의 신용기능을 잃고 상환청구의 단계에 들어간 어음이거나 정상적 결제기간을 경과한 어음으로서 더 이상 유통성을 보호할 필요가 없는 어음이다. 이와 같이 이미 유통성 내지는 신용을 상실한 어음에 대한 배서에 대하여는 양도배서의 일반적 효력을 인정할 필요가 없고, 지명채권양도의 효력만 인정하겠다는 것이 기한후배서를 어음법에서 특별히 다루는 취지이다. 따라서 기한후배서의 배서인은 담보책임을 부담하지 않을 뿐 아니라 기한후배서로 어음을 취득한 자에게는 선의취득도 인정되지 아니한다.

2. 기한후배서의 판단

기한후배서인가의 판단은 기재된 배서일자에 의하지 않고 **실제로** 배서한 날을 기준으로 한다. 또한 백지어음에 한 배서에 있어서 배서행위 자체의 성립시점과 효력발생시점(백지보충시점)은 엄격히 구별해야 한다. 백지어음에 배서를 한 날이 기한후배서 여부를 정하는 기준이 되고 그 배서가 효력을 발생하는 보충시점이 기준이 되는 것이 아니다.

어음의 배서일자와 교부일자가 다른 경우에는 **교부시점**을 기준으로 하여 기한후배서 여부를 결정한다. 그러나 배서일자가 기재되어 있으면 그 날에 배서한 것으로 **추정**되고, 일자의 기재가 없으면 기한전에 배서한 것으로 추정된다(어 20조 2항, 77조 1항 1호; 수 24조 2항).

기한후배서에 대한 **입증책임**은 기한후배서의 효과를 주장하는 채무자측에 있다. 기한후배서의 배서인은 상환청구의무 즉, 담보책임을 면하므로 기한후배서로 인정받는데 따른 최대수혜자가 된다.

대판 1968. 7. 23, 68다911 약속어음의 배서에 있어 지급거절증서작성기간 경과 후의 배서인가의 여부는 진실로 배서를 한 일자에 의하여 이를 결정지을 것이고 진실과 다른 어음면의 기재일자에 따라야 하는 것은 아니다.

대판 1994. 2. 8, 93다54927 백지식으로 배서가 된 약속어음의 소지인이 지급거절증서작성기간이 경과되기 전에 배서일이 백지로 된 채 배서에 의하여 그 약속어음을 양도받은 것이라면, 지급거절증서작성기간이 경과된 후에 배서일을 지급거절증서작성기간 경과 전으로, 피배서인을 자신으로 각 보충을 하였다고 하더라도, 기한후배서로 볼 수는 없다.

3. 방 식

지급거절증서가 작성된 어음이나 거절증서작성기간 경과후의 어음에 대하여도 통상의 배서와 같은 방식으로 배서가 가능하다. 기한후배서의 효력이 지명채권양도의 효력밖에 없다 하더라도 지명채권양도의 경우와 같이 채무자에 대한 **대항요건**(채권양도인의 통지 또는 채무자의 승낙)을 갖출 필요는 없다.

물론 지급거절증서 작성후 또는 지급거절증서작성기간 경과후에도 **지명채권양도의 방법**으로 어음을 양도할 수 있다.

대판 1997. 11. 14, 97다38145 어음법 제20조 제1항 후단에서 지급거절증서 작성후 또는 지급거절증서작성기간 경과후의 배서는 지명채권 양도의 효력만이 있다고 규정하고 있는 것은 단지 그 효력이 지명채권 양도의 그것과 같다는 취지일 뿐이므로, 민법상 지명채권의 양도 · 양수절차인 채권양도인의 통지 또는 채무자의 승낙을 필요로 하는 것은 아니다.

4. 효 력

(1) 권리이전적 효력

기한후배서에 의해서도 배서인의 권리는 피배서인에게 이전한다. 다만 이 경우에는 배서의 권리강화적 또는 **권리정화적 효력**은 인정되지 아니하고, 어음채무자는 배서인에게 대항할 수 있는 모든 항변으로써 피배서인에게 대항할 수 있다. 기한후배서의 배서인이 배서전에 그 약속어음의 발행인을 상대로 어음채무액을 감액해주었다면 그 발행인은 감액처분을 기한후배서의 피배서인에게 대항할 수 있다. 즉 그 피배서인은 항변절단의 혜택을 누리지 못한다. 그러나 기한후배서가 있은 후에 새롭게 발생한 배서인에 대한 사유를 가지고 피배서인에게 대항하지 못한다.

대판 1994. 1. 25, 93다50543 기한후배서는 보통의 배서와는 달리 지명채권양도의 효력밖에 없어 그것에 의하여 이전되는 권리는 배서인이 배서 당시 가지고 있던 범위의 권리라 할 것이므로 어음채무자는 그 배서 당시 이미 발생한 배서인에 대한 항변사실을 피배서인에 대하여도 대항할 수 있으나 그 배서 후 비로소 발생한 배서인에 대한 사유는 피배서인에 대하여 주장할 수 없다.

한편 앞선 기한전배서에 의하여 한번 절단된 항변은 나중의 기한후배서의 피배서인에게 대항하지 못한다. A가 발행한 약속어음이 수취인 B의 배서를 거쳐 A → B → C → D의 순서로 배서양도된 경우 C의 D에 대한 배서가 기한후배서라 하자. A가 B에 대하여 대항할 수 있었던 사유를 C에게 대항할 수 없었다면 (인적항변의 절단) 기한후배서가 있은 후에도 A는 그 사유로써 D에게 대항할 수 있게 되지는 아니한다.

대판 1994. 5. 10, 93다58721 백지식 배서에 의하여 어음을 양수한 자가 백지를 보충하지 아니하고 인도에 의하여 어음을 양도한 경우나 또는 어음의 양도 전에 배서를 하였다가 이를 다시 말소한 채로 어음을 양도한 경우에는 배서인으로서의 소구의무를 부담하는 것은 아니나 현재의 어음소지자의 전자로서 권리를 양도한 어음상의 권리자였다는 점에는 변함이 없다 할 것이므로, 어음상 배서인으로서 나타나고 있지는 않지만 현재의 어음소지인에게 어음을 양도한 자가 어음취득 당시 선의였기 때문에 그에게 대항할 수 없었던 사유에 대하여는 현재의 어음소지인이 비록 어음취득 당시 그 사유를 알고 있었다고 하여 그것으로써 현재의 어음소지인에게 대항할 수는 없다고 할 것이고, 이러한 이치는 현재의 어음소지자가 지급거절증서작성후 또는 지급거절증서작성기간 경과후에 어음을 양도받았다고 하더라도 마찬가지라고 할 것이다.

〈사실관계 및 쟁점〉 소외 박재화는 피고 서명수로부터 자금융통을 위하여 피고발행의 이 사건 어음(액면금 21,000,000원)을 교부받고 담보로 피고에게도 같은 액면금의 어음을 발행교부한 다음, 이 사건 어음을 소외 대한상호신용금고에 (백지식 배서로) 배서양도하여 할인을 받고, 자신 발행의 담보어음을 부도처리한 상태로 해외로 도피하였다. 한편 소외금고는 이 사건 어음의 지급기일에 이를 지급제시하였으나 지급거절되자 자신의 배서부분을 말소하고 원고 양원봉에게 이 사건 어음을 양도하였다. 결국 이 사건 어음은 피고가 발행하여 소외 박재화, 소외 대한상호신용금고, 원고의 순으로 순차양도되었다.

여기서 쟁점이 된 것은 제3자에 대하여 융통어음의 항변을 할 수 있는 예외에는 어떠한 경우가 있으며, 기한전배서에 의하여 한번 절단된 항변이라도 기한후배서의 피배서인에 대해서는 대항할 수 있느냐 하는 점이다.

이에 대해 판례는 제3자의 선·악의, 기한전·후배서임을 불문하고 원칙적으로 융통어음의 항변으로 대항하지 못하는 것이 원칙이지만, 예외적으로 피융통자가 융통어음과 교환하여 그 액면금과 같은 금액의 약속어음을 융통자에게 담보로 교부한 경우, 융통어음을 양수한 제3자가 그 어음이 융통어음으로 발행되었고 이와 교환으로 교부된 담보어음이 지급거절되었다는 사정을 알고 있었다면 융통어음의 발행자는 그 제3자에 대하여 융통어음의 항변으로 대항할 수 있다고 보았다. 그러나 이 사건에서는 원고 양원봉은 지급거절증서작성 후에 이 사건 어음을 취득하였고 어음상에는 소외금고가 배서인으로 기재되어 있지도 아니하나, 원고의 전자로서 이 사건 어음의 종전 소지자인 소외금고가 이 사건 어음이 융통어음이고 이와 교환으로 발행된 담보어음이 지급거절되었다는 사정을 알고 있었다는 자료가 발견되지 않았다. 그렇다면 피고 서명수가 위와 같은 예외적인 융통어음의 항변사유를 들어 소외금고에 대항할 수 없는 것이므로 피고의 소위 융통어음의 항변은 절단되었다고 할 것이고, 따라서 소외금고로부터 이 사건 어음을 양수한 원고가 위와 같은 사정을 알고 있었다고 하더라도 피고는 위와 같은 사유를 들어 원고에 대하여도 대항할 수 없다고 보았다.

(2) 담보적 효력

기한후배서에는 지명채권양도의 효력밖에 없으므로 담보적 효력은 인정되지 않는다. 즉 기한후배서의 배서인은 상환의무를 부담하지 아니한다. A가 발행한 약속어음이 수취인 B의 배서를 거쳐 A→B→C→D의 순서로 양도된 경우 C가 B에 대한 상환청구권을 보전한 다음 지급거절증서작성기간 경과 후에 C가 D에게 기한후배서를 하였다고 하자. 이 때 D는 C의 B에 대한 상환청구권을 승계하지만 기한후배서의 배서인인 C에 대해서 상환청구할 수는 없다. 한편 C가 지급제시기간내에 지급제시를 하여(거절증서작성은 면제된 경우에) 상환청구권을 보전한 후 기한전배서를 하였다면 D는 별도의 상환청구권보전절차(A에 대한 지급제시기간내 지급제시)를 밟지 않았더라도 C에게 상환청구할 수 있다. 예를 들어 지급기일이 00년 12월 5일인 약속어음의 소지인 C가 같은 해 12월 5일에 지급제시하여 거절당하였다. 다음날인 12월 6일 C가 배서를 하였는데 그 배서란에는 보통의 어음용지와 마찬가지로 "지급거절증서작성을 면제함"이라고 인쇄되어 있었다. 이러한 배서는 기한전배서이지만 피배서인 D는 다시 지급제시를 하여 상환청구권보전절차를 밟을 시간적 여유가 없다. C가 지급제시기간내 지급제시를 하였고 거절증서작성은 면제되어 있어서 상환청구권보전절차는 C에 의해서 이미 이행되었다.

이상의 설명과는 다르게 대법원은 기한전배서와 기한후배서를 구별하고 기한전배서(만기후배서)의 경우에는 그 피배서인이 다시 지급제시를 하여야 상환청구권을 보전하게 된다고 판시하였다(대판 2000. 1. 28, 99다44250). 상환청구권 보전을 위하여 지급제시(청구)를 하도록 요구하는 것은 상환의무자의 이익을 보호하기 위한 것이다. 이미 한번 지급제시가 있었다 하더라도 그 후에 배서를 하여 추가로 상환의무를 부담하게 되는 자와의 관계에서는 한번 더 지급제시를 하여야 그 자에게 상환청구를 할 수 있다는 것이 판결의 뜻이다. 이러한 판결에 따르면 위의 사례에서 D는 C에게 상환청구할 수 없게 된다. 그러나 B에 대해서까지 상환청구할 수 없는 것은 아니라고 보아야 할 것이다.

대판 2000. 1. 28, 99다44250 만기 전의 배서와 동일한 효력을 갖는 만기후배서의 피배서인이 어음의 최종소지인의 지위에서 어음의 배서인 등 소구의무자에 대한 소구권을 보전하기 위하여는 그에게 만기후배서를 한 배서인이 지급제시를 하였는지 여부와 관계없이 다시 스스로 적법한 지급제시기간 내에 지급제시를 하여야 한다.

그러나 한편 만기 전의 배서와 동일한 효력을 갖는 만기후배서의 피배서인이 어음의 최종소지인의 지위에서 어음의 배서인 등 소구의무자에 대한 소구권을 보전하기 위하여는 그에게 만기후배서를 한 배서인이 지급제시를 하였는지 여부와 관계없이 다시 스스로 적법한 지급제시기간 내에 지급제시를 하여야 하는 것인바, 원고가 스스로 이 사건 어음을 지급제시하였다는 점에 관한 아무런 주장·입증이 없는 이상 이 사건 어음의 최종 소지인의 지위에서 배서인인 피고에 대하여 소구권을 행사할 수는 없다고 할 것이다.

(3) 자격수여적 효력

기한후배서의 경우에도 **자격수여적 효력**이 인정되는 결과, 피배서인은 실질적 권리를 증명하지 않고도 어음상의 권리를 행사할 수 있고, 어음채무자도 형식적 자격(배서의 연속)을 확인하고 지급한 때에는 면책된다. 그러나 기한후배서에 의하여 어음을 취득한 자에게 선의취득은 인정할 수 없다.

대판 1961. 7. 27, 4293민상735 어음의 기한후의 배서는 지명채권의 양도의 효력만 있는 것이나 기한후배서도 배서이므로 이전적 효력과 자격수여적 효력은 있는 것이고 본조 제1항의 취지는 본법 제17조의 적용을 배제하는 데 중요한 의의가 있는 것이다.

5. 지급거절후 거절증서작성기간 경과전에 한 배서

(1) 문제의 제기

만기가 00년 5월 26일(목요일)로 되어 있는 약속어음은 지급을 할 날과 그에 이은 2거래일 내에 지급제시하여야 하므로(어 77조 1항 3호, 38조 1항) 5월 27일(금요일)을 거쳐 5월 30일(월요일)까지 지급제시하여야 한다. 26일에 제시하였다가 지급거절 당했다면 27일과 30일 양일 중에 거절증서를 작성하여야 상환청구할 수 있다. 지급거절증서작성기간은 지급을 할 날(당일은 제외하고) 이후의 2거래일이기 때문이다(어 77조 1항 4호, 44조 3항). 지급을 할 날을 포함시키고 있는 지급제시기간의 법문(어 38조 1항)과 지급거절증서작성기간의 법문은 하루만큼 차이가 있다. 그런데, 인쇄된 어음용지의 배서란에서는 예외 없이 거절증서작성을 면제해주고 있다.

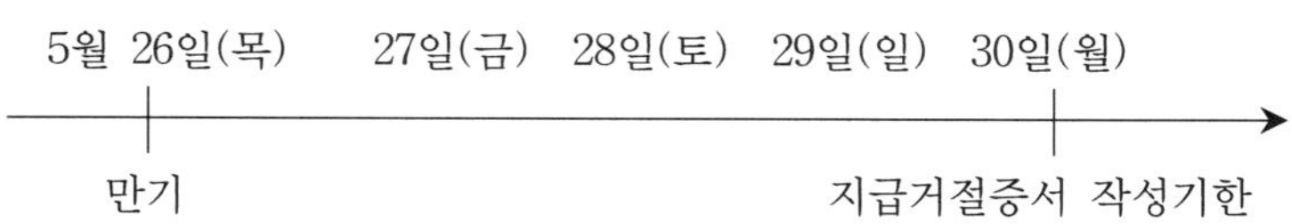

위 예에서 27일부터 30일 사이에 배서가 행해졌다면 기한후배서로 보아야 할 것인가.

(2) 학설과 판례

거절증서작성이 면제된(어 46조, 77조 1항 4호; 수 42조) 어음에 대하여 지급거절이 있은 후 거절증서작성기간 경과 전에 한 배서를 기한후배서로 볼 것이냐에 대하여는 학설이 갈린다. 이러한 경우는 신용이 이미 실추된 어음이라는 점을 강조하면서, 부도처리된 은행도어음의 경우와 같이 어음면상 지급거절 사실이 명백하게 나타나 있은 후에 한 배서는 **기한후배서로 보자는 설**이 있다(강위두, 351면; 이기수 상법학(下), 177면; 정찬형, 284-285면; 최기원, 293-294면). 반면 기한후배서 여부를 판단하는 데 대한 분쟁을 줄이고 확실성을 부여하기 위하여는 어음법 제20조의 법문에 충실히 따라야 함을 강조하면서 **기한전배서로 보자는 것이 반대설과 판례의 입장이다**(정동윤, 506면; 정희철, 207면; 채이식, 172면). 기한전배서로 보자는 설에서는 기한후배서를 정의하고 있는 어음법 제20조의 법문에서 지급거절유무를 기준으로 하지 않고 '지급거절증서 작성 후 또는 그 작성기간 경과 후의 배서'라고 규정하고 있는 취지는 형식적으로 명확한 기준이 될 시점을 설정한 것이라고 주장한다.

대판 2000. 1. 28, 99다44250 어음법 제20조에 의하면 만기후배서도 그것이 지급거절증서 작성 전 또는 지급거절증서 작성기간 경과 전에 이루어진 것이면 만기전의 배서와 동일한 효력을 가지고, 비록 만기에 지급제시된 어음에 교환필이라는 스탬프가 압날되고 피사취 또는 예금부족 등의 사유로 지급거절한다는 취지의 지급은행의 부전(부도문언 - 저자)이 첨부되어 있는 등 지급거절의 사실이 어음면에 명백하게 되어 있다 하더라도 이를 가지고 적법한 지급거절증서가 작성되었다고는 할 수 없으므로, 그러한 어음에 한 배서도 그것이 지급거절증서 작성 전으로서 지급거절증서 작성기간 경과 전이기만 하면 이는 기한후배서가 아닌 만기후배서로서 만기전의 배서와 동일한 효력이 있다고 할 것이다.

〈사실관계 및 쟁점〉 소외 조영호는 소외 문성진, 피고 이중영의 순차배서가 되어 있는 발행인 강원호, 액면 35,000,000원, 발행인 1995. 6. 30., 발행지 및 지급지 각 서울, 지급장소 주식회사 동화은행 동대문지점으로 된 당좌수표 1장을 소외 김상진으로부터 배서·양도받아 이를 원고 황호인에게 배서·양도하였는데, 원고가 위 수표의 최종소지인으로서 1995. 7. 1. 지급장소에 지급제시하였으나 무거래라는 이유로 지급거절되었다. 한편 피고는 발행인 김주섭, 액면 15,000,000원, 발행일 1995. 2. 15., 지급기일 1995. 7. 15., 발행지 및 지급지 각 대구, 지급장소 주식회사 대구은행 대현지점, 수취인 김기식으로 된 약속어음 1장을 위 김기식으로부터 배서·양도받아 지급거절증서 작성의무를 면제한 채 위 김상진에게 배서·양도하였는데, 위 김상진이 소지인으로서 그 지급제시기간 내인 1995. 7. 15. 지급장소에서 지급제시하였으나 무거래라는 이유로 지급거절되었다. 그 후 위 약속어음은 위 김상진으로부터 위 조영호, 원고에게 순차로 배서·양도되어 현재 원고가 이를 소지하고 있는데, 위 약속어음에는 위 김상진이 1995. 2. 20. 위 조영호에게, 위 조영호가 1995. 2. 21. 원고에게 각 배서·양도한 것으로 기재되어 있다. 이에 원고는 피고에 대하여 배서인으로서 금 50,000,000원의 약속어음금 등 청구의 소를 제기하였다. 그러나 피고는(당좌수표 부분은 별론) 이 사건 약속어음 부분에 대해 위 조영호와 원고 황호인은 위 약속어음을 그 지급거절증서 작성기간 경과 후에 위 김상진으로부터 배서·양도받았던 것이므로, 위 조영호 및 원고로서는 기한후배서에 해당하는 위 배서에 의하여 위 김상진의 피고에 대한 지명채권을 양수한 것에 불과하고, 따라서 피고는 위 김상진에 대한 인적항변사유를 가지고 위 조영호 및 원고에 대항할 수 있다 할 것인데, 피고는 위 김상진의 부탁에 따라 위 약속어음을 그에게 빌려준 것일 뿐 위 김상진에 대하여 아무런 채무를 부담하고 있지 아니하므로, 원고의 청구에 응할 수 없다고 항변하였다.

따라서 여기서 쟁점이 된 것은 원고가 이 사건 약속어음을 배서양도받은 것이 기한후배서에 해당하느냐 여부이다. 이에 대해 판례는 판결요지와 같이 지급거절의 사실이 어음면에 명백하게 되었더라도 이를 가지고 적법한 지급거절증서가 작성되었다고는 볼 수 없다는 이유로 이 사건 소외 김상진 및 조영호의 각 배서가 기한후배서가 아니라고 하였다.

한편 판례는 더 나아가 만기전의 배서와 동일한 효력을 갖는 만기후배서의 피배서인이 어음의 최종소지인의 지위에서 어음의 배서인 등 소구의무자에 대한 소구권을 보전하기 위하여는 그에게 만기후배서를 한 배서인이 지급제시를 하였는지 여부와 관계없이 다시 스스로 적법한 지급제시기간 내에 지급제시를 하여야 하며 그렇지 않으면 배서인에 대하여 소구권을 행사할 수는 없다고 하였다. 다만, 만기후배서의 피배서인인 원고가 김상진이 지급제시하여 지급거절된 사실을 알고 있었다면 김상진이 지급제시함으로써 보전한 소구권을 지명채권 양도와 같은 효력으로 승계하였음을 주장하여 이를 행사할 수 있다고 할 것이고, 원고가 김상진의 지급제시를 원용하여 소구권을 행사하는 경우에 피고로서는 김상진에 대한 항변사유를 들어 원고에게 대항할 수 있다고 판시하였다.

(3) 소 결

지급거절이 있은 후 거절증서작성기간 경과전에 한 배서를 기한후배서로 볼 것이냐 기한전배서로 볼 것이냐에 따라 배서인의 담보책임과 인적항변의 절단, 취득자의 선의취득 인정여부에서 중요한 차이가 있다. 그런데 은행도 어음이 아니라면 지급거절을 당했다는 사실이 어음면상 나타나지 않아서 기한후배서 여부를 외관상 명확하게 알 수 없다.

지급거절이 있은 후 거절증서작성기간 경과전에 한 배서를 기한후배서로 보면 배서인이 상환의무를 면하게 되는데, 그 결과 어음소지인의 상환청구권이 제한된다. 그 밖에 인적항변이 절단되지 않거나 선의취득이 인정되지 않는 것은 모두 어음소지인의 권리를 제한하는 것이 된다. 이러한 권리제한은 법에 명문의 규정이 있어야 하고 해석에 의하여서는 안 된다는 점이 중요하므로 기한전배서로 보자는 설에 찬성한다. 이러한 해석이 어음관계의 명확성을 담보할 수 있어 우수하다.

제5 추심위임배서

1. 의 의

추심위임배서라 함은 배서인이 피배서인에게 어음상의 권리를 행사할 수 있는 대리권을 수여하기 위하여 하는 배서를 말한다. 이 중에서 추심위임의 뜻을 어음에 기재하는 경우를 **공연한 추심위임배서**라 하고, 보통의 배서를 하면서 당사자간에 그 목적을 추심의 대리권 수여로 제한하는 경우를 **숨은 추심위임배서**라 한다. 어음법에서는 전자에 관하여서만 규정하고 있다(어 18조, 77조 1항 1호; 수 23조).

2. 공연한 추심위임배서의 방식과 효력

(1) 방 식

방식 면에서 **공연한 추심위임배서**는 배서란에 「회수하기 위하여」, 「추심을 위하여」, 「대리를 위하여」 등 위임의 표시를 하여야 한다(어 18조 1항 본문, 77조 1항 1호; 수 23조 1항 본문). 이러한 추심위임 문구가 없이는 공연한 추심위임배서가 될 수 없다.

대판 1960. 7. 28, 4292민상987 수형법(어음법: 저자 주)에 취립위임이서(추심위임배서)에는 소위 취립문언(추심문언)을 명기하라는 旨가 규정되어 있을 뿐 아니라 일반적으로 어음행위는 서면상의 요식행위임에도 불구하고 본 건 어음 중의 소외 정학출의 이서(배서) 부분에는 취립문언(추심문언)의 기재가 없으니 이를 취립위임이서(추심위임배서)라고는 할 수 없다.

(2) 효 력

공연한 추심위임배서에는 권리이전적 효력이나 담보적 효력은 없고, 대리인으로서 권리를 행사할 수 있는 자격수여적 효력이 있을 뿐이다. 공연한 추심위임배서의 피배서인은 (형식적) 추심권한을 인정받으므로 실질적 추심권한을 입증하지 않아도 어음상의 권리를 행사할 수 있다. 또 어음채무자가 배서의 연속을 조사한 다음 추심위임배서의 피배서인에게 지급하면 사기나 중과실이 없는 한 면책된다(어 40조 3항, 77조 1항 3호).

어음채무자는 배서인에게 대항할 수 있는 항변으로써 추심위임배서의 피배서인에게 대항할 수 있고, 피배서인 자신에 대한 항변을 가지고는 대항할 수 없다(어 18조 2항, 77조 1항 1호; 수 23조 2항). 추심위임배서의 피배서인은 양도배서를 할 수는 없지만, 다시 추심위임배서를 하는 것은 가능하다(어 18조 1항 단서, 77조 1항 1호; 수 23조 1항 단서).

추심위임배서의 피배서인은 추심위임배서만 할 수 있음에도 불구하고 양도배서를 한 경우, 이것을 (再)추심위임배서로 보아 그 효력을 인정하는 것이 다수설이다(정찬형, 290면 外). 이에 대해, 양도배서를 추심위임배서로 보는 것은 어음의 문언성에 반하고 무효인 양도배서를 추심위임배서로 인정하는 것은 무효전환의 법리를 부당하게 확대적용하는 것이 된다고 반대하는 견해가 유력하다(이철송, 352면; 채이식, 179면).

추심위임배서의 피배서인의 추심대리권은 수권자인 배서인이 사망하거나 무능력자가 됨으로 인하여 소멸하지 않는다(어 18조 3항, 77조 1항 1호; 수 23조 3항).

3. 숨은 추심위임배서

(1) 이 용

피배서인에게 어음상의 권리를 행사시킬 목적으로 배서를 하면서도 어음에는 추심위임의 뜻을 기재하지 않는 경우가 많다. 외관상으로는 보통의 양도배서와 아무런 차이가 없다. 이를 가리켜 **숨은 추심위임배서**라고 한다.

어음소지인이 공연한 추심위임배서제도를 모르는 경우, 항변의 절단을 위하거나 대리인의 감정을 존중하기 위하여 또는 타국에서의 제소를 위하여 필요한 경우 등에 숨은 추심위임배서가 이용된다. 학설은 숨은 추심위임배서를 인정하고 있으며, 판례도 동일한 입장이다. 다만, 소송행위를 주된 목적으로 행한 추심위임배서의 효력은 인정하지 아니한다.

대판 1990. 4. 13, 89다카1084 추심위임의 목적으로 하는 통상의 양도배서 즉 숨은 추심위임배서도 유효하다고 할 것이고, 이 경우 어음법 제18조의 규정에 의하여 인적항변이 절단되지 아니한다. 당원 1960. 7. 28. 선고 4292민상987 판결은 어음의 문언상 배서가 추심위임을 위한 것이라는 기재가 없는 경우 쉽사리 추심위임배서라고 인정하여서는 안 된다는 취지이지 어음법상 숨은 추심위임배서가 인정되지 않는다는 취지는 아니다.

대판 1982. 3. 23, 81다540 이른바 숨은 추심위임배서는 어음상의 권리를 신탁적으로 양도한다는 입장에서나 어음상의 자격을 수여하는 것이라는 입장에서나 또는 당사자의 의사에 따라 신탁적 양수로 보거나 자격수여로 본다는 입장에서나 그 어떠한 관점에서든 간에 신탁법 제7조는 소송행위를 하게 하는 것을 그 주된 목적으로 하여 재산권의 이전 기타 처분을 하는 것을 금하고 이에 반하는 행위를 무효로 하고 있으므로 이와 같은 숨은 추심위임을 위한 어음배서가 소송행위를 하게 하는 것을 그 주된 목적으로 행하여졌을 경우에는 어음상의 권리이전행위인 배서는 그 효력을 발생할 수 없는 법리이다.

(2) 권리이전적 효력

신탁적 양도설(통설)은 숨은 추심위임배서의 효력을 신탁적 양도(信託的 讓渡)를 위한 배서의 효력과 같게 본다(강위두, 403면; 서돈각・정완용, 205면; 손주찬, 270면; 양승규, 309면; 이기수, 267면; 이철송, 359면; 정동윤, 519면; 정찬형, 292면; 정희철, 197-198면; 채이식, 179면). 즉 숨은 추심위임배서에도 권리이전적 효력이 있으며, 추심위임의 목적은 권리이전의 동기로서 당사자간의 인적항변사유가 될 뿐이다.

반면 이와 달리 보는 **자격수여설**이 있다(최기원, 307-308면). 이 설에 의하면 숨은 추심위임배서를, 실질을 중시하여 권리이전적 효력이 없는 자격수여를 위한 배서로 볼 것인가 형식을 중시하여 권리이전적 효력이 있는 신탁적 양도를 위한 것으로 볼 것인가 하는 문제는 당사자의 의사에 의하여야 할 것이라고 한다. 단순한 추심위임의 경우 당사자 의사가 불분명한 때에는 당사자는 자격수여를 위한 배서를 한 것으로 보고, 피배서인의 이해관계도 배서와 관계가 있을 때(담보를 위하여 배서한 경우)에는 신탁적 양도를 위한 배서로 해석함이 타당하다고 한다.

판례의 태도는 명확하지 않은 것으로 보인다. 예를 들면 위의 대법원 판결, 대판 1982. 3. 23, 81다540에서도 신탁적 양도로 볼 수도 있고 자격수여로 볼 수도 있다고 설시하였다.

통설의 난점은 어음상의 채무자가 배서인에 대한 항변사유로 피배서인에게 대항할 수 없다고 해석하여야 한다는 점인데, 이러한 문제를 극복하고 타당한 결론을 얻기 위한 노력이 경주되고 있다.

소수설은 이 문제는 해결할 수 있으나, 숨은 추심위임배서에 권리이전의 효력을 부인함으로써 어음의 유통성을 크게 해치는(예를 들어 숨은 추심위임배서가 있은 어음의 제3취득자의 선의취득을 부인하는 등) 결과를 낳게 된다.

(3) 자격수여적 효력과 담보적 효력

숨은 추심위임배서의 경우에, 자격수여적 효력은 인정된다. 위의 신탁적 양도설과 자격수여설 중 어느 설에 의하든 숨은 추심위임배서의 배서인은 직접 피배서인에 대해서 담보책임(상환의무)을 지지 않는다. 담보적 효력은 부인된다. 그러나 신탁적 양도설에 의하면 그 이후의 양도배서를 받은 피배서인에 대해서는 담보적 효력이 인정된다고 보게 된다.

제6 입질배서

1. 의 의

어음상의 권리에 질권을 설정할 목적으로 하는 배서를 입질배서라고 한다. 이러한 입질배서에도 공연한 입질배서와 숨은 입질배서가 있다. 배서인이 질권설정자가 되고 피배서인이 질권자가 된다.

2. 공연한 입질배서

(1) 의 의

공연한 입질배서는 질권설정의 의사표시를 기재하고 한 배서이다(어 19조, 77조 1항 1호). 입질배서에 피담보채권의 내용을 기재할 필요는 없다.

(2) 방 식

공연한 입질배서는 배서란에 「담보하기 위하여」, 「입질하기 위하여」 등 질권설정을 표시하는 문언이 기재되어 있어야 한다(어 19조 1항 본문, 77조 1항 1호).

(3) 피배서인의 질권취득

입질배서는 어음상의 권리를 이전하는 것이 아니라 그 위에 질권을 설정하는 것이므로, 입질배서의 피배서인은 질권만을 취득하고 어음상의 권리는 배서인에게 남게 된다. 이처럼 피배서인은 어음상의 권리자는 아니지만 담보권자로서의 독립된 경제적 이익을 가지기 때문에, 자기의 이름으로 어음상의 모든 권리를 행사할 수 있다(어 19조 1항 본문, 77조 1항 1호). 어음상의 모든 권리를 행사할 수 있으므로 주된 채무자·상환의무자를 상대로 어음금청구 또는 소송제기를 할 수 있다. 그러나 이득상환청구권(어 79조)은 어음법상의 권리이기는 하지만 어음상의 권리는 아니므로 질권자가 행사할 수 없다. 입질배서의 피배서인은 양도배서나 입질배서를 할 수는 없고 추심위임배서를 할 수 있을 뿐이다. 양도배서를 한 경우에도 그것에는 추심위임배서의 효력만이 인정된다(어 19조 1항 단서, 77조 1항 1호).

또한 어음채무자는 피배서인이 어음채무자를 해할 것을 알고 질권을 취득한 경우가 아니면 배서인에 대한 항변으로써 피배서인에게 대항하지 못한다(어 19조 2항, 77조 1항 1호). 다른 채권질권에 비하여 어음에 대한 질권자는 특별한 보호를 받는 것이다.

민법에서 정하고 있는 질권자의 권리에 비하여 어음을 입질배서받아 소지하고 있는 질권자의 권리에 대해서는 어음의 특성을 반영하여 상당히 특별한 지위를 인정하지 않을 수 없다. 질권자가 어음금액을 지급받으면 어음을 지급자에게 반환하여야 하므로 질권의 목적물의 점유를 잃게 되어 질권이 소멸하게 되는 점이 고려되어야 한다. 입질배서의 피배서인인 질권자는 어음금액이 피담보채권액을 초과하는 경우에도 그 어음금액 전액을 추심할 수 있고, 피담보채권의 변제기가 도래하기 전이라도 어음의 만기가 도래하면 추심할 수 있다. 이는 입질배서의 질권자로 하여금 적시에 담보권행사를 할 수 있게 해 주기 위한 것이다. 즉 피담보채권액을 한도로만 질권자의 권리행사를 인정하는 민법 제353조 제2항과 피담보채권의 변제기 도래 전에는 질권의 목적인 채권의 변제기가 도래하더라도 변제금액의 공탁을 청구할 수밖에 없도록 규정한 민법 제353조 제3항은 입질배서의 질권자에게 적용되지 않는다고 본다. 그러나 피배서인인 질권자는 어음금액과 피담보채무액의 차액을 배서인인 피담보채무자에게 반환할 정산의무는 남으며, 피담보채권의 변제기가 도래하기 전에 어음금액을 추심한 경우에는 그 어음금액을 공탁하여야 한다.

(4) 자격수여적 효력

입질배서가 있은 어음의 피배서인이나 소지인에게도 자격수여적 효력은 인정된다.

(5) 담보적 효력

입질배서의 담보적 효력을 긍정하는 것이 다수설의 입장이다(서돈각·정완용, 208면; 손주찬, 275면; 양승규, 312면; 이기수, 274면; 이철송, 363면; 정동윤, 407면; 정무동, 434면; 정찬형, 300면; 채이식, 184면). 그러나 입질배서의 담보적 효력은 부인하는 것이 타당하다고 생각한다. 왜냐하면 담보적 효력은 권리이전적 효력을 전제로 하는데 입질배서는 이전적 효력이 인정되지 않고 배서인이 별도의 대가를 받고 이전한 것도 아니기 때문이다. 다수설은 입질배서의 피배서인이 독립한 경제적 이익을 가지는 자라는 점을 들어 배서인을 상대로 상환청구권을 행사할 수 있다고 한다. 그러나 질권자인 피배서인의 입장에서 보면 피담보채권을 행사하나 상환청구권을 행사하나 배서인인 질권설정자의 재산을 대상으로 집행하게 되는 것은 마찬가지이므로, 담보적 효력을 부인한다 하여 질권자에게 경제적으로 특별히 불리할 것은 없다고 본다. 다만 상환청구권(어음채권)이 일반채권(피담보채권)보다 소송상 유리하다는 점은 인정한다.

3. 숨은 입질배서

(1) 의 의

숨은 입질배서는 형식에 있어서는 즉 외관상은 보통의 양도배서와 같으나, 그 내용은 질권설정의 목적으로 하는 배서이다. 배서인과 피배서인간에 질권설정의 특별한 합의만 추가된 배서이다.

(2) 효 력

배서인과 피배서인간의 관계에서는 공연한 입질배서의 경우와 같이 다루어지지만, 제3자에 대한 관계에서는 보통의 양도배서와 같은 효력을 인정받는다.

사 례 6

B로부터 원재료를 구입하여 생산한 제품을 판매하는 A는 원재료 구매대금을 대략 3개월 단위로 정산하여 결제해 주고 있다. 2011년 9월 1일 A는 동년 12월 1일(목요일)을 지급기일로 하는 금액 백지의 은행도 약속어음을 발행하여 B에게 교부했었다. B는 동년 11월 15일에 금액 백지 상태로 이 어음을 C에게 배서양도하면서 2,000만원을 보충하기로 된 어음이라고 말하였다. C는 동년 11월 30일, 금액란에 이천만원을 기입하여 12월 1일에 A의 당좌 거래은행 X(지급담당자)에 지급제시하였고 X은행은 A의 계좌에 예금 잔액이 부족함을 알고 부도처리하여 이 어음을 C에게 반환하였다. C는 이 어음을 동년 12월 5일에 D에게 배서양도하였다. 동년 11월 30일 현재 A의 B에 대한 구매대금채무 잔액은 9백7십만원이었다.

1. D가 A를 상대로 2,000만원의 어음금지급을 청구하는 소송을 제기한 경우 A는 어떻게 항변할 수 있으며 A의 항변은 정당한가?
2. B의 배서행위는 언제 효력을 발생하는가?
3. D는 B에게 상환청구할 수 있는가?
4. D는 C에게 상환청구할 수 있는가?
5. 이 사례에서 진실과 외관의 불일치로 인한 손실 1천3십만원은 누구에게 책임지우는 것이 옳은가? 그가 무자력자라면 그 손실은 결국 누구에게 부담시켜야 하는가?
6. A가 공급받은 물품의 하자를 이유로 B와의 계약을 해제했다면 A는 그러한 항변사유를 가지고 D에게 대항할 수 있는가?

〈샘플 답안〉

Ⅰ. 문제의 제기

문제에서는 금액백지어음의 부당보충에 따른 효과와 발행인의 항변 인정여부, 백지어음의 보충권의 행사와 배서교부 시기가 일치하지 않을 때의 효력발생시기를 언제로 볼 것인가와 어음의 소지인이 상환의무자에게 상환청구할 수 있는 요건, 지급거절 후 지급거절증서작성기간 경과전배서를 기한후배서로 볼 것인지 여부, 원인관계에 무효·취소 사유가 존재할 경우 이를 항변 대상으로 삼을 수 있는지의 여부가 문제된다.

Ⅱ. 백지어음의 부당보충

어음법 제77조 제2항의 규정에 따라 준용되는 같은 법 제10조에 의하여 백지어음으로 발행한 어음에 미리 한 합의와 다른 보충을 한 경우에, 발행인은 그 위반으로서 소지인에게 대항하지 못한다.

또한 판례는 합의 사실과 다른 보충권의 존재를 믿고, 이에 따라 보충한 자에게도 발행인은 부당보충을 이유로 항변하지 못함을 인정하고 있다. 따라서 발행인은 어음상 기재된 대로의 책임을 지게된다.

다만, 제10조 단서에 따라 소지인이 악의 또는 중대한 과실로 위 어음을 취득한 때에는 항변할 수 있다는 인적항변의 규정을 두고 있는데, 판례는 금액백지어음 취득시 그 금액은 통상 한정되어 있다고 보는 것이 상식에 부합한다고 보면서, 그러한 백지어음을 양수하면서 금액을 확인해 보지 않은 것은 중과실로 볼 수 있음을 인정하고 있다.

Ⅲ. 백지어음 보충권 행사에 따른 배서행위의 효력발생시기

보충권은 만기가 확정되어 있는 어음의 경우 만기로부터 3년 내에 행사할 수 있다(주된 채무자에 대한 관계에서 - 저자). 또한 백지어음을 배서로 양도 받은 시기와 보충권 행사 시기가 다른 경우 배서행위는 배서가 있은 날 성립하지만, 그 배서행위의 효력은 미완성의 백지어음이 보충권행사로 완전한 어음이 되는 시기, 즉 보충권행사시에 발생한다고 본다.

Ⅳ. 상환청구의 요건

어음법 제77조 제1항의 제4호에 의해 준용되는 같은 법 제43조 이하 규정에 의해, 만기에 어음금이 지급되지 않을 때 소지인은 배서인, 기타 어음 채무자에 대해 상환청구권을 행사할 수 있다. 상환청구의 형식적 요건으로서 소지인은 지급제시기간, 즉 지급을 할 날에 이은 제2거래일 내에 지급인에게 지급제시를 하는 상환청구권보전절차를 거쳤어야 상환의무자에 대한 상환청구가 가능하다(거절증서작성도 요건임 - 저자).

Ⅴ. 지급거절 후 지급거절증서 작성기간 경과 전의 배서의 효력

설문 C의 배서를 기한전배서로 볼 것이냐, 기한후배서로 볼 것이냐에 대한 논란이 있다. 만약 기한후배서로 보게 된다면 배서는 유효하되 지명채권의 양도의 효력만 인정하게 되어 인적항변이 절단되는 규정의 적용이 배제되고, 상환청구도 할 수 없게 되기 때문이다(기한후배서의 정의와 관련한 논의부족 - 저자).

이에 관하여 위의 효력에서도 볼 수 있듯이 소지인의 권리를 제한하는 결과를 가

져오는 만큼 법률의 규정에 충실히 해석하여, 어음법 제77조 제1항 제1호에서 준용되는 같은 법 제20조의 규정에도 지급거절증서작성후 또는 지급거절증서작성기간 경과전이라 한정하고 있으므로 기한전배서로 보는 것이 타당하다.

Ⅵ. 인적항변의 절단

어음법 제77조 제1항 제1호에 의해 준용되는 같은 법 제17조에 의해 어음에 의해 청구를 받은 자는 발행인 또는 종전 소지인에 대한 인적관계로 인한 항변으로써 소지인에게 대항하지 못한다. 여기서 인적항변이 무엇인지 법정되어 있지는 않지만, 원인관계의 무효·취소 등의 사유, 지급기간 연장, 어음금액의 감액 등의 사유를 해석상 인적항변으로 인정하고 있다. 따라서 인적항변의 사유로는 어음채무자 및 상환의무자가 직접 당사자가 아닌 어음소지인에게 대항할 수 없다. 단, 단서에서 소지인이 위와 같은 항변절단의 사실로 어음채무자에게 경제적 피해를 주는 것을 알면서도 어음을 취득한 소지인에 대하여는 해의의 항변을 인정하여, 위의 인적항변의 절단의 적용을 배제하고 있다(해의 여부에 대한 판단은 - 저자).

Ⅶ. 사안의 해결

1. 원칙상 A는 백지어음의 부당보충된대로 책임을 져야하지만, 금액 백지어음의 경우 그 금액의 상한을 확인하지 않은 C에게 중과실이 인정된다고 보아 A는 C에게 백지어음 부당보충의 악의의 항변을 할 수 있고, 이러한 A의 항변은 정당하다.
2. B의 배서행위는 정지조건부 행위로 C가 보충권을 행사하는 11월 30일부터 그 효력을 발생하고, 다만 그 성립시기가 배서행위 시점인 11월 15일로 인정될 뿐이다.
3. C가 A의 지급담당자에게 지급제시 기간내에 정당하게 지급제시하여 상환청구권 보전절차를 거쳤으므로 위 어음을 양수받은 D는 상환의무자인 B에게 상환청구할 수 있다.
4. 지급거절 후 지급거절증서작성기간 경과전의 배서한 어음도 기한전의 배서로 인정할 수 있으므로 지급할 날인 12월 1일에 이어 공휴일인 12월 3일과 4일을 제외하고 12월 5일까지가 지급거절증서작성기간이 되므로 위 기간 내에 한 C의 배서는 기한전배서로 인정되고, 이에 따라 인적항변이 절단이 되지 않고 상환청구도 가능하므로 D는 C에게도 상환청구할 수 있다.
5. 백지어음의 부당보충에 대하여 A는 악의의 항변을 할 수 있어 보호되므로 결국 진실과 외관의 불일치를 야기한 B가 1천 3십만원에 대한 책임을 져야 한다. 단 B가 무자력일 경우 중과실이 있는 C가 그 손실을 부담할 수밖에 없다.
6. A와 B의 물품상의 하자로 인한 계약의 취소(해제 - 저자)는 원인관계의 사유로 인적항변에 불과하므로 A는 그 항변사유를 가지고 직접당사자가 아닌 D에게 대항할 수 없음은 인적항변 절단의 법리에 따라 당연하다.

제 4 절 수표의 배서

수표중에서 주종을 이루는 당좌수표나 자기앞수표는 소지인출급식으로 인쇄되어 사용되는 것이 은행실무상의 관행이다. 소지인출급식수표에도 배서는 허용된다. 소지인출급식수표에 배서가 있으면 배서인은 상환의무를 부담한다(수 20조 본문). 그 배서는 담보적 효력을 갖는데 그치고 권리이전적 효력이나 자격수여적 효력을 가지지 못한다. 소지인출급식 수표에 배서가 있은 후에도 그것이 지시식수표로 변하지 아니한다(수 20조 단서). 소지인은 여전히 교부만으로 양도할 수 있다.

수표의 경우 지급인의 배서는 허용되지 아니한다(수 15조 3항). 지급은행을 수표채무자로 끌어들이면 수표가 신용증권화할 수 있기 때문에 금지하고 있는 것이다.

수표지급인을 피배서인으로 한 배서는 어음의 환배서 규정과 달리 영수증의 효력만 있다(수 15조 5항 본문).

은행발행 자기앞수표의 뒷면에 양도인이 기명날인 또는 서명하더라도 배서로 볼 필요가 없다. 자기앞수표에는 자금부족을 이유로 한 부도가 있을 수 없으므로 배서인의 상환의무를 확보할 필요가 없기 때문이다. 자기앞수표에 양도인의 주민등록번호, 전화번호와 기명을 요구하는 관행은 사고에 대비하여 자기앞수표의 유통경로를 추적할 수 있게 하기 위한 것이다. 자기앞수표를 지급은행에서 환금하는 경우에 성명과 주민등록번호의 기재를 요구하는 것은 금융실명제의 관철을 위하여 자금의 흐름을 추적할 수 있도록 하기 위한 것이다.

제 5 절 어음·수표의 선의취득

제1 의 의

어음의 선의취득이라 함은 형식적인 자격이 있는 자로부터 어음을 배서 또는 교부받은 자는 악의 또는 중과실이 없는 한 그 양도인이 무권리자이거나 그 양도행위에 무효·취소사유가 있더라도 어음상의 권리를 유효하게 취득하는 것을 가리킨다(어 16조 2항, 77조 1항 1호; 수 21조).

선의취득제도는 원래 동산거래의 안전을 보호하기 위한 제도이다. 동산의 선의취득제도가 있음으로 인하여 중고품시장이 활성화되고 그 가치실현이 가능해졌다고 한다. 한편, 무체물인 채권은 선의취득의 대상이 되지 않는다. 그런데 어음채권은 유체물인 증권에 화체되어 있기 때문에, 그 배서·교부에 선의취득을 인정하여 유통성을 높일 수 있는 계기가 마련된 것이다. 어음을 상실한 자는 원칙적으로 어음의 점유자에 대한 반환청구가 가능하다. 이러한 반환청구를 방해하는 것이 선의취득제도이다.

어음법상의 선의취득은 민법상의 동산의 선의취득에 비하여 취득자의 보호를 강화하기 위하여 그 요건이 완화되어 있다. 즉 민법의 동산의 선의취득에 있어서는 취득자에게 과실 즉 경과실이 있으면 선의취득이 부인되는 데 반하여(민 249조), 어음의 선의취득에 있어서는 경과실이 있더라도 선의취득자가 보호되며 중과실의 경우에만 선의취득이 부인된다(어 16조 2항 단서, 77조 1항 1호; 수 21조 단서). 또한 어음의 선의취득의 경우에는 민법상의 도품·유실물(횡령의 목적물은 도품에 해당하지 않음)에 대한 선의취득제한(민 250조)이 배제됨으로써 그 만큼 어음의 선의취득은 쉽게 이루어질 수 있다.

어음의 선의취득은 어음상의 권리의 귀속을 결정하는 문제로서 어음행위자의 채무부담 여부와는 별개의 문제이다. 예를 들어 설명하기로 한다. 무권대리인으로부터 어음을 배서받은 소지인이 선의취득의 요건을 갖추면 그 어음을 진정한 권리자(무권대리의 본인)에게 반환할 필요가 없다. 그렇다고 하더라도 그 본인이 상환의무를 부담하게 되는 것은 아니다. 그 본인에게 상환청구책임을 지우기 위하여는 표현대리가 성립하여야 한다. 미성년자로부터 악의·중과실 없이 어음을 취득한 자도 선의취득할 수 있으나(뒤에서 설명할 '무제한설'의 입장) 그 미성년자가 배서를 취소한다면 그는 어음채무를 부담하지 아니하므로 그 미성년자를 상대로 상환청구할 수는 없다.

<동산의 선의취득과 어음·수표의 선의취득>

	동 산	어음·수표
요건	요건이 엄격 무경과실 선의취득인정 어려움	요건완화 무중과실 선의취득인정 쉬움
적용범위	무권리자로부터의 취득에 한정 무권대리인, 무능력자 등으로부터 선의취득 인정하지 않음	무권리자로부터의 취득 외에 무권대리인, 무능력자 등으로부터의 취득에 선의취득을 인정할 것인가 학설대립 있음
제한여부	도품·유실물에 대한 선의취득 제한(2년 내 물건의 반환청구)	없음

뒤에서 설명할 어음항변은 어음채무를 인정할 것이냐의 문제라는 점에서 권리귀속을 정해주는 선의취득의 문제와 구별된다. 어음금지급을 청구하는 소지인(원고)를 상대로 어음금지급을 거절할 수 있느냐가 어음항변의 문제이다. 즉 어음항변은 어음채무자(또는 "채무자"라고 주장되는 자)와 소지인 간의 문제이다. 반면에 선의취득은 어음채무자와 소지인 사이에서의 문제가 아니라 소지인과 문제의 어음의 반환을 청구하는 자 사이에서 다투어지는 문제이다.

제2 요 건

1. 적극적 요건

(1) 어음법적 양도방법에 의한 취득

어음의 양수인이 선의취득을 인정받기 위하여는 배서 또는 교부에 의하여 형식적 자격이 있는 자로부터 어음을 취득했어야 한다. 어음의 양도를 지명채권양도방법에 의하는 경우 또는 포괄적 승계가 이루어지는 상속·합병의 경우는 선의취득이 인정될 수 없다.

배서금지어음, 기한후배서, 추심위임배서의 경우에도 선의취득이 인정되지 않는다. 배서금지어음은 지명채권양도의 방식에 따라 그 효력으로써만 양도될 수 있고(어 11조 2항) 기한후배서는 지명채권양도의 효력만 인정되기(어20조 1항)

때문이다. 추심위임배서의 피배서인은 추심의 대리권만 수여받은 자이고, 독립한 경제적 이익을 가지지 못하기 때문에 선의취득을 인정할 필요가 없다. 무담보배서, 배서금지배서, 입질배서가 있는 어음의 경우는 선의취득이 인정된다. 입질배서의 경우는 질권을 선의취득하게 된다. 백지어음도 어음법적 양도방법에 따라 양도될 수 있으므로 선의취득의 대상이 된다.

(2) 형식적 자격을 갖출 것 — 배서의 연속

1) 형식적 연속

외관상 즉 어음면상의 기재를 볼 때 권리자로 보이는 자로부터 어음을 양수하여 취득자 자신도 외관상의 형식적 자격을 갖추어야 한다. 형식적 자격을 갖추었는가 여부는 대부분 배서의 연속이 있는가에 따라 판단된다. 약속어음을 예로 들면 발행인 → 수취인(제1배서인) → 제1배서의 피배서인(제2배서인) → 취득자(제2배서의 피배서인)의 방식으로 연결이 되어 있거나 백지식배서가 중간에 개입되어 있는 경우에는, 발행인 → 수취인(백지식배서) → 제2배서란의 배서인 → 취득자의 방식으로 연결되어 있어야 취득자가 형식적 자격을 구비한 것이 된다. 마지막 배서란이 백지식배서로 되어 있다면 점유자가 형식적 자격을 갖추게 된다.

2) 배서불연속의 가교

배서가 단절된 경우에도 실질적 권리의 이전을 입증하면 어음소지인이 어음채권을 행사할 수 있다. 여기서 더 나아가 배서연속이 외관상 단절된 어음을 실질관계를 신뢰하여 취득한 자에 대해서까지 선의취득을 인정할 것이냐가 문제된다. 예를 들면 제1배서란의 피배서인이 '신라주단'이라는 상호로 기재되어 있고 제2배서란의 배서인의 명의가 '김명숙'이라는 영업주 자연인 명의로 되어 있어 서로 다른 경우 그러한 어음을 사업자등록증 복사본을 받고 취득한 자 또는 어음의 직전 배서란의 피배서인이 사망한 경우, 그 상속인이라 칭하는 자로부터 위조된 가족부 등 가족관계증명서를 받고 배서양수한 양수인에게 선의취득을 인정할 것인가의 문제이다. 수취인의 이름이 아니고 제1배서란의 피매서인의 이름과 제2배서란의 배서인의 이름이 다른 경우이다. 이러한 경우에 배서불연속의 가교를 인정하는 것이 다수설의 입장이다(강위두, 346면; 양승규, 302면; 정동윤, 383면; 채이식, 166면; 정희철, 191면; 최기원, 287면).

그러나 선의취득은 어음의 형식이나 외관상의 권리자로부터 어음을 취득할 경우에 권리자 여부를 신속하게 판단하여 거래할 수 있도록 함으로써 거래의 안전을 보호하기 위한 제도이다. 어음을 취득하는 자는 취득여부에 대한 신속한 의사결정을 독촉받고 있다고 보는 것이다. 형식이나 외관상의 권리자가 아닌 자로부터 취득하면서 실질관계를 조사하여 나름대로 확신을 가지고 취득한 경우는 취득자의 위험부담으로 취득한 것으로 보면 될 것이다. 그러한 경우에까지 선의취득제도에 의한 보호를 확대할 필요는 없고 진정한 권리자의 보호를 우선시켜야 할 것이다(同旨: 이철송, 319면; 정찬형, 274-275).

실질관계의 충분한 입증이 있는 경우 배서가 단절된 어음을 취득하였다는 이유로 선의취득을 부인하는 것은 가혹할지 모른다. 그러나 경과실이 있는 자에게까지 선의취득을 인정하고 도품·유실물에 관한 민법상의 특칙까지 배제되는 어음의 선의취득은 배서의 형식적 연속이 있는 경우에 한하여 인정되어야 할 것이다. 배서가 단절된 어음을 실질관계에 대한 입증자료를 신뢰하고 취득한 자는 자신의 위험부담하에 대가를 주고 그 어음을 취득한 것으로 다루는 것이 타당할 것이다. 어음법 제16조 제2항의 법문에서도 '배서의 연속'(동조 1항)을 선의취득의 요건으로 분명하게 규정하고 있는데 앞에서 설명한대로 배서연속의 여부는 외관상(형식상)의 연속을 가리키는 것이다.

선의취득제도는 원래 취득자에게 실질관계의 조사에 관한 부담을 덜어주고 진정한 권리자임을 주장하는 자에게 입증책임을 지움으로써, 어음거래의 신속, 원활 및 안전을 도모하기 위한 제도이다. 배서불연속의 가교에 의한 선의취득을 인정한다면 거래안전을 위하여 원래의 진정한 권리자의 이익을 과도하게 희생시키게 되어 문제이다. 또 선의취득제도는 실질관계를 조사하는 부담을 덜어줌으로써 어음의 유통성을 강화하기 위한 제도인데 「가교」를 인정한다는 것 자체가 (선의)취득자에게 실질관계를 조사하게 하는 것이 되어서 선의취득제도의 본래의 예상과 효용으로부터도 벗어나게 됨을 주의할 필요가 있다.

(3) 양도인의 범위(선의취득제도의 활용범위)

민법상의 동산의 선의취득은 무권리자로부터 양수한 자를 보호하기 위한 제도이다. 어음·수표의 선의취득에 있어서도 그 인정범위를 민법상의 선의취득의 경우와 같이 양도인이 무권리자인 경우에 한정시킬 것이냐, 또는 그 인정범위를 확대할 것이냐에 관하여 학설과 판례가 갈리고 있다.

(가) 학 설

1) **무권리자한정설**

분실, 도난, 횡령 등의 경우와 같이 양도인 이외의 진정한 권리자가 존재하는 경우에만 어음·수표의 선의취득을 인정하자는 입장을 **무권리자한정설**이라고 부른다. 종래의 다수설이다(강위두, 151면; 서돈각·정완용, 104면; 손주찬, 117면; 이철송, 330면; 정무동, 346면; 주석 어음수표법(Ⅰ), 529면; 채이식, 159면). 이 견해에 의하면 양도행위 자체는 유효해야 선의취득이 인정될 수 있다.

2) **무제한설**

어음·수표의 양도행위에 하자가 있는 모든 경우에 선의취득을 허용하자는 입장을 **무제한설**이라고 부른다. 어음의 유통성은 특히 보장되어야 한다는 점을 강조하면서 어음법 제16조 제2항의 법문이 "어떤 사유로든"이라고 규정한 취지를 최대한 의미있게 받아들이자고 한다. 이 입장에서는 선의취득의 허용범위를 최대한 넓히고자 한다.

도난당했거나 분실한 어음을 무권리자로부터 양수한 경우는 물론 양도인의 의사표시에 하자가 있는 경우, 보관자가 권리자의 의사에 반하여 유통시킨 경우, 무권대리, 무능력자의 경우 등 모든 경우에 선의취득을 인정하자는 견해이다(양승규, 165면; 이기수, 286면; 정찬형, 308면; 최기원, 328-329면).

3) **무능력자제외설**

원칙적으로 무제한설을 지지하면서도 무능력자로부터 취득한 경우만큼은 선의취득의 대상에서 제외하여 무능력자를 보호하고자 하는 견해를 **무능력자제외설**이라고 한다(정희철, 213-214면). 행위무능력자의 보호는 사법체계 내에서 상위에 위치하는 법리이므로 선의취득자의 보호에 우선시켜야 한다고 한다.

4) **제한설**

어음·수표의 선의취득에 있어서 **제한설**(또는 절충설)은 무권리, 무권대리, 무처분권(위탁매매인, 질권자, 집행관 등에 의한 타인 재산의 처분)의 경우에 한하여 선의취득을 인정하고 무능력자, 의사표시 하자의 경우는 민법 규정에 따르도록 하자는 견해이다(이범찬·최준선, 890면; 정동윤, 156면).

— 선의취득제도의 활용범위 —

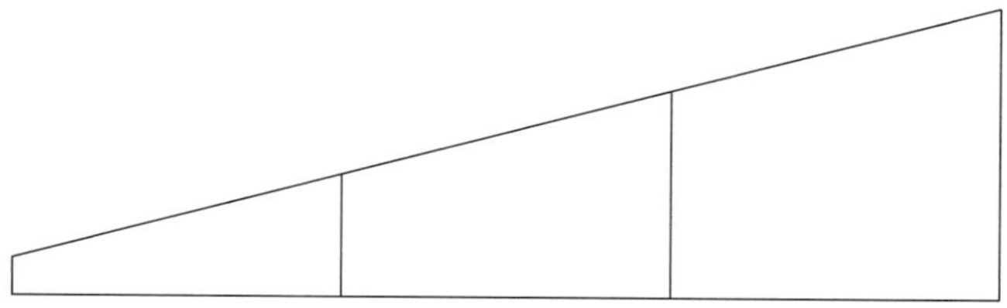

(나) 판 례

판례는 무권리자한정설에서 벗어나, "어음의 선의취득으로 인하여 치유되는 하자의 범위 즉, 양도인의 범위는 양도인이 무권리자인 경우뿐만 아니라 이 사건과 같이 대리권의 흠결이나 하자 등의 경우도 포함된다"는 설시를 하였다. 다만, 무제한설, 무능력자제외설, 제한설 중 어느 입장인지는 알기 어렵다.

아래의 1995년 대법원 판결은 무제한설을 반영한 것으로 볼 수도 있다. 같은 판결에 대하여 제한설(절충설)을 반영한 것으로 보는 견해(정동윤, 153면)가 있고, 그 사실관계를 보면 피용자가 배서를 위조한 경우이므로 무권대리에 있어서의 표현대리(유추) 성립의 문제로 다루었어야 한다는 견해(이철송, 33면)도 있다.

대판 1995. 2. 10, 94다55217 어음의 선의취득으로 인하여 치유되는 하자의 범위 즉, 양도인의 범위는 양도인이 무권리자인 경우뿐만 아니라 대리권의 흠결이나 하자 등의 경우도 포함된다.

〈사실관계 및 쟁점〉 피고 주식회사 금호개발은 소외 주식회사 종합건축사무소 아키반티에스씨에게 액면 금 86,200,000원, 발행일 1993. 3. 3., 지급기일 1993. 6. 25., 발행지 및 지급지 각 서울로 된 약속어음 1매(제1어음)와, 액면 금 25,160,000원 발행일 1993. 3. 3., 지급기일 1993. 7. 2., 발행지 및 지급지 각 서울로 된 약속어음 1매(제2어음)를 발행 · 교부하였다. 소외 회사로부터 소외 정선희 및 원고 곽봉국에게 순차 배서가 기재된 제1어음과 소외 회사로부터 원고 박준수 및 소외 임준규에게 순차 배서의 기재가 된 제2어음이 각 지급기일에 지급제시되었으나 지급이 거절되었다. 여기서 제1어음에서 소외 정선희는 원고 곽봉국의 가명이고, 제2어음의 배서인인 원고 박준수는 소외 임준규가 피고에게 지급제시하였으나 지급거절되어 임준규로부터 어음을 환수한 것이다. 그런데 소외회사 명의의 배서는 그 소외회사의 총무부장이던 소외 김철근이 업무상 보관하고 있던 소외회사 대표이사의 도장을 임의로 부정사용하여 행한 위조배서이고, 원고들은 위 김철근으로부터 이 사건 어음들을 할인의 방법으로 취득하였다. 이에 원고들은 피고회사를 상대로 약속어음금청구의 소를 제기하였다.

여기서 쟁점이 된 것은 배서위조의 경우 그 상대방은 어음을 선의취득할 수 있는지 여부(즉, 어음의 선의취득에서 치유되는 하자의 범위문제) 및 어음금액이 고액이고 어음취득의 상대방간에 어음거래를 한 사실이 없는 경우에도 선의취득이 인정될 수 있는지 여부(이는 어음취득자의 악의 또는 중과실의 문제로서, 여기서는 별론으로 한다)이다. 이에 대해 판례는 어음의 선의취득으로 치유되는 하자의 범위 즉 양도인의 범위는 양도인의 무권리뿐만 아니라 대리권의 흠결이나 하자 등도 포함한다고 보았다.

(다) 소 결

무제한설의 입장이 "어떤 사유로든"이라는 독특한 표현을 사용하여 어음의 선의취득을 규정한 법문의 취지를 제대로 살릴 수 있을 것으로 보인다. 다만 의사표시의 하자의 경우는 선의취득을 인정하지 않더라도 선의의 제3자는 보호받게 됨을 유의할 필요가 있다(민 109조 2항, 110조 2항).

다음으로 행위무능력자로부터 어음을 취득한 경우에도 선의취득을 인정하게 되면 사법체계에서 우선적으로 존중되어야 할 무능력자 보호의 원칙이 훼손되는 것이 아닌가에 대해 의문이 있을 수 있다.

예를 들어 A가 발행한 100만원의 약속어음의 수취인인 B는 미성년자로서 B가 C로부터 시가 80만원의 물품을 100만원에 구입하고, 대금조로 동 약속어음을 배서양도하였다고 하자. B가 나중에 C와의 거래가 자기에게 불리한 매매였음을 알고 배서를 취소하였다. 이 경우에 위 무제한설을 따르면, C가 B의 미성년임을 몰랐고 중대한 과실이 없었다면 C는 同어음을 선의취득한 것이고 B에게 반환할 필요가 없다. C가 만기에 A로부터 100만원을 지급받고 B가 매매계약까지는 취소하지 않았다면, C는 20만원의 이익을 얻게 되고 B는 20만원의 손해를 보게 되는데, 이는 시세판단의 잘못으로 인한 위험을 B에게 부담시키는 것이 된다. B가 매매계약까지 취소하면 목적물을 반환한 다음 매매대금 100만원의 반환을 청구할 수 있어서 어음의 선의취득으로 인한 손해는 없다.

반면 A가 이 어음의 지급을 거절하면 C는 B에 대하여 상환청구를 시도할 수 있으나, B는 이미 배서행위를 취소하였으므로 상환의무는 부담하지 아니한다. C가 원인관계에 기초하여 매매대금 100만원을 청구하는 것도 현실성이 없다. B가 매매계약까지 취소했을 것이기 때문이다. 결국 C는 거래이익 20만원을 실현시키지 못하게 된다.

결국 C에 의한 어음의 선의취득을 인정한다 하더라도 무능력자인 B가 입게 되는 손해는 거래목적물의 가치 판단 잘못으로 인한 손해가 최대한인데, 그 손해는 원인관계의 취소로써 면할 수 있다. 이렇게 볼 때 어음의 선의취득을 인정하더라도 행위무능력자가 실제로 손해를 입게 되는 것은 아니다. 미성년자로부터 선의취득을 인정하더라도 원인관계의 해소까지 고려한다면 취득자가 경제적으로 유리해지는 것도 아니다. 행위무능력자로부터의 선의취득을 인정함으로써 어음법 제16조 제2항의 "어떤 사유로든"이라는 법문을 더욱 의미있게 새길 수 있으며, 일단 행위무능력자의 직접상대방의 선의취득이 인정되면 그 후의 취득자들의 권리취득여부를 별도로 검토하지 않아도 된다. 이는 법률관계를 단순하게 처리할 수 있게 해 준다.

취소의 제척기간은 추인할 수 있는 날로부터 3년, 장기간으로 규정되어있기 때문에 어음이 전전유통된 후 미성년자가 취소하여 어음을 반환청구할 수 있다면 혼란이 초래될 것이다. A→B→C→D의 관계에서 C가 B의 미성년임을 알았다 하더라도 선의취득자인 D는 반환할 필요가 없다. D는 B와 직접 거래한 것이 아니므로 선의가 추정된다.

2. 소극적 요건

위의 요건을 갖추어 선의취득이 일단 인정되더라도 아래의 두 가지 요건을 갖추지 못하면 선의취득이 부인된다

(1) 악의 또는 중과실이 없을 것

여기서 악의는 양도인의 무권리·무능력·무권대리 또는 양도행위에 하자가 있음을 양수인이 알고 취득한 것을 말하고, 중과실은 어음거래상 필요한 주의를 현저하게 게을리하여 그러한 사실을 알지 못한 경우 또는 조금만 주의를 기울였다면 그러한 사실을 알 수 있었을 경우를 말한다. 예를 들면 미성년이 의심되는 자로부터 어음을 양수하면서 신분증의 제시를 요구하지 않은 경우, 또는 회사명의의 배서에 대표이사의 직인 대신 목도장이 찍힌 어음을 양수한 경우에 중과

실이 인정될 수 있다. 악의·중과실의 유무는 취득시를 기준으로 하여 판단한다.

중과실을 인정한 판례에는 다음과 같은 사례가 있다.

어음양도인의 신분에 비추어 지나치게 큰 금액의 어음을 양도받을 경우(대판 1995. 8. 22, 95다19980), 백지어음을 취득할 경우(대판 1996. 10. 11, 94다55163), 진성어음이 아닌 어음을 취득할 경우(대판 1998. 10. 25, 86다카2026), 파격적으로 높은 할인율로 상대방이 어음할인을 받아가는 경우(대판 1995. 8. 22, 95다19980) 등에는 특히 상대방이 무권리자가 아닌가를 확인해보았어야 한다는 것이다.

대판 1997. 5. 28, 97다7936 어음·수표를 취득함에 있어서 통상적인 거래기준으로 판단하여 볼 때 양도인이나 그 어음·수표 자체에 의하여 양도인의 실질적 무권리성을 의심하게 할 만한 사정이 있는데도 불구하고 이에 대하여 상당하다고 인정될 만한 조사를 하지 아니하고 만연히 양수한 경우에는 중대한 과실이 있다고 할 것이다. 금융기관인 원고 주식회사 한미은행으로서는 어음거래에 정통하고 있으므로 일반인의 경우에 비하여 어음거래 및 담보취득에 있어 더욱 신중하게 대처하여야 할 것인데, 원고가 이 사건 어음을 담보취득함에 있어, 이 사건 어음은 일반적으로 법인발행의 어음에 비하여 지급이 불확실한 개인 발행의 어음이고, 발행인인 피고 강성모나 배서인인 소외 강성은이 원고 은행과 아무런 거래실적이 없는 자였으며, 전남 광주에 거주하는 소외 강성은이 지급 은행이 대전 소재 은행으로 되어 있고 개인이 발행한 어음으로서는 비교적 고액인 이 사건 어음을 서울에서 담보제공하는 것이었고, 특히 당시 이 사건 어음의 지급기일 등 어음요건이 대부분 불비되어 있는 데다가 원고의 주장에 의하더라도 원고가 이 사건 어음을 취득할 당시에 위 강성은이 이 사건 어음을 피고로부터 공사대금조로 교부받았다고 하였다면 경험칙상 피고가 지급기일조차도 기재하지 않는다는 것은 극히 이례에 속하는 경우인 점에서 그 양도인의 실질적 무권리성을 의심하게 할 만한 사정이 있었다고 보여짐에도 불구하고 원고는 이 사건 어음의 발행인인 피고에게 그 발행 경위에 관하여 확인하거나 지급 은행에 구체적인 정보조회를 하여 이의 의심을 해소할 만한 상당한 조사를 하여 보지도 아니한 채 이를 취득한 데에는 중대한 과실이 있다고 할 것이다.

중과실을 부인한 판례로는 다음의 사례가 있다.

대판 1985. 5. 28, 85다카192 이 사건 어음과 같이 최후의 배서가 백지식으로 된 어음은 단순한 교부만으로 양도가 가능한 것이므로 원고 이유임이 어음할인의 방법으로 이를 취득함에 있어서는 양도인의 실질적인 무권리성을 의심하게 할 만한 특별한 사정이 없는 이상 위 어음문면상의 최후배서인에게 연락을 취하여 누구에게 양도하였는지를 알아보는 등 그 유통과정을 조사 확인하지 아니하였다 하여 이를 가지고 그 어음취득에 있어서 중대한 과실이 있다고 할 수는 없다 할 것이고, 이는 원고가 사채업자라 하여도 또한 같다고 할 것이며, 한편 원심이 인정한 사실만으로서는 원고가 이 사건 어음을 취득할 당시 양도인의 실질적인 무권리성을 의심케 할 만한 사정이 있었다고 보기도 어렵다 할 것이다.

직접 양도인에 대한 관계에서 악의 또는 중과실이 없으면 선의취득이 인정된다. 중간 유통과정에서의 하자를 알았더라도 직전 양도인이 선의취득한 것으로 믿은 데 대하여 선의이고 중과실이 없는 경우도 선의취득이 인정된다. 악의 또는 중과실의 입증책임은 반환을 청구하는 자에게 있다.

한편 직전 양도인이 실제로 선의취득을 했다면, 그로부터 취득한 자의 선의취득 여부를 다시 거론할 필요가 없음은 **지위승계의 법리**(보호막의 법리: Shelter Rule)상 너무나 당연하다.

(2) 독립한 경제적 이익

어음의 선의취득의 다른 요건을 갖추었더라도, 추심위임배서의 경우와 같이 피배서인에게 독립한 경제적 이익이 없으면 선의취득을 인정할 수 없다. 입질배서의 피배서인은 독립한 경제적 이익을 가지므로 요건을 갖춘 경우 질권의 선의취득이 인정된다. 기한후배서의 피배서인 역시 독자적으로 선의취득의 혜택을 누릴 수 없다.

제3 효　　과

어음의 선의취득자는 어음상 권리를 **원시취득**하며, 그 반사적 효과로써 원래의 권리자의 그 어음에 대한 권리는 소멸한다. 선의취득자는 진정한 권리자(당해 어음을 상실한 자), 무권대리의 본인, 양도행위를 취소한 행위무능력자(미성년자), 하자있는 의사표시를 취소한 자 등의 **반환청구**에 대해 거절할 수 있다.

제4 선의취득과 제권판결

유가증권을 선의취득한 자가 공시최고기간 중에 법원에 권리의 신고나 청구를 하지 않아서 공시최고의 신청인이 제권판결을 취득한 경우, 제권판결취득자와 제권판결선고전에 선의취득한 자 중 누구를 우선시킬 것인가가 문제된다.

1. 제권판결취득자 우선보호설

이 문제에 관하여 일간신문에 2회 이상 공고한 것을 비롯하여 상당한 비용과 노력을 투자한 공시최고신청인을 우선적으로 보호하여야 한다는 입장(이범찬·최준선, 284면; 이영섭, 「학설·판례 주석민사소송법」, 923-924면; 이철송, 333면)이 있다. 이를 **제권판결취득자 우선보호설**이라고 부른다. 이 입장에 의하면 공시최고기간중에 권리신고를 하지 않은 선의취득자는 증권이 무효가 될 뿐 아니라 증권상의 권리마저 상실한다고 본다.

대부분의 판례는, 제권판결의 소극적 효력(권리를 소멸시키는 효력)을 내세우면서 선의취득자가 무효화된 어음으로 권리행사를 할 수 없다고 한다. 다만 선의취득자는 **불복소송**에 의한 제권판결의 취소를 통해서만 권리행사를 할 수 있다고 판시하였다.

대판 1994. 10. 11, 94다18614 약속어음에 관한 제권판결의 효력은 그 판결이후에 있어서 당해 어음을 무효로 하고 공시최고 신청인에게 어음을 소지함과 동일한 지위를 회복시키는 것에 그치는 것이고, 공시최고 신청인이 실질상의 권리자임을 확정하는 것은 아니나, 취득자가 소지하고 있는 약속어음은 제권판결의 소극적 효과로서 약속어음으로서의 효력이 상실되는 것이므로 약속어음의 소지인은 무효로 된 어음을 유효한 어음이라고 주장하여 어음금을 청구할 수 없는 것이고, 이러한 이치는 공시최고의 신청인이 발행인인 경우와 발행인이 아닌 소지인(어음상의 권리자)인 경우에 따라 구별되어 해석되어야 할 만한 아무런 합리적인 근거가 없다.

대판 1965. 7. 27, 65다1002 수표상실에 관한 제권판결의 효력은 이 판결 이후에 있어서 당해 수표를 무효로 하고, 공시최고 신청인에게 수표를 소지함과 동일한 지위를 회복시키는 것에 그치는 것이고, 공시최고 신청시에 소급하여 그 수표를 무효로 하는 것이 아니며, 또 공시최고 신청인이 실질상의 권리자임을 확정하는 것도 아니라 할 것인바, 만일 원고 이달원이가 공시최고 신청이전에 본건 수표를 선의취득하였다면 원고가 공시최고기일까지 권리의 신고를 하지 아니하였다 하여도 당연히 원고의 실질적 권리가 상실되는 것은 아니며, 다만 원고가 소지하고 있는 수표는 제권판결의 소극적 효력으로서 무효가 된 것이므로 원고로서는 위 제권판결의 효력을 소급적으로 소멸시키기 위한 불복의 소를 제기할 수는 있다 할 것이로되 제권판결의 소극적 효력으로서 이미 무효가 된 본건 수표를 유효한 수표라고 주장하여 본건 수표금청구를 할 수는 없다 할 것이며, 원고가 본건 제권판결 신청이전에 본건 수표를 지급은행에 제시하였다 하여도 이는 공시최고 법원에 대한 권리의 신고나 청구로는 볼 수 없는 것이다.

그런데 제권판결에 대한 불복소송은 선의취득자가 권리의 신고를 하였음에도 불구하고 공시최고인이 제권판결을 받은 경우나(민소 490조 2항 6호), 공시최고인이 사위(詐僞)나 부정한 방법으로 제권판결을 받은 경우(민소 490조 2항 7호)에 한정하여 인정되고 있다. 이와 같이 불복소송의 소송사유가 제한되어 있어서 선의취득자라 하더라도 불복소송을 활용할 수 없다는 점을 고려하면 판례가 제권판결취득자 우선보호설을 취하고 있는 것으로 해석하여도 무리한 것이 아니다.

2. 선의취득자 우선보호설

위의 제권판결취득자 우선보호설에 반대하는 **선의취득자 우선보호설**이 있다. 공시최고가 있다고는 하지만 일간지상의 아주 작은 광고나 법원게시판의 게시 정도에 불과하므로 진정한 권리자가 공시최고에 접할 기회는 극히 제한된다. 이러한 '알리기' 기능의 제약으로 선의취득자가 그러한 공시를 알게 될 가능성이 극히 희박함에 비추어 선의취득자가 있는 경우에는 제권판결취득자라도 선의취득자에 우선하여 권리를 행사하지 못한다고 한다(손주찬, 151면; 이기수, 369-370면; 정동윤, 283면; 정희철(上), 421면; 채이식, 335면; 최기원, 33-34면). 예를 들어 유명예식장 옆에 위치한 화장품가게에서 중후한 신사가 100만원권 수표로 20만원어치의 신부용 화장품을 구입한 다음 80만원을 거슬러 갔다. 그 과정에서 그 신사의 부하직원처럼 행세하는 사람들이 등장하여 예식장 예약 등을 언급하였다고 하자. 이러한 경우 선의취득자 우선보호설에 의하면, 화장품가게의 영업주로서는 사고수표라고 의심할 만한 사정이 없었으므로 권리신고를 하지 않아서 제권판결이 선고되었더라도 선의취득이 인정되어 보호받을 수 있다.

3. 절 충 설

위의 제권판결취득자 우선보호설과 선의취득자 우선보호설을 조화시키고자 하는 절충적 견해도 있다. 선의취득자가 공시최고의 사실을 알면서 권리의 신고를 하지 않은 경우에는 선의취득자에게 실질적 권리를 인정할 필요가 없지만, 선의취득자가 과실로 그 사실을 알지 못한 경우에는 증권의 유통보호상 그에게 실질적 권리를 인정하여야 한다고 한다(정찬형, 413면). 이 때 선의취득자의 공시최고에 대한 악의의 입증책임을 주장자(제권판결취득자)에게 부담시키면 증권의 유통도 보호하면서 선의취득제도를 남용하는 자도 규제될 수 있다고 한다.

4. 소 결

어음 · 수표의 경우는 **유통성**이 특별히 강조되는 완전유가증권이므로 선의취득자를 우선시키는 해석이 바람직하다고 생각한다. 이와 비교할 때 주권과 같은 불완전유가증권의 경우에는 유통성보호가 크게 중요하지 않으므로 제권판결취득자를 우선시키는 것이 합리적이라고 생각한다. 참고로 자기앞수표를 취득함에 있어서 발행은행에 (ARS 서비스를 이용하는 등의 방법으로) 사고여부를 조회하지 않은 경우에는 선의취득 자체를 인정해주지 않는 것이 법원실무의 관행이다.

사 례 7

도로건설에 사용하는 철제제품을 생산하여 판매하는 영진금속의 영업주 강기만이 2010년 4월 초 갑작스런 사고로 사망하였다. 강기만의 외동딸 강혜미가 회계경리를 담당하게 되었고 생산라인은 지난 15년간 강기만을 보좌해오던 강혜미의 외삼촌 김영수가 맡아서 사업을 수행해 오고 있다.

납품대금조로 받은 A(건설업자) 발행, 발행일 동년 3월 5일, 지급기일 동년 6월 5일(토요일), 금액 팔백만원, 수취인 영진금속으로 되어 있는 은행도약속어음을 강혜미가 자기이름으로 배서하여 새로 이사한 아파트의 거실용 소파 등 가구구입 대금을 지급하였다. 피배서인은 가구상 B이고, 배서교부일은 동년 5월 1일이다. 가구상 B는 김영수의 절친한 친구이다. B는 이 어음을 할인업자 C로부터 할인받았고 C는 동년 6월 4일 거래은행에 추심 의뢰하였으나 A의 지급중지요청을 받은 지급담당자(은행)가 지급을 거절한 어음을 동년 6월 8일 반환받았다. C는 동년 6월 9일 이 어음을 채권추심 전문 업자 D에게 헐값(500만원)에 매각(배서양도)하였다. 1990년 5월 10일생인 강혜미는 B가 위 가구들을 시세보다 상당히 높은 가격으로 판매한 사실을 알고 이 약속어음에 했던 배서를 취소한 다음 A에게 지급중지를 부탁했던 것이다.

1. 강혜미는 D에게 이 약속어음의 반환을 청구할 수 있는가?
2. D는 강혜미에게 상환청구할 수 있는가?
3. D는 C에게 상환청구할 수 있는가?
4. 강혜미는 구입한 가구의 매매가액과 시세의 차액만큼 손해를 입을 수밖에 없는가?
5. (1) 위 사안과 다르게 배서 당시 강혜미가 성년이었고 시세대로 가구를 구입하였다 하자. 강혜미가 구입한 가구에 중대한 하자가 있음을 발견하고 하자담보책임을 물어 매매계약을 해제하였다면 강혜미는 D의 어음금 청구(상환청구)를 거절할 수 있는가?

(2) C가 이 어음을 취득할 때 강혜미가 B를 상대로 하자있는 제품의 교환을 요구한 사실을 C가 알았다면 강혜미는 C의 어음금 청구(재상환청구의 경우)를 거절할 수 있는가?

〈샘플 답안〉

Ⅰ. 쟁점의 정리

1. D가 어음반환청구에 응해야 하는가는 그가 어음의 권리자인지가 문제되므로 D 또는 그 전자들인 B, C의 선의취득이 문제되는데 특히 배서불연속 및 양도인의 범위가 검토되어야 한다.

2. 강혜미는 무능력을 이유로 취소한 자이므로 이로써 D의 지급요구를 거절할 수 있는지 물적항변의 법리를 살펴보고,

3. C의 상환의무는 그의 배서가 기한후배서인가와 기한후배서일 경우 그 효력과 관계되므로 이에 관한 사항을 검토하며,

4. 강혜미가 선의취득의 양도인으로 인정되면 손해를 보는지 2에서 함께 살펴보고자 한다.

5. 원인관계상의 하자가 인적항변으로서 절단되는지와 그 예외로 해의의 항변에 C가 해당할지를 살펴보아야 한다. 이하 논의의 편의상 선의취득, 기한후배서 및 항변의 제한 순서로 서술한다.

Ⅱ. 선의취득의 인정 여부

1. 선의취득의 의의

어음을 형식적 자격자로부터 배서 또는 교부받은 자는 악의·중과실이 없는 한 그 어음을 선의취득한다(제16조 제2항, 제77조 제1항). 이는 민법의 동산선의취득에 비하여 요건을 완화하여 어음의 유통성을 제고하기 위함이다.

2. 선의취득의 요건

(1) 어음법적 유통방식에 의할 것

선의취득이 인정되려면 배서, 교부 등 어음법적 유통방식에 의해 어음을 취득하여야 한다. 지명채권양도 또는 기한후배서에 의한 취득의 경우는 선의취득이 인정되지 않는다.

(2) 형식적 자격이 있을 것

1) 배서의 연속

형식적 자격의 유무는 배서의 연속에 의해 판단되는데 배서의 연속이란 수취인이 제1배서인이 되고 제1배서란의 피배서인이 제2배서란의 배서인으로 되는 것처럼 발행인부터 소지인까지 배서가 차례로 계속됨을 의미한다. 사안은 수취인이 영진금속이고 제1배서인이 강혜미여서 형식적으로 판단되는 배서의 연속이 없는 바 배서불연속의 경우도 실질적 권리를 입증하여 소지인은 권리행사를 할 수 있으므로 선의취득까지 인정할 수 있을지 문제된다.

2) 배서의 불연속의 가교이론 인정여부

① 실질적인 권리여부를 조사하고 취득한 자를 보호할 필요는 없으므로 가교에 의한 선의취득은 부정하는 견해와 ② 배서불연속의 경우도 소지인은 실질적 연속을 입증하여 권리를 행사할 수 있으므로 선의취득도 인정하자는 견해가 대립한다고 하였다.

어음의 유통성확보를 위해 인정되는 선의취득의 본질상 이를 긍정함이 타당할 것이다.

(3) 무권리자에 한정할지 여부 – 양도인의 범위

1) 양도인의 범위를 민법과 같이 무권리자에 한정할지 학설의 대립이 있는바, ① 절취, 횡령, 도난 등 진정한 권리자가 있는 때에만 인정하자는 무권리자한정설, ② 모든 법률상 하자로 확장하자는 무제한설, ③ 무제한설에 따르되 사법상 상위법원칙인 무능력자 보호는 제외하자는 무능력자제외설, ④ 무권리·무처분·무권대리의 경우만 인정하자는 제한설이 대립한다.

2) 판례는 대리권의 흠결시에도 이를 긍정하여 무권리자한정설에서는 벗어나 있으나 그 외 어떤 학설인지는 불명확하다.

3) 검토

어음선의취득은 동산과 달리 선의취득의 범위를 넓혀야하므로 무제한설이 타당하다.

4) 무능력자보호의 문제

다만 사법체계의 최고법리중의 하나인 무능력자 보호와 충돌할 우려가 있으나 ① 무능력자는 배서를 취소하여 어음상 의무를 면하며 ② 시세차익 등 거래상 손해는 원인관계를 취소하여 부당이득 법리에 기해 전보할 수 있으므로 결과적으로 무능력자가 손해를 보는 일은 없다.

(4) 악의·중과실

1) 취득자는 악의 또는 중과실이 없어야 한다. 악의란 무권리자 등임을 알았던 것이며 중과실이란, 어음거래상 주의의무를 현저히 게을리하여 이를 모른 것이다.

2) 판단시기는 취득시이며 입증은 소지인의 권리를 부인하는 어음채무자가 하여야 한다.

(5) 독립한 경제적 이익이 있을 것

추심위임배서와 같이 독립한 경제적 이익이 없는 경우는 선의취득이 부정된다.

3. 선의취득의 효력

선의취득은 원시취득이며 그에 대한 반사적 효과이므로 전자의 권리는 소멸하므로 어음의 반환청구에 응하지 않아도 된다.

4. 사안의 경우

강혜미는 미성년자로 배서를 취소하였으나 B는 김영수의 친구로서 배서의 불연속에도 불구하고 상속 등의 발생사실을 알고 취득하였을 것이므로 배서불연속의 가교이론이 적용되며 강혜미가 미성년일지라도 강혜미가 20세에 가깝고 회계경리자여서 B가 강혜미가 미성년임을 모른데에 악의나 중과실이 있다고 보기 어려운 바 B는 어음을 선의취득한 것이고 C와 D는 그 권리를 승계취득한 권리자들이다.

Ⅲ. 기한후배서의 효력

1. 기한후배서의 의의

기한후배서란, 거절증서 작성 후 또는 거절증서 작성기간 경과 후에 이루어진 배서이다. 이러한 배서는 이미 신용을 잃어 유통성을 보장할 필요가 없어서 지명채권양도의 효력만 인정된다(제20조. 제77조 제1항).

2. 기한후배서의 판단

(1) 문제의 소재

기한후배서는 지급을 한 날에 이은 2거래일인 지급거절증서 작성기간(지급제시보다 하루 짧음) 경과 후에 이루어져야 하는데 사안의 은행도어음은 인쇄된 어음이어서 지급거절증서가 면제되어 있을 것으로 판단된다.

사안의 지급기일은 6/5 토요일, 6/6일은 일요일이어서 법정공휴일인 바(제72조 제

1항), 지급할 날은 6/7, 거절증서 작성기간은 6/8, 6/9일이다. C의 배서는 지급거절은 됐으나 거절증서 작성기간 내인 바 이 경우, 배서가 기한후배서인지 논란이 된다.

(2) 지급거절 뒤, 거절증서 작성기간 경과전의 배서의 효력

이미 신용이 실추된 어음이므로 기한후배서로 보자는 설, 제20조의 문언대로 기한전배서로 보자는 설이 대립하며 판례는 형식적 판단기준에 충실하게 후자의 입장을 따르고 있다.

(3) 검토

어음관계를 간명하게 한다는 장점은 있으나 사안과 같이 은행도어음으로서 부도의 문구가 명확한 경우까지 소지인을 보호할 필요는 없으므로 기한후배서로 봄이 타당하다.

3. 기한후배서의 효력

(1) 권리이전의 효력은 있으나 그 인적항변은 절단되지 않는다. 지명채권양도처럼 채무자는 양도인에게 대항할 수 있는 사유로 양수인에게 대항할 수 있다고 본다(민법 제450조, 동법 제451조).

(2) 배서인은 담보적 효력이 없으므로 상환의무를 부담하지 않는다.

(3) 자격수여적 효력은 있으나 이로써 선의취득은 할 수 없다.

4. 사안의 경우

사안의 C의 배서는 지급거절 후 거절증서작성 이전의 배서로써 기한후배서로 보아야 한다(판례와 다른 입장을 택하는 것은 바람직하지 않음 - 저자). 따라서 C는 담보책임을 지지 않으며 채무자가 C에 대하여 가지는 항변으로 D에게도 항변할 수 있다.

Ⅳ. 항변의 제한

1. 항변의 의의

어음채무자가 소지인의 권리행사에 대항하여 지급을 거절할 수 있는 모든 사유 또는 지급을 거절하는 것을 항변이라 한다. 항변은 누구에게나 대항할 수 있는 물적 항변과 특정 소지인에게만 대항할 수 있는 인적항변으로 나뉜다.

2. 물적항변

어음요건의 미구비, 배서의 불연속 등 어음면상 나타나 있는 항변 사유와 무권대리, 무능력자, 위조·변조 등과 같은 거래의 안전을 이유로도 양보할 수 없는 항변 사유가 있다. 이러한 물적항변 사유는 어떤 소지인에 대하여도 채무의 지급을 거절할 수 있다.

3. 인적항변

(1) 원칙

원인관계상의 항변과 같이 직접상대방에게만 대항할 수 있는 항변을 말하는데 이러한 항변은 소지인이 그 채무자를 해할 것을 알고 어음을 취득한 때가 아니면 배서 등으로 절단되어 항변할 수 없게 된다(제17조 본문).

(2) 예외-해의의 항변

1) 그러나 해할 것을 알고 취득한 소지인까지 보호할 수는 없으므로 법은 해의의 항변은 대항 할 수 있도록 규정하고 있다(제17조 단서).

2) 해의란, 인적항변사유를 아는 것만으로는 불충분하며 그로써 어음채무자에게 손해를 일으킬 수 있다는 것까지 알아야만 인정할 수 있다.

3) 해의의 입증은 그것이 주관적, 내면적 사정인바 취득시를 기준으로 소지인의 악의를 채무자가 입증하면 사실상 추정된다고 보아야 하고 소지인이 다시 해의가 없음을 입증하여 추정을 깨뜨릴 수 있다고 해석된다.

4. 사안의 경우

배서를 취소한 강혜미는 무능력이 그 사유이므로 이는 물적항변으로써 누구에게나 대항할 수 있다. 그러나 해제를 원인으로 한 경우 법 제11조의 적용을 받는 인적항변으로 원칙적으로 B의 배서에 의해 절단되나, C가 해의인 경우라면 이로써 대항할 수 있다. C가 해제사실을 알았다면 이로서 해의는 사실상 추정되고 C가 해의의 의사가 없음을 입증해야 할 것이다.

V. 사안의 해결

1. 강혜미의 배서취소에도 불구하고 B는 어음을 선의취득하므로 그 권리를 승계취득한 D는 반환청구를 거절할 수 있다.

2. 강혜미는 미성년자라는 물적항변으로 D의 어음금 지급청구를 거절할 수 있다. 따라서 D는 상환청구할 수 없다.

3. C의 배서는 기한후배서여서 담보적 효력이 없고 C는 상환의무를 부담하지 않는바, D는 C에게 상환청구할 수 없다(상환청구권 보전에 관한 논점을 본론에서 빠뜨렸음 - 저자).

4. 미성년자의 취소의 경우 선의취득을 인정하더라도 그는 원인관계의 취소를 통해 시세차익을 전보할 수 있으므로 손해를 입지 않을 수 있다.

5. (1) 하자담보로 인한 해제는 인적항변이어서 이로서 D에게 대항할 수 없다. C의 배서가 기한후배서이나 B의 배서로 일단 항변이 절단된 경우여서 기한후배서와 무관하게 거절할 수 없다.

(2) C의 악의로 해의가 사실상 추정되는바, C가 반대입증을 하지 못하는 한 강혜미는 해제사실로써 C에게 항변할 수 있다.

제 6 절 항변의 제한

제1 서 설

1. 어음항변의 의의

어음법에서 항변이라 함은 어음에 의하여 청구를 받은 채무자(또는 "채무자"라고 주장되는 자, alleged obligor)가 어음소지인(채권자)의 청구에 대항하여 적법하게 지급을 거절할 수 있는 사유를(또는 그러한 사유를 주장하는 것을) 말한다. 어음채무자가 형식적 자격을 갖춘 자에게 어음채무의 이행을 거절할 수 있는 모든 경우를 가리킨다. 어음법상 '소지인'이라 함은 권리자를 가리키지만 어음항변의 맥락에서는 소지인이 '권리자'가 아니고 단순히 어음을 소지(점유)하고 있는 자에 지나지 않는 경우도 있음을 주의하여야 한다.

2. 인적항변의 제한(절단)

채권의 양수인은 양도인이 갖는 권리 이상의 것을 취득할 수 없음이 원칙이다. 따라서 채무자는 양도인에 대하여 대항할 수 있었던 모든 사유로 양수인에게 대항할 수 있다(민 451조 2항).

그러나 어음관계에도 이러한 원칙을 적용한다면 어음이 전전유통됨에 따라 채무자가 주장할 수 있는 항변사유가 누적되고 어음소지인의 권리는 불안정하게 될 것이다. 이 때문에 어음거래의 안전을 도모하기 위하여는 직접당사자간의 일정한 항변을 그 후의 소지인에게는 대항할 수 없도록 하여 소지인의 권리를 강화할 필요가 있다. 어음법에서는 "어음에 의하여 청구를 받은 자는 발행인 또는 종전의 소지인에 대한 인적관계로 인한 항변으로써 소지인에게 대항하지 못한다"(어 17조 본문)고 규정함으로써, 어음채무자가 앞의 권리자에 대하여 주장할 수 있는 항변사유 중 어음 외관만으로 쉽게 알 수 없는 것은 그 후의 권리자에게 주장할 수 없도록 하였다. 이것을 인적항변의 제한(절단)이라고 한다.

「인적」 항변만이 제한을 받는데, 제한을 받는 인적항변은 어떤 것인가? 즉 어떠한 항변이 모든 어음 소지인에 대하여 대항할 수 있으며, 또한 어떠한 항변이 특정한 소지인(대부분 직접상대방)에 대해서만 대항할 수 있는가? 이것이 물적항변과 인적항변을 구별하는 기준이 되는데 인적항변은 다시 어음법 제17조의 적용을 받는 인적항변과 동조의 적용을 받지 않는 인적항변으로 나누어진다. 우리 어음법은 물적항변사유와 인적항변사유를 법정하고 있지 아니하므로 해석과 판례에 따라 그것을 정할 수밖에 없다. 참고로 미국통일상법전의 유통증권편에서는 물적항변사유를 미성년, 강박, 거래의 위법성, 파산절차에서의 면책 등으로 열거하고 있다(U.C.C. §3-305(b) · (a)(1)).

종래 특정 소지인에 대한 인적 관계로 인한 항변을 **인적항변**이라고 하고 그 밖의 것들은 **물적항변**이라고 양분하여, 후자의 경우에는 특정 채무자가 그 항변을 모든 어음소지인에게 대항할 수 있다고 하는 것이 다수설이었다. 그러나 제한받는 즉 절단될 수 있는 항변을 인적항변으로, 제한받지 않는 항변을 물적항변으로 한다면 이러한 양분 방법은 동어반복에 지나지 않는다는 비판을 받았고 좀더 항변사유를 세분하는 견해가 등장하게 되었다.

그러나 항변사유를 세분한다 하더라도 결국 그러한 항변을 절단시킬(제한할) 것이냐 아니냐의 문제가 중요하므로, 종래의 2분법을 유지하면서 구체적인 항변사유의 특성을 고려하여 어디에 소속시키는 것이 적당하냐를 판단하면 충분하다. 대표적인 물적항변사유와 인적항변사유를 열거해 보면 다음과 같다.

제2 물적항변사유

어음상에 기재된 사유는 소지인이 바뀌더라도 누구에게나 대항할 수 있도록 하는 것에 무리가 없다. 소지인은 어음면에 나타나 있는 기재를 양해하고 어음을 취득하였을 것이기 때문이다. 한편 어음상에 기재되지 않은 사유라 하더라도 항변을 제한당하면, 즉 누구에게나 대항할 수 없다면 어음채무자 또는 어음채무자로 나타나 있는 자에게 너무나 가혹한 경우가 있다(예, 위조, 무권대리). 거래안전이 중요하지만 거래안전에 양보시킬 수 없는 항변사유도 있다. 이들을 통틀어 물적항변사유라 한다.

1. 어음상의 기재에 의한 항변(문언상의 항변)

어음문언에 나타나 있기 때문에 분명한 물적항변사유로는 다음과 같은 것이 있다.

① **어음의 요건불비**(어 2조 1호, 76조 1항; 수 2조 1항)

② **배서의 불연속**(어 16조 1항, 77조 1항 1호; 수 19조)

③ **만기 미도래**(어 40조 1항, 77조 1항 3호)

④ **소멸시효완성**(어 70조, 77조 1항 8호; 수 51조): 소멸시효완성을 물적항변사유라고 하기 위해서는 확정일출급어음과 같이 만기가 어음면상 확실하게 나타나 있고 그에 따라 시효완성여부를 명확하게 알 수 있어야 한다.

대판 1962. 10. 11, 62다446 新민법이 시효이익 사전포기 금지에 관한 규정은 그대로 두고 시효원용에 관한 규정을 삭제하였다거나 법률행위에 의한 소멸시효의 배제・연장・가중을 금지하는 규정의 신설이 있다 하여 시효완성 후에 그 이익을 포기할 수 있음과 마찬가지로 시효완성 후 소송에서 시효완성으로 채권이 소멸되었음을 항변으로 주장하지 아니함에도 불구하고 구태여 시효완성의 사실을 직권으로 인정하여 그 이익을 부여하여야 한다는 것으로 해석되지 아니하며, 시효의 원용 또는 시효완성의 항변이 반드시 명시적이 아니라 하여도 시효완성 抗辯趣意로 해석되면 족할 것이나, 본건 어음발행의 무효 또는 정시의 결여 주장만으로는 어음채무가 시효완성으로 인하여 소멸되었다는 항변이 있는 것으로는 볼 수 없고 본건 어음금청구에 있어 소멸시효 완성의 항변여부에 관하여 석명권을 행사하지 아니한 것이 변론주의에 입각한 민사소송제도하에 석명권행사의무를 다하지 아니한 위법으로 인정될 수는 없다 할 것이다.

2. 비증권상의 항변(문언외의 항변)

다음 사유는 어음문언에 나타나 있지는 않으나 어음채무자가 소지인이 누구냐를 묻지 않고 대항할 수 있는 사유이다.

① **행위무능력**(민 5조 2항, 10조, 13조)

② **위조・변조**(어 69조, 77조 1항 7호; 수 50조)

③ **무권대리**(민 130조)

④ 제권판결로 어음이 무효가 되었다는 항변

⑤ 법령위반의 항변(효력규정위반의 항변)

대판 1985. 11. 26, 85다카122 상호신용금고가 약속어음을 발행하여 자금을 차입한 행위에 관한 사건

(다수의견)

상호신용금고법 제17조 제1항 및 제2항의 차입행위등 채무부담제한에 관한 규정은 서민의 금융 및 저축업무를 담당하는 상호신용금고가 경영자의 무분별하고 방만한 채무부담행위로 인한 자본구조의 악화로 불실화됨으로써 그 업무수행에 차질을 초래하고 신용질서를 어지럽게 하여 서민거래자의 이익을 침해하는 사태가 발생함을 미리 방지하려는데에 그 입법취지가 있다고 하겠으므로, 이러한 차입등 채무부담의 제한규정은 단순한 단속법규가 아니라 효력법규로서 이에 위반한 채무부담행위는 무효라고 보아야 할 것이다.

(반대의견)

상호신용금고의 자금차입행위는 상호신용금고법 제11조 소정의 상호신용금고가 그 목적으로 하는 업무자체에는 해당하지 아니하나 그 소요자금의 조달등 목적수행을 위하여 필요한 부수적 업무에는 해당한다 할 것이고 동법 제17조 제2항의 차입절차규정은 상호신용금고의 금융업무의 건실한 경영을 확보하고 계원 및 부금자등의 이익보호를 도모하기 위한 내부적인 제약규정으로 단속규정이라 할 것이므로 위 규정에 반하는 차입행위의 사법상의 효력을 부인할 것은 아니다.

[전원합의체판결 : 본판결로 84.9.25 84도1581 판결폐기]

대판 1967. 6. 13, 67다541 수표에 관하여 제권판결이 있으면, 제권판결의 소극적 효력으로서 그 수표는 수표로서의 효력을 상실하고, 따라서 수표소지인은 그 수표를 제시하여 권리를 행사할 수 없다 할 것이다.

대판 1962. 4. 18, 61다1270 수표발행 행위가 조선수리조합령(폐) 제39조 제4호, 제5호에 해당하고 도지사의 인가가 없었다면, 이는 무효인 행위이어서 이에 관한 항변은 소위 물적 항변으로 상대방의 선의 · 악의를 불문하고 대항할 수 있다.

제3 인적항변사유

인적항변사유는 어음을 주고받은 직접 상대방에 대하여서만 대항할 수 있고 그 밖의 어음소지인에 대하여는 원칙적으로 대항할 수 없는 항변사유이다. 이들 중에는 어음법 제17조를 거론하기 전에 민법 등 별도의 규정에서 그 항변의 허용범위를 제한하고 있는 경우도 포함된다.

1. 어음법 제17조의 적용을 받는 인적항변

① 원인관계의 부존재, 무효 또는 해제

대판 1988. 8. 9, 86다카1858 어음발행의 원인채무가 성립하지 아니하였거나 소멸하였다는 사유는 그 어음발행인이 직접의 상대방 또는 악의의 취득자에 대하여서만 대항할 수 있는 이른바 인적항변사유로서 어음보증의 경우 어음보증인은 피보증인의 이러한 인적항변사유를 가지고 어음소지인에게 대항할 수 없는 것이다.

② **어음과 상환하지 아니한 지급, 면제, 상계의 항변**(어 39조 1항, 77조 1항 3호; 수 34조 1항)

③ 어음금의 지급연기의 항변

④ **숨은 추심위임배서의 항변**: 판례도 인적 항변사유임을 확인해 주었다(대판 1960. 8. 18, 4292민상851).

2. 어음법 제17조의 적용을 받지 않는 인적항변

인적항변은 제한(절단)되는 것이 원칙이다. 그러나 소지인이 해의이거나 악의이면 예외적으로 제한되지 아니한다. 어음법 제17조에 의하면 인적항변이라도 소지인이 해의를 갖추고 있으면 어음채무자가 그 항변을 대항할 수 있다. 그러나 일부 인적항변은 민법 등 다른 규정에 의하여 소지인이 악의이기만 하면 대항이 허용된다. 그만큼 예외적으로 허용되는 항변의 대항이 쉬워지는 것이다.

(1) 의사표시의 하자(민 107조, 108조, 109조, 110조)

어음행위가 비진의표시·허위표시·착오·사기·강박으로 인하여 행해진 경우, 엄격하게는 교부행위에 비진의표시·허위표시·착오·사기·강박이 있는 경우에 선의의 제3자에게는 대항할 수 없으므로 인적항변사유로 분류된다. 다만 민법의 해당조항이 적용되어 「악의」의 제3자에게는 대항할 수 있다.

대판 1977. 5. 16, 96가49513 판결에서는 '해의'를 언급하고 있는데 어음법 제17조의 적용을 받지 않음에도 불구하고 '해의'를 요건으로 삼을 수 있는지는 의문이다.

(2) 보충권 남용

백지어음이 수여된 보충권의 내용에 위반하여 보충되었다 하더라도 소지인에게 악의·중과실이 없는 이상 어음채무자는 백지어음의 부당보충을 이유로 소지인에게 대항하지 못한다(어 10조, 77조 2항; 수 13조). 항변은 절단되지만 해의를 기준으로 하는 어음법 제17조의 규율은 받지 아니한다.

대판 1999. 2. 9, 98다37736 판결에서는 백지어음의 부당보충에 있어서의 악의를 어음법 제17조의 해의와 같은 것처럼 설시하고 있다. 그러나 보충권 남용의 경우는 지·부지를 기준으로 악의 여부를 판단하는 것이 어음법 제10조의 법문에 맞을 것으로 생각한다.

(3) 교부계약의 부존재(점유상실)

어음채무의 성립은 교부계약을 필요로 하지만 그것이 흠결되었다 하더라도 외관을 작출한 자는 선의로 취득한 자에 대하여 책임을 면할 수 없다(권리외관설). 교부계약의 흠결의 항변은 어음법 제17조(어 77조 1항 1호; 수 22조)의 적용을 받지 않고 「악의」의 취득자에게 대항할 수 있다. 모든 어음 소지인에게 대항할 수는 없다는 점에서 인적항변사유로 분류되지만 「해의」의 유무를 따질 필요는 없다.

(4) 주식회사 이사의 자기거래

주식회사와 그 회사의 이사간의 거래에 수반하여 주식회사가 어음행위를 한 경우 이사회의 승인을 받지 않았다면 무효이다. 단, 선의의 제3자에 대해서는 무효로 대항할 수 없다(상대적무효설). 이러한 경우도 「해의」가 아니라 소지인의 「악의」에 따라 항변이 허용되는, 즉 어음법 제17조의 적용을 받지 않는 인적항변에 해당한다.

제4 융통어음의 항변

1. 융통어음의 의의

융통어음이라 함은 융통을 받는 자가 자금융통에 이용하도록 발행된 어음을 가리킨다. 미국의 유통증권법에서는 융통자(accommodation party)가 피융통자(accommodated party)를 위하여 발행·배서·인수·보증 등을 해주는 넓은 의미의 어음채무에 대한 보증을 「accommodation」이라고 부른다. 이에 반하여 우리나라에서는 진성어음이나 상업어음에 대비되는 용어로 어음발행의 원인이 되는 현실적 상거래가 없이 자금융통을 위하여 발행된 어음을 융통어음이라 부른다. 자신이 발행한 어음으로는 어음할인 등을 통하여 자금을 조달할 수 없는 상인이 제3자(융통자)에게 자기의 어음을 담보로 제공하고 제3자의 어음을 발행받아 그 어음을 금융업자로부터 할인받아 자금을 조달하는 것이 융통어음이 이용되는 가장 흔한 예이다(대판 1996. 5. 14, 96다3449 참조). 융통어음을 발행해 주는 자와 융통을 제공받는 자(피융통자: 수혜자) 사이에는 융통계약이 있게 되는데 융통어음의 발행인이 어음채무를 이행할 경우, 융통어음의 수혜자가 융통자에게 어음금 상당액을 지급하기로 하는 약속이 융통계약의 중심을 이룬다. 판례도 동일한 취지로 판단하고 있다.

대판 1999. 10. 22, 98다51398 융통어음은 융통자와 피융통자 사이의 내부관계에 있어서는 피융통자가 어음금의 결제를 책임지는 것을 당연한 전제로 하여 수수되는 것이므로, 융통어음의 수수 당시 당사자 사이에서는 어음의 만기가 도래하기 이전에 피융통자가 어음을 회수하여 융통자에게 반환하거나, 융통어음의 결제자금으로 그 액면금에 상당한 금액을 융통자에게 지급하기로 하는 약정이 있었던 것으로 봄이 상당하다.

2. 융통어음의 항변에 관한 논의의 범위

융통어음과 관련한 항변의 논의에는 융통자가 피융통자의 항변을 원용할 수 있는가와 같은 문제도 포함될 수 있으나 「융통어음의 항변」으로 일반적으로 논의되는 것은 융통자가 융통어음임을 주장하여 어음채무를 면할 수 있는가에 한정된다.

3. 융통어음의 항변의 성질

상식에 비추어 볼 때 있을 수 없는 일이기는 하지만 피융통자가 융통어음을 발행한 융통자를 상대로 어음채무이행을 청구해 올 경우 융통자가 지급을 거절할 수 있음은 당연하다. 다만 이 때 융통어음이라는 점에 대한 입증책임은 어음의 발행자가 부담한다.

피융통자가 아닌 제3자의 어음금 청구에 대하여는 융통어음임을 이유로 지급을 거절할 수 없다는 데 대하여 반대하는 견해는 없다. 그러나 그 이론적 근거는 융통어음이라는 항변의 성질을 어떻게 보느냐에 따라 몇가지 견해가 대립하고 있다.

대판 2001. 8. 24, 2001다28176 융통어음의 발행자는 피융통자로부터 그 어음을 양수한 제3자에 대하여는 선의이거나 악의이거나, 또한 그 취득이 기한후배서에 의한 것이라 하더라도 대가 없이 발행된 융통어음이라는 항변으로 대항할 수 없으나, 피융통자에 대하여는 어음상의 책임을 부담하지 아니한다 할 것이고, 약속어음금 청구에 있어 어음의 발행인이 그 어음이 융통어음이므로 피융통자에 대하여 어음상의 책임을 부담하지 아니한다고 항변하는 경우 융통어음이라는 점에 대한 입증책임은 어음의 발행자가 부담한다고 할 것이다.

(1) 인적항변사유이지만 「해의」는 인정할 수 없다는 견해

우리나라의 통설은 융통어음의 항변을 어음법 제17조에 규정된 인적항변에 해당한다고 하면서, 융통어음이 제3자에게 양도된 경우에는 제3자가 융통어음임을 알았다고 하더라도 그것을 어음법 제17조의 「어음채무자를 해할 것을 알고」 취득한 것이라고 볼 수 없으므로 채무자는 지급을 거절할 수 없다고 설명한다(서돈각 · 정완용, 110-111면; 손주찬, 130면; 이범찬 · 최준선, 897면; 양승규, 180면; 정무동, 350면; 최기원, 403-404면). 융통자는 피융통자에게는 지급을 거절할 수 있으나 그 이후의 소지인은 융통어음임을 알았다 하더라도 「해의」를 구성하지 아니하므로 어음법 제17조에 따라 해의의 항변을 제기하여 어음금지급을 거절할 수는 없다고 한다.

(2) 배제불요(절단이 불필요한) 항변으로 보는 견해

융통어음은 원래 융통자(발행인)가 피융통자(수취인)로 하여금 제3자(금융업자)로부터 자금을 조달하게 하고 융통자가 어음채무를 부담하겠다는 의사로 발행한 것이므로 융통자는 그 제3자가 선의이든 악의이든 불문하고 언제나 제3자에 대하여는 어음금을 지급하여야 한다. 따라서 융통어음의 항변은 성질상 처음부터 제3자에게는 대항할 수 없는 항변이고 아예 절단이나 배제가 논의될 수 없는 항변이라고 설명하는 소수의 견해가 있다(강위두, 179면; 정동윤, 176면). 이 견해는 종래의 인적항변 · 물적항변 2분법으로는 어음항변의 성질을 제대로 구명할 수 없다고 하면서 다양한 분류방법이 필요하다는 입장에서 주장하는 것이다.

(3) 어음항변의 한 유형에 해당하지 않는다는 견해

또 하나의 소수설에서는 융통어음의 항변은 일반적인 어음항변과는 다른 것이라고 설명한다. 융통어음에 관해서는 어음취득자가 융통의 사실을 알고 있는 경우에도 어음채무자는 이를 항변할 수 없으므로 융통어음의 항변은 당사자간에서만 주장할 수 있고 어떠한 경우에도 제3자에 대하여는 주장할 수 없다는 점에서 일반적인 어음항변의 한가지 유형으로 분류하지 않는 것이 타당하다고 한다(정찬형, 375면; 정희철 258면).

(4) 판 례

판례는 통설의 입장과 같이 융통어음의 항변을 인적항변으로 보면서 제3자가 악의이더라도 융통어음의 항변으로 대항할 수 없다고 한다.

대판 1995. 1. 20, 94다50489 타인의 금융 또는 채무담보를 위하여 약속어음

(소위 융통어음)을 발행한 자는 피융통자에 대하여 어음상의 책임을 부담하지 아니하지만, 그 어음을 양수한 제3자에 대하여는 선의, 악의를 묻지 아니하고 대가없이 발행된 융통어음이었다는 항변으로 대항할 수는 없다.

(5) 학설의 검토

융통어음에 있어서 융통어음이라는 항변과 융통어음과 관련된 항변은 구별되어야 한다. 예를 들어 피융통자의 자금제공거부와 같은 융통계약의 위반을 이유로 한 항변 또는 피융통자의 항변을 융통자가 원용하는 경우 등이 융통어음과 관련된 항변에 속한다.

융통어음이라는 항변에 한정지어보면 이것이 피융통자에게만 대항할 수 있고 그밖의 제3자에게는 제3자의 악의·선의를 불문하고 대항할 수 없다는 데 대하여는 이론이 없다. 융통자는 제3자가 융통어음임을 알았다 하더라도 지급하겠다는 의사로 발행한 어음이기 때문이다. 그렇다면 이러한 종류의 항변은 어음법 제17조의 규정에 비추어 보면 예외적인 것이다. 동조에서는 인적항변은 제3자에게 대항할 수 없음이 원칙이고 제3자가 해의(악의)이면 대항할 수 있다고 규정하고 있는데 융통어음의 항변은 해의 여부를 묻지 않고 항상 제3자에게는 대항할 수 없다. 여기서 융통어음의 항변은 일반 어음항변의 한 가지 유형으로 볼 수 없다는 견해가 나온 것으로 보인다. 또 절단이 필요없는 항변이라고 분류하는 견해도 이해할 수 있다. 그러나 어음항변이론의 중심은 특정소지인에 대해서만 대항할 수 있느냐(인적항변) 모든 소지인에게 대항할 수 있느냐(물적항변), 즉 절단 여부에 모아져 있다.

이렇게 볼 때, 융통어음의 항변, 보다 정확하게 말해서 융통어음이라는 항변은 비록 제3자에게 대항할 수 있느냐 없느냐를 따져볼 필요가 없을 정도로 절단되는 것이 당연하기는 하지만 특정 소지인에게만 대항할 수 있는 것 즉 절단되는 것은 사실이므로 인적항변에 해당한다고 보아야 할 것이다. 그리고 해의(악의)의 항변은 처음부터 융통자 자신이 포기한 것이므로 어음법 제17조 단서의 적용은 문제될 수 없다고 이해하면 될 것이다.

4. 융통계약위반의 항변

위에서 융통어음이라는 항변만이 융통어음의 항변에 해당하고 융통어음과 관련된 항변과는 구별되어야 한다고 지적하였다. 융통어음과 관련된 항변 중에서 판례에 등장하는 사실관계를 보면 융통자(A)는 피융통자(B)가 담보로 제공한 어음을 받고 융통어음을 발행하였는데 소지인(H)이 담보어음이 부도된 것을 알고 융통어음을 취득하였다면 융통자가 어음금지급을 거절할 수 있다는 사례이다. 판례는 이러한 경우도 융통어음의 항변이라고 부르기도 하지만 융통계약위반의 항변은 융통어음의 항변과 구별하여 원인관계 종료 후의 항변으로 다루든지(김교창, "융통어음에 관한 융통계약상의 항변들", 「상사법연구」, 제15권 제2호, 1996, 238면) 권리남용의 법리를 적용할 일반 민법상의 악의의 항변으로 다루어야 할 것이다(정찬형, 어음·수표법강의, 526면).

판례는 융통계약위반의 경우에 소지인이 악의이면 융통자가 어음채무이행을 거절할 수 있다고 전제하면서도 소지인이 그 앞선 당사자의 선의의 지위를 승계하였기 때문에 악의가 아니라고 보아 항변의 대항을 허용하지 않았다.

대판 2001. 12. 11, 2000다38596 융통인이 피융통인에게 신용을 제공할 목적으로 수표에 배서한 경우, 특별한 사정이 없는 한 융통인과 피융통인 사이에 당해 수표에 의하여 자금융통의 목적을 달성한 때는 피융통인이 융통인에게 지급자금을 제공하든가 혹은 당해 수표를 회수하여 융통인의 배서를 말소하기로 합의한 것이라고 보아야 할 것이므로, 피융통인이 당해 수표를 사용하여 금융의 목적을 달성한 다음 이를 반환받은 때에는 위 합의의 효력에 의하여 피융통인은 융통인에 대하여 융통인의 배서를 말소할 의무를 부담하고, 이것을 다시 금융의 목적을 위하여 제3자에게 양도하여서는 아니 된다고 할 것이다. 그럼에도 불구하고, 피융통인이 이를 다시 제3자에게 사용한 경우, 융통인이 당해 수표가 융통수표이었고, 제3자가 그것이 이미 사용되어 그 목적을 달성한 이후 다시 사용되는 것이라는 점에 관하여 알고 있었다는 것을 입증하면, 융통인이 피융통인에 대하여 그 재사용을 허락하였다고 볼 만한 사정이 없는 한, 융통인은 위 융통수표 재도사용의 항변으로 제3자에 대하여 대항할 수 있다.

대판 1994. 5. 10, 93다58721 타인의 금융 또는 채무담보를 위하여 약속어음(소위 융통어음)을 발행한 자는 피융통자에 대하여 어음상의 책임을 부담하지 아니하나, 그 어음을 양수한 제3자에 대하여는 선의이거나 악의이거나, 또한 그 취득이 기한후배서에 의한 것이었다 하더라도 대가없이 발행된 융통어음이었다는 항변으로 대항할 수 없다 할 것이나, 다만 피융통자가 융통어음과 교환하여 그 액면금과 같은 금액의 약속어음을 융통자에게 담보로 교부한 경우에 있어서는 융통어음을 양수한 제3자가 그 어음이 융통어음으로 발행되었고 이와 교환으로 교부된 담보어음이 지급거절되었다는 사정을 알고 있었다면, 융통어음의 발행자는 그 제3자에 대하여 융통어음의 항변으로 대항할 수 있다고 할 것이다.

원고 양원봉의 前者로서 이 사건 어음의 종전소지자인 소외 대한상호신용금고가 이 사건 어음이 융통어음이고 이와 교환으로 발행된 담보어음이 지급거절되었다는 사정을 알고 있었다는 아무런 자료를 찾아볼 수 없으므로 융통자인 피고 서명수가 위와 같은 사정을 들어 소외 금고에 대항할 수 없는 것이므로 피고의 소위 융통어음의 항변은 절단되었다고 할 것이고, 따라서 소외 금고로부터 이 사건 어음을 양수한 원고가 위와 같은 사정을 알고 있었다고 하더라도 피고는 위와 같은 사유를 들어 원고에 대하여도 대항할 수 없다고 할 것이다.

제5 인적항변 절단의 예외

인적항변사유에 해당하면서도 항변이 절단되지 아니하는 경우를 살펴보면 다음과 같다.

1. 해의의 항변

어음소지인이 그 채무자를 해할 것을 알고 어음을 취득한 때는 그 소지인을 보호할 가치가 없다고 보아, 어음법 제17조 단서(어 77조 1항 1호; 수 22조 단서)에서 「소지인이 그 채무자를 해할 것을 알고 어음을 취득한 때에는」 전(前)소지인에 대한 인적항변으로써 후(後)소지인에게 대항할 수 있도록 하였다. 이를 해의의 항변 또는 악의의 항변이라고 한다.

해의의 내용은 양도인과 양수인 사이의 사기적인 공모까지는 필요없으나 단순한 항변사유의 인식만으로는 불충분하고 항변절단으로써 채무자가 경제적 손해를 받게 된다는 것을 알아야 한다. 순전히 개념상으로만 본다면 해의는 악의에 어떠한 다른 요소가 추가된 것으로서 해의가 악의보다 입증하기 까다로운 요건이다. 이해를 쉽게 하기 위하여 악의와 해의를 구별해 볼 수 있는 사례를 들어보자. A와 B가 사귀고 있는 줄 알면서도 X는 A와 사귀기 시작하였다. X는 '악의'이기는 했으나 A가 곧바로 B와 헤어지리라고 생각했다면 '해의'를 인정하기는 어렵다.

예를 들어 취득자가 어음채무자와 수취인간의 매매계약의 이행으로 인도된 매매목적물에 하자가 있어서 매매계약이 해제될 수 있음을 알았다 하더라도(여기까지는 어음채무자가 입증하여야 함) 수취인이 하자없는 물건을 제공하여 원만하게 해결될 것으로 믿었다면(소지인의 입증대상임) 악의는 인정할 수 있으나 해의는 인정할 수 없다. 중과실이 있었다 하더라도 해의에 해당하지 아니한다. 중과실은 해의에서 제외된다.

대판 1996. 5. 28, 96다7120 어음법 제17조 단서에서 규정하는 채무자를 해할 것을 알고 어음을 취득하였을 때라 함은 단지 항변사유의 존재를 아는 것만으로는 부족하고 자기가 어음을 취득함으로써 항변이 절단되고 채무자가 손해를 입게 될 사정이 객관적으로 존재한다는 사실까지도 충분히 알아야 한다고 할 것이다.

〈사실관계 및 쟁점〉 피고 한국삼경주식회사는 소외 주식회사 동흥에게 액면 금 70,000,000원의 약속어음 1장을 발행하였고, 동흥은 1992. 11. 18. 원고 주식회사 국민은행에게, 원고는 1992. 12. 1. 소외 한국은행에게, 각 거절증서의 작성을 면제한 채 이 사건 어음을 순차로 배서양도하였다. 이 사건 어음의 최종소지인인 한국은행은 그 지급기일에 그 지급장소에서 이 사건 어음의 지급제시를 하였으나 피사취를 이유로 그 지급이 거절되자, 소구권을 행사하여 원고가 이 사건 어음금을 위 한국은행에게 지급하고 이 사건 어음을 회수하여 소지하고 피고에게 어음금을 청구하게 되었다.

이에 피고는 다음과 같은 이유로 원고가 피고를 해할 의사로 위 동흥에게 이 사건 어음을 할인하여 주면서 이를 취득하였다는 악의의 항변을 하였다. 즉, 피고가 1992. 9. 3.경 위 동흥에게 인도네시아산 합판 약 700m^3 가량의 수입을 대행하여 줄 것을 의뢰한 사실, 이에 위 동흥은 그 무렵 원고 은행 덕천동지점에 자신 명의로 신용장을 개설하고 위 합판을 수입하는 절차를 밟아 1992. 11. 4. 위 합판에 관한 선적서류가 원고 은행 덕천동지점에 도착한 사실, 위 동흥이 피고에게 위 선적서류의 도착사실을 알리고 위 합판대금의 결제를 요구하자 피고는 자신이 소지하고 있던 소외 주식회사 현대금속 발행의 약속어음 3장 액면 합계 금 179,334,907원을 위 동흥에게 배서양도한 사실, 위 동흥은 위 어음 3장을 소외 주식회사 국민카드로부터 할인받아 이를 원고 은행 덕천동지점에 개설된 자신의 예금계좌에 입금하였는데 그 일부가 종전에 원고 은행으로부터 할인받았다가 지급거절된 어음, 수표의 결제를 위하여 자동대체되어 버리는 바람에 위 수입합판대금을 결제하지 못한 사실(이에 위 동흥은 그로 인한 피고의 손해 일부에 대한 배상으로서 1992. 11. 14.경 액면 금 50,000,000원의 당좌수표를 발행하여 주었다.), 피고는 위 동흥으로부터 위와 같은 사정을 듣고 위 수입합판을 인수하기 위하여 다시 동흥에게 위 합판 수입대금의 결제를 위하여 이 사건 어음 및 액면 금 50,000,000원인 약속어음 3장을 발행 · 교부한 사실, 그러나 위 동흥의 대표이사인 위 이환석은 위 어음 4매 중 이 사건 어음을 1992. 11. 18.에, 액면 금 50,000,000원인 어음 1장을 그 다음날에 각 원고 은행 덕천동지점으로부터 할인받은 다음 그 할인대전을 위 합판 수입대금의 결제에 사용하지 아니하고 위 동흥의 당좌예금계좌에 입금시켜 위 동흥 발행의 수표의 결제에 사용하여 버린 사실, 위 이환석이 원고 은행 덕천동지점으로부터 이 사건 어음을 할인받으면서 진성어음이라는 점을 입증하기 위하여 제출한 세금계산서에 위 동흥이 피고에게 합판을 공급하였다는 기재가 있는 사실을 근거로 피고는 원고가 악의라는 항변을 하였다.

그러나 원심은 이러한 사실만으로는, 원고가 위 동흥으로부터 이 사건 어음을 취득함에 있어 이 사건 어음이 위 합판 수입대금의 결제를 조건으로 발행된 사정을 잘 알면서도 피고를 해할 의사로 이 사건 어음을 취득하였다고 인정할 수 없고, 또한 피고가 이 사건 어음의 발행에 앞서 원고 회사 덕천동지점의 외환담당 대리인 소외 박위진에게 전화를 걸어 이 사건 어음이 위 합판 수입대금의 결제를 조건으로 발행되었다는 사실을 알렸다는 점에 관하여도 이를 인정할 증거가 없으며, 그 외 달리 원고가 피고를 해할 의사로 이 사건 어음을 할인하여 주었다고 인정할 자료가 없다 하여 피고의 항변을 배척하면서 부가적으로 위 합판의 수입대금은 금 179,200,000원 정도에 불과함에도 불구하고 피고는 위 동흥의 자금사정을 고려하여 위 금액을 훨씬 초과하는 액면 합계 금 220,000,000원인 약속어음 4장을 발행하여 준 사정에 비추어 보면 피고는 위 동흥에게 위 어음 4장을 할인하여(위 수입대금을 원고 은행 덕천동지점에 결제하기 위하여서는 어차피 위 어음 4장을 할인하여야 할 것이다.) 그 할인대금으로 위 합판 수입대금을 우선 결제하고 나머지는 위 동흥의 자금으로 사용하도록 하여 위 어음 4매를 발행하여 준 것으로 보이므로 위 이환석이 이 사건 어음을 할인한 것은 피고의 이 사건 어음발행 조건에 위배된 것이라고 할 수는 없는 것이고, 다만 위 이환석이 이 사건 어음과 액면 금 50,000,000원인 어음을 각 할인한 다음에 이를 위 수입대금의 결제에 사용하지 아니하고 임의로 위 동흥의 당좌예금 계좌에 입금하여 위 동흥의 수표결제 자금으로 사용하여 버린 것이 피고의 이 사건 어음발행 조건에 위배된 것이라고 할 것인데, 원고와 위 이환석이 이 사건 어음을 할인하여 이를 위 동흥의 당좌예금 계좌에 입금시켜 위 동흥의 자금으로 사용하기로 공모하였다고 볼 증거가 없는 이 사건에 있어서는 원고가 위 이환석에게 이 사건 어음을 할인하여 줄 시점에 피고를 해할 의사가 있었다고 볼 수는 없다고 판시하였다.

대법원의 해의의 항변에 관한 판시는 다음과 같다. “어음법 제17조 단서에서 규정하는 채무자를 해할 것을 알고 어음을 취득하였을 때라 함은 단지 항변사유의 존재를 아는 것만으로는 부족하고 자기가 어음을 취득함으로써 항변이 절단되고 채무자가 손해를 입게 될 사정이 객관적으로 존재한다는 사실까지도 충분히 알아야 하므로, 피고의 통지 사실이 인정되지 않고, 나아가 원고가 이 사건 어음을 할인하여 그 대금을 동흥의 당좌구좌에 입금하여 준 이후에도 1992. 12. 1.까지 동흥과의 어음할인거래가 계속된 점에 비추어, 동흥이 이 사건 어음할인대금을 임의로 사용하였다고 하더라도, 그러한 점만으로는 원고가 피고를 해할 것을 알고 어음을 취득하였다고 보기는 어렵다고 할 것이므로 원심이 피고의 악의의 항변을 배척한 조치는 정당하다고 할 것이고, 다만 원심이 원고와 동흥이 공모하여 이 건 어음 할인대금을 임의로 사용하였다고 볼 증거가 없으니 원고가 이 사건 어음의 할인 당시 피고를 해할 의사가 있었다고 보기 어렵다고 판시하여 마치 원고와 동흥과의 사이에 공모가 있어야만 악의로 인정되는 취지로 설시한 것은 잘못이라고 할 것이나 이는 부가적인 설시에 불과함이 명백하므로, 따라서 원심판결에 어음법 제17조 단서의 채무자를 해할 의사에 관한 법리를 오해한 위법 등이 있다는 논지는 받아들일 수 없다."

대판 1996. 3. 22, 95다56033 어음 채무자는 소지인이 그 채무자를 해할 것을 알고 어음을 취득한 경우가 아닌 한, 소지인이 중대한 과실로 그러한 사실을 몰랐다고 하더라도 종전 소지인에 대한 인적항변으로써 소지인에게 대항할 수 없다.

악의이면 특별한 사정이 없는 한 해의에 해당한다 할 것이다. 이는 손해(피해)의 인식이 추정된다는 점에서 형법에서의 미필적 고의와 비교될 수 있다.

해의의 항변은 어음채무자와 소지인의 관계에서 문제되지만 어음채무자와 소지인 사이에 다른 배서인이 끼어 있고 그 배서인이 선의였다면, 소지인은 그 배서인의 지위를 승계하므로 현재의 소지인이 비록 해의라 하더라도 채무자는 항변으로써 대항할 수 없다. 예를 들면 A→B→C→D로 전전유통된 약속어음의 경우 C가 A·B간의 원인관계의 해제사실을 몰랐다면 D가 그러한 사실을 알고 해의로써 이 어음을 양수하였더라도 A는 D에게 어음금지급을 거절할 수 없다. 판례도 이 점을 지적하였으며 이는 지위승계의 법리가 적용되는 사례이다.

해의의 존재시기는 취득시를 기준으로 한다. 소지인의 해의에 대한 입증은 항변으로써 대항하고자 하는 어음채무자가 하여야 한다. 행위자의 심리상태를 가리키는 해의의 입증이 어려움을 감안할 때 악의의 입증이 있으면 해의의 존재도 사실상 추정하는 것이 적당할 것이다(同旨: 채이식, 317면). 따라서 어음채무자가 소지인의 악의를 입증하였다 하더라도 다시 소지인 자신이 해의없음을 입증하면 항변을 대항받지 않을 수 있다.

대판 1990. 4. 25, 89다카20740 어음채무자는 기한후배서의 피배서인에 대하여는 그 배서의 배서인에 대한 인적항변을 가지고 대항할 수가 있지만, 특단의 사정이 없는 한 그 배서인의 전자에 대한 항변사유를 가지고는 피배서인에게 대항할 수 없는 것이고, 따라서 배서인이 어음취득 당시 선의였기 때문에 배서인에게 대항할 수 없었던 사유에 대하여는 피배서인이 비록 어음취득 당시 그 사유를 알고 있었다 하여도 그것으로써 피배서인에게 대항할 수는 없는 것이므로, 피고 숭원건설산업 주식회사가 소외 주식회사 정화엔지니어링에게 발행한 약속어음을 소외 회사가 소외 주식회사 조흥은행에게 배서양도하여 소외 은행이 지급기일에 지급제시하였으나 지급거절된 후 다시 원고 조계환에게 배서양도한 경우, 원고의 피고 회사에 대한 어음금청구에 대하여 피고 회사가 위 어음이 융통어음이고 이에 대한 담보로 받은 소외 회사 발행의 동액의 담보어음이 지급거절되었다는 주장을 하더라도 이에 대한 소외 은행의 악의를 주장입증하지 못하는 한 피고 회사는 소외 은행에 대하여 이로써 대항할 수가 없고, 따라서 이를 승계한 원고에 대하여 그의 선의·악의에 불구하고 위 사유로써 대항할 수 없다.

〈사실관계 및 쟁점〉 피고 숭원건설산업 주식회사는 1988. 2. 17. 소외 주식회사 정화엔지니어링에게 소외 회사의 자금융통을 목적으로 소외 회사가 발행한 약속어음을 담보로 받고 자신 발행의 약속어음(융통어음)을 교부하여 주었다. 소외 회사는 피고발행의 약속어음을 할인을 위하여 소외 주식회사 조흥은행에 지급거절증서작성의무면제하에 배서양도하였으며, 소외 은행은 지급기일인 1988. 5. 16. 지급장소에 적법한 지급제시를 하였으나 지급이 거절되었다. 그 후 소외 은행은 1988. 6. 8. 동 약속어음을 원고 조계환에게 배서양도하여 주었던 것이다. 이에 원고가 발행인인 피고 회사를 상대로 어음금지급청구의 소를 제기하였다. 그러나 피고회사는 이 사건 어음은 융통어음이며 소외 회사가 제공한 담보어음이 부도가 났으며, 또한 원고는 지급거절증서작성기간경과 후에 소외 은행으로부터 이 사건 약속어음을 배서양도 받았기 때문에 이는 기한후배서에 해당한다는 이유로 융통어음의 항변을 하였다.

여기서 쟁점이 된 것은 피융통자에 대한 융통어음의 항변은 가능하나, 제3자에 대해서는 할 수 없는바, 이 사건에서 소외 주식회사 조흥은행의 기한후배서에 의하여 그 지위를 승계한 원고에 대해서도 융통어음의 항변을 할 수 없느냐 하는 점이다. 이에 대해 판례는 배서인인 소외 은행이 선의인 경우에는 소지인(원고)은 그 배서인의 지위를 승계하므로 소지인의 선의·악의를 불문하고 융통어음의 항변을 할 수 없다고 보았다.

대판 1995. 1. 20, 94다50489 어음의 양도 전에 배서를 하였다가 이를 말소한 채로 다시 어음을 양도한 자도 배서인으로서의 소구의무를 부담하는 것은 아니나 현재의 어음소지자의 전자로서의 권리를 양도한 어음상의 권리자였다는 점에는 변함이 없다 할 것이고, 현재의 어음소지인에게 어음을 양도한 자가 어음취득 당시 선의였기 때문에 그에게 대항할 수 없었던 사유에 대하여는 현재의 어음소지인이 비록 어음취득 당시 그 사유를 알고 있었다고 하여 그것으로써 현재의 어음소지인에게 대항할 수는 없다고 할 것이다.

2. 비어음법적 방법에 의한 취득

상속이나 합병 등으로 인한 **포괄적 승계**의 경우는 항변이 절단되지 아니한다. 즉 어음채무자는 피상속인이나 소멸회사에 대항할 수 있었던 항변사유로써 상속인이나 존속·신설회사에 대하여 계속하여 대항할 수 있다. 거래안전의 보호가 필요하지 않은 경우이기 때문이다.

3. 기한후배서

기한후배서는 어음의 신용이 실추되었거나 정상적 결제기간이 이미 지나서 유통성이 상실된 이후에 이루어진 배서로서 피배서인(양수인)의 지위를 특별히 보호할 필요가 없으므로 인적항변이 절단되지 아니한다. 어음법에서도 기한후배서에 지명채권양도의 효력만을 부여하고 있다(어 20조 1항, 77조 1항 1호; 수 24조 1항). 다음 판례는 이러한 실례를 보여주고 있다.

대판 1997. 7. 22, 96다12757 원고 김두년은 피고 범양계전 주식회사가 1994. 3. 24. 소외 주식회사 백광전업사에게 액면금 23,320,000원, 지급기일 1994. 7. 30., 발행지 및 지급지 각 부산시, 지급장소 부산은행 용호동지점으로 하여 발행한 이 사건 약속어음의 지급거절증서 작성기간경과후에 원고의 명의로 된 배서인란의 기재를 말소하고 그 대신 수취인인 소외 회사 명의의 기명·날인을 받았다는 것이므로, 이는 지명채권양도의 효력만이 있어 어음채무자는 피배서인에 대하여 배서인에 대한 모든 인적항변을 대항할 수 있다 할 것이니, 피고는 소외 회사에 대한 어음채무 불발생의 항변으로서 원고에게 대항할 수 있다고 보아야 할 것이다.

4. 독립된 경제적 이익을 갖지 않는 취득

추심위임배서의 경우 피배서인은 독립된 경제적 이익을 가지지 아니하므로 어음채무자는 배서인에게 대항할 수 있었던 모든 항변사유로써 피배서인에게 대항할 수 있다.

제6 제3자의 항변/제3자 권리의 항변

1. 의 의

종래 어음항변이론에서는 인적항변의 절단 문제를 주로 다루었으나, 최근에는 어음채무자가 다른 어음채무자나 제3자가 가지는 항변을 원용하도록 허용하는 것이 합리적인 경우가 있다는 주장이 제기되고 있다. 이를 **제3자의 항변**이라 하는데 다시 **후자의 항변**, **전자의 항변**과 **이중무권의 항변**으로 구분된다.

2. 후자의 항변

약속어음의 발행인(A)이 수취인(B)에게 발행한 어음을 B가 매매대금 지급을 위하여 C에게 배서·교부하였는바 B·C간의 원인관계인 매매계약이 해제된 경우 또는 무효인 경우, A는 B가 C에게 대항할 수 있는 항변사유를 가지고 C의 어음금지급청구를 거절할 수 있는가 하는 것이 **후자의 항변**의 문제이다.

이 경우에 C의 A에 대한 권리행사를 **권리남용**에 해당하는 것으로 보고 그 권리행사를 허용하여서는 안된다고 보는 견해가 있다(강위두, 187면; 손주찬, 138면; 양승규, 190면; 정동윤, 181-182면; 정찬형, 383면; 정희철, 69면). 반면, C의 청구권을 인정하고 즉 A의 항변을 부인하고 당사자간의 부당이득의 반환 등으로 문제의 해결을 유도하는 것이 바람직하다고 하면서, 어음관계는 어음법의 특수한 법리(무인성)에 따라 해결하여야 하며 권리남용금지와 같은 일반조항의 적용은 신중을 기하여야 한다는 견지에서 제3자의 항변을 부정하는 견해도 유력하다(최기원, 405-406면).

미국 유통증권법에서는 제3자(위 사례에 있어서의 B)의 어음반환청구권이 인정되는 경우에는 그러한 제3자의 소송참가를 조건으로 제3자 권리의 항변을 허용하고 있다(*jus tertii*의 법리, U.C.C. §3-305(c)). 위 설례의 경우 B는 C에 대하여 매매대금의 지급을 위하여 양도했던 약속어음의 반환을 청구할 수 있는데 미국의 유통증권법에 의하면 A는 B의 소송참가를 조건으로 C의 청구를 거절할 수 있는 것이다.

3. 전자의 항변

전자의 항변이란 ① **어음보증인**이 보증된 자의 원인관계상의 항변사유(원인채권의 소멸, 무효, 취소)를 원용하는 경우 또는 ② **상환의무자**가 주된 채무자의 항변사유를 원용하는 경우를 말한다. 이 두 가지 중에서 ②의 경우 중 보증의 목적으로 배서해 준 자가 주된 채무자가 가지는 원인관계상의 항변을 원용하는 경우는 ①의 경우와 같이 다루면 된다. 그밖에 주된 어음채무가 지급 또는 소멸시효완성 등으로 소멸했거나 지급유예를 받은 경우를 상정해 볼 수 있으나 이러한 경우에 소지인이 상환의무자에게 권리행사를 한다는 것은 비현실적이고 따라서 전자의 항변을 원용할 필요도 거의 없을 것이다. 보증인의 항변(①)은 원래 어음채무독립의 원칙상 허용되지 아니하나, 경제적 이해조정의 필요와 **소송경제**의 관점에서 전자의 항변의 원용을 허용하자는 주장이 있다(서돈각 · 정완용, 618면; 양승규, 188면; 정찬형, 384-385면. 그 외 예외적으로만 인정하는 견해로는 정동윤, 249면).

건설공사의 이행을 담보하기 위하여 제공된 어음에 제3자가 어음보증을 한 경우 공사가 이행되었음에도 불구하고 발주자(채권자)가 어음보증인에게 어음채무의 이행을 청구할 경우 어음보증인이 피보증인의 원인채무가 존재하지 않음을 이유로 어음금지급을 거절할 수 있는가? 이에 대해 발주자의 **권리남용**으로 보아 어음금지급을 거절할 수 있다는 것이 판례의 입장이다.

반면에 어음채무독립의 원칙에 따라 어음보증인은 어음채무의 이행을 거절하지 못하고 피보증인에게 구상할 수 있을 뿐이라는 견해도 있다(이철송, 155면; 최기원, 408면). 위 판례의 사실관계에서 피보증인은 다시 발주자(채권자)에게 부당이득의 반환청구를 하여 경제적 이해관계를 조정할 수 있다고 한다.

참고로 미국 유통증권법하에서는 원칙적으로 피보증인의 항변을 가지고 보증인이 대항할 수 있다. 즉 피보증인이 파산절차에서 면책되었거나 미성년, 무권대리의 경우는 보증인이 피보증인의 항변을 원용할 수 없지만, 그 밖의 경우에는 보증인이 피보증인의 항변으로써 대항할 수 있다고 규정되어 있다(U.C.C. §3-305 (d)).

대판 1988. 8. 9, 86다카1858 장래의 채무를 담보하기 위하여 발행된 어음에 발행인을 위하여 어음보증이 되어 있는 약속어음을 수취한 사람은 어음을 발행한 원인관계상의 채무가 존속되지 않기로 확정된 때에는 특별한 사정이 없는 한 그 때부터는 어음발행인에 대해서뿐만 아니라 어음보증인에 대해서도 어음상의 권리를 행사할 실질적인 이유가 없어졌다 할 것이므로 어음이 자기수중에 있음을 기화로 하여 어음보증인으로부터 어음금을 받으려고 하는 것은 신의성실의 원칙에 비추어 부당한 것으로서 권리의 남용이라 할 것이고, 어음보증인은 수취인에 대하여 어음금의 지급을 거절할 수 있다고 보는 것이 옳다 할 것이고 위 수취인으로부터 배서양도를 받은 어음소지인이 어음법 제17조 단서의 요건에 해당되는 때에는 어음보증인은 그러한 악의의 소지인에 대하여 권리남용의 항변으로 대항할 수 있다 할 것이므로 이러한 점 등을 고려함이 없이 어음보증인의 어음채무는 피보증인의 어음채무와는 별개·독립의 존재라는 것만을 염두에 둔 원심의 판단은 옳지 못한 것이라 하겠다.

4. 이중무권의 항변

위 후자의 항변의 예에서 B·C간의 배서의 원인관계뿐 아니라 A·B간의 어음발행의 원인관계까지 소멸한 경우를 이중무권의 경우라 하고, 두 가지 사유를 모두 주장하여 A 자신의 항변으로 어음금의 지급을 거절하는 경우를 **이중무권의 항변**이라 한다. 판례는 일정한 범위 내에서 이중무권의 항변을 인정한다.

대판 2003. 1. 10, 2002다46508 어음에 의하여 청구를 받은 자는 종전의 소지인에 대한 인적 관계로 인한 항변으로써 소지인에게 대항하지 못하는 것이 원칙이지만, 이와 같이 인적항변을 제한하는 법의 취지는 어음거래의 안전을 위하여 어음취득자의 이익을 보호하기 위한 것이므로 자기에 대한 배서의 원인관계가 흠결됨으로써 어음소지인이 그 어음을 소지할 정당한 권원이 없어지고 어음금의 지급을 구할 경제적 이익이 없게 된 경우에는 인적항변절단의 이익을 향유할 지위에 있지 아니하다고 보아야 할 것이다. 따라서 피고 甲 주식회사가 소외 조길석에게 자신이 발행·교부한 이 사건 약속어음금을 모두 지급하고 소외 조길석이 원고 A에게 이 사건 어음금 중 292,368,410원을 지급한 이상, 원고는 배서인인 조길석과 사이에서 소멸된 292,368,410원 부분에 대하여는 그 어음금의 지급을 구할 경제적 이익이 없게 되어 인적항변절단의 이익을 향유할 지위에 있지 아니하므로, 이 사건 어음의 발행인인 피고회사는 위 범위 내에서 조길석에 대한 위 인적항변으로써 소지인인 원고에게 대항하여 그 부분 어음금의 지급을 거절할 수 있다.

〈사실관계 및 쟁점〉 피고 甲 주식회사는 소외 주식회사 진애드에게 이 사건 어음을 발행·교부하였고, 소외 회사는 소외 조길석에게, 소외 조길석은 원고 A에게 이 사건 어음을 순차 배서양도하였다(사안을 단순화하기 위해 수통의 어음을 발행하였지만, 1통의 어음만을 전제로 한다: 저자 주). 이 사건 어음은 지급기일에 지급제시되었으나 지급거절되었고, 원고 A가 이를 회수하여 소지하고 있었다. 그 후 피고회사는 1998. 5. 25. 서울지방법원 동부지원 97거15호로 화의개시결정을 받은 다음, 1998. 8. 3. 화의인가결정을 받고 위 인가결정이 1998. 8. 24. 확정되었다. 원고 A는 이 사건 어음의 소지인으로서 발행인인 피고회사에게 이 사건 어음금 571,868,560원 및 이에 대한 지연손해금의 지급을 구하였다. 그런데 피고회사는 이 사건 어음과 상환하지 아니한 채 소외 조길석에게 이 사건 어음금 및 이에 대한 이자를 모두 지급하였는데, 소외 조길석은 원고 A에게 이 사건 어음금에 대한 변제조로 그 중 일부인 합계 292,368,410원만 지급하였다. 이에 피고회사는 소외 조길석에 대한 자신의 인적항변으로써 원고 A에 대항하여 어음금의 지급을 거절하였다.

여기서 쟁점이 된 것은 어음의 발행인이 발행의 원인관계 및 배서의 원인관계의 소멸을 이유로 어음소지인에 대하여 자신의 인적항변을 주장할 수 있느냐 하는 점이다. 이것이 소위 이중무권의 항변의 문제이다.

이에 대해 판례는 판결요지와 같은 이유로 피고회사의 인적항변의 주장을 일부인정하였다. 따라서 피고회사는 이 사건에서 금 292,368,410원 범위 내에서는 소외 조길석에 대한 자신의 인적항변으로써 소지인인 원고 A에게 대항하여 그 부분 어음금의 지급을 거절할 수 있고, 그 나머지 어음금 279,500,110원(571,868,560원 - 292,368,410원)은 원고 A에게 지급할 의무가 있다고 한 것이다.

사 례 8

약품도매상 B주식회사로부터 약품을 공급받아 판매하는 E약국 주인약사 A는 구입대금을 매 3개월 단위로 정산하여 결제해주고 있다. 2012년 2월 25일 A는 동년 5월 25일을 지급기일로 하는 금액백지의 은행도약속어음을 발행하여 B회사에게 교부하였다. B회사의 경리과직원 X는 동년 5월 1일에 금액백지 상태로 이 어음을 C에게 양도하면서 5백만원을 보충하기로 된 어음이라고 말하였다. X는 동년 5월 중순 B회사에서 퇴직하였다. C는 동년 5월 24일, 금액란에 5백만원으로 기재하고 C의 거래은행을 통하여 동년 5월 25일에 A의 당좌거래은행 S(지급담당자)에게 지급제시하였다. S은행은 A의 당좌예금계좌에 예금잔액이 4백만원밖에 없음을 알고 부도처리하여 C에게 반환하였다. C는 이 어음을 동년 5월 29일 D에게 배서양도하였다.

동년 5월 25일 현재 A가 B로부터 공급받은 약품의 미지급 정산금액은 3백5십만원에 불과하였다.

1. B회사 대표이사의 기명날인을 대행한 X의 배서행위는 언제 효력을 발생하는가? 또 B회사는 X의 대행권이 소멸했음을 이유로 배서인의 책임을 면할 수 있는가?
2. D가 C에게 상환청구를 하기 위하여는 A에게 지급제시를 하여야 하는가. B에 대한 상환청구의 경우는 어떠한가?
3. D가 A를 상대로 제기한 500만원의 어음금 지급청구소송에서 A가 백지어음의 부당보충의 항변을 제기할 경우 D는 승소할 수 있는가?
4. C는 이 어음에 대하여 담보책임을 지는가?
5. 이 사례에서 진실과 외관의 불일치로 인한 손실 1백5십만원은 누구에게 부담시키는 것이 합리적인가? 그로부터 이 금액을 받을 수 없다면 그 손실은 결국 누가 부담할 수밖에 없는가?
6. 위 설문에 덧붙여 A가 납품지연을 이유로 구매계약을 해제했다면 A는 그러한 항변사유를 가지고 D에게 대항할 수 있는가?

〈샘플 답안〉

Ⅰ. 논점의 정리

1. 배서의 성립시기와 효력시기를 묻는 것으로 대리권 유무(대행권)는 어떤 시점을 기준으로 판단해야 하는지, 백지어음을 보충한 때에 배서의 효력이 발생하는 것인지를 검토해야 한다.

2. 2번과 4번은 C가 상환청구권을 보전했는지, D의 배서가 기한후배서여서 C가 담보책임을 지지 않는 것은 아닌지, D가 C의 상환청구권을 승계할 수 있는 것인지, C에게 청구하기 위해서는 상환청구권 보전절차를 다시 갖춰야 하는지가 문제되므로 같이 살펴본다.

3. 보충권의 존재를 믿고 보충한 경우도 부당보충에 해당하는 것인지, 이에 대해 A가 부당보충의 항변을 할 수 있는지 살펴본다.

5. 결국 부당보충으로 인한 손해는 누가 부담할 것인지, 그가 무자력이면 누가 책임을 져야 하는지가 문제된다.

6. 원인계약의 해제가 인적항변에 해당되어 절단되는 것인지, A의 해의의 항변이

가능한지 살펴본다.

Ⅱ. 배서의 성립시기와 효력발생시기

1. 서

본 사안에서 X가 배서한 시기는 2012. 5. 1.이나 어음이 보충된 시점은 2012. 5. 24.인바, 성립시기와 효력발생시기를 알아보고 대리권 존부는 어느 시점을 기준으로 판단되어야 하는지 살펴본다.

2. 효력발생시기

백지어음을 보충한 때 완전한 어음으로서 효력이 발생하나 이것이 소급되는 것인지 여부에 대해 학설이 대립한다. ① 소급설은 배서의 성립시기로 소급하여 효력이 발생한다고 보지만, ② 불소급설은 보충시에 배서의 효력이 발생한다고 본다. 판례는 불소급설을 따른다.

생각건대, 보충권의 행사는 정지조건부 법률행위로 본다면 민법의 원칙에 따라 보충권을 행사한 시점, 즉 정지조건이 성취된 시점부터 효력이 발생한다고 보는 것이 타당하다.

3. 대리권 유무의 판단기준(대행된)

보충권 행사시 배서의 효력이 발생한다 하여도 대리권 유무, 기한후배서, 무능력자인지 여부는 실제 배서한 때, 즉 배서가 실제로 성립한 때를 기준으로 판단해야 한다고 보는 것이 일반적 견해이며 판례이다.

4. 소결

따라서 B대표이사의 기명날인을 대행한 X의 배서행위는 보충권이 행사된 2012. 5. 24. 효력이 발생된다. 그러나 대행권의 유무는 실제 배서가 성립한 시기를 기준으로 해야 하는바, 2012. 5. 1. 당시 X는 B회사에서 퇴직하기 전으로 대행권 소멸 전이었으므로 B회사는 X의 대행권이 소멸했다는 이유로 배서인의 책임을 면할 수 없다.

Ⅲ. C의 상환청구권 보전여부

1. 상환청구권 보전요건

① 지급제시기간 내에 적법한 지급제시를 하여야 하고, ② 지급거절증서작성을 하여야 한다. ②는 관행상 보통 면제되며 은행에서 인쇄된 용지에는 면제문구가 들어가 있으므로 (본 사안의 어음은 은행도어음) ①만이 문제된다.

2. 검토

지급제시기간은 지급할 날 또는 그에 이은 그 거래일로서 2012. 5. 25.(금), 5. 29., 5. 30.이다(26일과 27일은 휴일, 28일은 석가탄신일이므로). C는 5. 24. 백지어음을 보충하여 5. 25. 지급담당자인 S에게 지급제시했으므로 이는 적법한 지급제시가 있었다. 따라서 C는 상환청구권을 보전하였다.

Ⅳ. D의 배서가 기한후배서인지 여부

1. 기한후배서의 의의

어음법 제20조는 지급거절증서 작성 후 또는 지급거절증서작성기간 경과 후 배서된 경우, 신용성이 없으므로 유통성을 보호할 필요가 없어 지명채권양도의 효력만을 부여하고 있다.

2. 기한후배서의 판단

지급거절이 된 후, 지급거절증서 작성기간 전에 양도배서된 경우, 이를 기한후배서로 보아야 하는가에 대해 학설대립이 있다. ① 신용성이 이미 실추되었으므로 은행도 어음처럼 지급거절이 어음면상 명확히 나타나는 경우에는 기한후배서로 보자는 설과, ② 명문에 맞는 (법규정) 해석을 해야 하므로 기한전배서로 보아야 한다는 설이 있다. 판례는 ②설을 택한다. 기한후배서로 인정하면 많은 권리(항변의 절단 등)가 제한되므로 이는 법의 규정에 맞게 해석하는 것이 바람직하므로 ②가 타당하다고 여겨진다.

3. 본 사안의 적용

D는 지급거절증서 작성기간인 29, 30일 내에 (5. 29.) 배서양도 받았으므로 이는 기한전배서에 해당된다. 기한전배서의 경우 담보적 효력이 인정되므로 C는 담보책임을 진다. 그러나 D가 C에게 상환청구를 할 수 있는가는 별도로 논의되어야 한다.

4. D가 다시 지급제시해야 하는지 여부

앞선 상황과 같은 경우 다시 지급제시할 시간이 거의 없으므로 C의 상환청구권보전으로 D는 상환청구권보전절차를 밟지 않아도 된다는 견해가 있으나, 판례는 이와 같은 경우 C가 다시 지급제시해야만 소구권을 갖는다고 한다. 단, C의 상환청구권을 승계하여 이를 원용할 수는 있다고 본다.

5. 소결

D가 C에게 상환청구권을 행사하기 위해서는 A에게 다시 한번 지급제시를 해야 한다. 그러나 C가 이미 B에 대해서는 상환청구권을 보전했으므로 B에 대해서는 C의 상환청구권을 승계하여 상환청구할 수 있다.

Ⅴ. 백지어음 부당보충항변

1. 정의

어음법 제10조는 백지어음을 당사자가 합의한 사항과 다르게 보충하더라도 소지인에게 대항할 수 없으나, 소지인이 악의, 중과실이 있는 경우는 그러하지 않는다고 하여 부당보충항변을 인적항변으로 본다.

2. 보충권을 믿고 부당보충한 경우

소지인이 보충권을 믿고 부당보충한 경우에도 제10조가 적용된다는 것이 판례와 통설의 입장이다. 다만 판례는 중과실의 범위를 스스로 넓게 인정함으로써 이해관계의 조정은 꾀한다. 따라서 본 사안에서 보충권의 존재를 믿고 보충한 C에게도 제10조가 적용된다.

3. 악의·중과실 여부

판례는 어음금액이 백지로 되어 있는 경우, 금액에 대한 보충권의 범위를 한정하는 것이 상식에 부합하므로 직접 보충하는 자는 보충권을 수여한 자에게 직접 조회하지 않는 이상 (특별한 경우가 없는 이상) 중과실이 인정된다고 본다. 따라서 B의 말만 믿고 그대로 어음금액을 보충한 C는 중과실이 인정된다. 그러나 D의 경우 이미 금액이 보충된 완전한 어음을 취득한 것으로 악의·중과실이 인정되지 않는다(D의 입장에서는 형식상·외관상으로만 검토한 후 어음을 취득하였을 것이므로). 따라서 A는 D에게 부당보충의 항변을 할 수 없어 D는 승소할 수 있다.

4. 손해의 부담문제

D가 A에 대한 어음금 청구소송에서 A의 항변이 배척되어 어음금을 받아가면 A는 허위의 진술로 C에게 부당보충하게 한 B를 상대로 자신이 보충권 수여한 범위 이상의 손해부분을 청구할 수 있다(A는 자신이 보충권 수여한 범위에 대해서는 책임을 져야 함). 따라서 최종적인 1백5십만원의 손실은 B가 진다. 만약 B로부터 이를 청구할 수 없다면 주된 채무자인 A가 책임을 져야 할 것이다. 어음금액에 대해 조회하지 않은 중과실이 인정된다면 C의 과실을 입증하여 불법행위로 인한 손해배상을 청구할 수도 있다.

Ⅵ. 항변의 절단

1. 의의

항변이란 소지인의 어음금청구에 대해 적법하게 거절할 수 있는 사유 또는 이를 주장하는 것을 말한다.

2. 항변의 제한·절단

항변으로는 크게 누구에게든 대항할 수 있는 물적항변사유와 직접 상대방에게만 대항할 수 있는 인적항변사유가 있다. 원인관계의 해제, 취소 등의 사유는 인적항변사유로서 어음법 제17조의 적용을 받는다. 따라서 원칙적으로는 인적항변사유를 직접상대방 외 소지인에게 대항할 수 없으나 소지인이 해의인 경우 대항할 수 있게 된다. 해의란, 단지 그 사실(항변사유)을 아는 것만으로는 부족하고 항변이 절단되어 채무자에게 경제적 손해를 끼친다는 것까지 알아야 성립한다. 이는 어음청구를 받은 자가 입증해야 하며, 해의라는 것은 내면적·심리적 상태로 외부에서 알기 힘들므로 통상 악의가 있는 경우, 사실상 해의가 추정되는 것으로 보아도 될 것이다.

3. 본 사안의 적용

A가 B와의 계약을 해제하였다는 것을 D가 알았다면 어음을 취득하지 않았을 것이라는 사실에 비추어보건대(해제사실은 D가 알기도 힘듦), D가 해제사실을 알았다고 보기는 힘들며, 악의가 없어서 해의가 인정되지 않는 D에게 A와 B간의 원인관계 해제로 인한 항변사유를 대항할 수는 없다.

Ⅶ. 문제의 해결

1. 배서의 효력발생시기는 보충한 때인 2012. 5. 24.이며, 배서 성립당시(2012. 5. 1.) X의 대행권이 존재하였으므로, B회사는 책임을 면할 수 없다.
2. D가 C에게 상환청구하려면 다시 지급제시를 해야 하나, B에 대한 관계에서는 C의 상환청구권을 승계하므로 상환청구가 가능하다.
3. D는 이미 보충된 어음을 취득한 자로서 악의·중과실이 없어 A의 항변이 받아들여지지 않을 것이다. D는 승소할 수 있다.
4. C의 배서는 기한전배서로 담보책임을 진다.
5. B가 부담해야 하나, B가 무자력이라면 A가 부담한다.
6. 인적항변사유로서 D에게 해의가 인정되지 않아 대항할 수 없다.

제 8 장

어음 · 수표의 추심절차와 상환청구

제 1 절 지 급

제1 총 설

어음 · 수표관계는 그 최종의 목적인 지급에 의하여 소멸한다. 주체 면에서 보면 지급은 원래 환어음이나 수표의 지급인 및 주된 채무자(환어음의 인수인, 약속어음의 발행인)에 의한 지급을 가리킨다. 이들의 지급을 통하여 어음관계는 완전히 소멸한다. 그밖에 상환의무자의 상환, 어음보증인의 지급, 참가지급도 널리 지급이라고 하는데, 이러한 지급은 어음관계의 전부를 소멸시키지 아니하고 구상을 위하여 필요한 한도에서 어음관계가 남는다. 이 장에서 말하는 지급은 전자를 가리킨다.

어음 · 수표의 소지인이 어음채권을 행사하기 위해서는 환어음 · 수표의 지급인(또는 인수인)이나 약속어음의 발행인에게 어음을 제시하여야 한다.

제2 지급제시

1. 의 의

어음은 유가증권으로서 전전유통되므로 어음채무자로서는 만기가 도래하더라도 소지인을 알 수 없는 것이 보통이다. 따라서 어음소지인이 스스로 권리자임을 드러내면서 지급을 청구하도록 하게 할 필요가 있다. 어음소지인이 환어음의 지급인(또는 인수인)이나 약속어음의 발행인에게 어음을 제시하며 지급을 청구하는 것을 **지급제시**라고 한다.

2. 지급제시의 당사자

지급제시를 할 수 있는 자는 배서의 연속에 의하여 형식적 자격을 갖추고 있는 어음소지인과 그 대리인이다. 여기서 형식적 자격이 있는 어음소지인이라 함은 수취인, 기명식 배서의 피배서인과 마지막 배서란이 백지식배서로 되어 있으면 문자 그대로 점유자인 소지인을 가리킨다. 배서의 연속에 단절이 있더라도 단절된 부분에 대하여 실질관계를 증명하면 지급제시를 할 수 있다. 인수제시와는 달라서 어음의 단순한 점유자는 지급제시를 할 수 없다.

지급제시의 상대방은 환어음의 지급인이나 인수인 또는 약속어음의 발행인 그리고 그들의 대리인이다. 제3자방지급어음에 지급담당자가 지정되어 있으면 그 지급당담자에게 하면 된다.

대판 1988. 8. 9, 86다카1858 어음에 제3자방 지급문구가 기재되어 있을 때 그것이 지급담당자를 기재한 것일 때에는 지급을 위한 제시는 지급담당자의 영업소 또는 주소에서 지급담당자에게 하여야 하는 것이고, 일반적으로 지급장소로서 "OO은행 OO지점"이라는 기재는 당해 지점을 지급담당자로 한 것이라고 해석해야 한다.

환어음의 인수인(또는 지급인)이 수인이거나 약속어음의 발행인이 수인인 경우에는 전원에 대하여 지급제시를 하여야 하며 그들 모두가 지급을 거절하여야 상환청구할 수 있다.

3. 지급제시의 시기

지급제시기간내에 제시하여야 지급제시의 효력을 인정받을 수 있다. 확정일출급어음, 발행일자후정기출급어음, 일람후정기출급어음의 지급제시는 지급을 할 날 또는 그날 이후 2거래일 내에 지급제시를 하여야 하는 것이 원칙이다(어 38조 1항, 77조 1항 3호). 지급을 할 날은 보통 만기와 일치하지만, 만기가 휴일인 경우에는 만기 이후의 제1의 거래일이다(어 72조 1항 1문, 77조 1항 9호).

한편 제시한 때에 만기가 되는 일람출급어음의 경우에는 발행일로부터 1년 내에 지급제시를 하여야 한다(어 34조 1항 2문, 77조 1항 2호). 발행인은 이 기간을 단축 또는 연장할 수 있고 배서인은 이를 단축할 수 있다(어 34조 1항 3문, 77조 1항 2호). 또한 발행인은 일정한 기일까지 지급제시를 금지할 수 있는데, 이 경우에 지급제시기간은 그 기일로부터 개시한다(어 34조 2항, 77조 1항 2호).

지급제시기간중이라도 합리적인 시간에 지급제시가 이루어져야 한다. 지급제시의 상대방이 상인이나 은행인 경우에는 그 영업시간 내에 제시하여야 지급제시의 효력을 인정받을 수 있다.

4. 지급제시의 장소

(1) 지급지내에 있는 지급자의 영업소, 주소 또는 거소

어음채무는 **추심채무**이기 때문에, 지급제시를 하여야 할 곳은 지급지 내에 있는 지급자(환어음의 지급인이나 인수인, 약속어음의 발행인을 통틀어 '지급자'로 부르기로 한다)의 영업소, 주소 또는 거소이다(민 516조, 19조, 524조).

(2) 지급장소의 기재가 있는 경우

어음에 **지급장소**의 기재가 있는 경우에 지급제시는 그 장소에서 하여야 한다. 지급장소는 지급지내에 있어야 하고, 지급지 바깥에 있는 장소를 지급장소로 기재하는 것은 무효이며, 기재가 없는 것으로 본다. 판례에서는 지급지가 포항시이지만 지급장소가 서울특별시로 기재된 경우 그 기재는 무효로서 기재가 없는 것으로 보면서도 어음자체를 무효로 하는 것은 아니라고 하였다.

대판 1970. 7. 24, 70다965 약속어음금 청구소송에서 그 소장 부본이 피고에게 송달되면 이 때에 소지인이 그 약속어음을 발행인에게 지급을 위하여 제시한 것이라고 볼 수 있다. 그리고 약속어음에서 지급처(장)소를 기재하는 것은 필요적 기재사항이 아니므로 설사 이 사건의 약속어음처럼 지급지가 포항시로 되어 있는데, 그 지급처(장)소를 서울특별시로 기재하였다 하여 이 약속어음의 효력이 무효라고 일컬을 수는 없다.

따라서 기재된 지급장소가 지급지내의 장소가 아닌 경우에 어음소지인은 지급지내에 있는 지급자의 영업소, 주소 또는 거소에서 지급제시를 하여야 한다.

지급장소의 기재는 지급제시기간내에 지급제시를 하는 경우에만 효력이 있다고 본다. 따라서 이 기간이 경과하면 지급자의 영업소, 주소 또는 거소에서 지급제시하여야 한다. 지급장소의 기재는 지급제시기간 내에 있어서만 의미를 갖는다는 하급심의 판례도 있다. 지급장소의 기재가 효력을 상실한 후에도, 지급지의 기재는 재판적(裁判籍) 결정의 기준으로서의 효력은 유지된다.

대구고법 1986. 3. 19, 85나72 지급장소란 지급제시기간내에 있어서만 의미가 있는 것이므로, 만기전 소구를 하는 경우 소구의 요건을 충족하기 위해 하여야 할 지급을 위한 제시의 장소는 주된 채무자의 영업소 또는 주소라 할 것이다.

(3) 지급담당자의 기재가 있는 경우

지급담당자는 예를 들면 A은행 甲지점으로 기재되는 것이 보통이다. 이는 지급담당자를 기재하면서 지급장소까지 동시에 기재한 경우에 해당한다. 이와 같은 경우에는 해당은행의 해당지점에서 지급제시를 하여야 한다.

(4) 지급장소의 변경

어음에 지급장소의 기재가 있더라도 지급자와 어음소지인의 합의에 의하여 지급지내의 다른 장소로 지급장소를 변경할 수 있고, 변경된 장소에서 한 지급제시는 모든 어음관계자에 대하여 유효하다고 보아 무방할 것이다.

(5) 지급지내에 지급자의 영업소, 주소 또는 거소가 없는 경우

지급지내의 다른 지급자를 찾아보아야 하고, 그렇게 하여도 발견할 수 없다면 지급지내에서 지급거절증서를 작성하여야 한다.

(6) 어음교환소에서의 제시

어음교환소는 지급제시의 장소로서 법정되어 있다(어 38조 2항, 77조 1항 3호; 수 31조). 어음상의 지급장소나 지급담당자의 기재에 불구하고 어음교환소에서 한 제시는 지급제시로서의 효력이 있다. 실제로 금융기관이 지급자로 된 어음의 대부분은 소지인이 자신의 거래은행에 추심위임하여 거래은행이 어음교환소에 제시하고 있다. 어음교환의 법적 성질은 다수당사자의 합의에 의한 특별한 결제방법으로 이해되고 있다.

대판 1985. 2. 13, 84다카1832 어음교환에 관하여는 어음법(제38조 제2항)상 어음교환소에서의 어음의 제시는 지급을 위한 제시의 효력이 있다는 규정이 있을 뿐이므로 어음교환의 법률적 성질에 관하여서는 異論이 있으나 일반적으로는 어음교환소 또는 어음교환관리소의 정관규약 등에 따라 어음을 결제하는 일종의 특수한 지급방법이라고 파악되고 일정한 지역 내의 금융기관이 상호 다른 금융기관에서 지급하여야 할 어음을 어음교환소에 제시교환하고 총 수령액과 총 지급액의 차액만을 중앙은행의 본점 또는 지점의 당좌계정의 대체에 의하여 지급되는 것을 말하며, 어음교환소의 기구나 그 업무의 내용상 교환당일의 지급거절은 할 수 없고 어음교환소에서 교환한 어음 중 예금부족, 무거래 기타의 사유로 지급에 응하지 못할 어음이 있을 때는 이를 받은 금융기관은 어음에 부도사유를 부기하여 이를 교환에 돌린 금융기관에 반환하고 부도어음의 반환을 받은 금융기관은 어음교환소에서 어음교환절차에 따라 지급받은 부도어음 대전을 반환하고 부도어음에 관련된 어음교환소 가맹 조합금융기관은 어음교환소에 이를 계출하고 어음교환소는 어음지급 의무자가 예금부족의 지급거절로서 입금계출이 없는 등 특별한 사유가 있을 때에 한하여 제재조치로서 거래정지처분을 하게 됨이 일반이다.

5. 지급제시의 방법

유효한 지급제시가 되기 위해서는,「완성된 어음」「그 자체를」「현실적으로」 지급제시의 상대방에게 제시하여야 한다. 이를 나누어 설명하면 다음과 같다.

(1) 완성된 어음

보충되지 않은 백지어음을 제시하면 지급제시의 효력이 없다. 판례도 이 점을 지적하고 있다. 다만, 국내에서 발행되고 지급되는「국내어음」에 있어서 별다른 의미가 없는 발행지의 기재가 흠결된 어음을 지급제시하는 것은 적법한 효력이 있는 것으로 보았다(204면 대판(전원) 1998. 4. 23, 95다36466).

대판 1986. 9. 9, 85다카2011 약속어음의 소지인이 피소구권자에 대한 소구권을 행사하기 위하여는 어음법 제75조 소정의 법정기재사항이 기재된 약속어음에 의하여 적법한 지급제시를 한 것을 요하고, 위 법정기재사항의 일부라도 기재되지 아니한 약속어음에 의하여 한 지급제시는 어음법 제76조의 규정에 의하여 구제되지 않는 한 적법한 지급제시로서의 효력이 없는 것이므로 그와 같은 경우에는 피소구권자에 대한 소구권을 상실하는 것이라고 보아야 할 것이다.

(2) 어음 자체

어음 그 자체가 아닌 등본이나 사본으로 제시하면 지급제시의 효력이 없다.

(3) 현실적 제시

어음을 현실적으로 제시해야 한다. 먼저 어음을 상실한 권리자는 적법한 지급제시를 할 수 없다. 다만 제권판결이 선고되면 공시최고신청인은 어음 없이도 적법한 지급제시를 할 수 있게 된다(민소 497조 참조). 그밖에 어음의 제시가 사실상 불가능한 경우, 또는 제시가 불필요한 경우에는, 현실적 제시가 없더라도 지급제시가 있는 것과 같이 다루어야 할 것이다. 전자의 예로는 지급제시의 정당한 시기에 소지인이 지급제시의 장소에 어음을 지참하고 나갔으나 피제시자가 없는 경우, 후자의 예로는 지급담당자인 은행이 어음의 추심을 위탁받아 지급제시의 시기에 어음을 소지하고 있는 경우를 들 수 있다.

약속어음의 발행인이나 환어음의 인수인이 미리 지급거절의 의사를 표시하였더라도 지급제시는 하여야 한다. 다만 어음채무자가 일부지급을 하거나, 어음을 현실적으로 보지 않고도 상대방을 소지인으로 인정하여 지급을 거절한 경우에는, 당사자간에 제시가 있었던 것과 같은 효력을 인정하여도 문제가 없을 것이다. 마지막으로 재판상청구의 경우에는 어음의 제시가 필요하지 않다. 이 때, 소장의 제출만으로는 불충분하고 소장이 송달된 때 또는 지급명령의 송달이 있은 때 어음의 지급제시와 동일한 효력이 생긴다.

(4) 전자적 방법에 의한 제시

위의 현실적 제시에 더하여 2007년 개정 어음법·수표법에서는 전자적 제시도 현실적 제시와 같은 효력을 가지는 것으로 규정하였다. 이는 어음교환이 전산처리에 의해 이루어지는 금융실무를 반영한 것이다. 소지인으로부터 어음이나 수표의 추심을 위임받은 금융기관("제시금융기관")이 그 어음이나 수표의 기재사항을 정보처리시스템에 의하여 전자적 정보의 형태로 작성한 후 그 정보를 어음교환소에 송신하여 그 정보가 어음교환소의 정보처리시스템에 입력되었을 때에는 현실적 제시가 이루어진 것으로 본다(어 38조 3항, 77조 1항 3호, 수 31조 2항). 이 경우에 지급인 또는 지급인으로부터 지급을 위임받은 금융기관은 제시금융기관에 배서연속이 제대로 되어있는지에 대한 조사를 위임할 수 있다(어 40조 3항, 77조 1항 3호, 수 35조 2항).

대판 1971. 7. 29, 71다924 약속어음을 그 지급기일에 지급을 위한 제시를 하였다는 점은 그 소지인이 이를 증명하여야 하므로 그 입증자료가 없는 경우에 약속어음금의 지급을 청구하는 소장이 송달되었으면 그 송달된 때에 약속어음금의 지급을 위한 제시가 있는 것으로 보아야 한다.

6. 지급제시의 효과

(1) 이행지체의 발생

어음채무는 **추심채무**이므로 무엇보다도 어음소지인이 지급제시를 하여야 약속어음의 발행인 또는 환어음의 인수인이나 지급인으로부터 어음금을 지급받을 수 있다. 지급제시가 있음에도 불구하고, 주된 채무자 즉 약속어음의 발행인이나 환어음의 인수인이 어음금을 지급하지 않는 때에는 **이행지체**에 빠진다. 지급제시기간내의 제시에 대하여 지급거절을 한 주된 채무자는 어음소지인에 대하여 상환의무자와 동액의 책임을 진다(어 28조 2항, 48조, 78조 1항). 즉 연 6퍼센트의 지연이자를 더하여 지급하여야 한다.

소지인이 지급제시기간경과 후에 지급제시를 하였다면 지연이자는 만기로부터 기산되는 것이 아니고 실제로 제시한 때로부터 기산된다. 상환청구권을 보전하지 못하였으므로 어음법 제48조 제1항 제2호의 상환청구금액이 적용되지 않는다.

대판 1965. 9. 7, 65다1139 어음법 제48조에 의하면 어음소지인이 이 소구권을 행사함에 있어 연 6푼의 비율에 의한 만기 이후의 이자를 청구할 수 있으므로 약속어음 소지인이 어음발행인에 대하여 어음금을 청구함에 있어서도 같은 비율에 의한 만기 이후의 이자를 청구할 수 있다고 하여야 할 것이다.

(2) 상환청구권보전

지급제시기간내의 지급제시가 상환청구의 요건이므로 적법한 지급제시의 효과로서 상환청구권이 보전된다. 즉 지급제시기간내에 지급제시를 하였음에도 불구하고 지급이 거절된 때에는 배서인 등 상환의무자에 대하여 상환청구권을 행사할 수 있다(어 43조, 77조 1항 4호; 수 39조).

7. 지급제시해태의 효과

만기가 도래하였더라도 지급제시가 없는 한 어음채무자는 이행지체의 책임을 지지 않는다(상 65조, 민 517조). 다만 약속어음의 발행인과 같은 주된 채무자에 대한 관계에서는 지급제시를 해태했다고 해서, 어음소지인이 어음금지급청구권을 상실하는 것은 아니다.

대판 1981. 4. 14, 80다2695 약속어음 발행인은 환어음의 인수인과 같이 어음금액을 절대적으로 지급할 채무를 부담하는 자이고 상환의무자가 아니므로 소지인이 발행인에 대하여 지급을 위한 지급제시를 하지 아니하였다 하여도 어음금액을 청구할 수 있는 것이고 어음법 제77조 제1항 제3호에 의한 지급을 위한 제시의 규정은 발행인에게는 적용될 수 없다 할 것인바, 원심판결이 이와 같은 취지에서 약속어음의 발행인은 소급의무자와는 달리 어음금액을 절대적으로 지급할 채무를 부담하는 것으로서 소지인이 적법한 기간 내에 제시를 아니하였다 할지라도 발행인에 대한 어음금 청구권을 상실하는 것은 아니라고 한 판단은 정당하다.

어음소지인이 지급제시기간내에 지급제시를 하지 않으면 상환청구권을 상실한다(어 53조 1항, 77조 1항 4호). 지급제시기간내에 지급제시가 없으면 어음채무자는 어음소지인의 비용과 위험부담으로 어음금액을 공탁하여 채무를 면할 수 있다(어 42조, 77조 1항 3호).

지급제시기간이 경과하면 어음에 기재된 지급장소나 지급담당자의 기재는 그 효력을 잃는다고 본다.

제 2 절 선의지급

제1 제도의 취지

채무자가 정당한 권리자가 아닌 자에게 변제한 경우에는 진정한 권리자가 청구하는 경우에 다시 지급하여야만 면책되는 것이 원칙이다(민 472조). 이러한 이중지급의 위험을 면하기 위해서 채무자는 이행을 청구한 자의 자격여부를 면밀하게 조사하여야 한다.

그러나 거래의 원활과 신속을 중요시하는 어음거래에 있어서 지급자('지급인'과 비교. 뒤에서 보듯이 약속어음의 발행인, 환어음의 인수인, 지급담당자 등을 통칭함)가 청구자의 자격을 일일이 조사하여야 한다면, 지급이 지연될 뿐 아니라 채무자는 안심하고 지급할 수 없다. 그밖에 만기에 있어서 지급자는 지급여부의 의사결정을 독촉받고 있으며 지급지연에 따른 신용실추의 심리적 부담도 안고 있다는 점도 고려되어야 한다.

이러한 문제를 해결하고 신속한 지급을 보장하기 위하여, 어음법은 만기에 지급하는 자에게 어음의 외관 즉 어음상에 기재된 사항만 조사하도록 하고 그가 형식상 하자가 없는 어음을 지급한 때에는 「사기 또는 중대한 과실이 없으면」 면책되도록 하였다(어 40조 3항, 77조 1항 3호). 여기서 만기에 지급하는 자에는 환어음의 지급인과 인수인 및 약속어음의 발행인 외에 지급담당자도 포함된다. 다만 지급담당자에게 사기나 중과실이 있는 경우에 이중지급의 책임을 부담하는 자는 인수인이나 약속어음의 발행인이고, 지급담당자는 인수인이나 약속어음의 발행인에 대하여 준자금관계상의 채무불이행책임을 부담하게 된다.

지급자에게 어음소지인의 실질적 자격에 대한 조사권이 인정되는가에 대해 견해가 대립하지만, 판례는 수표지급인인 은행에 대하여 예외적으로 특별한 사정이 존재하는 때에는 그 실질적 자격에 대한 조사의무가 인정된다고 판시하였다(대판 2002. 2. 26, 2000다71494, 71500).

제2 지급자의 면책

어음금을 만기에 지급하는 지급인은 사기 또는 중대한 과실이 없으면 그 책임을 면한다. 이 경우에 지급인은 배서의 연속이 제대로 되었는지를 조사할 의무가 있으나 배서인의 기명날인 또는 서명의 진정성을 조사할 의무는 없다(어 40조 3항). 어음법 법문에서는 '지급인'이라고 규정하고 있으나 약속어음의 발행인, 환어음의 인수인 등을 포함하기 위하여는 '지급자'라는 포괄적 용어가 적당할 것이다.

1. 만기 또는 만기후에 지급할 것

만기 및 만기 후에 지급하는 경우에만 지급자의 면책이라는 혜택이 부여되고, 만기 전에는 지급을 독촉받고 있지 아니하고 심리적 압박도 없으므로 지급자 자신의 위험부담으로 지급하여야 한다(어 40조 2항, 77조 1항 3호). 다만 환어음의 (인수하지 않은)지급인이 만기 후에 지급하는 것은 발행인의 지급위탁의 취지에 반하므로 민법상 제3자의 변제(민 469조)에 지나지 않는다(정찬형, 342면). 수표의 경우는 지급제시기간경과 후에도 지급인이 발행인의 계산으로 지급할 수 있다(수 32조 2항).

2. 조사의무의 완화

(1) 조사사항

지급자는 아래의 형식적 사항을 조사하면 되고, 제시한 자가 진정한 권리자인가는 조사할 필요가 없다.

① **어음요건의 구비여부**: 어음요건을 갖추었는가 여부는 시간이나 노력을 들이지 않고 어음만으로 조사할 수 있다.

② **배서의 연속**: 지급제시한 자가 형식상 권리자인가 여부는, 외관상 · 형식상 알 수 있는 배서연속을 살펴봄으로써 쉽게 판별할 수 있고, 배서연속의 확인에 시간이 소요되지도 않는다.

③ **자기의 기명날인 또는 서명의 진위 등**: 지급자에게 자신의 기명날인이나

서명의 진위를 조사시키는 것은 최소한의 요구이고 전혀 어려운 부담을 지우는 일이 아니다.

(2) 형식적 자격 있는 자에 대한 지급

배서의 연속에 의하여 형식적 자격을 갖춘 자에게 지급한 이상 진정한 권리자에게 다시 지급할 책임을 면한다.

배서의 연속이 단절되어 있음에도 불구하고 소지인이 실질적 권리를 증명한 경우 지급인이 배서불연속의 가교를 승인하여 지급한 때에는 지급자 스스로 위험을 부담한다(서돈각 · 정완용, 230면; 손주찬, 318면; 양승규, 359면; 정동윤, 423면; 정찬형, 332면; 정희철, 268면). 그러나 이에 대하여 실질적 권리의 존재에 대하여 악의 · 중과실이 없으면 지급인이 면책된다는 견해가 있다(이기수 상법학(下), 166-167면; 채이식, 298면).

(3) 사기 또는 중과실이 없을 것

아무리 형식적 자격을 갖춘 자에게 지급하였더라도, 지급자에게 실질적 권리에 관하여 사기 · 중과실이 있었다면, 이중지급의 책임을 면하지 못한다.

여기서 사기라 함은, 단순히 제시한 자가 무권리자임을 알았을 뿐 아니라, 더 나아가 무권리자임을 쉽고 확실하게 입증할 수 있는 수단(입증방법)이 있음에도 불구하고 고의로 지급한 경우를 말한다. 악의와 구별하여 사기를 소극적 요건으로 한 것은 어음채무자가 소지인의 무권리를 확신한다 하더라도 그에게 소지인의 무권리를 입증할 입증방법이 확보되어 있지 않은 이상 어음채무자가 어음금청구소송에서 패소할 수밖에 없고, 어음채무자가 패소하는 경우 그가 입게 될 소송비용부담과 신용의 실추를 고려해 준 것이다.

중과실이라 함은, 주의의무를 현저하게 게을리하여 입증방법을 알아내지 못한 것, 즉 조금만 주의를 기울였더라면 무권리자임을 입증할 수 있는 방법을 알아냈을 텐데 알아내지 못한 것(조사의 부주의)과 입증방법을 알고 있는데도 현저하게 주의를 게을리하여 그것을 제시하지 않고 지급한 경우를 포함한다.

제3 조사의무이행의 효과

지급자가 형식적 자격을 갖춘 자에게 지급하면, 소지인이 무권리자인 경우라도 지급자에게 사기 또는 중과실이 없는 한 면책된다. 그 후에 진정한 권리자가 지급을 청구하더라도 다시 지급할 의무를 지지 않는다.

제4 입증책임

지급자의 사기 또는 중과실에 대한 입증책임은 (제2의)지급을 청구하는 진정한 권리자가 진다.

제5 실질적 자격 조사권의 인정여부

민법 제518조는 "지시채권의 채무자는 배서인의 서명·날인의 진위나 소지인의 진위를 조사할 권리가 있다"고 하여 어음소지인의 실질적 자격에 대한 지급인의 조사권에 대하여 규정하고 있다. 이에 반하여 어음법은 앞에서 본 바와 같이 지급인이 어음소지인의 실질적 자격에 대하여 조사의무를 부담하지 않는다는 것을 규정하고 있을 뿐이다. 따라서 어음에도 민법 제518조를 적용하여 어음소지인의 실질적 자격에 대한 지급인의 조사권을 인정할 수 있는지 여부가 문제된다. 어음법은 지급인이 배서의 연속에 관하여 조사하는 경우의 면책사유로서 사기 또는 중과실을 들고 있다. 지급인이 중과실을 방지하여 면책되기 위해서는 어음소지인이 무권리자라는 의심이 드는 경우 그 실질적 자격 여부에 대하여 필요한 사항을 조사할 수 있다고 보는 것으로 새겨야 할 것이다.

제6 지급담당자 등의 조사의무

은행도어음의 지급담당자나 수표의 지급인(은행)은 어음채무자나 수표의 발행인에 대하여 형식적 요건과 배서의 연속을 갖춘 소지인의 청구가 있으면 어음이나 수표에 나타나 있는 어음채무자나 수표발행인의 인감 또는 서명의 동일성을 확인하고 지급할 의무를 부담한다. 이러한 의무는 은행과 예금주간의 당좌거래약정에 명시되어 있다.

그런데 은행에서 사용하는 인쇄된 보통거래약관의 조항(당좌거래약정상의 면책약관)에 의하면, 기명날인이나 서명의 진정성(眞正性) 여부를 육안에 의하여 상당한 주의로 식별할 수 있는 범위 내에서만, 지급당담자나 수표지급인이 무권리자에게 지급한 데 대한 책임을 진다고 규정되어 있다.

대판 2002. 2. 26, 2000다71494, 71500 [1] 수표법 제35조의 취지에 의하면, 수표지급인인 은행이 수표상 배서인의 기명날인 또는 서명, 혹은 수표소지인이 적법한 원인에 기하여 수표를 취득하였는지 등 실권리관계를 조사할 의무는 없다고 할 것이지만, 수표금 지급사무를 처리하는 은행에게 선량한 관리자로서의 주의를 기울여 그 사무를 처리할 의무가 있다고 할 것인 이상, 통상적인 거래기준이나 경험에 비추어 당해 수표가 분실 혹은 도난·횡령되었을 가능성이 예상되거나 또는 수표소지인이 수표를 부정한 방법으로 취득하였다고 의심할 만한 특별한 사정이 존재하는 때에는 그 실질적 자격에 대한 조사의무를 진다.

[2] 고액 수표의 전액 현금지급요청은 정상적인 자기앞수표 소지인이라면 매우 이례적인 것이어서 그 수표가 혹시 분실·도난·횡령된 것이거나 혹은 수표제시자가 그 수표를 부정한 방법으로 취득하였다고 의심할 만한 사유가 있었다고 할 것이므로, 초면의 내방객으로부터 고액의 현금 지급을 요청받은 은행으로서는 마땅히 발행지점에 그 수표의 발행경위와 발행의뢰인 등을 확인하고 발행의뢰인 또는 발행지점을 통하여 그 수표를 사용하거나 타에 양도한 경위 등에 관하여 파악하려는 노력을 기울여 보았어야 함에도 불구하고 단지 사고수표인지 여부와 실명 여부만을 확인하여 고액의 현금을 지급한 것은 수표금 지급에 있어서의 지급인으로서의 주의의무를 다하였다고 할 수 없다.

〈사실관계 및 쟁점〉 제1심 공동피고 1은 원고 연합회의 충남지부 총무과장으로 재직하면서 자금관리 등의 업무를 담당하여 오던 중 소외 회사 대표이사인 제1심 공동피고 2과 공모하여 원고 조합의 예금을 인출 횡령하는 범죄행위를 하기로 공모하였는데, 마침 1998. 11. 30. 위 충남지부 부지부장 소외 1로부터 피고 은행(대전) 역전지점에 예치된 원고의 정기예금 중 만기가 된 20억 원을 인출하여 다른 은행에 10억 원씩 나누어 예금하라는 지시를 받게 되자 그 날 10:00경 위 역전지점에서 위 20억 원에 해당하는 액면 1억 원씩의 자기앞수표 20장을 발행받아 인출하였다. 한편 공동피고 2은 그 며칠 전인 1998. 11. 24. 자신의 고등학교 동창으로서 피고 은행 역전지점에서 근무하다 퇴직한 소외 2에게 "위 소외 회사가 아파트공사를 재개하려고 하는데 밀린 임금 등의 지급을 위하여 서울에서 내려오는 자금인 고액의 수표를 현금으로 바꾸려고 하니 피고 은행 직원을 소개하여 달라."고 부탁하고 그의 소개로 피고 은행 은행동 지점장과 대리 및 피고 은행 대흥동지점 대리를 각각 만나 "며칠 뒤에 고액의 수표를 현금으로 바꾸려고 하니 현금을 준비하여 줄 것"을 요청한 뒤 위 두 지점에 소외 회사 명의의 예금계좌를 개설하여 두었다. 이어 공동피고 2은 1998. 11. 30. 공동피고 1를 만나 그로부터 위 자기앞수표 20장을 건네 받은 후, 피고 은행 대전지점을 찾아가 입출금통장을 개설하고 사고수표인지 여부의 확인을 거쳐 위 자기앞수표 20장을 입금처리한 뒤 이를 액면 금 5억 원, 3억 원, 1천만 원권의 자기앞수표로 발행하여 줄 것을 요구하였으나, 위 대전지점측의 사정으로 공동피고 2의 요구대로 되지 아니하자 원래의 자기앞수표 20장을 다시 반환받게 되었으나 그 과정에서 자기앞수표 1장의 표면에 전산결제사실이 찍히게 되자 그 자기앞수표 대신 위 대전지점 발행의 자기앞수표 1장을 새로이 발행받게 되었다. 그리고 공동피고 2은 피고은행 은행동지점과 대흥동지점을 차례로 방문하여 위 자기앞수표 20장을 현금으로 교환하게 되었는데, 위 각 지점은 1998. 11. 28. 소외 2으로부터 수표를 현금으로 교환할 테니 현금을 준비하여 달라는 연락을 미리 받아 현금을 준비하고 있었으므로, 피고 은행 은행동지점은 공동피고 2으로부터 제출 받은 자기앞수표 17장이 사고수표인지 여부를 전산으로 확인한 뒤 그 날 11:37경 이를 일단 소외 회사의 예금계좌에 입금시켰다가 바로 현금 17억 원으로 인출하여 공동피고 2에게 지급하였으며, 피고 은행 대흥동지점 역시 공동피고 2으로부터 제출 받은 자기앞수표 3장이 사고수표인지 여부와 공동피고 2의 실명 여부를 전산으로 확인한 뒤 그 날 12:10경 현금으로 3억 원을 공동피고 2에게 지급하였다.

원심은 공동피고 2가 소외 회사의 대표이사로서 위 자기앞수표를 제시하기 6일 전부터 피고 은행 전직 행원이던 소외 2을 통하여 미리 피고 은행의 은행동지점과 대흥동지점에 밀린 임금 등의 지급을 위하여 필요하니 현금을 준비하여 줄 것을 부탁하면서 소외 회사 명의로 예금계좌까지 개설하였고, 교환 당일 위 은행동지점에서는 그 계좌로 자기앞수표를 입금한 뒤 이를 현금으로 인출하였던 이상, 피고 은행 은행동지점 및 대흥동지점의 직원들은 위 자기앞수표를 현금으로 지급하여 줌에 있어 사고수표인지 여부의 확인 내지 실명확인을 거침으로써 자신들의 주의의무를 다하였다고 할 것이고, 달리 피고 은행으로서 공동피고 2이 무권리자임을 의심할 만한 특별한 사정이 있었다고 볼 수는 없다고 판단하였다.

그러나 대법원은 원심을 파기환송하였다. 대법원의 설시는 다음과 같다. "공동피고 2이 공동피고 1로부터 액면 1억 원의 자기앞수표 20장을 건네 받아 피고 은행 은행동지점과 대흥동지점에서 이를 현금으로 바꾸어 지급받음에 있어, 피고 은행 위 지점들은 비록 사전에 자기 은행의 퇴직 직원을 통하여 위 공동피고 2이 고액의 수표를 현금으로 인출하려고 하니 이를 준비하여 줄 것을 요청받은 바 있었다고는 하더라도, 위 소외 회사이나 공동피고 2과는 종전에 전혀 거래관계가 없었고 이 사건 수표금 지급으로 처음 거래관계를 맺게 된 것이어서 소외 회사의 사업자등록증을 확인한 외에는 그들의 신용이나 재산상태, 영업현황 등에 관하여 전혀 파악한 바가 없었고, 당초 서울에서 자금이 내려온다고 하던 말과 달리 현금 인출을 위하여 제시된 것은 피고 은행 대전 지역의 지점에서 당일 아침 불과 1시간 전에 발행된 자기앞수표였을 뿐만 아니라, 그 발행지점(역전지점)이 같은 시내(더구나 거리도 멀지 않은 곳)에 있음에도 발행 당일 이에 인접한 은행동지점과 대흥동지점에 액면 1억 원의 자기앞수표 17장과 3장을 일거에 모두 현금(소액인 10만 원권의 자기앞수표도 전혀 포함되지 않기를 희망하였다는 것이다)으로 인출하겠다고 요청한 사실을 알 수 있는바, 이러한 사정과 위 두 지점에 지급요청한 금액의 규모와 현금으로 인출할 때의 엄청난 부피, 용도, 취급에 있어서의 번잡과 위험부담 등을 고려할 때 이와 같은 고액 수표의 전액 현금지급 요청은 정상적인 자기앞수표 소지인이라면 매우 이례적인 것이어서 그 수표가 혹시 분실・도난・횡령된 것이거나 혹은 수표제시자가 그 수표를 부정한 방법으로 취득하였다고 의심할 만한 사유가 있었다고 할 것이므로, 이처럼 초면의 내방객으로부터 고액의 현금 지급을 요청받은 위 두 지점 직원으로서는 마땅히 발행지점에 위 수표의 발행경위와 발행의뢰인 등을 확인하고 다시 그 확인된 발행의뢰인에게 직접 또는 발행지점을 통하여 위 수표를 사용하거나 타에 양도한 경위 등에 관하여 파악하려는 노력을 기울여 보았어야 할 것이라고 판단됨에도 불구하고 그러한 확인이나 파악・노력을 전혀 기울이지 않은 채 단지 사고수표인지 여부와 실명 여부만을 확인하여 고액의 현금을 지급한 것은 수표금 지급에 있어서의 지급인으로서의 주의의무를 다하였다고 할 수 없다."

제 3 절 상환청구

제1 총 설

1. 상환청구의 의의

상환청구는 어음의 인수 또는 지급이 거절된 때 또는 지급가능성이 현저하게 감소된 때에, 소지인이 인수와 지급을 담보한 발행인, 배서인 및 그들의 보증인 등에게 어음금액과 기타 비용의 변상을 청구하는 제도이다. 상환청구는 2010년 법 개정전까지 소구라는 용어로 사용되었다.

상환청구제도는, 대부분의 어음수수가 대가성이 있는 유상거래에 기초하는 것을 고려하여, 어음법의 규정에서 어음의 양도인에게 매도인의 하자담보책임과 유사한 **담보책임**을 지우고 있는 것이다. 이러한 상환청구제도는 어음취득자의 권리를 보호함으로써 어음의 유통성을 강화시키는 기능을 수행한다.

2. 상환청구의 당사자

(1) 상환청구권자

어음 · 수표의 적법한 **소지인**이 상환청구권을 가진다(어 43조, 77조 1항 4호; 수 39조). 다음으로 상환의무를 이행하고 어음을 환수한 어음채무자도 상환청구권을 가진다(재상환청구의 경우, 어 47조 3항, 77조 1항 4호; 수 43조 3항). 그밖에 보증채무를 이행한 어음보증인(어 32조 3항, 77조 3항; 수 27조 3항), 참가지급인(어 63조 1항, 77조 1항 5호), 어음금액을 지급한 무권대리인(어 8조, 77조 2항; 수 11조) 등도 **상환청구권리자**가 될 수 있다.

(2) 상환의무자

환어음의 경우에는 발행인, 배서인 그리고 이들을 위한 보증인이 **상환의무자**가 된다. 약속어음의 경우에는 배서인과 그를 위한 보증인이 상환의무자이다. 수표의 경우에는 발행인, 배서인 그리고 이들을 위한 보증인이 상환의무를 부담한다. 환어음의 인수인과 약속어음의 발행인은 주된 채무자이고 상환의무자는 아니다. 배서인 중에서도 무담보배서인(어 15조 1항, 77조 1항 1호; 수 18조 1항)은 상환의무를 부담하지 아니하며 배서금지배서인(어 15조 2항, 77조 1항 1호; 수 18조 2항)은 직접 피배서인에게 대하여만 상환의무를 부담한다.

상환의무자 각자는 주된 채무자와 함께 어음소지인에 대하여 **합동책임**을 진다(어 47조 1항, 77조 1항 4호; 수 43조 1항). 이 때 합동책임은 민법상 연대채무와는 달라서 상환의무자의 채무이행은 그 前者와 주된 채무자에게 영향을 미치지 않는다. 판례도 이 점을 분명히 하였다.

대판 1989. 2. 28, 87다카1356, 87다카1357 약속어음의 발행인과 배서인이 그 소지인에 대하여 합동책임을 지는 것이라 할지라도 이 같은 경우의 합동책임은 연대채무와는 달라 배서인의 채무이행이나 배서인에 대한 권리의 포기는 발행인에 대하여는 영향을 미치지 않는 것이라고 볼 것이다.

제2 상환청구의 요건

어음의 만기가 도래한 후 지급거절이 있을 때 상환청구하는 것이 가장 흔한 경우일 것이다. 그러나 만기도래 전이라도 소지인의 적법한 인수제시에 대하여 지급인이 인수를 거절하면 상환청구가 인정된다. 그밖에 어음의 정상적 지급을 기대할 수 없는 사유에 대하여 어음법은 **만기전의 상환청구**를 인정하고 있다. 이하에서는 만기전의 상환청구와 만기후의 상환청구의 요건을 나누어 설명한다.

1. 만기전의 상환청구

어음법에서는 상환청구의 요건을 실질적 요건과 형식적 요건으로 나누어 규정하고 있다.

(1) 실질적 요건

(가) 인수거절

환어음에 있어서 인수의 전부 또는 일부의 거절이 있게 되면, 만기에 지급을 받을 가능성이 없어지므로 즉시 상환청구를 허용하는 것은 당연하다. 인수거절을 이유로 상환청구를 하기 위하여는 인수제시기간 내에 적법한 인수제시가 있고, 그에 대하여 **인수거절**이 있어야 한다(어 43조 1호). 일부 인수가 있으면 나머지 금액에 한하여 상환청구할 수 있다(어 48조 1항 1호, 51조).

인수거절에는 지급인의 적극적 인수거절 이외에 변경인수 등 부단순인수의 경우(어 26조 2항), 지급인이 사망하고 그 상속인을 알 수 없는 경우, 지급인의 소재불명의 경우가 포함된다.

환어음에 예비지급인의 기재가 있는 때에는, 어음의 소지인은 예비지급인에게 어음을 제시하였으나 그 자가 참가인수를 거절하였음을 거절증서로 증명하지 아니하면, 예비지급인을 기재한 자와 그 후자에 대하여 만기전 상환청구를 하지 못한다(어 56조 2항).

여러 사람의 지급인이 기재된 경우에는 그 중 어느 1인이 인수를 거절하면 상환청구할 수 있다(정동윤, 274면; 정찬형, 343면; 정희철, 230면; 채이식, 265면; 최기원, 371면). 그러나 반대설(서돈각·정완용, 239면; 주석 어음수표법(Ⅱ), 186면)은 그들 모두가 인수거절한 경우에 상환청구할 수 있다고 한다.

일람출금어음에 있어서는 일정기간 지급제시가 금지되어 있지 않은 한(어 34조 2항) 지급거절을 원인으로 상환청구할 수 있으므로, 구태여 인수거절을 원인으로 한 만기전 상환청구는 허용할 필요가 없다.

(나) 인수인 또는 지급인의 무자력

인수인 또는 지급인이 파산한 경우, 그 지급정지의 경우, 또는 그 재산에 대한 강제집행이 주효하지 못한 경우는 인수인 또는 지급인의 무자력이 확실하게 된 경우이므로, 소지인은 만기 전이라도 상환청구할 수 있다(어 43조 2호). 상환청구원인으로서의 파산에는 파산선고의 결정이 있는 경우 이외에 채무자의 채무초과를 공식화하는 회생절차의 개시결정이 있는 경우도 포함된다.

지급정지는 파산법상 「파산원인으로서의 지급정지」(채무자 회생 및 파산에 관한 법률 305조 2항)와 동일한 의미이다. 소위 부도로 인한 은행의 거래정지처분이 가장 흔한 예가 될 것이다. 강제집행이 주효하지 못한 경우라 함은 어음소지인 자신이 지급인에 대하여 강제집행을 한 경우를 예상한 것이라기보다는 오히려 제3자가 지급인에 대하여 강제집행을 한 경우를 가리키는 것으로 보인다.

(다) 발행인의 파산

인수제시가 금지된 환어음의 경우에는, 발행인의 파산이 있어도 상환청구할 수 있다(어 43조 3호). 인수제시가 금지된 환어음은 주로 발행인의 신용만에 의존하게 되므로, 발행인의 파산이 만기전 상환청구의 원인으로 규정된 것이다.

(라) 상환청구원인의 존재시기와 입증책임

파산 등 상환청구원인이 어음발행 전에 이미 존재하였더라도 그 상태가 계속되는 한 상환청구할 수 있다. 그리고 일단 상환청구권이 발생한 후에는 현실적으로 상환청구하기 전에 상환청구원인이 소멸하여도 상환청구할 수 있다고 새긴다.

인수인이나 지급인의 무자력을 이유로 상환청구할 경우에는 소지인이 그 사실을 입증하여야 한다.

(2) 형식적 요건

(가) 인수거절의 경우

지급인의 인수거절이 있는 때에는 인수거절의 사실을 공정증서인 **인수거절증서**로 증명하여야 한다(어 44조 1항). 인수거절증서는 인수를 위한 제시기간 내에 작성시켜야 한다. 다만 인수제시기간의 말일에 제1의 제시가 있고 제시를 받은 지급인이 다음 날에 제2의 제시를 청구하여 유예기간을 요청한 경우에는 그 다음 날에도 거절증서를 작성시킬 수 있다(어 44조 2항).

어음채무자는 거절증서의 작성을 면제할 수 있는데(어 46조), 이러한 면제가 없는 한 인수거절의 사실을 다른 방법으로써 증명할 수 있더라도 인수거절증서의 작성 없이는 상환청구권을 행사하지 못한다. 일단 인수거절증서를 작성한 후에는 만기도래 후라도 다시 지급제시나 지급거절증서를 작성하지 않고 상환청구할 수 있다(어 44조 4항).

(나) 추심가능성 상실의 경우

지급인의 지급정지 또는 지급인에 대한 강제집행이 주효하지 아니한 경우에는 만기 전이라도 일단 지급제시를 하고 **지급거절증서**를 작성시켜야 상환청구권을 행사할 수 있다(어 44조 5항). 그러나 이러한 지급거절증서의 작성으로 지급정지나 강제집행이 주효하지 않음이 입증되는 것은 아니며 그 입증은 별도로 필요하다.

인수인 또는 지급인의 파산의 경우와 인수제시금지 어음의 발행인의 파산의 경우에 상환청구를 위하여는 거절증서의 작성은 필요 없으나 **파산결정서**를 제출하여야 한다(어 44조 6항). 파산절차에 상응하는 회생절차의 개시결정이 있는 경우에는 회생절차개시결정서(채무자 회생 및 파산에 관한 법률 49조)를 제출하여 상환청구요건을 충족시킬 수 있다.

(3) 약속어음의 만기전 상환청구

약속어음에 대하여는 인수제도가 없으므로 인수거절로 인한 만기전 상환청구는 있을 수 없다.

한편 환어음 규정의 약속어음에 대한 준용과 관련하여 「지급거절로 인한 상환청구」만을 준용(어 77조 1항 4호)하고 있기 때문에, 약속어음의 경우에는 만기

전 상환청구가 전혀 있을 수 없는가가 문제된다. 약속어음의 경우에도 만기전에 발행인의 무자력이 드러나는 때에는 만기전 상환청구를 허용하지 아니할 이유가 없으므로, 발행인의 파산, 지급정지 또는 발행인에 대한 강제집행이 주효하지 않은 경우에는 만기전 상환청구를 할 수 있다. 판례도 같은 취지이다.

대판 2003. 3. 14, 2002다62555 어음법은 환어음의 경우 만기 전 소구와 만기 후 소구에 관한 규정을 모두 두고 있고, 환어음 소지인의 배서인, 발행인에 대한 청구권의 소멸시효에 관한 어음법 제70조 제2항은 "소지인의 배서인과 발행인에 대한 청구권은 적법한 기간 내에 작성시킨 거절증서의 일자로부터, 무비용상환의 문언이 기재된 경우에는 만기의 날로부터 1년간 행사하지 아니하면 소멸시효가 완성한다."라고만 규정하고 있을 뿐 만기 후 소구권의 행사의 경우에만 위 조항을 적용한다고는 규정하고 있지 아니하고 있으므로 위 규정은 환어음의 만기 전의 소구권의 행사의 경우에도 당연히 적용된다고 보아야 할 것이고, 한편 어음법상 약속어음에 관하여는 환어음의 경우와 같은 만기 전 소구에 관한 규정을 두고 있지 않으나 약속어음에 있어서도 발행인의 파산이나 지급정지 기타 그 자력을 불확실하게 하는 사유로 말미암아 만기에 지급거절이 될 것이 예상되는 경우에는 만기 전의 소구가 가능하다고 할 것이므로 만기 전의 소구가 가능한 약속어음의 경우에도 역시 만기 전·후의 소구권 행사 여부를 불문하고 그 소멸시효에 관하여는 모두 어음법 제77조 제1항 제8호에 의하여 준용되는 같은 법 제70조 제2항이 적용된다고 해석하여야 한다.

2. 만기후의 상환청구

(1) 실질적 요건

소지인이 만기에 지급제시기간내에 적법하게 지급제시를 하였으나 환어음의 지급인 또는 인수인, 또는 약속어음의 발행인이 지급을 거절하면 상환청구할 수 있다(어 43조, 77조 1항 4호; 수 39조). 백지어음을 보충하지 아니하고 미완성 어음을 제시하여 지급거절을 당했다면 적법한 지급제시가 되지 아니하므로 상환청구할 수 없다. 판례도 같은 취지이다. 다만 예외적으로 국내어음으로 추단되는 경우 발행지가 보충되지 않고서 지급제시하더라도 이는 적법한 지급제시가 된다. 지급인 등이 적극적으로 지급을 거절한 경우 외에 지급인 등의 부재 또는 소재불명도 만기후 상환청구의 요건을 충족시킨다(거절증서령 3조 1항 2호).

대판 1993. 11. 23, 93다27765 어음법 제75조 소정의 법정기재사항인 약속어음발행일란의 보충 없이 지급제시한 경우는 적법한 지급제시가 되지 못하여 소구권을 상실한다.

〈사실관계 및 쟁점〉 주식회사 대우종합통상이 피고 김진현에게 발행한 액면금 15,000,000원, 발행지 및 지급지 각 서울특별시, 지급기일 1992. 2. 22., 수취인 피고로 된 약속어음 1매를 원고 임방택이 배서양도받아 소외 김윤배에게 배서양도하였는데, 김윤배가 지급장소에서 지급제시하였으나 지급거절되자 원고에게 소구권을 행사하여 원고가 김윤배에게 어음금을 지급하고 이를 환수 소지하여 피고에게 약속어음금의 지급을 청구하였다. 원고는 김윤배에게 위 어음금을 지급하고 동인으로부터 이를 환수하여 소지하고 있으므로 배서인인 피고가 원고에게 위 약속어음금 15,000,000원과 이에 대한 지연손해금을 지급할 의무가 있다고 주장하였다.

원심은 이 사건 어음이 필요적 기재사항의 하나인 발행일이 기재되지 아니한 채 발행되었고, 소외 김윤배가 지급제시할 당시는 물론, 그 법정의 지급제시기간까지도 백지로 되어 있는 발행일이 보충기재되지 아니하였다가 이 사건 제1심판결 선고 후 비로소 보충기재된 것으므로, 원고의 배서인인 피고에 대한 소구권을 인정하지 아니하였다. 대법원 역시 어음법 제75조 소정의 법정기재사항인 약속어음 발행일란의 보충 없이 지급제시한 경우는 적법한 지급제시가 되지 못하여 소구권을 상실한다고 판단하였다.

대판 1986. 9. 9, 85다카2011 약속어음의 소지인이 피소구권자에 대한 소구권을 행사하기 위하여는 어음법 제75조 소정의 법정기재사항이 기재된 약속어음에 의하여 적법한 지급제시를 한 것을 요하고, 위 법정기재사항의 일부라도 기재되지 아니한 약속어음에 의하여 한 지급제시는 어음법 제76조의 규정에 의하여 구제되지 않는 한 적법한 지급제시로서의 효력이 없는 것이므로 그와 같은 경우에는 피소구권자에 대한 소구권을 상실하는 것이라고 보아야 할 것이다. 이 사건 약속어음은 수취인을 기재하지 아니한 채 발행된 후 그 최후 소지인인 원고 김진택이 이를 보충함이 없이 지급제시하여 지급거절되었으며 법정제시기간이 경과된 뒤임이 명백한 원심에 이르러서야 비로소 위 수취인이 보충기재된 사실을 알 수 있으니 위 지급제시는 적법한 제시라고 할 수 없고 동 어음의 배서인인 피고 주식회사 보배는 그에 대한 소구책임이 없다 할 것이다.

환어음의 지급인이 수인 있는 경우, 또는 약속어음의 발행인이 수인 있는 경우는 그들 전원이 지급을 거절한 경우에만 지급거절을 이유로 한 상환청구를 할 수 있다.

지급지에 주소가 있는 참가인수인 또는 예비지급인이 있는 때에는 지급거절증서를 작성시킬 수 있는 최종일의 다음날까지 그 전원에게 지급제시를 하여 지급거절을 당하여야 상환청구할 수 있다(어 60조 1항, 77조 1항 5호). 이들에게 지급제시를 하지 않거나 그에 대한 참가지급거절증서를 작성시키지 않으면, 소지인은 예비지급인을 기재한 자 또는 피참가인과 그 후자들에 대한 상환청구권을 행사할 수 없다(어 60조 2항, 77조 1항 5호).

지급거절증서작성이 면제되어 있더라도 지급제시는 면제되지 아니한다(어 46조 2항 1문, 77조 1항 4호; 수 42조 2항 1문). 지급인이나 인수인 또는 발행인이 미리 지급거절의 의사를 표명했더라도 어음소지인이 지급제시는 하여야 상환청구권을 행사할 수 있다. 그러나 인수거절증서를 작성한 경우에 지급제시가 필요없음은 당연하고, 지급제시를 할 수 없는 불가항력이 만기부터 30일이 지나도 계속되는 경우에는 지급제시가 면제된다(어 54조 4항, 5항, 77조 1항 4호).

(2) 형식적 요건

어음법에서는 만기 후의 상환청구에 지급거절증서작성을 요구하고 있다(어 44조 1항, 77조 1항 4호). 그러나 이미 인수거절증서가 작성된 경우(어 44조 4항), 지급거절증서의 작성이 면제된 경우(어 46조, 77조 1항 4호), 「불가항력」으로 인하여 30일 이상 거절증서작성을 할 수 없는 경우(어 54조 4항, 5항, 77조 1항 4호)에는 거절증서작성이 필요없다.

지급거절증서 작성기간은 확정일출급, 발행일자후정기출급 또는 일람후정기출급어음에 대하여는 지급을 할 날 이후의 2거래일이다(어 44조 3항, 77조 1항 4호). 이러한 지급거절증서작성기간은 「지급을 할 날 또는 그 날 이후의 2거래일」로 되어 있는 지급제시기간(어 38조 1항)과 비교할 때 「지급을 할 날」 하루가 빠져 있음은 주의를 요한다. 즉 지급을 할 날 당일에는 거절증서를 작성할 수 없다. 일람출급어음에 대하여는 원칙적으로 발행일자로부터 1년 내에 지급제시를 하여야 하고, 그 기간 내에 거절증서작성까지 마쳐야 한다(어 34조, 77조 1항 2호). 즉 2거래일이라는 부가기간이 인정되지 않는다.

발행인, 배서인 또는 보증인은 소지인의 지급거절증서의 작성을 면제할 수 있다(어 46조 1항, 77조 1항 4호).

3. 재상환청구

재상환청구는 상환의무자가 어음소지인에게 상환의무를 이행한 다음 다시 자기의 전자에게 상환청구하는 것을 말한다. 재상환청구의 경우 역시 그 요건은 실질적 요건과 형식적 요건으로 나누어진다.

(1) 실질적 요건

재상환청구를 할 수 있기 위하여는 상환의무자가 상환의무를 이행하고 어음을 환수하였어야 한다. 따라서 상환의무자가 아닌 경우나, 상환청구권자가 상환청구요건을 충족하지 못한 경우에는 어음금을 지급하였다고 해도 재상환청구할 수 없는 것이 원칙이다.

먼저 상환의무자가 아닌 경우의 예로 **무담보배서인**을 들 수 있다. 판례는 백지식 배서에 의하여 어음을 양수한 다음 단순히 교부에 의하여 타인에게 양도한 자가 소지인의 상환청구에 응하여 상환을 하고 어음을 환수한 경우, 그 전의 배서인에 대하여 당연히 재상환청구권을 취득하는 것은 아니라고 한다. 다만 그 전의 배서인이 취득한 상환청구권을 지명채권양도의 방법으로 취득하여 행사할 수 있다고 한다.

대판 1998. 8. 21, 98다19448 백지식 배서에 의하여 어음을 양수한 다음 단순히 교부에 의하여 이를 타인에게 양도한 자가 소지인의 소구에 응하여 상환을 하고 어음을 환수한 경우, 그 전의 배서인에 대하여 당연히 재소구권을 취득하는 것은 아니라고 하더라도 그 상환을 받은 소지인이 그 전의 배서인에 대하여 가지는 소구권을 민법상의 지명채권 양도의 방법에 따라 취득하여 행사할 수 있는 것으로 보아야 하고, 다만 그 소구의무자는 이에 대하여 양도인에 대한 모든 인적항변으로 대항할 수 있을 뿐이라고 할 것이다.

〈사실관계 및 쟁점〉 소외 신농민유통 주식회사는 액면 금 15,000,000원 약속어음 1장(제1어음) 및 액면 금 9,400,000원 약속어음 1장(제2어음)을 피고 영동조합법인 약선원식품에게 각 발행·교부하였으며, 피고법인은 피배서인은 백지로 한 백지식 배서에 의하여 제1, 제2어음을 원고 장홍기에게 각 양도하였다. 그 후 원고가 그 배서의 백지를 보충하지 아니한 채 제1어음에 대해서는 소외 장성기에게 단순한 교부에 의하여, 그리고 소외 장성기는 이를 소외 정규문에게 백지식배서에 의하여 각각 양도하였다. 또한 제2어음에 대해서는 원고가 소외 유해진에게 단순한 교부에 의하여, 그리고 소외 유해진은 소외 신중앙상호신용금고에게 백지식배서에 의하여 각각 양도하였던 것이다. 그런데 이와 같은 제1, 제2어음이 모두 지급기일에 지급제시되었으나 지급이 거절되어, 그 이후 제1어음에 대하여는 정규문이 장성기에게, 장성기는 원고에게 차례로 소구하였고, 제2어음에 대하여는 신중앙상호신용금고가 유해진에게, 유해진은 원고에게 차례로 소구함으로써 원고가 각 어음금을 상환하고 제1, 제2어음을 환수하여 이를 소지하였다. 이에 원고는 피고법인을 상대로 제1, 제2어음에 관한 약속어음금의 상환을 구하는 소를 제기하였다.

여기서 쟁점이 된 것은 백지식배서에 의하여 어음을 양수한 다음 단순히 교부에 의하여 이를 양도한 자가 후자의 소구에 응하여 어음금을 상환한 경우 그 전의 배서인에 대하여 재소구권을 취득하느냐 하는 점이다.

이에 대해 판례는 원칙적으로 이러한 경우에는 재소구권을 취득하지는 못하지만, 그 상환을 받은 소지인의 그 전의 배서인에 대해 갖는 소구권을 지명채권양도방법에 의하여 취득하여 행사하는 것은 가능하다고 보았다.

다음 상환청구권자가 상환청구요건을 충족하지 못한 경우의 예로 지급거절증서작성의무의 불이행을 들 수 있다. 거절증서작성의무를 면제하지 않은 약속어음의 배서인(A)이 동 의무를 이행하지 않은 소지인(H)에게 어음금을 지급하고 어음을 환수한 경우, A가 자기의 전자이며 동 의무를 면제한 수취인(B)에게 재상환청구권을 취득하는가와 관련하여 판례는 이를 긍정하고 있다.

대판 1990. 10. 26, 90다카9435 소구의무를 부담하지 않는 자가 어음소지인의 상환요구에 응하여 어음금을 지급하고 어음을 취득한 경우에는 전 배서인에 대하여 재소구할 수 없다. 그러나 피고 방동근이 원고 주식회사 삼원화성에게 지급거절증서작성의무를 면제하고 배서양도한 것이라면 피고로서는 어음소지인의 소구에 대하여 거절증서작성이 없다는 이유로 청구를 거절할 수 없을 것이며 원고가 어음의 최후 소지인인 삼성물산(주)에 대하여 거절증서 작성유무를 확인하지 아니하고 그 소구청구에 응하였다고 하더라도 거절증서작성의무를 면제하고 배서한 피고로서는 그 점을 탓할 수 없을 것이다. 만일 그 어음의 최종소지인인 소외 삼성물산(주)이 거절증서를 작성함이 없이 직접 피고에게 소구하여 올 경우 피고는 거절증서 작성의무를 면제한 배서인이므로 거절증서작성이 없다는 이유로 그 소구를 거절할 수 없다고 보아야 할 것이고 어음의 배서인은 어음소지인의 소구에 응하였거나 기타의 사유로 어음을 회수한 경우에 자기의 배서를 말소할 수 있고 그렇게 되면 그 배서는 배서의 연속에 관한 한 없는 것으로 보게 되어 있으므로 삼성물산(주)이 적기에 거절증서를 작성하지 아니하였다 하여 피고의 원고에 대한 소구의무에 어떠한 영향이 미친다고 할 수 없다.

(2) 형식적 요건

재상환청구를 하고자 하는 자는 해당 어음, 지급거절증서, 상환청구금액의 영수를 증명하는 계산서를 교부받아야 한다(어 50조 1항, 77조 1항 4호; 수 46조 1항). 이상의 서류를 재상환청구의 상대방인 자기의 전자에게 교부하여야 재상환청구권을 행사할 수 있다. 이상의 서류를 소지하였다 하더라도 그것만으로 어음법 제16조 2항의 소지인의 요건을 갖추는 것은 아니지만 추정을 받는다고 볼 수 있다. 재상환청구권자가 자기보다 후자의 배서를 말소하면 쉽게 최후의 배서인으로서 형식적 자격을 갖출 수 있다(어 50조 2항, 77조 1항 4호; 수 46조 2항).

(3) 재상환청구권자의 지위

상환의무자가 어음금을 상환하고 어음을 환수함으로써 취득하는 재상환청구권자로서의 지위를 어떻게 이해할 것인가에 대하여 견해의 대립이 있다.

지위회복설은, 재상환청구권자가 원상환청구권자의 권리를 승계하는 것이 아니라 어음소지인으로서 가졌던 원래의 지위를 회복하는 것이라고 한다(서돈각·정완용, 244면). 이 견해에 의하면 어음채무자가 과거에 재상환청구권자에 대하여 가졌던 인적 항변으로써 그대로 대항할 수 있도록 설명하는 것이 쉽다. 그리고 재상환의무자가 원상환청구권자에 대한 인적 항변으로 재상환청구권자에게 대항할 수 없다고 하는 것과 일관성이 있다. 그러나 재상환청구권자에게 원상환청구권자와 동일한 권리를 부여하고 있는 규정(어 47조 3항, 77조 1항 4호; 수 43조 3항)을 매끄럽게 설명하기 어렵다.

이에 최근의 유력설인 **권리재취득설**은 재상환청구권자가 원상환청구권자가 가지던 어음상의 권리를 양수(승계취득)한 것으로 이해한다(손주찬, 338면; 이철송, 426면; 정동윤, 444면; 정찬형, 364면; 최기원, 384면). 이 견해는 재상환청구권자가 배서한 후에 환어음의 인수가 이루어진 경우 인수인에 대한 관계에서 재상환청구권자의 권리를 무리없이 설명할 수 있다는 장점을 가진다. 이 견해에 의해도 어음채무자가 과거에 재상환청구권자에 대하여 가졌던 인적항변으로써 그대로 대항할 수 있도록 설명하는 것이 가능하다는 주장도 있다(정동윤, 568면; 정찬형, 363면). 또한 이 견해에 의하면 원상환청구권자에 대한 인적항변은 재상환청구권자에 대한 관계에서는 절단되지만, 재상환청구권자가 채무자를 해할 것을 알고 어음을 취득한 경우(어 17조, 77조 1항 1호; 수 22조)에는 절단되지 않는다고 하는 것이 논리적일 것이다. 그러나 재상환청구권자는 자발적으로 어음을 양수한 것이 아니므로 악의라 하더라도 원상환청구권자에 대한 인적항변으로 대항받지 않는다고 새겨도 무리는 아니라 할 것이다.

4. 거절증서

(1) 의 의

거절증서는 어음상의 권리의 행사 또는 보전에 필요한 행위를 한 것과 그 결과를 증명하는 공정증서이다. 어음법에서는 인수제시 또는 지급제시를 하여 거절당한 사실을 요건으로 상환청구권을 행사할 수 있도록 하고 있다. 이러한 사실의 입증을 법이 정한 방법에 의하도록 함으로써 어음소지인으로 하여금 간이·신속하게 상환청구권을 행사할 수 있도록 하고, 어음채무자도 그 입증을 신뢰하여 안심하고 채무를 이행할 수 있도록 하는 것이 거절증서제도의 취지이다.

이러한 거절증서제도의 긍정적 기능에도 불구하고 소지인이 그 작성에 주의를 게을리 하면 권리를 잃게 될 위험이 있다. 이와 같이 사소한 부주의에 의한 권리상실의 위험은 **거절증서작성면제**를 통하여 구제될 수 있다.

어음법상 거절증서작성이 요구되는 경우에 소지인은 다른 증서 기타의 입증방법으로 그에 갈음할 수 없다. 반면에 거절증서가 작성되었다 하더라도 실제로 그에 적힌 행위나 결과가 없었다면 상대방은 반증에 의하여 거절증서의 효력을 부인할 수 있다.

어음법에서는 거절증서의 작성이 필요한 경우만을 정하고 있으며, 그 작성에 관한 세부적 내용은 거절증서령(1970. 4. 15. 대통령령 제4919호)에 위임하고 있다. 거절증서령의 규정은 수표의 거절증서작성의 경우도 같이 규율한다.

(2) 거절증서의 작성

(가) 필요한 경우

어음법에서는 다음 각 경우에 거절당한 사실을 거절증서로 증명하도록 규정하고 있다.

① **인수거절**(어 44조 1항, 51조, 54조 3항)

② **지급거절**(어 44조 1항, 5항, 54조 3항, 77조 1항 4호)

③ **인수제시일자 또는 인수일자의 기재거절**(어 25조 2항, 78조 2항)

④ **참가인수거절**(어 56조 2항)

⑤ **참가지급거절**(어 60조 1항, 2항, 77조 1항 5호)

⑥ **복본교부거절**(어 66조 2항)

⑦ **원본교부거절**(어 68조 2항, 77조 1항 6호)

(나) 작성기관

거절증서는 어음소지인 또는 그 대리인(위탁자)의 위임에 의하여 공증인, 집행관(거절증서령 2조), 법무법인(변호사법 49조) 등이 작성한다.

거절증서의 작성기관은 위탁자의 진술만으로 거절증서를 작성할 것이 아니라 거절사실을 자기의 체험으로 확인하고 작성하여야 한다.

작성기관은 그 직무구역 내에서 정당한 이유 없이 거절증서작성의 위탁을 거절하여서는 안 된다(공증인법 4조, 집행관법 5조, 14조).

(다) 작성장소

거절증서는 그 증서에 의하여 증명하고자 하는 행위가 행해진 장소에서 작성되어야 한다. 일반적으로 인수 또는 지급을 위한 제시장소에서 작성되어야 하는데, 거절자의 영업소, 주소 또는 거소가 작성장소가 될 것이다. 다만 거절자의 승낙이 있으면 다른 장소에서 작성되어도 된다(거절증서령 8조 1항). 청구를 할 장소를 알 수 없는 때에는 공증인 또는 집행관은 그 장소를 관공서에 조회하여야 하고, 그래도 알 수 없는 때에는 그 관공서나 자기의 사무소에서 거절증서를 작성할 수 있다(거절증서령 8조 2항).

(라) 작성방법

거절증서는 어음이나 수표 또는 이에 결합한 보충지에 기재하여야 한다. 어음 또는 수표의 이면에 기재한 사항에 계속하여 거절증서를 작성하고 보충지에 할 경우에는 작성자가 그 접목에 간인하여야 한다(거절증서령 4조). 하나의 어음에 대한 여러 통의 복본 또는 원본과 등본을 제시한 경우라도 거절증서의 작성은 한 통의 복본에 작성하거나 원본 또는 보충지에 작성하면 된다(거절증서령 5조 1항). 다만 다른 복본 또는 등본에 거절증서작성의 뜻을 기재하고 공증인 또는 집행관이 기명날인하여야 한다(거절증서령 5조 2항).

이상과 같은 정상적 거절증서작성의 경우 외에 특별한 경우가 있다. 먼저 원본교부거절증서(어 68조 2항, 77조 1항 6호)의 작성은 어음의 등본 또는 보충지에 작성하면 된다(거절증서령 6조 1항). 다음 인수의 일부거절로 인한 거절증서(어 26조 2항)는 공증인 또는 집행관이 어음의 등본을 작성하여 그 등본 또는 보충지에 거절증서를 작성한다(거절증서령 6조 2항). 이는 인수부분에 대한 권리행사를 원본으로 하게 되기 때문이다.

(마) 기재사항

거절증서에는 다음의 사항을 기재하고 공증인 또는 집행관이 기명날인하여야 한다(거절증서령 3조). 이러한 기재사항 중 거절증서의 본질적인 사항이 아닌 한 오류가 있거나 누락되어도 거절증서를 무효로 하지 아니한다.

① 거절자와 피거절자의 성명이나 명칭

② 거절자에 대하여 청구(인수제시나 지급제시 등)를 한 뜻 및 거절자가 그 청구에 응하지 아니하였거나 거절자를 면회할 수 없었던 것 또는 청구를 할 장소를 알 수 없었던 뜻

③ 청구를 하였거나 이를 할 수 없었던 장소와 연월일

④ 거절증서작성의 장소 및 연월일

⑤ 법정장소 이외의 곳에서 거절증서를 작성하는 때에는 거절자가 이를 승낙한 것

⑥ 지급인이 제2의 제시를 청구한 때(어 24조 1항)에는 그 뜻의 기재

(바) 거절증서의 등본

거절증서의 작성기관은 작성한 거절증서의 등본을 만들어 그 사무소에 보관하여야 한다. 이 등본에는 원본인 거절증서에 기재된 사항 외에 어음요건과 그 밖의 일정한 중요사항을 기재하여야 한다(거절증서령 9조 1항). 거절증서가 멸실·분실된 경우에 이해관계인의 청구에 따라서, 거절증서의 작성기관은 보관된 등본에 의하여 새로운 등본을 작성하여 이해관계인에게 교부하여야 한다. 이 등본은 원본과 동일한 효력을 가진다(거절증서령 9조 2항).

(3) 거절증서의 작성면제

(가) 의 의

거절증서의 작성면제는 상환의무자가 상환청구할 자에 대하여 상환청구의 요건인 거절증서의 작성을 면제하는 것이다. 이를 무비용상환(無費用償還)이라고도 한다. 원래 어음법에서 거절증서의 작성을 요구하는 것은 지급이나 인수거절의 사실을 간단하고 확실하게 증명하도록 함으로써 상환의무자가 안전하게 채무이행을 하도록 하기 위한 것이다. 즉 거절증서는 주로 상환의무자의 이익을 위하여 요구되는 것이므로, 상환의무자가 그 작성을 원하지 않는다면 그 뜻을 존중하지 않을 이유가 없다. 또한 상환의무자는 거절증서작성을 면제함으로써 거절증서작성비용만큼 상환청구금액이 증액되는 것을 막을 수 있다. 한편 인수거절 또는 지급거절의 사실이 공표되는 것을 원하지 않을 수도 있다. 이 때문에 어음법은 거절증서의 작성면제를 인정하고 있으며(어 46조, 77조 1항 4호; 수 42조), 인쇄된 어음용지에는 빠짐없이 거절증서작성 면제문구가 삽입되어 있다. 판례는 이와 같은 면제문구가 단순한 예문에 불과한 것은 아니라는 뜻을 밝히고 있다.

대판 1959. 10. 22, 4291민상870 약속어음의 이서란에 지불거절 증서작성의무 면제의 기재가 부동문자로 인쇄되어 있을지라도 그 기재는 단지 예문에 불과한 것이 아니고 그 란의 이서가 성립에 다툼이 없는 이상 반증이 없는 한 전 작성의무 면제의 기재도 진정으로 성립한 것으로서 거절증서 작성의무를 면제하였다고 봄이 타당하므로 원심이 소론과 같이 판시하여 지불거절증서 작성의무를 면제하였다고 인정한 것은 정당하다.

(나) 면제권자

환어음·수표의 발행인·배서인, 약속어음의 배서인 그리고 이들의 보증인과 같은 상환의무자는 거절증서작성을 면제할 수 있다(어 46조 1항, 77조 1항 4호; 수 42조 1항). 참가인수인도 피참가인과 동일한 의무를 부담하므로 거절증서작성을 면제할 수 있다고 본다.

환어음의 인수인은 주된 채무자이고 상환의무자가 아니므로 거절증서작성을 면제할 수 없다. 그러나 같은 주된 채무자인 약속어음의 발행인에 대하여는 면제권을 인정할 것인가에 대하여 부정설(서돈각·정완용, 246-247면; 이철송, 419면; 정동윤, 434면; 정찬형, 352면) 과 긍정설(강위두, 487면; 손주찬, 342면 ; 양승규, 383면; 주석 어음수표법(II), 202면; 채이식, 282면; 최기원, 378면)이 대립한다. 상환의무자가 아니라는 점을 강조한다면 면제권을 부정하는 것도 일리가 있지만, 어음법 제46조가 약속어음에 그대로 준용되고 있고(어 77조 1항 4호) 약속어음의 발행인도 거절증서작성비용에 대하여 책임을 지므로(어 78조 1항, 28조 2항), 긍정설이 더욱 타당하다 하겠다. 긍정설에 의하면 약속어음 발행인의 면제로써 다른 모든 상환의무자에게 면제의 효력이 미치게 되어 편리하기도 하다(어 77조 1항 4호, 46조 3항).

(다) 면제방식

거절증서작성을 면제하기 위하여는 면제권자가 어음에 「무비용상환」, 「거절증서작성 불요」라고 기재하거나 이와 동일한 의미를 가지는 문구를 기재하고 기명날인하거나 서명하여야 한다(어 46조 1항, 77조 1항 4호; 수 42조 1항).

발행, 배서, 보증 등의 어음행위를 위한 기명날인 또는 서명과 거절증서작성 면제를 위한 기명날인 또는 서명은 별개의 것이기는 하지만, 어음행위의 문구에 거절증서작성의 문구를 덧붙여서 한번만의 기명날인 또는 서명으로써 거절증서 면제까지 할 수 있다. 판례도 이 점을 명백히 하고 있다.

대판 1962. 6. 14, 62다171 어음법 제77조 제4호에 의하여 약속어음에 준용된 어음법 제46조에 의하면 진출인·배서인은 그 증권에 기재하고 또 서명한 「무비용상환」, 「거절증서 불요」의 문구 기타 이와 같은 의미가 있는 문구에 의하여 소지인에게 대하여 그 소구권을 행하기 위한 인수거절증서 또는 지급거절증서의 작성을 면제할 수 있다」라고 규정함으로서 「무비용 상환」의 문구에 기재자의 서명을 하도록 규정하였는바, 이것은 그 기재자의 서명이 없는 경우에는 그 기재자를 판단하기가 어렵고 따라서 그 기재의 효력을 정하기가 어렵기 때문이다. 그러나 위의 「서명」은 반드시 「무비용상환」 문구 자체에 서명을 하여야 한다는 의미가 아니고 배서인이 배서를 하는 문구중에 무비용상환의 문구를 기재하고 배서서명만을 하였을 경우에도 적법한 무비용 상환문구의 기재가 있는 것으로 볼 수 있고 반드시 배서서명 외에 별도로 무비용 상환문구에 배서인의 서명을 필요로 하는 것이 아니라고 해석하여야 할 것이다.

실제로 인쇄된 어음용지에는 어음행위의 문구와 함께 거절증서작성면제의 문언이 함께 인쇄되어 있다. 어음상에 기재되지 아니한 거절증서작성면제는 그에 합의한 당사자간에서만 효력이 있다.

(라) 면제의 효력

1) 면제권자에 따른 면제의 효력범위

거절증서의 작성이 면제되어 있으면 소지인은 거절증서를 작성하지 아니하고 상환청구권을 행사할 수 있다. 이러한 면제의 효력은 누가 면제하였느냐에 따라 효력의 범위에 차이가 있다.

① **환어음·약속어음·수표의 발행인**이 지급거절증서작성을 면제한 경우에는 그 면제는 모든 상환의무자에게 효력을 미친다. 다만 위에서 본 바와 같이, 약속어음의 발행인은 거절증서작성을 면제할 수 없다는 견해도 있다. 어음소지인이 모든 상환의무자에 대한 관계에서 거절증서작성을 면제받았음에도 불구하고 거절증서를 작성하였다면 그 비용은 어음소지인 자신이 부담하여야 한다(어 46조 3항, 77조 1항 4호; 수 42조 3항).

② **배서인 또는 보증인**이 면제한 경우에는 면제자에 대한 관계에서만 그 효력이 미친다. 즉 면제자 이외의 상환의무자에게 상환청구하기 위하여는 거절증서를 작성하여야 한다. 이 경우에 거절증서를 작성한 어음소지인은 면제하지 아니한 자뿐 아니라 면제자에 대해서까지 거절증서작성비용의 상환을 청구할 수 있다(어 46조 3항, 77조 1항 4호; 수 42조 3항). 결국 면제자는 거절증서작성비용의 부담을 면할 수 없고, 따라서 상환청구금액의 증액을 막는 거절증서작성면제의 효용도 누릴 수 없다.

2) 거절증서작성사유에 따른 면제의 효력범위

일단 거절증서작성면제의 문언이 기재되어 있으면, 인수거절 또는 지급거절에 대하여 거절증서작성 없이 상환청구권을 행사할 수 있는 것은 물론이고(어 46조 1항, 77조 1항 4호; 수 42조 1항), 참가인수 또는 참가지급이 거절된 경우에도 거절증서를 작성할 필요가 없다. 그밖에 복본교부거절(어 66조 2항)과 원본교부거절(어 68조 2항)의 경우에도 거절증서작성면제의 효력이 미친다.

3) 어음제시 및 상환청구통지와의 관계

거절증서의 작성이 면제되었다 하더라도 인수제시의무와 지급제시의무까지 면제되는 것은 아니다(어 46조 2항, 77조 1항 4호; 수 42조 2항). 거절증서작성면제와는 관계없이 소지인은 인수제시 또는 지급제시를 하고 거절당하여야 상환청구를 할 수 있다. 소지인의 상환청구통지의무 역시 거절증서작성면제의 영향을 받지 아니한다(어 46조 2항, 77조 1항 4호; 수 42조 2항).

그러나 거절증서작성이 면제된 경우 소지인은 법정기간내에 제시하고 상환청구통지를 한 것으로 추정받아야 할 것이다. 어음의 제시가 법정기간내에 이루어졌는가는 거절증서에 의하여 증명될 수 있고 상환청구통지기간 역시 거절증서작성일을 기준으로 산정되므로 거절증서가 없는 이상 제시와 상환청구통지의 적법성이 추정될 수밖에 없는 것이다. 이 때문에 어음법에서는 법정기간의 불준수를 주장하는 자에게 입증책임을 지우고 있다(어 46조 2항, 77조 1항 4호; 수 42조 2항). 판례도 같은 입장이다.

대판 1985. 5. 28, 84다카2425 약속어음의 배서인이 지급거절증서작성을 면제한 경우에는 그 소지인은 소구권을 행사하기 위하여 법정기간 내에 발행인에 대하여 지급제시를 한 것으로 추정을 받는 것이므로 위와 같은 적법한 지급제시가 없었다는 사실은 이를 원용하는 자에게 그 주장 및 입증책임이 있다.

5. 수표의 상환청구요건

수표의 상환청구요건이 어음의 그것과 다른 것은, 수표의 경우에는 인수제도가 없으므로 인수거절로 인한 상환청구는 있을 수 없다는 점과, 지급거절의 증명방법으로 지급거절증서의 작성 외에 다른 선택이 인정되고 있다는 점이다(수 39조).

수표는 은행을 상대로 또는 은행을 경유하여 추심이나 지급이 이루어진다는 점에서 ① 수표에 제시의 날을 기재하고 일자를 부기한 지급인의 선언이나 ② 적법한 시기에 수표를 제시하였으나 지급이 없었던 뜻을 증명하고 일자를 부기한 어음교환소의 선언이 지급거절의 증명방법으로 추가되어 있다(수 39조 2호, 3호). 지급거절증서작성이 면제된 경우에는 그것을 대체하는 지급인의 선언이나 어음교환소의 선언도 작성할 필요가 없다. 한편 지급인의 선언을 부전에 할 수 있는지 여부와 관련하여 판례는 이를 부정한다.

대판 1982. 6. 8, 81다107 수표의 소지인이 적법한 기간 내에 지급을 위한 제시를 하였으나 그 지급을 받지 못한 경우에 소구권을 행사하기 위하여 그 지급거절을 증명하는 방법의 하나로 갖추어야 할 지급인의 지급거절선언은 수표법 제39조 제2호의 규정상 수표 자체에 기재한 것이어야만 하므로 수표가 아닌 지편(紙片)에 기재한 지급인의 지급거절선언은 비록 그 지편을 수표에 부착시키고 부착부분에 간인(間印)을 하였다 하더라도 수표 자체에 기재한 것이 아니어서 수표법 제39조 제2호 소정의 지급거절선언에 해당하는 것으로는 볼 수 없다 할 것이다.

수표의 지급거절증서 등의 작성기간은 지급제시기간과 같으나, 제시기간 말일에 수표가 제시된 때에는 제시기간 이후의 제1 거래일까지 거래증서 등의 작성기간이 연장된다(수 40조).

어음의 경우는 불가항력에 의한 상환청구권보전절차의 면제가 만기로부터 30일이 지나도 그러한 사정이 계속되는 경우에 부여되는 데 반하여(어 54조 4항), 수표의 경우는 그 불가항력이 수표소지인이 배서인에게 통지한 날로부터 15일을 넘어 계속되면 면제가 부여된다(수 47조 4항).

제3 상환청구금액

상환청구를 통하여 소지인이 만기에 어음금을 지급받은 것과 동일한 만족을 얻도록 하려면, 소지인이 인수거절 또는 지급거절로 입게 된 모든 손해를 배상받을 수 있어야 할 것이다. 이와 같이 개별적으로 손해액을 산정하게 되는 경우의 번거로움과 지연을 해소하기 위하여, 어음법에서는 상환청구금액의 산정기준을 일정하게 정해놓고 있다.

1. 어음소지인의 상환청구금액

(1) 만기후의 상환청구금액

어음소지인은 만기후에 상환청구하는 경우 다음의 금액을 상환청구할 수 있다(어 48조 1항, 77조 1항 4호; 수 44조).

① 인수 또는 지급되지 아니한 어음금액과 이자의 기재가 있으면(어 5조) 만기까지의 약정이자

② 만기 이후의 연 6퍼센트의 이율에 의한 이자: 만기 당일을 포함한 만기 이후의 이자이다.

③ 거절증서작성비용, 통지비용과 기타의 비용: 여기서 기타의 비용에는, 역어음발행비용 등이 있을 수 있다. 소송비용이나 변호사비용은 기타의 비용에 포함되지 않는다.

(2) 만기전의 상환청구금액

만기전에 상환청구하는 경우에는 만기후의 상환청구금액에서 할인율에 의하여 어음금액을 감한다. 이 때의 할인의 비율은 소지인의 주소지에서의 상환청구하는 날의 공정할인율에 의한다(어 48조 2항 1문, 77조 1항 4호). 우리나라에 있어서 공정할인율은 한국은행의 할인율을 가리킨다(어 48조 2항 2문, 77조 1항 4호).

2. 재상환청구금액

상환의무를 이행하고 어음을 환수한 자는 다음의 금액을 그 전자에게 청구할 수 있다(어 49조, 77조 1항 4호; 수 45조).

① 지급한 총금액

② 지급한 총금액에 대한 연 6퍼센트의 이율로 계산한 지급한 날 이후의 이자

③ 기타 지출한 비용

제4 상환청구의 절차

상환청구의 요건이 갖추어지면 상환청구권자가 상환청구를 할 수 있다. 이러한 상환청구권의 행사에 앞서 상환청구권자는 상환의무자에게 상환청구통지를 하여야 한다. 상환청구는 상환청구권자가 해당어음과 거절증서를 교부하고 상환의무자가 상환청구금액을 지급함으로써 이루어진다. 그밖에 특수한 상환청구절차로서 역어음의 발행 등이 있다.

1. 상환청구의 통지

(1) 의 의

상환청구권자는 상환청구권의 행사에 앞서 상환의무자에게 인수거절 또는 지급거절 등의 상환청구원인이 발생하였음을 알려야 한다(어 45조 1항, 77조 1항

4호; 수 41조 1항). 이것을 **상환청구의 통지** 또는 거절의 통지라고 한다.

어음이 정상적으로 지급되는 경우에는 상환의무자가 지급하여야 할 일은 생기지 아니하므로, 상환의무를 부담한다 하여 상환의무자가 의무이행을 준비하고 있는 것은 아니다. 이에 상환청구원인이 발생하면 상환의무자에게 그 사정을 알려서 상환의 준비를 하도록 할 필요가 있다. 또한 통지를 받은 상환의무자는 상환을 서둘러 상환금액의 증가를 방지할 수도 있다.

상환청구절차에 있어서 거절증서작성은 상환청구요건으로 하지 않으면서 상환청구통지를 상환청구요건으로 하고 있는 입법례(엄격주의: 영미법)가 있다. 반면에 우리나라의 어음법에서는 거절증서작성을 상환청구요건으로 하면서, 상환청구통지는 통지의무의 해태에 대하여 손해배상책임만 지울 뿐 상환청구권 발생의 요건으로 하지 않고 있다(통지의무주의: 통일법의 입장).

(2) 통지를 요하는 경우

인수거절 또는 지급거절이 있은 경우에, 소지인은 상환청구통지를 하여야 한다(어 45조 1항, 77조 1항 4호; 수 41조 1항). 지급인의 지급정지 또는 강제집행이 주효하지 아니한 경우에도 소지인이 지급제시와 거절증서작성을 하여야 하므로 역시 상환청구통지를 하여야 한다고 새긴다. 반면에 지급인, 인수인, 발행인 등의 파산으로 상환청구권이 발생한 경우에는, 파산의 선고가 공고되므로(파산법 133조) 상환청구통지가 필요없다.

거절증서작성이 면제된 경우에도 소지인은 상환청구통지를 하여야 한다(어 46조 2항, 77조 1항 4호). 당사자간에 통지면제의 특약을 하였다면 그 당사자간에서는 통지면제의 효력이 있다.

(3) 통지의 당사자

통지의무자는 어음의 최후의 소지인과 후자로부터 통지를 받은 배서인이다(어 45조 1항, 77조 1항 4호; 수 41조 1항). 통지를 받을 권리자는 발행인, 배서인 및 이들의 보증인이다(어 45조 1항, 2항, 77조 1항 4호; 수 41조 1항). 통지는 어음소지인으로부터 자기의 직접의 전자(배서인)에게 순차적으로 함으로써 발행인에게 이르러야 한다. 다만 배서인이 그의 처소를 기재하지 아니하였거나 그 기재가 분명하지 아니한 경우에는 그 배서인의 직접 전자에게 통지하면 된다(어 45조 3

항, 77조 1항 4호; 수 41조 3항).

어음소지인은 자기의 직접의 전자(배서인) 외에 환어음의 발행인에게도 직접 통지하여야 한다(어 45조 1항 1문). 이는 최종적 상환의무자가 순차적 통지로 인하여 너무 늦게 통지를 받음으로써 필요한 조치를 취할 기회를 놓칠 우려가 있기 때문에 둔 규정이다. 이러한 취지를 살리기 위하여는 같은 최종적 상환의무자인 약속어음의 제1배서인에게도 직접 통지하여야 한다고 새길 필요가 있다.

(4) 통지의 내용 및 방법

인수거절 또는 지급거절이 있었음을 알리는 것이 **통지의 내용**이 된다. 그밖에 각 배서인은 자기에게 통지해 온 앞선 통지자 전원의 명칭과 처소를 표시하여 통지하여야 한다(어 45조 1항, 77조 1항 4호; 수 41조 1항). 앞선 통지자 전원의 명칭과 처소를 표시하도록 한 것은 자기로부터 통지를 받을 상환의무자에게 어음의 소재를 알려서 상환청구권자에게 신속하게 상환할 수 있도록 하기 위한 것이다.

통지의 방법에는 제한이 없으므로 구두나 서면 어느 쪽이나 상관없다. 단순히 어음을 반환함으로써 통지할 수도 있다(어 45조 4항, 77조 1항 4호; 수 41조 4항). 통지의무이행의 증거를 남기기 위하여 서면으로 통지하는 것이 바람직할 것이다.

(5) 통지의 시기

소지인은 **거절증서작성일 이후의 4거래일** 내에 상환청구통지를 하여야 하고, 거절증서작성이 면제된 경우에는 제시일 이후의 4거래일 내에 통지하여야 한다(어 45조 1항 1문, 77조 1항 4호; 수 41조 1항 1문). 배서인은 상환청구통지를 받은 날 이후의 2거래일 내에 통지하여야 한다(어 45조 1항 2문, 77조 1항 4호; 수 41조 1항 2문).

여기서 4일 또는 2일의 기간 내에 통지를 발송하여야 하는 것으로 새길 것이냐 또는 그 기간 내에 통지가 도달하여야 하는 것으로 새길 것이냐가 문제된다. 4일 또는 2일의 짧은 기간 내에 도달을 고집한다면 통지의무의 이행이 부당하게 어려워질 것이고, 어음법 제45조 5항 2문에서 "…우편으로 부친 때에는 그 기간을 준수한 것으로 본다"고 규정하고 있는 것을 감안하여 통지기간 내에 발송하면 통지의무를 이행한 것으로 보는 것이 합리적이다.

통지의 유무에 대하여 다툼이 있을 때에는 통지의무자가 법정기간 내에 적법한 통지를 발송했음을 증명하여야 한다. 그러나 이러한 입증이 쉽지 않을 것임을 고려하여 어음법은 통지의무자가 법정기간 내에 통지의 서면을 우편으로 발송한 때에는 그 기간을 준수한 것으로 보고 있다(어 45조 5항, 77조 1항 4호; 수 41조 5항). 통지서면의 우편발송사실은 내용증명우편으로 증명할 수 있을 것이다.

(6) 통지의무위반의 효과

어음법은 상환청구통지를 상환청구요건으로 정하고 있지 아니하므로 통지의무자가 상환청구통지를 하지 않더라도 **상환청구권의 행사를 방해하지 않는다**(어 45조 6항 본문, 77조 1항 4호; 수 41조 6항 본문). 통지의무자가 과실로 통지의무를 이행하지 아니한 경우에는 어음금액의 한도 내에서 손해를 입은 상환의무자 전원에 대하여 손해배상책임을 부담한다(어 45조 6항 단서, 77조 1항 4호; 수 41조 6항 단서).

2. 상환청구방법

(1) 상환청구의 순서

어음의 발행, 인수, 배서 또는 보증을 한 자는 소지인에 대하여 **합동책임**을 부담하므로, 어음소지인은 주된 채무자이든 상환의무자이든 또한 그들의 어음행위의 순서를 불문하고, 전원 또는 일부의 채무자에게 어음금을 청구할 수 있다(어 47조 1항, 2항, 77조 1항 4호; 수 43조 1항, 2항). 따라서 소지인은 상환청구권을 행사하지 않고 주된 채무자에게 어음금지급청구권을 행사하는 것도 무방하다. 너무 당연하지만 이를 확인한 판결이 있다.

> **대판 1967. 3. 21, 66다2348** 약속어음의 발행인은 약속어음금의 종국적 지급책임자이므로 약속어음 소지인은 그 전자에게 대한 소구권을 행사할 필요 없이 직접 약속어음 발행인에게 대하여 약속어음금의 지급을 청구함은 정당하다고 할 것이다.

수인의 상환의무자가 있는 경우 상환청구권자는 그들 중 **누구에게든 선택적 또는 중첩적으로** 상환청구할 수 있다. 특정의 상환의무자에게 상환청구하였더라도 다른 자에게 상환청구할 수 있으며 이미 청구를 받은 자의 후자에 대하여도 상환청구할 수 있다(어 47조 4항, 77조 1항 4호; 수 43조 4항).

(2) 역어음에 의한 상환청구

(가) 역어음의 의의

역어음은 상환청구의 한가지 방법으로서 상환청구권자가 상환청구금액 상당액을 어음금액으로 하고 상환의무자를 지급인으로 하여 발행하는 일람출급의 환어음이다(어 52조 1항).

상환청구권자와 상환의무자가 서로 다른 나라에 소재하고 있는 경우에, 보통의 상환청구절차에 의존하게 되면 시간이 많이 걸리고 환시세의 변동에 따라 상환청구권자가 불이익을 당할 수 있다. 역어음제도는 이러한 불편과 불이익을 방지하기 위하여 고안된 제도로서 상환청구권자가 역어음을 발행하여 자기의 거래은행에서 할인을 받으면 상환의무자로부터 즉시 상환을 받는 것과 같은 결과를 얻을 수 있다.

(나) 역어음의 발행요건

역어음이라 하여 일반의 환어음과 다른 성질의 것은 아니나, 그 발행에는 다음과 같은 요건이 갖추어져야 한다(어 52조 1항, 2항).

① 역어음의 발행이 금지되어 있지 않아야 한다.

② 상환의무자를 지급인으로 해야 한다.

③ 상환의무자의 주소를 지급지로 해야 한다.

④ 일람출급으로 해야 한다.

⑤ 어음금액에는 상환청구금액 외에 그 역어음의 중개료와 인지세를 포함한다.

⑥ 소지인이 역어음을 발행하는 경우에 그 어음금액은, 본어음(거절된 어음)의 지급지에서 그 전자의 주소지에 대하여 발행하는 일람출급어음의 환시세에 의하여 정한다.

⑦ 배서인이 역어음을 발행하는 경우에 그 어음금액은, 역어음의 발행인이 그 주소지에서 전자의 주소지에 대하여 발행하는 일람출급어음의 환시세에 의하여 정한다.

(다) 역어음의 지급

상환의무자가 역어음을 지급하게 되면 본어음에 대해서 상환의무를 이행한 것이 된다. 역어음을 할인해 준 은행이 상환의무자인 지급인으로부터 역어음을 지급받기 위하여는 본어음, 거절증서, 영수를 증명하는 계산서 등을 역어음에 첨부하여 교부하여야 한다.

3. 상환방법

(1) 일반적 상환

(가) 총 설

상환의무자는 상환청구금액을 지급하여 상환청구권자에게 상환하는 것이 일반적이겠지만, 그밖에 대물변제나 상계로 상환이 이루어질 수도 있다.

상환의무자는 지급과 동시에 거절증서, 영수를 증명하는 계산서와 해당 어음의 교부를 청구할 수 있다(어 50조 1항, 77조 1항 4호; 수 46조 1항). 어음을 환수하도록 하는 것은 이중으로 상환청구를 받을 위험을 피하고 상환한 자로 하여금 그 전자에게 어음상의 권리를 행사할 수 있게 하기 위한 것이다. 영수를 증명하는 계산서는 상환청구금액의 계산을 확실하게 하기 위하여 작성되는 서류인데, 각 상환청구권자가 별개로 작성하여야 하며 상환청구권자 한 사람이 작성한 계산서가 어음과 짝을 이루어 상환청구과정을 따라 전전유통하는 것이 아니다.

(나) 일부인수의 경우

일부인수가 있으면, 인수되지 않은 어음금액에 대하여 만기전 상환청구를 할 수 있음은 앞에서 보았다(어 43조 1호). 이 경우에도 어음소지인이 일부 어음금액의 상환자에게 어음을 교부하여야 한다면, 만기가 도래한 후 일부인수를 한 인수인에게 지급제시를 할 수 없게 될 것이다. 이에 어음법은 어음소지인과 상환의무자의 이익을 조정하는 규정을 두어, 상환자가 이중으로 상환청구를 받는 것을 방지하고 다시 그 전자에게 재상환청구할 수 있도록 배려하고 있다. 즉 일부인수가 있은 후 인수되지 않은 어음금액을 상환하는 상환의무자는 어음소지인에게 해당 환어음에 지급한 뜻을 기재할 것과 영수증의 교부를 청구할 수 있고, 재상환청구를 위하여 환어음의 증명등본과 거절증서의 교부를 청구할 수 있다(어 51조).

(다) 어음을 상실한 경우

어음을 상실한 경우의 상환청구는 **제권판결**에 의하여 상환청구권을 행사하게 되므로, 어음과 상환하지 않고 상환청구금액을 지급받을 수 있다. 거절증서만을 상실한 경우에는 그 등본을 교부받아 대신할 수 있다(거절증서령 9조 2항).

(2) 상환의무자의 상환권

상환의무자는 상환청구권자로부터 상환청구를 받기 전이라도 **자진하여** 그 의무를 이행할 수 있다. 상환청구를 받은 어음채무자는 지급과 상환으로 거절증서, 영수를 증명하는 계산서 및 어음의 교부를 청구할 수 있다(어 50조 1항, 어 77조 1항 4호; 수 46조 1항). 이러한 상환의무자의 권리를 **상환권**이라고 한다. 상환권을 인정한 취지는 상환청구의 과정을 단축하여 상환의무자의 상환금액의 증가를 막을 수 있게 하고, 전자의 변제자력감소에 대비하여 어음을 신속하게 환수하여 재상환청구할 수 있게 하고자 하는 것이다. 수인의 상환의무자가 상환권을 행사하는 것과 같은 상환권의 경합이 있을 경우 상환청구권자는 누구로부터이든 상환을 받아도 되겠지만, 상환의무자 상호간에는 가장 많은 상환의무자가 상환의무를 면하게 되는 자, 예를 들어 최종적 상환의무자에게 우선권을 부여하는 것이 합리적이다(어 63조 3항 유추).

제5 불가항력과 상환청구

어음의 유통성으로 인하여 어음채무자가 만기에 있어서의 소지인을 알 수 없는 등 사유로 인하여 법률관계가 예정대로 해소되지 못할 수 있다. 어음법에서는 어음채무관계에 예견가능성을 높이고 신속한 종결을 도모하기 위하여, 인수제시기간·지급제시기간에 관한 규정을 두고 있을 뿐 아니라 거절증서의 작성기간도 법정하고 있다. 그런데 이러한 기간이 어음소지인의 게으름 때문이 아니라 **불가항력** 때문에 지켜질 수 없는 경우가 있다. 이에 대비하여 어음법에서는 불가항력이 단기간 계속되는 경우에는 그 기간을 연장해주고, 불가항력이 30일을 초과하여 계속되는 경우에는 상환청구권보전절차를 면제해주고 있다(어 54조 1항, 4항, 5항, 77조 1항 4호; 수표의 경우는 15일, 수 47조 4항).

상환청구권보전절차와 관련된 불가항력을 어느 범위까지 인정할 것이냐에 대하여, 어음법에서는 국가법령에 의한 금제(禁制)를 피할 수 없는 장애(불가항력)를 예로 들고 있으며, 소지인이나 그의 위임을 받은 자의 단순한 인적사유는 불가항력으로 보지 아니한다는 기준을 제시하고 있다(어 54조 1항, 6항, 77조 1항 4호). 천재지변으로 인한 은행거래의 정지, 특정국가의 모라토리엄, 교통두절로 인한 거절증서작성기관에의 접근불능 등이 불가항력에 해당한다.

불가항력이 발생한 경우에 어음소지인은 자기의 배서인에게 지체없이 그 사실을 통지하고, 어음 또는 보전에 통지하였다는 뜻을 기재하고 일자를 부기하여 기명날인 또는 서명하여야 한다(어 54조 2항, 77조 1항 4호; 수 47조 2항). 불가항력의 통지절차에는 상환청구통지절차에 관한 규정이 준용된다(어 54조 2항, 45조, 77조 1항 4호; 수 47조 2항).

제 9 장
참가와 복본 · 등본

제 1 절 참　가

제1 총　설

1. 참가의 의의

어음법상 참가라 함은 인수거절 또는 지급거절 등으로 인하여 소지인이 상환청구할 수 있는 경우에 상환청구권의 행사를 저지하기 위하여 제3자가 어음관계에 개입하는 것을 가리킨다.

이러한 개입행위가 인수인 경우를 **참가인수**라고 하고 개입과 함께 어음금을 지급하는 경우를 **참가지급**이라고 한다. 참가인수나 참가지급과 같은 참가제도가 어음법에 규정되어 있는 것은 상환청구권의 행사에 따르는 비용절약과 소지인의 이익보호, 어음신용의 회복을 목적으로 한다고 설명된다. 제3자의 개입이라는 점에서 참가는 어음보증과 비슷한 면이 있으나 참가는 인수 또는 지급에 관하여서만 인정된다는 점에서 어음보증에는 발행인을 위한 보증, 배서인을 위한 보증도 있을 수 있는 것과 구별된다.

참가제도는 어음법의 규정에 불구하고 어음거래실무에서는 거의 이용되고 있지 않다. 참가를 예정하고 예비지급인을 기입할 경우 그러한 어음은 신용을 의심받게 될 것이기 때문이다.

참가는 어느 시점에서 할 수 있는가. 참가인수는 만기 전에 상환청구요건이 갖추어진 후 만기까지의 기간중에 할 수 있고(어 56조 1항), 참가지급은 만기 또는 만기 전의 상환청구요건이 갖추어진 후 원칙적으로 지급거절증서작성기간의 마지막날의 다음날까지 하여야 한다.

2. 참가의 당사자

참가인수 또는 참가지급을 하는 자를 **참가인**이라고 부르고 참가로 인하여 수혜를 받는 자는 **피참가인**이라고 부른다.

(1) 참가인

참가인에는 참가의 종류에 따라 참가인수인과 참가지급인이 있다.

참가는 어음상 참가할 것으로 기재된 예비지급인이 하기도 하고 어음 바깥의 순전한 제3자가 하는 경우도 있다. 예비지급인으로 기재되어 있는 자가 아닌 제3자가 하는 참가를 협의의 참가라고 하기도 한다(어 55조 3항 참조). 참가인이 반드시 지급지에 소재할 필요는 없으나 지급지에 소재하는가 여부에 따라 참가의 조건이 달라진다.

(2) 예비지급인

예비지급인은 만기 전 또는 만기의 상환청구를 저지하기 위하여 참가할 자로서 미리 어음상에 기재되어 있는 자이다.

예비지급인을 지정할 수 있는 자는 배서인, 보증인, 환어음의 발행인이다(어 55조 1항, 77조 1항 5호). 상환의무를 부담하지 아니하는 인수인, 약속어음의 발행인, 그리고 이들을 위한 보증인은 예비지급을 기재할 수 없다. 예비지급인이 될 수 있는 자는 어음과 관계없는 제3자, 인수하지 않은 지급인(지급인으로서 인수나 지급을 거절하더라도 참가인수나 참가지급을 하는 경우가 있을 수 있다)이다. 그러나 인수인은 참가가 금지되고 있으므로(어 55조 3항) 예비지급인이 될 수 없다. 예비지급인은 어음상에 기재되어야 한다(어 56조 2항, 60조 1항). 지급지 바깥에 주소를 둔 자를 예비지급인으로 지정하더라도 예비지급인의 기재로부터 특별한 효과가 발생하지 않는다. 어음법은 지급지에 있는 예비지급인의 기재가 있는 경우에 한하여 만기 전의 상환청구제한을 규정하고 있다(어 56조 2항, 60조 1항).

(3) 협의의 참가인

예비지급인 외의 참가인이 될 수 있는 자는 제3자, 지급인, 환어음의 발행인,

배서인, 보증인 등이다. 다만 환어음의 인수인이나 약속어음의 발행인은 주된 채무자로서 그들이 참가하더라도 소지인에게 아무런 이익이 될 수 없으므로 참가인이 될 수 없다(어 55조 3항, 77조 1항 5호).

(4) 피참가인

모든 상환의무자 또는 이들을 위한 보증인은 **피참가인**이 될 수 있다(어 55조 2항). 상환의무를 부담하지 않는 인수인, 지급인, 무담보배서인은 피참가인이 될 수 없다.

3. 참가의 통지

참가인은 피참가인에 대하여 2 거래일 내에 **참가의 통지**를 하여야 한다(어 55조 4항, 77조 1항 5호). 이와 같이 참가의 통지를 요구하는 **입법취지**는 통지를 함으로써 피참가인은 참가인의 구상(어 63조 1항)을 피하기 위하여 스스로 소지인에 대하여 어음금을 지급하고(어 58조 2항) 다시 그 전자에 대하여 상환청구할 수 있도록 하기 위한 것이다. 그밖에 피참가인에 대하여 상환할 준비를 하게 하기도 하고 또 발행인이 피참가인인 경우는 재력이 없는 지급인에게 자금을 공급하는 위험을 피하게 할 수도 있다.

2 거래일 내에 참가의 통지를 하여야 한다는 것과 관련하여 발신주의와 도달주의가 대립한다. 상환청구의 통지와 마찬가지로 2 거래일 내에 통지를 발송하여야 하는 것으로 새기는 것이 합리적이다(주석 어음 · 수표법(Ⅱ), 244면).

제2 참가인수

1. 참가인수의 의의 · 성질

참가인수는 만기전의 상환청구를 저지하기 위하여 지급인 이외의 제3자가 어음상의 법률관계에 인수의 방식으로 개입하는 어음행위이다. 그 법적 성질은 상환의무의 인수를 목적으로 하는 특수한 어음행위이다. 참가인수는 다음 여러 가지 점에서 지급인의 인수와 차이가 있다.

① 참가인수인의 의무는 인수인의 의무와 같은 주된 채무가 아니고 피참가인과 같은 의무(어 58조 1항), 즉 지급인이 지급을 거절한 경우에 지급의무를 부담할 뿐이다.

② 참가인수인은 소지인과 피참가인의 후자에 대하여 의무를 부담하지만(어 58조 1항) 인수인은 모든 어음채권자에 대하여 주된 채무를 부담한다(어 28조 1항).

③ 참가인수인은 상환의무를 부담하기 때문에 참가인수인을 상대로 권리행사를 하기 위하여는 상환청구권의 보전이 필요하다. 지급인의 지급거절이 있는 경우에 소지인은 거절증서작성 등 보전절차를 이행하여야 한다. 또 지급거절증서작성기간이 끝나는 날의 다음날까지 참가인수인에 대하여 참가지급을 청구하는 제시를 하고 이것이 거절될 경우 참가지급거절증서를 작성해 두지 않으면, 소지인은 피참가인에 대한 권리를 잃게 되고 그 결과 참가인수인에 대한 권리도 상실한다(어 60조, 58조 1항).

④ 참가인수인은 이득상환청구의 상대방이 될 수 없을 뿐 아니라 그가 파산하더라도 상환청구원인이 되지 아니한다.

⑤ 참가인수인의 채무의 소멸시효기간은 피참가인의 경우와 동일하고 인수인에 대한 3년이 적용되지 아니한다.

⑥ 참가인수가 있더라도 어음소지인은 피참가인의 전자에 대하여는 만기 전의 상환청구를 할 수 있다.

⑦ 참가인수인이 지급하면 피참가인과 그의 채무자에 대하여 어음상의 권리를 취득한다.

2. 참가인수의 요건

어음소지인이 만기전에 상환청구할 수 있는 모든 경우에 참가인수를 할 수 있다(어 56조 1항). 참가인수를 할 수 있기 위하여는 만기전에 상환청구원인이 발생하여야 하고 거절증서의 작성이 면제된 경우 외에는 그 사실이 인수거절증서(어음법 제44조 제5항의 경우는 지급거절증서)에 의하여 확정되어야 한다. 다만 인수제시가 금지된 어음(어 22조 2항)의 경우는 참가인수가 허용되지 아니한다(어 56조 1항).

3. 참가인수의 허용

어음소지인은 원칙적으로 참가인수를 거절할 수 있다(어 56조 3항). 그러나 지급지에 주소를 가지는 예비지급인이 기재된 때에는 소지인은 예비지급인의 참가인수를 거절할 수 없다. 예비지급인의 기재가 있는 경우, 소지인은 예비지급인에게 어음을 제시하고 참가인수의 거절을 거절증서로 증명하여야만 예비지급인을 기재한 자와 그 후자에 대하여 만기 전이라도 상환청구권을 행사할 수 있다(어 56조 2항).

4. 참가인수의 방식

참가인수는 어음에 참가인수의 뜻을 기재하고 참가인수인이 기명날인하거나 서명함으로써 한다. 이와 함께 피참가인의 표시도 하여야 하지만 피참가인을 기재하지 않으면 그 인수는 발행인을 위한 것으로 본다(어 57조). 발행인을 피참가인으로 하는 것이 가장 많은 어음채무자의 상환의무를 면하게 해주게 되기 때문이다.

5. 참가인수의 효력

(1) 참가인수인의 의무

참가인수인은 어음소지인 및 피참가인의 후자에 대하여 피참가인과 동일한 의무를 부담한다(어 58조 1항). 그러나 참가인수인이 인수인이 되는 것은 아니다. 소지인은 참가인수인에게 청구하기 전에 지급인에 대하여 청구를 하고 지급거절증서를 작성한 후가 아니면 참가인수인에 대하여 청구할 권리를 상실한다. 참가인수인에 대해서는 참가지급거절증서를 작성시킬 수 있는 최종일의 익일까지 어음을 제시하여야 한다(어 60조 1항).

(2) 피참가인과 기타의 자에 대한 상환청구권

참가인수가 있으면 소지인은 피참가인과 그 후자에 대하여 만기 전의 상환청구권을 상실한다(어 56조 2항, 3항).

피참가인의 전자는 참가인수가 있더라도 상환의무를 면하지 못한다. 피참가인은 만기 전의 상환의무를 면하지만 참가인수인이 나중에 참가지급을 한 때에는 이에 대하여 상환을 해주어야 한다. 피참가인과 그 전자는 참가인수에 불구하고 자진하여 소지인에게 상환하고 어음의 교부를 청구할 수 있다(어 58조 2항).

제3 참가지급

1. 참가지급의 의의 · 성질

참가지급은 소지인이 만기 전 또는 만기 후에 상환청구권을 행사할 수 있는 경우에 그 상환청구를 저지하기 위하여 제3자가 어음금을 지급하는 것을 가리킨다. 참가지급은 어음상의 채무부담을 목적으로 하는 어음행위는 아니고 상환청구권의 행사를 저지하기 위한, 변제와 유사한 행위이다.

참가지급은 준법률행위가 아니고 진정한 법률행위이다. 그러나 참가지급은 어음상의 기명날인 또는 서명을 필요로 하지 않으므로 참가인수와 같은 어음행위는 아니다. 참가지급도 지급의 일종이지만 참가지급으로는 어음관계가 전부 소멸하지 않고 피참가인의 후자의 의무를 면책시킬 뿐이다.

2. 참가지급의 당사자

(1) 참가지급인

참가지급인이 될 수 있는 자는 참가인수인, 단순한 예비지급인, 상환의무자, 기타의 제3자 등 그 범위가 넓다. 다만 인수인과 그를 위한 보증인, 약속어음의 발행인과 그를 위한 보증인은 참가지급인이 될 수 없다(어 55조 3항, 77조 1항 5호).

지급인은 본래의 지급을 거절한 경우에도 참가지급을 할 수 있다.

(2) 피참가인

상환의무자만이 참가지급의 피참가인이 될 수 있다(어 55조 2항, 77조 1항 5호).

3. 참가지급을 위한 제시

어음의 지급지에 주소를 둔 예비지급인이나 참가인수인(同地 예비지급인 또는

同地 참가인수인)이 있으면 소지인은 그들 전원에게 어음을 제시하고 또 필요한 경우에는 거절증서를 작성할 수 있는 마지막날의 다음날까지 지급거절증서를 작성하여야 한다(어 60조 1항, 77조 1항 5호). 이러한 절차를 이행하지 않으면 예비지급인을 지정한 자 또는 피참가인과 그 후자는 상환의무를 면한다(어 60조 2항, 77조 1항 5호).

4. 참가지급의 수령거부

소지인은 예비지급인 또는 참가인수인이 아닌 제3자의 **참가지급**도 거절하지 못한다. 소지인이 참가지급을 거절하면 그 지급에 의하여 의무를 면할 수 있었던 자에 대한 상환청구권을 잃는다(어 61조, 77조 1항 5호). 참가인수와 달리 참가지급은 현실적으로 지급이 발생하는 것이므로 참가인의 재력을 우려할 필요가 없기 때문에 참가지급에 대한 수령거부를 허용하지 않는 것이다.

5. 참가지급의 방법 · 시기

참가지급의 방법은 어음에 피참가인을 표시하고 그 영수를 증명하는 문언을 기재하도록 한 다음 지급과 상환으로 참가지급인이 어음을 교부받음으로써 이루어진다. 거절증서가 작성된 때에는 거절증서까지 참가지급인에게 교부하여야 한다(어 62조, 77조 1항 5호). 피참가인의 표시가 없는 때에는 발행인을 위하여 지급한 것으로 본다(어 62조 1항 2문, 77조 1항 5호).

참가지급의 시기를 논의함에 있어서 참가인수인이 참가지급을 하는 경우와 그 밖의 참가지급인의 경우를 구분해 보아야 한다. 먼저 참가인수인의 참가지급은 지급거절증서작성기간의 다음날까지 하여야 한다(어 60조 1항, 77조 1항 5호). 그러나 이 시점이 경과했다 하더라도 이 기간 내에 참가인수인을 상대로 제시가 있었던 이상 참가인수인의 지급의무는 면제되지 않으므로 피참가인이 지급을 하지 않는 이상 참가인수인은 참가지급을 할 수 있다. 참가인수인이 아닌 자에 의한 참가지급은 지급거절증서작성기간의 다음날까지 하여야 하며(어 59조 3항, 60조 1항, 77조 1항 5호) 이 기간을 경과한 후의 지급은 참가지급에 해당하지 않는다.

6. 참가지급의 효력

소지인이 참가지급을 받게 되면 소지인의 어음상의 권리가 소멸한다. 참가지급으로써 피참가인의 후자는 상환의무를 면하지만(어 63조 2항, 77조 1항 5호) 피참가인은 의무를 면하지 못한다.

참가지급인은 피참가인과 그 자의 어음상의 채무자에 대하여 어음으로부터 생기는 권리를 취득한다(어 63조 1항, 77조 1항 5호). 참가지급인은 소지인의 권리를 승계하거나 대위하는 것이 아니고 어음법에서 정한 권리를 어음의 교부와 관계없이 독립하여 취득한다. 참가지급인이 구상할 수 있는 금액의 범위에 관하여는 명문의 규정이 없으나 어음법 제49조를 유추하여, ① 지급한 총금액, ② 지급한 총금액에 대한 연 6퍼센트의 이율로 계산된 지급의 날 이후의 이자, ③ 지출한 비용 세 가지의 합계액으로 하여야 할 것이다.

제 2 절 복본과 등본

제1 복 본

1. 복본의 의의

복본은 하나의 어음상의 권리가 여러 통의 어음증권에 표창되어 발행된 경우 그 중의 한 통 또는 그 여러 통 전부를 가리키는 용어이다. 복본은 주로 환어음에서 이용된다. 각통의 복본은 모두 정본으로서 하나하나가 완전한 유가증권이며 그 중 어떤 것이 주된 증권인 것이 아니다(평등관계). 이것이 原本의 카피에 불과한 「등본」과 복본의 차이이기도 하다. 여러 통의 복본이 발행된 경우에 그 중 한 통에 대한 지급이 있으면 다른 복본은 모두 무효가 되는 것이 하나의 권리와 여러 통의 증권이라는 복본제도의 특색이다.

2. 복본의 용도

환어음에 있어서 복본이 이용되는 경우는 다음과 같다.

첫째, 환어음을 원격지에 보내는 경우에 분실 · 도난에 대비하기 위한 것이다. 환어음은 권리를 행사함에 있어서 그 증권의 소지가 반드시 필요하므로 여러 통의 어음을 만들어 두고 그 중 한 통을 상실할 경우에 다른 한 통의 어음으로 권리행사를 할 수 있게 하기 위한 것이 복본이다. 둘째, 환어음의 소지인이 그 어음에 인수를 받기 위하여 원격지에 송부해 놓은 채로 어음상의 권리를 배서양도할 수 있도록 하기 위해서도 복본이 이용된다. 이와 같은 복본제도의 용도에 비추어 볼 때 환어음과는 다르게 송금기능도 가지지 못하고 인수제도도 없는 약속어음에는 복본제도가 있을 필요가 없다. 수표의 경우 역시 인수제도는 없으므로 송금기능과 관련해서 예외적으로 외국수표 등에 대해서만 복본발행이 허용되고 있다.

3. 복본의 발행

(1) 발행의 권한

환어음과 수표의 발행인만이 복본을 발행할 수 있다(어 64조 1항; 수 48조). 등본은 환어음과 약속어음의 소지인(수표에서는 등본이 허용되지 않음)도 작성할 수 있는 것과 비교된다. 수표의 복본은 一國에서 발행하여 타국이나 발행국의 해외영토에서 지급할 수표, 一國의 동일 해외영토에서 발행하고 지급할 수표 또는 一國의 해외영토에서 발행하여 그 國의 다른 해외영토에서 지급할 수표로서 소지인출급식이 아닌 수표라야만 복본을 발행할 수 있다(수 48조).

(2) 발행청구와 절차

수표에 있어서는 발행시에 여러 통의 복본을 발행하는 것만 허용되는 데 반하여 환어음의 경우는 한 통으로 발행된 후에 소지인이 자기의 비용으로 복본의 교부를 발행인에게 청구할 수 있다. 이러한 복본발행청구는 발행인과 현재의 소지인 사이에 수인의 배서인이 기재되어 있으면 각 배서인을 거쳐서 거슬러서 행해져야 한다. 이에 따라 발행인이 발행한 복본에는 중간의 배서인들이 다시 배서를 하여 복본을 청구한 소지인에게 전달된다(어 64조 3항). 처음에 발행된 환어음에 한 통만으로 발행한다는 뜻이 기재된 경우에는 소지인의 복본발행청구가 허용되지 아니한다. 환어음의 복본에는 그 증권의 본문중에 번호를 붙여야 하므로 복본발행을 청구하는 소지인은 발행인에게 원래의 어음을 제시하여야 한다.

(3) 복본의 방식

복본 각통의 내용은 동일하여야 한다(어 64조 1항; 수 48조). 복본 각각에는 그 증권의 본문 중에 제1호 어음, 제2호 어음 등과 같이 번호를 붙여서 독립된 어음이 아니고 복본임을 공시하여야 한다. 이것은 「**복본문구**」라고 한다. 이 번호를 붙이지 않았다면 그 여러 통의 복본은 이를 각각 독립한 환어음으로 본다(어 64조 2항; 수표의 경우는 각각 독립한 수표로 본다. 수 48조).

4. 복본의 효력

(1) 복본일체의 원칙

복본이 발행되어 있는 경우 증권의 수는 여러 통이지만 복본 하나하나가 표창하고 있는 어음상의 권리는 하나의 동일한 권리이다. 따라서 복본의 한 통에 대한 지급이 있으면 다른 복본이 무효가 되고 어음채무자는 의무를 면하게 되는 것은 당연하다(어 65조 1항; 수 49조 1항). 이것을 가리켜서 「**복본일체의 원칙**」이라고 부른다. 복본 한 통에 대한 지급이 있으면 이 지급이 다른 복본을 무효로 한다는 뜻의 기재 즉 파기문언이 없더라도 다른 복본이 무효가 된다. 복본 한 통을 소지한 자는 환어음의 소지인으로서 어음상 권리를 제한없이 행사할 수 있다. 그러나 그 소지인이 여러 통의 복본을 소지하고 있다면 지급인은 복본 전부의 반환을 청구할 수 있다. 복본일체의 원칙은 배서의 경우에도 적용된다. 즉 복본 중 한 통에 배서양도를 하면 피배서인이 어음상의 권리를 취득하게 되고 복본 모두에 배서하여야 하는 것이 아니다(정동윤, 589면).

(2) 복본 각통의 독립성

복본 각통은 모두 같은 하나의 어음상 권리를 표창하지만 각통의 복본이 서로 다른 소지인의 수중에 들어가게 되는 경우 선의의 소지인을 보호할 필요성이 제기된다. 어음법은 다음 두 가지의 경우에 선의의 소지인을 보호하기 위한 배려를 규정하고 있다.

(가) 복본 각통에 인수가 있는 경우

여러 통의 복본이 발행된 경우라 하더라도 지급인은 그 중 한 통에만 인수하면 되고 다른 복본에 대하여까지 인수하여야 하는 것은 아니다. 그러나 실제로 여러 통의 복본에 인수를 해주었다면 인수인은 지급을 할 때 인수해 준 복본 모두를 환수하여야 이중 지급의 위험을 피할 수 있다. 인수인은 반환받지 아니한 인수된 각 통의 복본의 소지인에 대하여 책임을 져야 한다(어 65조 1항). 이와 관련하여 인수된 복본의 소지인이면 그가 선의이든 악의이든 인수인은 책임을 져야 하는가에 대하여 (다른 복본에 대한 지급이 있었음을 아는) 악의의 소지인에게는 책임을 지지 않는다는 견해도 있다(정동윤, 590면). 인수된 복본이 두 통 이상이라 하더라도 모두 동일인이 소지하고 있다면 그 소지인은 그 중 하나만으로 권리행사를 할 수 있고 나머지 인수된 복본도 모두 반환하여야 한다. 인수된 복본이 있더라도 인수되지 않은 복본의 소지인은 다른 복본의 인수를 근거로 지급인에게 인수인의 책임을 물을 수 없는 것은 당연하다. 또 한 통의 복본에 인수한 지급인이 인수하지 아니한 다른 복본의 소지인에게 지급하였다 하더라도 인수된 복본의 소지인에 대한 관계에서 면책될 수 없음도 당연하다.

(나) 여러 사람에게 각각 배서한 경우

여러 통의 복본을 소지하고 있던 소지인이 그 각각을 따로 여러 사람에게 배서양도하는 것은 상식에 반하지만 실제로 그러한 일이 있었다면 배서인은 (지급인이) 반환받지 아니한 각통에 대하여 배서인으로서의 책임을 진다. 그리고 이렇게 분산된 복본에 그 후 배서한 다른 배서인 역시 자기가 배서한 복본에 대하여 책임을 진다. 어음법 제65조 2항에서 「반환을 받지 아니한」 복본에 대하여 책임을 진다고 규정하고 있는데 정상적인 경우라면 배서인이 지급을 하고 어음을 반환받는 것이 아니라 지급인(또는 인수인)이 반환을 받게 될 것이다. 여러 사람에게 각 별로 복본을 양도한 배서인에 앞서 서명 또는 기명날인하여 1인에게만 양도한 배서인에게는 어음법 제65조 제2항의 규정이 적용되지 아니한다. 따라서 그러한 자는 상환의무를 이행함에 있어서 복본 모두의 반환을 청구할 수 있고 그 중 한 통의 소지인에게 상환의무를 이행하더라도 자기의 어음채무를 모두 면한다.

5. 인수를 위한 복본의 송부

(1) 송부복본과 유통복본

인수를 받기 위하여 복본의 한 통을 송부한 소지인은 다른 각 통에 이 한 통(「**송부복본**」이라 한다)을 가지고 있는 자의 명칭을 기재하여야 한다. 송부복본을 가지고 있는 자는 다른 복본(「**유통복본**」이라 한다)의 정당한 소지인에 대하여 송부복본을 교부할 의무가 있다(어 66조 1항). 이로써 유통복본의 소지인은 인수된 송부복본의 반환을 청구할 수 있고 유통복본의 양도로써 인수복본의 청구권도 이전된다. 복본제도의 중요한 효용은 복본중 한 통을 송부하여 인수를 받는 동안에 다른 복본으로 어음상의 권리를 유통시킬 수 있게 한다는 것이다. 어음법 제66조 제1항은 여러 통의 복본을 소지한 자가 지급인의 주소지에 있는 대리인이나 거래처에 한 통의 복본을 송부하여 지급인으로부터 인수를 받도록 함과 동시에 다른 복본(유통복본)에 송부복본을 가지고 있게 될 자의 명칭(과 주소)을 기재하여 나중에 유통복본을 취득한 자가 인수된 송부복본을 회수할 수 있도록 조치한 규정이다.

(2) 복본의 반환거절과 상환청구요건

(인수된) 송부복본을 회수한 유통복본의 소지인은 두 가지 복본을 인수인에게 제시하여 어음금을 청구하게 된다. 한편 **유통복본**(송부복본을 가지고 있는 자의 명칭이 기재된 복본)의 소지인이 (인수된) **송부복본**을 가지고 있는 자에게 반환을 청구하였다가 거절당한 경우에는 다음 두 가지 요건을 갖추어야 상환청구권을 행사할 수 있다(어 66조 2항).

① 송부복본의 교부(반환)청구를 거절당했음을 「복본반환거절증서」로 증명할 것

② 자기가 소지하고 있는 유통복본으로 인수 또는 지급을 청구하였으나 거절당했음을 거절증서로 증명할 것

위와 같은 제한을 부과하는 것은 (인수된)송부복본이 회수되지 않은 채로 소지인의 상환청구를 허용하면 상환의무자가 인수 또는 지급이 이미 이루어졌는

지를 알 수 없어서 상환의무를 이행하여야 할 것인가를 결정할 수 없기 때문이다. 유통복본에 송부복본을 가지고 있는 자의 기재가 되어 있지 않은 경우라면 유통복본의 소지인은 그 유통복본으로 인수 또는 지급의 청구를 하고 일반적 상환청구권보전절차를 취하는 것만으로 상환청구할 수 있다. 복본거절증서를 작성할 필요가 없다. 유통복본에 송부복본보유자의 기재를 게을리 한 상환의무자(종전의 소지인)에게 이중지급의 위험을 부담시킬 수밖에 없기 때문이다.

제2 등 본

1. 등본의 의의

환어음 · 약속어음의 등본은 어음의 原本을 등사(謄寫)한 것을 가리킨다. 등본과 복본의 가장 중요한 차이는 등본은 그것만으로 어음의 효력을 가지지 못한다는 점이다. 등본은 그 자체 어음이 아니고 그 위에 배서 또는 보충을 할 수 있는 지편일 뿐이다. 그밖에 등본이 복본과 다른 점으로는 등본은 모든 소지인이 작성할 수 있으나 복본은 발행인만 작성할 수 있다는 점, 등본은 환어음과 약속어음에 이용될 수 있으나 수표에는 이용될 수 없고 복본은 환어음과 수표에 인정되며 약속어음에는 인정되지 않는다는 점 등이 있다.

2. 등본의 효용

등본 역시 복본의 경우처럼 원격지에 있는 지급인에게 인수를 받기 위하여 원본어음을 송부한 후에 어음을 배서양도하기 위하여 이용된다. 원본의 상실에 대비하기 위하여 등본을 만들어 유통시키기도 한다. 등본을 이용하면 복본을 이용하는 것보다 소지인 누구나 등본을 발행할 수 있다는 점, 등본은 그 자체 어음의 효력이 없어서 분실 · 도난의 경우 위험이 작다는 장점을 가진다. 등본은 원본의 분실 · 도난에 대비하여 원본을 안전하게 보관해 둔 채 배서하거나 보충을 받는 데 이용되기도 한다.

3. 등본의 작성

복본은 발행인만이 발행할 수 있는 데 반하여 등본은 어음의 소지인이면 누구나 작성할 수 있다(어 67조 1항, 77조 1항 6호). 등본에는 배서 기타 원본에 기재된 모든 사항을 정확하게 다시 기재하고 그 말미(끝)를 표시하는 기재를 하여야 한다. 말미를 표시하는 기재라 함은 「이상 등사」와 같이 적는 것을 말한다. 아울러 등본에는 원본을 가지고 있는 자도 표시하여야 한다(어 68조 1항 1문). 이러한 原本保持者를 표시하지 않았다 하더라도 그 등본의 효력이 없는 것은 아니다(통설).

4. 등본의 효력

(1) 등본상의 배서 · 보증

등본에는 원본과 동일한 방법에 의하여 동일한 효력으로 배서 또는 보증을 할 수 있다(어 67조 3항, 77조 1항 6호). 등본은 그것이 소지인에 의하여 작성된 것만으로는 아무 효력이 없고 등본에 배서 또는 보증을 함으로써 그 효력을 인정받는다. 등본에 한 배서로써 어음상의 권리가 피배서인에게 이전하고 등본상에 보증을 한 자는 원본에 보증을 한 것과 같이 피보증인과 동일한 책임을 진다.

(2) 등본소지인의 원본반환청구와 거절시의 상환청구

(가) 원본보지인이 표시된 경우

등본에 원본의 保持者가 표시된 경우에 등본의 정당한 소지인은 保持者에 대하여 원본의 교부를 청구할 수 있다. 등본이 작성된 경우라도 어음상의 권리행사는 원본만으로써 할 수 있기 때문에 등본의 소지인은 어음금청구에 앞서 원본을 확보하여야 한다. 원본의 保持者가 반환을 거절하는 경우에는 등본소지인은 거절증서(원본반환거절증서)로써 거절의 사실을 증명하고 등본에 배서 또는 보증을 한 자에 대하여 상환청구할 수 있다(어 68조 2항, 77조 1항 6호). 복본반환거절의 경우와는 달리 인수 또는 지급거절증서를 따로 작성할 필요 없이 상환청구할 수 있으나 상환청구의 상대방은 등본상에 배서 또는 보증한 자에 한한다.

(나) 원본보지자가 표시되지 않은 경우

위의 원본교부청구권은 어음상 권리로부터 **파생된 권리**이기 때문에 등본에 原本保持者가 표시되어 있지 않다 하더라도 등본소지인이 原本保持者를 추적할 수만 있다면 그를 상대로 교부청구를 하고 거절증서를 작성하여 상환청구권을 행사할 수 있다.

(다) 등본작성 후의 배서차단

등본을 소지한 자라 하더라도 그것만으로 어음상의 권리를 행사할 수 없음은 위에서 본 바와 같다. 등본작성 후 등본과 분리되어 원본이 전전유통된다면 원본에 대한 선의취득이 있을 수 있고 그렇게 되면 정당한 등본소지인이라도 원본의 선의취득자를 상대로 원본의 교부를 청구할 수 없다. 한편 등본의 작성자도 그러한 사정이 생기게 되면 등본소지인이 입은 손해를 배상하여야 할 것이다. 이 때문에 등본을 작성한 후에는 원본의 배서양도를 금지시킬 필요가 발생한다. 어음법 제68조 제3항에서는 등본 작성 전에 한 원본상의 최후의 배서 뒤에 「이 후의 배서는 등본에 한 것만이 효력이 있다」는 문구 또는 이와 동일한 의의가 있는 문언을 기재할 수 있도록 하고 있다. 이러한 문구를 **「차단문구」** 또는 **「배서폐쇄문구」**라고 하고 이러한 문구가 기재된 경우 그 후의 원본상의 배서는 모두 무효가 된다(어 68조 3항, 77조 1항 6호). 차단문구가 기재되어 있으면 원본의 배서양도뿐 아니라 단순한 교부에 의한 양도 또는 민법의 지명채권 양도방법에 의한 양도 역시 모두 무효가 된다(통설).

제 10 장
환어음의 고유한 제도

제 1 절 환어음의 인수

제1 인수의 의의

환어음의 인수는 환어음에 지급인으로 기재되어 있는 자가 어음금액을 지급하겠다는 채무부담의 의사를 표시하는 어음행위이다. 보통의 경우 환어음이 이용되는 과정을 보면 발행시에 지급위탁의 문언과 함께 지급인의 명칭이 기재되는데, 그것만으로 지급인이 그러한 환어음이 발행되었다는 사실을 알 수가 없으며, 지급위탁만으로 지급인으로 기재된 자에게 어떤 의무가 부과되는 것도 아니다. 지급인은 소지인에 의한 환어음의 인수제시가 있을 때 비로소 그러한 어음의 존재를 알게 되고 인수여부를 결정하게 되는 것이다. 이러한 보통의 경우 외에 특별한 예로서, 환어음의 발행행위가 있기 전의 어음용지에 인수부터 행하여질 수도 있고 발행인이 지급인의 인수까지 받아서 수취인에게 교부하는 경우도 있을 수 있다. 지급인은 인수를 함으로써 환어음의 주된 채무자가 되며, 인수 후에는 더 이상 지급인이라고 불리우지 않고 인수인이라고 불리운다.

약속어음에 있어서는 발행시부터 발행인이라는 주된 채무자가 있는 데 반하여, 환어음은 주된 채무자가 없는 상태로 발행되어 유통되기 때문에 소지인의 권리가 상대적으로 취약하다고 할 수 있다. 이러한 환어음에 인수를 받아 놓게 되면 지급의 확실성이 그만큼 높아지므로 쉽게 유통될 수 있다.

환어음의 소지인은 만기 전에 인수제시를 하여야 할 의무를 부담하지 않는 것이 원칙이다. 지급인에 의한 지급가능성이 확실하다면 소지인이 구태여 만기

전에 인수를 받으려 하지 않을 수도 있을 것이다. 그런 경우에도 인수제시를 하게 되면 지급인에게 이행의 준비를 시키는 효용은 있을 것이다. 그러나 인수제시의 명령이 있는 경우(어 22조 1항, 4항)에는 그에 따라 인수제시가 있어야 하며, 일람후정기출급환어음의 경우에는 만기확정을 위하여 인수제시가 필수적으로 요구된다.

제2 인수의 법적 성질

환어음의 지급인은 인수에 의하여 수취인과 그 후자 전원에 대하여 어음금을 지급하겠다는 약속을 하는 것이다. 이러한 **채무부담의 의사표시**는 단독행위에 해당한다(강위두, 505면; 서돈각 · 정완용, 209면; 손주찬, 278면; 양승규, 331면; 이철송, 271-272면; 채이식, 199면). 한편 인수가 효력을 발생하는 것은 어음에 인수의 기명날인 또는 서명을 한 다음 상대방에게 교부되어야 한다는 점을 부각시켜서 인수를 인수인의 청약과 상대방의 승낙에 의하여 성립하는 계약으로 보는 견해(이기수, 309면; 정동윤, 324-325면; 정찬형, 232면; 정희철, 162면; 주석 어음 · 수표법(Ⅱ), 37면; 최기원, 251면)도 있다.

환어음에 인수를 기재한 지급인이 그 어음을 반환하기 전에 인수의 기재를 말소한 경우 인수를 거절한 것으로 본다(어 29조 1항 1문). 이것을 **인수의 철회**라고 부른다. 그리고 어음상에 인수가 말소되어 있으면 그 말소는 어음반환 전에 한 것으로 추정된다(어 29조 1항 2문). 그러나 인수인이 인수를 하여 그 어음을 소지인에게 교부한 후에는 인수의 철회를 허용할 수 없다. 그밖에 지급인이 소지인 또는 어음에 기명날인 또는 서명한 자에게 서면으로 인수를 통지한 때에는 그 상대방에 대하여 인수의 문구에 따라 책임을 져야 한다(어 29조 2항). 이는 금반언의 법리에 따라 인수의 통지를 신뢰하여 권리보전절차를 밟지 아니한 상대방을 보호하기 위한 것이다. 지급인을 상대로 인수통지에 대한 책임을 묻고자 하는 자는 그 통지를 서면으로 받아 놓아야 후일의 분쟁을 예방할 수 있을 것이다.

제3 인수제시

1. 의 의

인수제시는 환어음의 수취인 기타 점유자가 지급인에게 어음을 제시하고 인수를 청구하는 것을 가리킨다. 환어음은 드물게 발행 당시에 이미 인수되어 유통에 제공되기도 하지만 보통은 발행 후에 소지인의 인수제시에 응하여 지급인이 인수를 한다. 지급인이 인수제시에 응하여 인수를 하면 주된 채무자로서 환어음의 지급의무를 부담하게 되며 인수를 거절하면 상환청구의 원인이 된다. 어음법에서 소지인 외에 어음의 단순한 점유자도 인수제시를 할 수 있다고 특히 규정한 것(어 21조)은 환어음의 지급인은 인수제시가 없더라도 인수할 수 있다는 점을 감안하여 구태여 인수제시를 할 수 있는 자를 제한할 필요가 없음을 인정한 것으로 보인다. 인수제시의 상대방은 언제나 지급인이고 지급담당자는 아니다. 따라서 지급담당자에게 행한 인수제시는 그 효력이 없다.

2. 인수제시의 자유와 제한

(1) 인수제시의 자유

환어음의 소지인 또는 단순한 점유자는 만기에 이르기까지 인수제시를 할 수 있다(어 21조). 정확하게 말하면 인수제시를 할 수도 있고 하지 않을 수도 있다. 인수를 받아놓지 않았더라도 지급제시를 할 수 있다. 인수를 받아놓게 되면 어음에 주된 채무자가 있게 되어 어음의 신용은 높아지겠지만, 소지인 측에서 인수가 없어도 어음의 지급을 확신한다면 구태여 인수를 받으려 하지 않을 것이다. 이것을 인수제시의 자유라고 한다. 일람출급환어음은 지급제시와 함께 만기가 도래하지만 지급제시 전에 인수를 받아놓기 위하여 인수제시를 할 수 있다고 새기는 것이 통설이다. 인수제시의 자유에 대하여 어음법은 몇 가지 제한을 가하고 있다.

(2) 인수제시명령

원칙적으로 인수제시여부는 **소지인의 임의**에 맡겨져 있는 것이지만, 경우에 따라 발행인이나 배서인이 지급인의 지급의사를 미리 알고 그에 대비하기를 원할 수 있다. 이러한 경우를 예상하여 어음법에서는 발행인 또는 배서인이 기간을 정하거나 정하지 않고 인수제시가 있어야 한다는 내용을 환어음에 적을 수 있도록 규정하고 있다(어 22조 1항, 4항). 이를 **인수제시명령**이라 한다. 그러나 배서인은 이미 발행인이 인수제시를 전적으로 금지한 환어음에 대하여는 인수제시를 명령할 수 없다(어 22조 4항 단서). 한편 발행인이 일정기간 전의 인수제시만을 금지한 경우에는 배서인은 그 기간 후에 인수제시할 것을 명할 수는 있다고 새긴다.

인수제시명령이 환어음에 기재된 경우 제시기간의 지정이 없으면 만기까지, 지정이 있으면 그 기간 내에 인수제시가 행하여져야 한다. 인수제시가 없으면 소지인은 상환청구권을 상실한다. 구체적으로 보면 발행인이 기재한 인수제시명령에도 불구하고 인수제시가 행해지지 않는 경우 소지인은 인수거절과 지급거절로 인한 상환청구권을 잃는다(어 53조 2항 본문). 그러나 그 기재한 문구에 의하여 발행인이 인수담보책임만을 면할 의사가 있었음을 알 수 있는 경우 지급거절로 인한 상환청구권은 존속한다(어 53조 2항 단서). 발행인이 기재한 인수제시명령의 효력은 배서인 모두에게 미치는 것으로 새겨도 무리가 없으므로, 발행인의 인수제시명령만 있고 개별 배서인의 제시명령이 없더라도 그에 위반한 환어음의 소지인은 배서인 전원에 대한 상환청구권까지 상실한다고 보아야 할 것이다. 특정 배서인만이 인수제시를 명한 경우 그에 위반한 환어음의 소지인은 그 특정 배서인에 대한 관계에서만 상환청구권을 행사할 수 없다.

(3) 인수제시의 금지

환어음의 발행인은 그러한 내용을 어음에 기재함으로써 인수제시를 전적으로 **금지**하거나 일정기일전의 인수제시를 금지할 수 있다(어 22조 2항, 3항). 어음법은 환어음의 발행인이 **자금관계를 고려**하여 인수제시를 금지할 수 있도록 허용한 것이다. 예를 들어 발행인이 지급인에게 만기에 임박하여 자금을 공급할 계획을 세운 경우, 또는 매매계약에서 매수인인 환어음의 지급인이 매매목적물을 검수하고 인수하기로 정한 경우 등에, 인수제시를 금지하지 않으면 인수거절에 따른 절차상의 낭비가 초래될 수 있을 것이다.

인수제시명령이 배서인에 의해서도 이용될 수 있는 데 반하여, 인수제시금지는 발행인만이 할 수 있다. 그러나 만기까지 인수제시를 전적으로 금지시키는 것은 다음 세 가지 경우에는 허용되지 아니한다(어 22조 2항 단서). 다만 이 세 가지의 경우에도 일정기일 전의 인수제시금지는 허용된다.

① 제3자방지급어음: 지급인에게 지급장소를 알려주고 지급인이 지급담당자에게 자금을 공급할 시간적 여유를 주어야 하므로, 인수제시의 금지는 허용될 수 없다.

② 타지출급어음: 환어음이 지급인의 주소지가 아닌 지에서 지급하여야 할 것인 경우에는, 지급인에게 지급지 내에 있는 지급담당자를 지정하여 기재할 시간적 여유를 주어야 하므로, 만기 전의 인수제시가 필요하다.

③ 일람후정기출급환어음: 인수제시를 금지하면 만기를 결정할 수 없으므로, 인수제시의 금지는 생각할 수 없다.

인수제시의 금지를 무시하고 인수제시를 하였다가 거절되더라도 소지인은 발행인과 배서인에게 상환청구권을 행사하지 못한다. 한편 인수제시금지에 위반하는 인수제시가 있더라도 그에 대하여 인수가 있게 되면, 그 인수는 완전히 유효하고 인수인은 주된 채무자로서 어음금지급의 책임을 진다.

(4) 일람후정기출급어음의 경우

일람후정기출급환어음에 대하여는 발행인이 인수제시를 절대적으로 금지할 수 없음은 위에서 보았다. 그렇다 하더라도 인수제시여부를 소지인의 자유에 맡겨 인수제시를 하지 않아도 된다고 하면 일람후정기출급어음의 만기가 정해지지 않게 된다. 따라서 이러한 어음은 인수제시가 반드시 필요하다. 어음법은 일람후정기출급어음은 발행일로부터 1년 내에 인수제시를 하여야 한다고 규정하고 있다(어 23조 1항). 발행인은 이 기간 1년을 단축하거나 연장하는 기재를 할 수 있고, 배서인은 이 기간의 단축만을 기재할 수 있다(어 23조 2항, 3항). 발행인이 기재한 기간단축 또는 연장은 모든 어음당사자에 효력이 있으나, 배서인의 기간단축은 당해 배서인에게만 효력이 있다. 인수제시 없이 이 기간이 도과하게 되면 어음상 권리는 소멸한다.

3. 인수제시에 대한 유예기간

환어음의 인수에 있어서 유예기간이라 함은 인수제시를 받은 지급인이 인수를 할 것인가 말 것인가의 결정을 할 수 있도록 허용된 일정한 여유기간이다. 숙려기간 또는 고려기간이라고도 한다.

지급인은 첫 번째 인수제시가 있은 다음날에 두 번째 제시를 할 것을 청구할 수 있다(어 24조 1항 1문). 지급인은 인수제시를 받았을 때 발행인과의 자금관계를 점검하고 발행인과 협의할 시간적 여유를 필요로 할 수 있다. 그럼에도 불구하고 인수제시 즉시 인수여부를 결정하여야 한다면 불필요한 인수거절이 있게 되어 절차적 낭비가 초래될 수 있다. 이와 같이 불합리한 인수거절을 줄이기 위하여 하루의 유예기간이 인정된 것이다. 유예기간의 청구가 있은 이상 소지인은 제2의 제시를 하지 않으면 상환청구권을 행사하지 못한다. 그러나 유예기간의 청구가 있더라도 소지인이 지급인에게 어음을 교부하여야 하는 것은 아니다(어 24조 2항).

유예기간의 청구가 있었을 때 소지인은 첫 번째 제시에 관한 인수거절증서를 작성시키고, 지급인은 이 거절증서에 두 번째 제시를 청구하였음을 기재하도록 한다(어 24조 1항, 거절증서령 3조 2항). 이와 같이 두 번째 제시의 청구가 거절증서에 기재된 때에만 이해관계인은 그 청구에 응한 두 번째 제시가 없었음을 주장할 수 있다. 즉 유예기간의 청구가 거절증서에 기재되어야 두 번째 제시가 없었음을 이유로 상환청구를 봉쇄할 수 있다.

제4 인수의 방식

인수는 원칙적으로 「인수」 기타 이와 동일한 뜻이 있는 글자로 표시하고 지급인이 기명날인하거나 서명을 하게 된다(**정식인수**)(어 25조 1항 2문). 그러나 「인수」 취지의 기재가 없더라도 어음표면에 지급인의 단순한 기명날인 또는 서명이 있으면 인수가 있는 것으로 본다(**약식인수**)(어 25조 1항 2문).

인수일자의 기재는 인수의 요건은 아니다. 그러나 일람후정기출급어음의 경우 또는 인수제시명령에서 정하는 기간 내에 인수제시가 이루어졌는가를 확인하여야 할 경우에는 인수일자를 적어야 한다(어 25조 2항 1문). 다만 소지인이 인수제시일자를 인수일자로 적어 달라는 청구를 하면 지급인은 그에 따라야 한다(어 25조 2항 1문). 지급인이 유예기간을 요청하여 최초의 제시일의 다음날 인수가 이루어지는 경우 등에 제시일자기재를 청구할 실익이 있을 것이다.

인수일자의 기재가 없는 경우, 소지인이 배서인과 발행인에 대한 상환청구권을 보전하기 위하여는 인수일자거절증서를 작성하여 일자의 기재가 없었음을 증명하여야 한다(어 25조 2항 2문). 일람후정기출급환어음의 인수에 일자가 적혀 있지 아니하더라도 인수인에 대한 관계에서는 인수제시기간의 말일에 인수한 것으로 본다(어 35조 2항). 즉 이 날을 기준으로 만기가 정해진다.

제5 부단순인수

환어음의 정상적 인수와 차이가 있는 **일부인수**, **변경인수**, **조건부인수**를 통틀어서 부단순인수라고 부른다.

1. 일부인수

어음법 제26조 제1항 단서에서 어음금액의 일부에 대한 인수, 즉 **일부인수**를 인정한다. 어음 소지인에게 이익이 되며 상환의무자의 의무도 그 한도에서 경감되기 때문이다. 다만 인수인의 어음금지급은 어음과 맞바꾸어서 이루어진다는 어음의 상환증권성과의 관계에서 지급과정상의 문제는 남는다. 일부인수된 환어음의 지급을 받은 소지인이 인수인에게 어음을 반환해버리면 나머지 금액의 권리행사에 어려움을 겪을 것이기 때문이다.

2. 기재사항의 변경인수

발행인이 ○○년 10월 31일로 지급기일을 기재하여 발행한 환어음을 지급인이 인수를 하면서 지급기일을 동년 12월 31일로 수정하였다 하자. 이와 같이 인수를 함에 있어서 지급인이 금액 이외에 만기 등 기재사항의 일부를 변경한 **변경인수**의 경우에는 인수거절로 다루어진다(어 26조 2항 본문). 따라서, 어음소지인은 인수거절증서를 작성하여 전자에 대하여 상환청구권을 행사할 수 있다. 한편 인수인은 변경된 문구에 따라 책임을 진다(어 26조 2항 단서). 이는, 인수인의 의사에 따른 책임을 인정함과 동시에, 그러한 변경에 불만이 있는 소지인은 지급인의 변경인수에 따른 권리행사를 강요당하지 아니하고 즉시 발행인이나 배서인에게 상환청구할 수 있도록 한 것이다.

3. 조건부인수

예를 들어 선적서류와 상환으로 지급하겠다는 인수 또는 발행인의 자금공급을 조건으로 지급하겠다는 인수와 같이 조건을 붙인 인수를 **조건부인수**라고 한다.

조건을 붙인 인수에 대하여도, 변경인수와 마찬가지로 인수인에 대하여는 조건에 따른 인수의 책임을 인정하면서 다른 한편으로 소지인은 그것을 인수거절로 보아 상환청구할 수 있다고 해석하는 것이 다수설이다(서돈각 · 정완용, 217면; 손주찬, 288면; 이철송, 280면; 정찬형, 245면; 주석 어음 · 수표법(Ⅱ), 72면; 채이식, 207면). 인수인의 지급의사에 따른 책임을 면제시킬 필요가 없다는 것이 그 논거이다. 판례도 같은 입장이다(대판 1986. 3. 11, 85다카1600).

그러나 약속어음의 **조건부발행**을 허용하지 않는 어음법의 취지를 고려할 때 (어 75조 2호) 어음상의 주된 책임을 불확정 상태에 두는 것은 바람직하지 않고, 특히 조건의 성취여부를 어음상 알 수 없는 경우가 많을 것이므로 어음의 추상성과 문언성에 비추어도 조건부인수는 전적으로 그 효력을 부인하여야 할 것이다. 어음법 제26조의 체계상으로도 동조의 제1항 서두에서 조건부인수를 무효로 선언하고 있는 바, 이에 동조 제2항의 단서를 조건부인수에 끌어올려 유추적용해석(유효설)을 하는 것은 적당하지 않다고 생각한다(조건은 유해적 기재사항이 된다. 同旨 이기수, 270면; 정동윤, 333면; 최기원, 259면).

반복설명이지만 주된 어음채무를 부담하는 행위인 인수에 조건을 붙이는 것을 유효로 한다면 같은 주된 채무부담행위인 약속어음의 발행에 있어서 조건부발행을 무효로 한 것과 균형이 맞지 않는다. 약속어음의 **조건부발행**이나 환어음의 **조건부인수**를 허용한다면, 어음채무의 성립을 원인관계와 결부시킬 수 있게 되어 어음채무의 추상성에 반하고 조건의 성취여부를 어음면상으로부터 알 수 없으므로 어음증권의 문언성에도 배치된다.

제6 인수의 효력

인수를 함으로써 인수인은 그 의사표시에 의하여 만기에 어음금액을 지급할 주된 채무를 부담한다. 인수인의 주된 채무는 상환의무자의 채무와 달라서 지급제시기간 내 지급제시가 없더라도 소멸시효가 완성(만기일로부터 3년)하기 전에는 소멸하지 아니한다. 거절증서작성과 같은 상환청구요건의 흠결도 인수인의 채무에는 아무 영향을 미치지 아니한다.

인수인은 만기에 어음금액과 이자액을 지급하여야 한다. 그러나 만기에 지급을 거절하여 상환청구권이 발생한 후에는 소지인이 상환청구할 수 있는 모든 금액(어 48조, 49조)을 지급하여야 한다. 상환의무를 이행한 배서인이 재상환청구권을 가지는 경우 또는 발행인이 소지인인 경우에도, 인수인은 재상환청구금액 또는 상환청구금액 전부를 지급하여야 한다(어 28조 2항).

제 2 절 환어음의 지급인과 수표의 지급인

제1 환어음의 지급인과 수표의 지급인의 비교

1. 공 통 점

환어음의 지급인이나 수표의 지급인이 발행인을 위하여 일정한 금액을 지급하는 것은 지급인과 발행인간에 증권 바깥의 어떤 법률관계가 있기 때문인 바, 이것을 자금관계 또는 보상관계라 한다.

2. 차 이 점

(1) 자금계약과 수표계약의 요부

환어음의 경우 자금계약이나 수표계약과 같은 계약이 요구되지 아니한다.

수표의 경우 수표제도의 신용을 유지하기 위하여, 수표법은 발행인과 지급인간의 자금계약과 수표계약이 있을 것을 요구하고 있다(수 3조).

(2) 지급인의 자격

환어음의 경우에는 지급인의 자격에 별다른 제한이 없다. 수표의 경우 금전취급을 전문으로 하는 금융기관으로 하여금 지급하도록 하는 것이 현금지급의 확실과 안전 그리고 간이신속을 기할 수 있다고 보아, 지급인의 자격을 은행 또는 법령에 의하여 은행과 동일시되는 사람 또는 시설로 제한하고 있다(수 3조, 59조).

그러나 이상의 수표자금계약, 수표계약 또는 지급인의 자격에 관한 요건을 무시하고 발행한 수표도 그 효력이 없는 것은 아니며, 발행인이 일정한 벌칙에 의한 제재를 받을 뿐이다(수 3조 단서, 67조). 효력이 있다는 것은 발행인에게 상환청구할 수 있다는 뜻이다.

제2 환어음의 인수와 수표의 지급보증

1. 공 통 점

환어음의 지급인이나 수표의 지급인은 그 자체만으로는 어음채무나 수표채무를 부담하지 아니한다. 환어음이나 수표 양자 모두 발행만으로는 주된 채무자가 생기지 않는다. 이러한 점을 고려하여 지급의 확실을 기하기 위하여, 수표에는 지급보증(수 53조)이 있고 환어음에는 인수의 제도가 있다.

2. 차 이 점

(1) 환어음의 인수에는 약식인수가 인정되는데 반하여(어 25조 1항) 수표의 지급보증에는 수표법 제53조에 매우 엄격한 요건이 규정되어 있다.

(2) 환어음의 지급인이 인수를 거절하면 만기전 상환청구가 허용되는데(어 43조 1호) 수표의 지급보증을 거절당하였더라도 상환청구는 인정되지 않는다.

(3) 환어음의 인수인에 대한 권리는 3년의 시효로 소멸하지만(어 70조 1항)

지급보증인에 대한 권리를 1년의 시효가 적용된다(수 58조).

3. 인수인과 지급보증인의 의무

환어음의 지급인이 인수를 하면 인수인이 되고, 인수인은 주된 채무자로서 무조건의 절대적·최종적 어음채무를 부담한다. 이는 타인의 부지급을 조건으로 하는 것이 아니며, 또한 상환청구권보전절차의 흠결로 인하여 소멸하는 것이 아니다. 이 의무는 최후의 어음 소지인에 대해서뿐만 아니라 상환을 함으로써 어음을 환수한 모든 자에 대해서도 부담하며 발행인에 대해서도 부담한다. 다만 발행인을 상대로 자금관계상의 항변은 가능하다.

수표의 지급보증을 한 지급인은 소지인에 대하여 **제1차적** 지급의무를 부담한다. 여기서 제1차적이라 함은 타인의 부지급을 조건으로 하지 않는다는 의미이다. 그러나 인수인의 의무와는 달라서 절대적인 것은 아니고, 제시기간이 지나기 전에 지급제시가 있는 경우에만 그 의무를 부담하는 것이다(수 55조 1항). 이는 수표의 신용증권화를 방지하기 위한 것인 바, 적법한 제시를 조건으로 한 한시적이고 불완전한 채무라는 점(수 55조 1항)에서 수표의 지급보증인의 의무는 환어음의 발행인이 부담하는 **최종적 상환의무**와 비슷하다.

은행실무를 보면 수표발행인이 지급인(지급은행)에게 지급보증을 청구하더라도 지급보증을 해주는 예는 없다. 이것은 1956. 3. 27. 대한금융단협정에서 지급보증을 금지한 데서 유래한다(정찬형, 248면 참조). 지급보증을 해 준 후 그 수표의 금액 등이 변조되면 분쟁에 휘말릴 수 있기 때문에 지급은행은 지급보증 대신 자기앞수표의 이용을 유도해 온 것으로 이해된다.

제11장 수표의 특별한 모습

제1절 총 설

제1 수표의 특색

1. 수표의 개념

수표는 발행인이 지급인인 은행 앞으로 소지인에 대하여 일정금액을 지급할 것을 위탁하는 증권이다. 수표의 본질이 지급위탁에 있다는 점에서 수표는 환어음과 같이 **지급위탁증권**이다. 그러나 수표의 경우에는 지급인이 은행으로 한정되어 있다(수 3조, 59조). 환어음에 있어서와 같은 지급인의 인수제도가 수표의 경우에는 없기 때문에, 주된 (수표)채무자가 있을 수 없음을 감안하여, 수표의 신용을 확보하기 위하여 수표의 지급인의 자격을 **공신력있는** 기관으로 제한한 것이다.

수표의 발행인과 지급은행 간에는 발행인이 지급은행에 있는 발행인의 자금을 수표에 의하여 처분할 수 있는 **수표계약**이 체결되어 있어야 한다. 이 수표계약이 은행실무상 당좌거래약정의 중요한 내용을 이룬다.

2. 수표와 어음의 차이

어음이 **신용기능**을 주로 하면서 **지급기능**도 발휘하는 데 반하여, 수표는 현금지급에 따르는 위험과 번거로움을 제거하기 위한 지급기능을 하는 데 불과하다. 이러한 기능상의 차이로 인하여 수표와 어음은 다음과 같은 차이를 보인다.

(1) 수표가 지급기능을 충실하게 수행할 수 있도록 하기 위하여, 수표의 지

급인의 자격을 은행으로 한정하고(수 3조), 이에 위반하면 과태료가 부과된다(수 67조). 그리고 수표는 제시한 때에 발행인이 처분할 수 있는 자금이 있는 은행을 지급인으로 하고, 발행인이 그 자금을 수표에 의하여 처분할 수 있는 명시 또는 묵시의 계약(수표계약)에 따라서만 수표를 발행할 수 있다(수 3조). 그러나 수표의 경우는 **인수가 금지**되기 때문에(수 4조), 지급은행은 발행인에 대한 관계에서 부담하는 지급의무 외에 소지인에 대하여는 아무런 의무도 부담하지 아니한다.

(2) 어음의 경우는 수취인의 기재가 어음요건으로 되어 있어서(어 1조 6호, 75조 5호) 소지인출급식 내지는 무기명식으로 발행할 수 없는 데 반하여, 수표는 **소지인출급식**으로 발행할 수 있으며(수 5조 1항 3호), 당좌수표용지나 자기앞수표용지는 은행실무에서 소지인출급식으로 인쇄해 사용하는 것이 관행화되어 있다. 소지인출급식수표는 교부만으로 양도되고 배서는 필요하지 않다. 이 때문에 수표가 도난 또는 분실된 경우 소지인이나 발행인이 손해를 입게 될 위험이 크다. 이러한 위험을 회피할 수 있도록 하는 제도로서 **횡선수표**가 고안되어 있다. 횡선이 그어진 수표의 소지인은 은행을 통해서만 지급을 받을 수 있다(수 37조, 38조).

(3) 수표는 현금에 대신하는 지급수단으로 이용되는 지급증권이므로 만기의 기재가 허용되지 않고 언제나 **일람출급방식**으로 발행된다(수 28조 1항 1문). 수표상에 일람출급에 위반되는 모든 문구는 적지 않은 것으로 본다(수 28조 1항 2문). 또한 수표가 신속하게 결제되도록 하기 위하여, 국내 수표의 **지급제시기간**은 발행일자 후 10일간으로 규정되어 있다(수 29조 1항). 지급제시기간이 경과하면 발행인과 배서인의 상환의무는 소멸하지만, 지급제시기간 경과 후라도 **지급위탁의 취소**가 없는 한 지급은행은 지급할 수 있다(수 32조 2항). 수표의 지급수단성으로 인하여 수표의 소멸시효기간은 어음의 경우보다 짧다(수 51조).

(4) 수표의 신용증권화를 방지하기 위하여 우선 지급인에 의한 인수가 금지되어 있으며(수 4조) 지급인에 의한 배서는 무효로 되어 있다(수 15조 3항). 다만 수표의 지급을 담보하는 제도로 지급인이 지급의무를 부담하는 **지급보증제도**가 인정되어 있다(수 53조 이하). 그렇다고 하여 지급보증이 인수와 동일한 효력을 가지는 것은 아니며, 지급인은 제시기간이 지나기 전에 수표의 제시가 있을 것을 조건으로 지급의무를 부담한다(수 55조 1항). 은행실무에서 지급보증제도는

전혀 이용되고 있지 않다.

제2 수표의 발행

1. 필요적 기재사항

수표법 제1조에서는 수표요건이라는 제목하에 다음 여섯 가지 항목을 수표의 필요적 기재사항으로 규정하고 있다.

① **증권의 본문 중에 수표임을 표시하는 문자**

② **일정한 금액을 지급할 뜻의 무조건의 위탁**

③ **지급인의 명칭:** 지급인은 은행에 한정된다(수 3조). 제3자방지급을 적은 경우, 지급담당자나 지급장소 역시 은행이라야 한다(수 8조).

④ **지급지**

⑤ **발행일과 발행지:** 수표에 기재된 발행일을 기준으로 지급제시기간이 결정되고(수 29조 1항, 4항), 이에 따라 시효기간의 기산일도 정해지며, 선일자수표 여부도 정해진다(수 28조 2항). 판례 중에는 자기앞수표상에 보통 일자인(日字印)이 찍히는 위치가 아닌 곳에 고딕체로 선명하게 날짜가 기재된 경우, 유효한 발행일의 기재로 보아야 할 것이라고 한 판결이 있다.

> **대판 1990. 12. 21, 90다카28023** 수표상 발행일의 기재는 수표요건이므로 그 발행일의 기재가 없으면 요건 흠결의 수표이거나 백지식 수표로 볼 수밖에 없지만, 수표의 표면의 '자기앞수표'라는 표기 바로 옆에 고딕체로 '1989. 4. 15.'이라고 선명하게 기재되어 있는 경우에는 어음과는 달리 수표상에는 발행일 이외에 다른 날짜가 기재될 수 없는 점에 비추어 위 일자 기재를 수표의 발행일의 기재로 보아야 할 것이다.

발행일의 중요성 때문에, 발행일 백지의 수표를 보충하지 않고 지급제시를 하면, 제시로서의 효력이 인정되지 않고 발행인에 대한 상환청구권이 보전되지 아니한다. 판례도 같은 입장이다. 또한 발행지의 기재와 관련하여서도 판례는 수표 위에 발행지의 기재가 없다고 할지라도 이를 무효의 수표라고 볼 수 없다고 하였다.

대판 1994. 9. 30, 94다8754 수표의 발행인은 환어음의 인수인이나 약속어음의 발행인이 어음금을 절대적으로 지급할 의무를 부담하는 것과는 달리 수표금의 지급을 담보하는 책임을 지는 것으로서(수표법 제12조) 수표가 지급거절된 경우 소구의무를 부담할 뿐인바(수표법 제39조), 수표의 소지인이 발행인에 대하여 소구권을 행사하기 위하여는 수표법 제1조 소정의 법정기재사항이 기재된 수표에 의하여 적법한 기간 내에 지급제시할 것을 요하고, 위 법정기재사항의 일부라도 기재되지 아니한 수표에 의하여 한 지급제시는 수표법 제2조의 규정에 의하여 구제되지 않는 한 적법한 지급제시로서의 효력이 없는 것이므로 그와 같은 경우에는 소구권을 상실한다.

대판(전원) 1999. 8. 19, 99다23383 [다수의견] 수표면의 기재 자체로 보아 국내수표로 인정되는 경우에 있어서는 발행지의 기재는 별다른 의미가 없는 것이고, 발행지의 기재가 없는 수표도 완전한 수표와 마찬가지로 유통·결제되고 있는 거래의 실정 등에 비추어, 그 수표면상 발행지의 기재가 없는 경우라고 할지라도 이를 무효의 수표로 볼 수는 없다.

⑥ **발행인의 기명날인 또는 서명:** 수표의 발행인이 동시에 지급인이 될 수 있는데, 이를 **자기앞수표**라 한다(수 6조 3항). 은행의 자기앞수표는 지급의 확실성이 보장되므로 거래계에서 현금과 같이 통용되고 있다. 그밖에 수표는 발행인 자신을 수취인으로 하여 발행될 수도 있다. 이를 **자기지시수표**라 한다(수 6조 1항).

⑦ 만기의 기재는 금지된다(어 1조 4호와 비교). 수표는 일람출급이라야 하고 이에 위반되는 모든 기재는 기재하지 않은 것으로 본다(수 28조 1항).

⑧ 수취인의 기재는 필요하지 않다. 수표는 기명식, 지시식 또는 소지인출급식으로 발행할 수 있으며, 기명식으로 하면서 지시금지의 기재를 할 수도 있다(수 5조 1항). 기명식 수표에 「또는 소지인에게」의 문자나 같은 뜻의 문자의 기재가 있으면 소지인출급식 수표로 보며 아예 수취인의 기재가 없어도 소지인출급식수표로 본다(수 5조 2항, 3항).

2. 수표발행의 법적 성질

수표의 경우도 환어음의 경우와 마찬가지로 그 본질은 **지급위탁**이다. 수표의 발행·교부로부터 **이중수권**이 있게 된다. 수취인은 수표상의 권리를 취득하는데,

지급인에 대한 관계에서는 지급을 받을 권한을 가지고 발행인에 대한 관계에서는 상환청구권을 가진다. 판례는 수표의 소지인이 지급인에게 지급을 청구할 권리가 없음을 명백히 한 바 있다.

대판 1964. 4. 28, 63다914 수표는 수표발행인이 제3자인 지급인에게 대하여 일정한 금액을 수표소지인에게 지급할 것을 위탁하는 형식의 유가증권에 불과한 것이므로 수표소지인은 그 지급인에게 대하여 그 수표금의 지급을 구할 수 있는 권능이 있다 할 것이나 지급인에게 지급을 청구할 수 있는 수표상의 권리가 있는 것은 아니고 따라서 지급인은 지급보증을 하지 아니한 한 수표소지인에게 수표금을 지급하여야 할 수표상의 의무는 없는 것이다. 다만 이 경우에 수표계약에 의하여 수표발행인과 지급인과의 사이에 일정한 권리·의무가 있음은 별문제이다.

한편 지급인은 수표소지인에 대하여 지급할 권한을 수여받는다. 그밖에 지급인은 수표계약의 내용에 따라 발행인의 자금에서 인출하여 지급하는 등 지급의 효과를 발행인에게 귀속시킬 수 있다.

3. 수표발행의 효력

수표가 발행되면 수표는 지급인으로부터 지급받을 권한과 지급거절시에 발행인에게 상환청구를 할 수 있는 권리를 표창한다. 수표의 발행인은 지급을 담보하는 상환의무를 부담하는데, 지급무담보의 뜻을 수표에 기재하더라도 그러한 문구는 적지 아니한 것으로 본다(수 12조).

제3 수표의 유통과 결제

1. 수표의 유통

수표도 기명식이나 지시식으로 발행될 수 있으나, 대부분의 수표는 소지인출급식으로 발행되고 있다. 이러한 소지인출급식수표는 교부만으로 양도될 수 있으며, 인쇄된 수표용지의 뒷면에는 배서란이 마련되어 있지 아니하다. 소지인출급식수표에 대해서도 배서를 할 수 있으나, 권리이전적 효력이나 자격수여적 효력은 무의미하다. 다만 **담보적 효력**은 인정되어 배서인은 상환의무를 부담한다(수 20조 단서). 그러나 한번 배서가 있었다 하여 소지인출급식수표가 지시식수표로 변하는 것은 아니다(수 20조 본문).

대판 1966. 2. 22, 65다2505 소외 김익재가 원고 주식회사 조흥은행 봉래지점의 자기 보통예금구좌에 예입한 본 건 수표가 소지인출급식 수표인 이상 그 인도로 인하여 원고은행은 수표상의 권리를 양도받은 것이고 만일 이 수표가 부도가 된 경우에는 원고은행은 수표상의 권리자로서 그 수표채무자에게 상환청구를 하던가 혹은 즉시 당해 수표를 예금자에게 반려하고 그 대신 금원을 청구하는 것은 원고은행의 선택에 따를 것이라 할 것임에도 불구하고 원심은 원고은행은 소외 김익재로부터 본 건 소지인출급식 수표의 예입을 받아 그 인도를 받았다 하여도 다만 수표금의 추심위임을 받은 것에 지나지 아니하고 수표상의 권리를 양도받은 것은 아니라고 판단하여 원고의 수표금청구를 배척한 것은 수표상의 권리 양도에 관한 법리를 오해한 잘못이 있다.

어음의 배서와 비교할 때 특별한 점은 지급인의 배서는 무효이며 지급인에 대한 배서는 영수증의 효력만이 있다는 점이다(수 15조 3항, 5항). 지급인의 배서를 무효로 한 것은 지급인의 배서를 인정하여 담보책임을 지우는 것은 수표에 인수를 금지하고 있는 것과 모순되기 때문이다. 그리고 지급은행에 대한 배서는 무효이지만 지급은행의 특정지점의 고객이 그 은행의 다른 지점 앞으로 발행된 수표를 **현금화**(cashing)할 경우에는 지급은행에 대한 배서는 허용될 수밖에 없다(수 15조 5항 단서).

2. 수표의 지급

(1) 지급제시기간

국내에서 발행하고 지급할 수표(이를 **국내수표**라 한다)는 10일 내에 지급제시를 하여야 한다(수 29조 1항). 지급지의 국가와 다른 국가에서 발행한 수표(이를 외국수표라 한다)는 발행지와 지급지가 같은 주(洲)에 있는 경우에는 20일 내에, 다른 주에 있는 경우에는 70일 내에, 이를 제시하여야 한다(수 29조 2항). 외국수표의 경우에 유럽주의 한 국가에서 발행하여 지중해연안의 한 국가에서 지급할 수표 또는 지중해연안의 한 국가에서 발행하여 유럽주의 한 국가에서 지급할 수표는 동일주 내에서 발행하고 지급할 것으로 본다(수 29조 3항).

국내수표의 지급제시기간을 보면 그 기간이 10일로 되어 있는데, 이는 발행일을 제외하고 그 다음날로부터 10일간을 가리킨다. 수표법상 기간을 계산함에 있어서는 그 초일은 산입하지 않기 때문이다(수 61조). 그런데 수표법 제29조 제4항에서 제급제시기간을 발행일자로부터 기산한다고 규정하고 있기 때문에 발행일이 산입되어야 하는가 하는 의문이 있을 수 있다. 제29조 제4항에서「발행일」을 거론하고 있는 것은 실제로 발행된 날이 아니라 수표에「기재된」발행일을 기준으로 지급제시기간을 계산하라는 뜻이지 지급제시기간의 계산에 발행일을 산입하라는 뜻은 아니다. 판례도 이러한 점을 밝히고 있다.

대판 1982. 4. 13, 81다1000, 81다카552 수표법 제29조 제4항은 수표의 지급제시기간을 수표에 기재된 발행일자부터 기산하도록 규정하고 같은 법 제61조는 본법에 규정하는 기간에는 그 초일을 산입하지 아니한다고 규정하고 있어 지급제시기간을 산출함에 있어 수표에 기재된 발행일자를 초일로 할 것인가 또는 그 다음날부터 기산할 것인가에 관하여 위 두 규정의 해석상 의문이 있을 수 있으나, 위 수표법 제29조 제4항의 규정은 수표가 실제로 발행된 날과 수표에 발행일로 기재된 날이 서로 다른 경우에 그 수표 제시기간을 기산함에 있어서 수표에 기재된 발행일을 기준으로 한다는 원칙을 밝힌 것으로 기간의 계산은 위 수표법 제61조의 일반 원칙적 규정에 따라 수표에 발행일로 기재된 날은 초일로 산입하지 아니하고 그 다음날부터 기산한다고 풀이 할 것이다.

〈사실관계 및 쟁점〉 피고 주식회사 경기은행이 발행한 1980. 6. 24.자 액면 금 1,000,000원의 이 사건 자기앞수표를 피고 보조참가인 강대기가 소지하고 있다가 1980. 7. 4 11:00경 이를 분실하였고, 소외 김◎수가 이사건 수표를 취득하여 소지하고 있다가 같은해 7. 14. 원고 현대자동차주식회사로부터 자동차 1대를 매수하고 그 계약금 300,000원의 지급을 위하여 이사건 수표를 원고회사 판매담당 직원에게 교부양도한 다음, 거스름돈 700,000원을 받아갔다. 그 후 원고는 같은달 16일 피고 은행에 이사건 수표를 제시하였으나 분실신고가 되어 있다는 이유로 그 지급이 거절되었다.

원고는 원고가 위 수표의 정당한 소지인이므로 지급제시기간이 도과함으로 인하여 발생한 이득상환청구권을 행사한다고 주장함에 대하여, 피고 보조참가인은 위 수표를 자신이 소지하고 있다가 같은달 4일 분실한 것이니 위 수표에 의한 이득상환청구권은 그 제시기간 경과 당시의 수표소지인이던 강대기가 취득하였고, 그 후의 수표소지인은 악의의 취득자로서 위 청구권을 취득하지 못하는 것이라고 주장하였는바, 원심에서는 원심에서는 이 수표의 지급 제시기간이 그 발행일자인 1980. 6. 24. 초일로 산입하여 1980. 7. 3.까지 이므로 그 당시의 수표 소지인이던 강대기가 지급 제시기간 도과로 수표상의 권리가 소멸될 당시의 소지인으로 이득상환청구권을 취득하였다고 판시하였다.

그러나 대법원은 이 수표의 지급 제시기한이 그 발행일자인 1980. 6. 24.을 산입하지 아니하고 그 다음날인 6. 25.부터 기산하여 10일이 경과한 1980. 7. 4.임이 역산상 명백하고 이날의 수표 소지인은 그 기한의 경과로 이득상환청구권을 취득한다고 하여 원심판결을 파기환송하였다.

이 기간의 계산에 있어서 휴일은 기간에 산입하지만, 기간의 말일이 법정 휴일인 때에는 그 말일 이후의 제1 거래일까지 기간이 연장된다(수 60조 2항). **은혜일**은 법률상이거나 재판상이거나 불문하고 이를 인정하지 아니한다(수 62조).

(2) 지급인의 조사의무

수표가 **소지인출급식수표**라면 그 수표를 소지하는 자에게 형식적 자격이 인정되고(수 19조 2문), **기명식수표**나 **지시식수표**라면 배서가 연속하는 수표의 소지인에게 형식적 자격이 인정된다(수 19조 1문).

수표의 지급인에 의한 지급에 관하여 수표법 제35조에서 규정하고 있는데, 이 규정은 어음법 제40조 3항과 차이가 있다. 즉 "만기에 지급하는 지급인은 사기 또는 중대한 과실이 없으면 그 책임을 면한다"는 취지의 내용이 들어 있지 아니하다. 이것은 수표의 지급인이 지급의무를 부담하는 자가 아니기 때문에 「책임」을 면한다는 표현이 적당하지 않아서 규정하지 아니한 데 불과하다. 다만 수표법 제35조의 취지에 비추어 보면 지급인에게는 **실질적 권리관계**를 조사할 의무는 없지만, 선량한 관리자로서 지급사무를 처리할 의무는 인정된다. 판례도 같은 취지이다(대판 2002. 2. 26, 2000다71494, 71500).

악의 또는 중과실 없이 행하여진 지급의 효과를 발행인에게 주장할 수 있는 것은 당연하다. 그런데 지급은행이 악의 또는 중과실로 무권리자인 수표소지인에게 지급한 경우에는 그 지급으로 수표관계가 소멸하지 아니하고 발행인은 진정한 권리자에 대하여 상환의무를 면하지 못한다. 이 경우에 진정한 권리자는 지급은행에 수표의 반환을 청구할 수 있다.

(3) 위조 · 변조수표의 지급

위조 · 변조된 수표의 지급제시에 대하여 지급은행이 수표금액을 지급한 경우에, 그로 인하여 발생한 손실을 발행인과 지급인 중 누구에게 부담시킬 것인지가 문제된다. 이러한 문제는 지급담당자인 은행이 고객(발행인)명의가 위조된 은행도약속어음을 지급한 경우에도 발생한다.

지급은행에 의한 수표의 지급이 수표법 제35조의 의미에서 유효한 지급이라면, 수표상의 권리는 소멸하고 지급은행은 그 결과를 발행인인 고객에게 귀속시킬 수 있다. 그러나 이것은 수표가 진정하게 발행된 것을 전제로 하는데 위조 · 변조수표의 지급은 수표법 제35조의 유효한 지급이 될 수 없다. 수표계약의 당사자인 당좌예금의 예금주와 예금은행과의 계약의 내용은 분명히 예금주가 진정하게 발행한 유효한 수표에 대하여 지급하기로 하는 것이다. 위조된 수표에 대한 지급은 위임의 뜻에 따른 위임사무의 처리에 해당하지 않고, 은행이 무효인 수표의 지급에 지출한 비용을 위임사무의 처리에 드는 비용이라고 하는 것도 무리한 해석이 된다. 이와 관련하여 발행인부담설과 지급인부담설의 견해가 있다. 수표금의 지급업무를 담당하는 지급은행은 원칙적으로 자기의 지배영역 내에서 위 · 변조 여부를 식별할 의무가 있으며, 수표법 제35조는 진정한 수표를 전제로 하는 규정인 이상 위·변조된 수표에 대하여 지급인의 면책규정이 적용될 수는 없다. 아래 판례도 지급인부담설의 입장에서 판단하고 있다.

대판 1971. 3. 9, 70다2895 위조된 무효의 수표에 의한 변제가 유효로 되는 것은 특별법규, 면책약관 또는 상관습이 있는 경우에 한한다 할 것이며, 이 경우에 채권의 준점유자에 대한 변제의 법리는 적용하지 않는다고 할 것이다.

〈사실관계 및 쟁점〉 원고 대한민국 예하 건설부 중부 국토건설국인천축항사무소는 국고출납사무를 취급하는 피고 한국은행 인천지점에 1967년도 제출금을 보관하게 하면서, 위 축항사무소에서 일반회계 및 경제개발 특별회계를 담당하던 분임지출관 소외 1이 피고은행 인천지점을 지급인으로 하여 발행한 수표를 제시할 때에 한하여 위 세출금을 지급키로 약정하고, 수표에 사용할 명판과 직인, 소외 1의 인감 등을 미리 피고은행 인천지점에 신고하였다. 그러나 위 축항사무소에서 소외 1을 보조하여 경리사무를 담당하고 있던 재정서기보 소외 2가 1967. 11. 1.부터 같은 해 12. 7.까지 7차례에 걸쳐 소외 1의 인감을 위조하여 일반회계 중부국토건설국 인천축항사무소 분임지출관 소외 1명의로 수표 3장을 발행하고 경제개발 특별회계 중부국토건설국 인천축항사무소 분임지출관 소외 1명의로 수표 4장을 발행하였는바, 이들 수표가 각 지급제시되자 피고은행 인천지점은 1967년도 세출금 중에서 도합 2,279,510원을 지출하였다.

원심은 피고은행 인천지점에서 위 수표가 모두 진정한 것이라고 믿었다는 점에 관하여 선의이었고 아무런 과실이 없었음을 판시하여 피고은행 인천지점의 위조수표에 의한 국고금 지급이 유효한 변제라고 판시하였다.

그러나 대법원은 피고은행 인천지점에서 제시를 받은 이 사건수표는 소외 2가 소외 1의 인감을 위조하여 작성한 위조수표로서 무효이고, 이러한 무효의 수표에 의한 변제가 유효로 되는 것은 특별법규, 면책약관 또는 상관습이 있는 경우에 한한다 할 것이고 채권의 준점유자에 대한 변제의 법리는 적용될 수 없다고 하여 원심을 파기하였다.

당좌거래약정서에 의하면 수표에 사용된 인감을 거래 개설시에 계출받은 인감과 상당한 주의를 기울여 대조한 후 상위(相違)가 없다고 인정하여 지급한 경우에는, 위조·변조수표 지급으로 인하여 생긴 손해는 거래처(예금주, 즉 수표발행인)가 부담한다는 내용의 규정이 있다. 은행에서는 날마다 제한된 시간 내에 대량의 어음과 수표를 신속하게 결제하여야 하므로, 소액의 어음·수표까지 장비를 사용하여 자세한 인감대조를 하게 되면 막대한 노력과 시간이 들게 된다. 어음·수표의 서명이나 기명날인을 엄격하게 확인하여 지급하여야 한다면, 그에 드는 비용이 당좌예금으로 은행이 얻게 되는 수입을 월등하게 초과하게 될 것이다. 어음교환절차를 보면 은행은 어음과 수표의 신속한 지급을 강제당하는 지위에 있다고 할 수 있다. 이 점에서 은행에 상당한 주의의무를 부과하는 이상, 위조·변조수표의 지급으로 인한 손실을 거래처에 부담시키는 면책약관의 불가피성을 수긍할 수 있고 그러한 면책약관을 불공정하다고 볼 수 없다(약관의 규제에 관한 법률 6조, 7조 참조).

판례는 지급인인 은행은 위조·변조수표인지 여부를 확인할 선관주의의무를 부담하며, 다만 이 주의의무를 감경하는 당사자간의 약정은 유효하다고 판시한 바 있다.

대판 1975. 3. 11, 74다53 원고 한수백과 피고 주식회사 서울은행간에 피고은행이 원고가 제출한 인감·명판 등을 대조하여 취급상 보통의 주의로써 상위 없음을 인정하고 지급을 畢한 수표는 위조·변조 등 기타의 사유로 인하여 손해가 생길지라도 피고은행은 그 책임을 지지 아니한다는 취지의 약정이 있음을 알 수 있으나 위 약정에 금액란의 변조여부 식별 조항이 기입되지 아니하였다 하여 은행이 수표금을 지급함에 있어서 인감이나 필적(명판) 등이 변조되었는지의 여부에만 주의할 것이 아니라 그 이외의 기재인 금액란 등이 변조되었는지의 여부도 선량한 관리자의 주의로써 식별하여야 할 은행이 가지는 고유의 주의의무의 일부가 면제되었다 할 수 없고 또 위 약정에 표시된 보통의 주의의무란 수표 등을 취급하는 은행원으로서 지녀야 할 통상적 주의를 뜻하는 것으로서 그 내용은 다만 육안으로 식별하는 데 그칠 것이 아니고 은행이 보편적으로 간편하게 사용할 수 있는 기기 등을 이용하는 등 성실한 업무처리로 그 진위의 식별에 임하여야 할 주의의무를 뜻한다 할 것이니 이는 은행이 금융순환의 중추적 역할을 담당하고 있으므로 인하여 반드시 지녀야할 은행업무의 공신력 유지를 위하여 당연한 귀결이라 할 것이다. 그렇다면 위 약정에 있어서 보통의 주의라는 문언을 은행이 중과실 있을 경우에만 책임지고 경과실로 인하여 위조·변조사실을 식별치 못한 경우에는 은행이 책임을 지지 아니한다는 취지로 판단할 수는 없다 할 것이다.

대판 1969. 1. 21, 68다1708 통상적인 판별로서 위조 또는 변조된 수표임을 알 수 있음에도 불구하고 은행의 과실로 이를 알지 못하고 그 수표의 위조 변조된 액면금을 지급한 때에는 예금주의 예금을 지급하였다는 효력은 발생하지 않고 예금주는 은행에 대하여 예금주로서의 예금채권을 주장할 수 있다.

제4 지급보증

1. 의 의

수표의 지급보증은 수표가 제시기간(국내 수표의 경우 발행일로부터 10일, 수 29조 1항)이 지나기 전에 제시된 경우에, 지급인이 수표금액을 지급하기로 약속하는 수표행위이다(수 55조). 수표소지인은 원래 지급인에 대하여 **수표금지급청구권**을 가지지 못한다. 그러한 수표소지인이 지급인의 지급보증으로써 수표금지급청구권을 가지게 된다.

환어음의 인수인이 주된 채무자로서 무조건의 책임을 부담하는 데 반하여, 수표의 지급인은 지급보증을 하더라도 **지급제시기간 내** 제시된 경우에만 책임을 진다. 또한 수표소지인은 환어음의 인수제시와 상응하는 지급보증을 구하는 제시를 할 수 없다.

지급보증을 한 지급인은 제1차적이고 최종적인 책임을 부담한다는 점에서, 발행인이나 배서인, 보증인과 같은 제2차적 상환의무자와 구별된다. 수표법에서는 수표의 신용증권화를 막기 위한 여러 가지 제도적 장치를 두고 있으면서도, 한편 지급의 확실성을 보장하는 한 가지 방안으로 지급보증제도를 두고 있는 것이다. 그러나 은행실무에서는 **금액변조**에 따른 지급은행의 손해 등의 우려 때문에 은행은 지급보증을 전혀 해주지 않고 있으며, 거래처의 지급보증요구가 있으면 거래처의 예금계좌에서 수표금액만큼 인출한 다음 **자기앞수표**를 발행해 주고 있다(당좌계정거래약관 7조 참조).

2. 지급보증의 방식과 요건

지급보증은 수표의 표면에 「지급보증」 기타 지급을 할 뜻을 기재하고 일자를 부기하여 지급인이 기명날인 또는 서명을 함으로써 하게 된다(수 53조 2항). 수표의 이면(裏面)에 한 지급보증은 효력이 없다. 지급보증의 요건은 지급보증문언 · 일자, 지급보증인의 기명날인 또는 서명이다. 지급보증에는 **조건**을 붙일 수 없으며, 지급보증을 하면서 수표의 기재사항에 변경을 가했더라도 그러한 변경부분은 그것을 변경하지 아니한 것으로 본다(수 54조).

대판 1975. 4. 8, 74다2085 수표에 지급보증을 하려면 수표의 표면에 지급보증 기타 지급을 할 뜻을 기재하고 일자를 부기하여 지급인이 기명날인하여야 하는 것인데 이 사건의 경우에는 수표의 뒷면에 지불보증함이라 기재하고 일자부기도 함이 없이 피고 주식회사 제일은행 마산지점장이 서명날인한 것이므로 이를 가지고 수표법상의 유효한 지급보증이라 할 수 없는 것이다.

3. 지급보증인의 의무

지급보증인은 수표가 제시기간 내에 제시된 때 수표금액을 지급할 의무를 부담한다. 이러한 점에서 지급보증인의 지급의무를 정지조건부 의무라고 보는 것이 다수설(**정지조건설**: 강위두, 540면; 손주찬, 419면; 정동윤, 633면; 정무동, 532면;

최기원, 503면)이다. 한편 제시기간 내에 제시가 없으면 그 채무가 소멸한다는 점에서 해제조건부 채무라고 하는 소수설(**해제조건설**: 이철송, 468면; 정찬형, 249면; 정희철, 174면; 채이식, 214면)이 있다.

지급보증인의 의무는 수표금액의 지급의무임이 원칙이지만, 판례는 채무자가 발행한 연수표(선일자수표)를 담보로 한 금원대여에서 채권자의 요구로 지급인이 지급보증을 한 경우에는 수표상 의무뿐만 아니라 민법상 보증채무도 부담하는 것으로 보았다.

대판 1967. 3. 28, 67다108 채무자가 발행한 延手票(선일자수표)를 담보로 하여 금원을 대여하는 사실을 알고 수표의 지급인인 은행이 채권자의 요구에 의하여 그 금원의 지급을 보증한 경우에 은행은 채권자에 대하여 수표법을 떠나서도 민법상 차용금 채무의 이행을 보증한 것이라고도 볼 것이다.

소지인은 지급제시기간 내에 지급제시를 하여 거절당하였음을 거절증서 등에 의하여 증명하지 못하면, 지급보증인에 대하여 수표금액을 청구할 수 없다(수 55조 2항). 이 점에서 지급보증인의 책임은 **상환의무**와 비슷하다. 원래 상환의무의 경우는 지급인의 거절이 있은 후 제3의 상환의무자에게 책임을 묻게 되는데 반하여, 지급보증인의 의무의 경우는 지급인에게 거절을 당하고 다시 같은 사람에게 청구를 한다는 점에서 특별하다. 거절을 한 바로 그 사람을 상대로 권리행사를 하는 데 거절증서로 거절의 사실을 증명하도록 할 필요가 있을까 하는 의문이 생긴다. 지급보증인에 대한 거절증서작성은 면제도 인정되지 않고 있다(수 42조 1항과 비교).

지급보증을 한 지급인에 대한 수표상의 청구권은 제시기간이 지난 후 1년간 행사하지 아니하면 **소멸시효**가 완성한다(수 58조). 이와 같은 1년의 소멸시효기간은 수표소지인이 지급제시기간 내에 지급보증인에게 적법한 지급제시를 하여야만 보전된다.

4. 지급제시기간의 연장, 다른 채무자에 대한 영향 등

지급보증인의 책임을 묻기 위한 제시기간 내 수표의 제시와 거절증서 등의 작성에 있어서도, 제시기간의 준수가 **불가항력** 즉 국가법령에 의한 금제(禁制)

등 피할 수 없는 장애로 인하여 방해된 때에는 그 기간이 연장된다. 또한 통지의 날로부터 15일을 넘어 불가항력이 계속되면 제시나 거절증서의 작성이 면제된다(수 57조, 47조).

지급보증이 있더라도 발행인 기타 수표상의 채무자는 그 책임을 면하지 못한다(수 56조). 참고로 미국 통일상법전의 유통증권편 규정에 의하면, 수표의 지급보증은 지급은행에 의한 인수에 해당하며(U.C.C. §3-409(d)), 지급은행의 인수가 있으면 발행인은 면책된다(U.C.C. §3-414(c)).

제5 수표의 시효

수표상의 권리의 시효기간은 수표의 지급증권성을 반영하여 어음의 경우에 비하여 단축되어 있다. 즉 발행인, 배서인 등에 대한 상환청구권의 시효기간은 제시기간이 지난 후 6개월이고(수 51조 1항), 수표를 환수한 자의 재상환청구권의 시효기간은 그가 수표를 환수한 날 또는 그 자가 제소된 날로부터 6개월이다(수 51조 2항). 지급보증을 한 지급인에 대한 청구권의 시효기간은 제시기간이 지난 후 1년이다(수 58조).

제 2 절 선일자수표

제1 수표의 일람출급성

수표는 발행과 동시에 지급제시할 수 있고 그로써 만기가 도래한다. 수표의 신용증권화를 막고 지급수단으로서의 기능에 일관성을 부여하기 위하여, 수표법은 일람출급방식 이외의 만기표시방법을 허용하지 않고 있다. 수표의 일람출급성에 위반되는 모든 문구는 적지 아니한 것으로 본다(수 28조 1항).

제2 선일자수표

1. 의 의

발행일자를 실제의 발행일보다 나중의 날짜로 기재한 수표를 **선일자수표**(post-dated check)라 한다(수 28조 2항).

2. 거래계의 이용

거래계의 실정을 보면 지급상대방은 어음 대신 수표로써 지급받기를 선호하는 경우가 많다. 약속어음 보다 수표를 받는 것이 **부정수표단속법**에 따른 형사적 제재의 위협 때문에 발행인에게 강력한 심리적 부담감을 줄 수 있기 때문이다. 현실적으로 수표를 발행하는 날에 예금계좌에 자금이 없는 예금주는 장래의 일정한 날까지 지급제시를 하지 않겠다는 상대방의 약속을 받고 장래의 그 날을 발행일로 기재한 수표를 발행하는 일이 흔히 있다. 이러한 수표에 대하여도 발행인의 **직접상대방**이 발행인과의 약속을 무시하고 기재된 발행일자 이전에 지급제시하는 경우가 있을 수 있으며, 그 수표가 제3자에게 양도되면 제3자가 기재된 발행일자 이전에 지급제시하는 경우도 있을 수 있다.

수표에 기재된 발행일자가 사실상의 발행일과 다르더라도 그 효력에 영향을 미치지 않는 것은 수표의 문언성과 추상성 때문이다. 수표는 문언증권이므로 실제 발행한 날과 상관없이 기재된 발행일을 기준으로 효력을 인정할 수밖에 없다. 기재된 발행일자 이후의 취득자를 보호하기 위해서도 기재된 발행일자의 유효성을 인정하지 않을 수 없다.

헌법재판소 2000. 1. 18, 결정 2000헌바29 수표법 제29조 제1항, 제4항은 1931년 제네바수표법통일조약에 따라 선일자수표의 제시기간을 실제발행일이 아닌 수표에 기재된 발행일자로부터 10일임을 규정함으로써 수표의 문언증권성을 확인하여 그 유통성을 확보하고 경제거래상 지급수단으로서의 수표제도의 한 내용을 형성한 것일 뿐, 가사 이로 인하여 장기간의 결제기간이 허용되어 청구인이 오랫동안 지급의무를 부담하는 불안에 빠진다고 하더라도 이는 청구인이 스스로 이러한 결제수단을 선택함으로써 신용을 누림에 따르는 부담을 자초한 것이지, 국가가 청구인의 기본권을 제한한다던가, 또는 사인간의 경제활동에 대하여 규제 등 간섭을 하는 것이라 할 수 없다. 또한 이로써 수표가 지급증권임을 벗어나 신용증권화할 우려가 있다고 하더라도 이는 그 자체가 경제적 효용과 유용성을 가지고 이용되는 것일 뿐 그 유효성을 인정하는 것이 자유시장경제질서를 기본으로 하여 사회정의와 경제민주화를 추구하는 우리 헌법의 경제질서나 기타 헌법질서에 저촉되는 것이라고 볼 수 없다.

3. 효 력

(1) 일람출급성

선일자수표의 기재된 발행일자까지 지급제시를 허용하지 않게 되면, 확정일출급방식의 수표를 인정하는 것과 같은 결과가 되어 수표의 **일람출급성**에 반하고 수표의 **신용증권화**를 묵인하는 것이 된다. 따라서 수표법은 선일자수표라 하더라도 기재된 발행일자 이전에 제시할 수 있고 제시된 날에 지급하도록 규정함으로써(수 28조 2항) 그 일람출급성을 관철하고 있다. 이와 같이 선일자수표 소지인은 그 선일자 전이라도 수표상 권리(수표금지급청구권)을 갖는다. 판례는 선일자수표 발행인이 그 선일자 전에 당좌계정계약을 해제하면 수표소지인의 수표상 권리침해가 된다고 보았다.

대판 1960. 10. 27, 4292민상906 은행과의 당좌계정계약에 의하여 수표를 발행하는 자가 선일자수표를 발행하였을 경우에는 동 수표의 선의의 소지인에 대하여 약정 정시일인 선일자 당일까지 그 당좌계정계약을 지속할 의무가 있다고 할 것이므로, 선일자수표 발행자가 그 선일자 전에 동 수표를 회수함이 없이 고의 또는 과실로 인하여 그 당좌계정계약을 해제하거나 해약사유를 초래하였다면 同 수표소지인이 약정 정시일에 지불은행을 통한 수표금지급을 받을 채권을 침해함으로 인한 손해에 대하여는 불법행위상의 책임(진출인(발행인: 저자 주)으로서의 수표상의 채무와는 별론임)을 면치 못할 것이다.

발행일자 도래 전에 제시가 있고 발행인의 예금계좌에 충분한 자금이 없어서 지급은행이 지급을 거절하면, 소지인은 바로 발행인을 상대로 상환청구할 수 있다. 이 경우에 자금이 없이 수표를 발행한 발행인은 **과태료의 제재**를 받는다(수

3조, 67조). 수표를 발행한 발행인은 과태료의 제재뿐만 아니라 부정수표단속법상의 처벌도 함께 받게 된다.

대판 1980. 2. 26, 79도1198 선일자수표 발행 후에 수표계약이 해지되어 그 지급제시 기일에 지급이 되지 아니하고, 발행 당시 수표금액에 상당한 예금도 없었으며, 수표지급을 위한 당좌예금에 대한 확보책도 없었다면 그 수표를 발행할 때에 수표부도에 관한 고의가 있었다 할 것이다.

대판 1974. 2. 12, 73도3445 선일자수표의 소지인이 특약에 반하여 그 수표상의 발행일자 도래 전에 지급을 위한 제시를 한 경우에 예금부족으로 그 지급이 되지 아니하면 이러한 수표도 부정수표단속법상의 부정수표로 보아야 한다.

수표법 제28조 제2항은 **강행법규**이므로, 발행일 이전에는 지급하지 않고 또 부도처리도 하지 않겠다고 하는 지급인(지급은행의 담당 직원)의 발행인에 대한 약속은 무효이다. 다만 발행인과 수취인(최초 소지인)간에 체결된, 기재된 발행일 전에 지급제시하지 않겠다는 약정은 당사자간에서는 유효하다. 다음 판결은 선일자수표에 관한 것이기는 하지만 **추심은행의 의무**에 관한 설시가 중요하다.

대판 1985. 5. 28, 84다카2451 수표소지인이 선일자수표의 추심을 위임하면서 발행일자 이전의 지급제시를 禁하는 외에 별다른 조건을 붙이지 않았다면 그 위임을 받은 은행으로서는 그 수표의 지급제시기간 내에 지급을 위한 제시를 한 이상 수임인으로서 위임의 본지에 따라 위임사무를 처리한 것이라고 할 것이다. 이 사건에서와 같이 지급제시기간중 일찍 제시를 하였더라면 지급을 받을 수 있었는데 늦게 제시를 하였기 때문에 그 사이에 발행인의 자금사정이 악화되어 예금부족으로 지급거절이 되었다고 하여도, 추심위임을 받은 피고 주식회사 국민은행이 위와 같은 자금사정의 악화로 인한 예금부족을 예견하거나 예견할 수 있었음에도 불구하고 늦게 제시를 하였다는 등 특별한 사정이 없는 한 지급제시기간 내에 제시한 피고은행에게 수임인으로서 선량한 관리자의 주의를 게을리 한 책임이 있다고 몰아 세울 수는 없다.

(2) 기재된 발행일자의 효력

실제 발행한 날의 나중의 날짜가 발행일로 수표에 기재되었다 하더라도, 발행인의 행위능력 유무, 대리·대행권의 유무는 실제로 발행한 날을 기준으로 판단한다. 따라서 수표상에 기재된 발행일자는 의미가 없다. 그러나 지급제시기간의 기산 및 소멸시효기간의 기산은 기재된 발행일자로부터 시작한다. 지급위탁의 취소도 기재된 발행일자를 기준으로 제시기간이 지난 후에 효력이 발생한다(수 32조).

(3) 수취인의 의무

수취인이 발행인과의 약속을 위반하여 기재된 발행일자 전에 지급제시함으로서 발행인에게 손해를 가한 경우에는 계약위반으로 인한 손해를 배상하여야 한다. 이 경우에는 수취인의 그와 같은 약속은 명시적인 약속이 없었다 하더라도 그러한 약속의 존재가 추정된다고 해석하여야 할 것이다. 수취인이 기재된 발행일자 이전에 지급제시하여 거절된 경우에는 발행인에 대한 상환청구도 허용해서는 안될 것이다(신의성실의 원칙 위반). 즉 원인관계상의 권리만 행사할 수 있다고 보아야 할 것이다.

제 3 절 횡선수표

제1 의 의

횡선수표는 수표의 표면에 두 줄의 평행선이 그어져 있는 것으로 지급인이 자기의 거래처에 대하여 또는 다른 은행을 통해서만 지급할 수 있는 수표를 말한다(수 37조, 38조).

국내에서 발행되는 수표는 대부분 소지인출급식 수표이기 때문에, 그 수표가 분실·도난 당한 경우에 부정한 취득자가 지급을 받을 가능성이 높고 그로 인한 손해는 분실하거나 도난당한 최후의 소지인이 부담할 수밖에 없다. 이에 대비하여 수표에 횡선을 그어 놓으면 부정한 취득자가 지급받는 것을 예방할 수 있으며, 설령 그러한 자에게 지급이 이루어졌다 하더라도 지급받은 자를 쉽게 추적할 수 있는 장점이 있다.

수표에 횡선이 그어져 있다 하여 유통성에 지장이 생기는 것은 아니고 선의취득을 방해하는 것도 아니다. 하지만 그러한 수표의 소지인은 지급인인 은행과 거래관계가 있거나, 그렇지 아니한 경우에는 자기의 거래은행을 경유하여서만 수표금액을 추심할 수 있게 된다. 횡선 또는 지정된 은행의 말소는 이를 말소하지 않은 것으로 본다(수 37조 5항).

제2 일반횡선수표

1. 의 의

발행인 또는 소지인이 수표 표면에 두 줄의 평행선을 긋고 그 횡선 내에 아무런 지정을 하지 아니하거나, 「은행」 또는 이와 동일한 뜻의 문자를 기재한 것을 **일반횡선수표**(general crossing)라고 한다.

일반횡선수표는 특정횡선수표로 변경할 수 있으나, 특정횡선수표는 일반횡선수표로 변경하지 못한다(수 37조 4항).

2. 지급제한

일반횡선수표의 지급인은 **은행 또는 지급인의 거래처**에만 지급할 수 있다(수 38조 2항). 예를 들어, 지급인이 B은행인 일반횡선수표를 소지인 A가 분실한 경우 그것을 습득한 C는 자기가 B은행의 고객이든지 또는 자기의 거래은행을 경유해서만 수표금액의 지급을 청구할 수 있다. 거래처라 함은 원래 지급인인 은행과 계속적인 거래관계가 있는 자를 가리키지만, 새로 계좌를 개설한 자라도 그 신분과 주소를 확인했으면 거래처에 해당한다. 신분과 주소의 확인에는 금융실명제가 전제가 된다. 은행의 여러 지점은 같은 은행에 해당하므로 지급인인 은행의 특정지점과 다른 지점의 거래처도 지급가능 거래처에 포함된다.

3. 취득제한

은행은 자기은행의 거래처 또는 다른 은행으로부터만 횡선수표를 취득할 수 있다(수 38조 3항 1문). 그러한 자 이외의 자의 의뢰를 받아 횡선수표를 추심하여서는 안 된다(수 38조 3항 2문).

제3 특정횡선수표

1. 의 의

특정횡선수표는 2줄의 횡선 내에 특정 은행의 이름이 기재된 수표이다. 특정횡선은 하나만 기재하도록 되어 있으나, 또 하나가 어음 교환소에 제시하여 추심하게 하기 위한 목적이라면 2개의 특정횡선이 허용된다(수 38조 4항).

2. 지급제한

특정횡선수표의 지급인은 지정된 은행에만 지급할 수 있고, 지정된 은행이 지급인인 경우에는 자기의 거래처에만 지급할 수 있다(수 38조 2항 본문). 지정된 은행이 지급인이 가입하고 있는 어음교환소에 가입하고 있지 않은 경우를 고려하여 수표법은 지정된 은행이 다른 은행을 시켜서 추심할 수 있도록 하였다(수 38조 2항 단서).

특정횡선이 여러 개 기재된 수표는 지급인이 지급하지 못한다(수 38조 4항 본문).

3. 취득제한

은행은 알지 못하는 자로부터 특정횡선수표를 취득하지 못하고, 알지 못하는 자를 위하여 특정횡선수표를 추심해서는 안 되는 것은, 일반횡선수표의 경우와 같다(수 38조 3항).

제4 제한위반에 대한 손해배상책임

횡선수표의 지급 · 취득 · 추심위임에 관한 제한 규정을 위반한 지급인이나 은행은 이로 인하여 손해를 입은 자에게 수표금액을 한도로 손해배상책임을 진다(수 38조 5항). 수표발행인은 이러한 손해배상청구권을 포기할 수 있다. 은행실무에서는 당좌거래약정서에 이에 관한 규정을 두고 있다. 판례는 횡선수표인지 여부에 대한 주의의무를 위반한 채 수표금액을 지급한 은행에 대해서 손해배상 책임을 인정하였다.

대판 1977. 8. 23, 77다344 지급제시된 同 수표는 그 면적 약 8분의 1정도에 해당되는 좌측 상단 모서리와 좌단부분이 잘리어 나간 형태였음에도 불구하고 그 제시를 받은 담당행원은 수표면상의 기재사항에 아무런 이상이 없다 하여 횡선수표 아닌 일반수표로 처리하여 그 수표액면금을 지급한 사실과 일반적으로 수표소지인들이 횡선수표를 만들기 위하여서는 수표면의 상단좌측 모서리 부분에 2조의 평행선을 긋는 사실에 비추어 위와 같이 횡선을 긋는 부분이 잘리어 나간 고액의 본 건 수표의 제시를 받은 은행원은 마땅히 이것이 사고수표일지도 모른다고 일단 의심하여 그 지급을 보류한다거나 제시인으로 하여금 횡선수표의 지급절차를 밟게 한다든가 적어도 제시인의 신분을 확실히 파악한 다음 수표금을 지급할 의무가 있음에도 그런 조치를 취하지 아니하고 수표금을 지급하여 원고 유병은에게 손해를 끼쳤으니 주식회사 서울신탁은행은 사용자로서 배상책임이 있다.

〈사실관계 및 쟁점〉 피고 주식회사 서울신탁은행에 합병되기 전의 한국신탁은행 영업부는 1975. 4. 17. 액면 1,000,000원의 자기앞수표 1매를 소외 허경환에게 발행·교부하였다. 이에 소외인은 그 수표의 표면 좌측상단 모서리 부분에 2조의 평행선을 그어 횡선수표를 만들어 이를 원고 유병은에게 교부하였다. 그런데 원고는 1975. 4. 18. 동 수표를 날치기 당하였다. 그 후 1975. 4. 19. 피고은행 영업부에 同 수표가 지급제시되어 피고은행 담당행원은 이를 횡선수표가 아닌 일반수표로 처리하여 그 수표액면금을 지급하였다. 이에 원고는 피고은행을 상대로 사용자책임을 묻는 손해배상청구의 소를 제기하였다.

여기서 쟁점이 된 것은 본래 횡선수표의 지급인은 은행지급인의 거래처에 대해서만 지급을 할 수 있는바, 피고은행 담당행원이 이 사건 수표가 횡선수표인지에 관한 주의의무를 위반하여 수표금액을 지급함으로써 원고가 입은 손해를 배상할 책임이 인정되느냐 하는 점이다.

제5 횡선의 변경과 말소

일반횡선은 특정횡선으로 변경할 수 있으나 특정횡선은 일반횡선으로 변경하지 못한다(수 37조 4항). 일단 수표에 표시된 횡선 또는 특정횡선 내의 지정은행의 이름의 말소는 이를 말소하지 아니한 것으로 본다. 이는 횡선을 기입한 자가 말소한 경우에도 마찬가지이다. 수표면상으로는 누가 말소하였는지 알 수 없기 때문이다.

제 4 절 지급위탁의 취소(철회)

제1 제도의 의의

수표를 일단 발행·교부한 후에 원인관계로부터 그 수표금을 지급하여서는 안될 사유가 발생하면, 발행인에게 그 수표의 지급을 중지시킬 수 있도록 하는 것이 경제적일 수 있다. 지급해야 할 원인관계가 소멸한 경우에, 일단 수표금을 지급하도록 한 뒤 지급된 금액을 반환청구하도록 하게 하면, 소송경제상 낭비가 아닐 수 없다. 이와 같이 발행인이 지급인에게 수표금의 지급을 중지시키는 것을 지급위탁의 취소 또는 철회라고 한다. 지급위탁의 취소는 수표계약 자체를 해지하는 것은 아니다. 단지 특정한 수표의 지급만을 하지 못하게 하는 것이다. 수표법 제32조에서는 지급위탁의 철회라는 용어 대신 지급위탁의 취소라는 용어를 쓰고 있는데, 취소라는 용어는 지급위탁의 행위에 법률행위의 취소사유가 있어서 취소하는 경우로 오해될 수 있다. 그러한 행위와 명백하게 구별하기 위하여는 철회라는 용어가 바람직하다.

환어음 역시 지급위탁증권이므로 지급위탁을 철회할 수 있다는 것이 통설(손주찬, 223면; 이기수, 104면; 정동윤, 266면; 정찬형, 193면; 정희철, 128면)의 입장이다. 이에 대한 반대설(최기원, 200면)도 있다. 그러나 지급위탁의 철회가 있었다고 하여 발행인이나 인수인이 어음법상의 책임을 면하는 것은 아니다. 어음법에서는 환어음에 관한 지급위탁의 철회(취소)는 제도화하고 있지 아니하다.

약속어음은 지급약속증권이고 지급위탁이 없으므로 그 철회의 문제도 있을 수 없다. 다만 은행을 지급담당자로 정한 은행도어음의 경우에, 발행인이 지급담당자인 은행에 대하여 지급담당사무의 위탁을 철회하는 일은 있을 수 있다.

자기앞수표는 발행인과 지급인이 동일인이기 때문에 지급위탁을 전제로 한 지급위탁의 철회를 생각할 수 없다. 다만 자기앞수표의 분실·도난·사취 등의 경우에, 발행의뢰인이나 그 소지인이었던 자는 「사고계」를 제출하여 지급은행(동시에 발행인)에 지급중지를 요청할 수 있을 뿐이다.

제2 지급위탁취소의 성질

지급위탁취소의 법적 성질에 관하여는 대강 세 가지 견해가 갈리고 있다. **지급사무위탁철회설**은 지급위탁취소를 수표관계와는 별도인 자금관계상의 지급사무위탁을 발행인이 철회하는 것으로 이해한다(강위두, 545면; 채이식, 261면; 최기원, 532-533면). **지급지시철회설**은 지급위탁취소를 지급지시의 의사표시 즉 발행행위의 철회로 이해한다(서돈각 · 정완용, 310면; 손주찬, 428면; 이기수, 335면; 이철송, 473면; 정동윤, 647면; 정희철, 219면). 다만 지급지시의 철회이면서도 지급인에 대한 관계에서만 지급지시를 철회하는 것이고, 소지인에 대한 관계에서는 철회의 효과가 미치지 않는다고 한다(상대적 철회설). **지급권한철회설**은 지급위탁취소가 있더라도 소지인에 대한 관계에서의 수표의 효력에는 영향이 없고 지급인의 지급권한만 철회된다고 이해한다.

이상의 세 가지 견해는 지급위탁취소의 효력을 설명함에 있어서 서로 차이가 있는 것 같지는 않다. 그렇다면 지급위탁의 취소를 수표발행행위와 연결시켜 이해하는 것보다 자금관계의 문제로 한정지우는 것이 보다 자연스러울 것이다. 어쨌든 지급위탁취소가 있더라도 소지인의(수표관계상의) 권리에는 하등의 영향을 미쳐서는 안 될 것이고, 그렇다면 수표관계는 건드리지 않고 자금관계만으로 설명하는 것이 적당하기 때문이다.

제3 지급위탁취소의 방법과 시기

지급위탁의 취소는 발행인의 지급인에 대한 **일방적 의사표시**로 하면 된다. 그 방법은 구두에 의할 수도 있으나 은행실무에서는 대상 수표를 명확하게 하기 위하여 사고계와 같은 서면의 제출을 하도록 요구하고 있다.

수표의 지급위탁취소는 그 시기에 제한을 받지 아니한다. 즉 지급위탁취소는 제시기간경과 전이라도 할 수 있다. 그러나 제시기간경과 전에는 그 효력이 발생하지 않으며, 제시기간이 지난 후에만 그 효력이 생기는 것으로 수표법상 규정되어 있다(수 32조 1항). 이는 지급수단인 수표를 발행하여 지급을 한 후 곧바로 지급위탁을 취소하는 것과 같은 수표의 남용을 방지함으로써 그 신용을 유지시키기 위한 규정이므로 강행규정으로 보아야 할 것이다(통설 : 강위두, 547면; 서돈각 · 정완용, 311면; 손주찬, 429면; 양승규, 439면; 정동윤, 648-649면). 이에 대하여 수표지급인은 수표소지인에 대하여 반드시 지급을 하여야 할 의무가 없으므로, 제시기간경과 전의 지급위탁취소를 존중하겠다는 발행인과 지급인간의 약정도 유효하다고 새기는 반대설(최기원, 533면)이 있다. 수표제도의 신용확보라는 관점에서는 수표법 제32조 1항에 반하는 특약은 무효로 보는 것이 옳다. 하지만 현실적으로 지급인은 제시기간이 지나기 전의 취소라도 수표자금이 충분한 이상 고객의 편의를 위하여 그 취소를 존중하지 않을 수 없을 것이다. 다만 수표자금이 부족한 발행인의 수표남용을 방지하기 위하여 수표상당액의 예치가 없으면 지급제시가 있을 때 부도처리하는 것이 관례이다.

대판 1993. 8. 24, 92다35424 은행도 약속어음의 발행인이 은행에게 위와 같이 예금인출요청을 하면서 아울러 위 약속어음결제자금의 입금연장 요청을 한 경우 위 예금인출요청행위를 수표법 제32조에 정한 지급제시기간 전의 지급위탁의 취소라거나 당좌계정약정에 정한 지급정지의뢰라고 할 수 없다.

〈사실관계 및 쟁점〉 소외 진낙준이 1987. 6. 13. 피고 국민은행과 사이에 당좌계정약정을 체결하고 동인 명의의 당좌예금구좌를 개설하여 피고 은행 충무로지점을 지급장소로 기재한 은행도 약속어음 등을 발행하여 왔는데, 소외 진낙준이 1990. 11.경 원고 광산지업주식회사에게 지급장소를 피고 은행 충무로지점으로 한 약속어음 2매를 발행 · 교부하여 원고가 위 약속어음을 각 배서양도하였다. 소외 진낙준이 위 약속어음의 지급기일인 1990. 11. 30. 11:00경 피고 은행 충무로지점에 전화를 걸어 이 사건 약속어음 2매를 포함하여 당일 교환제시되는 약속어음 4매 총액면금 약 161,000,000원 상당의 결제대금이 같은 날 14:00경 거래처로부터 입금될 예정인데 국방부 입찰보증금 납부를 위하여 우선 이를 인출하여 사용하고 결제마감시간까지 약속어음결제금액을 입금시킬 수 있도록 협조하여 달라고 요청하여 그 허락을 받아내는 동시에 10여년 전부터 거래관계를 맺고 있던 원고에게 급히 위 약속어음의 결제자금을 입금하여 달라고 요청하였다. 한편 같은 날 12:30경 이 사건 약속어음 2매를 포함하여 위 진낙준이 발행한 총 액면금 161,012,548원의 약속어음 4매가 피고 은행 충무로지점에 교환제시 되었는데 당시 위 진낙준의 당좌예금구좌에는 약속어음결제대금이 입금되지 않은 상태여서 금 18,471원의 잔고밖에 없었고 그 후 원고가 피고 은행 서대문지점에서 입금한 금 114,776,789원이 위 진낙준의 당좌예금구좌에 송금되어 왔으나 위 약속어음 4매 전부를 결제하기에는 여전히 그 잔고가 부족하였다. 또한 같은 날 15:05경 위 진낙준의 아들인 소외 진봉근이 피고 은행 충무로지점에 직접 찾아와 당일 오전에 위 진낙준이 전화통화한 바와 같이 금원을 인출하여 줄 것을 요청함에 따라 위 지점에서 금 110,000,000원을 인출하여 주었고, 그 후 위 진낙준이 전화통화로 약속어음결제자금 입금시간연장을 요청하여 옴에 따라 위 지점에서는 2차례에 걸쳐 부도반환시간을 연장하였으나 최종 마감시간이 임박할 때까지 위 진낙준이 결제자금을 입금시키지 못하자 예금부족을 이유로 이 사건 약속어음 2매를 포함한 3매의 약속어음의 지급을 거절하였고 원고는 약속어음의 배서인으로서 소지인에게 그 소구의무를 이행하고 이 사건 약속어음 2매를 환수하였다.

원심은 소외 진낙준과 피고 은행 간의 당좌계정약정서에 의하면 수통의 수표, 어음이 동시에 지급제시된 경우 그 총액에 대한 지급잔액이 부족한 경우 그 전부를 부도반환하거나 그 중 어느 것을 지급할 것인가의 여부는 피고 은행이 임의로 정하는 바에 따르기로 되어 있었으므로, 이 사건과 같이 지급장소를 은행으로 하여 발행한 은행도 약속어음은 발행인이 지급장소로 기재한 거래은행에 대하여 발행인의 당좌예금구좌에서 위 약속어음금을 결제하여 줄 것을 요청하는 단순한 지급위탁어음으로서 은행은 약속어음의 소지인에 대하여 약속어음금의 지급의무 또는 약속어음금의 지급과 관련한 어떠한 주의의무를 진다고 할 수는 없을 뿐더러, 이 사건 약속어음 2매를 포함한 4매의 약속어음이 교환제시된 이후 그 발행인의 당좌예금구좌에는 위 4매의 약속어음 전부를 결제하기에는 부족한 액수의 잔고만이 있었을 뿐이고 그러한 경우 당좌계정약정상 제시된 어음 전부를 부도처리하느냐 그 중 일부만을 결제하느냐는 어디까지나 피고 은행의 임의처리에 맡겨져 있었던 것이므로 결국 피고 은행 충무로지점이 어음발행인에게 당좌예금 잔고의 대부분을 우선 지급하고 교환제시된 동인 발행의 약속어음을 예금부족으로 지급거절하였다고 하여 피고 은행의 그와 같은 행위가 곧 불법행위를 구성한다고 보기는 어렵다고 판단하였다.

대법원도 "당좌계정약정에 의한 은행도 약속어음에 관한 원심 판단이 정당하며, 진낙준은 피고 은행에게 예금인출요청을 하면서 아울러 약속어음결제자금의 입금연장요청을 하였다는 것이므로, 이러한 예금인출요청행위를 들어 수표법 제32조에 정한 지급제시기간전의 지급위탁의 취소라거나 이 사건 당좌계정약정에 정한 지급정지의뢰라고 할 수도 없다"고 하였다.

제4 지급위탁취소의 효과

제시기간이 지난 후에 지급위탁의 취소가 있거나 제시기간이 지나기 전의 지급위탁의 취소라도 제시기간이 지나면 지급인은 그 수표를 지급할 수 없다. 설령 지급인은 수표금을 지급하더라도 발행인의 계산으로 돌릴 수 없다. 그러나 지급위탁의 취소는 발행인과 지급인 사이의 지급사무위탁의 철회일 뿐이므로 소지인의 권리에는 영향을 미치지 아니한다. 지급인이 지급위탁취소를 간과하여 지급하였더라도 지급인은 수표금을 수령한 소지인을 상대로 반환청구를 할 수 없고 일반 부당이득의 법원칙에 따른 해결이 가능할 뿐이다. 소지인은 적법한 지급제시를 한 이상 지급위탁의 철회와 상관없이 발행인 기타의 수표채무자를 상대로 상환의무의 이행을 청구할 수 있다.

제5 지급위탁의 취소가 없는 경우

지급위탁의 취소가 없는 이상 지급인은 지급제시기간이 지난 후에도 수표금을 지급할 수 있고(수 32조 2항), 발행인의 계좌에서 차감하게 된다. 수표계약상 지급인이 발행인에 대하여 부담하고 있는 수표금 지급의무는 제시기간경과 전까지 한정되는 것이므로, 제시기간경과 후에는 지급하지 않더라도 발행인에 대하여 의무위반이 있게 되는 것은 아니다. 그러나 발행인의 입장에서는 어차피 지급을 위하여 수표를 발행한 것이므로 비교적 단기(국내수표의 경우 10일)로 규정되어 있는 제시기간이 지났다 하더라도 지급이 이루어지는 것을 원하는 것이 보통일 것이다. 이러한 사정을 고려하여 수표법에서는 지급위탁의 취소가 없는 한 제시기간경과 후에도 발행인의 지급권한을 유지시키고 있으며 실제로도 제시기간경과 후의 지급이 흔히 이루어지고 있다.

대판 1962. 2. 15, 61다375 수표는 지급을 위한 제시기간을 지났다 하여도 지급위탁의 취소통고를 받기까지는 지급인은 이를 적법하게 지급할 수 있고 이를 당연무효의 수표로 볼 수 없다.

제 5 절 자기앞수표

제1 자기앞수표의 이용실태와 문제점

세계적으로 우리나라만큼 자기앞수표의 이용이 많은 나라도 드물 것이다. 이러한 현상은 당좌수표나 가계수표의 부도위험 때문에 거래계에서 무명기업이나 개인의 당좌수표나 가계수표의 취득을 기피함으로써, 그러한 수표들이 지급수단의 기능을 하지 못하고 있기 때문으로 보인다. 지속적인 인플레이션에도 불구하고 고액권 신종화폐가 발행되지 않고 있다는 것도 다른 설명이 될 수 있다. 자기앞수표의 현금대체적 기능은 시중에 유통되고 있는 자기앞수표의 유통기간이 상당히 장기간에 달하고 있음으로부터도 쉽게 알 수 있다.

이와 같은 자기앞수표의 선호 및 현금대용 경향으로 인하여, 소액의 자기앞수표(주로 10만원 정액권)는 발행일자로부터 수개월이 지난 후까지 통용되는 등 수표법상의 지급제시기간인 10일(수 23조 1항)을 의식하지 아니하고 이용되는 특수한 지급수단으로 변모하였다.

한편 자기앞수표는 그 익명성이 현금과 같이 보장됨으로 인하여 여러 가지 부정거래의 지급수단으로 선호되기도 하였다. 최근 자기앞수표 발행에 대한 수수료 징수, 그보다도 금융실명제의 실시로 자기앞수표의 익명성이 제한됨에 따라 그 이용이 다소 주춤거리고 있으나, 종래 자기앞수표의 이용을 필요하게 했던 사정 중 일반수표의 부도위험과 고액권 화폐의 발행억제정책에 변화가 없는 이상 자기앞수표의 이용은 계속 활발하게 이루어질 전망이다.

지급수단으로서의 선호도와 중요성에 불구하고 자기앞수표의 법률관계에 관한 논의는 종래 은행의 업무처리실무와 관련한 사고(事故)수표의 취급 및 처리문제와 이득상환청구권의 문제에 치중하여 온 것으로 보인다. 특히 지급제시기간이 짧기 때문에 쉽게 그 기간을 넘기게 되고, 이 때문에 자기앞수표의 법률문제는 주로 이득상환청구권을 중심으로 논의되어 왔다. 이제는 연구의 범위를 넓혀, 종래 깊이 있게 다루지 않았던 자기앞수표의 성질 규명으로부터 시작하여,

그 수수가 원인채무에 미치는 영향 및 분실·도난 등 사고에 따르는 법률문제의 합리적 해결방안이 논의되어야 할 것이다. 여기에는 미국의 개정 유통증권법이 크게 참고될 수 있다.

제2 자기앞수표의 의의, 현금대체적 기능

자기앞수표(cashier's check)라 함은 발행인과 지급인이 동일은행이거나 동일은행의 지점으로 되어 있는 수표이다(우리나라의 수표법에서는 자기앞수표의 정의 조항을 두고 있지 않으나 미국의 통일상법전 개정 제3편 제3-104조(g)에서는 위와 같이 자기앞수표를 정의하고 있다. 은행이 발행인인 경우라도 지급인이 다른 은행인 수표는 teller's check라 하며 자기앞수표와 구별하고 있다). 수표법은 발행인 자신을 지급인으로 하여 수표를 발행할 수 있다고 하여(수 6조 3항) 자기앞수표의 발행을 인정하고 있다. 자기앞수표가 현금에 비하여 선호되는 것은 비교적 많은 금액을 직접 지급하여야 할(송금이 적당하지 아니한) 경우이다. 500만원의 채무를 이행하여야 할 경우에 만원권 다섯 다발을 지참하여 지급하는 것보다 500만원의 자기앞수표 1매를 지참하여 이행하는 것이 간편하고 도난사고의 위험을 줄일 수 있다. 그밖에 도난 또는 분실의 경우에도 현금이라면 특별한 행운이 없는 한 그것의 환수를 기대할 수 없음에 반하여 자기앞수표의 경우는 제권판결을 통한 구제를 기대하여 볼 수 있다.

자기앞수표는 예금주의 잔고부족을 이유로 한 부도의 위험이 없으므로 거래계에서 현금과 같은 지급수단으로 통용되고 있다. 자기앞수표를 완전한 현금대체물로 본다면 100만원의 자기앞수표는 100만원권 지폐, 500만원의 자기앞수표는 500만원권의 지폐와 같이 취급하여야 할 것이다. 이렇게 본다면, 자기앞수표의 분실·도난의 경우에 제권판결도 허용해서는 안될 것이며, 발행의뢰인 또는 소지인이 자기앞수표를 절취당한 경우 또는 자기앞수표로 대금을 지급하여 매수한 물품에 하자가 있는 경우에도 발행은행에 대한 지급중지요청을 허용해서는 안될 것이다.

이와 반대로 자기앞수표도 일반 수표와 같은 지급수단으로서 취급한다면 수표의 도난·분실 또는 원인관계의 흠결의 경우에 지급중지요구를 허용할 수 있게 된다. 이로써 소지인의 보호는 충실할 수 있겠지만 그 현금대체기능은 크게 제약당하게 되어 거래계에서는 그만큼 자기앞수표의 취득을 기피하게 될 것이다.

현금과 비교할 때 자기앞수표의 지급수단으로서의 간편성은 의문이 있을 수 없으나, 안전성에 관하여는 소지인의 입장과 취득자의 입장이 서로 다르게 된다. 소지인은 분실, 도난의 경우에 제권판결을 통한 구제를 기대할 수 있는 반면, 취득자는 사고수표를 취득한 경우 즉시의 현금화를 제한당할 수도 있고, 선의취득의 요건을 갖추지 못하는 경우에는 진정한 권리자에게 우선당하게 될 위험을 부담하기도 한다.

제3 자기앞수표의 성질

자기앞수표의 발행의뢰인은 자기가 예금하고 있는 은행에서 예금을 인출할 때 자기앞수표로 인출금액을 받을 수도 있고 기왕에 가지고 있던 현금을 자기앞수표와 맞바꾸어 교부받을 수도 있다. 이 두 가지 경우 모두 발행의뢰인과 발행은행간의 관계는 자기앞수표의 매매로 보아 하등의 어려운 문제가 생기지 아니한다. 이렇게 발행의뢰인이 취득하여 지급수단으로 사용하는 자기앞수표를 수표로 보아 수표법의 규정을 그대로 적용하는 데 대하여 우리나라를 비롯한 통일법체계의 국가에서는 별다른 논의를 하고 있지 않다. 그러나 위에서 언급한 바와 같이 정액 자기앞수표의 준(準)현금화 경향에 비추어 그 성질을 일반수표와 다른 것으로 보아 별도의 법원칙을 적용하는 것이 어떨지 생각해 볼 필요가 있다. 자기앞수표의 성질과 관련하여 우리의 흥미를 크게 끄는 것이 미국의 유통증권법의 입장이다.

미국의 통일상법전(Uniform Commercial Code, U.C.C.) 개정 제3편(Article 3를 '유통증권법'이라고 부른다, 1990년에 개정된 U.C.C. Article 3은 미국의 거의 모든 주에서 채택되었다)에서는 은행발행수표(teller's check : 발행은행과 지급은행이 서로 다른 수표), 여행자수표(traveler's check) 등과 함께 자기앞수표(cashier's check)에 관한 정의 규정을 신설하였다. 자기앞수표라 함은 발행과 지급인이 동일은행이거나 동일은행의 지점으로 되어 있는 수표이다.[10] 개정법의 기초위원들은 자기앞수표의 성격을 일반수표와 같이 환어음(draft)으로 분류할 것인가[11] 또는 약속어음(note)으로 분류할 것인가를 고심하였다고 한다.[12] 미국의 판례는 종래 자기앞수표를 환어음으로 보았고[13] 자기앞수표 발행은행의 의무는 「인수인의 의무」로 보았다.[14]

개정 유통증권법에서는 자기앞수표를 수표의 정의에 포함시키고 그것을 환어음이라고 정의함으로써 명칭 및 형식에 있어서는 종래의 판례를 따르고 있으나, 실질에 있어서는 자기앞수표를 약속어음으로 다루고 있다. 즉 개정법에서는 자기앞수표 발행은행의 의무를 별도로 정의함으로써 더 이상 발행은행의 약속을 「인수인의 약속」으로 볼 수 없도록 하였다.[15]

무엇보다 개정 유통증권법에서는 약속어음의 발행인의 의무와 자기앞수표 발행은행의 의무를 같은 조문에서 완전히 같은 것으로 규정하고 있다.[16] 따라서 개정법하에서 자기앞수표는 그 발행은행이 약속어음의 발행인과 같은 의무를 부담하는 일람출급 약속어음으로 다루어진다. 개정법의 공식주석에서도 자기앞수표의 발행은행을 인수인으로 보아서는 아니된다는 점을 명시하고 있다.[17]

자기앞수표를 약속어음과 같은 유통증권으로 보는 경우 수표의 지급위탁의 취소에 관한 규정은 자기앞수표에 적용될 수 없다. 한편 약속어음에 관한 법원칙에 따라 발행인이 가지는 모든 항변으로 자기앞수표의 발행은행이 지급거절을 할 수 있는가는 쉽지 않은 문제이다.

제4 자기앞수표의 수수가 원인관계에 미치는 영향

원인관계에 의한 채무의 결제를 위하여 자기앞수표가 건네진 경우에 기존 채무가 어떠한 영향을 받는지 문제된다. 자기앞수표의 경우 발행인의 예금계좌의 잔고부족을 이유로 한 부도는 있을 수 없지만 사고수표를 받은 채권자는 그 현금화를 할 수 없는 경우가 있게 된다. 이 경우에 채권자가 원인관계상의 채권을 다시 행사할 수 있느냐가 중요한 문제이다. 일반 수표의 경우에는 지급에 갈음하여 수표가 수수되었다고 볼 수 없고 지급을 위하여 수수된 것으로 보게 된다. 이러한 입장을 자기앞수표의 경우에도 그대로 견지하는 것이 적당한가가 문제된다.

미국의 통일상법전 개정 제3편에서는 종래 이 문제에 대한 법원칙이 통일되어 있지 않았음을 주목하면서, 제3-310조 (a)항에서 새로운 원칙을 제시하고 있다. 이 규정에 의하면 자기앞수표를 지급수단으로 지급한 채무자는 별도의 약정이 없는 한 상대방인 채권자가 그 수표를 취득함과 동시에 그 금액의 범위 내에서 원인채무를 면한다. 따라서 U.C.C. 개정 제3편하에서는 자기앞수표의 수수로 원인관계가 소멸하여 버리고 채권자는 오로지 자기앞수표상의 권리만을 행사할 수밖에 없게 된다. 이와 같이 자기앞수표의 수수로 원인관계가 소멸한다면 자기앞수표 발행의뢰인(또는 점유를 잃은 소지인)의 지급정지요청을 지급은행이 수용할 경우 원인채권자가 불이익을 당할 수 있다. 이러한 점을 고려하여 발행의뢰인 측의 지급정지요청을 허용해서는 안 된다는 입장의 미국판례가 상당수 있었다.[18]

관점을 달리해 보면 제한적으로나마 자기앞수표의 지급정지요청을 허용하여야 한다는 주장을 내세울 때 자기앞수표를 주고 받음으로써 원인채권이 소멸한다고 하면 심각한 반대에 부딪힐 수밖에 없다. 이러한 사정을 고려하면, 지급정지요청을 허용하기 위해서는 원인채권의 소멸에 대한 예외, 예를 들면, 자기앞수표의 지급을 강제할 수 없는 경우 기타 불공정한 결과가 초래될 경우에는 원인채권이 소멸하지 않도록 하는 예외규정이 마련되어야 한다는 U.C.C. 개정 제3편의 보완필요성을 주장하는 제안[19]은 충분한 설득력을 가진다.

우리나라의 경우 자기앞수표의 수수에 관한 거래계의 인식에 대한 조사보고는 찾아볼 수 없으나, 일단 자기앞수표로 결제하는 경우 쌍방 거래당사자는 지급에 갈음하여 자기앞수표를 수수하는 것으로 추정할 수 있다. 판례도 같은 취지를 밝힌 바 있다.

대판 1960. 5. 19, 4292민상784 수표로써 변제제공하는 경우에 있어서는 특별히 채권자의 주소지에 소재하는 은행의 수표만으로 한다는 특약이 있는 등 특단의 사유가 없는 한 신용있는 은행의 수표제공은 일반거래상 현금의 제공과 동일하게 볼 것이므로 이를 채무본지에 따른 현실제공으로 해석할 것인바, 특단의 사유가 보이지 않는 본 건에 있어서 소론 상주 제일은행 또는 흥업은행의 수표로써 한 변제제공은 적법한 현실제공이라고 인정할 것이다.

문제는 어떠한 사유로 자기앞수표의 지급이 거절되는 경우 이미 소멸하여 더 이상 행사할 수 없게 된 원인채권의 채권자를 어떻게 보호할 것인가이다. 사견으로, 자기앞수표로 결제하는 경우 원인채권은 일단 소멸하고 그 자기앞수표가 지급거절된 경우에 한하여 채권자는 원인채권을 행사할 수 있는 것으로 해석하면 될 것이다. 그 이론구성은 자기앞수표의 지급거절을 **원인채권 소멸**의 해제조건으로 보면 어떨까?

제5 자기앞수표를 분실 · 도난당한 경우의 법률문제

1. 사고 자기앞수표의 지급은행의 책임

자기앞수표의 현금대체기능을 확보하기 위하여는 발행의뢰인이나 점유를 상실한 소지인의 **지급정지요청**(사고신고)에 은행이 너무 쉽게 따르지 않도록 제한을 가할 필요가 있다. 국내의 은행실무에서는 사고신고가 있는 경우 사고수표금액의 10%정도의 담보금을 징수하고 지급정지한 다음 신고인이 공시최고 및 제권판결절차를 진행하고 있다는 증빙서류를 5일 이내에 제출하도록 하고 있다. 사고신고인이 5일 이내에 그러한 서류를 제출하지 못한 경우에는 수표의 최종소지인에게 수표금액을 지급하지만, 신고인의 공시최고절차를 개시한 경우에는 법원의 제권판결이 있을 때까지 지급정지상태를 계속한다.

자기앞수표의 발행의뢰인 또는 점유를 잃은 소지인이 사고신고를 하더라도 은행이 그것을 존중하여 지급을 거절하여야 할 의무는 계약법상뿐 아니라 수표법에서도 찾아볼 수 없다. 그러나 은행실무에서는 사고신고를 받은 후 그 수표의 지급제시가 있으면 일단 부도처리하고 있는데, 이와 같은 은행의 업무처리관행에 대하여는 몇 가지 설명이 가능하다.

첫째, 무엇보다 중요한 것은, 지급은행이 사고신고를 받은 후에는 지급에 있어서의 **주의의무**가 가중된다는 점이다. 자기앞수표의 지급은행이 수표소지인이 진정한 권리자가 아님을 알았거나 중대한 과실로 알지 못한 때에는 이중지급의 책임을 면하지 못한다(민 524조, 518조). 그런데 사고신고를 받은 지급은행은 그로 인하여 주의의무의 수준이 높아지게 되므로 지급에서의 중대한 과실을 인정받기 쉽게 될 것이다. 이러한 사고신고인에 대한 이중지급의 위험이 은행의 사고신고인에 대한 협력을 관행화시켜 준 것으로 보인다.

둘째, 자기앞수표의 사고신고에 따른 지급은행의 협조는 지급은행이 수표상의 **주된 채무자**가 아니기 때문에 일응 가능하다. 다만 자기앞수표의 지급은행은 동시에 그 수표의 발행인이므로 상환의무를 부담하거나(실제로는 10일의 지급제시기간이 쉽게 도과하여 발행은행이 상환의무를 부담하는 일은 흔하지 않을 것임) 그 수표가 정당한 소지인에 의하여 지급제시가 있은 경우에는 이득상환의무(수 63조)를 부담한다. 자기앞수표의 지급은행은 사고수표의 지급정지로 인하여 소지인이 제기한 소송에서 은행이 패소할 경우에 원고에게 지급하여야 할 법정이자 및 소송비용을 사고신고인에게 부담시킬 필요가 있다. 이에 은행은 사고신고인으로 하여금 이를 위한 **담보**를 제공하도록 요구한다. 그밖에 은행은 수표거래의 안전 즉 수표관련 범죄행위를 방지하고 정당한 권리자를 보호한다는 공익적 견지에서도 사고신고에 협력하여 지급정지를 하는 것으로 이해할 수 있다.

그러나 수표의 **유통성확보** 차원에서 본다면 특히 현금대체성이 높은 자기앞수표에 대하여 발행의뢰인이나 점유상실을 주장하는 소지인의 신고만으로 은행이 가볍게 지급정지결정을 내리는 것은 문제이다. 지급거절과 그에 따른 은행의 패소가 있는 경우 은행은 그로 인한 비용(법정이자 포함)을 신고인에게 전가할 수 있으므로 특별한 손해는 당하지 않는다. 반면 악의의 사고신고가 있는 경우 또는 사고수표의 선의취득이 이루어진 경우에 정당한 권리자 또는 선의취득자가 은행을 상대로 소송을 제기하여 수표금액을 환수하는 데 드는 시간과 노력은 법정이자와 소송비용의 징수만으로 보상될 수 없다 할 것이다. 여기서 특별히 자기앞수표에 관하여 악의의 사고신고와 은행의 경솔한 지급정지결정을 방지하는 제도적 장치가 고안되어야 한다는 주장이 나오게 된다.

이 문제에 대한 해결책으로서 자기앞수표의 소지인이 은행을 상대로 제기한 소송에서 은행이 패소한 경우에는 법정이자, 통상의 소송비용이외에 **변호사비용** 기타 그 수표의 지급거절로 원고가 입은 결과적 손해까지 배상하도록 하는 방안을 검토하여 볼 필요가 있다. 참고로 미국의 개정 유통증권법에서는 법문[20]과 공식주석[21]을 통하여 이러한 방안을 원칙으로 채택하여 자기앞수표의 현금대체적 기능을 일층 제고하였다. 우리나라에서 미국의 예에 따라 지급은행(동시에 발행은행)의 지급거절에 대한 책임을 엄격하게 하더라도, 사고신고인이 악의인 경우 신고인에게 그 비용을 전가시킬 수 있을 것이므로, 은행에 큰 부담을 지우지 않으면서 은행의 자기앞수표 지급거절을 신중하게 유도하는 효과를 거둘 수 있을 것이다.

2. 사고신고와 중과실 여부

자기앞수표의 사고신고가 있었음에도 불구하고 발행은행이 수표금액을 지급하였다면 중대한 과실에 해당하고 지급인의 면책혜택을 누리지 못하는가가 문제된다(수 35조, 민 518조). 앞에서 본 바와 같이 자기앞수표 발행은행이 발행의뢰인이나 점유를 상실한 소지인의 사고신고를 모든 경우에 존중하여 지급을 거절하는 것은 주로 이중지급의 위험 때문으로 이해되고 있다. 그런데 사고신고가 있다 하여 그것만으로 발행은행의 지급거절이 정당화될 수 있다면, 자기앞수표의 현금대체기능이 크게 손상받을 것이다. 특히 지급제시기간 내에 지급제시가 있는 경우에는 더욱 그러하다.

우리나라의 금융실무에서는 사고신고가 있는 경우 신고인에게 5영업일 이내에 공시최고절차를 개시하도록 요구하고 있으며, 신고인이 공시최고·제권판결절차를 이행하지 아니하는 경우에는 최종소지인의 신분을 철저히 확인하고 그에게 수표금을 지급하고 있다. 경우에 따라서는 최종소지인에게 연대보증인을 세우도록 요구하기도 한다.

결국 자기앞수표의 단순한 사고신고만으로는 그 수표의 분실·도난사실 즉 최종소지인의 무권리 또는 무권리의 개연성에 대한 발행은행의 악의나 중과실이 추정되어서는 안될 것이다. 즉 사고신고인이 공시최고절차를 밟지 않는 경우에는 은행은 사고신고로 인하여 보다 높은 주의의무를 부담하지 않는다고 본다. 이렇게 해석하는 것이 자기앞수표의 거래의 안전성보장에 도움이 될 것이다. 한편 신고인이 공시최고절차를 밟게 되면 은행의 악의나 중과실이 추정될 수 있다. 현실적으로 10만원권 정액 자기앞수표와 같은 소액수표의 경우에는 한꺼번에 여러 장의 수표를 분실, 도난당하지 않은 이상, 절차에 드는 시간과 노력을 감안하여 보통 공시최고절차를 수행하지 않는 경우도 많을 것이고 최종소지인이 선의취득의 요건을 갖춘 경우가 대부분일 것이므로, 소액의 자기앞수표는 특히 제시기간 내에 지급제시된 경우 지급은행이 이중지급의 책임을 부담할 개연성은 높지 않을 수 있다.

한편 사고신고에 이어 곧 공시최고절차가 이행된 경우라도 그 수표의 최종소지인이 선의취득의 요건을 갖추었을 수 있다. 우리나라의 법원은 자기앞수표에 대하여도 선의취득을 인정하는 데 비교적 인색하므로, 은행으로서는 신고인이 일단 공시최고절차를 진행시킨 이상 수표금의 지급을 중지하고 최종소지인이 은행을 상대로 제기한 소송에 신고인을 참가하도록 한 다음 은행이 패소하면 그 비용을 신고인에게 전가시킬 수밖에 없을 것이다.

미국의 유통증권법하에서도 자기앞수표 발행의뢰인이 발행은행의 수표금지급을 금지할 수 없음은 같다. 자기앞수표의 발행의뢰인은 지급거절의 협조요청을 할 수 있을 뿐이다. 그 효과에 대하여는 자기앞수표를 사취당한 경우와 도난당한 경우를 나누어 살펴보는 것이 적당하다.

먼저 사취(詐取)의 경우, U.C.C. 개정 전 제3편 제3-603조 (1)항에 의하면, 일반적으로 증권에 대한 소유권을 주장하는 제3자는 일정한 요건하에 증권채무자에게 지급거절을 요청할 수 있었는데, 이 원칙은 자기앞수표에 대하여도 그대로 적용되었다. 즉 자기앞수표를 사취당했다고 주장하는 자는 ① 은행이 장래에 부담할 책임을 담보하기에 충분한 것으로 은행이 인정하는 보상을 제공하거나 ② 은행의 지급을 금지하는 법원의 금지명령을 받으면 발행은행의 지급거절을 강제할 수 있었다. 개정 제3편에서는 일반유통증권에 대하여는 종래의 원칙을 그대로 적용하면서도, 자기앞수표(보증수표, 은행발행수표도 같다)의 경우에는 증권의 소유권을 주장하는 제3자가 보상의 담보를 제공함으로써 은행에 지급거절을 요청할 수 있는 길을 봉쇄하였다.[22] 따라서 자기앞수표의 발행의뢰인이 사취를 당하여 그 수표를 사기꾼에게 교부한 경우에 그는 법원의 금지명령을 받아야만 발행은행의 지급거절을 강제할 수 있게 되었다. 앞에서 본 바와 같이 개정 유통증권법하에서는 은행이 부당하게 자기앞수표의 지급을 거절한 경우에는 지급제시인에 대하여 소송비용이외에 결과적 손해까지 배상하여야 하므로, 이제는 더 이상 은행이 지급거절이 강제되지 아니하는 경우까지 발행의뢰인에게 호의를 베풀 수 없게 되었다. 이에 따라 자기앞수표의 현금대체기능은 그만큼 커졌다고 할 수 있다.

다음으로 자기앞수표를 매입한 발행의뢰인이 발행은행에 대하여 도난을 이유로 지급정지를 요청한 경우에 발행은행은 U.C.C.하에서 어떠한 영향을 받게 되는가를 살펴보기로 한다. 개정유통증권법 제3-602조(b)(2)에 의하면, 자기앞수표의 발행은행이 그 수표의 도난사실을 알고 정당소지인이 아닌 자에게 수표금액을 지급한 경우에는 은행은 그 지급으로 면책받지 못한다. 그러면 자기앞수표의 발행의뢰인이 도난사실을 신고한 것만으로 발행은행이 도난 「사실」을 안 것으로 간주할 수 있는가? 단순한 신고만으로 부족하다면 어떠한 입증을 하여야 의뢰인이 은행의 지급을 중지시킬 수 있을까?

관련조문인 U.C.C. 제3-305조(c)에서는, (증권의 도난을 주장하는) 제3자의 소송참가가 있는 경우를 제외하고 증권채무자가 지급제시된 증권이 분실 또는 도난당하였음을 증명하지 못하는 한, 지급거절이 정당화되지 못한다고 규정하고 있다. 따라서 자기앞수표의 발행의뢰인이 도난사실을 주장한다 하더라도 은행이 지급제시인을 상대로 그 사실을 입증할 수 없다면 도난사실을 「알고」라는 개정법 제3-602조(b)(2)의 법문에 해당하지는 않는 것으로 보아야 할 것이다. 즉 입증수단이 없는 은행으로서는 도난신고를 받은 후에 지급하였다 하더라도 면책의 혜택을 누리는 것으로 보아야 할 것이다.

3. 발행의뢰인의 대금반환청구권

자기앞수표가 유통중에 분실·도난당했다 하더라도 그 수표가 도대체 지급제시도 되지 않고 행방을 알 수 없는 경우가 있을 수 있다. 이 경우에 발행의뢰인이나 점유를 상실한 소지인이 노력과 시간을 들이기 싫어서 제권판결을 구하지 않는다면, 자기앞수표의 발행은행은 그 수표의 매입대금의 반환을 거절하는 것이 관행이다. 그 결과 자기앞수표의 발행은행은 자기앞수표대금을 부당이득하게 된다. 여기서 자기앞수표의 발행 후 상당히 긴 기간이 지난 후에는 번거로운 제권판결절차 대신 비교적 간단한 절차로 자기앞수표의 발행의뢰인이 발행은행에 그 대금의 반환을 청구할 수 있는 제도를 고안할 필요가 생긴다. 미국의 개정유통증권법 제3-312조에 의하면, 자기앞수표가 분실·도난·파손된 경우에 지급은행이 지급제시를 받지 않고 발행일로부터 90일이 경과하면, 발행의뢰인은 「상실선언」(declaration of loss)의 선서증서로 그러한 사실을 주장함으로써 발행은행에 대하여 자기앞수표의 매입대금의 반환을 청구할 수 있도록 하고 있다(U.C.C. Revised §3-312조는 1990년 개정과 별도로 1991년 8월에 추가되었다). 이 경우에 발행은행은 담보제공을 요구하지 못한다. 차후에 정당소지인의 지급청구가 있어서 은행이 그 자에게 지급하면 선서증서로써 자기앞수표의 대금을 환수해 간 발행의뢰인은 그 금액을 은행에 다시 반환하여야 한다. 우리나라에서 자기앞수표에 관하여 특별한 법규정의 입법을 시도한다면 이러한 U.C.C. 제3-312조는 입법상 중요한 참고가 될 수 있을 것이다.

제6 자기앞수표의 이득상환청구권

1. 총 설

수표법 제63조에서는 "수표에서 생긴 권리가 절차의 흠결로 인하여 소멸한 때나 그 소멸시효가 완성한 때라도 소지인은 발행인, 배서인, 또는 지급보증을 한 지급인에 대하여 그가 받은 이익의 한도 내에서 상환을 청구할 수 있다"고 규정함으로써 수표소지인의 이득상환청구권을 인정하고 있다. 자기앞수표가 지급제시기간(국내에서 발생하고 지급할 수표는 10일(수 10조 1항))을 경과하여 유통되는 경우, 지급인은 지급위탁의 취소가 없는 이상 적법하게 지급함으로써 자기앞수표의 효력을 소멸시키게 된다. 그러나 자기앞수표의 사고신고 등을 이유로 지급인이 지급을 거절하는 경우에, 지급제시기간 내에 지급제시를 하지 아니한 자기앞수표의 소지인은 상환청구권을 상실하고 **이득상환청구권**을 원용하여 제소할 수밖에 없다.

이와 같이 절차의 흠결로 인하여 소멸한 「수표에서 생긴 권리」는 상환청구권을 가리킨다고 보는 것이 **다수설**이다(정동윤, 269면; 정찬형, 406면; 채이식, 347면). 이에 대하여 수표소지인은 지급제시기간 경과 후에도 지급위탁의 취소가 없는 이상 지급인으로부터 지급을 받을 수 있는데(수 32조 2항) 이러한 수표금의 수령권한이 수표에서 생긴 권리라고 보는 **소수설**이 있다(양승규, 209면). 다수설에 의하면 지급제시기간의 도과로 바로 이득상환청구권이 발생하는 것으로 되는 데 반하여, 소수설에 의하면 지급제시기간의 도과한 후 수표소지인이 지급제시를 하여 지급을 거절당한 때, 즉 지급수령권한까지 소멸한 때 이득상환청구권이 발생하는 것으로 된다.

생각해 보면, 이득상환청구권의 양도의 대항요건과 관련하여 소수설에 따르면 지급제시기간 경과 후의 자기앞수표 취득자를 보호할 수 있다는 장점이 있다. 그러나 수표법 제63조의 법문에서 "수표상의 권리가 절차의 흠결로 인하여 소멸한 때"라고 규정하고 있는 바 여기서 「절차」는 상환청구권보전절차를 가리키는 것으로 볼 수밖에 없으므로 수표상의 권리 역시 상환청구권을 가리키는 것으로 보아야 할 것이다. 이 경우 이득상환청구권의 양도의 대항요건을 갖추도록 하는 불편은 다른 방법으로 해결을 모색하면 될 것이다.

2. 이득상환청구권의 발생시기

일반적으로 어음법상 이득상환청구권의 발생요건을 논의함에 있어서 ① 이득상환청구를 하려는 상대방에 대한 어음상의 권리가 소멸한 것으로 족한가 ② 이득상환청구의 상대방뿐 아니라 모든 어음채무자에 대한 어음상의 권리가 소멸하여야 하는가 ③ 어음소지인이 어음법상의 구제방법은 물론 민법상의 구제방법까지 상실하였어야 하는가에 대하여 학설과 판례가 갈리고 있다. 그러나 이러한 견해의 대립은 자기앞수표의 경우에는 별로 중요하지 아니하다. 보통 자기앞수표의 어음채무자는 발행은행에 한정될 것이고, 다른 민법상의 청구권도 생각하기 어렵기 때문이다.

다음으로 자기앞수표의 이득상환청구권이 지급제시기간의 경과로 즉시 발생하였다가 그 후 지급은행의 지급이 있게 되면 소멸하는 것으로 볼 것인가, 또는 지급제시기간경과 후에도 사고신고가 없는 한 지급은행은 지급을 하고 소지인은 지급을 받을 수 있기 때문에 지급제시기간의 경과만으로는 자기앞수표의 이득상환청구권이 발생하지 아니하고 지급은행이 사고신고 등을 근거로 지급을 거절하는 때 소지인이 이득상환청구권을 가지게 되는 것으로 볼 것인가의 문제가 제기된다.

이에 대하여 수표일반의 이득상환청구권에 관한 다수설인 해제조건설(손주찬, 158면; 이철송, 195면; 정동윤, 198-199면; 정찬형, 408면; 정희철, 289면; 채이식, 348면; 최기원, 534-535면)은 제시기간의 경과에 의하여 수표상의 권리(상환청구권)는 확정적으로 소멸하므로 이득상환청구권도 다른 요건을 충족하는 한 이 시점에서 발생하고, 다만 지급위탁의 취소가 없어서 그 후 유효한 지급이 있는 때에는 발행인의 이득이 없어지므로 일단 발생했던 이득상환청구권도 소멸한다고 한다. 한편 소수설인 **정지조건설**(양승규, 210면)은 수표일반의 이득상환청구권의 발생시기에 관하여 지급제시기간 경과 후 발행인의 지급위탁의 취소가 있거나 지급인의 지급거절로 인하여 지급의 가능성이 소멸하는 것을 정지조건으로 하여 이득상환청구권이 발생한다고 한다.

수표소지인이 권리보전절차를 밟지 않아서 이득상환청구권이 발생하는 경우의 **수표상의 권리**라 함은 법조문상 상환청구권을 가리키는 것으로 보아야 함은 앞에서 지적한 바 있다. 이와 같이 수표상의 권리를 상환청구권에 한정시키면 위의 해제조건설과 연결이 되고 수표상의 권리에 지급수령권도 포함시키면 정지조건설과 연결이 된다. 해제조건설이든 정지조건설이든 수표 일반으로부터 자기앞수표의 경우를 따로 떼어서 논의하지 아니하고 있다. 그런데 자기앞수표의 현금대체적 기능으로 인하여 거래계에서 자기앞수표는 일반 수표와 다른 것으로 취급하고 있다. 따라서 지급제시기간이 경과한 후 사고신고에 기초하여 지급은행이 자기앞수표의 지급을 거절하는 경우에 소지인은 이득상환청구권에 기초하여 제소할 수밖에 없다. 이때 해제조건설에 의하면 현재의 소지인이 제시기간 경과시의 소지인이 아닌 경우 이미 발생한 이득상환청구권의 양수에 필요한 대항요건(통지나 승낙(민 450조))을 갖추어야 한다. 이것은 소지인이 예기하지 못한 요건을 그에게 요구하게 되어 문제이다. 이러한 점에서 본다면 정지조건설의 입장에 따르는 것이 제시기간경과 후의 수표취득자에게 이득상환청구권 양도의 대항요건을 갖추도록 요구하지 않게 되어 커다란 장점을 가진다. 이 점이 **해제조건설의 약점**으로 인정되는데, 자기앞수표의 법률관계를 현행 수표법상의 틀 안에서 형식논리적으로만 해결하려 할 경우 합리적 해결방안을 찾기가 쉽지 않다.

대판 2008. 5. 15, 2006다8481 자기앞수표의 수표상 권리가 소멸함에 따른 이득상환청구권에 있어서 이득이란 수표 발행의뢰인이 수표대금을 입금하는 자금관계에 의하여 발생하는 것이므로, 발행인이 수표대금을 보유하고 있는 이상 수표대금 상당의 이득을 보유하고 있는 것으로 추정된다.

3. 이득상환청구권의 양도방법

어음과 수표의 이득상환청구권의 법적 성질에 관하여 이를 잔존물로 보게 되면 자기앞수표의 이득상환청구권의 양도 역시 수표의 교부로써 이루어지게 되므로 제시기간 경과 후의 자기앞수표 취득자가 이득상환청구권을 행사하는 데 지명채권 양도의 대항요건을 갖추었는가를 논의할 필요가 없다.

이와는 달리 우리나라의 통설, 판례의 입장대로 이득상환청구권을 지명채권으로 보게 되면 자기앞수표의 제시기간 경과 당시의 소지인 자신이 이득상환청구권을 행사하는 경우는 별문제가 없으나 그 후 전전유통된 자기앞수표의 소지인이 이득상환청구권을 행사하려는 경우 지명채권양도의 대항요건을 갖추기가 사실상 불가능하여 권리행사를 제약받을 수밖에 없다. 이러한 문제의 해결책으로서, 판례는 자기앞수표의 경우에만 특별히 제시기간경과 후의 자기앞수표의 양도에 이득상환청구권의 양도까지 포함되고 지명채권양도의 통지권능도 함께 부여되는 것이라고 판시하였다.

대판 1976. 1. 13, 70다2462 수표상의 권리가 절차의 흠결로 인해서 또는 소멸시효의 완성으로 말미암아 소멸되었을 때 당시의 동 수표의 정당한 소지인은 이득을 한 수표상의 의무자에 대하여 그가 받은 이익의 한도에서 상환을 구할 수 있으며 한편, 은행 또는 기타 금융기관이 발행한 자기앞수표는 제시기간 내에서는 물론이거니와 제시기간 후에도 발행은행에서 또는 그 외의 금융기관에서 쉽게 지급받을 수 있다는 거래상의 확신에 의해서 현금과 같이 널리 유통되고 있을 뿐만 아니라 수표의 양도는 거래의 일반적인 인식으로서는 수표에 표시되어 있는 액면상당의 금원을 발행은행으로부터 지급받을 수 있는 권리를 그것이 수표상의 권리이던 또는 그렇지 않고(어느 의미에 있어서는) 동 권리의 변형물이라고도 할 수 있는 동 권리의 소멸로 인해서 발생되는 이득상환권이던 간에 구별함이 없이 또 그것을 구별하려고도 하지 않고 양도하고 양도받는 것이 거래의 실정이라고 할 것이므로 이와 같은 거래의 실정에 비추어 볼 때 수표소지인이 수표법상의 보전절차를 취함이 없이 제시기간을 도과하여 수표상의 권리가 소멸된 수표를 양도하는 행위는 수표금액의 지급수령권한과 아울러 특별한 사정이 없으면 수표상의 권리의 소멸로 인해서 소지인에게 발생한 이득상환청구권까지도 이를 양도하는 동시에 그에 수반해서 이득을 한 발행인인 은행에 대하여 소지인을 대신해서 그 양도에 관한 통지를 할 수 있는 권능을 부여하는 것이라고 하여야 할 것이고 그렇게 양도받은 수표를 양수인이 다시 제3자에게 양도하는 행위는 이와 같이 양도받은 수표금액의 지급수령권한과 아울러 이득상환청구권을 위 소지인으로부터 수권된 이득을 한 채무자인 발행은행에 대한 통지의 권능이 수반된 상태로 이전하는 행위라 할 것이고, 그렇게 하는 것이 특별한 사정이 없는 한 당사자들의 의사에 합치될 뿐만 아니라 거래의 실정에 적합하고 나아가서는 이와 같은 수표의 양도로 인해서 야기될 수 있는 법률관계를 간결하고 타당하게 해결할 수 있는 것이라고 할 것이므로 이와 같은 수표의 정당한 소지인은 발행은행에 대하여 그가 받는 이익의 한도에서 이득상환청구권을 행사할 수 있고 또 채무자인 발행은행도 동 수표의 소지인에게 변제함으로써 유효하게 동 채무를 면하게 된다고 할 것이다.

한편 판례는 이에 덧붙여 정당한 수표소지인이 수표를 양도하는 경우에 한하여 이득상환청구권의 양도에 지명채권양도의 통지권능도 함께 부여된다는 이론이 적용된다고 함으로써 그 적용범위를 제한하였다.

대판 1983. 3. 8, 83다40 원래 수표금의 이득상환청구권이 있는 수표소지인이라 함은 그 수표상의 권리가 소멸할 당시의 정당한 소지인으로서 그 수표상의 권리를 행사할 수 있었던 자를 가리킨다 할 것이므로, 은행 또는 금융기관이 발행한 자기앞수표 소지인이 수표법상의 보전절차를 취함이 없이 제시기간을 도과하여 수표상의 권리가 소멸된 수표를 양도하는 경우에 특별한 사정이 없으면 수표상의 권리의 소멸로 인하여 소지인에게 발생한 이득상환청구권을 양도함과 동시에 그에 수반하여 이득을 한 발행인인 은행에 대하여 소지인을 대신하여 그 양도에 관한 통지를 할 수 있는 권능을 부여하는 것이라고 할지라도 이는 정당한 수표소지인이 수표를 양도하는 경우에 한한다고 할 것이다. 기록에 의하여 살펴보아도 이 사건 수표상의 권리가 소멸할 당시의 정당한 소지인이 누구인지를 가려볼 자료가 없는 이 사건에 있어서 제시기간경과 후에 이 사건 수표를 양수한 원고 김건중으로서는 지명채권양도의 방법에 따른 절차를 밟음이 없는 한 이득상환청구권을 양도받았음을 발행인인 피고 주식회사 서울신탁은행에게 주장할 수 없음이 분명하니 이런 취지에서 한 원심의 판단은 정당하다.

이와 같이 자기앞수표의 이득상환청구권의 양도만을 특별취급하는 판례의 입장에 대하여는 논리의 일관성이 없다는 비판이 있을 수 있으나 그러한 특별취급을 할 현실적 필요성은 공감하지 않을 수 없다.

제7 입법적 해결의 필요성

우리나라에서는 다른 나라의 경우와는 달리 자기앞수표가 특히 빈번하게 이용되고 있으며 그 유통기간이 장기간인 현실을 고려하여, 자기앞수표의 성질을 그대로 수표로 볼 것인가에 대하여 깊이있는 논의가 있어야 할 것이다. 예를 들어 여행자수표는 수표라는 명칭을 쓰고 있으나 그 성질이 수표와 다른 것이라는 데 이론이 없고 수표법의 적용도 받지 않음을 참고할 필요가 있다.

자기앞수표 역시 수표의 형태로 발행되는 유가증권이므로 그 법률관계를 일반수표와 다르게 취급을 하는 것은 부당하다는 주장도 수긍할 수 있다. 그러나 자기앞수표는 일반 당좌수표나 가계수표와 현저하게 다른 구조를 통하여 발행되고 있으며, 경제적 기능 면에서도 일반 수표와 다르게, 현금에 버금갈 정도로 지급의 확실성이 높은 지급수단이다.

입법론으로 이러한 자기앞수표의 발행인에게는 약속어음의 발행인과 같은 종류의 채무를 부담시키는 것이 오히려 균형을 이룰 수 있을 것이다. 미국의 개정 유통증권법은 이러한 입장을 채택하고 있다.[23] 자기앞수표의 발행인을 주된 채무자로 인정하는 것이 수표법체계와 도저히 조화를 이룰 수 없다면, 수표발행인으로서의 상환의무를 부과함에 있어서 자기앞수표의 발행인에 대하여는 지급제시기간내에 지급제시를 하지 아니하더라도 상환청구권을 행사할 수 있도록 수표법 제39조에 단서 규정을 신설하거나 자기앞수표를 대상으로 한 특칙을 신설하는 방안을 고려하여 보아야 할 것이다. 그렇게 하더라도 자기앞수표 발행인의 채무의 소멸시효기간은 그 지급증권성을 고려하여 어음의 3년, 1년과 같은 소멸시효기간과는 다르게 단기의 6개월로 일반 수표와 같이 하는 것이 적당하다고 생각한다(수 51조, 어 70조 참조).

실질에 있어서는 전혀 다른 제도인 자기앞수표를 일반 수표와 같이 규율함으로써 생기는 법적용상의 불합리를 해소시키기 위하여는 입법에 의한 해결이 최선책이라고 생각한다.

제11장 〈註〉

10) U.C.C. Revised §3-104(g).

(g) "Cashier's check" means a draft with respect to which the drawer and drawee are the same bank or branches of the same bank.

11) U.C.C. Revised §3-104(f).

(f) "Check" means (i) a draft, other than a documentary draft, payable on demand and drawn on a bank or (ii) a cashier's check or teller's check. An instrument may be a check even though it is described on its face by another term, such as "money order".

12) Davis, The Future of Cashier's Checks under Revised Articles 3 of the U.C.C., 27 Wake Forest L. Rev. 613, 630(1992).

13) Mutual Savings & Loan v. National Bank of Detroit, 462 N. W. 797, 799(Mich. 1990).

14) Wertz v. Richardson Hights Bank & Trust, 495 S.W. 2d 572, 574 (Tex.1973).

15) U.C.C. Revised §3-104(f)(ii), (g), §3-411.

16) U.C.C. Revised §3-412. Obligation of Issuer of Note or Cashier's Check.

The issuer of a note or cashier's check or other draft drawn on the drawer is obliged to pay the instrument (i) according to its terms at the time it was issued or, if not issued, at the time it first came into possession of a holder, or (ii) if the issuer signed an incomplete instrument, according to its terms when completed, to the extent stated in Sections 3-115 and 3-417. The obligation is owed to a person entitled to enforce the instrument or to an indorser who paid the instrument under Section 3-415.

17) U.C.C. Revised § 3-412 Comment 1.

18) Moon Over the Mountain, Ltd. v. Marine Midland Bak, 386 N.Y.S. 2d 974, 976(Civ. Ct. 1976).

19) Davis, supra note, at 652.

20) U.C.C. Revised §3-411(b), (c).

21) U.C.C. Revised §3-411 Comment 2.

22) U.C.C. Revised §3-602(b)(1).

23) U.C.C. Revised §3-412.

제12장
이득상환청구권

제1 의 의

이득상환청구권이라 함은 어음상의 권리가 상환청구권보전절차의 흠결로 인하여 소멸한 때(상환의무자의 경우) 또는 시효가 완성한 때(주된 채무자의 경우) 어음소지인이 발행인·인수인·배서인에 대하여 그가 받은 이익의 상환을 청구할 있는 권리를 말한다(어 79조). 수표의 경우에도 같은 규정이 마련되어 있다(수 63조).

어음법은 항변의 절단 등 채무자의 책임을 엄격하게 하고 있는 한편, 권리자에게는 권리보전을 위한 절차를 준수할 것을 요구하고 어음채권의 소멸시효기간을 단기로 하고 있다. 그런데 권리보전절차의 흠결 또는 소멸시효완성의 경우에 어음채무자가 원인관계나 자금관계에서 취득한 대가나 자금을 그대로 보유하도록 방치한다는 것은 부당하고 형평에 반한다. 이러한 부당한 결과를 제거하기 위하여 마련된 것이 이득상환청구권제도이다.

제2 법적 성질

이득상환청구권을 어떠한 성질의 권리로 볼 것인가에 대해 약간의 논의가 있었다. 그 성질을 어떠한 것으로 보느냐에 따라 뒤에서 다루는 이득상환청구권의 양도방법이나 행사방법 등에 대하여 차이를 보이게 된다.

통설은 이득상환청구권을 어음법의 규정에 의하여 인정된 특별한 청구권(지명채권)으로 본다(**지명채권설**)(강위두, 213면; 서돈각·정완용, 125면; 손주찬, 153면; 정동윤, 195면; 정찬형, 396면; 채이식, 347면; 최기원, 458-459면). 이와는 달리 소멸된 어음상의 권리의 잔존물(Überbleibsel)이라거나 어음상의 권리의 변형물이라고 보는 설도 있다(양승규, 202면; 정희철, 286면). 판례는 "이득상환청구권은 법률의 직접 규정에 의하여 수표의 효력소멸 당시의 소지인에게 부여된 지명채권"이라고 판시하였다.

생각해 보면 이득상환청구권은 어음상의 권리가 이미 소멸한 후에 발생하는 것이므로 어음상의 권리의 잔존물이라고 보기 어렵다. 변형물이라고 보는 견해도 어음상의 권리 자체가 변형된 것이라고 하는 것만으로는 그 성질을 밝히고 있지 못하다는 지적을 받는다. 일반적으로 어떤 제도의 성질을 논의하는 것은 그 제도에 대하여 적용할 법규정, 법원칙이나 법리를 결정하기 위한 것이다. 이렇게 볼 때 이득상환청구권을 지명채권으로 보는 것이 그에 관한 법률관계를 쉽고 명확하게 해결할 수 있는 장점을 가진다. 어음법과 수표법에서도 이득상환청구권을 부칙에 규정함으로써 어음채권·수표채권과 구별하고 있다.

대판 1972. 5. 9, 70다2994 수표소지인이 제시기간 내에 제시를 하지 아니한 때에는 전자에 대한 소구청구권을 상실하고, 소지인은 이득상환청구를 할 수 있을 뿐인바, 이득상환 청구권은 법률의 직접 규정에 의하여 수표의 효력소멸 당시의 소지인에게 부여된 지명채권에 속하므로 지명채권양도의 방법에 의하여 양도할 수 있는 것이고, 수표상의 권리가 소멸된 이후에 수표를 취득한 것만으로서는 이득상환청구권을 취득할 수 없다 할 것이므로 이와같은 취지로 판단한 원판결은 정당하고, 법리를 오해한 위법이 있다 할 수 없다.

제3 발생요건

1. 어음상의 권리의 유효한 존재

이득상환청구권은 어음상의 권리가 소멸한 데 따른 구제수단이므로 우선 어음상의 권리가 유효하게 존재하고 있었어야 한다. 따라서 어음의 형식적 요건(필요적 기재사항)이 누락되어 무효인 어음에는 이득상환청구권이 생길 수 없다.

불완전어음으로서 무효인 경우는 의문이 없으나 미완성의 백지어음의 소지인이 이득상환청구권을 취득할 수 있느냐에 대하여는 견해가 갈린다. 통설은 백지어음의 경우 이득상환청구권의 성립을 인정하지 않고 있다(이기수, 445면; 손주찬, 154면; 정동윤, 196면; 정찬형, 400면). 이에 반하여, 그 성립을 인정하자는 소수설이 있다(양승규, 203면; 채이식, 347면). 판례는 통설과 같은 입장이다.

소수설의 논거는 이득상환청구권이 정의와 형평의 이념에 기초하고 있으므로 백지어음의 경우에도 그러한 이념을 실현할 필요성은 역시 존재한다고 지적하지만, 백지어음을 어음으로 보지 않는 것과 일관성을 유지하기 위해서는 백지어음의 소지인에게 이득상환청구권을 인정할 수는 없다고 본다.

대판 1962. 12. 20, 62다680 본건 약속어음은 그 지급기일인 1958. 6. 30.로부터 법정시효기간인 3년이 지난 1961. 6. 30. 당시에도 아직 피고 무영산업 주식회사가 본건 어음의 이른바 수취인으로서 보충권을 행사하고 있지 않았던 사실이 명백하므로 피고는 필경 본건 어음에서 생긴 권리가 시효로 인하여 소멸할 당시에도 아직 어음상의 청구권을 가지고 있지 않았다 할 것이다. 그렇다면 본건 어음으로 인한 이득이 있건 없건 피고로서는 이득상환청구권을 행사할 수 있는 요건을 갖추고 있지 못하였다 할 것이다.

2. 어음상의 권리의 소멸

절차의 흠결로 어음채권이 소멸하거나 어음채권의 소멸시효가 완성하였어야 한다. 이득상환청구권의 발생사유는 이 두 가지 경우로 한정된다. 여기서 「절차의 흠결」이라 함은 권리보전절차를 이행하지 않은 것, 즉 상환청구권보전을 위한 실질적 요건과 형식적 요건을 갖추지 않은 경우를 가리킨다. 「시효」로 인한 소멸의 경우는 이득상환청구의 상대방이 주된 채무자인가 상환의무자인가에 따라 다르게 정해져 있는 시효기간(어 70조, 77조 1항 8호; 수 51조)이 경과한 것을 가리킨다. 주된 채무자에 대한 이득상환청구권은 시효로 인한 경우만 발생하고 절차의 흠결의 경우는 주된 채무자와는 무관하다. 어음상의 권리소멸에 어음소지인의 과실이 요구되는 것은 아니다.

다만 담보를 위하여 즉 원인채권의 지급을 확보하기 위하여 받은 어음의 경우에는 어음상의 권리가 소멸하더라도 이득상환청구권이 발생할 여지가 없다.

"이러한 이치는 어음채권이 시효소멸하기 전에 먼저 원인관계에 있는 채권이 시효 등 별개의 원인으로 소멸하였다 하더라도 (같다)"(대판 1992. 3. 21, 91다40443)

3. 다른 구제방법의 부존재

이득상환청구권의 성립범위를 어떻게 인정할 것이냐에 대하여는 다음과 같이 학설이 대립하고 있다.

(1) 제1설

이득상환청구를 하려는 **상대방에 대한 어음상의 권리가 소멸**한 것으로 족하다고 하는 견해가 있다. 즉 다른 어음채무자에게 어음상의 권리를 가지고 있거나, 상대방에 대하여 민법상의 구제방법을 가지는 경우에도 이득상환청구를 할 수 있다. 이득상환청구권의 성립을 가장 광범위하게 인정하는 견해이다(서돈각 · 정완용, 127-128면; 손주찬, 155면; 양승규, 205면).

(2) 제2설

다른 하나의 견해는 이득상환청구의 상대방뿐 아니라 **모든 어음채무자**에게 어음상의 권리가 소멸하여야 한다고 한다. 원인관계에 기초한 민사상의 구제방법이 있느냐는 불문한다(강위두, 220면; 이기수, 446면; 정동윤, 193면; 정찬형, 401면; 정희철, 289면; 채이식, 350면; 최기원, 456-457면).

(3) 제3설

어음소지인이 어음법상의 구제방법은 물론 **민법상의 구제방법**까지 갖지 못하는 경우에 한하여 이득상환청구권이 발생한다고 하는 견해도 있다. 이러한 견해에 의하면 이득상환청구를 인정하는 범위가 가장 좁다(박원선, 515-516면; 이철송, 196면). 제3설이 판례의 일관된 입장으로서 다음과 같이 판시하였다.

대판 1959. 9. 10, 4291민상717 수형법(어음법: 저자 주)에 약속어음의 소지인의 진출인(발행인)에 대한 이득상환의 청구권을 인정함은 소지인이 他에 어음상 又는 민법상 하등의 구제방법이 없을 경우에 진출인으로 하여금 그 이득을 취득시킴은 불공평하다는 원칙에서 나온 것이므로 이득상환의 청구권이 발생함에는 모든 어음상의 채무자에 대하여 약속어음상의 권리가 소멸되었음을 요하는 바이다. 본 건에 있어서

단기 4291. 1. 30. 구두변론조서에 의하면 원고 전산봉이 소외 최복선에게 금 100,000환을 주어 同人으로 하여금 타인에게 동 금원을 대부하여 주고 利息을 얻게 하여 달라고 부탁하였던바, 동 소외 최복선은 동 금원을 피고 이원식에게 대부하고 단기 4286. 7. 11.부터 4286. 9. 20.까지의 利息可算한 액면 금 105,000환의 본 건 약속어음을 받어 원고에게 이서・양도한 것이라 주장함에 의하면 특단의 사유가 없는 한 원고는 동 약속어음상 권리와 소비대차에 인한 채권이 병존하는 것으로 인정할 수 있으므로 원고의 본 건 약속어음상 권리가 절차의 흠결 또는 시효에 의하여 소멸하였다 하더라도 원고가 이와 병존하는 민법상의 채권을 행사할 수 있는 이상 이득상환청구를 할 수는 없는 것이다(同旨, 대판 1963. 5. 15, 63다155, 대법원 1970. 3. 10, 결정 69마1370).

대판 2000. 5. 26, 2000다10376 …원인관계상의 채무를 담보하기 위하여 어음이 발행되거나 배서된 경우에는 어음채권이 시효로 소멸되었다고 하여도 발행인 또는 배서인에 대하여 이득상환청구권은 발생하지 않는다고 할 것인바, 이러한 이치는 그 원인관계상의 채권 또한 시효 등의 원인으로 소멸되고 그 시기가 어음채무의 소멸 시기 이전이든지 이후이든지 관계없이 마찬가지라고 보는 것이 당원의 견해이다(대법원 1993. 10. 22, 선고 93다26991 판결, 대법원 1992. 3. 31, 선고 91다40443 판결, 대법원 1963. 5. 15, 선고 63다155 판결 등 참조). 따라서 위 판례의 법리에 의하면, 원심 인정대로 피고의 위 어음에의 배서가 피고의 원고에 대한 보증채무의 담보를 위한 것이라면, 피고의 배서인으로서의 어음채무가 시효로 소멸되었다고 하여도 피고에 대한 이득상환청구권은 발생하지 않는다고 할 것이다.

대판 1992. 3. 31, 91다40443 원인관계에 있는 채권의 지급을 확보하기 위하여 어음이 발행된 경우에는 어음채권이 시효로 인하여 소멸하였다 하더라도 이득상환청구권이 발생하지 않는 것이고 이러한 이치는 어음채권이 시효소멸하기 전에 먼저 원인관계에 있는 채권이 시효 등 별개의 원인으로 소멸하였다 하더라도 마찬가지라 할 것이다.

(4) 소 결

이득상환청구권은 어음상의 권리소멸에 대한 특별한 구제수단으로서 형평의 견지에서 인정된 권리이므로 모든 어음상의 권리가 소멸한 경우에 이득상환청구권에 의존하도록 하여야 할 것이다. 다만 민법상의 구제방법이 존재한다고 하여도 어음법상의 구제와 민법상의 구제는 법적 보호의 정도가 다르므로 그것을 이유로 이득상환청구권의 행사를 막아서는 안 될 것이다. 법규정에서도 민법상의 구제를 배제시키고 있지 아니하다.

4. 어음채무자의 이득이 있을 것

여기서 이득이란 어음상의 채무를 면하는 것을 말하는 것이 아니라 원인관계나 자금관계에서 대가나 자금을 받거나 기존채무를 면함으로써 현실적으로 받은 이익을 말한다.

채무자에게 이익이 현존할 것을 요건으로 하고 있지 아니하며 소지인이 대가를 지급하였거나 손해를 입었어야 하는 것도 아니다. 무상으로 취득한 경우라도 소지인은 이득상환청구를 할 수 있다. 어음채무자별로 이득의 내용은 다르게 된다. 아래의 이득이 청구금액이 되며 그 이득에 대한 입증은 청구자가 하여야 한다.

대판 1993. 7. 13, 93다10897 어음법 제79조에서 말하는 '받은 이익'이라는 것은 어음채무자가 어음상의 권리의 소멸에 의하여 어음상의 채무를 면하는 것 자체를 말하는 것이 아니라 어음수수의 원인관계 등 실질관계(기본관계)에 있어서 현실로 받은 재산상의 이익을 말하는 것이라 할 것인데, 원심은 피고 윤철웅의 어음의 발행·수수에 의한 원인관계상의 구체적 이익을 얻은 내용과 그 금액을 살펴보지도 아니한 채 바로 피고가 어음액면금 및 이에 대한 법정이자와 부대비용 상당의 이익을 얻었다고 판단하고 말았는바, 이러한 원심판결에는 위 법리를 오해하였거나 심리를 다하지 아니한 잘못이 있다고 아니할 수 없다.

(1) 발행인의 이득

환어음(수표)의 발행인의 경우는 수취인으로부터 대가를 받고 어음을 발행했는데 어음상의 권리의 소멸로 인하여 지급인(인수하지 않은 시점에서의)에게 자금을 제공할 필요가 없게 된 때 이득이 인정된다. 약속어음 발행인의 어음채무가 시효로 소멸하면 그것만으로 이득이 인정된다.

(2) 인수인의 이득

발행인으로부터 자금을 받고 인수했는데 어음상의 권리가 소멸하여 지급을 하지 않아도 되게 된 때 인수인의 이득이 인정된다.

(3) 배서인의 이득

B가 시가 80만원의 물건을 A(약속어음의 발행인)에게 100만원에 팔고 대금조로 받은 어음금액 100만원의 약속어음을, 시가 130만원의 물건을 C로부터 100만원에 사면서 C에게 배서양도한 경우와 같이 배서인B의 상재(商才)로 인한 차액은 여기서 말하는 이득이 아니다. 이득상환청구와 관련한 배서인의 이득은 극히 드문 사례에서 인정될 수 있을 뿐이다. 예를 들어 ① 자기 계산으로 약속어음을 발행시킨 수취인이 대가를 받고 배서하였는데 발행인의 어음채무가 시효로 소멸한 결과 발행인에게 자금을 제공할 필요가 없게 된 경우 또는 ② 발행인으로부터 대가를 받고 (숨은)보증의 목적으로 수취인(동시에 제1배서의 배서인)이 된 후 상환의무를 면하게 된 경우 등에만 배서인의 이득이 인정된다. 이와 같이 배서인의 이득이 인정되는 경우는 극히 예외적이다.

제4 이득상환청구의 당사자

이득상환청구권은 현실적으로 어음채무자에 대한 관계에서 소멸시효가 완성된 경우와 환어음(수표)의 발행인에 대한 상환청구권보전절차의 흠결의 경우에 주로 행사된다.

1. 권 리 자

어음상의 권리가 절차의 흠결 또는 시효로 소멸한 당시의 정당한 권리자가 이득상환청구를 할 수 있다. 이에는 최후의 배서의 피배서인인 소지인과 상환의무를 이행하고 어음을 환수한 소지인이 포함된다.

이득상환청구권 자체를 지명채권 양도방법에 의하여 양수한 자도 이득상환청구를 할 수 있다. 그러나 어음을 배서양수한 것만으로는 이득상환청구권을 취득할 수 없다. 지명채권설의 입장에서 보면 이득상환청구권은 어음증권에 화체된 권리가 아니기 때문이다. 다음 판례는 주로 이득상환청구권의 발생을 다루고 있으나 그 양도방법까지 설시하고 있다.

대판 1970. 3. 10, 69다1370 「어음법에 약속어음의 소지인의 발행인에게 대한 이득상환의 청구권을 인정함은 소지인이 他에 어음상 또는 민법상 하등의 구제방법이 없을 경우에 발행인으로 하여금 그 이득을 취득시킴은 불공평하다는 원칙에서 나온 것이므로 이득상환의 청구권이 발생하는 데 있어서는 모든 어음상 또는 민법상의 채무자에 대하여 각 권리가 소멸되었음을 요한다 함이 당원의 견해인바」 원심은 위와 같은 견해로서 적법한 거시의 각 증거에 의하여 원고 조승의는 특약에 따른 주식반환청구권(그 이행불능시는 손해배상청구권) 또는 주식매매대금청구권 등(채무불이행으로 인한 손해배상청구권 또는 부당이득반환청구권이 인정될 경우도 있을 것임) 민법상의 청구권이 있다고 보여지는 본 건에 있어서 특별한 사유가 없는 한 원고는 본 건 약속어음상의 권리가 시효에 의하여 소멸하였다 하더라도 원고가 이와 병존하는 민법상의 권리를 행사할 수 있는 이상 그 이득상환청구를 할 수 없다고 한 원심판단은 정당하다. 이득상환청구권은 법률의 직접 규정에 의하여 어음의 효력소멸 당시의 소지인에게 부여된 지명채권에 속하므로 지명채권양도의 방법에 의하여 양도할 수 있는 것이고 약속어음상의 권리가 소멸된 이후에 배서양도만으로서는 양도의 효력이 없다 할 것이다.

백지어음의 소지인은 시효기간이 지나기 전에 백지보충권을 행사해야 이득상환청구권을 행사할 수 있다.

2. 의 무 자

이득상환청구를 할 수 있는 상대방은 어음법 제79조(수표법 제63조)에 열거된 발행인 · 인수인 · 배서인에 한하고 보증인, 참가인수인, 지급인, 지급담당자는 이득상환의무자가 아니다.

제5 이득상환청구권의 양도

잔존물설 또는 변형물설에서는 어음의 교부만으로 이득상환청구권의 권리가 이전되고 지명채권양도의 대항요건을 갖출 필요가 없다고 한다. 지명채권설의 입장에서는 양도인이 채무자에게 통지하거나 채무자가 승낙하지 아니하면 채무자 기타 제3자에게 대항하지 못한다는 등의 민법의 지명채권 양도에 관한 규정에 따라(민 450조) 이득상환청구권을 양도할 수 있고 증권의 배서양도 또는 교부만으로는 양도의 효력이 없다고 한다.

이득상환청구권의 양도인·양수인 간에서는 양도의 합의만으로 채권은 이전하며 어음의 교부는 필요없다고 보는 것이 지명채권설의 일관된 설명이 될 것이다.

수표의 이득상환청구권의 양도에 관하여는 앞의 자기앞수표에 관한 설명에서 자세히 살펴보았다.

제6 이득상환청구권의 행사

1. 증권의 소지 여부

지명채권설의 입장에서는 이득상환청구권의 행사에 어음의 소지는 필요없다고 본다. 한편 잔존물설이나 변형물설에 따른다면 어음을 소지하여야 이득상환청구권을 행사할 수 있다고 하는 것이 일관성을 유지할 수 있다.

2. 입증책임

이득상환을 청구하는 어음소지인이 이득의 존재에 대한 입증책임을 부담한다.

대판 1994. 2. 25, 93다50147 어음법상의 이득상환청구권을 규정한 어음법 제79조의 어음채무자의 "받은 이익"이라 하는 것은 어음채무자가 어음상의 권리의 소멸에 의하여 어음상의 채무를 면하는 것 자체를 말하는 것이 아니라 어음수수의 원인관계 등 실질관계(기본관계)에 있어서 현실로 받은 재산상의 이익을 말하는 것이고, 어음채무자에게 그 "받은 이익"이 있음과 그 한도에 관하여는 어음소지인인 이득상환청구자가 이를 주장·입증하여야 할 것이다.

그러나 은행발행의 자기앞수표의 경우에는 은행이 수표금액 만큼 이득을 한 것으로 추정되므로 이에 대해서는 입증책임이 전환된다고 보아야 한다. 판례도 같은 설시를 한 바 있다.

대판 1961. 7. 31, 4293민상841 소절수법(수표법-저자) 제29조가 국내에서 진출(발행)하고 또한 지불(지급)할 수표의 지불정시(지급제시)기간을 진출일(발행일)부터 10일 이내로 제한하였고 동법 제39조의 규정상 수표소지인이 동 기간 내에 지불인(지급인)에 대하여 지불정시를 하지 않으면 이서인(배서인), 진출인 기타의 채무자에 대한 소구권을 상실하게 되는 것이라고는 할지라도 동법 제32조 제2항의 '지불위탁의 취소가 없는 때에는 지불인은 기간경과 후라 할지라도 지불을 할 수 있다'고 규정하였고, 동법 제24조는 右 기간경과 후 이서의 효력(지명채권양도의 효력)까지 인정하고 있는 만큼 원심이 본 건에 있어 원고 이창수가 본 건 수표의 법정지불정시기간의 만료일인 단기 4292. 10. 31.을 경과한 후인 4292. 11. 15.에 취득하여 11. 17.에야 비로소 지불인에 대하여 지불정시를 하였던 사실만을 확정함으로써 他에 권리상실사유에 관한 하등의 설시도 없이 '원고는 右 수표를 취득하였다 할지라도 하등 수표상의 권리를 취득하지 못할 것임을 인정할 수 있다'라고 단정하였음을 위법이라 않을 수 없다. 그리고 기록상 피고 주식회사 제일은행이 본 건 수표의 발행에 관하여 소외 민병린의 의뢰에 따라 同人의 당좌예금 중에서 旣 자금을 인출보관한 후차를 진출하였던 것이라는 사실을 자인하였을 뿐으로 右 수표가 제권판결로써 무효의 선언을 받았고 右 자금관계가 적법히 해제되었다는 점에 대한 하등의 주장과 입증이 없었음이요, 然하니만큼 피고가 현재까지 右 수표자금을 적법히 보유하고 있음이 추정되는 본 건에 있어 원심이 원고의 예비적 청구인 이득상환청구에 관하여 同 이득에 관한 하등의 입증이 없다는 판시로서 此를 배척한 것도 채증법칙의 위배를 면치 못할 것이다.

3. 채무자의 항변

이득상환청구권을 발생시키는 권리소멸사유는 소지인측과 관계되는 것이고 어음채무자가 관여하여 어음상의 권리가 소멸한 것은 아니다. 자기와는 무관한 사유로 어음상의 권리가 소멸되었다고 하여 어음채무자가 종전보다 불리한 지위에 놓여서는 안될 것이다. 따라서 어음채무자는 권리소멸 전의 최종소지인에게 대항할 수 있었던 모든 항변으로써 이득상환청구자에게 대항할 수 있다고 새겨야 한다.

4. 이행장소

채무자의 입장에서는 이득상환청구의 권리자를 알 수 없다. 채무자는 어음상의 권리소멸에 관여한 바 없으므로 권리소멸로 채무자가 불이익을 당해서도 안 될 것이다. 따라서 이득상환채무도 추심채무라고 보아야 하고 그 이행장소는 채무자의 영업소, 주소 또는 거소라고 하여야 할 것이다.

제7 이득상환청구권의 소멸시효

다수설인 지명채권설의 입장에서는 이득상환청구권을 지명채권으로 보므로 그 소멸시효기간을 10년으로 새기고 있다.

한편 독일 어음법에서는 3년, 독일 수표법에서는 1년으로 이득상환청구권의 소멸시효기간을 법정해 놓고 있다. 잔존물설에 의하면 이득상환청구권의 소멸시효기간을 어음의 경우 3년, 수표의 경우 1년으로 해석하게 된다.

어음·수표의 법률문제의 신속한 해결필요성을 강조한다면 3년설의 타당성을 부인할 수 없으나, 실정법의 근거가 없는 이상 다수설인 10년설에 따르고자 한다.

제13장 전자어음

제1 전자어음의 의의

1. 전자어음법상의 전자어음

전자어음은 전자문서로 작성되고 전자어음관리기관에 등록된 약속어음을 가리킨다(전자어음 2조 2호). 어음법에서 규정하고 있는 (종이 또는 실물)약속어음 또는 환어음 외에 전자어음이 등장하게 된 것은 2004년「전자어음의 발행 및 유통에 관한 법률」(이하 '전자어음법'으로 약칭한다)이 제정되면서부터이다. 전자어음은 종래 거래에서 신용수단 또는 지급수단으로 널리 이용되어온 (종이)약속어음을 대체할 수 있도록 고안된 것이며 종이어음의 발행으로부터 추심에 이르기까지 소요되는 인력과 거래비용을 절감하는 효과가 기대되고 있다. 전자어음법의 제안이유에서는 전자어음의 도입으로 예상되는 이익을, ① 조세정의 실현, ② 금융질서 확립, ③ 물류비용 절감, ④ 디지털 경제환경(조성) 등으로 열거하였다.

전자어음법에서 규정하는 전자어음은 환어음이나 수표를 배제하고 약속어음에 한정된다(전자어음 1조, 2조 2호). 전자어음법에서 전자어음은 전자문서로 작성되어야 한다고 규정하고 있는데 여기서 '전자문서'라 함은 '정보처리시스템에 의하여 전자적 형태로 작성, 송신・수신 또는 저장된 정보'를 가리킨다(전자거래기본법 2조 1호). '정보처리시스템'은 '전자문서의 작성, 송신・수신 또는 저장을 위하여 이용되는 정보처리능력을 가진 전자적 장치 또는 체계'이다(전자거래기본법 2조 2호).

2. 전자어음의 특징

(1) 전자적 형태

종래 약속어음은 유체물로서 '교부'라는 소지의 이동을 권리의 발생과 이전의 요체로 삼던 것과 달리 전자어음에서는 전자적 형태의 문서의 작성과 송신·수신이라는 전자적 방법에 의하여 권리가 발생하고 이전되는 것이 특징이다.

(2) 관리기관의 필요성

전자어음은 '전자어음관리기관'에 등록되어 관리되어야 한다. 전자어음은 어음상의 권리가 종이 대신 전자문서에 화체되므로 전자문서의 안정성, 보안성, 진정성을 담보할 만한 (준)공공의 기관에서 관리되어야 할 필요가 있다. 그러나 등록부상의 명의변경으로 권리가 이전되는 것이 아니고 송신·수신에 의하여 권리 이전이 있게 되므로 전자어음은 단순한 전자등록 방식을 채택한 것이 아니며 유가증권과 유사한 전자증권 방식에 따르고 있다고 설명된다(이철송, 488면).

제2 전자어음의 발행

1. 전자어음의 필요적 기재사항

(1) (종이)약속어음과 공통되는 필요적 기재사항

전자어음의 경우에도 (종이)약속어음의 기재사항 중 대부분이 필요적 기재사항으로 규정되어 있다. 전자어음법 제6조 제1항 제1호에 열거된 기재사항을 보면, ① 전자어음의 본문 중에 그 증권의 작성에 사용하는 국어로 약속어음임을 표시하는 문자, ② 일정한 금액을 지급할 뜻의 무조건의 약속, ③ 만기의 표시, 다만 전자어음의 만기는 발행일로부터 1년을 초과할 수 없다(전자어음 6조 5항), ④ 지급을 받을 자 또는 지급을 받을 자를 지시할 자의 명칭, ⑤ 발행일과 발행지로 규정되어 있다(전자어음 6조 1항 1호, 어 75조 1·2·3·5·6호).

(2) 전자어음에 특유한 기재사항

(종이)약속어음과 공통되는 기재사항 외에 전자어음법에서는 다음 네가지 특유한 기재사항을 요구하고 있다.

(가) 전자어음의 지급을 청구할 금융기관

(종이)약속어음의 경우에는 지급담당자 또는 지급장소가 유익적 기재사항인데 반하여(어 77조 2항, 27조) 전자어음의 경우는 결제기관의 기재가 필수적이다(전자어음 6조 1항 2호). 전자어음에 있어서는 지급을 청구할 금융기관이 소재하는 지역을 지급지로 간주하고 있으므로 (종이)약속어음에 있어서의 필요적 기재사항인 「지급지」(어 75조 4호)가 전자어음에서는 필요적 기재사항일 필요가 없다. 여기서 금융기관이라 함은 '은행법에 의한 금융기관 및 이에 준하는 업무를 수행하는 금융기관으로 은행법 제32조의 규정에 의한 당좌예금을 취급하는 금융기관'을 가리킨다(전자어음 2조 6호, 시행령 2조).

(나) 전자어음의 동일성을 표시하는 정보

(종이)약속어음의 경우는 1매의 어음이 그 자체로 단일성・동일성이 확인되지만 전자어음의 경우는 여러 가지 기재사항이 같은 이상 서로 다른 전자어음의 구별이 어려울 수 있다. 이 때문에 전자어음법에서는 구별지울 수 있는 정보를 기재하도록 하고 있다(전자어음 6조 1항 3호). 쉽게 생각할 수 있는 예로는 몇 가지 문자표시와 일련번호를 기입해 넣는 정도이다.

(다) 사업자 고유정보

전자어음법에서는 사업자 고유정보를 전자어음의 필요적 기재사항으로 열거하고 있다(전자어음 6조 1항 4호). 사업자 고유정보라는 표현을 쓰고 있으나 이는 전자어음 당사자의 동일성을 식별할 수 있는 사업자등록번호 정도를 가리키는 것으로 이해된다.

(라) 발행인의 공인전자서명

발행인이 전자어음에 공인전자서명을 한 경우에는 어음법 제75조 제7호의 기명날인 또는 서명이 있는 것으로 본다(전자어음 6조 3항). 여기서 공인전자서명이라 함은 전자서명법 제2조 제3호 규정에 의한 정보를 말한다(전자어음 2조 3호). 전자서명법 해당 규정에서는 전자서명생성정보가 가입자에게 유일하게 속할 것 등의 요건을 갖추고 공인인증서에 기초한 전자서명일 것을 요구하고 있다.

(3) 백지어음의 불허

(종이)약속어음과 달리 전자어음에 있어서는 나중에 필요적 기재사항의 보충을 허용하는 백지어음은 금지 된다(전자어음 6조 6항). 필요적 기재사항이 누락된 전자어음은 무효이다(정찬형, 467면).

2. 전자어음의 교부

(종이)약속어음의 경우는 발행인이 기명날인 또는 서명을 한 다음 교부함으로써 발행이 완료되는데 반하여 전자어음의 경우는 종이의 교부 대신 전자어음의 송신과 수신이 있게 된다. 이 점을 고려하여 전자어음법에서는 발행인이 타인(수취인)에게 전자거래기본법의 해당 규정에 따라 전자어음을 송신하고 그 타인이 같은 법의 해당 규정에 따라 수신한 때에 전자어음을 발행한 것으로 보고 있다(전자어음 6조 4항). 이로써 전자어음에서는 발행시점이 명확할 수 있다.

전자거래기본법의 해당 규정을 보면 발행인의 송신은 수취인(수신자) 또는 그 대리인이 전자어음을 수신할 수 있는 정보처리시스템에 발행인의 전자어음이 입력되는 것을 가리킨다(전자거래기본법 6조 1항). 수취인의 수신은 수취인이 전자문서를 수신할 정보처리시스템을 지정한 경우에는 지정된 정보처리시스템에 입력된 때, 그리고 지정된 시스템이 아닌 시스템에 입력된 경우에는 수취인이 전자어음을 출력한 때 수신된 것으로 본다. 수신할 정보처리시스템이 지정되지 않았다 하더라도 수신자가 관리하는 시스템에 입력된 때 역시 수신된 것으로 본다(전자거래기본법 6조 2항).

3. 전자어음의 관리

전자어음법에서는 법무부장관의 지정을 받은 「전자어음관리기관」(이하 '관리기관'으로 약칭 한다)이라는 기구를 두어 전자어음의 거래를 관리하게 하고 있다(전자어음 2조 2호, 3조) 전자어음을 발행하고자 하는 자는 당해 전자어음을 관리기관에 등록하여야 한다(전자어음 5조 1항). (종이)약속어음의 배서는 어음 또는 보전지에 배서의 문언을 기재하고 배서인이 기명날인 또는 서명함으로써 하게 되어 있는 것과 비교된다(어 13조 1항, 77조).

제3 전자어음의 배서

1. 배서의 방식

전자어음 역시 배서에 의하여 양도할 수 있다. 전자어음의 배서는 전자어음에 배서전자문서를 첨부하는 방식으로 하여야 한다. 배서전자문서는 배서의 뜻을 기재한 전자문서를 가리킨다(전자어음 7조 1항). 「첨부」로써 배서전자문서가 전자어음의 일부가 되는 것이다. 배서전자문서는 전자어음에 첨부되기는 하지만 작성단계에서는 그 자체 독립한 문서로 작성되므로 거기에는 전자어음의 동일성을 표시하는 정보가 기재되어야 하고 배서인이 공인전자서명을 하여야 한다(전자어음 7조 2항 · 6항). 피배서인이 다시 배서를 하려면 전자어음에 이전에 작성된 배서전자문서를 모두 첨부하고 전자어음배서의 방식에 따라 배서하여야 한다(전자어음 7조 4항).

2. 배서된 전자어음의 교부

(종이)약속어음의 경우에도 배서 · 양도가 필요하듯이 전자어음의 경우 배서전자문서의 송신 · 수신으로써 교부가 있는 것으로 본다(전자어음 7조 3항).

3. 전자어음 배서의 특별한 점

(1) 배서의 횟수 제한

전자어음의 총 배서회수는 20회를 초과할 수 없다(전자어음 7조 5항).

(2) 백지식 배서의 금지

전자어음의 배서에 있어서 그 교부는 송신 · 수신의 방법에 의하므로 수신자(피배서인)가 기재되지 않는 백지식 배서는 적당하지 않고 백지식 배서 후의 단순한 교부에 의한 양도도 있을 수 없다. 결국 전자어음에 있어서 백지식 배서는 허용되지 않는다고 보아야 한다.

(3) 분할배서

종이어음의 일부배서가 무효인 것(어 12조, 77조)과는 다르게 전자어음의 경우는 최초배서에 한하여 총 5회 미만의 분할배서가 허용되고 있다(전자어음 7조의2 1항). 다만 전자어음의 발행인이 전자어음면에 분할금지 또는 이와 동일한 내용의 기재를 한 때에는 분할배서를 할 수 없다(동조 6항). 분할배서를 하는 자는 배서하는 전자어음이 분할 전의 전자어음으로부터 분할된 것임을 표시하여야 한다(동조 2항). 배서인은 분할 후의 수개의 전자어음이 구별되도록 다른 번호를 붙여야 하며 분할된 전자어음 각각에 대한 법률행위의 효과는 분할된 다른 전자어음의 법률관계에 영향을 미치지 아니한다(동조 4항). 분할 후의 어느 전자어음상의 권리가 소멸한 때에는 분할 전의 전자어음은 그 잔액에 관하여 존속한다(동조 5항).

제4 전자어음의 보증

전자어음에 보증을 하는 자는 전자어음에 보증의 뜻을 기재한 전자문서를 첨부하여야 한다(전자어음 8조 1항). 보증의 뜻을 기재한 전자문서에는 전자어음의 동일성을 표시하는 정보를 기재하여야 하고 보증인이 전자서명을 하여야 하며 송신·수신의 방법으로 보증의 전자문서가 교부되어야 한다(전자어음 8조 2항, 6조 1항 3호, 6조 3항·4항). 전자어음은 보증에 의하여 그 금액의 일부의 지급을 담보할 수 없다(전자어음 8조 3항).

제5 전자어음의 지급제시

1. 전자어음의 소지인이 전자어음 및 전자어음의 배서에 관한 전자문서를 첨부하여 지급청구의 뜻이 기재된 전자문서를 지급금융기관에 송신하고 동 금융기관이 지급청구의 전자문서를 수신한 때에는 어음법 제38조 제1항에서 규정한 지급제시가 있는 것으로 본다(전자어음 9조 1항 본문). 소지인이 지급제시를 할 때는 지급청구의 전자문서에 어음금을 수령할 금융기관의 계좌를 기재하여야 한다(전자어음 9조 3항).

2. 전자어음법 제9조 제1항 단서에서는 관리기관에 대한 전자어음의 제시는 지급제시의 효력이 있다고 규정하고 소지인은 전자어음관리기관이 운영하는 정보처리조직에 의하여 전자어음의 만기일 이전에 자동으로 지급제시되도록 할 수 있다고 규정함으로써 특별한 배려를 하고 있다. 전자어음의 지급제시에 특별한 취급이 필요할 수 있겠으나 관리기관에 대한 지급제시가 어음채무자(발행인)에 대한 지급제시와 같은 효력을 가질 수 있는지는 의문이다. 또 관리기관에 대한 지급제시가 발행인에게 어떻게 전달될 것인지 등도 이해하기 쉽도록 과정설명이 필요한 부분이다.

3. 지급청구의 전자문서는 전자어음과 일체가 된 문서로 하여야 하고 전자어음과 분리할 수 없도록 하여야 한다(시행령 8조 4항).

4. 전자어음의 소지인이 지급제시를 위하여 전자어음을 지급금융기관에 송신하는 경우에는 전자어음의 소지인의 정보처리조직에서는 전자어음이 소멸하지 아니한다. 지급금융기관에 송부된 전자어음에는 지급제시를 위한 것임을 표시하는 문언이 기재되어야 한다(시행령 8조 3항).

제6 전자어음의 지급

1. 지급절차

전자어음의 지급제시를 받은 금융기관이 어음금을 지급할 때에는 전자어음관리기관에 지급사실을 통지하여야 한다. 다만 전자어음관리기관에서 운영하는 정보처리조직에 의하여 지급이 완료된 경우에는 그러한 통지가 필요하지 아니하다(전자어음 9조 4항).

2. 어음상환의 대체절차

관리기관은 지급제시 전자문서에 기재된 어음금을 수령하는 금융기관(추심은행)이 어음금을 수령하는 동시에 소지인이 보관하는 전자어음에 지급이 이루어졌음을 표시하는 문언이 기재되도록 장치하여야 하고 지급필 문언이 기재된 전자어음을 발행인에게 송신하여야 한다(시행령 9조 1항・2항).

지급제시를 받은 금융기관이 관리기관에 지급사실을 통지했거나 관리기관의 정보처리조직에 의하여 지급이 완료된 경우 어음채무자가 그 전자어음을 환수한 것으로 본다(전자어음 10조). 전자어음의 경우에는 지급과 반환이 교환적으로 이루어져야 한다는 어음의 상환증권성(相換證劵性)이 위와 같이 수정되어 구현되고 있다. 이 때문에 종이어음에 영수를 증명하는 기재를 하여 교부할 것을 청구하는 어음법 제39조 제1항의 상환규정은 전자어음에 그 적용이 배제된다(전자어음 11조).

3. 일부지급의 금지

전자어음법에서는 (종이)어음의 일부지급에 관하여 규정한 어음법 제39조 제2항과 제3항의 적용을 배제하고 있다(전자어음 11조). 어음법 제39조 제2항에서 '소지인은 일부지급을 거절하지 못한다'고 규정하고 있으므로 전자어음의 소지인은 일부지급을 거절할 수도 있고 일부지급을 수령할 수도 있다고 읽을 수 있다. 그러나 일부지급의 수령을 전자어음에 기재하는 전자적 처리가 어려운 점을 고려할 때 전자어음법에서 어음법의 일부지급 규정의 적용을 배제한 뜻을, 전자어음에 있어서는 일부지급을 금지한 것으로 새겨야 할 것으로 생각한다(同旨, 이철송, 496면).

4. 전자어음의 사용강제

2009년 5월 개정 전자어음법에서는 자산총액 100억원 이상인 주식회사 또는 주권상장법인 등 주식회사의 외부감사 대상 주식회사는 약속어음을 발행할 경우 전자어음으로 발행하도록 강제하고 있다(전자어음 6조의 2, 주식회사의 외부감사에 관한 법률 2조, 동법시행령 2조).

제7 지급거절과 상환청구

1. 지급거절

(종이)어음의 주된 채무자나 지급담당자가 지급을 거절하면 소지인은 상환청

구권 보전을 위하여 거절증서를 작성하여야 한다(어 44조 1항). 그런데 전자문서로 송신·수신되는 전자어음의 지급제시에 있어서 지급거절이 있다 하여 어음법에서 요구하는 거절증서를 작성하도록 하는 것은 전자어음거래의 거래현상에 비추어 볼 때 적당하지 않다. 전자어음법에서는 전자어음의 지급제시를 받은 금융기관이 지급을 거절할 때에는 전자문서에 의하도록 규정하고 있다(전자어음 12조 1항). 이것을 지급거절 전자문서라고 부르며 지급거절 전자문서를 전자어음 관리기관에 통보하고 그 기관이 이를 확인해주면 지급거절 전자문서가 거절증서를 대신한다(전자어음 12조 2항). 전자어음의 소지인이 지급거절 전자문서를 수신한 날이 거절증서의 작성일로 의제된다(전자어음 12조 3항).

어음법상 지급거절증서는 지급을 할 날에 이은 2거래일 내에 작성하여야 하고(어 44조 3항) 전자어음에 대하여 전자어음법에 별도의 규정이 없으면 어음법이 적용되므로 지급거절 전자문서도 지급을 할 날에 이은 2거래일 내에 작성되어야 한다. 즉 소지인이 지급을 할 날에 이은 2거래일 내에 지급거절의 전자문서를 수신할 수 있도록 지급은행과 관리기관은 조치하여야 한다.

2. 상환청구

전자어음의 소지인이 상환청구할 때에는 ① 전자어음, ② 배서전자문서, ③ 지급거절 전자문서 세 가지를 첨부하여 상환청구의 뜻을 기재한 전자문서를 상환의무자에게 송신하여야 한다(전자어음 13조 1항). 상환청구를 하는 소지인은 상환청구의 뜻이 기재된 전자문서에 어음금을 수령할 금융기관의 계좌를 기재하여야 한다(전자어음 13조 4항, 9조 3항). 상환의무자가 상환청구금액을 지급한 때에는 전자어음관리기관에 지급사실을 통지하여야 한다(전자어음 13조 2항). 지급사실의 통지로써 상환의무자는 전자어음을 환수한 것이 되고(전자어음 13조 3항) 자신의 전자(前者)에게 재상환청구할 수 있다.

제8 전자어음의 반환과 수령거부

1. 전자어음의 반환(회수)

전자어음을 발행 또는 배서한 자가 착오 등을 이유로 전자어음을 반환받고자 하는 때에는 그 소지인으로 하여금 전자어음관리기관에 반환의 뜻을 통지하게 하여야 한다. 소지인이 반환의 뜻을 통지하면 당해 전자어음은 발행 또는 배서되지 않은 것으로 보며, 전자어음관리기관은 그 전자어음의 발행 또는 배서에 관한 기록을 말소하여야 한다(전자어음 14조 1항 · 2항). 반환방식은 시행령 제11조 제1항에 규정되어 있다.

전자어음법상의 전자어음 회수규정은 전자어음이 엉뚱한 상대방에게 잘못 송신된 경우 등과 같이 소지인이 반환에 협조하는 경우를 예정한 것이다. 전자어음의 권리자에 관한 다툼이 있거나 발행행위 또는 배서행위의 무효 · 취소 등을 이유로 회수하고자 하는 경우 등에 소지인과 다툼이 있다면 전자어음법 제14조의 회수규정이 적용될 수 없다(이철송, 499면).

2. 전자어음의 수령거부

전자어음을 수신한 자가 그 전자어음의 수령을 거부하고자 하는 경우에는 그 수신자는 전자어음관리기관에 그 뜻을 통지하여야 하고 이 통지가 있으면 수신자가 전자어음을 수령하지 않은 것으로 본다. 전자어음관리기관은 수신자의 청구가 있으면 그 수신자가 그 전자어음의 수령을 거부한 사실을 증명하는 문서를 발급하여야 한다(전자어음 14조 3항). 전자어음의 수령거부는 전자어음의 송신자와 수신자 사이에 결제방법에 대한 합의가 이루어지지 않은 상태에서 전자어음이 송신되고 수신된 경우 등에 이용될 수 있는 제도이다. 수신자가 다른 결제수단에 의한 지급을 강제하기 위하여는 미리 전자어음의 수령거부를 확실하게 하여둘 필요가 있을 것이다.

판례색인

【대 법 원】

【하 급 심】

사항색인

ㅁ

ㅂ

ㅅ

ㅇ

[저자 약력]
서울대학교 법과대학 졸업
캘리포니아대학교 로스쿨 LL.M.
툴레인대학교 로스쿨 S.J.D.
하버드 로스쿨 연구교수(Yenching Scholar)
워싱턴대학교 로스쿨 강의교수
사법시험・행정고시・입법고시 위원
법무부 법무자문위원회 상법개정특별위원회 위원
공정거래위원회 비상임위원
현재 이화여자대학교 법학전문대학원 교수

〈주요 저서〉
국제독점금지법(박영사, 1986)
미국계약법(법문사, 1996)
주석 상법[총칙・상행위](공저, 한국사법행정학회, 2003)
주석 상법[회사](공저, 한국사법행정학회, 2003)
미국유통증권법(세창출판사, 2007)
회사법-판례와 사례- 제2판(법문사, 2012)
경제법강의(신조사, 2012)

유가증권법 – 판례와 사례 – [제2판]

2012년 1월 10일 초판 발행
2013년 8월 10일 제2판 1쇄 발행

저 자 양 명 조
발행인 배 효 선
발행처 도서출판 法 文 社
주 소 413-756 경기도 파주시 문발동 526-3
등 록 1957년 12월 12일/제2-76호(윤)
전 화 (031)955-6500~6 FAX (031)955-6525
E-mail (영업) bms@bobmunsa.co.kr
(편집) edit66@bobmunsa.co.kr
홈페이지 http://www.bobmunsa.co.kr
조 판 (주) 성 지 이 디 피

정가 31,000원 ISBN 978-89-18-08629-3